Gerke: Diepholz – Eine Kreisstadt im Wandel der Zeiten

Veröffentlichung des Stadtarchivs Diepholz Nr. 17

Bibliografische Information der Deutschen Bibliothek:

Die Deutsche Bibliothek verzeichnet
diese Publikation in der Deutschen Nationalbibliografie;
detaillierte Angaben sind im Internet
über [http://dnb.ddb.de] abrufbar.

Druck und Bindung: Druckhaus Breyer, Diepholz
Satz und Layout: RAW-Design, Bremen
Rolf-Andreas Wienbeck

Schröderscher Buchverlag: www.sb-verlag.de

ISBN 978-3-89728-066-3

Wilfried Gerke

Diepholz – Eine Kreisstadt im Wandel der Zeiten

Die Geschichte von den Anfängen bis heute

Schröderscher Buchverlag
Verlag für Regionalkultur
Diepholz 2010

Diepholz aus der Luft von Süden her gesehen

Foto: Jürgen Reinsch

Inhaltsverzeichnis

Anhang

Grußwort
des Bürgermeisters der Stadt Diepholz
Dr. Thomas Schulze

Sehr geehrte Leserin,
sehr geehrter Leser,

„Wir sind Diepholz“ – das ist das Motto der Gegenwart in der Stadt Diepholz.

Damit man weiß, wer und was „Wir“ sind, muss man sich und seine Geschichte aber erstmal kennen lernen. Hierfür soll Ihnen in diesem Buch die Geschichte der Stadt Diepholz näher vorgestellt werden. Bisher gab es das Werk von Emil Johannes Guttzeit über die Geschichte der Stadt Diepholz aus dem Jahre 1982. Jedoch erschien zu diesem 1. Teil, der von den Anfängen bis zum ersten Jahrzehnt des 17. Jahrhunderts handelt, nie eine Fortsetzung. Dies geschah nicht zuletzt, weil der ehemalige Stadtarchivar und Ehrenbürger der Stadt im Jahre 1984 verstarb.

Bei der Einweihung des Stelenpfades am Schloss im Jahre 2007 haben der Verfasser dieser Zeilen, der Verleger dieses Buches sowie der Autor gemeinsam die Idee geboren, die umfassende Chronik der Stadt Diepholz auf den Weg zu bringen.

Daraufhin machten sich der ausgewiesene Historiker Wilfried Gerke, der bereits mehrfach mit der Gestaltung von Büchern über Diepholz betraute Grafiker Rolf-Andreas Wienbeck und Reinald Schröder an die Arbeit. Das überzeugende Ergebnis liegt nun vor Ihnen, denn dabei ist ein überaus plastisches Bild der Geschichte unserer Stadt im Grünen entstanden.

In der Stadtgeschichte wurde das Gebiet der Stadt durch die Verwaltungsreform mit Aschen, Heede und Sankt Hülfe erheblich vergrößert, so dass die Einwohnerzahl im 20. Jahrhundert sogar um das Fünffache anstieg. Dieser Zuwachs und die gesteigerten Ansprüche führten zu einem Umbau der gesamten Stadt, so dass man heute bei der Betrachtung der Fotos von 1900 nur noch wenige Stellen wiedererkennen kann.
Und es sind gerade die zahlreichen Bilder, die den besonderen Reiz dieses Buches ausmachen. Ein Buch, in dem die umfassende Geschichte der Stadt Diepholz mit zahlreichen zum Teil noch nicht veröffentlichten Bildern illustriert wird.

Ich wünsche dem Buch eine starke Verbreitung und wünsche Ihnen allen viel Spaß und Neugierde beim Lesen der Geschichte unserer Stadt Diepholz.

Ihr

Thomas Schulze

Danksagung

Dass in diesem Buch so zahlreiche zum Teil ganz unbekannte historische Bilder veröffentlicht werden konnten, ist vor allem zwei Personen zu danken. Einerseits Ulrich W. Schwittay, der dank seiner unermüdlichen Sammelleidenschaft in den letzten Jahrzehnten unzählige Bilder und Briefe, die mit Diepholz im Zusammenhang stehen, gesammelt und dadurch wohl die umfangreichste Bildsammlung auf diesem Gebiete aufgebaut hat.

Wir wüssten aber wahrscheinlich noch nicht einmal von der Existenz dieser Sammlung, wenn nicht Andreas Esser eine Internetseite aufgebaut hätte (www.bilderdiepholz.de), auf der sowohl Bilder aus dem Familienbesitz der Familie Müller, die die Gerberei betrieb, als auch zahlreiche Postkarten aus der Sammlung Schwittay, die dieser großzügig zur Verfügung gestellt hatte, zu bestaunen sind. Inzwischen dürften hier wohl tausende von Bildern für Jedermann zugänglich sein. Herr Esser hat dabei viele dieser zum Teil schon über 100 Jahren alten Bilder intensiv bearbeitet, um ihre Qualität zu verbessern und damit ihre Aussagekraft zu erhöhen. Sowohl Herr Schwittay als auch Herr Esser sind sehr an weiteren historischen Bildern für ihre jeweiligen Sammlungen interessiert und bitten, keine wertvollen historischen Fotos zu vernichten.

Einige der alten Fotos stammen aus der Sammlung Petersen. Oskar Petersen betrieb das Fotogeschäft in der Bahnhofstraße, an dem noch heute sein Name steht und hat in dieser Zeit zahlreiche Fotos von Diepholz gemacht. Seine Nachfolgerin, Anneliese Helm, hat diese Arbeit fortgesetzt. Diese Sammlung erhielt nach ihrem Tod in diesem Jahr das Stadtarchiv Diepholz. Auch hier haben sich wiederum Andreas Esser und seine Frau Friederike um das Bildgedächtnis der Stadt sehr verdient gemacht, indem sie die Fotos – zum Teil noch auf Glasplatten archiviert – eingescannt haben.

Wenn der Fotograf eines Bildes bekannt ist, wird dieser vermerkt. Häufig ist das aber nicht der Fall. Deshalb wird in diesem Fall der Besitzer des Bildes benannt, soweit bekannt. Bei den Postkarten ist in der Regel nur der Verlag angegeben, der die Postkarten drucken ließ. In Diepholz waren dies vor allem die Buchhandlungen Berneburg, Ferdinand Schöttler und Otto Schröder in der Langen Straße und Johannes Döbbeling in der Mühlenstraße.

Das Stadtarchiv Diepholz besitzt fast alle abgedruckten historischen Bilder zumindestens in elektronischer Form. Das gilt insbesondere für die Bilder, die ohne Quellenangabe abgedruckt wurden.

Wie ich finde, liegt ein ganz besonderer Reiz in den atemberaubenden Luftbildern von Peter Merk, der uns großzügigerweise den Abdruck erlaubt hat. Hierdurch nun kann der Leser seine Stadt aus der Vogelperspektive betrachten, was einen ganz anderen Überblick über die Stadt und ihre Entwicklung verschafft. Zum Teil werden sogar Einblicke – in Innenhöfe oder auf Firmengelände – gewährt, die einem sich nur auf der Oberfläche der Erde bewegenden Mitbürger gänzlich verwehrt sind.

Herrn und Frau Esser muss ebenfalls dafür gedankt werden, dass sie auf einige Fehler bei der Datierung und Zuordnung der Bilder hingewiesen haben. Ein besonderer Dank gilt dem Stadtarchivar Falk Liebezeit, der uns nach Kräften unterstützt, und Frau Seehafer, die in bewährter Weise Fehler korrigiert hat. Ein Dank gilt auch allen übrigen Menschen, die das Projekt in der einen oder anderen Form unterstützt haben und die wir hier nicht alle namentlich aufzählen können.

Es soll aber nicht versäumt werden, Herrn Bürgermeister Dr. Thomas Schulze, ohne dessen tatkräftige Unterstützung das Buch in dieser Form nicht hätte verwirklicht werden können, und dem Stadtrat, der das Projekt finanziell unterstützt hat, zu danken.

Reinald Schröder — Diepholz im November des Jahres 2010

Einleitung

Diepholz an dem noch schmalen Fluss Hunte zwischen den Großstädten Bremen und Osnabrück ist auf den ersten Blick eine kleine Landstadt wie viele andere. Und doch hat sie, abgesehen von den üblichen Klagen der Kleinstädter darüber, dass hier „nichts los" sei, ein unverwechselbares Gesicht, das seinen Charakter in der Vergangenheit erhalten hat. Die Bewohner prägen zwar ihre Stadt, aber die Stadt und ihre Geschichte prägt auch die Bewohner. Dies sollte für die Gegenwart und für die Zukunft nicht vergessen werden.

Diepholz verdankt seinen Ursprung dem späteren Grafengeschlecht, deren Vorfahren die Siedlung begründeten. Auch wenn die Herrschaft der Grafen bereits im Jahre 1585 endete, haben sich die Bewohner doch stets ein Bewusstsein dafür bewahrt, dass ihr Ort von alters her ein Verwaltungssitz für das Umland war. In diesem Bewusstsein gelang es ihnen auch, den Schlossturm zu erhalten, was für diese Region eine Seltenheit darstellt. Was umso bemerkenswerter war, als Diepholz und seine Bewohner dabei durch schwere Zeiten gegangen sind. Viel Elend und Not brachte insbesondere das 17. Jahrhundert mit dem Dreißigjährigen Krieg und der Hexenverfolgung. Weniger lange her und deshalb zum Teil noch durch die mündliche Erzählung präsent sind die Katastrophen der ersten Hälfte des 20. Jahrhunderts mit den beiden Welkriegen und der NS-Diktatur und ihren unmenschlichen Zügen. Mit der erfolgreichen Aufnahme der Vertriebenen und ihrer gelungenen Integration begann dann eine Verbesserung des Lebensstandards in unserer Stadt wie nie zuvor. Wir leben heute in Frieden und Freundschaft mit früheren Feinden und können nun schon auf eine lange Zeit freiheitlicher und demokratischer Verhältnisse zurückblicken.

Der Kreissitz in Diepholz blieb trotz zweier Reformen innerhalb von 45 Jahren erhalten, wodurch sich aber der Kreis ganz wesentlich vergrößerte. Die Stadt selber konnte ihr Gebiet durch die Eingemeindung von Aschen, Heede und Sankt Hülfe ebenfalls erheblich erweitern. Die Verfünffachung der Einwohnerzahl im 20. Jahrhundert und die gesteigerten Ansprüche insbesondere auf Grund des wachsenden Autoverkehrs führten zu einem weitgehenden Umbau der gesamten Stadt.

Im Jahr des Erscheinens dieses Buch haben sich einige grundlegende Änderungen ergeben, so konnte das Bremer Eck – jahrhundertelang der Hauptverkehrsknoten der Stadt – durch den Bau der Umgehungsstraße, die nun den gesamten Durchgangsverkehr um die Stadt herum leitet, in eine innerstädtische Kreuzung umgewandelt werden, während der letzte Bahnübergang zwischen Bremen und Osnabrück geschlossen wurde, weil der Verkehr nun durch einen Tunnel unter dem Bahnhof fließt.

Mit der Sanierung und dem Neubau der Graf-Friedrich-Schule von 2007 bis 2011 und der Eröffnung der Mediothek im Jahre 2010 hat der Ausbau des Schulzentrums auch einen gewissen Abschluss erreicht.

So ist Diepholz für die Chancen und Herausforderungen der Zukunft gut gerüstet, allerdings müssen Rat, Verwaltung und Bürger diese Chancen auch gemeinsam nutzen, so wie es ihre Vorfahren schon getan haben.

Bis zum Ende der Grafenzeit

Vom Anbeginn bis 1585

Die Landschaft um Diepholz ist vergleichsweise jung, mit Ausnahme des Stemweder Berges, der aus über 200 Millionen Jahre altem Meeresboden besteht, der durch tektonische Bewegungen empor gedrückt wurde. Ansonsten wurde die Landschaft durch Gletscher der Saale-Eiszeit vor 200.000 Jahren geprägt, die Geröll- und Sandmassen vor sich herschoben und z. B. zu den Dammer Bergen auftürmten. Ihr Schmelzwasser schwemmte Sand nach ganz Norddeutschland. Vom Winde ausgeweht, entstand vor über 10.000 Jahren der Dümmer. Gleichzeitig versumpften die Niederungen: Die für unsere Gegend so typischen Hochmoore entstanden.

Erste Siedlungsspuren stammen aus der Jungsteinzeit. Im 12. Jahrhundert begründeten die späteren Edelherren von Diepholz die Siedlung, indem sie eine Wasserburg errichteten. Im Jahre 1380 wurden dem Ort von ihren Herren erstmals die Stadtrechte verliehen, womit die Stadt das Recht erlangte, einen Markt abzuhalten.

Die alte Pfarrkirche, die vor 1450 errichtet worden war, musste im Jahre 1521 wegen Baufälligkeit abgebrochen werden, noch bevor eine große Feuersbrunst im Jahre 1522 oder 1523 die Stadt weitgehend zerstörte und wohl auch das Schloss in Mitleidenschaft zog.

Im Jahre 1528 wurde der Prediger Patroklus Römling nach Diepholz geholt, der hier die Reformation durchsetzte. In dieser Zeit wurde auch die Pfarrkirche außerhalb des Schlosses, aber auf gräflichem Grund stehend, erneuert. Am selben Ort, an dem auch das im Jahre 1806 neu erbaute Gotteshaus steht.

Mit Friedrich II., der 1585 an den Folgen eines Reitunfalls starb, erlosch das Grafengeschlecht im Mannesstamm und die Grafschaft fiel an das Haus Braunschweig-Lüneburg, dem späteren Königreich Hannover. Ein Jahr vor seinem Tode hatte Friedrich die erste Schulordnung erlassen, weshalb das Gymnasium heute seinen Namen trägt.

Diepholzer Besonderheiten

Berühmt ist die in den Brüchen, den oft nassen Wiesen der Grafschaft Diepholz weidende Diepholzer Gans, die inzwischen zu den bedrohten Haustierrassen gehört und in einem eigenen Herdbuch verzeichnet ist (der damalige regierende Bürgermeister Henning Scherf, Bremen: „Die Diepholzer Gänse sind die besten der Welt!"[1]). Als regionales Produkt ist das Fleisch der in der Umgebung gezüchteten Diepholzer Moorschnucke in jüngster Zeit für Restaurants interessant geworden. Dagegen wird kaum noch gesprochen vom bis zu 2,5 m hoch wachsenden Diepholzer Kohl, der früher von Haldem in Westfalen bis kurz vor Bremen verbreitet war und als Viehfutter genutzt wurde. Ebenso ist es still geworden um die Diepholzer Mäuse, eine in der Kaiserzeit angebaute Kartoffelsorte. Diepholz ist die einzige Kreisstadt in einem Landkreis zwischen der Freien und Hansestadt Bremen und dem Land Nordrhein-Westfalen. Hier steht der einzige erhaltene Schlossturm aus dem hohen Mittelalter zwischen Bremen und dem Wiehengebirge. Aus Diepholz stammen mit Dr. Fritz Klatte ein Pionier der Kunststoffchemie, mit dem Hofbaumeister Moller der Schöpfer der klassizistischen Residenzstadt Darmstadt und des heutigen hessischen Landtagsgebäudes, außerdem mit Dr. Frieda Duensing die Gründerin der deutschen Jugendfürsorge und Wegbereiterin des Jugendschutzes.

Die Diepholzer Gans

Diepholzer Moorschnucken mit Schäfermeister Mathias Dreyer
Foto: Mathias Dreyer

Geographie der Stadt

Jede Betrachtung der Diepholzer Geschichte geht von der geographischen Lage der Stadt aus.

Diepholz liegt inmitten der norddeutschen Tiefebene, wenn auch nicht weit entfernt vom Stemweder Berg und vom Wiehengebirge. Die im Rehburger Stadium der Saaleeiszeit vor etwa 200.000 Jahren abgelagerten und seitdem umgeformten Endmoränen der Dammer Berge und der Kellenberg liegen in der engeren Nachbarschaft.[2]

Die Umgebung von Diepholz aus der Luft gesehen.
Foto: Peter Merk

Der Name der Stadt deutet auf einen Wald („Holz" = Gehölz) auf feuchtem, weichem Boden (nach einem ausgestorbenen Wort für Sumpf oder Morast) zumindest in der Umgebung, doch sind die Anfänge nicht etwa im Moor zu suchen, denn dort hätte man im Mittelalter nicht gebaut.[3] Dass Bohlenwege angelegt und mehrfach erneuert worden sind, weil sie absackten, ist ein Beweis dafür, dass der meist sandige bis lehmige Untergrund außerhalb des Eschfelds nicht felsenfest war. Auszugehen ist aber davon, dass die Burg zuerst gebaut wurde, und sie steht tatsächlich im etwas niedrigeren, feuchten Teil des heutigen Stadtgebiets.

Im Norden bildet das Bollermoor eine natürliche Siedlungsgrenze, im Westen sind das das Heeder und das Diepholzer Moor, das Huntebruch mit der Hunte und die Escholt, wie der Name sagt, ein Wald aus Eschen. Im Süden hat das Gemeindegebiet Anteil am Naturpark Dümmer und endet knapp vor dem gleichnamigen See, dem zweitgrößten Bin-

Bohlenweg bei Diepholz *Foto: Hajo Hayen*

nensee Niedersachsens. Vor den Mooren erheben sich die Endmoräne des Hohen Sühn im Norden, das sehr flache Diepholzer Eschfeld mit einer Plaggenauflage von 50 cm und im Osten und Süden der Diepholzer und der Heeder Fladder, das Heeder und Sankt Hülfer Bruch, die Sankt Hülfer Wiesen, das Diepholzer Bruch und das Hörster Bruch und verschiedene Talsandflächen mit Hoch- und Niederungsmooren, zusammengefasst als Diepholzer Moorniederung bezeichnet. Der größte Teil ist gut 37 Meter hoch, der Hohe Sühn im Ortsteil Aschen erreicht etwa 60 Meter. Gut 104 km² mit einer Nord-Süd-Ausdehnung von 19,5 km und einer Ost-West-Breite von 8,75 km umfasst das heutige Stadtgebiet, davon nehmen Diepholz nicht ganz 45 km² und die Ortsteile Aschen, Sankt Hülfe und Heede weniger als 60 km² ein.

Seit der Eiszeit ist die Oberfläche von Natur und Mensch immer wieder umgestaltet worden. Die Landnahme mit dem Ziel agrarischer

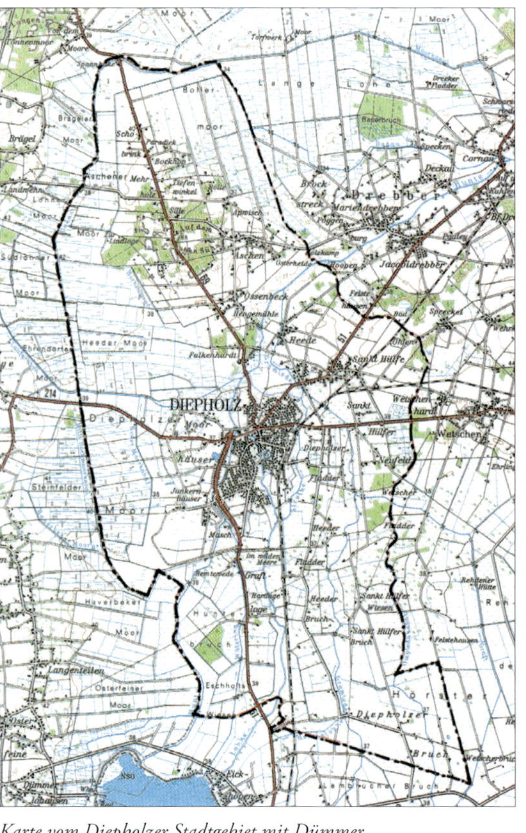

Karte vom Diepholzer Stadtgebiet mit Dümmer

Nutzung wurde erst in den vierziger Jahren des 20. Jahrhunderts abgeschlossen. Dem Hohen Sühn wurde in den dreißiger Jahren des 20. Jahrhunderts massenhaft Sand entnommen und zugleich seine höchste Erhebung von 64,5 m abgetragen. Gräben unterschiedlicher Tiefe und Breite wurden durch die flache, privilegierten Besitzern gemeinsam gehörende und dann privatisierte Allmende gezogen, wodurch das Gelände entwässert wurde. Diese Maßnahmen verbesserten seit dem späten 18. Jahrhundert die Grünland- und im 20. Jahrhundert die Ackererträge.

Die Moore wurden in vielen Jahrhunderten in mühevoller Arbeit abgetorft und verbirkten.[4] Ein unter Schutz gestellter Teil wird sinnvoll renaturiert, doch kann damit der frühere Zustand nicht vollständig wiederhergestellt werden.

In der Zeit der Edelherren und der Grafen war das Moor ein breiter Grenzstreifen, der aber nicht unüberwindlich war. Die ungeklärten Herrschaftsverhältnisse führten dazu, dass jeder der beiden Nachbarn behauptete, hier auf die Jagd gehen zu dürfen, was der andere ihm bestritt. Der erste Fall einer Gefangennahme (durch einen Edelherrn) aus diesem Grund ist aus dem Jahr 1298 überliefert.[5] Die Diepholzer verhafteten hin und wieder den Vechtaer Drosten oder andere Jäger und ließen sie wieder frei. Ebenso verfuhren beide Parteien, wenn jemand einen Acker anlegte. Um den 22. Juni 1580 überfielen Leute des Grafen Friedrich den Vogt von Steinfeld, den Schützen des Drosten zu Vechta und einen Jäger Stegemann, die zwischen Diepholz und Steinfeld der Jagd nachgingen, und führten sie in die Diepholzer

Luftbild des renaturierten Teiles des Diepholzer Moores
Foto Peter Merk.

Burg, wo sie sie in Ketten legten. Da der Graf mit seinem Gefolge in Lemförde weilte, gelang es Stegemann am Abend des 29. Juni, mit der 135 Pfund schweren Kette zu entkommen, den Burggraben hinter sich zu bringen und sich nach Steinfeld zu schleppen, wo der über das so gewonnene kostenlose Eisen glückliche Schmied ihn von der Kette befreite. Der erboste Drost aber ließ sofort mehrere Diepholzer fangen, die er dann gegen die beiden noch in der Burg schmachtenden eigenen Leute austauschte. Im nächsten Jahr dann triumphierte Graf Friedrich erneut, indem er dem Drosten von Wildeshausen ein paar Windhunde auf der Jagd im Moor wegnahm.[6]

Bis an die Dustmühle, die Wätering, die Weide des Münzmeisters und die alte Hunte reichten die Ansprüche des westlichen Nachbarn, des Fürstbischofs von Münster als Landesherrn.[7] Erst 1817 und 1842 wurde die endgültige Grenze in Form eines Kompromisses zwischen dem Königreich Hannover und dem Nachfolger Münsters, dem Großherzogtum Oldenburg festgelegt. Sie wurde 1946 Grenze zwischen dem Regierungsbezirk Hannover und dem Verwaltungsbezirk Oldenburg im neuen Land Niedersachsen und bildet heute die Grenze zwischen den beiden Landkreisen Diepholz und Vechta und zugleich die kommunale Grenze zwischen den Städten Diepholz, Lohne und Vechta.[8]

Den Wasserläufen muss ein eigener Abschnitt gewidmet werden. Das meiste, wegen des geringen Gefälles oft nur träge durch Diepholz fließende Wasser hat den Dümmer durchlaufen. Auf dem Gebiet der Stadt findet sich im Westen die Mittelgraft oder Alte Hunte, das meiste aber nimmt seit 1587/88 (für einen besseren Abfluss und für landwirtschaftliche Transporte auf Kähnen) die Große Lohne auf. Südlich des Stadtkerns zweigt die Strothe nach Osten ab, so dass nur die schmale Vorder- und Hinterlohne, früher auch „Mühlkanal“, bleiben. Nachdem sie sich wieder vereint haben, heißt der Fluss Flöthe, die aber teilweise nicht sichtbar, sondern unterirdisch verrohrt ist. Am Schulzentrum trifft sie auf die Hunte. In Heede mündet die ebenfalls dem Dümmer entstammende Grawiede in den Fluss. Damit nicht genug, von Westen her fließt ganz im Norden die Dadau aus dem Moor und etwa parallel zur B 214 die Beeke, und vom Dümmer zieht sich seit dem 18. Jahrhundert der nach einem Landdrosten benannte Ompteda-Kanal durch das Bruch. Der Neue Bruchkanal wurde 1841 fertiggestellt, der an den damaligen Landrat erinnernde Wuthenaukanal 1931. Die kaum Wasser führende Landriede am Friedhof und die ebenfalls heute nur noch mäßig feuchte Flöthüde sind Reste eines früher umfassenderen Gewässersystems mit ausgegrabenen „Lohnen“ in der Stadt. Der Burggraben wird aus der Lohne gespeist. Alles klar? Keine Sorge, denn das Ganze ist so kompliziert, dass die meisten Diepholzer selbst keinen genauen Überblick haben! 1938 wurde der Huntewasserverband geschaffen, der durch Maßnahmen Überflutungen verhindern und im Rahmen der damaligen Autarkiepolitik den Grundwasserspiegel senken sollte, um die Agrarerträge zu steigern und die Ernährung unabhängig vom Ausland zu machen.

Besiedlung der Diepholzer Landschaft

Diepholz weist Spuren von Menschen schon in der mittleren und in der Jungsteinzeit auf.[9] Damals streiften Jäger durch die Niederung nördlich des Dümmers um Hemtewede und suchten sich ihre Beute auf dem Hohen Sühn. Sie hinterließen Spuren wie Steinäxte, eine Lanzenspitze, Feuersteinbeile und einen Feuersteindolch, eine Geweihhacke, Pfeilspitzen, ein Tonschieferbeil, einen Mahlstein, Klingen, Kratzer und Schaber, also Werkzeuge und Waffenteile, die Landwirte Jahrtausende später auf den Äckern fanden. Doch das hatte noch nichts mit der Stadt Diepholz zu tun.

Spätrömische Münzen wurden an mehreren Stellen gefunden, doch ist ihre Deutung noch unklar. Waren hier römische Legionäre, vielleicht Germanen, die aus dem römischen Heeresdienst entlassen worden waren und nach Hause zogen, oder Händler, die auf römischem Reichsboden Geschäfte getätigt hatten?

Vermutlich erst im frühen Mittelalter haben sich Menschen dauerhaft im Stadtgebiet niedergelassen. Das war verlockend auf den Geestflächen, denn hier konnte man Getreide, vor allem Roggen ernten. Der Ortsname „Aschen" und der Flurname „Eschfeld" an den Kohlhöfen sind Belege dafür, denn beide sind mit dem hochdeutschen Verb „essen" verwandt. Daher ist der damals wohl im südlichen Ausläufer „Lappenberg" genannte Esch um das Bremer Eck und nördlich davon (Kohlhöfen) mit ursprünglich fünf Höfen der älteste wirtschaftlich genutzte Teil des frühen Diepholz. Von hier aus gelangte man auf dem Melkerweg zu den Wiesen im Südosten.

Auf dem Eschfeld waren viele Diepholzer Bürger „interessiert" (also rechtlich beteiligt), so dass etwa vier Jahrhunderte nach der Stadtwerdung die Fläche in 267 Ackergrundstücke in Form einer Kurzstreifengewannflur von 230 bis 290 m Länge und 8 bis 10 m Breite aufgeteilt war. Der Esch war klassisches Roggenland. Der Boden wurde durch als Streu gestochene Heide- und Grasplaggen, vermischt mit dem Viehkot aus den Ställen, im Laufe der Jahrhunderte immer wieder natürlich gedüngt, so dass das Gelände um mehr als einen halben bis zu über einem Meter erhöht wurde.

Das frühe Diepholz ist nicht auf Moor, sondern auf Sand gebaut. Die Umgebung aber bestätigt den Namen, der so viel bedeutet wie Holz im Sinne von „Gehölz, Wald" am „Sumpf" oder „Morast", wozu die Deutung „auf schwankendem Boden" geführt haben mag.[10] Hierzu sind die frühen Namensformen Thefholte, Thyefholt und Thifholt heranzuziehen.

Steinäxte und Feuersteinbeile – gefunden auf dem Stadtgebiet
Foto: Sammlung Helm

Edelherren und Wasserburg

Wahrscheinlich im 11. Jahrhundert ließ sich südlich von den genannten Geestflächen im Thefbrokholt (Wald neben dem Divbrok) eine begüterte Familie nieder, der die Bauern der Umgebung zu Diensten und Abgaben verpflichtet waren. Um 1085 hieß eine Dame dieses Geschlechts Gisela, die die zuständige Bischofskirche im damals westfälischen Osnabrück beschenkte. Am 1. Januar 1119 starb ein Osnabrücker Bischof Gottschalk, der angeblich das erste Mitglied des Hauses Diepholz auf einem Bischofsstuhl war.[11] Nach ihrer Wasserburg Diepholz haben sich die Adligen aber erst später benannt, im Jahre 1160 ist die Bezeichnung „von Diepholz" gleich zweimal urkundlich nachgewiesen. Ungeklärte Verbindungen hatten die Edelherren bis ins 13. Jahrhundert auch nach Midlum[12] südlich Cuxhaven, wo sie ein Kloster gründeten, das bis heute als Damenstift in der Gemeinde Neuenwalde fortgeführt wird. Gemutmaßt wird, dass sie ein frühes Herrschaftszentrum in der benachbarten Holl- oder Kransburg besaßen.[13]

Zu Hand- und Spanndiensten verpflichtete hörige Bauern der Umgebung mussten sich an Burgfesten, also Bau- und Reparaturarbeiten, beteiligen. Sie legten um 1030 den ersten Weg aus Erlenholzstämmen an, der aber angesichts der großen Belastung und des weichen Untergrunds bereits um 1055 ersetzt werden musste. Um 1100 wurde dann der dritte gebaut. Diese Jahreszahlen beruhen auf dendrochronologischen Untersuchungen eines Querschnitts an der Ecke von Langer Straße und Mühlenstraße.[14] Zuerst stieß man auf solch einen Knüppeldammweg, als 1933 die erste kommunale Wasserleitung gelegt wurde.

Vielleicht stand auf der durch einen Graben künstlich geschaffenen Burginsel zuerst eine Motte wie in Wildeshausen, ein Turm mit Palisaden und Graben. Später wurden der Rundturm aus behauenen Findlingen, dann der Palas (das Alte Haus) und die Wirtschaftsgebäude errichtet. Dunkel, kalt und ungemütlich muss es hier gewesen sein, war doch in solchen Gebäuden nur die Kemenate (das Kaminzimmer) beheizbar. 1233 ist erstmals von einem

„castrum Thefholte" die Rede, von einer Burg also.[15] Damals hatten die Edelherren von Diepholz ihre Interessen im Süden schon über Lembruch hinaus bis Marl und auf das Kloster Burlage ausgedehnt.[16] Im Westen reichten die Rechte dieser adligen Großgrundbesitzer bis in den heutigen Kreis Vechta, im Norden bis in die Gegend von Twistringen, im Osten bis ans Wietingsmoor.

Grabplatte des Bischofs Gottschalk von Diepholz in der Iburg

In Diepholz waren gewissermaßen ihre nächsten „Haushöfe" die beiden Vorwerke westlich der Lohne (am heutigen Postdamm) und Hemtewede. Im übrigen besaßen sie eine Reihe von Grundstükken, die Markonah bei Aldorf, die Gehege Tielmannshorst, Sette und Evershorst. Wirtschaftlich erheblich wichtiger waren die Abgaben der dazu pflichtigen Bauernhöfe.

Von der Wasserburg aus verwalteten die Herren ihren Besitz, den sie bis ins 14./15. Jahrhundert hinein zu einem eigenen Territorium ausbauten, zu dem auch die Auburg mit Wagenfeld im Südosten und die Burg Lemförde mit Rechtsansprüchen bis südlich des Stemweder Bergs gehörten. Mehrere Familienangehörige besetzten die Bischofsstühle in Minden, Osnabrück und Utrecht. Die Herren unterhielten familiäre Beziehungen zu Adelshäusern im alten sächsischen Stammesgebiet, dem heutigen Westfalen, Niedersachsen und Sachsen-Anhalt.

Die Burg war Wohnung des Edelherren, seiner Familie und des Gesindes. Gleichzeitig war sie Verteidigungsanlage mit unverstelltem Rundum-Fernblick vor allem zum Stemweder Berg auf das Territorium des ständigen Gegners, des Fürstbischofs von Minden. Sie war Waffenmagazin und enthielt Jagdutensilien. Neben dem später bevorzugten Lemförde war sie eines der höfischen Regierungszentren und die Zentrale für Finanzen und Steuern, mit der Zehnt- und Dreschscheune auch Lebensmittelmagazin . Seit 1350 enthielt sie zudem eine Kapelle unter einem ständigen Rector mit einem 1356 gestifteten Heilig-Kreuz-Altar. Die heiligen drei Könige und der Adelspatron St. Georg wurden dort an eigenen Altären verehrt. Die Burg besaß eine autonome Wasserversorgung durch einen Brunnen im Hof, verfügte über Küche, Brau- und Backhaus und wies Ställe und einen Torfschuppen für das Heizmaterial auf.

Für adlige Gäste und ihre Pferde standen Unterkünfte bereit wie 1333 für Herzog Erich von Sachsen, Engern und Westfalen und Graf Christian zu Delmenhorst, 1338 für Graf Nikolaus von Tecklenburg und 1585 für Bernhard von Waldeck, den noch postulierten (also noch nicht bestätigten), aber dann am 25. Oktober 1585 gewählten Bischof von Osnabrück.[17]

Der wuchtige hochmittelalterliche und heute in der gesamten Region als Überrest damaliger säkularer Architektur einzigartige Bergfried ist bis in 21,15 m Höhe erhalten. Die meisterhaft aufeinander gesetzten Granitquader sind in der Eiszeit aus der Südhälfte Schwedens hierher geschoben worden. Der Turm war ursprünglich und bis tief ins 20. Jahrhundert nicht direkt vom Hof aus zugänglich, sondern über einen Einstieg in 12,45 m Höhe oder einen später geschaffenen Zugang vom anschließenden Nordtrakt. Besucher besehen gern den kühlen, schon lange nicht mehr benutzten Abort, dessen Fracht nach draußen und dort das Mauerwerk hinab zu Boden stürzte.

Die Auburg in Wagenfeld

Lemförde

Später als der Nordflügel, der Palas, erstand der Ostflügel, der wohl in der Renaissancezeit (16. Jahrhundert) mit einem damals modernen Treppenturm wie in Neustadt am Rübenberge versehen wurde. Den Abschluss zur anderen Seite bildete der Westflügel über und neben dem Tor, zu dem man über eine Zugbrücke gelangte, die den breiten, aber nicht tiefen Burggraben im Westen überquerte.

1522 brannte das Schloss, was solche großen Schäden verursachte, dass der Edelherr Friedrich, der von Reichsinstanzen damals schon als „Graf" geführt wurde, seiner Zahlungspflicht gegenüber Kaiser und Reich nicht nachkommen konnte. Der Neubau erhielt Staffelgiebel und vier Erker an der hohen Turmspitze. Die vier Ecken der Burginsel wurden mit Rondellen verstärkt. Zur Erinnerung an seine Hochzeit ließ Friedrichs Sohn Graf Rudolf IX. vermutlich 1549 ein noch erhaltenes steinernes Allianzwappen mit den Wappen von Hoya und Diepholz anbringen.

Am Anfang des 16. Jahrhunderts blühte die kinderreiche Familie, doch nur Friedrich war in der Lage, das Haus Diepholz fortzusetzen. Seine beiden Brüder standen in kirchlichem Dienst, die beiden Schwestern kamen als Herrscherinnen juristisch nicht in Frage. Friedrich hatte mit Eva von Regenstein (aus Blankenburg am Harz) nur einen Sohn, Rudolf, der bei dem frühem Tod des Vaters erst fünf Jahre alt war. Für ihn übernahm sein Onkel Johann die Regentschaft, bis Rudolf 21 Jahre alt war. Dessen Ehe mit Margareta von Hoya wurde mit einer Tochter und einem Sohn gesegnet. Aber als Rudolf IX. im Alter von erst 36 Jahren starb, war der kleine Friedrich erst vier Jahre alt. Mit 20 entließ er die lüneburgische Regent- oder Vormundschaft, mit 23 heiratete er Anastasia von Waldeck. Sie schenkte ihm zuerst die Tochter Anna Margareta (1580), dann einen Sohn, der schon am Tag nach seiner Geburt starb. Anastasia folgte ihm 13 Tage darauf. Der Graf tröstete sich zwar mit der Kammerfrau seiner Schwiegermutter, doch auch der illegitime Sohn aus dieser Verbindung überlebte seinen Geburtsmonat nicht. Friedrich II. aber starb am 21. September 1585 mit 29 Jahren an der Folge eines Unfalls.[18]

Zur Zeit dieses letzten Grafen Friedrich II. (1576-1585) waren im Alten Schloss der große Saal, das Graf-Franz-Gemach (nach dem Waldekker Schwager Friedrichs), das Spiegelberg-Gemach (nach dem Territorium einer Waldecker Nebenlinie um Coppenbrügge), das Stuben-Gemach, das Waldecksche Gemach, die Junkernkammer (für den „Thronfolger") und das Privatschulzimmer eingerichtet. Auch Wachtmeister-, Soldaten-, Wehr- und Harnischkammer befanden sich hier. Im Neuen Haus, dem Westflügel, lagen der obere Saal, der untere oder Rittersaal, die Hofstube und die Schreiberei. Im Ostflügel führte eine Galerie zu den einzelnen Räumen; eine weitere Galerie führte vom Nord- zum Westflügel am Turm entlang.

Phantasiezeichnung des Gastwirtes Witte von 1923

Die Diepholzer bauten ihre Vorrangstellung

zu einer Landesherrschaft aus. Friedrich der Ältere neigte dazu, sich den Grafentitel anzueignen, aber erst sein ihn überlebender Bruder Johann, der mehr als eineinhalb Jahrzehnte lang als Vormund für seinen noch unmündigen Neffen Rudolf fungierte, bezeichnete sich seit etwa 1530 ausschließlich als Graf und Edelherr.

Rudolfs Witwe Margareta aus dem Hause der Grafen von Hoya war nach dem frühen Tode ihres Mannes Rudolf 1560 offiziell Regentin für ihren Sohn Friedrich. 1562 erließ sie (sicher nicht ohne Einfluss des welfischen Vormundes) eine Holzordnung, die den Holzeinschlag im Diepholzer Bruch einschränkte. Die gleichzeitig in Kraft gesetzte Lohnordnung setzte Löhne für Knechte, Mägde, Tagelöhner, Torfgräber, Säger, Zimmerleute, Maurer, Kalkmacher, Pflüger und Radmacher fest.[19] Zur Bewertung dieser Ordnung schreibt Ernst Schubert, anders als in anderen deutschen Landen stünden solche Höchstlohnfixierungen für Tagelöhner, für Mägde und Knechte in Niedersachsen vereinzelt da.[20] Den zweiten Grafen Friedrich überlebten nur seine Mutter Margareta von Hoya (gest. 2. November 1596) und seine nach der heilig gesprochenen Landgräfin von Thüringen als „zweite Elisabeth" wegen ihrer Frömmigkeit und Mildtätigkeit gerühmte Tochter Anna Margareta, die 1610 den Grafen von Hessen-Butzbach heiratete und am 9. August 1629 kinderlos an Malaria starb.

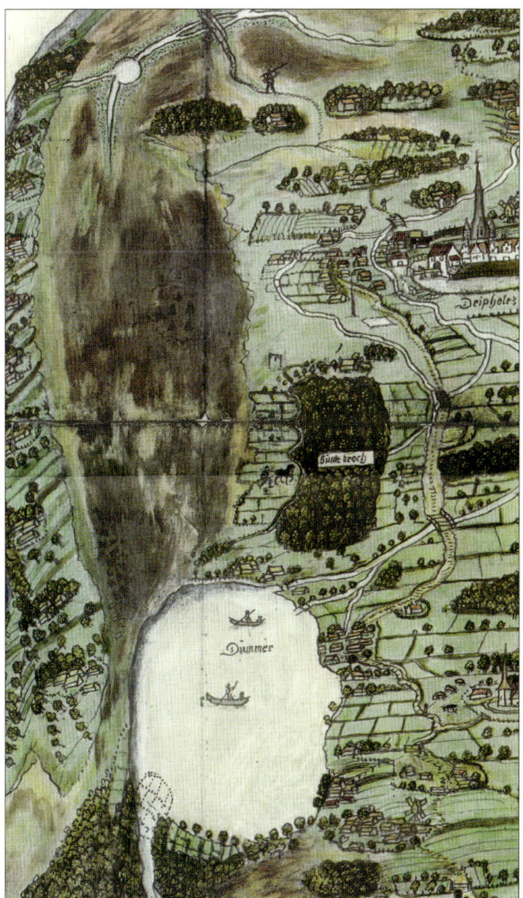

Karte von Diepholz aus dem Jahre 1593

Friedrich besaß eine Bibliothek mit theologischen Werken, wurde von dem reformierten Superintendenten und Schulreformer Christoph Pezel(ius) in Bremen 1585 mit einer ihm gewidmeten lateinischen Postille geehrt, hielt sich einen Leibarzt[21] und verfasste ein Kirchenlied, das auf die rücksichtslose Politik der Spanier in den Niederlanden und um Lingen Bezug nahm.[22] Auf seine Räte in der Regierung ist die erste Schulordnung vom 6. April 1584 zurückzuführen, die die Kompetenzen des Pastors als Inspectors, des Rectors (Lateinunterricht, Unterricht der nur deutsch lernenden Knaben, bei Bedarf Predigten) und des Küsters (Deutschunterricht, Beten, Latein, wenn nötig) und ihre Aufgaben bei Beerdigungen und im Gottesdienst festlegte.[23] Vorbereitet war die Schule seit längerem, doch ob 1538 oder 1560 tatsächlich eine Schule eingerichtet

Margareta von Hoya, Friedrichs Mutter

Anastasia von Waldeck, Friedrichs Gemahlin

Friedrich II.

Das „Jüngste Gericht", das Friedrich II. um 1580 malen ließ und aus dem die obigen Familienbilder und das untenstehende Bild des Schlosses stammen. Es hängt heute im Rathaus. *Foto: Reinald Schröder*

wurde oder doch erst 1570, als eine Kaplanei gestiftet wurde, in die Hermann Travest eingewiesen wurde, ist unklar. Noch im Herbst 1572 fehlte jedenfalls ein Schulhaus.

Friedrich ließ einen Prunksarkophag vor dem Altar der Kirche von Mariendrebber aufstellen. Auf ihm ist er liegend und betend dargestellt – er wusste, dass er der letzte Mann des Herrscherhauses war.

Edelherren, Grafen und Burgmannen unterhielten Beziehungen zu den Städten Bremen und Osnabrück, in denen wohlhabende Bürger wohnten, die ihnen Geld liehen. Sie erreichten am Anfang des 14. Jahrhunderts, dass zwischen Wiehengebirge und Lembruch keine Burgen mehr gebaut wurden. Die Diepholzer Landesherren schlossen am 14. April 1358 politische Verträge mit den Bischöfen von Minden und Osnabrück und den Städten Minden, Lübbecke und Osnabrück, um durch Bekämpfung von Straßenräubern gemeinsam für Frieden und wirtschaftliche Sicherheit zu sorgen.[24] Auch mit den benachbarten Grafen von Hoya und mit den Bremern lebten sie weitgehend in Eintracht.

Militärische Helfer des Burgherrn waren die Burgmannen, die als Lehnsmannen durch Grundbesitz abgesichert waren. Die auf der Münte wohnende Burgmannsfamilie (von) Voss stellte lange Zeit Männer für die Verwaltung. Der Drost Konrad Voss tötete einen Bediensteten und wurde inhaftiert. Johan Rulleman schrieb ihm Trostbriefe ins Gefängnis, was den Grafen Rudolf so erboste, dass er ihm eine von ihm mit des Grafen Erlaubnis gerodete Wiese neben der Wiese des Bürgers Boning wegnahm. Immerhin leistete er am 10. Juli 1560 mit einem Zuschlag am Varenkamp einen Ausgleich für die erbrachte Arbeit.[25]

Das Kornregister des Hauses Diepholz für die Zeit von April 1585 bis April 1590 erlaubt Einblicke in die Verhältnisse der Zeit.[26] Der Kornschreiber nahm am Hofe eine mittlere Position hinter den höheren Beamten ein. Er durfte ohne Wissen der Gräfin und des Drosten nichts verkaufen. Jede Woche musste er notieren, was an frischem und an geräuchertem Fleisch in die Küche kam und wie viel Futter man den vier Pferden der Gräfin und dem einen des Wildschützen gab. Er kaufte nach Bedarf hinzu und deckte den Bedarf für das Backhaus, das Brauhaus und die Pferdeställe und gab Lohnersatzleistungen in Form von Naturalien.[27]

Prominente Gäste wurden aufgenommen wie die Gräfin Anna von Waldeck, Graf Heinrich zu Schaumburg mit seiner Mutter, ein anderes Mal

Das Schloss zu Füßen des Weltenrichters in dem obigen Gemälde

mit seinem Bruder, der Kanzler des Bischofs von Osnabrück, Graf Simon VI. zur Lippe mit großem Gefolge und 74 Pferden und der Jurist Dr. Hoffschlag.

Gesprochen wurde noch niederdeutsch, auch wenn die Schriftsprache unter dem Einfluss der Reformation bereits hochdeutsch war. Doch einzelne „Ausrutscher" zeigen die plattdeutsche Grundlage des Schreibers: Öl gab es für den Koch in die „Köcken" (Küche), vor die „Köie" (Kühe), „vorfodert" (verfüttert), zur „Moelenn" (Mühle) und des Tuffelmachers „Dochter" (Tochter). Die Pastoren und die Lehrer führten im 17. und im 18. Jahrhundert einen hartnäckigen Kampf, um das Hochdeutsche durchzusetzen. Gehalten hat sich die ererbte Sprache aber auf dem Land bis heute; wer sie nicht spricht, gehört nicht richtig „dazu". Noch besser ist, wenn er die Familienverhältnisse im Ortsteil kennt und weiß, wer in welchem Haus wohnt.

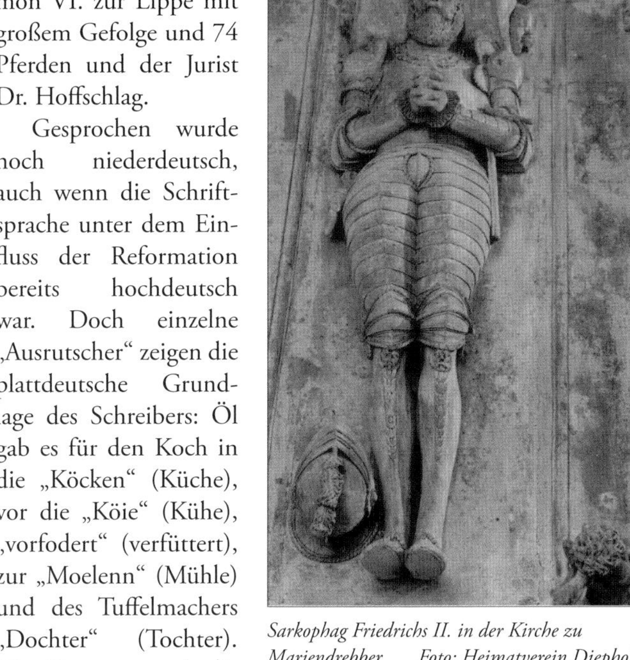
Sarkophag Friedrichs II. in der Kirche zu Mariendrebber Foto: Heimatverein Diepholz

Der Kaplan oder 2. Pastor Johannes Dreyer malte das Wappen, das dem Grafen mit in die Gruft gegeben wurde. Ein noch nicht weiter identifizierter Maler Gerd porträtierte nach dem Tod des letzten Friedrich seine Mutter und seine fünfjährige Tochter, die Vollwaise Anna Margaretha, die dann zur anderen Großmutter an den Waldecker Hof gebracht wurde, um dort besser erzogen zu werden, als das in Diepholz möglich war.

Kirche zu Mariendrebber

Hopfen wurde von Alfeld (Leine), Lembruch, Eickhöpen, Hüde, Rehburg (nahe dem Steinhuder Meer) und Oldenburg geliefert, Braugerste von der Burg Hoya, Hafer für die Pferde aus Oldenburg, Bremen, Burlage und von der Auburg. Rübensaat wurde aus Lemförde herbeitransportiert. Ein Töpfeschläger in Vechta reparierte die Braupfanne, Ziegel bezog man ebenfalls aus Vechta, einen Mühlstein aus Minden. Einmal verkaufte eine Frau frische Fische vom Dümmer.

Roggen nahm man zum Backen und als Futter für die Feldhühner. Gebraut wurde mit Gerste, Hopfen und Weizen. Rübensaat wurde zu Öl geschlagen und in die Küche gegeben, aber auch zur Beleuchtung verwendet.

Ochsen wurden in den Wetscher Zuschlag gebracht, Schafe auf den Kämpen gehütet, Weißkorn (Weizen) auf dem Dieckkamp und Gerste auf der Herren Kämpe gesät.

Die Siedlung Diepholz

Was verstand man unter dem spätmittelalterlichen Diepholz? Wie weit reichte die Besiedlung?

In einer Urkunde vom 6. März 1356 wurde erstmals ein „oppidum", eine kleine Stadt, erwähnt, deren Einwohner Untertanen des Edelherrn und noch ohne korporative Rechte waren, wenngleich sie doch ein gegenüber den Landbewohnern gesteigertes Selbstbewusstsein gehabt haben dürften.[28] Ihre nicht nur der Landwirtschaft dienenden Häuser hatten sie vor allem an der Langen Straße errichtet.

Am 13. Januar 1380 verlieh Edelherr Johann III. den Bürgern von Diepholz die Stadtrechte, die sich die Inhaber nach dem großen Brand sicherheitshalber im Jahre 1525 bestätigen ließen. Oberhof und Vorbild für strittige Gerichtsfälle wurde die Stadt

Graf Simon VI. zur Lippe (1554-1613) weilte im Jahre 1590 im Diepholzer Schloss.

Osnabrück, ohne dass damit der Rang der Stadt an der Hase jemals erreicht werden konnte.

Diepholz bestand damals nur aus der mittleren und einem Teil der südlichen Langen Straße, aus der Mühlen- und der Kolkstraße, die ebenfalls zunächst als Knüppelwege angelegt waren und bald als Steinwege befestigt wurden. Dann wurde die Fläche hinter der aus einem Wassergraben und einem Plankenzaun bestehenden Verteidigungsanlage, die Hinterstraße oder „achter den Planken" einbezogen. Das Plankenwerk war um 1563 teilweise verfallen und entsprach dem Stand der Waffentechnik ohnehin schon lange nicht mehr.

Die bleibende Macht des Edelherrn zeigte sich – bei allen seinen Zugeständnissen – schon darin, dass Stadtkirche, Pfarrhaus und Schulgebäude nicht auf städtischem Grund erbaut wurden.

Vielleicht in der ersten Hälfte des 16. Jahrhunderts wurde die Lohneinsel, die Neustadt, an der seit 1834 so genannten Lohnstraße auf der Westseite bebaut. Dort stand am „Lohn" oder dem „Lohnstrom" Platz für 26 Hausstellen zur Verfügung. Die bis heute erhaltene äußere Form belegt, dass die Bewohner mit wenig Raum auskamen und typische Ackerbürger waren. Ein solches Haus besaß keinen Schornstein. Zentrum war die offene Herdstelle mit einem beweglichen Kesselhaken für den Kochtopf. Die Mauern ruhten auf Baumstämmen und Stubben. Eichene krumme Dachbalken gaben dem Ganzen ein uriges Aussehen. Vom Nachbarn war das giebelständige Haus durch eine schmale, begehbare „Grope" abgetrennt, in die das Regenwasser ablief.
Das bürgerliche, wenig ertragreiche Handwerk war wohl von Anfang an für die meisten das der Tuchmacherei, denn die Tuchmacher traten um 1600 als erste gemeinsam als Gruppe auf.

An der Lohne stand eine bereits 1356 genannte herrschaftliche Wassermühle, woran heute noch die Mühlen- und die Kolkstraße erinnern. Da die bäuerlichen Oberlieger in Richtung Dümmer sich immer wieder darüber beschwerten, dass die Wasserstände auf ihren Grundstücken nach den Bedürfnissen der Mühle ausgerichtet wurden, ordnete Graf Johann 1539 an, dass die Mühle im Sommer stillgelegt und als Ersatz eine Bockwindmühle auf dem Eschfeld errichtet wurde.[29]

Das Rathaus wurde so gebaut, dass es zugleich als Stadttor nach Norden diente, bis es ein paar Hausstellen weiter nördlich durch die Lappenberger Pforte abgelöst wurde. Nach Westen zwischen den beiden Lohnen kontrollierte den Zugang das Willenberger Tor, durch das die Straße zum Willenberg führte, einer durch und durch ländlichen Siedlung, die aber mit Diepholz in mancher Hinsicht, wie durch die gemeinsame Kirche, verbunden war. Ungeklärt ist, ob es beim Hause Laker-Wiele (Steinstraße) noch ein weiteres Tor gab, die Wusteporte, und ob der Name wirklich auf „Wurst" oder doch

Das 1599 neu erbaute Diepholzer Rathaus auf dem Merian-Stich von 1647

eher auf „Wöste, Wüste“ (unbebaute Stelle) zurückzuführen ist.

Die Burgmannen

Die mittelalterliche Bevölkerung war keine Gesellschaft der Gleichen. Die Burgmannen wie Ledebur, von Hitzfeld, von Rahden, Brandes, von Voß, von Scherling, von Kisleben, von Stemshorn und Hedemann waren Ministerialen oder Lehnsleute der Edelherren und bewohnten ihre Häuser zwischen Burg und Stadt, also außerhalb der Stadtbefestigung. Sie waren zunächst Unfreie, die aber zu freien Rittern aufstiegen. Es gab acht bis zehn Burgmannshöfe, von denen der bekannteste derjenige der langfristig erfolgreichen Familie von Voß ist, weil sie als Nachfolgerin des Münzmeisters Lambert Vlemynck seit 1523 auf der ehemaligen Münte „saß“ und seit dem 18. Jahrhundert auch über das kleine, nicht mehr bestehende Gut Diekamp an der Straße nach Ossenbeck und Aschen und über das stattliche Rittergut Falkenhardt jenseits der Hunte verfügte. Auf sie sind zudem die späteren Siedlungen Junkernhäuser, Vossen Bruchhof und Vossen Neufeld zurückzuführen.

Von allen hat die Bezeichnung „Burgmannshof“ nur das innen erheblich modernisierte und außen veränderte Ärztehaus von 1980 mit einer Apotheke an der Stelle des Hofes der wohlhabenden Familie Ledebur behalten, nach der die Ledebourstraße benannt ist. Der Hof von Hitzfeld stand etwa dort, wo heute das Diakonische Werk seine Büroräume nutzt.

Die Burgmannen waren durch Landbesitz wirtschaftlich gesichert und mussten keine Steuern zahlen und sonstige Lasten tragen, da sie Kriegsdienste leisteten, während alle anderen als Handwerker und Kaufleute finanziell zu Abgaben oder körperlichen Leistungen für die Allgemeinheit und für die Obrigkeit herangezogen wurden. Die Burgmannen aber erweiterten ihren politischen Einfluss auf das Land, indem sie in der Verwaltung eingesetzt wurden, über die Steuern mitbestimmten und über die Politik den Landesherrn berieten.

Das Leben war nicht spannungsfrei. Die Burgmannen fühlten sich als die eigentlichen Herren, waren gewalttätig bis hin zu Morden und mutwillig gegen Fremde, gegen gräfliche Diener und Untertanen. Den Rat Dr. Hüsken bedrohte einer mit gespannter Büchse, Johann Voß drohte vor der Gräfin, er werde den Drosten erschießen oder erstechen, Otto von Rahden kündigte im Beisein des Landdrosten an, Konrad Hedemann umzubringen oder sich mit ihm zu duellieren.[30]

Die nichtadligen Bürger

Auch die Bürger waren nicht immer friedlich. Einmal vertrieben sie gräfliche Eigenbehörige, die in ihrer Allmende Zuschläge machten, und verwundeten einige lebensgefährlich. 1571 drangen sie bewaffnet auf den Herrenhof und plünderten die Zehntscheune. Sie rissen dabei dem gräflichen Kanzleibeamten Conrad Römling, immerhin dem ältesten Sohn des Superintendenten, den Weg vor seinem Hause auf, so dass er weder ein- noch ausfahren konnte, und drohten, alle Beamten und Diener totzuschlagen. Ein militärisches Aufgebot nahm die Rädelsführer gefangen.[31] Es mag sein, dass auch deswegen der Pastor und Kirchenhistoriker Hermann Hamelmann ein Jahr später die Diepholzer als „wildes, rohes Volk“ bezeichnete, obwohl er den Ort nur einmal als Besucher kennengelernt hatte.[32]

Dicht südlich der Stadt wurde ein geistliches Zentrum mit Gemeindekirche und Kirchhof angelegt, zu dem im späten 16. Jahrhundert auch die erste Schule trat. 1599 wurde der Friedhof nach Norden außerhalb der Stadt verlegt und ein Teil für Wohnhaus, Wirtschaftsteil und Garten des 1. Pfarrers umgewidmet.

Durch Käufe abgabenfreier Hausstellen stiegen mehrere Bürger zu Freisassen auf und unterstanden dann ebenfalls nicht dem Rat.

Bürger konnte nur sein, wer eine Hausstelle besaß. Zog jemand zu und kaufte ein Haus, musste er ein Bürgergewinngeld zahlen und nachweisen, dass er in der Lage war, mit einem Ledereimer bei einem Brand zu Hilfe zu eilen, denn jeder war bei Strafe zur Hilfe verpflichtet, indem er mit anderen eine Kette bildete, die den gefüllten Wassereimer vom Brunnen zum Brandort weiterreichte. Natürlich konnten mehrere Ketten gebildet werden. Friedrich Schiller hat in seinem Versepos „Das Lied von der Glocke“ das Geschehen bei einem Brand in der Stadt anschaulich dargestellt.

Das alltägliche Leben der Bewohner hat nur geringe Spuren hinterlassen. Henkel- und Grapengefäße mit kurzen Fußstümpfen und Kugeltöpfe wurden im Haushalt verwendet. Auf den 6 m langen und 1 m breiten, wirtschaftlich genutzten Lohnekähnen erreichte man Uferstellen, die zu Fuß nicht erreichbar waren.

Die Lehmfachwerkhäuser waren Kopien der Bauernhöfe in der Umgebung, mit einer verkleinerten Deele (Diele, Tenne) und den Seitenboxen für das Vieh. Am Ende der Deele versammelten sich die Bewohner um das Herdfeuer, der dahinter beginnende Wohnteil war verhältnismäßig klein. Originale aus dem Mittelalter sind nicht erhalten, doch können wir einen Grundriss nach dem Muster eines eher kleinen Hauses an der Lohnstraße von 1910 rekonstruieren. Es war 8,90 m breit. Man betrat es über die 4,60 m breite Tenne und sah links den Kuhstall von 2 m Breite und rechts den Schweinestall mit 1,70 m Breite. An diesen Wirtschaftsteil schlossen sich Küche, Stube, und rechts hintereinander zwei Kammern an, die von einem Vorplatz am mittleren Ende der Tenne erreichbar waren. Dieser Wohnbereich entspricht nicht spätmittelalterlichem Bauen, denn eine separate Küche ist gegenüber früherem ländlichem Bauen durchaus unüblich. Auch eine Stube hat es als überflüssigen „Luxus" einst nicht gegeben.

Über die Berufe der Bewohner sind wir nur sporadisch unterrichtet. Vereinzelt geben Familiennamen aus dem 16. Jahrhundert Hinweise. Ein Hufschmied war unerlässlich für die Bedürfnisse des Adels, der auch seinen Hofgeistlichen, den Meier vor der Burg, einen Amtmann, einen Hausvogt, einen Trompeter, einen Strohschneider, bei Bedarf sechs Burgwächter, Wäscherinnen und Spinnerinnen, den Scharfrichter und den Gerichts- und Kornschreiber benötigte. Graf Rudolf hatte 1555 einen Arzt, Hinrich Gummersbach.[33] Einen Wasser- und einen Windmüller, einen Hufschmied, einen Schuhmacher, einen Zimmermann, einen Schneider, einen Viehhirten und einen Böttcher (Bödeker) brauchten auch die Bürger. Die Namen Leineweber, Tuffelmacher, Geelgießer, Rademacher und Rohrmacher weisen ebenfalls auf handwerkliche Berufe hin. Ein Leineweber Bernd Kramer lieferte die Laken für die Windmühle.[34] Upm Orth (an der Südspitze des Willenbergs), Rübekamp oder Röwekamp, uffm Mohr, Schürmann von der Ovelgönne, vom Growege und uffr Masch alias Feuss geben die Lage von Hofstellen außerhalb der Stadtbefestigung an. Typisch sind auch Namen auf -ing wie Lehnkering, Alberding, Hilmerding, Ben(n)ing, Meyering, Schwanking, Cording, Assling, Wiecherding und Drosting.

Der Tuchmacher

Vermutlich im frühen 16. Jahrhundert ließen sich Tuchmacher in der Neustadt (Lohnstraße) nieder, denen sich wenigstens ein Färber zugesellte. Ungefähr in dieser Zeit wurde auch das Lappenberger Tor gebaut, durch das zusätzlich der Bereich vom Rathaus bis nördlich der Ledebourstraße geschützt wurde. Im 17. Jahrhundert war die Lange Straße hier bereits bis zum Kuhdamm mit Steinen befestigt, und im Westen kennzeichnet noch heute die Bezeichnung „Steinstraße" den Fortschritt gegenüber anderen Straßen.

Immer wieder war das Staurecht des Wassermüllers ein Problem. Staute er den Zufluss zu lange, litten darunter als Oberlieger im Süden die Angehörigen der Kirchspiele Diepholz und Burlage. Daher erließ Graf Johann 1539 eine Stauordnung, nach der der Müller vier Wochen vor „Maitag" bis 14 Tage nach Michaelis (29. September) die Schütten vor der Mühle aufziehen und hinlegen sollte, was Bürgermeister und Rat kontrollieren sollten. Kamen sie ihren Pflichten nicht nach, wandte sich der Müller an die Obrigkeit des Landes und erhielt Hilfe wie am 28.

September 1648, als Herzog Friedrich forderte, die wegen Hochwassers aufs Rathaus gebrachten Schütten („Schütze" im Sinne von das Wasser regulierenden dicken Brettern) sollten zur Mühle zurückgebracht werden, und er von Bürgermeister und Rat forderte, „dass Ihr alsdann auf unsern gebot also gehorsamblich pariret und gelebet."[35]

Um die Stadt standen Einzelhöfe und die landwirtschaftlichen Gebäude auf dem Willenberg, deren Besitzer als Eigenbehörige dem Hausvogt unterstanden und somit nicht zur Stadt gehörten. Erst seit 1680 konnten die Bewohner sich freikaufen. An der Südspitze aber, dem Ohrd, stand ein sicherlich alter Hof, der die einzige freie Stelle des Willenbergs darstellte. Eine klar erkennbare Grenze zur Stadt Diepholz gab es nicht, so dass ein Diepholzer Haus neben einem Willenberger stand, was zu Streitigkeiten führte.

Keine Bürger waren auch diejenigen, die zwar in der Stadt lebten, aber keinen Grundbesitz hatten, sondern zum Gesinde gehörten oder als Tagelöhner dienten. Im gesellschaftlichen Gefüge abseits stand auch der Scharfrichter am Rande des Moores. Aus der Grafenzeit ist namentlich nur Meister Peter bekannt, der einen guten Ruf hatte. 1579 wurde er zur Tortur eines Beschuldigten nach Vörden gerufen, 1580 richtete er in Fürstenau eine Brandstifterin mit dem Schwert hin. 1582 wurde er mit seiner Frau und seinem Knecht wiederum vom Amt Fürstenau angefordert und belohnt. Da der Scharfrichter die Tierkadaver beseitigte, hatte er gut zu tun. Obwohl man ihn also dringend benötigte, gehörte er wegen seiner Aufgaben zu den „unehrlichen Leuten", galt also als ehrlos.

Das Stadtrecht von 1380

Die Stadtrechtsurkunde beinhaltete vor allem die Entlassung der Grundbesitzer aus dem Eigenrecht, so dass Bürger und Burgmannen über ihre Immobilien für alle Zukunft bestimmen durften.[36] Vor Diepholz war Iburg 1359 mit diesem Recht begabt worden, es folgten Vörden (1387) und Fürstenau (1402).

Frei wurde die Fläche vom Willenberger Tor („Pforte") an der Lohne vor der späteren Steinstraße bis zu Strakemanns Aue und vom anderen Tor (über der Langen Straße südlich der Ecke zur heutigen Wellestraße) bis über Logemanns Brücke (nördlich der heutigen Superintendentur). Frei wurde auch die Nutzung von Wasser, Weiden und Wegen, besonders auf dem Groweg zum Sankt Hülfer Fladder für Plaggenhieb und Viehtrift, ohne dass sowohl der Edelherr als auch die Sankt Hülfer und die Wetscher sie behelligen durften.

Verstieß jemand gegen diese Rechte, so durften die Bürger vor dem Edelherrn klagen, der ihnen gegenüber zur Hilfe innerhalb eines Monats verpflichtet war.

Den Esch überließ der Edelherr den Diepholzern als Erblehen, dafür mussten sie ihm jede vierte Getreidegarbe abliefern. Für ihre Kämpe um die Stadt mussten sie nur den Zehnt geben, weil sie weniger Erträge abwarfen.

Im Falle einer Feuersbrunst lieferte der Edelherr Holz zum Wiederaufbau mit der Einschränkung: soweit er es beschaffen konnte. Anfang August 1588 brannte es tatsächlich in größerem Umfang, und die Gräfin schenkte bzw. verkaufte den Opfern Roggen, und die Räte ließen einen Meister Cord die Grundstücke neu vermessen. (Ihrerseits waren die Diepholzer verpflichtet, die hölzernen Bestandteile der Burg zu reparieren, wozu die Burgherren eventuell das Holz zu stellen hatten.) Möglicherweise war die erwähnte Feuersbrunst auf einen Johann Möller aus Diepholz zurückzuführen, der jedenfalls von Bürgermeister und Rat zu Diepholz wegen Brandstiftung angeklagt und eingekerkert worden war und am 22. Dezember 1590 in Osnabrück Urfehde schwor, wofür er in Osnabrück neun Bürgen fand. „Urfehde" bedeutete, dass er sich für die Haft nicht rächen wollte.

Die Verwaltung lag in den Händen des Bürgermeisters und der vier Ratsmänner, -leute oder -herren. Am 5. Januar feierte der für ein Jahr gewählte Bürgermeister seinen Abschied in kleinem Kreis. Am folgenden Tag saßen vier von den Ratsherren bestimmte Körnoten (Kür- oder Wahlgenossen) mehrere Stunden lang in der Körstube bei Kerzenlicht und Bier zusammen und berieten über den nächsten Bürgermeister. Währenddessen wurde für die wartenden Bürger Bier ausgeschenkt. Dann verkündeten die Körnoten ihre Entscheidung juristisch formuliert als „Vorschlag", der die Versammlung aber ohne Erörterung zustimmte.

Die Aufgaben der Stadtobrigkeit erstreckten sich auf Polizei und Justiz, Verteidigung, Finanzen, Rechungslegung, Pfandbriefe, Kaufverträge und Besichtigungen in Streitfällen. 1572 protestierten Burgmänner, Bürgermeister und Rat gegen die Eingesessenen zu Heede wegen des Heumachens, und erst 16 Jahre später schlossen sie mit ihnen einen Vertrag.

Der erste bekannte Bürgermeister war im Jahre 1380 Abeken Schowe, zugleich Vermögensverwalter der kleinen Kirche in Sankt Hülfe. Herausragende Familien, die mehrfach Bürgermeister stellten, waren Kenneweg, Lehnkering, Schomaker, Grelle, von Bordeloh und Hedemann. In der Kirche in Mariendrebber ist ein Grabstein für die Bürgermeistersgattin Anna Hartwech geb. Moller erhalten.

Das Prinzip der drei Stände fand auch auf die Grafschaft Diepholz Anwendung. Die Kirche wurde in der erst spät nachweisbaren „gemeinen Landschaft" durch einen Prälaten (= bis zur Reformation Dechant und Kapitel von Mariendrebber, bis 1567 ein Vertreter des Klosters Burlage), der Adel durch einen bis vier, meistens zwei Vertreter und die „gemeinen Stände" durch den Bürgermeister und Rat zu Diepholz (selten auch durch Lemförde) repräsentiert. Diese Institution war vor allem für die Finanzpolitik der Grafschaft zuständig, und daher hatten der Landdrost der Regierung, die Burgmannen und der Bürgermeister seit 1560 je einen der drei Schlüssel zum Legekasten der Landschaft in der Hand; ohne ihn konnte es für den ohnehin geldlich oft „klammen" Landesherrn eng werden. Nach dem Tod eines Regenten nahm die Landschaft interimistisch die Regierungsverantwortung wahr.

Jeden Mittwoch wurde Gericht im Rahmen der niederen Gerichtsbarkeit gehalten. In Zivil- und leichten Strafsachen klagte der Edelherr vor dem Rat, während in Sachen anderer Untertanen gegen Diepholzer der Edelherr entschied, aber innerhalb von zwei Wochen, widrigenfalls das Stadtgericht verhandelte und entschied.

Recht sprach die Gemeinde, aber in Wirklichkeit war es in ihrem Namen der Rat. Verhängt wurden in der Regel Geld- oder Blockstrafen, Haft dagegen war das letzte Mittel. Strafen sind für Hinrich Bödeker, Paul von Hitzfeld, Johann von Aufurt und mehrere Burgmannen überliefert. Zahlungsfähige wurden von ihren Familien ausgelöst und gegen die schriftliche Versicherung freigelassen, dass sie sich nicht rächen würden, was man als „Urfehde" bezeichnete.

Die Stadt leistete sich noch in der ersten Hälfte des 16. Jahrhunderts einen Richter, doch drang das Römische Recht vor und mit ihm der Amtmann als Interpret des Rechts, wodurch das Gewohnheitsrecht durch das geschriebene Recht abgelöst wurde, für dessen Anwendung akademisch ausgebildete Berufsjuristen erforderlich waren.

In den Händen der adligen Oberherrschaft blieb die Halsgerichtsbarkeit für die schweren Kriminalfälle. Bei Hemtewede stand der Galgen, eine gewiss auch hier verwunschene Stätte, an der die Menschen ungern vorübergingen. Seit 1579 sind Scharfrichter nachgewiesen.

Aber schon um 1570 muss Böses geschehen sein. Osnabrücker Untertanen holten aus dem Huntebruch Eschen und Brennholz, und der Graf bedrohte sie mit der Todesstrafe. Die Galgen waren schon aufgestellt. Doch die Täter brachen aus und kamen davon, wenn auch ohne ihr schon sicher gewähntes Holz.[37]

Lambert Vlemynck – die Tragödie eines Menschen

Eine verzwickte Angelegenheit war der Fall des Münzmeisters Lambert Vlemynck, geboren 1443 in einer in Flandern verwurzelten Familie.[38] Um 1500

Der Münzfälscher Vlemynck vor der Kreissparkasse Grafschaft Diepholz. *Foto: Reinald Schröder*

stand er im Dienst des Bischofs von Osnabrück und Münster, hielt sich von 1508 bis 1512 in Deventer auf, dann bis 1515 wieder in Osnabrück und auch mal in Münster. 1515 zog er nach Diepholz und bewohnte hier ein Haus gegenüber der Burg, das seitdem die Münte genannt wird. Voss prägte in fremdem Auftrag vor allem gefälschte Münzen, die in Sachsen und in der Lausitz verbreitet wurden. Sein Arbeitgeber, der Edelherr, ließ ihn bevorzugt Pfennige mit dem böhmischen Löwen herstellen, die auf der Leipziger Messe und an der oberen Spree und der Neiße zunächst nicht auffielen. 1523 verkaufte Vlemynck das Anwesen an den Edelherrn Friedrich, der es an Cord Voß als Lehen vergab. Offenbar zog Vlemynck wieder nach Osnabrück, agierte weiter im gewohnten Milieu und fälschte (vielleicht auf eigenes Risiko) Schnaphanen-Münzen, die im Herzogtum Geldern üblich waren. 1531 wurde er zur Rechenschaft gezogen und auf dem Marktplatz in Osnabrück in siedendem Wasser verbrannt. Überlebt haben ihn seine Tochter Hillike verheiratete Weinschröder und sein Sohn Jasper.

Die Wirtschaft

Über das Wirtschaftsleben sind wir nur spurenweise unterrichtet. Pferde, Rinder und Schweine wurden von denen gehalten, die Landwirtschaft betrieben, und das waren die meisten. Roggen war das Hauptgetreide im Eschfeld. Weitere landwirtschaftlich genutzte Flächen wurden auf schmalen Kähnen erreicht, die zu Gärten, Weiden und Wiesen gestakt wurden und auf denen man alles transportierte, was man dort brauchte oder erntete. Die wenigen Straßen außerhalb des Eschfelds waren zunächst in der Form von Bohlenwegen aus etwa 50 cm starken Eichen- und Erlenholzkloben angelegt, die längs- und quergelegt wurden und auf Strauch- und Astwerk ruhten.

Nördlich des Lappenberger Tors bis zum Bremer Eck dehnten sich Hopfengärten aus. Das Diepholzer Bier eignete sich vor allem zur Biersuppe, schmackhafteres wurde aus Minden bezogen. In den zahlreichen Gärten wurden auch Gemüse wie etwa Bohnen gezogen. Fische fing man in den Flüssen und Bächen in der Stadt und in der Umgebung; das Recht zum Stellen von Netzen und Reusen war wenigen vorbehalten. Lüneburger Salz zum Pökeln und Würzen ist wohl über Goldenstedt und Barnstorf eingeführt worden.

Im Spätmittelalter ging man, ausgehend von den städtischen Vorbildern Osnabrück und Bremen, von der Natural- zur Geldwirtschaft über.

Zwei freie Märkte genehmigte Johann III. von Diepholz in seiner Stadtrechtsurkunde. Danach müsste der erste Markt vom 1. bis 19. August 1380 stattgefunden haben, der zweite vom 6. bis 12. Oktober jenes Jahres. Auch wenn man in der Mitte des 20. Jahrhunderts dazu überging, den Großmarkt seit 1380 zu zählen, gibt man damit lediglich die Zahl der erreichten Jahre, nicht aber die uns unbekannte Zahl der tatsächlich stattgefundenen Septembermärkte an.

Am 26. Juli 1577 wurden für den Handel mit Pferden, Ochsen, Kühen und Schweinen der gesamten Grafschaft zwei neue Markttage in Diepholz eingeführt, und zwar am Montag nach Palmsonntag und am Tag nach Matthäus, dem 21. September. Den zuletzt angeführten sagte Gräfin Margaretha 1591 auch für Hantierungsleute (also Handwerker) wegen der anhaltenden Besetzung Vechtas durch Kriegsvolk ab, 1598 ließ ihn der Amtmann Fischer wegen der grassierenden Pest ausfallen. Marktbesucher kamen in der damaligen Zeit sogar aus Bremen.

1614 legte Bischof Christian von Minden und Herzog von Braunschweig-Lüneburg den 22. September als Jahr- und Viehmarkttag fest und folgte damit annähernd dem Brauch aus der Grafenzeit. Im Wesentlichen halten wir uns bis heute daran, wenn auch mehr und frühere Tage zur Verfügung stehen.[39]

Brände waren in allen eng bebauten Orten nicht selten. In Diepholz wüteten große Brände 1522 oder 1523 nicht nur im Schloss; sie erfassten vermutlich auch das Rathaus, weshalb die Bürger bei der Herrschaft um eine Bestätigung ihrer Stadtrechte nachsuchten.

Ein Armenhaus ist in der späten Grafenzeit nachweisbar.[40] Gräfin Margaretha förderte es vom Anfang ihrer Witwenschaft bis zum Ende ihres Lebens.

Die Kirche

Kirchlich war die gesamte Bevölkerung seit der Missionierung im 9. Jahrhundert römisch-katholisch. Im 15. Jahrhundert besuchte sie die Gottesdienste in der bescheidenen Pfarrkirche. 1521 förderte Edelherr Friedrich I. den Neubau der Kirche durch einen Kollektenbrief.[41] Verehrt wurden besonders die Trinität (heilige Dreifaltigkeit) und die heilige Anna. Auch das heilige Kreuz zog die frommen Christen an; eine nach ihm benannte Gilde sorgte für das ewige Licht des heiligen Sakraments.[42]

An der Steinstraße stand eine Heiligenfigur, weshalb die dortige nach Norden abzweigende Stichstraße noch heute Hilgen- oder Hilligenstraße heißt. Der im späten 14. Jahrhundert gegründete Kaland, eine Bruderschaft, die sich jeweils am Monatsersten, den lateinisch „Kalenden" genannten Tagen traf, pflegte das religiöse Leben und sorgte für die standesgemäße Bestattung seiner Mitglieder und für die Seelenmessen der verstorbenen Mitglieder. Die gespendeten Gelder und Naturalrenten wurden ausgeliehen. Ebenso unterstützte die kurz vor der Reformation genannte Bruderschaft der Dreifaltigkeit wahrscheinlich den Geistlichen am Trinitäts-Altar.

Ende 1528 gelang es der Gräfin Eva von Regenstein nach langem Drängen, ihren Ehemann Friedrich I. zu bewegen, den 1481 in Borgelen bei Soest geborenen Lektor im Osnabrücker Minoritenkloster Patroklus Römling nach Diepholz holen zu lassen. Vielleicht hatten auch die benachbarten Grafen von Hoya und die Welfen ihren Anteil daran. Der in Soest erfolgreiche Prediger hatte einst nach dem Willen seiner Vorgesetzten in Köln entweder verhaftet oder ermordet werden sollen, da er offensichtlich dem Luthertum zuneigte. Doch entdeckte er rechtzeitig die Intrige und floh nach Osnabrück. Seine Predigt gefiel dem Grafen und er stellte ihn ein. Nun wurden im Gottesdienst deutsche Lieder gesungen, und Römling stritt gegen die Kanoniker und Vikare im geistlichen Stift Mariendrebber. Zwar blieb Friedrich der gewohnten Lehre treu, starb aber im folgenden Jahr auf einer Reise in Essen (Ruhr). Sein Bruder Johann VI., bisher Domherr im teilweise der Reformation zuneigenden Köln, ließ sich in Diepholz nieder und wurde alleiniger Regent für seinen kleinen Neffen Rudolf IX.[43] Johann ließ der Reformation zuerst ihren Lauf, wurde bald aber zum eigentlichen Begründer der lutherischen Landeskirche in der Grafschaft, an deren geistlicher Spitze der oben vorgestellte Römling stand. Johann als Patron oder Summepiscopus (höchster Bischof) verbot 1532 die nur noch in Mariendrebber praktizierten lateinischen Messen, das lateinische „Radebrechen", die Vigilfeiern (Nachtwachen zu gottesdienstlichen Zwecken), die Weihe des Salzes, die Lehre vom Fegefeuer und die Niederwerfung in Kreuzform vor dem Altar, woraufhin die Betroffenen vergeblich versuchten, im benachbarten Jacobidrebber die Überlieferung zu retten. Die Traditionalisten wurden auch von dort vertrieben. 1538 säkularisierte Johann zudem das Benediktinerinnenkloster in Burlage.[44]

Der Abendmahlskelch aus dem 14. Jahrhundert aus dem Inventar der Pfarrkirche

Auch seine Verwandtschaft ärgerte er, indem er seine „concubina", die Tochter eines Diepholzer Bürgers Reineke Sander, zu sich nahm und sie mit einem neuen Haus im bisherigen Garten des Johann Rewilde und dem notwendigen Hausrat bedachte. Er schenkte ihr Schmuck und erhob die offiziell zunächst „biligersche" (Beiliegerin) Genannte schließlich zur „Frau von Diepholz". Immerhin musste er zugestehen, dass eventuelle Kinder aus dieser Verbindung nicht die Herrschaft antreten

Die neue Diepholzer Kirche aus dem Merian-Stich von 1647

durften. Nach seinem Tod um 1545 spielte sie keine Rolle mehr.

1559 nahm Johanns Neffe Graf Rudolf, inzwischen seit über einem Jahrzehnt Herrscher, die rechtlich immer noch der Kirche zustehenden Seelenmessgelder in Mariendrebber an sich; von ihnen bezahlte seine Witwe im Jahre 1562 Roggen für die Armen in Diepholz und ließ gleichfalls die Diepholzer Schule davon profitieren.[45] Die Diener des Grafen Rudolf verwendeten die Messgewänder für ihre Fastnachtsspiele.[46]

1569 bis 1571 stritten Pastoren untereinander und die Regierung mit den Pastoren über die Gestaltung des Gottesdienstes und den Exorzismus bei der Taufe und wurden calvinistischer Einflüsse aus Bremen verdächtigt. Römling und vier Reformer wandten sich gegen die weiterhin gebräuchlichen Messgewänder, den ebenfalls beibehaltenen Exorzismus bei der Taufe, gegen das Recht der Frau, die Nottaufe zu spenden, und gegen brennende Kerzen während des Abendmahls. Nach Römlings Tod 1571 setzte der Vormund des jungen Grafen, Herzog Wilhelm von Braunschweig-Lüneburg, mit Hilfe einer Kommission aus einem Juristen und zwei Geistlichen die Lüneburgische Kirchenordnung von 1564 durch. Römlings Nachfolger Andreas Conradi verwirklichte diese die herkömmlichen Riten fördernde Lüneburger Kirchenordnung dann ohne Widerstand.

Das Nachleben der Grafenzeit als Spiegel der Zeiten

Im Jahre 1498 stiftete Edelherr Rudolf ebenso wie für Sankt Hülfe und Goldenstedt einen versilberten Vogel als Abzeichen des Schützenkönigs, so dass das alljährliche, lebendig gebliebene Schützenfest bis ins 15. Jahrhundert zurückdatiert werden kann und dementsprechend 1998 sein 500. Jubiläum festlich begangen worden ist. Dieser Vogel an der Schützenkette wurde noch 1904 als Eigentum des Magistrats, nicht des Schützenkomitees bezeichnet und ist daher durchaus als ein Zeichen alten Bürgerstolzes zu werten.[47]

Die Grafenzeit lebt nach und wird gern für verschiedene Zwecke eingesetzt. Das „Hotel zum Grafen (von Diepholz)“ an der Langen Straße war einst das erste Haus am Platze. Schloßstraße, Turmstraße, Am Burggraben, An der Herrenweide, Grafen-, Friedrich-, Rudolf- und Johannstraße sind auf die Erinnerung an das Diepholzer Hochadelsgeschlecht zurückzuführen, haben ihre Namen aber erst im 20. Jahrhundert erhalten.

Der Schlossturm ist das Wahrzeichen der Stadt geblieben und wird vom Staatlichen Baumanagement Osnabrück im Auftrag der Landesjustizverwaltung unterhalten. Das Bewusstsein des für die Bedeutung der Stadt historisch wichtigen Marktprivilegs von 1380 führt zur Zählung des Großmarkts seit jenem Jahr. Von 1932 bis 1977 bestand der „Landkreis Grafschaft Diepholz“.

Das Stadtwappen

Das Wappen des Landkreises Diepholz

Das Stadtwappen zeigt auf goldenem Schild den roten, aufrecht nach links schreitenden, goldgekrönten Löwen. Er ziert auch als ein Bestandteil wie schon in dem des früheren Landkreises Grafschaft Diepholz das Wappen des Landkreises Diepholz. In der Stadtflagge erscheint dieses

Wappen im Mittelfeld, umgeben von den untereinander angebrachten Farben blau und gelb.

Gern erzählten die Interessierten Sagen über die Grafenzeit. Die Abstammung des Grafenhauses von den Römern oder den Friesen ließ man sich bereits vor Jahrhunderten in der Renaissance einfallen, wie auch der Sagenkreis um Karl den Großen mit der Stiftung der Kapelle in Sankt Hülfe als Dank für einen Schlachtensieg bei Felstehausen und die ehrende Aufnahme von drei (angeblichen) Blutstropfen in das Wappen des tapferen Edlen von Diepholz ein höheres Alter vermuten lassen.[48] Von den Grafen selbst wurde gern auf die Erlebnisse eines Familienmitglieds hingewiesen, der als unbekannter Küchenjunge am schwedischen Königshof gedient haben und auf der Jagd mitten im Wald der Königstochter begegnet sein soll, die ihm einen Ring schenkte. Den erkannte der König wieder und verheiratete den Niedersachsen mit der Prinzessin. Als das junge Paar nach Diepholz zog, warf die Schwedin bei Goldenstedt Münzen von der Huntebrücke, und kühne Taucher holten sie herauf. Diese Sage war auf Bildtafeln im Diepholzer und im Lemförder Schloss noch 1632 zu sehen; sie sind dem Dreißigjährigen Krieg zum Opfer gefallen. Im Neuen Schloss in Butzbach (Hessen) war ein von der dort lebenden letzten Grafentochter Anna Margaretha gewünschtes Deckengemälde zu diesem Thema bis weit ins 18. Jahrhundert erhalten. 1909 erzählte man sich noch von einem unterirdischen Gang von Diepholz bis zum Dümmer, später gab man sich realitätsnäher und behauptete nur die kurze Entfernung bis zur Münte.[49]

Schon bald nach der Gründung der ersten Diepholzer Zeitung erschien ein Artikel über Anna Margaretha.[50] 1897 suchte ein unbekannter, jedenfalls geschichtlich höchst Interessierter (vielleicht Bernhard Engelke in Linden bei Hannover) per Anzeige Urkunden und Münzen.[51] 1898 organisierte die Maifeier Sankt Hülfe-Heede einen Festzug mit „Rudolf von Diepholz". 1905 wurde das Nordfenster des Rathaussaales mit einer von dem Berliner, aus Diepholz stammenden Fabrikanten Fontheim gestifteten Glasmalerei versehen, die die Verleihung des Stadtrechts durch den Edelherrn Johann von Diepholz würdigte. Dass dieses Fenster in den achtziger Jahren ins neue Rathaus umgesetzt wurde, ist ein bemerkenswertes Zeichen dafür, dass Geschichte (wenngleich mit den Wappen der königlich preußischen Provinzialepoche) inzwischen stärker beachtet wurde, wozu auch der Umstand beitrug, dass die Inschrift an die jüdische Geschichte erinnert. Wilhelm Kinghorst schrieb 1912 seine Dissertation über die Grafschaft von der Reformation bis zur Zeit ihres Übergangs an Braunschweig-Lüneburg. 1924 erschienen die „Heimatblätter für die Grafschaft Diepholz" mit dem Schlossturm auf der Titelseite und widmeten ihre erste Ausgabe dem Schloss. Herausgeber war der „Heimatverein für die Grafschaft Diepholz". 1925 wurde der Aufbauschule (heute: Gymnasium) der Name „Graf-Friedrich-Schule" verliehen.

Die Molkerei Niemann in Rehden produzierte den Diepholzer Schlosskäse, die Schlachterei Finke in Diepholz die Diepholzer Schlosswürstchen. In Wagenfeld vertreibt die Firma Lütvogt das Mineralwasser der Graf-Rudolf-Quelle. Die Diepholzer Schlosskellerei an der Friedrichstraße war Jahrzehnte lang das Dorado der Weinliebhaber. Das Burggrafen-Café an der Langen Straße ist leider seit Jahren geschlos-

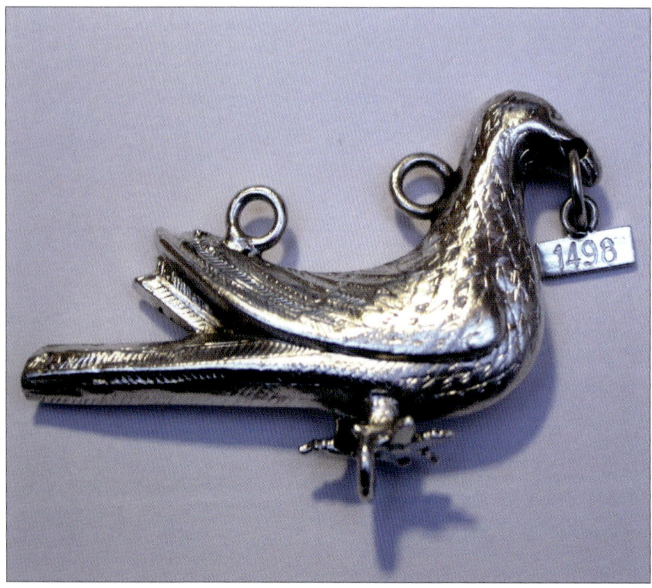

Nachbildung des vom Diepholzer Edelherren 1498 gestifteten Königsvogels
Foto: Schützenkorps Diepholz e. V.

sen. Die Löwen- als älteste, die Schloss- und die Grafen-Apotheke sind von ihren Namen her traditionsverbunden, und die längst aufgegebene Adler-Apotheke nahe dem Bremer Eck war die zweite in Diepholz. Das „Hotel zum Grafen (einst mit dem Zusatz: von Diepholz)" und die Schlossdrogerie von Otto Hoffmann folgten ebenfalls dem immer noch strahlenden Abglanz der untergegangenen Dynastie.

Auf verschiedenen öffentlichen Festen wie dem Grafensonntag tritt der „Graf von Diepholz" (bisher immer Georg Türke) auf. Auch Grafenspiele für die Schuljugend wurden organisiert.

Für Fahrradfahrer ist eine „Grafenroute" durch die ehemaligen Grafschaften Diepholz und Hoya entwickelt worden. Der Verein für Innere Mission hat sein Seniorenhaus nach der frommen und mildtätigen letzten Grafentochter Anna Margaretha benannt. Und die organisierten Taubenzüchter verliehen das „Diepholzer Schlossband".

Die Welfen als ferne Herren

Am 28. September 1585 – eine Woche nach dem Tod des Grafen Friedrich – huldigten die Beamten und Vertreter der Untertanen im Diepholzer Schloss dem neuen Landesherrn, dem Herzog Wilhelm von Braunschweig-Lüneburg. Am übernächsten Tag leisteten im Schloss die Räte und die übrigen Beamten und Diener sowie die Landschaft den Treueid, danach auf dem Kirchhof die Bürger von Diepholz und Barnstorf und die Eingesessenen der Kirchspiele Drebber, Barnstorf, Barver, Colnrade und Goldenstedt. Die Diepholzer Beamten versuchten, möglichst viele Vorteile für die Gräfin und ihre Enkelin herauszuholen, doch gelang das nur für die Großmutter, während die welfischen Beamten aus Celle ihrer kleinen Enkelin Anna Margaretha jede Aussicht nahmen, eines Tages das Lehen Diepholz zu erhalten, und auch der andere Lehnsherr, der Landgraf von Hessen-Kassel die Auburg mit dem Dorf Wagenfeld nicht herausgab, obwohl die Großmutter darum kämpfte.[52]

Nach dem Tode der letzten adligen Hoyaerin, zugleich der letzten Grafenwitwe, waren auch die Tage der letzten adligen Diepholzerin in ihrer Heimat gezählt, in der sie sich ohnehin nur noch zeitweise aufgehalten hatte. Sie wurde später an den wissenschaftlich, künstlerisch und religiös interessierten Landgrafen von Hessen-Butzbach verheiratet und starb hoch verehrt und kinderlos schon im Jahre 1629. Ihr Prediger nannte sie wegen ihrer auch sozial wirksamen Frömmigkeit eine zweite Elisabeth.

Der „Graf" mit der längsten Dienstzeit Ende der 80er Jahre

Die Zeit der Welfen

1585-1803

In den Jahren 1585 bis 1803 stand Diepholz unter der Herrschaft der Welfen. Damit war die Grafschaft – mit Ausnahme von Wagenfeld, das an Hessen-Kassel fiel – zum Bestandteil des Fürstentums Braunschweig-Lüneburg geworden, das im Jahre 1692 in ein Kurfürstentum verwandelt wurde. Im Jahre 1714 erbte der Kurfürst von Hannover – so die inoffizielle Bezeichnung – gleichzeitig die britische Königskrone – eine Personalunion, die bis 1837 bestand. Im Jahre 1803 kapitulierte das Kurfürstentum Braunschweig-Lüneburg in Sulingen vor der anrückenden napoleonischen Armee; damit war die Herrschaft der Welfen vorerst beendet.

Auch die herzoglichen Landdrosten hatten nicht verhindern können, dass Diepholz im Dreißigjährigen Krieg wiederholt besetzt und das Schloss im Jahre 1637 teilweise zerstört wurde. Die Anfang des 16. Jahrhunderts neu erbaute Pfarrkirche und das im Jahre 1599 erbaute Rathaus überstanden den Krieg unbeschädigt. Das Schloss wurde von Herzog Christian Ludwig bis zum Jahre 1659 (der Turm 1661) annähernd mit dem heutigen Grundriss wieder aufgebaut. Als es im Jahre 1769 aus Kostengründen abgerissen werden sollte, wurde dies durch Eingaben der Bürger verhindert, die dieses alte Wahrzeichen der Grafenzeit erhalten wissen wollten.

Das 17. Jahrhundert war neben der ersten Hälfte des 20. Jahrhunderts die schwierigste Zeit für die hier lebenden Menschen. So fanden in dieser Zeit auch in Diepholz Hexenverfolgungen statt, was einigen Frauen das Leben kostete.

Aber es gab auch Zeichen des Aufschwungs. So wurde im 17. Jahrhundert nicht nur der Schlossturm wieder aufgebaut, sondern auch die Lohne vom Dümmer bis in das Stadtgebiet zur Entwässerung angelegt. Im letzten Jahrhundertdrittel lassen sich die ersten Juden in Diepholz nachweisen, die bis zum 3. Reich ein wichtiger Bestandteil des örtlichen Wirtschaftslebens bilden sollten. Im Jahre 1682 erhielt Diepholz mit der reitenden Post zudem Anschluss an die übrigen welfischen Lande; im Jahre 1706 wurde sogar der Postkutschenverkehr eröffnet. 1792 wurde das neue Rathaus fertig gestellt, das nun längs der Langen Straße erbaut worden war – an derselben Stelle wie das Rathaus von 1905.

Im Siebenjährigen Krieg (1756 bis 1763) und in den Napoleonischen Kriegen, die den Welfen sogar vorübergehend die Macht kosteten, erlebte die Stadt kostspielige Einquartierungen, blieb aber von Zerstörungen verschont.

Militärgeschichte und Dreißigjähriger Krieg

1610 war die Burg völlig unzureichend auf eine befürchtete Belagerung durch das während des Unabhängigkeitskrieges der Niederländer in Oldenzaal und Lingen lagernde und umherziehende spanisch-habsburgische Kriegsvolk eingestellt. Gegen feindliche Artillerie konnte sie sich höchstens vier bis fünf Tage halten, zumal der Burggraben nur noch zwei bis drei Fuß tief war, der Wall Löcher hatte und beide Rondelle verfallen waren. Eine Inspektion durch den Vogt aus Burgwedel ergab, dass es an allen „Kriegssachen“, an Kraut und Lot (Pulver und Blei) fehlte und zwei 8- oder 10-Pfünder-Geschütze von Lemförde abgezogen werden sollten. Daher wurde die zur Verteidigung kaum noch geeignete Burg auf Befehl des Herzogs Ernst zu einer Festung ausgebaut. Damals wurde für ein Jahr Johann Finckenstedt als Wachtmeister in Sold genommen.[1]

Dieser Merianstich zeigt ein idealisiertes Bild von Diepholz und seiner Wasserburg vor den Zerstörungen des Dreißigjähigen Krieges. Rechts vom Schloss die Anfang des 16. Jahrhunderts neu erbaute Kirche und das damalige Rathaus mit Tordurchfahrt aus dem Jahre 1599.

Der Amtmann wollte wegen der Finanzen die Landschaft (Landstände) einbeziehen. Die Bauarbeiten dauerten mindestens bis 1613. Reparierte Rondelle, der Hauptwall und der auf 32 Fuß vertiefte Graben sollten die Sicherheit erhöhen. Dem Landdrosten Curdt Plato von Schloen kommt das Verdienst zu, den von ihm als baufällig erkannten Turm gerettet zu haben. Er stellte in einem Schreiben von 1612 fest, dass die Sicherung des Turms „fast schwer undt sauer fehldt.“[2] Allein die Steine zu beschaffen war schwierig, da Steine aus Engter nördlich Osnabrück in das von Bränden heimgesuchte Osnabrück geschafft werden mussten, und daher Ersatz durch den Amtmann von Nienburg wenigstens nach Sulingen gebracht werden sollte. Platos dann verwirklichter Plan zielte darauf ab, die Turmspitze abzubrechen und dort mehrere Geschütze aufzustellen. Dabei machte er dem Herzog klar, dass die Unterhaltung des Turms teurer war als ihn abzubrechen. Er wies aber auch auf den ideellen Wert hin: Der Turm sei „ein monumentum und antiquitet.“ 1612 wurde der Turm verkürzt und 1613 verarbeitete ein Meister aus Petershagen 8000 Mauersteine und 40 Tonnen Kalk.

Zeichnung des Diepholzer Schlosses aus dem Jahre 1632

Von der Anwesenheit von Soldaten kündet das Kirchenbuch. 1620 tötete ein Mann aus dem Fürstentum Verden einen Soldaten, 1624 wurde ein Soldat bei einer Hochzeit erschossen.

Vom Dreißigjährigen Krieg (1618-1648) blieb Diepholz zunächst verschont. Elend ging es den Bürgern dennoch. 1620 wurde den abgebrannten Leuten die Bier-Accise (Verbrauchssteuer) „nachgelassen“. Und schon im Oktober 1625 erschienen die ersten Söldner. Das Mansfeldsche Korps unter dem Obersten Thomas Ferens marschierte in die Grafschaft, rückte aber glücklicherweise nach zwei Wochen ab. Allerdings quartierten sie sich überall ein und nahmen beim Abzug Männer mit Pferd und Wagen mit. Von den Männern kehrten nicht alle heim, Pferde und Wagen ohnehin nicht.

„Militi Caesarei ingressi sunt" (Kaiserliche Söldner sind einmarschiert): So schrieb der Pastor schon wenige Tage „die Mercurii" (am Mittwoch) nach dem Michaelistag (29. September) 1623 danach ins Sterberegister des Kirchenbuchs. 1626 zerstörten die gegnerischen Dänen und Braunschweig-Lüneburger die Festung, über die Andreas Voß, dem Herrn auf der Münte, das Kommando anvertraut war. Seine Witwe Christina Anna geb. von der Horst ließ 1635 mit Hilfe ihres Schwagers Major Johann Voß vielleicht nach kriegsbedingter Zerstörung die Münte neu erbauen.

Gekämpft wurde nicht, aber es war die Pest, die sich alsbald verbreitete und eine Zeitlang zur Haupttodesursache wurde, so dass manchmal mehrere Menschen aus einer Familie an einem Tag beerdigt werden mussten. Bremen wurde zur rettenden Insel für einige wenige, die anderen mussten auf den Frieden hoffen. Bis 1633 blieben die Kaiserlichen hier, 1634 quartierten sich die Schweden und die Lüneburger in geringer Zahl ein, wenig später wieder die Kaiserlichen, meist waren es Deutsche, auch wenn sie in Diensten ausländischer Herrscher oder Söldnerführer standen. Damals standen 15 Geschütze auf der Festung, die von einem Wachtmeister Henrich Krauß kommandiert wurde.

1635 waren die relativ erträglichen Zeiten erst einmal vorbei. Da schleppten die Kaiserlichen Zinn und Leinen, Betten, Kissen und die Rüstkammer mit den Rüstungen und Waffen nach Vechta. 1636 flüchtete der Landdrost mit seiner Familie nach Bremen, und der Burgmann Ledebur gab der Stadt 100 Taler Darlehen, um die Schweden zum Abzug zu bewegen. Allerdings half das nicht lange, denn die Kaiserlichen nahmen ihre Chance wahr. Nicht lange, denn nach einem vergeblichen Überfall am Jahresanfang 1637, der 30 Söldnern das Leben kostete, nahm wenige Wochen später überraschend der in schwedischem Dienst stehende Oberst Wenzel von Kratzenstein das Schloss ein und ließ es anzünden. Tagelang brannte es, Löschen war verboten, ja im Gegenteil mussten die Diepholzer trockenes Holz und Stroh aus dem Ort heranfahren und das Feuer unterhalten oder neu entzünden, wenn der Regen es gelöscht hatte. Alles wurde auf Befehl ein Raub der Flammen; was nicht verbrannte, transportierten die Schweden nach Vechta und ließen nichts als die alte Braupfanne zurück. Am Ende des Krieges standen seit Jahren nur noch Ruinen, die Wälle waren zwei Jahre vor dem Beginn der Friedensverhandlungen auf Befehl des Landesherrn eingeebnet und der Burggraben durch diese Erde schmaler geworden. Eine Verteidigungsanlage war die Festung also nicht mehr.

Das Schloss auf einem Merianstich nach den Zerstörungen von 1637. Die Pfarrkirche steht unbeschädigt, rechts von ihr ist die Windmühle auf dem Esch zu sehen.

Die Folgen für die Bevölkerung waren verheerend. Brandschäden und die Belastung durch Kontributionen, Durchmärsche und Einquartierungen belasteten die Menschen finanziell und seelisch. Flüchtlinge aus anderen Ländern versuchten sich als Handwerker und machten den ansässigen Meistern Konkurrenz, so dass Schneider und Schuster sich zur Wehr setzten, während die Tuchmacher Leute anstellten, von denen sie nicht recht wussten, ob sie halb gelernt oder ausgelernt hatten und „echte" (ehrbare) Tuchmacher waren.[3] Der Apotheker war mehrfach ausgeplündert worden und fristete sein Leben viele Jahre lang als Lehrer und Kantor. Der in dem verfallenen Pfarrhaus wohnende Geistliche mit dem wohlklingenden Titel „Pastor primarius" predigte in einer baufälligen Kirche, deren Fenster zerbrochen waren.

Einen Einblick von der Verwilderung der Sitten legt ein Fall Rechenschaft ab, in dem eine Frau sich wegen der Stelle eines Mistpfahls, der den entsprechenden Lagerplatz abtrennte, mit dem Nachbarssohn stritt. Ihr Ehemann kam dazu, schlug den Gegner mit einem Stock und traf ihn ungewollt auf den Kopf.[4] Da der Nachbar an seiner Verletzung starb, floh der Täter mit seiner Frau nach Bremen, ohne dass sie ihre sieben Kinder mitnahmen. Vom Asyl aus bat er um Begnadigung, die er angesichts von Zeugenaussagen, fehlender Tötungsabsicht, Bereitschaft zu einem Vergleich mit den Verwandten des Getöteten und seiner lupenreinen Vorgeschichte im Frühjahr 1647 erhalten haben dürfte.

Bewundernswert war der Verwaltungschef, der Rittmeister und Landdrost Cord Plato von Schloen gen. Gehle, der die Kriegsjahre überstand, in denen er, so gut es ging, auch mit seinem eigenen Vermögen zu helfen suchte. Er verteidigte seine Reiter, die wegen Straßenraubs an den Dienern des Adligen Adam Schele in der Osnabrücker Gegend angeklagt waren.[5]

Auch Bürgermeister Berndt Ellinghausen erwies sich als vorbildlich. 1638 ermöglichte er mit seinen Mitteln den Ankauf einer Feuerspritze, die in einem Schuppen neben dem Rathaus untergestellt wurde. Später wurde sie in der Hauptwache Lange Straße 52 untergebracht.

Die Burg wurde auf Anordnung des Herzogs Christian Ludwig von 1650 bis 1663 als kleines vierflügeliges Schloss mit jeweils zweistöckigem Nord- und Westtrakt (hier: Neues Haus) und je einstöckigem Ost- und Südtrakt (hier: Bäckerei und Nebenräume) wieder aufgebaut, und der nur noch 16,60 m hohe Turm wurde mit einem Gurtgesimse und einem darauf gesetzten zwölfseitigen Backsteingeschoss mit abgedachtem Rande versehen und mit einer schiefergedeckten Haube mit kleinen Erkern und einer Wetterfahne gekrönt, so dass er 43 m Höhe erreichte. An diese Arbeiten erinnert das Monogramm CL des Herzogs über der Hoftür zum Neuen Haus. Das Welfenhaus hatte damit eine bescheidene Nebenresidenz geschaffen, die hin und wieder als Jagdschloss genutzt wurde. Militärisch hatte es keine Bedeutung mehr. Der Kleine Stock im Süden brannte später ab und wurde nicht wieder aufgebaut. Der Westflügel ging ebenfalls in Flammen auf, wurde aber teilweise wiederhergestellt.[6]

Die militärische Tradition des Herrschaftsmittelpunktes Diepholz riss nicht völlig ab. In der Mitte des 18. Jahrhunderts setzten das nach dem jeweiligen Befehlshaber benannte Münchowsche, das Wangenheimsche, das Montignysche und das Oberst Druchtlebensche Regiment die kriegerische Überlieferung fort und lagen hier im Quartier. Mehrere Angehörige nahmen an Ort und Stelle ihren Abschied, heirateten und wandten sich einem bürgerlichen Beruf zu wie der Musketier Johann Julius Gerke, der den Hokenhandel (Kleinhandel, Hökerei) aufnahm und zum Gründer einer Familie von Bäckern und Branntweinbrennern wurde.

Herzog Christian Ludwig (1622-1665) von Braunschweig-Lüneburg

1757, 1758 und wieder 1761, also während des Siebenjährigen Krieges, fanden Franzosen Gefallen am Quartier in der Grafenstadt. Kurz vor Heiligabend 1757 wurde der Hauptmannsknecht Johann Gomazdias Tallet im Alter von 40 Jahren auf dem sonst nicht bekannten Soldatenfriedhof beerdigt. 1758 folgten ein Unteroffizier, drei Dragoner und ein Soldat von einem Elsässischen Regiment. Am Ende des Jahrhunderts stand hier das 10. hannoversche Landregiment Diepholz.

Um 1800 sahen die Diepholzer zu ihrem Leidwesen eine Vielzahl von Soldaten, brachten diese doch große Belastungen mit sich. Der bereits bekannte Befehlshaber Gerhard von Scharnhorst war mit Truppen der hannoverschen Armee im Quartier am Bremer Eck, später kamen Franzosen, Preußen, Holländer, Russen. Alle benötigten Unterkunft für sich und die Pferde, forderten Lebensmittel und Fourage. Am 18.3.1804 beschwerte sich der Advokat Levin Adolf Moller über die vielen Offiziere in seiner Wohnung, die ihn vollständig von der Arbeit abhielten. Am 3. Oktober 1804 nächtigte hier der französische Reichsmarschall und Gouverneur von Hannover, Jean-Baptiste Bernadotte (1818-1844 König von Schweden und Norwegen), mit zehn Offizieren, sechs Bedienten und vier Husaren. Im gesamten Jahr 1804 wurden 19.865 Personen einquartiert, davon 1.343 Frauen und 1.362 Kinder, ferner 2.314 Pferde.[7] Im März 1806 benötigten die Preußen, von 15. Dezember 1805 bis Herbst 1806 Landesherren, Stroh für das „Hospital“ für kranke Dragoner. Dessen Ausstattung bestand aus einer alten Bettstelle im Armenhaus, die zuerst einmal repariert werden musste.[8]

Der preußische General und Militärreformer Gerhard von Scharnhorst (1755-1813) quartierte sich am Bremer Eck ein.

Jean-Baptiste Bernadotte (1763-1844), der damalige französische Gouverneur von Hannover und spätere König von Schweden, nächtigte ebenfalls in Diepholz.

Zwei Schilderhäuser mit Wachsoldaten sorgten für ein Gefühl von Sicherheit im Flecken.

Einige Diepholzer verdienten an der Besatzung: Der Bäcker Johann Rudolf Hucke lieferte das Brot, Schutzjude Salomon Israel das Rindfleisch, Bürgermeister Storckmann war als „Entrepreneur“ (Generalunternehmer) verantwortlich für Hafer, Heu, Stroh, Brot und Fleisch.[9] Aber auch Wein, Kaffee, Zwieback, Reis, Bier, Suppe und Butter, Dochtgarn, Tran, Öl und Torf mussten organisiert werden. Von der Vorweihnachtswoche bis Silvester 1808 standen in den Ställen von Gastwirt Johann Diederich Gerke zwölf Pferde, bei Gastwirt Friedrich Anton Schütte 19 und bei Oberforstmeister von Voß (Münte) 8.[10] Das brachte Unruhe, denn die Kürassiere sahen nach ihren Tieren, beschwerten sich über dieses und jenes. Und jeder betroffene Hausbesitzer rechnete nach, ob andere nicht weniger belastet worden waren.

Die wohlhabenden Bürger sollten 1808 zu einer Zwangsanleihe für die Besatzungskosten der Franzosen beitragen. Zwar lehnten sie alle ab, wurden dann aber gezwungen, das Geld aufzubringen.[11]

Herrschaftsverhältnisse

Diepholz blieb während dieser gesamten Zeit in den Händen des welfischen Hauses Braunschweig-Lüneburg. Unter Herzog Christian Ludwig mit dem Sitz in Celle wurde nach dem Dreißigjährigen Krieg das Schloss in den fünfziger Jahren des 17. Jahrhunderts wieder aufgebaut. 1665 verzichtete Herzog Georg Wilhelm zu Gunsten seines Bruders Ernst August, der – zugleich evangelischer Fürstbischof von Osnabrück – die Grafschaft Diepholz übertragen bekam und 1680 als Herzog von Braunschweig-Lüneburg mit der Residenz Hannover Diepholz endgültig seiner Territoriensammlung einverleibte. Bis zum Jahresende 1684 wurde Diepholz noch von Osnabrück aus verwaltet und am 1. Januar 1685 der zunächst herzoglichen, dann kurfürstlichen Regierung in Hannover unterstellt, woraus sich die spätere Zugehörigkeit zur Landdrostei und dann zu dem heute nicht mehr bestehenden Regierungsbezirk Hannover erklärt.

Der von Streben nach mehr Macht und Würde beseelte Herzog Ernst August war keineswegs darauf bedacht, die relativ arme Grafschaft zu behalten, wenn er dafür Wichtigeres erhalten konnte, etwa die Weserstädte Minden, Petershagen und Schlüsselburg oder das Amt Rahden, doch an diesen Stützpunkten ihrer Herrschaft über das Fürstentum Minden hielten die brandenburgischen Hohenzollern beharrlich fest. Und seine welfischen Verwandten in Wolfenbüttel waren nicht geneigt, Gifhorn gegen Diepholz einzutauschen.[12] Auch ohne Verzicht auf Diepholz erlangte er die Würde eines Kurfürsten, und seine Nachkommen vermochten sich in den Besitz der englischen Königskrone zu setzen. Der erste, der Sohn Georg I., hatte als Kind vermutlich noch im schlichten Diepholzer Schloss gespielt, und nun residierte er im Palast von St. James und gebot über ein Reich, das im Wettstreit mit dem durch zahlreiche Kriege angeschlagenen Frankreich stand!

Ernst August (1629-1698), Fürstbischof von Osnabrück und Kurfürst von Hannover

Der Göttinger Historiker Georg Schnath, der die Zeit um 1700 intensiv erforscht hat, verstand abseits von finanziellen oder strategischen Aspekten, wie „unerträglich öde und abwechslungsarm das Leben in der Berg- und Waldeinsamkeit von Iburg oder noch schlimmer in der Mooreinöde von Diepholz" war, wo „Umtrunk und Jagd fast die einzigen Freuden" boten.[13]

Das Schloss nahm zwar eine herausragende Stellung ein, doch wird es Zeit, dass wir uns wieder dem Dritten Stand zuwenden. Immerhin spricht man von der Epoche des Absolutismus, doch war der hannoversche Staat nicht so ausgeprägt vom Willen des Monarchen beherrscht wie etwa das Herzogtum Württemberg. Die Tendenz zur Entmündigung der Untertanen lässt sich recht deutlich nachweisen. Die Bürger wachten aufmerksam, aber vergebens über ihre Rechte gegenüber dem Staat. 1610 versuchten sie, Strafgelder zu kassieren, die bis 1552 dem Bischof zugestanden hatten, durch den Passauer Vertrag zwischen Kaiser und Ständen jedoch der weltlichen Obrigkeit übertragen worden waren. Der Herzog Ernst in Celle bestand darauf, dass die Diepholzer nicht bevorzugt wurden. Als damals ein Gefangener aus dem „Städtlein" (wie Ernst schrieb) in den Schlosskerker abgeführt wurde, rotteten sich einige Bürger zusammen, um die Beamten an ihrem Vorgehen zu hindern. Ernst befahl am 29. Januar 1610 wütend, an den Aufrührern solle ein Exempel statuiert werden, indem sie ihre gerechte Strafe erhielten und andere dadurch von der Nachahmung abgeschreckt würden. Die Verwaltung sollte ihm die Aufrührer nennen.[14]

Georg I. (1660-1727) – König von Großbritannien seit 1714 und Kurfürst von Braunschweig-Lüneburg seit 1698 – hielt sich als Kind im Diepholzer Schloss auf.

Die Stadt beantragte nach dem verheerenden Dreißigjährigen Krieg eine Bestätigung der 1380 empfangenen Rechte, die nur noch in einer Abschrift vorlagen. Herzog Christian Ludwig bestätigte sie am 17. November 1655 nicht, da nach seiner Auffassung manche Privilegien längst nicht mehr in Gebrauch waren, und bestätigte vage und interpretationsbedürftig nur rechtmäßig erworbene, ersessene und hergebrachte Vorrechte, die seine Herrschaft nicht beeinträchtigten, also nebensächlicher Natur waren.[15]

Auch der Herzog und Kurfürst des Reiches Georg Ludwig bestätigte die Privilegien für den Flecken Diepholz am 17. Februar 1710 nur auf der Grundlage dieses Schriftstücks von 1655, doch dachte die Regierung nicht daran, die Vorrechte anders als historisch aufzufassen. Im Zweifelsfall hatten sich die Bürger als Untertanen zu unterwerfen, denn nun hatte die Staatsraison Vorrang.

Ein Beispiel dafür, dass die Bürger wie in den Jahrhunderten vorher argumentierten: 1656 erhob sich die Frage, ob die Bürger darüber wachen mussten, dass die Diepholzer Rehe bei Frost nicht aus dem Huntebruch und dem Diepholzer Moor weggetrieben wurden. Der 85 Jahre alte Tönies Cramer erklärte am 2. Januar 1657, nur zweimal seien die Diepholzer den Willenbergern und den Untertanen vom Lande zu Hilfe gekommen, als die benachbarten Münsterschen (im heutigen Kreis Vechta) mit der Jagd diesen Standorten zu nahe gekommen waren. Er selbst war in 40 Jahren nur einmal (am Weihnachtstag) dabei gewesen. Friedrich Bordesloe (71 Jahre) bestätigte die Aussage inhaltlich und bezog sie auch auf die eventuell beanspruchte Pflicht zu einer Wache im benachbarten Amt Auburg um Wagenfeld.[16] Ausschlaggebend für die Bürger war also das Gewohnheitsrecht, das von Augen- und Ohrenzeugen gesichert wurde. Leider wissen wir nicht, wie die Regierung damals entschied.

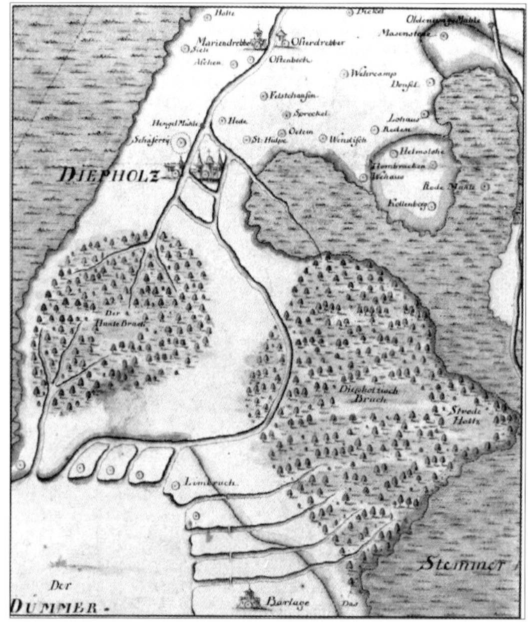

Eine Karte von Diepholz und Umgebung aus dem Jahre 1595

Der Kampf der Städter um ihre Rechte zeigte sich erneut 1663, als zwei des Vatermords angeklagte Männer bewacht werden mussten.[17] Bürger in Cornau und in Barnstorf hatten diese Pflicht bereits wahrgenommen. Der Landdrost forderte nun auch die Diepholzer dazu auf, doch die verweigerten sich gegenüber dem Hausvogt und dem Amtmann. Am 31. März wurden ihre Vertreter auf die Amtsstube geladen. Die Ratsherren murrten zwar („Es soll nicht geschehen, wir wollen es nicht thun"), doch der Bürgermeister sah den „Unfug" und den „Fehler" ein; die Gefangenen sollten auf der Bürger Kosten bewahrt werden. Die Diepholzer meuterten weiter, es sei nicht erwiesen, dass die Diepholzer – im Gegensatz zu den Cornauern und den Barnstorfern – diese Wache vorher mit verrichtet hätten. Es sollte beim alten Herkommen bleiben. Auch hier ließ sich eine Entscheidung nicht finden, doch ist angesichts des Verhaltens des Bürgermeisters und der anderen Flecken anzunehmen, dass die Obrigkeit sich durchsetzte.

1720 schließlich wurde glasklar deutlich, dass die Regierung eigenständiges Handeln der Stadt nicht mehr zuließ. Bürgermeister Christopher Müller wollte damals den Erwerb des Bürgerrechts obligatorisch machen. Doch Hannover lehnte dieses Vorgehen als Zwang ab.[18] Von Häuslingen und Mietsleuten durfte die Stadt lediglich ein Schutzgeld von einem Taler erheben. Waren sie erwerbstätig, sollten sie die gemeinen Lasten mittragen. Nur beim Kauf eines Bürgerhauses wurde ein Zwang zum Bürgerrecht anerkannt. Müller führte ein, dass zuziehende Häuslinge einen Taler an den Flecken zahlten, während Bürgerkinder und Invaliden davon frei waren. 1710 versuchten mehrere Bürger, den Verkauf von Land an Hausleute zu verhindern, doch das Amt lehnte diesen Vorstoß ab.[19]

Allerdings zeigten viele Grundbesitzer die Zuziehenden dem Magistrat nicht an. Nach einem Edikt vom 21. Mai 1792 waren Bürgermeister und Rat aber dafür zuständig, einen Schein auszustellen, der zur Miete eines Häuslings berechtigte.[20] Voraussetzung war das Führungszeugnis des vorherigen Wohnorts. Damit wurde Diebereien, Müßiggang und Bettelei vorgebeugt. Diese Regelung führte auch dazu, dass die Bevölkerungszahl gering gehalten wurde, woran das Amt interessiert war, da die Zuziehenden als Belastung der Bürgerschaft oder als Verlust für die ländlichen Vogteien angesehen wurden. Nach einer aus dem Jahre 1800 überlieferten Vorschrift durfte ein Heuerling (Häusling) nur für ein Jahr aufgenommen werden, kein anderes Land mieten und keine Winterfütterung kaufen. Und dafür musste er sogar noch eine Gebühr entrichten.[21]

Zum Ärger der Bürger galten Staatsdiener steuerlich nur als Häuslinge. Zu diesen Privilegierten zählten im Jahre 1806 zehn Militärpersonen und 18 Honoratioren wie der Forstschreiber, „Frau Amtmann“ Isenbart, der Amtsauditor, „Pastorin“ Müller und Dr. Harting. Häuslinge gab es damals 95, nach Angaben von 1808 (wohl mit Willenberg) aber fast 140.[22] Erst mit dem Gesetz vom 8. Mai 1838 wurden die schutzherrlichen Abgaben der Häuslinge aufgehoben.

Ein viel mehr Aufsehen erregender Fall verdient höchste Aufmerksamkeit. Im Herbst 1725 kam es nämlich zum großen Eklat zwischen Rat und Amt.[23]

Ein Mann aus Wetschen war wegen Ehebruchs mit seiner ledigen Schwester angeklagt worden. Er hatte die Tat gestanden und war von der Justizkanzlei zu vier Wochen Arrest verurteilt worden. Da er psychisch instabil erschien, wurde ihm zum Schutz ein anderer Gefangener in die Zelle gelegt. Bald fehlte dort das Brotmesser, doch eine Durchsuchung der Kammer blieb erfolglos. In der Nacht vom 4. auf den 5. Oktober, während der Zellengenosse schlief, holte der Wetscher Häftling das Messer aus dem Versteck und schnitt sich in den Hals. Zu retten war er angesichts des großen Blutverlusts bis zur Entdeckung der Tat nicht mehr, und so eilte der Superintendent herbei, nahm ihm die Beichte ab und reichte das Abendmahl. Der Mann starb, und das Amt benachrichtigte die Verwandten, sie sollten die Leiche zur Beerdigung abholen.

Das geschah, aber in Diepholz sprach es sich schnell herum, der Leichnam solle auf dem Diepholzer Friedhof beigesetzt werden. Bürgermeister Christoph(er) Müller war damit gar nicht einverstanden, intervenierte bei Superintendent Behrens und beim Amt mit der Begründung, in der Umgebung heiße es wegen eines noch nicht lange zurückliegenden Falles bereits, der Diepholzer Friedhof sei ein Friedhof für Kriminelle. So gerate die Stadt in Verruf. Er war jedenfalls fest entschlossen, das Begräbnis in Diepholz zu verhindern, das Amt dagegen wollte von der einmal gegebenen Anordnung nicht abweichen und nicht zulassen, dass der Verstorbene in das Erbbegräbnis der Familie nach Jacobidrebber gebracht wurde, vielleicht schon deswegen, weil es befürchtete, dass auch der dortige Pastor keinen Selbstmörder begraben lassen wollte.

Müller ließ etwa 20 Bürger Aufstellung nehmen und die Lange Straße am heutigen Bremer Eck sperren. Der Leichenwagen setzte sich in Bewegung, der Amtmann bot 25 Soldaten auf, die hier im Quartier lagen. Der Hauptmann Coulon war zunächst nicht geneigt, sich in den Streit einzumischen, aber als er sah, dass die Beamten in Bedrängnis gerieten, weil inzwischen mehr als hundert Leute sogar auch vom Willenberg mit Forken, Stangen und großen Stökken, drei sogar mit Flinten auf die Straße gegangen waren, gab er den Befehl, dem Wagen und der Kutsche für die Aufsicht führenden Beamten den Weg freizumachen. Im Nu gab es ein Handgemenge, der Bürgermeister war mittendrin, er wurde vom Hauptmann mit dessen Sponton (Stichwaffe) in die Brust gestoßen, der Bürger Hermann Runge wurde vom Unteroffizier Coulon junior mit aufgepflanztem Bajonett erstochen, mehrere andere teilweise schwer verwundet nach Hause getragen, ein adliger Fähnrich konnte zwei Wochen lang einen Arm nicht mehr gebrauchen. Dann wurde die Leiche weiter gefahren, der verschlossene Zugang zum Kirchhof mit einer Axt geöffnet und der Tote beerdigt.

Am nächsten Tag beschloss die aufgeregte Bürgerschaft bei der Obrigkeit zu klagen. Der Superintendent ließ eine seiner Töchter ein Konzept schreiben, änderte es ein wenig und ließ auch den Amtmann korrigieren.

Der, der Runge getötet hatte, floh angeblich nach Vechta und verbarg sich dort in einem Kloster, dann begab er sich nach Oldenburg und trat dort in den militärischen Dienst, wurde aber im März 1726 ausgeliefert, nachdem ein hannoverscher Feldmarschall sich deswegen an höchste Stellen gewandt hatte. Der Landesherr, zugleich König von England und Kurfürst von Hannover, ließ ihn im Sommer 1727 frei, weil der Totschlag nicht als erwiesen angesehen wurde.

Die Beamten mussten durch Wachen in ihren Häusern geschützt werden, aber auch die Bürger waren beunruhigt. Mehrere Aufrührer wurden Monate lang inhaftiert. Bürgermeister Müller wurde an Heiligabend 1725 verhaftet, in Ketten und Banden nach Hannover gebracht und bedroht, man werde ihn köpfen. Der Superintendent wurde vom Dienst suspendiert und musste sich über ein Jahr lang in Hannover aufhalten. Langwierige Untersuchungen des Vorfalls mit zahlreichen Vernehmungen und widersprüchlichen oder vagen Aussagen schlossen sich an. Freilich: Müller kam wieder frei, und das Ergebnis war – ergebnislos. Der Verteidiger des Diepholzer Ansehens blieb noch jahrelang ein beliebter Bürgermeister. Eine schlechte Figur hatte der damals 59 Jahre alte Superintendent gemacht, der es sich wohl mit niemandem verderben wollte und deswegen schon während der Vorgänge recht wankelmütig auftrat. Die Beamten wurden ohne großes Aufsehen versetzt. Die hohen Kosten für das Verfahren schenkte der König 1732 den Beteiligten.[24]

Ein andermal forderte der Amtsdiener Johan Jürgen Klatte den Bürgermeister und sechs Bürger vor den Oberhauptmann. Sechs erschienen, und ihnen sagte der Beamte: „Ich will Diepholz eine Kette sein, weil (während, d. Verf.) ich hier bin." Berendt Meyering drohte er: „Dich, Kerl, will ich's gedenken." Anlass war ein Streit mit der „Forstmeisterin" von Voß wegen eines Grabens an der Wätering, den die Dame am 5., am 8. und am 18. Mai 1733 stechen ließ, während die Bürger ihn jedes Mal zuwerfen ließen.[25] Erst im Februar 1735 wurde der Streit durch einen Machtspruch des Amtes beendet.

Am 6. April 1740 forderte Amtsschreiber Tieking den Bürgermeister auf, 30 Mann nach der Escholt zum Deichen zu schicken. Vorsprache beim Amtsschreiber: vergebens, dagegen Drohung mit einer Geldstrafe. Am nächsten Tag Gemeindeversammlung. Der Diepholzer Bürgerstolz regte sich: „Da haben sie alle ein müttiglich geantwortet sie hettenß ihr Lebtage nicht getohn und woltens auch nimer annehmen."[26] (Da haben sie alle einmütig geantwortet, sie hätten es in ihrem Leben nicht getan und wollten es auch nie akzeptieren.)

Ach ja, die liebe Obrigkeit: War ein Haus niedergebrannt, befahl das Amt, das Gebäude innerhalb eines halben Jahres oder sogar in drei Monaten wieder aufzubauen. War etwa eine Witwe nicht vermögend oder gewillt, ein vom Einsturz bedrohtes Haus zu reparieren, ordnete das Amt den Verkauf an.[27]

Trotz dieser Streitigkeiten waren manche Bürger stolz auf den überragenden Schlossturm der Landesherrschaft. Als sie 1769 den Abbruch des nutzlosen, nur Kosten verursachenden Bauwerks plante, reichten Bürgermeister und Rat eine Petition ein, der Turm sei Landmarke und Feuerwache und möge erhalten bleiben. Bürger sammelten daher Geld und brachten die Regierung tatsächlich dazu, den Turm zu reparieren. Es war die erste und zugleich schon erfolgreiche Bürgerinitiative zur Erhaltung eines historischen Bauwerks in Diepholz.

Stadtverfassung

Wie schon dargestellt, wollte die Regierung im Jahre 1710 nur im Original vorliegende Privilegien bestätigen. Der Rat verfügte aber lediglich über Abschriften, und die Bestätigung der mittelalterlichen Stadtrechtsurkunde durch Herzog Christian Ludwig von 1655 überließ dem Herrscher jede Interpretationsmöglichkeit. Nun nutzten die kurfürstlichen Beamten diese Handhabe aus. Die Stadtobrigkeit durfte nicht mehr jährlich gewählt werden, sondern das Amt bekämpfte die „viel erwiesene Widerspenstigkeit"[28] von Rat und Bürgerschaft und führte ein ständiges Ratskollegium ein, dessen neues Mitglied jeweils nach einem durch die Bürger eingereichten Doppelvorschlag vom Amt ausgewählt wurde. Die Bürger wählten – wohl aus Trotz – zwei ungeeignete Personen zu Bürgermeistern, und daher ordnete die Regierung an, dass der 1710 gewählte Bürgermeister Johann Philipp Diestelhorst seinen Posten noch bis 1712 behalten sollte. Ihm zur Seite standen zwei Ratsherren; diese drei bildeten das erste ständige Ratskollegium.

Die gesamte Gemeinde erwachsener Bürger trat seitdem kaum noch zusammen, sondern ließ sich durch die „Vierundzwanziger" als Repräsentanten der einzelnen Stadtbezirke, der „Rotten" (wie dem „Lappenberger Rott"), vertreten.

Das Amt arbeitete viele Jahrzehnte lang daran, der Stadt ihre Gerichtshoheit zu nehmen. Schließlich legte die Juristische Fakultät der Universität Leipzig ein Gutachten vor, demzufolge am 13. Dezember 1743 dem Amt eingeschärft wurde, dass die Stadt grundsätzlich ihre Jurisdiktion behielt, aber einen unkündbaren und fest besoldeten Berufsjuristen („Gerichtsaktuar", „Syndikus") einstellen musste, der sich auch als Anwalt betätigen durfte. Es ging um solche Rechte wie die Ausfertigung von Pfandbriefen und Kaufverträgen, um Schuldsachen, Besichtigungen und Vergleiche, kleinere Geldstrafen, Gefängnisstrafen bis 48 Stunden und

Blockstrafen. Zu verfolgende Zu verfolgende waren: Ungehorsam gegen Verfügungen der Obrigkeit, unterlassene Gassenreinigung, Verunreinigung der Straßen durch Unrat und Mist, ungehöriges Betragen gegen die Bürgerdiener, Beleidigungen, Trunkenheit und nächtliches Umhertreiben. Die verschärfende Strafe des Blocks wurde im Gefängnis abgesessen. Eine unbeheizte Haftanstalt für den Sommer war im Rathaus, die andere gegenüber in der Hauptwache. Der mächtige, plumpe und unheimliche Block wurde auch nach dem Ende der städtischen Jurisdiktion im Rathaus aufbewahrt.

Der bekannteste der, wie oben erwähnt, vom Staat vorgeschriebenen Syndici war Jonas Levin Lüders (1750-1803) aus Hameln, der den Breriedeschen Hof auf dem Groweg kaufte und erweiterte und durch eine Anpflanzung den Lüdersbusch östlich der Stadt schuf. Die Lüderstraße trägt ebenfalls seinen (um das s gekürzten) Namen.

Wichtig war der vorbeugende Brandschutz durch die Feuergeschworenen. In einem Heuerlingshaus auf dem Willenberg hingen 1735 Heu und Stroh vom Dachgeschoss über dem offenen Feuer durch. Andernorts stand das Vieh zu nah am Feuer und konnte das Futter ins Feuer stoßen, das nicht durch eine eiserne Feuerstulpe geschützt war. Zahlreiche Ledereimer fehlten. In der Schmiede war es besonders gefährlich. In einem Haus war bei der Visitation von 1748 der Boden nicht dicht und der Torf lagerte gefährlich.[29]

Der Bürgermeister Friedrich Wilhelm Diestelhorst (1760-1767) hatte wenig Freude an seinem Amt. Im September 1761, also im Siebenjährigen Krieg, verschleppten ihn die französischen Besatzungssoldaten zusammen mit dem Superintendenten Grupe, dem Amtsschreiber und zwei Kaufleuten. Sie kehrten erst im Januar 1763 zurück. Diestelhorst hatte dennoch keine bleibende Freude, denn er hatte seine Feinde unter den Vierundzwanzigern, die ihm beim Amt Übles nachsagten, ihn also „mobbten“. Erbost oder deprimiert legte er seine Bürde nieder, die vom Amt dem seitens der Bürger vorgeschlagenen, schon 1761 bis 1763 interimistisch waltenden Hermann Albers übertragen wurde. Die Landesregierung stimmte von nun an der Wahl zu, vor Ort aber hatte das Amt die Aufsicht über Bürgermeister und Ratsherren. Vom Bürgermeister wurde verlangt, Recht und Gerechtigkeit zu handhaben, die Einkünfte ordnungsgemäß zu verwalten, sich um die Einquartierung zu kümmern und die gesetzten Grenzen gegenüber dem Amt zu achten. Jeder Ratsbeschluss bedurfte der Genehmigung des Amtes, und besonders um die Aufsicht über die Wasserläufe entsponnen sich Streitigkeiten. Auch bei der Rechnungslegung passte die Obrigkeit auf, ob die Vorschriften peinlich genau eingehalten worden waren. Erreicht wurde in der Tat das Ende des alten Schlendrians, äußerste Sparsamkeit und eine gute Übersicht über den Etat.

Gut ein Viertel der Einnahmen wurde für städtische Zwecke ausgegeben, den „Rest“ beanspruchte der Landesherr. Hatte der Diepholzer Landtag noch 1616 einer angeblich letzten Schatzung zur Abtragung der alten Schulden zugestimmt, so wuchsen im Dreißigjährigen Krieg die Kontributionen in erheblichem Maße, und die Städter mussten seitdem ebenfalls ohne ihre Zustimmung wie die Dorfbewohner Viehschatz und Fouragegeld oder ein Servicegeld zahlen.

Neben den Abgaben mussten die Bewohner auch Hand- und Spanndienste leisten oder entsprechende Entgelte zahlen. Dazu wurden im 18. Jahrhundert selbst die Freien wie der Apotheker Brauer für den von ihm übernommenen Garten des verstorbenen Landphysikus Dr. Bara herangezogen, die Freien, weil sie zum Beispiel den Bauerschlop-Weg benutzen mussten, um zu ihren landwirtschaftlichen Grundstücken zu gelangen.

Immer wieder einmal stritten die höher Privilegierten um ihre Rechte gegen die Bürger. Hilmar von Stemshorn, dessen Vater den durch Brand beschädigten Burgmannshof in Diepholz aufgegeben hatte, sollte Abgaben an die Stadt zahlen, Bürger fällten 200 Bäume in der Heide, von der sie ihm Schafe und Vieh wegtrieben und dafür dann Schüttgeld verlangten. Sie fischten mit einem Zugnetz in der Lohne, worüber sich auch die Familie Voß empörte, nahmen Lehmgruben an sich, legten einen Weg auf seinem Moor an – alles in der Schlussphase des Dreißigjährigen Krieges. Die Bürger behaupteten, sie seien im Recht, von Stemshorn bot vier Männer auf, die als Augenzeugen aus der Grafenzeit auftraten oder sich doch wenigstens auf Verbindungen zu Zeitzeugen beriefen. Die Familie von Voß bereitete durch ihre Rechtsansprüche gegenüber der Bürgerschaft über Jahrhunderte Verdruss.

Die Bevölkerung war in Adelig-Freie, kurfürstliche Beamte, Bürgerlich-Freie, selbständig tätige Bürger ohne Hausbesitz und ohne Wahlrecht, Heuerlinge mit Schutzgeldpflicht und das Gesinde aufgeteilt. Wohl auf die Zeiten der Selbstverteidigung und zu Zwecken der Steuereintreibung geht die Einteilung nach Straßen zurück: Lohn-Bürgerrott, Lange Straße, hinter Plancke (= Hinterstraße), Juden-Straße, Mühlen-Straße, Neustädter, Steinweger und Parchweger Rott.

Entwicklung der Stadt

Über die bauliche Entwicklung der Stadt im 17. Jahrhundert wissen wir nicht viel, da erst seit 1688 eine dichte Überlieferung vorliegt.[30] Immerhin ist bekannt, dass es eine Vorschrift gab, nach der kein Haus näher an der Straße stehen durfte als das benachbarte.[31]

1599 wurde ein zweistöckiges Rathaus mit Giebeldach in West-Ost-Richtung über der Langen Straße errichtet. Da es eine Tordurchfahrt hatte, diente es zugleich als Nordabschluss der Stadt. In jenem Jahr wurde der Friedhof vom Platz an der Kirche nach Norden an den Heerweg nach Heede, den heutigen Philosophenweg verlegt. Im Norden stand die Große Wache an der Lappenberger Pforte, im Westen das kleine Wachthaus an der Willenberger Pforte (auf der Lohninsel).

Schon 1638 wurde zur Brandbekämpfung eine Wasserspritze angeschafft, die neben dem Rathaus aufgestellt wurde.

Das Armenhaus an der Hinterstraße nahm bis in die zwanziger Jahre des 20. Jahrhunderts die Vermögenslosen auf, die sonst nicht unterkamen. Die 1650 aufgestellte Windmühle auf dem Eschfeld, die Wasser- und Walkmühle am Zusammenfluss der beiden Lohnen nördlich der Stein- und der Mühlenstraße waren weitere bemerkenswerte Gebäude.

Erhalten geblieben ist (innen weitgehend modernisiert) das Fachwerkhaus der Münte aus dem Jahre 1635 mit seiner westlichen Erweiterung aus dem Jahre 1775. Auftraggeberinnen waren die Witwen von Voß geb. von der Horst bzw. geb. von Landesberg, diese ein Jahr nach dem Tod ihres Mannes Cord Andreas Friedrich von Voß. Auch wenige andere Hausbalken an der Lohnstraße und am Scheurenkamp erinnern noch an Bauherren aus der damaligen Zeit. Die Bebauung der Lohneinsel datierte Ulrich Müller nach Probegrabungen auf das 16. bis 17. Jahrhundert, glaubte aber an eine Erschließung durch Holzpflaster bzw. Bohlenwege schon nach der Jahrtausendwende.[32]

Erwähnenswert sind die „Salzburger" Emigranten, für die 1736 zwei Häuser für Familien aus der geistlichen Herrschaft Berchtesgaden auf den Kohlhöfen errichtet wurden.

Außerhalb der dichten Bebauung standen Einzelhöfe und Scheunen, von denen Schöttlers Scheure und Sommers Scheure in Richtung Kielweg genannt werden. Von der Beeke gespeist wurde weit im Westen die Duß- oder Dustmühle bis vor 1770, das Gehöft blieb noch mehr als ein Jahrhundert erhalten. Ebenfalls zu den Moorhäusern gehörte die herrschaftliche Nachrichterei, das Haus des Scharfrichters und Abdeckers.

Wie in den zahlreichen im späten Mittelalter gegründeten Städtchen Niedersachsens prägten auch in Diepholz Stillstand und Beschaulichkeit das Wirtschaftsleben. Der überörtliche Verkehr war gering, die zentralen Funktionen reichten nicht weit, keine Manufaktur half aufwärts. Verschlafen und

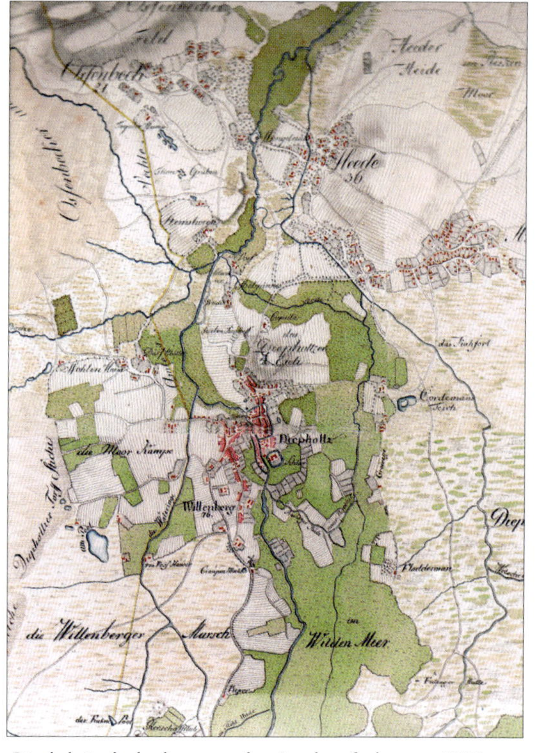

Diepholz in der kurhannoverschen Landesaufnahme von 1774

verkommen und nach der Dauerkatastrophe des Dreißigjährigen Krieges noch nicht erholt sieht die Wissenschaft die Kleinstädte des ausgehenden 17. Jahrhunderts.[33]

Immerhin verband seit 1682 die reitende Post, seit 1706 die fahrende Post Diepholz mit anderen Städten der welfischen Lande. 1791 wurden[34] im Zusammenhang mit der neuen Holländischen Poststraße von Nienburg nach Osnabrück eine Spedition und ein Relais (Pferdewechselstation) errichtet. Diese Verbindung setzte den Abbruch des 190 Jahre alten Rathauses und des Pforthauses oder Gefängnisses in Schlossnähe und die Anlegung des Postdammes voraus. Unbekannt ist, ob die armen Diepholzer für Abbruch und Neubau die von Bürgermeister Ludolf Albers und Rat erbetene staatliche Hilfe erhielten. Das neue Rathaus stand parallel zur Fahrbahn auf der Ostseite der Langen Straße südlich eines Lohnearms. Der zweistöckige Fachwerkbau mit Toreinfahrt und zwei Haustüren brachte durch eine Wohnung für solvente Mieter im Erdgeschoss Geld in die Fleckenskasse, im oberen Stockwerk befanden sich der 10 Quadratmeter große Ratssaal, die Gerichtsstube, die Registratur und seit 1837 das Bürgergefängnis.

Zeichnung des 1792 erbauten Rathauses

Immerhin war die wichtige Verbindung von Norden nach Süden vom Bremer bis zum Osnabrücker Tor und über den Willenberg bereits im 18. Jahrhundert als Steinweg gepflastert.

Ungehalten beschwerte sich am 14. September 1797 ein Obristlieutenant aus Syke über das Diepholzer Postwesen.[35] Für seine leichte Chaise ohne viel Gepäck hatte er zwei Pferde bis Twistringen bestellt, doch drei wurden gestellt. Der Postillon erschien wie ein Bettler nicht in Pariser Seidenstrümpfen und ohne Horn, mit elendem Kutschgeschirr, ohne Zaum und Gebiss, mit rotem Tuch statt Sattel. In Diepholz sei die „Canaillerie" zu Hause. Der „Fuhrbengel" sei ein „Erzbetrüger", denn schon das zweite Mal habe der Schreiber diese schlechte Erfahrung in Diepholz gemacht, während man in Lemförde pünktlich, manierlich, akkurat und höflich verfahre. Wagenmeister Bernhard Thieking wies die Vorwürfe zurück, denn die Sandwege seien für zwei Pferde zu schlecht, die Pferde seien in gutem Stand, um das Geschirr habe sich der Herr nicht zu kümmern und er habe eine halbe Stunde auf sich warten lassen.

Hand- und Spanndienste waren zu leisten, wenn die Bedürfnisse der Landwirtschaft es zuließen und es sich nicht nur um einen Interessentenweg wie den Lehmder Damm handelte. Dann waren auf Sandwegen und Dämmen schon frühmorgens Senken zu füllen, Wege zu ebnen und zu erhöhen und Gräben aufzuräumen. An den Kohlhöfen, am Mühlenkamp und auf dem Moorweg (heute: Mühlenkamp), dem Kuhdamm und der düsteren Straße gab es immer wieder zu tun. Von Flöthe, Lohne, Strothe und Wätering mussten die Anlieger Buschholz wegräumen. Bei Schneeverwehungen mussten Schneeschaufler auf die Graftlage gehen. Viele Bürger schickten ihre Kinder oder auch kaum taugliche alte Leute zur Arbeit.

Für den Weg- und Brückenbau von Mehrholz über die Dadau nach Vechta, den Vechter oder

Wallmoden-Damm (also die heutige B 69) wurden 1795 Hand- und Spanndienste angeordnet. Weiter südlich führte die Huntebrücke zwischen Dieckamp und Falkenhardt zu Streit. Um 1685 entschied das Amt, wenn die Diepholzer die Brücke mitbenutzten, müssten sie die halbe Brücke in Stand erhalten, sonst dürfte der Junker von Glane die Brükke mit einem Schlagbaum versperren. Als 1703 der Junker von Voß reparieren ließ, ohne jemanden zu fragen, musste er allein zahlen. Die Auseinandersetzung war damit noch nicht vorüber, denn der Brükkenherr ließ einen Schlagbaum aufstellen, den die Diepholzer wegwarfen und nicht wieder einsetzten. Dann wollten die Diepholzer, dass von Voß auch ein Wegstück südlich der Brücke unterhalten sollte. Der Junker klagte, dass die Diepholzer in ihrem äußersten Ungehorsam „ihre vexade (Quälerei) mit mir treiben und mich circumduciren (umherführen, d. Verf.) mögten.“[36]

1803 waren 18 Brücken in der Obhut des Magistrats. Vier waren aus Steinen gebaut: bei der alten Wache, beim Rathaus, beim Posthaus und die Vorwerksbrücke. Noch neu war die über die Strothe beim Growege.[37]

Die Wasserverhältnisse bereiteten oft Ärger. 1738 hatten einige Leute ihre Klosetts über dem Stadtgraben an der Hinterstraße angebaut, so dass Kloake und Wasser für Speisen vermischt wurden.[38] Erst nach der Jahrhundertwende gelang es Bürgermeister Storkmann, diese Abtritte zu beseitigen, doch noch in den zwanziger Jahren wurde das Werk endlich perfektioniert, als auch Superintendent Dille sich fügen musste.[39]

Ein „Fluss“, die Balge, trat 1796 in die Häuser an der Judenstraße, weil Kaufmann Brüggemann, Jacob Diestelhorst und der Schmied Stonner diesen Graben nicht aufgeräumt hatten.[40] Zur Sauberkeit mahnte die aufgeklärte Obrigkeit immer wieder. 1797 traf es Wilhelm Evers, der vor dem Magistrat erklären musste, „dass er die Mistkuhle an der Straße zumachen und seinen Mist in Zukunft hinter seinem Hause oder an einem andern erlaubten Orte legen wolle.“[41]

Dunkel war's in Diepholz, und das hatte Folgen. 1811 ordnete der Herr Maire Adjoint Wedemeier an, die Grüppen auf dem Steinpflaster der großen Lohnstraße vor jedem Haus aufzunehmen und das Steinpflaster zu ebnen, denn viele, die nachts vorübergingen, sahen die Vertiefungen nicht und stolperten. Die Grüppen führten zwar das Regenwasser ab, waren aber unerlaubt angelegt worden.[42]

Eine Fegepflicht wurde schon 1792 für jeden Mittwoch und Sonnabend eingeführt. Die Bürgerdiener hatten über ihre Einhaltung zu wachen und bei einem Verstoß 24 Grote zu kassieren. Ein Weggeldeinnehmer kritisierte drei Jahre später, dass, wenn er alle zwei Stunden fegte, man angesichts der vielfältigen Nutzung des Kuhwegdammes vor seinem Hause nicht erkennen könne, ob er gefegt habe, da diese Stelle so tief und von Kot gefüllt sei.[43]

Hier war des öfteren von Arbeitspflicht die Rede. Früher waren die Bürger frei von solchen Diensten. Natürlich halfen sie, wenn es brannte. Im 18. Jahrhundert jedoch hielt das Amt es für selbstverständlich, dass die Bürger wie die Bauern auf die Wolfsjagd mitziehen, Verbrecher, geflüchtete Gefangene und desertierte Soldaten verfolgen, für das Militär das Gepäck fahren mussten. Als sie an der herzoglichen Entenfang-Hütte bei Burlage freiwillig gearbeitet hatten, machte die Obrigkeit daraus eine Pflicht. Und als die Chaussee von Nienburg nach Osnabrück durch den Ort aufgeworfen wurde, mussten die Bürger Hand- und Spanndienste leisten. Sie sträubten sich zwar, aber da galten sie schon als widerspenstige Untertanen, die der Bürgermeister zur Vernunft zu bringen hatte. Ja, ja, das Zeitalter der Vernunft erscheint so im Zwielicht!

An Mühlen standen zur Verfügung die 1741 erneuerte Windmühle auf dem Esch, die vor allem

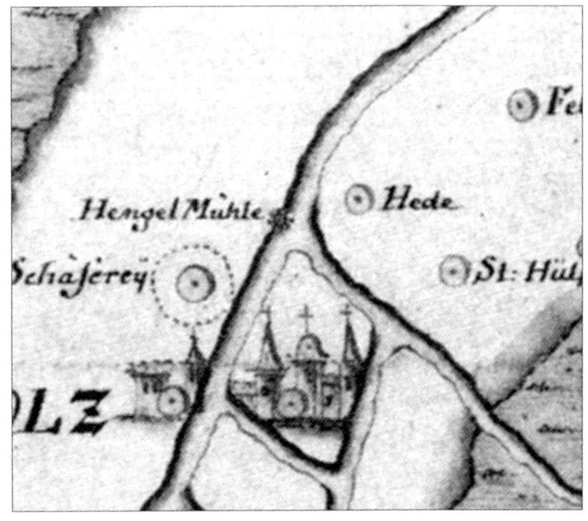

Die Hengemühle nördlich von Diepholz auf einer Karte aus dem Jahre 1595

bei Windmangel wichtigen, damals immer noch herrschaftlichen Wassermühlen zum Mahlen und Walken am Zusammenfluss der beiden Lohnen, zumindest im 17. Jahrhundert die Dustmühle und die Graupen- oder Pellmühle von Schumacher an der Engen Straße, die der Müller Schröder in Sankt Hülfe 1800 abbrechen wollte und 1801 verkaufte. Die eine Dreiviertelstunde entfernte Hengemühle benutzten die damals 70 Tuchmacher zum Walken.

1790 beschrieb der in Burlage amtierende angehende Geistliche Müller „das Flecken" mit seinen 206 Häusern (hier in Auszügen wiedergegeben) so[44]:

„Der Ort ist hin und wieder gut gebauet; doch wechseln Stroh- mit Ziegeldächern. Merkwürdige Gebäude sind nicht vorhanden, ausser der Drostey und Münze.

Die Kirche in Diepholz ist alt und verfallen, halb massiv.

Schulen sind hier 2. Die eine besorgt ein studirter Rector, welchem der Organist in die Hände arbeitet. Die andere ist einem Schulmeister anvertrauet und gehört für eine Art von Vorstadt, der Willenberg genannt.

Die Einwohner leben vom Acker-, vom Gartenbau, von der Handlung und von Handwerken, die man in jeder Gattung hier antrift.

Zwey Märkte werden jährlich gehalten.

Auch ist hier eine Art von Manufactur, welche den bekannten groben Fries, roth und greis (grau, d. Verf.), liefert. Den rothen tragen die Bauernweiber häufig zu Unterröcken; und den greisen gebrauchen die Diepholzer gewöhnlich zur Bekleidung ihrer Armen. Etwas wird nach Holland zur Bekleidung der Matrosen debitirt (bestimmt, d. Verf.).

Uebrigens ist der Umgangston in Diepholz so gut, wie er seyn kann in kleinen Städten und in Flecken, ungezwungen, frey, gesellig."

Schützenwesen

Wie zur Grafenzeit zogen die Bürger mit Bürgermeister und Rat nach wie vor alljährlich am guten Montag, am Pfingstdienstag oder am Montag nach Johannis auf die Schützenwiese an der Lehmkuhle (am Kuhdamm, heute Hindenburgstraße), um dort auf die Scheibe zu schießen und den Schützenkönig zu ermitteln. Die Bewerber gaben je drei Schüsse ab. Dabei ging es feuchtfröhlich zu, und nach der Rückkehr stiftete der Rat noch eine Tonne Bier, zeitweise auch zwei, und einige Erwählte zogen sich bei Bier und Tabakspfeife klönend ins Stübchen zurück. 1687 lehnte ein König ab, die zweite Tonne zu stiften, gab sie dann aber wohl unter großem Druck seiner Mitbürger in seinem Haus aus. Der im Rathaus proklamierte König erhielt einen Hut mit einem bunten Band und einen stilisierten Vogel am Seidenband. Er war frei von Steuern, Einquartierungen und Diensten. Der erste Name eines Schützenkönigs ist mit Cord Griepenkerl aus dem Jahre 1687 erhalten.

Erst der sich um immer mehr Lebensbereiche kümmernde, dem Absolutismus zuneigende Staat griff hier am 7. Juli 1710 ein. Er verbot das Scheibenschießen und untersagte dem Rat, „Ergetzlichkeiten" aus der allgemeinen Kasse zu finanzieren. Damit war dem Diepholzer Schützenwesen (mit einer Unterbrechung von 1742 bis 1750) für 140 Jahre ein Ende bereitet, doch geriet es nicht in Vergessenheit, und auch der „Vogel" von 1498 blieb im Rathaus zur Erinnerung erhalten. Von 1768 ist allerdings überliefert, dass der spätere Bürgermeister Erdwin Carl Ocker Scheibenschützenkönig war.[45] Auch wurde 1776 in der Lehmkuhle auf die Scheibe geschossen, worauf die unübertrefflichen „Heimatblätter für die Grafschaft Diepholz" 3. Jahrgang Nr. 6 (1. Juli 1928), S. 42 hinweisen.

Großmarkt

Am 18. Juli 1614 bewilligte Christian der Ältere aus dem Welfenhause, Bischof von Minden, einen freien Viehmarkt vor dem Flecken Diepholz nach denselben Grundsätzen, wie sie für andere Märkte üblich waren. Der sollte am Matthäus-Tag Ende September abgehalten werden. „Frei" bedeutete staatlich garantierte Sicherheit für den An- und den Abtransport der Pferde, Kühe und anderer Nutztiere während des Markttages. Inbegriffen war der Handel mit anderen Waren, so dass der Markt ein Vieh- und Krammarkt war. Der gegenüber den Daten in der Stadtrechtsurkunde von 1380 neue Termin sollte vermutlich eine Antwort auf neuere Märkte in der Umgebung sein und nach Aussage des Ausstellers den Diepholzer Markt und die ganze Grafschaft Diepholz begünstigen.

Der Augustmarkt nach Mariä Himmelfahrt blieb, konnte sich aber gegenüber dem Stoppelmarkt in Vechta nicht durchsetzen, sondern kümmerte dahin. Der Landesherr verlegte diesen Termin daher am 4. Juli 1774 auf den 24. April oder auf den 25., wenn der 24. ein Sonntag war. Um 1800 wurde ein dritter Markt Ende Oktober abgehalten.

Aus einer Tuchmacherakte wissen wir, was zum Beispiel angeboten wurde: für Frauen Kanten und Spitzen aus dem Vechtaer Gebiet, Strümpfe aus Emstek, Garten- und Hausgeräte, eiserne Töpfe aus dem Sauerland und Gläser aus dem Bistum Paderborn.[46] Männer aus Brabant (heute in Belgien), Damme und Köln verkauften die für das Branntweinbrennen unerlässlichen Kupferkessel. Auf dem Markt am 23. September 1771 wurde ein Kupferschmied aus Vechta verhaftet, weil er ungestempelte Ware aus Goslar anbot. (Die Stempelpflicht wurde erst 1829 abgeschafft.) Er wurde freigelassen, aber sein Hab und Gut wurde einbehalten, wenig später starb er. Seine Erben erhielten Ende November drei große Kessel, zwölf große und kleine Teekessel, sechs kleine Kessel, einen Durchschlag, zwei Feuerbecken, zwei Wasserfässer und 15 Milchtiegel.[47]

1789 wurde das Rathaus abgebrochen; der Nachfolgebau aber stand nicht mehr torartig von Westen nach Osten quer über der Straße, sondern in Nord-Süd-Längsrichtung. Das hatte zur Folge, dass die Krambuden nicht mehr von dieser Stelle bis fast zur (Löwen-) Apotheke aufgestellt wurden, sondern weitaus häufiger nördlich des Rathauses. 15 Bürger beschwerten sich am 30. August 1800, dass die Besucher nicht mehr zu ihnen ins Zentrum kämen, so dass nichts mehr zu verdienen war, und dass diesen Hauseigentümern auch das Stätte- oder Standgeld für die Buden vor ihren Häusern entging. Amtmann Bütemeister forderte den Magistrat entsprechend auf, den Willen der Bittsteller zu berücksichtigen. 1821 wiederholten die Bürger die Bitte, die Buden je zur Hälfte südlich und nördlich der Rathausbrükke aufstellen zu lassen. Ähnlich war es auch davor in der Franzosenzeit, als die Bürger mit Erfolg dagegen protestierten, dass der Markt aus Sicherheitsgründen auf den Esch verlegt werden sollte. Grundsatz war also, die Marktbesucher möglichst nah an der Stadt zu halten, um etwas vom „Kuchen“ ausgabefreudiger Leute aus der Umgebung abzubekommen.

Abends ging es in den Wirtshäusern oft hoch her, so dass die lokale Obrigkeit die gastlichen Stätten aufsuchte und Unruhestifter in die „Pforte“, das Gefängnis, einlieferte.[4]

Herausragende Persönlichkeiten

Wenn hier im Laufe des 18. Jahrhunderts zunehmend auf Persönlichkeiten aus dem Bürgertum hingewiesen wird, belegt dies den Bedeutungsverlust der Aristokratie und die zunehmende Rolle des Bürgertums. Die traditionelle Elite verlor allmählich an Bedeutung dadurch, dass keine Landdrosten mit Sitz in Diepholz mehr ernannt wurden, und andererseits spielte die schmale bürgerliche Führungsschicht eine herausragende Rolle.

Während des Dreißigjährigen Krieges war der Erbherr auf Hollwinkel, Cord Plato von Schloen gen. Gehle, höchster Beamter auf der Diepholzer Burg.[49] Am 29.1.1577 geboren, wurde er 1612 Landdrost der Grafschaft Diepholz und diente seinem Herzog als Diplomat und militärischer Berater. Er kaufte 1618 das Rittergut Dörpel und den Hof Speckmann in Eydelstedt. Bald verkaufte er Dörpel an Herzog Christian von Braunschweig, erwarb es 1630 aber erneut, erhielt das Fischereirecht im Holter Meer, den wüst liegenden Hof Schütte in Dörpel und zwei Spanndienste vom Amt Diepholz. Der verarmten Witwe Schütte schenkte er Geld für den Kauf einer Kuh und anderer Lebensgrundlagen. 1629 entschied er den Streit zweier Frauen in Aldorf wegen angeblicher Hexerei, indem er ihnen weitere Beschuldigungen einfach verbot. 1634 floh er vor den Schweden nach Bremen und konnte mit privat aufgetriebenem Geld den Abzug des Obristen Steinecker aus der Grafschaft Diepholz erreichen. Auch die Stadt schoss zur „Deokkupierung des Hauses Diepholz“ Geld vor, um dessen Rückzahlung sie noch Jahre nach dem Krieg kämpfen musste. 1637 aber zerstörten die Schweden Platos von ihm umgebaute Residenz, so dass er auf das Gut Dörpel umzog. 1648 fiel ihm wegen einer Schuldverschreibung auch das Gut Mahlstedt in der Grafschaft Hoya zu. Plato von Schloen oder Chalon, der „Satrapa“, wie er im Diepholzer Kirchenbuch genannt wurde, verstarb am 2. Juni 1650 in Dörpel und wurde in Alswede beigesetzt. Er war offensichtlich eine erfolgreichere Persönlichkeit als der 1629 verstorbene Amtmann Henrich Brandes, dem nach seinem Tod ein Rechnungsdefizit nachgewiesen wurde.

Am 2. Januar 1632 weilte Landgraf Philipp III. von Hessen-Butzbach im Schloss, dem Geburtshaus seiner drei Jahre zuvor verstorbenen Frau Anna Margaretha von Diepholz und betrachtete die Gemälde, die die Sage von dem angeblich unerkannten Küchenjungen und „Grafen" Rudolf von Diepholz und der schwedischen Königstochter Marina am schwedischen Hof mit ihrer Begegnung in einer Waldwildnis darstellten.[50] Der Legende nach warf die schwedische Königstochter, nachdem sie den Diepholzer Grafen geheiratet hatte, Münzen unters jubelnde Volk, als das Brautpaar die Goldenen Brücke bei Goldenstedt überquerte.

Am 29. Mai 1632 kam Philipp auf dem Wege nach Aurich in Ostfriesland, wo er seine Braut abholen wollte, erneut mit großem Gefolge nach Diepholz und übernachtete hier. 93 Pferde und 52 Personen waren unterzubringen. Am 17. Juni kehrte er mit seiner angetrauten Frau[51] zurück und quartierte sich erneut in der Festung ein, wo die Kammerfrau in der Nacht von Husten und Fieber befallen wurde, Durst hatte, aber nichts essen wollte. Der Leibarzt Dr. Georg Faber gab ihr aurum diaphoreticum cum aqua cardinalis (Arznei) und leitete damit eine Schwitzkur ein. Am 19. Juni reiste der Hofstaat weiter nach Levern.

Diepholz hatte von 1665 bis 1679 noch berühmtere Gäste:

Zu ihnen gehörte vornehmlich Herzog Ernst August, evangelischer Fürstbischof von Osnabrück ohne Berechtigung, sein Territorium zu vererben, da der Westfälische Friedensvertrag bestimmt hatte, dass einmal ein katholischer und dann ein evangelischer Adliger die weltliche Macht im Wechsel ausüben sollten. Die Grafschaft Diepholz war ihm von seinen Brüdern zusätzlich überlassen worden.

Ernst August kam des öfteren mit seiner Gemahlin Sophie[52] zur Jagd nach Diepholz, wo das kriegszerstörte Schloss in den fünfziger Jahren wiederaufgebaut worden war.[53] Während Ernst August mit anderen Männern die Niederungen bis zum Dümmer durchstreifte und auf Enten- und Hasenjagd ging, versuchte Sophie sich durch Briefelesen und -schreiben, durch Gäste und Reisen nach Bruchhausen und Linsburg zu zerstreuen, wenn nicht nach Diepholzer Schmuddelwetter wieder einmal alles unter Wasser stand. Sie fuhr mit Frau von Voß vom Gut Münte und Untergebenen auf einem schmalen Lohnekahn, wobei einer der adligen Kavaliere samt Stuhl einmal ins Wasser fiel und herausgezogen werden musste. Sie erfreute sich an einem kleinen Vogel, den der Herr von Voß ihrem Gemahl

Philipp III. von Hessen-Butzbach (1581-1643)

Seine Gemahlin Anna Margaretha von Diepholz, die Tochter des letzten Grafen (1580-1629)

geschenkt hatte und der ihm aus der Hand fraß. Sie ärgerte sich über den Übermut ihrer Mägde, die untereinander darum kämpften, wer mehr arbeiten sollte; die eine Gruppe wollte nur „courtisieren", den Hof machen wie in Hannover, und deren „Generalin" schmückte sich gar mit Handschuhen und Gürtel ihrer Herrin. In der Nacht störten sie die Geräusche, die die zahlreichen Mäuse im Schloss verursachten. Es kam vor, dass sie fürchterlich fror, obwohl sie den Kamin heizen ließ. Briefeschreiben gehörte zu den Steckenpferden, und wenn die muntere Tochter Sophie Charlotte, „Figelotte" gerufen, und der Sohn Georg anwesend waren, war für Kurzweil gesorgt.

Es war wohl mehr eine Laune, dass ihr Ehemann überlegte, sich auf dem Lande bei Osnabrück als Bauer anzusiedeln. In Wirklichkeit strebten sein Sinn und der seiner Frau nach Höherem, und das bedeutete: Weg aus dem Westen, von der Iburg, von dem im Bau begriffenen Osnabrücker Schloss und vom Diepholzer Jagdschloss, hin nach Hannover als Herrschaft eines großen Territoriums! Schließlich war Sophie eine Nachfahrin der berühmten Königsfamilie Stuart in Schottland und Tochter des Kurfürsten von der Pfalz! Und die Kinder wurden später die erste Königin in Preußen und der erste König von England aus dem Hause Hannover!

Sophie Charlotte (1668-1705), Gattin des ersten Königs von Preußen

Ernst August war Diepholz innerlich nicht verbunden. Im Sommer 1684 war er bereit, die Grafschaft Diepholz und das Amt Ehrenburg an den Herzog von Schleswig-Holstein-Gottorp abzutreten, wenn er dafür das Fürstentum Minden oder wenigstens Petershagen, Schlüsselburg und Rahden von Brandenburg erhielt.[54] 1690 bot er den Wolfenbütteler Verwandten Diepholz an, doch die wollten lieber das Amt Gifhorn haben.[55]

Adolph Philipp Freiherr von dem Bussche (Ippenburg), geboren am 15./25.3.1639, war der erste, für den nachweislich in Diepholz „nichts los" war! Der erzkonservative Erzieher und Oberhofmeister bei Herzog Ernst August in Osnabrück, zeitweise Gesandter in Wien, wurde 1680 nach Hannover mitgenommen und erhielt dort eine Stelle als Kammerrat, wurde 1682 Wirklicher Geheimer Kammerrat und 1693 Kammerpräsident. Zwei Jahre später wurde er seines Amtes enthoben und erhielt 1696 den Posten des Landdrosten in Diepholz. An den berühmten Philosophen und Archivar Leibniz, an Herzogin Sophie und an seinen Freund Ilten schrieb er, er sei der campagnard solitaire (einsame Landbewohner), der érémite (Einsiedler), klagte über die Öde und Langeweile in Diepholz, wo Hasenjagd und die Lektüre antiker Schriftsteller, vor allem des Aristoteles, die einzige Unterhaltung böten. Er reiste nach Aurich, um den Fürsten von Ostfriesland in Finanzangelegenheiten zu beraten, stritt mit dem Bischof von Münster über die gemeinsame Grenze und bat deswegen den darüber nicht erfreuten Leibniz um eine Recherche im Archiv in Hannover. Am 26. April 1698 ist von dem Bussche in Hannover gestorben.[56]

Ernst Ludwig Rathlef, Sohn eines Amtmanns, wurde 1709 geboren. Nach seinem Theologiestudium war er zunächst Pastor adjunctus in Langenhagen und kam 1744 nach Diepholz, wo er bis 1751 amtierte. 1752 wurde er Superintendent in Nienburg und starb dort am 19. April 1768. Er sammelte Quellen zur Geschichte der Grafschaften Diepholz und Hoya (3 Teile, Bremen 1766-1767), gab theologische Zeitschriften heraus und beschäftigte sich aus theologischer Sicht mit der Bedeutung der Heuschreckenplagen. Er befasste sich auch mit der Physik und trainierte seine Kenntnis von sechs Sprachen. In der Diepholzer Zeit veröffentlichte er ein Vorwort zu einer Abhandlung über das biblische Thema des Todes der ägyptischen Erstgeborenen (1747, gedruckt 1748 in Hannover), die Akridotheologie (1748, 2. Teil 1750), eine Übersetzung dieses Büchleins ins Niederländische (Amsterdam nach dem Stand von 1749).[57] Eine Forschungsreise führte ihn nach Osnabrück und Iburg. Er suchte in Kirchen-, Rats- und Amtsarchiven und erhielt Archivalien von ihm bekannten Privatleuten. Ohne Übertreibung kann er als Vater der wissenschaftlichen Bemühungen um die Diepholzer Geschichte angesehen werden.

Georg I. (1660-1727), König von Großbritannien seit 1714

Um Seuchen zu beobachten und medizinischen Pfusch zu verhindern, führte der Staat die Physici ein. Schon am Anfang des Jahrhunderts wurden Frauen und Männer kritisiert, die „frey hinbrudeln" und nützliche Untertanen um Geld und Gesundheit brachten.[58]

Erster Landphysicus der Grafschaft Diepholz mit der Aufsicht über Ärzte und Apotheker war der aus dem heute rumänischen Siebenbürgen stammende Ungar Dr. Stephan Zagonyi Bara (geb. 1726), der in Klausenburg (Cluj) die Schule besucht, in Franeker und Utrecht (Niederlande), in Cambridge seit 1752, ein Jahr in Oxford studiert hatte und nach drei Jahren 1757 in Göttingen zum Dr. med. promoviert worden war. In Diepholz ließ er sich nieder, heiratete eine Tochter des Hausvogts Cordemann und nach deren frühem Tod ihre Schwester. Auch die zweite Frau und der einzige Sohn starben früh, Bara blieb nur die zweite, erst drei Jahre junge Tochter, die später nach dem Todes ihres Mannes Justus Gerhard Brauer von 1820 bis 1827 die Apotheke leitete.

Nachfolger des am 5. Dezember 1780 während einer seit März andauernden Blatternepidemie mit Dutzenden Toten verstorbenen Dr. Bara als Kreisphysikus wurde Dr. Georg Christian Gottlieb Wedekind (hier 1781-1785), der später in der Mainzer Revolution eine herausragende Rolle spielte und schließlich Leibarzt des Großherzogs von Hessen-Darmstadt wurde. Wedekind schrieb hier einen Aufsatz über den Stechapfelsamen, fühlte sich auf Dauer aber angesichts mangelnder Anregungen und Aufstiegschancen nicht wohl und zog deswegen in die Nähe von Köln.[59]

Von 1792 bis 1796 besaß Bürgermeister Hinrich Ludolf Albers gemeinsam mit dem Syker Kaufmann Hinrich Detlef Balcke und dem Syker Vogt H. G. Frölich das Gut Okel, gewissermaßen eine frühe Form der Zusammenarbeit von Bürgern im heutigen Landkreis Diepholz.[60]

Schule

Die Entwicklung des Schulwesens war ein Anliegen der Reformation gewesen, doch bemühte sich inzwischen die katholische Kirche, mit den Gegnern gleichzuziehen, wofür die Jesuiten berühmt geworden sind. In Diepholz scheint die Schule nicht so recht vorangekommen zu sein, jedenfalls ist 1618 von einer neuen Schule die Rede, und die erhielt eine genauere Ordnung als die von Friedrich II. 1584 erlassene. Möglicherweise hat auch das dörfliche Schulwesen neue Impulse erhalten, jedenfalls ist nach dem Dreißigjährigen Krieg die Existenz einer Dorfschule nicht mehr ungewöhnlich, sondern sie kann um 1652 bereits verbessert werden.

Am 30. August 1618 schrieb die erwähnte erste ausführliche Schulordnung das lutherische Bekenntnis als Fundament fest.[61] Vorgesetzter der (zwei, höchstens drei) Lehrer war der Superintendent. Den Lehrern wurde gutes Einvernehmen vorgeschrieben, andernfalls sollten Superintendent und Obrigkeit schlichten. Verboten waren Leichtfertigkeit, Sauferei und betrunkenes Erscheinen vor den Schülern. Für Familienfeiern durften die Lehrer sich freinehmen, doch musste der Unterricht vertreten werden. Blieb ein Lehrer dem Unterricht dennoch fern, wurde sein Gehalt gekürzt und die dadurch eingesparte Summe für den Ankauf von Büchern armer Schüler aufgewendet. Jedes halbe Jahr hatte der Lehrer seinen Unterrichtserfolg in öffentlichen Prüfungen nachzuweisen.
Auch durften die „Schuldiener" sich an den Kindern für Beleidigungen und böse Taten der Eltern nicht rächen.

Die Lehrer mussten sich schriftlich und mündlich verpflichten, so zu handeln. Verstieß jemand absichtlich dagegen, sollte er sofort entlassen werden.

Diese zweite Schulordnung in der Grafschaft wurde unterschrieben von Landdrost Cord Plato gen. Gehle, Superintendent Wasseramb und Amtmann Brandt.

Nach dem Dreißigjährigen Krieg inspizierte Superintendent Naumann auf Anordnung der Regierung die Schule.[62] Er stellte fest (hier in modernisierter Fassung): Das Gebäude sei ganz verdorben und so beschaffen, dass man besorgen müsse, es könnte jede Stunde einfallen. Es habe innen abgestützt werden müssen, so dass man in diesem Winter noch habe Schule halten können. Man müsse im nächsten Frühling unbedingt ein ganz neues Gebäude aufrichten, und die Diepholzer seien einig und entschlossen, es wieder an die alte Stelle südlich der Kirche zu setzen. Sie wollten es auch, wenn man das Holz bekommen könne, aufständern lassen, damit drei oder vier verschiedene Stuben darin eingerichtet werden könnten, die mit zwei Öfen geheizt werden sollten. Damit könne der Küster, der kein eigenes Haus habe und dessen Hausmiete von der Kirche bezahlt werden müsse, eine Wohnung darin erhalten, wie auch ein Schuldiener. Außerdem könnten dadurch die Mädchen von den Jungen, die jetzt vereint säßen, unterschieden und getrennt werden.

Der Schulbesuch sei zufriedenstellend, besonders im Winter solle sich die Zahl auf 100 belaufen. Unter ihnen sei nicht ein einziger, der deklinieren oder konjugieren könne; der Mangel liege zum Teil an den Eltern, zum Teil an den Lehrern. Die Kinder hätten wie in allen Schulen der Grafschaft überwiegend plattdeutsche Bücher, aus denen sie lernten und in denen sie läsen. Er habe aber den Schulmeistern gesagt, dass sie den Kindern Bücher in der hochdeutschen Sprache kaufen und sie daran gewöhnen sollten, dann könnten sie die Pastoren, die allesamt hochdeutsch predigten, desto besser verstehen.

Es gebe drei Schulmeister. Der Schulrektor Heinrich Leppelmeyer sei zugleich Kapellan. Er verrichte die Nachmittagspredigt am Sonntag, dafür sei er von der Schularbeit am Sonnabend befreit. Er solle die Lateinschüler unterrichten, von denen aber keine in der Schule vorhanden seien. Es scheine, dass er nicht adaptus (angepasst, d. Verf.) und natus (dazu geboren, d. Verf.) sei, und er sei auch wohl zufrieden, wenn er an einen anderen Ort versetzt werden könne. Sein Gehalt sei so beschaffen, dass einer, der nicht eine große Familie versorgen müsse, sein tägliches Brot haben könne; er habe jährlich 12 Molt Roggen im Sack oder 11 bis 12 Taler einzunehmen. Wiesen habe er ebenso viele wie der Superintendent. Das Ackerland sei mehr und besser als das bei der Superintendentur. Als Akzidentien (unregelmäßige Einkünfte für Dienstleistungen) erhalte er Beichtgeld vom Superintendenten, das Schulgeld von den Kindern wie auch das Totengeld, wenn welche begraben werden, und einen Schmalzehnten (Abgabe für Kleinvieh) zu Düste, der aber ganz gering sei.

Der andere, der die vices Cantoris (Aufgaben eines Kantors, d. Verf.) verrichte, Jonas Otto, stamme aus Köln und sei hier früher Apotheker gewesen. Weil ihm aber die Apotheke im Krieg durch häufige Durchzüge, Einfälle und Ausplünderung ganz zerstört und er ruiniert worden sei, habe man ihn vor 16 oder 17 Jahren als Schuldiener und Kantor angenommen. Er habe wohl so viel studiert, dass er sein Amt in der Schule verrichten könne, wie er es auch an Fleiß und Mühe nicht fehlen lasse. Allein er habe keine Singstimme, so dass die Kirche damit übel bestellt sei. Sein Gehalt belaufe sich ohne das Schulgeld und das Singen bei Beerdigungen, wenn er alles bekommen könnte, auf ungefähr 50 Reichstaler, und der alte Landdrost Seeliger habe vor 27 Jahren 100 Taler zur Besoldung der Schulmeister gestiftet, die mit jährlich 6 Talern verzinst werden sollten. Der Schuldner Grelle, an den das Geld ausgeliehen worden sei, habe Konkurs angemeldet, und weil einige Beamte in der Grafschaft privat mit interessiert seien, seien seine Güter beschlagnahmt worden und die Zinsen sollten unter die Gläubiger ausgezahlt werden. Deshalb solle der Kantor oder Lehrer seine Zinsen nicht erhalten. Dieser Lehrer habe nicht einmal eine Dienstwohnung. (Was aus der Sache geworden ist, ließ sich nicht ermitteln.)

Der dritte sei der Kustos, der die Mädchen und Jungen im Schreiben und Rechnen unterrichte. Er sei im Rechnen angemessen versiert, in der Orthographie ganz schlecht ausgebildet. Wenn man noch einen Lehrer, der etwas studiert hätte, bei der Schule haben könnte, so würde dem Orte und der Schule geholfen sein, denn die Leute würden nicht nur ihre Söhne, die sie mit Unkosten, über die sie denn sehr klagten, ihre Kinder an anderen Orten zur Schule halten, sondern sie würden auch die anderen desto fleißiger zu Schule schicken. Zumal der Küster in der Schule unstet weile, da er des öfteren seinen Küsterdienst mit den Besuchen bei Kranken und anders versehen müsse und nicht immer in der Schule bleiben könne. Es fänden sich aber in dieser Gemeinde überhaupt keine Mittel, wie die Schule aufgebaut oder noch ein Lehrer angenommen werden könne.

Ein tiefer Blick in die Nöte der damaligen Zeit, und man kann sich ausmalen, welche Leistungen die Diepholzer Schule damals erbracht hat. Klar, dass jeder, dessen Söhne „etwas werden“ sollten, sie nach den ersten Jahren in die Lateinschule einer größeren Stadt schickte, und dass die Eltern für die Unterkunft ordentlich bezahlen mussten, es sei denn, die Sprösslinge konnten bei Verwandten untergebracht werden.

Von den späteren Rektoren ist Magister Johann Andreas Krafft hervorzuheben, der hier ein Buch „Anfangsgründe der Rechenkunst“ erarbeitete, das in Bremen gedruckt wurde.[63] Nach sechs Amtsjahren wurde er entlassen, weil er Ehebruch begangen hatte.

Die „gemeinen“ Kinder zahlten im Sommer drei Viertel des im Winter üblichen Schulgelds, ob sie zur Schule gingen oder nicht. Die „Lateinischen“ zahlten ganzjährig den anderthalbfachen Betrag des für die „Gemeinen“ im Winter Üblichen und lieferten ein Fuder Torf, den sie durch Geld ersetzen durften. Natürlich gab es Sparsame, die nur bei voller Leistung voll zahlen wollten.

Privatunterricht des Pastors war für bis zu sechs Kinder von Honoratioren (etwa des Apothekers) erlaubt.

Der Rektor bezog seine Einkünfte aus Ländereien und Naturalabgaben aus Diepholz, Drebber und Goldenstedt, aus Abgaben der Schulkinder (Eingangsgeld, Weihnachtsopfer, Schulgeld, Torf, Latein- und Privatstunden) und Akzidentien (Beerdigung, Glockenläuten, Gesang vor dem Leichenhaus, Gesang vor und nach der Predigt in der Kapelle; Hochzeit). Die Schulferien richteten sich nach kirch-

Die Zeichnung aus dem Jahre 1891 zeigt rechts neben der Nicolaikirche das heute noch vorhandene Küster- und Schulgebäude.

lichen Festtagen: Frei waren nach dem Stand von 1762 vier Tage nach Ostern, vier Tage nach Pfingsten, eine Woche nach Michaelis, zwischen Weihnachten und heilige drei Könige. Frei waren ferner der Sonnabendmorgen vor den drei hohen Festen, der Nachmittag vor den Festtagen, alle Montage in den Hundstagen, der erste Montag in der Fastenzeit, an den Diepholzer und Sankt Hülfer Markttagen, am Nachmittag nach einer Schulvisitation und am Tag des Bürgerschießens, ferner noch alle Aposteltage.[64]

Um Streitigkeiten zwischen den Lehrern um die Grenzen ihrer Bezirke zu verhindern, grenzten Superintendent und Amtmann 1707 die Bezirke durch eine neue Schulordnung ab.[65] Diepholzer (ab 1744 auch die vom Parkweg) durften nicht die Willenberger Schule besuchen. Katechumenen (Konfirmanden) vom Willenberg durften (wohl wegen der Nähe des Schulhauses zur Kirche) die Diepholzer Bürgerschule besuchen, auch über Zehnjährige waren zugelassen. ABC-Schützen („Abecedarii") und die, die noch buchstabierten, gehörten in die unterste Klasse. Der Superintendent prüfte zweimal im Jahr, wer am besten lesen konnte, der Konfirmation durch sein Alter am nächsten war und deswegen in die höhere Klasse versetzt werden durfte. Den Lehrern wurde verboten, ein Kind aus dem Gefühl heraus barbarisch und übel zu behandeln, sondern sie sollten sie, wenn es nötig erschien, väterlich und bloß mit der Kinderrute an einem passenden Ort zu ihrer Besserung züchtigen.

Nichtsdestotrotz prügelten und schimpften die Lehrer auf die Schüler ein, die sich im Gegenzug rächten. Einmal hinterließen sie Kot auf dem Sitz des Lehrers, auch streuten sie Schießpulver in den Ofen, zerbrachen Sachen des Lehrers, vernagelten ein Fenster, störten den Unterricht durch Lärm und Gepolter, klatschten Bücher gegen die Bank, trampelten mit den Füßen, gaben wunderliche Laute von sich, krochen unter die Bänke und widersprachen. Die Eltern stellten den Lehrer zur Rede und entzogen ihre Kinder der Bestrafung.[66] Superintendent Grupe (bis 1764) beklagte, „dass die Jugend hier böse ist, dass man alle Mühe habe, dem Herrn Rectori Respekt zu verschaffen; und dass die Schulen von den meisten schlecht frequentiret werden, wenn nicht die Obrigkeit Zaum und Gebiß bei der Gemeine (für: Gemeinde) gebrauchte: Ich habe es gottlob so weit gebracht, dass in den letzten Jahren keine viele Strafen mehr nötig gewesen sind."[67] Einige Lehrer vernachlässigten den Unterricht oder ließen Schüler sogar für sich arbeiten.

War ein Lehrer krank, wurden fähige Schüler herangezogen, die die anderen lesen ließen oder ihre Katechismuskenntnisse überprüften.

Die Lehrer! Am 19. Juni 1741 nachmittags schauten einige hundert Bürger, Soldaten, Hausleute und Bremer Bauhandwerker zu, als der Mühlbalken der neuen Windmühle aufgewunden wurde. Amtsschreiber Tiling ärgerte sich, dass auch Kinder dabei waren. Er schlug einen kleinen Jungen mehrfach hart mit einem Stock und empörte sich über die Lehrer, die den Unterricht schon um 15 Uhr beendet hatten. „Wenn ihr Schurken, ihr unnützen Kerls Schule hieltet, so befänden sich hier die Kinder nicht. Diesen Morgen habt ihr Schurken auch nicht informiert. Wartet, ich will euch wohl kriegen." Er wetterte dann noch gegen die traditionellen kirchlichen Betstunden am Montagmorgen, die die Schuljugend nur vom Unterricht abhielten.[68]

Aufsicht über die Schulknaben beim Gottesdienst führte der erste Lehrer, der die Störer zur Bestrafung aufschreiben ließ.

Der zweite Lehrer musste die Kirche auf- und zuschließen, für Sauberkeit sorgen, die Uhr stellen, von 7 bis 10 Uhr und von 12 bis 15 Uhr unterrichten und Freiwillige täglich zwei Stunden privat in Religion, Rechnen und Schreiben unterrichten. Seine Einkünfte bezog er aus 17 verschiedenen Quellen, wobei der Schuldienst nur gut ein Viertel einbrachte, der Küsterdienst mit Kindtaufen, Krankenkommunionen, Beerdigungen mit Glockenläuten, Diensten in der Kirche aber 70% und der Organistendienst knapp 5%.

Die Schulpflicht endete mit dem vollendeten 14. Lebensjahr. Der Pastor musste die Schule zweimal in der Woche visitieren und jedes Vierteljahr dem Superintendenten einen schriftlichen Bericht vorlegen.

Werfen wir zum Schluss noch weitere Blicke in die Praxis! 1724 protestierten die beiden Pädagogen gegen stille nächtliche Beerdigungen mit vielen Leuchten und Prozessionen, statt nach dem Glokkenläuten vom Trauerhaus mit Musik oder Gesang (der älteren Schüler unter Leitung der Lehrer) durch Diepholz über den Esch bis zur Windmühle zu ziehen. Als negative Beispiele nannten sie einen Tuchmacher und -händler, einen Chirurgen und einen Bäcker. „Wir sind ja arme und geringe Schuldiener und kommen allemahl dabey zu kurtz.“[69]

Am 14. Januar 1789 war es ausnahmsweise so kalt, dass kein Kind zur Schule kam. Der Unterricht fiel aus, weil verschiedene Kinder keinen Torf zum Heizen mitbringen konnten und die Schulstuben zu kalt waren.

Die Willenberger gingen ursprünglich zur „ordinairen“ (gewöhnlichen, normalen) Schule, aber die Wege waren im Winter sehr schlecht und noch nicht gepflastert. Daher nahm man den Schulmeister Gosoge aus Heede, dann bis 1789 nacheinander zwei weitere, die alle keine Dienstwohnung hatten. Die Gemeinde wehrte sich gegen eine zusätzliche Belastung, da sie doch zu den Kirchen- und Schullasten in Diepholz beitrug.

Kirche

1653 trat der zweite Superintendent nach dem Dreißigjährigen Krieg sein Amt an. Naumann beschwerte sich über die Witwe (mit 13 Kindern!) seines nach einem Dienstjahr verstorbenen Vorgängers Tobias Münchmeyer, sie beanspruche die gesamte Ernte als Rente für sich. In seinem vorigen Dienstort Bergen (Dumme) habe er besser gelebt. Das Pfarrhaus fördere Katarrhe, er müsse beim Heizen Torfgeruch ertragen, da er kein Brennholz zugewiesen bekomme. Die Pfarrkinder (Gemeindeglieder) wollten die Akzidentien (Gebühren für Amtshandlungen) nicht erhöhen und hätten nichts für die Schule übrig.[70] Immerhin erreichte er, dass für den nächsten Winter Holz aus der Escholt geliefert wurde und dass das Pfarrhaus repariert wurde. Das war ein schlichtes Gebäude mit zwei Stuben, einer Küche mit offenem Herd und Kesselhaken und drei Kammern im Dachgeschoss. Naumann ließ eine dritte Stube anbauen. Immerhin führte er wieder Visitationen mit Prüfungen der Kinder und Ermahnungen der Erwachsenen durch, schrieb klare und sachkundige Berichte und führte die Kirchenbücher ab 1659 erstmals seit fast drei Jahrzehnten wieder regelmäßig.

Ein weiterer bemerkenswerter Seelsorger war Superintendent Johann Heinrich Behrens (geb. 1661 in Einbeck, seit 1697 in Diepholz, gest. 1743).[71] Er führte jahrelang Prozesse mit den abgabepflichtigen Meiern und stritt mit seiner Gemeinde, da er die Gebühren für Amtshandlungen erhöhte. Damit gab er dem Küster nach, der 1721 streikte, als eine Trauung vollzogen werden sollte und das Paar bereits vor dem Altar stand. Behrens war geschäftstüchtig, denn er lieh bestimmte Gelder nicht wie üblich zu Gunsten der Gemeinde aus, sondern strich die Zinsen selbst ein. Der Oberhauptmann erkannte diese Unregelmäßigkeiten bei einer Revision der Kassen. Behrens' Sohn wurde ihm dem Vater wegen dessen Überlastung als Adjunkt (sozusagen als Assistent) zur Seite gestellt.

1736 kam es zum großen Eklat. Der clevere Immobilienbesitzer öffnete am 22. März seine Haustür dem Amtsschreiber Tiling, eine Viertelstunde später auch dem Amtsvogt Cordemann aus Mariendrebber und dessen Bruder, dem Diepholzer Hausvogt, und stand ihnen fassungslos gegenüber. Eine Haussuchung im Arbeitszimmer eines Gottesmannes in Diepholz hatte es noch nicht gegeben! Die beiden Amtsdiener hatten eine Tragbahre und zwei Kisten mitgebracht, der Tischler Wilhelm Grelle erschien mit Hammer, Kneifzange und Nägeln. Sie räumten das ganze Archiv ab, damit der Oberamtmann es in Ruhe durchsehen konnte.

Der wegen des umfassenden Verdachts illegalen Handelns zum Emeritus (Ruheständler) erklärte und durch seinen Amtsbruder Praetorius in Drebber abgelöste Behrens erhielt nur noch die Hälfte seiner Einkünfte und wurde abgewiesen, als er um eine Pension nachsuchte. Konnte vielleicht der Sohn den Vater ernähren? Auch über den Junior hatten bereits viele geklagt, und Vater und Sohn vertrugen sich nicht. Behrens blieb dennoch.

1741 wurde von ihm dem Sohn vorgeworfen, montags statt der Betstunde eine Predigt gehalten zu haben und freitags anstelle der Wochen-Betstunde katechisiert (den Katechismus unterrichtet und das entsprechende Wissen überprüft) zu haben. Er hielt sich nicht an die Liturgie, sondern wiederholte und sang vor dem Altar die Hauptpunkte seiner Predigt. Statt den vorgeschriebenen Katechismus zu benutzen, formulierte er selbst seine Fragen, die er die „Glaubenskette“ nannte, und entzog seinem Vater die Beichtkinder.[72]

Der Vater war subjektiv ein frommer Mann. Abends öffnete er das Fenster seines Schlafzimmers und segnete Diepholz für die Nacht ein – eine rührende Szene! Sein an den Pietismus erinnerndes Lebensmotto lautete: „Christum lieb haben ist beßer denn alles Wissen." Er wurde wie ein vorbildlicher Patriarch 14-mal Vater und sollte sich die Namen von 37 Enkeln merken.

Und seine lieben „Schäfchen"? Sie folgten nicht unbedingt den Predigten von der Nächstenliebe. Am 24. März 1736 wurde die ganze Gemeinde zum Rathaus geladen, wo die Armen vortrugen, dass die Bürger so lieblos seien und so wenig in die Sammelbüchsen gäben, dass jedes Mal ein Bürger mit herumgehen solle, wenn die Almosen gesammelt würden. Die Gemeinde entschied, dass sich keiner ausschließen solle, auch die Freien nicht. Jede Rott genannte Abteilung der Bürgerschaft sollte zur Unterstützung beim Sammeln einen Mann stellen.[73]

Die Nicolaikirche Ende des 19. Jahrhunderts mit Superintendentur (links) und Schul- und Küsterhaus (rechts) *Foto: Schöttler*

Wo kamen Pastor und Gemeinde zusammen? Die Kirche hatte eine überdachte Kanzel etwa in der Mitte der Nordwand, den Altar im Osten, einen Mittelgang, der in der Mitte bis zum Altarraum zweigeteilt war. Im Osten war die Sakristei. Im Südosten führte eine Treppe zur Orgel und weiteren Stühlen. Abgeteilt waren die Priechen (Sitze mit glasversehenen Holzwänden) für den Landdrost, die Familie von Voss und eine zweite für von Voss (früher den von Hitzfeld gehörend) und Ellinghausen.[74]

1779 wurde erstmals der Plan gefasst, die marode Kirche neu zu bauen. Die Ausführung unterblieb zunächst, weil die neue Poststraße Vorrang erhielt, andere Gemeinden im Amt ihre Pflicht zu helfen anzweifelten, bis 1798 dagegen prozessierten und die schon angefahrenen Steine „verschwanden". Das Gebäude verfiel unterdessen bis zur Einsturzgefahr, und 1800 stürzte tatsächlich eine Wand ein, so dass der Abbruch endlich in Gang kommen musste. Die brauchbaren Teile konnten später verkauft werden, aber wo sollten einstweilen die Gottesdienste stattfinden? Am 10. April 1800 verlegte man sie auf den Rathausboden, doch nun begann ein neues Gerangel um den Neubau. Veranschlagt wurden wie bisher zunächst 640 benötigte Plätze, aber der Landbaumeister Paulsen entwarf ein größeres Gebäude für 940 Gläubige. Am 1. Juni 1802 rückten die ersten Handwerker an. Mit großer Mühe kratzte die Gemeinde das Geld zusammen, da sich die Kosten vor allem dadurch fast verdoppelten, dass statt Bruch- und Quadersteinen Backsteine genommen wurden. Am 30. März 1806 konnte die neue Kirche im Beisein von 1.500 Personen endlich in feierlich-schlichter Form geweiht werden. An die Weihepredigt des Superintendenten A. W. Nädler über 2. Mose 20, 24 („An dem Orte, wo ich meines Namens Gedächtnis stiften werde, da will ich zu dir kommen und dich segnen.") erinnert der Spruch über der Haupttür noch heute: „Kommt! Lasset uns anbeten den Herrn!" Psalm 95, Vers 6)

Noch fehlten die Innenmalerei, die Orgel und die Turmkuppel. Dieser Teil des Turmes wurde erst 1820 fertiggestellt.

Juden

Die ersten Juden ließen sich in der zweiten Hälfte des 17. Jahrhunderts nieder, wie der Schutzbrief für Samuel und Simon Meyer vom März 1684 belegt.[75] An sie erinnerte bis in die NS-Zeit der Name „Judenstraße", die dann in „Kolkstraße" umbenannt wurde. Es waren 1717 zuerst drei, 1727 vier und

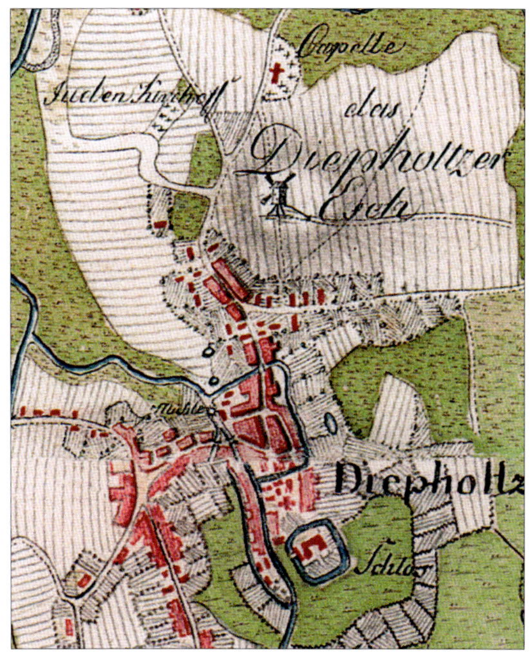

Auf einer Diepholz-Karte von 1774 ist der jüdische Friedhof als „Juden Kirchoff" eingezeichnet (links oberhalb des Diepholzer Esch)

1767 fünf überwiegend wenig Begüterte, die sich in gemieteten Wohnungen trafen.[76] Der Friedhof nördlich der Stadt (heute: Schlesierstraße) wurde 1782 bereits als „alt" bezeichnet.

Die jüdischen Einwohner hatten kein Bürgerrecht. Hin und wieder stritten ihre christlichen Zeitgenossen mit ihnen, doch zankten die Christen auch untereinander und schalten sich Betrüger, Lügner, Dieb, Hühnerdieb, unrichtig im Kopfe, Teufelsbruder, garstige Frauensperson, Schelm, Hundsfott, dummer Junge und Flegel.[77] Der Jude Aaron hauste 1770 in einer vernachlässigten Mietwohnung, so dass das Gericht seiner Witwe befahl, die Räume in einen gehörigen Stand zu setzen, aber die Witwe stritt ab, dass ihr der Befehl zugestellt worden sei. 1783 schlug ein Bürger den Jacob Kugelman, doch Schlägereien von Christen untereinander kamen häufiger vor.

1794 beschwerte sich die Judenschaft, ihr Vorsteher Moses Isaac leiste seinen Pflichten in der Synagoge kaum Genüge. Das Amt setzte ihn daraufhin ab, was der alte Salomo Israel an drei Sabbattagen in der Synagoge zu verlesen hatte.[78]

Einzelne Juden spielten als Geldverleiher eine Rolle. 1706 klagte Simon Mosis mit Erfolg auf Rückzahlung von gut 14 Talern von einem Christen.[79] So hatte Carl Jäger im Jahre 1800 mehr als 103 Taler Schulden, davon über 23 bei zwei Juden und rund 80 bei 13 Christen.[80]

Hexenverfolgung

Hexenverfolgungen sind für das 17. Jahrhundert belegt. Vorgeworfen wurde den weitgehend auf dem Willenberg wohnenden Frauen ein abendliches Treffen mit dem Teufel und anderen Hexen auf dem Hexentanzplatz an der Lohne in der Nähe des Schlosses, Schadenzauber wie etwa die Vergiftung von Bier auf einer Hochzeit auf Hemtewede, das Buttern einer größeren Menge als normal, der Tod des Viehs im Stall, eine Person zu Fall bringen, nächtliches Kuchenbacken für den Teufel.

Viele Gerüchte wurden produziert, und wer einmal „berüchtigt" war, blieb es sein Leben lang. Mägde und alte, alleinstehende Frauen waren besonders gefährdet. Männer und Frauen traten in den Zeugenstand und behaupteten Lebensgefährliches.

Wasserproben sind für die Jahre 1652 bis 1654 in neun Fällen nachgewiesen; mit ihrer Hilfe glaubte das Volk zu erkennen, wer eine Hexe war: Sie wurde vom Henker ins Wasser an der Südostecke des Burggrabens geworfen, floss und schwamm „wie eine Gans", das heißt, sie ging nicht unter, weil das reine Wasser die Sünderin zurückwies. Die Anordnung dazu traf der Amtmann auf Weisung der Regierung, einmal sogar auf Bitten des Ehemanns, der die Unschuld seiner Frau bewiesen sehen wollte.

Der Henker zeigte die Folterwerkzeuge („Instrumente") und erklärte die Wirkungsweise der Daumenschrauben, folterte dann, um die Wahrheit herauszufinden, im Keller des gerade wieder aufgebauten Alten Hauses. Die Beschuldigten gaben nach, um erlöst zu werden, und widerriefen im nächsten Verhör. Die Beamten waren den staatlichen Vorschriften unterworfen; sie schickten die Protokolle nach Celle, von dort wurden sie den Juristen der Universität Rinteln zugesandt, die ihre Stellungnahme abgaben, die dann mit einer Handlungsanweisung der Regierung versehen und nach Diepholz geschickt wurde.

Verbrannt wurden (wohl vor dem Galgen in der Nähe von Hemtewede) Ahlke Bornemann und Dorothea Hoffmeister.

Die erste zog um 1632 auf den Willenberg, wo sie einen Heuerling heiratete, der bei Harm Müller wohnte. Sie hatte eine Tochter und eine Enkelin und besaß zehntpflichtiges Land. 1645 wurde sie von Pauline Schröder beim Amt als seit langem verdächtig angezeigt. 1652 wurde sie zum zweiten Mal vor Gericht zitiert, weil ihr Vergiftung eines Kindes, Schmerzzauber, Vieh- und Biervergiftung vorgeworfen wurden. Ihrer Folterung und weiteren Verhören folgte die Verbrennung auf dem Scheiterhaufen.

Dorothea Hoffmeister war zuerst Magd auf der Drebbermühle, dann auf dem Willenberg. Dort soll der Teufel sie nachts auf der Hille über der Deele (Diele, Tenne im Wirtschaftsteil) besucht haben. Ahlke Bornemann „gestand" 1652 im Verhör, dass die Hoffmeister seit 1650 gehext habe, Mehl gestohlen, Kuchen für den Teufel gebacken, mit seiner Hilfe gebuttert und ihre Dienstherrin hinterhältig verletzt habe. Auch eine alte Sache von etwa 1646 wurde wieder aufgebracht, sie habe ihr gerade zur Welt gebrachtes Kind umgebracht, das die Frucht einer Vergewaltigung durch einen Soldaten auf einem Misthaufen vor der Drebbermühle gewesen sein soll. Sie wurde verhaftet, „gestand" auf der Tortur, widerrief, wurde erneut verhört und 1653 verbrannt.

„Nur" (wegen ihrer Jugend) ausgewiesen wurde Pauline Schröder gleichfalls vom Willenberg, die 1645 wegen Tanzens mit dem Teufel verhaftet worden, aus dem Gefängnis ausgebrochen, auf dem Willenberg aber gefasst und erneut eingesperrt worden war. Auch Catharina Mohrmann, ihre angebliche Lehrmeisterin, dürfte des Landes verwiesen worden sein, wie die verhaftete Anneke König.

Wasserprobe bei einer vermeintlichen Hexe

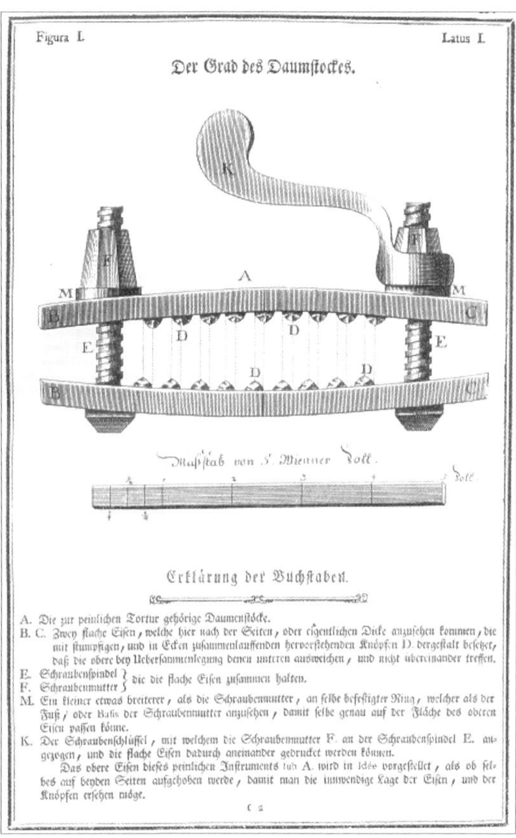

Daumenschrauben waren ein beliebtes Folterinstrument bei der Hexenverfolgung.

Freigelassen wurde nach Folterungen, Haussuchung und Verhören 1655 die gut 40-jährige Momcke Rövekamp. Margarethe Meyer aus Aldorf wurde 1653 nach Folterungen gehunfähig entlassen und von einem Fuhrmann über die Lange Straße gefahren, wo der Mob sie mit Steinen bewarf. In der Nähe der Hengemühle entledigte sich der Mann seiner unliebsamen „Fracht", indem er sie vom Wagen warf, und ließ die Frau hilflos liegen. Nach zwei Tagen und Nächten holten ihre Verwandten sie ab, da sie allein nicht mehr existieren konnte.

Die Diepholzer Amtmänner handelten nach ihren Vorschriften, denn die Urteile wurden in Celle nach den Empfehlungen der juristischen Fakultät der Universität Rinteln gefällt. Eher aber waren die Beamten geneigt, solche Urteile zu vermeiden, indem sie Frauen laufen ließen. Einmal kam es vor, dass Frauen sich freiwillig vom Henker „aufwerfen" lassen wollten, um durch die Wasserprobe ihre Unschuld öffentlich zu beweisen. Aber als sie sahen, dass die Beschuldigten „schwammen wie eine Gans", gingen sie eilig wieder nach Hause, da sie doch Angst bekamen, in aller Öffentlichkeit nach der Überzeugung der Zeitgenossinnen als Hexe erkannt zu werden.[81]

Handwerk und Bauern

Die Diepholzer waren wie im späten Mittelalter zum großen Teil Ackerbürger. Wie in manchen anderen Kleinstädten Norddeutschlands gehörten sie damit nicht zu den Begüterten, sondern konnten sich meistens so gerade über Wasser halten. Bemerkenswerte Häuser oder Gegenstände des Alltags wie in einigen Städten an der Weser oder im Münsterländischen sind hier kaum erhalten.

In der Folge soll kein chronologischer Abriss gegeben werden, vielmehr mögen einige thematisch ausgerichtete Blitzlichter einen Blick auf die Verhältnisse ermöglichen.

Privilegien sollten die Handwerker vor unerwünschter Konkurrenz schützen. Auf ihre Bitten erhielten solche Ordnungen die reichlich vorhandenen Tuchmacher (1601, Gildebrief von 1736), die Schuhmacher und Schneider (1733), Drellmacher (1732), Knopfmacher (1733), Tischler und Schmiede (1734), Hutmacher (1747), Zimmerer und Maurer (1764 für das ganze Amt Diepholz) und ebenso die Krämer (1770). Die Färber unterstanden dem Färberamt in Nienburg, strebten aber seit 1796 eine eigene Gilde an, die sie 1806 erreichten.[82]

Wie wurde man zum Beispiel Tuchmachermeister? Zunächst musste man sich bei der Obrigkeit zur Aufnahme in die Bürgerschaft melden. Nach der Zahlung einer Gebühr leistete man den Bürgereid. Die Altmeister mussten informiert werden. Der Lehrbrief, die Bescheinigung des Lehrjahres und die Verfertigung des Meisterstücks mussten vorgezeigt oder nachgewiesen werden. Die Besichtigung durfte nicht mit dem Genuss von Wein, Bier, Kringeln (einem gerollten Hefegebäck) und anderem Essen verbunden werden. Danach konnte der Antrag angenommen oder verworfen werden. Im Zweifel gaben Urteile von Magistrat und anderen Meistern den Ausschlag.

Immer wieder spielte die Angst vor wirtschaftlichem Niedergang eine Rolle. Ein Beispiel: In Barver ließ sich 1773 der dort geborene Detlef Borggrefe als Schuster nieder und erhielt an der im Entstehen begriffenen Poststraße einen Bauplatz. Die Gilde in Diepholz weigerte sich ihn anzuerkennen und kämpfte bis 1815 vergeblich darum, den Konkurrenten entweder nicht als gleichwertig anzuerkennen oder ihm die Barnstorfer Kundschaft zu verbieten.[83] Eifersüchtig wachten die Diepholzer auch über das Herkommen, dass sie allein Viehhäute für ihren Bedarf kauften und mit Leder für Sohlen handelten. Einmal klagten sie gegen Salomon Israel, vor den sich dann der Beamte H. Klusmeyer stellte, indem er die Regierung darauf hinwies, dass der Beklagte vor allem mit dem Münsterland und Osnabrück Handel treibe, die Schuster das meiste Leder von Osnabrück und Bremen kommen ließen und der Lederhandel frei sei. Die Regierung erteilte dem Händler eine Konzession auf Widerruf.[84]

Auch die stets mehr als 55 Tuchmachermeister mit bis zu 200 Beschäftigten einschließlich der Gesellen, Lehrlinge und vor allem der Spinner hatten ständig Sorgen. 1601 klagten einige Wand- oder Kleintuchmacher gegen die Niederlassung fremder Kollegen, die den Einheimischen die Nahrung vollständig nähmen, während Diepholzer nicht in anderen Flecken tätig werden dürften. Sie erreichten von Bürgermeister und Rat die erste Gildeordnung mit den Bestimmungen, dass die Fremden Aufenthaltsgelder zahlen, den ansässigen Meistern eine bestimmte Geldsumme, Bürgermeister und Rat eine Kanne Wein zu geben und ein Meisterlaken zum Nachweis der Tüchtigkeit anzufertigen und den beiden Oldemeistern und den zwei ältesten Meistern im Amt zur Begutachtung vorzulegen hätten. Den Meistern war ein Henkemann Bier zu geben.[85] Diese Regelung wurde am 28. November 1601 von Bürgermeister Krumwech und dem Rat in Kraft gesetzt und 1645 und 1659 von der Regierung bestätigt.

Nicht nur (1738: 880 Stück) Tuche wurden angefertigt, sondern die beiden Hutmacher stellten (1722: eintausend) aus dem Material Hüte her. 1645 arbeiteten 30 Kleintuchmacher, 1713 waren es bereits 80.

Bis 1719 sank die Zahl der Beschäftigten an den Webstühlen auf 54, von denen nur zwei imstande waren, für eigenes Geld und auf eigenen Profit zu arbeiten, während die anderen für die arbeiteten, die ihnen die Wolle kreditierten. Für die Herstellung waren neben Spinnen und Weben Ausgaben nötig für Öl oder Tran, Walken, Färben mit dem aus Holland eingeführten roten Krapp, Beizen mit Alaun und Weinstein und Spülen im Wasser. Finanzielle Erleichterungen durch den staatlichen Gildebrief von 1736 machten die Kleinbetriebe mit dem Einsatz der ganzen Familie wieder attraktiv, doch schottete sich das benachbarte Bistum Münster mit Vechta, Steinfeld, Lohne und Damme 1764 durch einen Schutzzoll ab, und die Diepholzer wichen auf den Bedarf Hollands an groben schwarzen Matrosenanzügen, Fußdecken und Trockentüchen für gescheuerte Fußböden aus, da die unmittelbare Umgebung nicht genug konsumierte. Nach Holland wurden die Tuche von Hollandgängern mitgenommen oder an Zwischenhändler in Quakenbrück verkauft. Aber auch in die benachbarten Territorien Preußens, Osnabrücks und Münsters wurde viel Ware für rote Frauenröcke und weiße Schäfermäntel ausgeführt. Die Wolle wurde aus den Ämtern Diepholz, Wildeshausen und Ehrenburg bezogen.

Webstuhl um 1568

1791 wollten Bürgermeister Albers und der Rat eine Schau-Anstalt zur qualitätssteigernden Überprüfung der Ware einführen. Doch am 2. Oktober 1792 setzten sich 67 Meister zur Wehr „wegen die großen Kosten, die folgen werden". Zwei Jahre später hatte Amtmann Bütemeister sie vom Gegenteil überzeugt.[86]

In der wirtschaftlich schwierigen Zeit der langen Koalitionskriege gegen das revolutionäre Frankreich (1799) wurde den Meistern die Einfuhr nach Holland untersagt. Sie hofften nun intensiv auf die Einrichtung eines Schauamts, also einer Legge, denn schon 1766 bis 1769 hatte die Regierung sie gegen die den Vechtaer Markt schließende Handelspolitik Münsters unterstützt, doch die Regierung verwies sie jetzt nach Amsterdam; sie sollten dort um eine Änderung der Bestimmungen bitten.[87] Die Erwartung, der Staat könne etwa mit Aufträgen der Armee nachhaltig helfen, wurde weder im Siebenjährigen noch in den Koalitionskriegen gegen Frankreich erfüllt.

Die Tuchmacher waren mit den Arbeitsverhältnissen, wie sie sich bis 1792 entwickelt hatten, so unzufrieden, dass sie Abhilfe vereinbarten. Einige Meister hatten bei einem Auftragsstau Lehrlinge angenommen, sie in der Flaute aber ohne erheblichen Grund entlassen, und Lehrlinge waren davongelaufen, wenn es ihnen bei ihren Meistern nicht gefallen hatte. Um sich zu mehr Ordnung zu erziehen, wollten die Meister nun bei der Aufnahme eines Lehrlings 10 Taler in die Amtslade zahlen.

Das kurfürstliche Amt als Aufsichtsbehörde betrachtete die Untertanen oft als faul. Als 1783 eine Witwe bat, ihrem in Bremen ausgebildeten Sohn ein Jahr der Wanderschaft zu erlassen, reagierte es unwirsch. Es wäre besser, „wenn dieser erst seine Wanderjahre aushalten und was lernen als sich auf der faulen Haut sogleich wie viele der hiesigen Tuchmacher vorhin getan haben zu legen." 1784 war das Amt weiser, denn es beugte sich dem Wunsch der Frau, schrieb aber vor, der Sohn müsse für seine Mutter sorgen und bei ihr arbeiten.[88]

Neben den Tuchmachern waren vor allem Brauer, Branntweinbrenner und Schuster ansässig, wenn auch in geringerer Zahl.

Selbst die wenigen Knopfmacher passten auf, dass ihnen niemand das Handwerk verdarb. 1733 erlangten sie das Privileg einer Gilde ohne die sonst übliche Zuzugsbeschränkung, nur damit sie Gesellen und „Jungen“ halten durften. Die Gilde blieb klein und war erheblich bedeutungsloser als die der Tuchmacher. Der Altmeister und zwei Witwen – das waren 1791 sämtliche Mitglieder, und deutlich mehr hatte es vorher auch nicht gegeben! Ärger hatten die genug: über die Krämer und die Juden, die neue Ware einführten, weil die Diepholzer nicht pünktlich lieferten, über die Krämer, die beim Tuchkauf stets die passenden Knöpfe und das Garn dazu kauften, mit Recht über einen Drechsler, der Pfeifenrohre aus Horn anfertigte, was zu einem erheblichen Teil Knopfmacherarbeit war, und über die Zunftgenossen, wenn eine Amtsmeisterin ihren zu geringem Lohn arbeitenden Gesellen wegen angeblicher Unzünftigkeit entlassen sollte oder wenn ein Meister einem Gesellen (mit Frau und mehreren kleinen Kindern) sein Handwerkszeug wegnahm, weil er noch keinen Meisterbrief hatte, aber selbständig arbeitete. Glücklicherweise wurde ihm das Handwerk nicht gelegt, weil er schnell Meister wurde.[89]

Die soziale Bedeutung einer Gilde zeigt sich beispielhaft an einer Notiz im Kirchenbuch über Johann Friedrich Bergmann. Geboren in Marienburg in Preußen, diente er als Musketier im kurhannoverschen 14. Regiment des Obersten von Wangenheim in Ostindien, wo er am 14. Juli 1791 seinen Abschied nahm. Er reiste als Hutmachergeselle durch Norddeutschland und kam Mitte März 1792 krank in Diepholz an, wo die Hutmachergesellen ihn pflegten. Er starb hier am 20. Mai an einem innerlichen Geschwür (wohl Krebs) im Alter von 46 Jahren (laut Kirchenbuch).

Wie geregelt es zuging, zeigt sich auch an den Färbern.[90] Als 1798 die Witwe des Färbers Carl Ocker den Betrieb fortsetzen wollte, verbot die Regierung das. Grund: Sie hatte einen Schmied geheiratet, keinen Färber. Der Schmied Friedrich Stönner färbte trotzdem, und der neue Färbermeister Christian Ocker wollte im Hause seiner Schwester an der „Ledebuhrschen Straße“ die Färberei fortsetzen. Da hätte man die Kollegen sehen sollen! Okker sei zu jung als Lehrherr Stönners und Stönner solle erst einmal auf Wanderschaft gehen! Doch das vorgesetzte Färberamt in Nienburg votierte für die beiden Männer, kannte sie Ocker doch, da er in Nienburg ein Meisterstück aufgewiesen hatte. Ende gut, alles gut? Da protestierten die Konkurrenten, die Färberamtsmeister Brüggemann und Uffenorde, und ließen von dem versierten Zuwanderer, dem Advokaten Augustin von Castelmur ein Schreiben an die Regierung verfassen, die beiden hätten unwahre Angaben gemacht. Die Färbermaterialien seien teurer geworden, die Zahl der Meister sei von zwei auf drei gestiegen und betrage demnächst vier mit neuer Konkurrenz in Wagenfeld. Im August 1799 entschied die Regierung. Sie gab Ocker und Stönner recht, doch durfte Ocker nur in dem einen Haus sein Handwerk treiben, während seine Mutter einen Gesellen beschäftigen sollte.

Manchmal arbeiteten mehrere Handwerke zusammen. Die Schneider trennten ihre Gilde von der der Schuster am 20. Dezember 1731. Wie stark die Obrigkeit auf die Einhaltung der Zunftordnung drang, zeigt ein Vorgang aus dem Jahre 1800.[91] Das Haus des Bäckers Minnemann war abgebrannt und der Eigentümer wollte es der Gilde nach dem Wiederaufbau nicht wieder als Herberge, als Versammlungsraum zur Verfügung stellen. Die Meister nahmen das Haus von Bäcker Gerke als Ersatz, denn schon sein Vorbesitzer Möhlmann hatte dort ausgeschenkt. Sie hängten als öffentlich sichtbares Zeichen ihr Gildeschild auf. Doch da reagierte das Amt empört: Gerke habe keinen Krug (also Ausschank, Gastwirtschaft) und das Amt habe keine Erlaubnis erteilt. Das Schild sollte innerhalb vier Tagen abgenommen werden, und die Altmeister sollten eine andere Herberge vorschlagen.

Einige Menschen damals brausten durchaus schnell auf und deshalb ging es nicht immer schiedlich-friedlich zu. Ein Fall aus der Hutmacherbranche ist überliefert: Am 4. Oktober 1674 beschwerte sich der Hutmachergeselle Hinrich Anton Ebsen beim Amt, dass sein Kollege Johan Gotfried Schultz ihn mehrfach ins Gesicht geschlagen habe. Ja, bestätigte Tabings Ehefrau, in deren Haus die Schlägerei vorgefallen war, am Abend zuvor seien drei Gesellen in ihr Haus gekommen, und nach des Handwerks Gebrauch hätten sie sich geschlagen. Sie glaubten tatsächlich, ein freies Faustrecht ohne Einschaltung der Obrigkeit zu haben, von dem sie in der Herberge (ihrem Versammlungslokal) schon des öfteren Gebrauch gemacht hatten. Morgens setzte der Geselle Paul Schlotmann den Streit mit Schultz mit Schimpfworten wie „Hund“ und „dreidoppelter Hund“ fort. Paul Schlotmann wurde zu zwölf Stunden Haft, Schultz zu 36 verurteilt. Pförtner oder Gefängniswärter Meyer wollte abends seine übliche Gebühr erhalten, doch Schlotmann hatte kein Geld dabei und verlangte, der, der ihn verurteilt habe, solle bezahlen. Nachts brach er aus. Schon um 8.30 Uhr führte der Amtsdiener den Entwichenen vor den Richter. Der verurteilte ihn zu vier Stunden Gefängnis.[92]

Das Rathaus enthielt den Rats-Bier-Keller.[93] Das Bier wurde fuderweise – ein Fuder war die Ladung eines Ackerwagens – aus Minden geliefert. Nicolaus von Erfurtt zapfte das Bier in seiner Wohnung, und um 1655 entstand ein Streit, ob er Akzise, eine neue Steuer, zahlen musste. Als er 1659 ein Haus erwarb, wurde ihm die bisherige Akzisefreiheit weiterhin vergönnt.

Gastwirte konnten von ihren Einnahmen nicht leben. 1792 hatten vier als Nebengewerbe das Backen, einer die Post-Expedition. Wein schenkten der Apotheker und die Kaufleute aus. Die Honoratioren sahen die Kaufmannshäuser als Klubhäuser an, in denen sie Wein tranken. 1797/98 stritten Kaufleute und Wirte um das Recht, Wein gegen Entgelt auszuschenken. Die Wirte hatten nämlich angefangen, Wein aus Bremen zu holen oder ihn bei den Kaufleuten zu erwerben.[94] Sie setzten sich durch, kämpften jedoch noch jahrelang gegen die Apotheker, Höker und Kaufleute, die seit 30. Oktober 1797 nur noch an Markttagen, sonst aber ihren Kunden lediglich im Stehen und unentgeltlich ein Glas Wein oder Schnaps ausschenken durften. Ausnahmen wurden zugelassen. Der einzige, der Kümmel, Anis und dergleichen abgezogenen Aquavit absetzen durfte, war der Apotheker Brauer.[95]

Streng geregelt war auch der Verkauf anderer Waren. Verteiler des Lüneburger Salzes war Salzfaktor Conrad Ledebur über ein Jahrzehnt lang bis 1746, dann Kaufmann Heinrich Jäger im Salzhaus Lange Straße 6 bis 1754, Amtsvogt Magius bis 1756 und Jakob und Heinrich Köhne bis 1763.[96] In den ersten Jahrzehnten des 19. Jahrhunderts wurde Rothenfelder Salz verkauft. Der Höker durfte Öl, Lichter, Tran, Salz, Tabak, Grütze, Graupen, Mehl, Sirup, Seife und Teer anbieten, aber nicht Kaffee, Tee, Zucker, Rosinen, Mandeln, Korinthen und feine Gewürze, da das Sache des Kaufmanns war.

Nicht ohne Nebengewerbe bestehen konnten wegen ihrer großen Zahl auch die 17 Bäcker (1802 und 1808), unter ihnen ein Drittel Witwen, dazu sechs auf dem Willenberg. So betrieb Johann Diedrich Gerke einen ziemlich beträchtlichen Ackerbau und fuhr gewöhnliche und außergewöhnliche Posten, wurde aber zur Krugnahrung und Wirtschaft nicht zugelassen.[97]

Amtsschreiber Franz August Heinrich Albrecht (1802-1817 in Diepholz, ein Vorfahre des niedersächsischen Ministerpräsidenten Ernst Albrecht und der Bundesministerin Ursula von der Leyen) beurteilte die Gastwirte in einem Bericht an die Regierung am 3. April 1810 äußerst negativ.[98] Sie seien verantwortungslos, gäben einem Trunkenbold, der nur bei einem Gastwirt ein wenig bekommen dürfe, genug, sich zu betrinken. Sie verführten Gäste zum Verstoß gegen die Gesundheit und die Wahlfahrt, zum Borgen, Geldvorschießen, Trinken mit wörtlichem Einladen, Anbieten von Weißbrot, durch Anlegen von Kegelbahnen, allerlei Spielen und Bequemlichkeiten und durch geduldiges Ertragen vielen Lärms. Fast alle 20 Schritte stehe ein einladendes Trinkhaus.

Bier war angesichts der schlechten Qualität des Wassers aus Brunnen und Lohnen ein unentbehrliches Nahrungsmittel, auch wenn das hiesige nicht gar und nicht ausgegoren war.

Angesichts der ständigen Not verfielen manche Männer auf das Hollandgehen. Aus dem Amt Diepholz beteiligten sich daran um 1795 erheblich mehr als aus den Ämtern Barenburg, Bruchhausen, Ehrenburg, Lemförde, Siedenburg und Syke zusammen.[99] In Diepholz verzeichnen die Kirchenbücher allein für 1746 bis 1757 21 Hollandgänger. Sie arbeiteten auf den Wiesen und in den Mooren, einige auch in der Schifffahrt der florierenden Kolonialmacht der „Generalstaaten".

Nach dem Dreißigjährigen Krieg wurde die Windmühle auf dem Esch wieder aufgebaut. Die von Wasser angetriebene Dustmühle, über deren Geschichte wir ansonsten nicht unterrichtet sind, wurde 1699 stillgelegt. Wohl wissen wir, dass 1746 im Gebiet der Engen Straße eine Gerstengraupen- oder Pellmühle angelegt wurde, die einige Jahrzehnte später aufgegeben wurde.

Um 1790 fehlte in Diepholz ein Radmacher. Postmeister von Voß ließ den wohl als fähig erkannten Schwering drei Jahre lang in Nienburg ausbilden und schickte ihn dann zu einem Radmacher nach

Münster zu feineren Arbeiten, zum Zeichnen und zur Bildhauerarbeit, 1794 noch nach Hannover und wollte ihn dann nach Diepholz holen, wo er auch für das Publikum arbeiten sollte.[100] Das geschah wunschgemäß, Schwering hat seinen Beruf an der Hinterstraße in der Nähe der Kirche ausgeübt.

Östlich vom Huntebruch ließ sich 1739 ein Kohlenbrenner nieder, der Holzkohle herstellte und den dortigen Wald durch den Holzverbrauch für seinen Meiler erheblich verkleinerte. Im herrschaftlichen Huntebruch selbst ließen Diepholzer großes Hornvieh, Pferde und Schweine weiden. Der Staat wollte hier in den achtziger Jahren des 18. Jahrhunderts wiederaufforsten, und dieser Plan führte zum Konflikt. Die Bürger hätten die Willenberger Masch, das Fladder, das gemeine Bruch, warf der Staat ihnen vor; sie seien also auf staatliches Terrain nicht angewiesen. Nur: Wer räumte die Wasserzüge in diesem Areal? Wer durfte das gemähte Gras verkaufen? Amtmann von Ompteda ließ Vieh schütten (pfänden) und Gras versteigern, um zu demonstrieren, dass er allein zu bestimmen hatte. Die Diepholzer protestierten, sie demolierten den Entwässerungsgraben und das fragliche Gebiet, das günstig hoch lag und anders als das Gehölz fliegenfrei war. Das Amt wurde von der Regierung unterstützt, auch wenn alte Leute aussagten, „seit undenklichen Zeiten" hätten die Diepholzer das Revier für sich genutzt.[101]

Diepholz und das Wasser: kein Wunder, dass die Fischereirechte umkämpft waren.[102] Die Fischerei auf der Lohne und von der Mühle bis zur Hengemühle stand der Herrschaft bzw. dem Amt zu. Edelleute durften fischen, aber nicht in der Laichzeit, und keine Körbe stellen. Strothe und Wätering waren tabu. Bis zum Dümmer durften auch die Beamten fischen, hier zusätzlich die Güter Dörpel, Münte (seit 1655 erlaubt), Falkenhardt (seit 1710 erlaubt) und der Herr von Hitzfeld (1659 als „hergebracht" bezeichnet). Die Diepholzer verstießen gegen die Einschränkung auf „dem Lohn" und wurden 1651 ermahnt – übrigens als „Eingesessene", nicht als Bürger! Trotzdem fischten sie auch später im „Gehäge" der Beamten, kamen ihnen also ins Gehege.

Der herrschaftliche Aalfang vor der Schlossbrücke war ab 1703 verpachtet und wurde 1770 aufgehoben. Die Fischerei auf dem Lohnearm hinter der Mühle (auch „der Graben" genannt) hatte schon Graf Rudolf 1546 dem Cord Voss (Münte) geschenkt. In einem Prozess, der von 1724 bis 1729 dauerte, erreichte die Witwe von Voss, dass sie ihr Fischereirecht ihrem Bruder von der Horst im Hochstift Minden überlassen durfte. Die ihm weggenommenen „Schiffe" (also Lohnekähne) und das Fischgarn musste das Amt ihm zurückgeben.

Ein Blick voraus: Diese Regelungen wurden erst am 18. Februar 1875 geändert. Vom Dümmer bis zur Lohnebrücke durften die Herrschaft und von Arenstorff (Münte) jeweils drei Tage fischen, von der Vorwerksbrücke bis zum Gänsehals an der Lohne gegenüber dem Baugebiet Enge Straße war ein Gehäge oder Schonrevier eingerichtet. Doch der Fischbestand war inzwischen weitaus geringer als in früheren Zeiten. Fischpässe an den Mühlen fehlten, und die Wassermüller hatten Aalfänge mit Körben und Netzen.

Auf dem Weg zur Gastarbeit nach Holland

Die Zeit wechselnder Herrschaften

1803-1871

Nach der Kapitulation des Kurfürsten und britischen Königs Georg III. vor Napoleon im Jahre 1803 wurde ein französischer Gouverneur eingesetzt, um das Land 1806 den vorübergehend mit dem französischen Kaiser verbündeten Preußen zu überlassen. 1807 wurde Diepholz Bestandteil des Königreichs Westphalen, das von Napoleons jüngerem Bruder Jérôme regiert wurde, um im Jahre 1811 gemeinsam mit Nordwestdeutschland Teil des französischen Reiches zu werden. In diesem Jahr wurde auch der Neubau der „Weseler Chaussee" vom Niederrhein nach Hamburg angeordnet. Diese militärisch begründete Baumaßnahme schuf in Diepholz die neue Wegeführung nach Sankt Hülfe durch das Eschfeld (heute die Straße „Auf dem Esch") statt der kurvenreichen Strecke über Kohlhöfen und Philosophenweg. Nachdem 1813 der Zar die französischen Truppen vertrieben hatte, bildete die Grafschaft Diepholz zusammen mit der Grafschaft Hoya – wie schon zuvor im 18. Jahrhundert – eine Provinz im Königreich Hannover, das auf dem Wiener Kongress im Jahre 1814 als Nachfolgestaat des Kurfürstentums Braunschweig-Lüneburg geschaffen worden war. Der Flecken Barnstorf mit den umliegenden Dorfschaften, der zwischenzeitlich zum Herzogtum Braunschweig gehört hatte, fiel dabei wieder an Hannover und damit an das Amt Diepholz. 1820 wurde Wagenfeld – die Auburg – angegliedert, nachdem es erst fünf Jahre zuvor von Hessen an Hannover übertragen worden war. Im Jahre 1859 kam auch noch das bisherige Amt Lemförde hinzu. Damit war die Bedeutung des Amtssitzes Diepholz erheblich aufgewertet worden und umfasste praktisch wieder das gleiche Gebiet wie zur Grafenzeit.

Im Jahre 1834 erhält der „Flecken" – die vom Grafen gewährten Stadtrechte wurden von den Welfen allerdings nie bestätigt – seine erste Verfassung; die Gerichtsbarkeit ging auf das Amt – dem Vorläufer des späteren Kreises – über. Im selben Jahr wurde die selbständige Siedlung Willenberg ein Ortsteil von Diepholz.
Im Jahre 1852 wird im Zuge einer Verwaltungsreform die Gerichtsbarkeit von der allgemeinen Verwaltungstätigkeit getrennt und das königliche Amtsgericht gegründet.

Bedeutende Männer, die Diepholz durch die napoleonischen Wirren und die Zeit danach gesteuert haben, waren Bürgermeister Georg Friedrich Storkmann (1780-1851) und Oberamtmann Hans Bütemeister (1750-1837), gleichzeitig erster Ehrenbürger des Ortes. Der bedeutendste Sohn der Stadt in dieser Zeit war der hessische Hofbaumeister Georg Moller (1784-1852).

Trotz der kriegerischen Wirren gelang es der Kirchengemeinde im Jahre 1806, den Neubau der Nicolaikirche, die heute noch besteht, einzuweihen; die Dachkuppel wurde allerdings erst im Jahre 1820 vollendet. Auf Grund der immer größer werdenden jüdischen Gemeinde wurde 1835 die Synagoge in der Mühlenstraße errichtet. Zum 1843 gegründeten Synagogenbezirk Diepholz gehörten auch Mitglieder in Barnstorf, Cornau und Drebber, zeitweise sogar in Goldenstedt und Heiligenloh.

Etwas noch nie Dagewesenes erhielten die Bürger von Diepholz und der umliegenden Gemeinden seit dem Jahre 1862, nämlich regelmäßige und verlässliche Informationen über die Vorgänge in der Region und der gesamten Welt durch das „Diepholzer Wochenblatt" – dem Vorläufer des heutigen „Diepholzer Kreisblattes".

1866 unterlag der Deutsche Bund unter Führung Österreichs dem Königreich Preußen und seinen Verbündeten. Das Königreich Hannover wurde annektiert und zur preußischen Provinz Hannover. Obwohl Diepholz nun bis zum Untergang von Preußen im Jahre 1946 preußisch blieb, begriffen sich viele Diepholzer dennoch weiter als Hannoveraner.

Kreisstruktur und Verwaltung

1803 ging die erste hannoversche Epoche der Diepholzer Geschichte zu Ende. Schnell wechselten französische und preußische Verwaltung, französische Besatzung, französische Verwaltung und die Rückkehr der Welfen einander ab. Aus dem Bürgermeister wurde in der kurzen Franzosenzeit im Dienste Napoleons I. der Maire, aus dem Amtsschreiber der Friedensrichter und aus dem Amtmann der Cantons Maire. Daher lautete der Anfang eines Briefes vom 7. Mai 1811 folgendermaßen: „Herr Canton Maire! In schuldiger Beantwortung vom 26. April des Jahres Nr. 175 betreffend die Reparation der Brücken und Wege nach Diekcamp und Falkenhard hat heute in der Zusammenkunft die Municipalité der hiesigen Commüne folgendes beschlossen und festgesetzt.“[1] Carl August Friedrich von Voss trug den stolzen Titel „kaiserlich französischer Postmeister“, und der jüngste Sohn des Superintendenten wurde ein „kaiserlicher Percepteur“.

Kurfürstentum Hannover vor 1803

Seit 16. Oktober 1810 wurde die Ehe nicht mehr nur religiös eingesegnet, sondern auch bürgerlich geknüpft. Die beiden Termine lagen einen bis vier Tage auseinander, konnten aber auch zusammengelegt werden. Superintendent Friedrich Köler wurde zunächst von Maire Storkmann beauftragt, die neuen Zivilakten zu führen, da er traditionsgemäß die Kirchenbücher fortgeschrieben hatte. Da griff aber die von Paris instruierte Obrigkeit ein, denn Kirche und Staat sollten getrennt sein, und nur vom 2. bis 18. November 1811 durfte Köler sich als Standesbeamter fühlen, am 6. Dezember trat Georg Friedrich Storkmann in seine Pflichten. Nach der Predigt verkündete nun er als Maire und Civilbeamter mit lauter und vernehmlicher Stimme die Aufgebote der Trauungen.

Diese Änderung war auf den einseitig verkündeten Anschluss Nordwestdeutschlands an Frankreich zurückzuführen. Bereits 1810 ordnete Kaiser Napoleon an, Diepholz und die gesamten Lande von Emmerich am Niederrhein bis Lübeck an der Ostsee dem Kaiserreich Frankreich anzuschließen, das deshalb seit 1811 bis Minden und an die Nordsee, bis Hamburg und zur Ostsee bei Lübeck reichte. Im November 1813 aber flohen die französischen Soldaten vor den Kosaken des russischen Zaren, und Diepholz gelangte wieder unter die Herrschaft der Welfen, im nunmehr zum Königreich erhobenen Kurfürstentum Hannover. Die bisherige Kantonshauptstadt wurde wieder Amtssitz, der seit 1820 zugleich für das Amt Auburg zuständig war, was die Wagenfelder noch 1849 vergeblich zu ändern hofften.[2] Ihr einziger Erfolg war am 21. Juli 1852 der kurzlebige (bis 1859 gültige) Name „Amt Auburg zu Diepholz“.

Durch die rechtsrheinischen Departements vergrößerte Napoleon Frankreich bis an die Ostsee.

Der Flecken war von 1813 bis 1815 Stabsgarnison des Landwehr-Bataillons Diepholz und von 1820 bis 1828 Sitz des I. Bataillons des

Infanterie-Regiments Diepholz.

Die Zeit des Ancien Régime (der absolutistischen Herrschaft im 18. Jahrhundert) stellen wir uns meistens so vor, dass der Untertan keinerlei Rechte gegenüber der Obrigkeit besaß. Dieser Eindruck täuscht, wie sich an dem umfangreichen Schriftwechsel zeigt, den der Rat von 1784 bis 1807 führte, um die Verpflichtung von Bürgern zur Grenzjagd hinter Deckau und Lahr bis nahe Lutten abzuwehren. Erst am 7. März 1806 entschied der Staat endgültig negativ, und 1808 bezahlte der Rat die aufgelaufenen Kosten für die Verwaltungsarbeiten. Da konnte sogar die Restaurationspolitik (nach dem Wiener Kongress) rigoroser vorgehen. Als der Rat nämlich am 18. Februar 1820 protestierte, dass zu einer Treibjagd auf Füchse im Moor im Gegensatz zu den Bürgern keine Bauern erschienen waren und der Eindruck entstand, der Oberförster Holtzermann habe die Jagd willkürlich zu seiner „Privatbelustigung“ angeordnet, schoss das Amt scharf zurück: Es handle sich um eine Verbindlichkeit, nicht etwa um eine Gefälligkeit, und der Protest habe ernstliches Missfallen hervorgehoben, „wie überhaupt die Anwendung der Jagd außer den Grenzen der Beurtheilung des Magistrats liegt.“ Noch schärfer: „ ... so sieht man um die Rechte der Allergnädigsten Herrschaft zu conserviren sich genöthiget für die Zukunft die hiesige Bürgerschaft häufiger zur Dienstleistung aufzufordern um sie mit ihren rechtlichen Verbindlichkeiten besser bekannt zu machen.“[3]

Das Königreich Hannover: Diepholz befindet sich an der Engstelle zwischen Großherzogtum Oldenburg und dem Königreich Preußen.

Am 24. November 1834 erhielt der „Flecken“ Diepholz nach eingehenden Verhandlungen mit einem Regierungskommissar seine erste Verfassung, der die Kompetenzen von Magistrat und Amt sauber trennte und die bürgerliche Gerichtsbarkeit dem Amt übergab. Zum Magistrat gehörten Bürgermeister, Syndikus und zwei Senatoren. Sie wurden unterstützt von zwei Bürgerdienern, Nachtwächtern, Kämmerer und Moorvogt. Die ein Haus besitzenden Bürger wählten vier Bürgervorsteher, je zwei zeitversetzt auf vier Jahre.

Trotz oder wegen seiner Leistungen versuchten Gegner den Bürgermeister Storkmann zu stürzen.[4] Am 18. Januar 1841 beschwerten sich vier Bürgervorsteher und drei weitere Männer unter Führung von Anwalt Dr. Lüning über Storkmann und den Kämmerer Barmeyer beim Innenministerium. Als sie am 22. Juni vollständig zurückgewiesen wurden, gingen sie schärfer vor und warfen dem Bürgermeister vor, er habe die Verfassung verletzt: Er habe die Steuer erhöht, die Schulden aber nicht verringert, seit Jahren keine Kämmereirechnung vorgelegt, auf eigene Faust einen Registrator eingestellt, die Magistratsmitglieder finanziell zu gut ausgestattet und die Bürgervorsteherwahl unzulässig beeinflusst. Sie beantragten die Aufhebung der neuen Fleckensverfassung zu Gunsten einer erneuten Unterstellung unter das eigentlich ungeliebte Amt, dessen Einmischung Storkmann gerade beseitigt hatte, indem der Flecken unter die Landdrostei im fernen Hannover gestellt worden war. Der Magistrat mobilisierte 24 loyale Bürger und warf den vier oppositionellen Bürgervorstehern Komplottbildung und Aufwiegelung gegen die Obrigkeit vor und drei weiteren Bittstellern, sie seien vom (revolutionären) Zeitgeist angesteckt.

Das Ministerium wies die Beschwerdeführer zurück, tadelte aber auch die Magistrat wegen seines Umgangs mit den Finanzen und der Wahlmanipulation. Tatsächlich wurde nun auch ernsthaft an einer Revision des Verfassungsstatuts gearbeitet, bis die Revolution in den geruhsamen Ablauf der Dinge einbrach.

Vom 23. bis 25. März 1848 kam es unter dem Eindruck der Revolution in vielen Orten Deutschlands auch in Diepholz zu einem Aufruhr von Bürgern.[5] Am 23. März bildete der Magistrat eine Schutzwache mit 30 Männern. Neugierige flanierten auf der Langen Straße, politisch unzufriedene Bürger diskutierten über eine Reform der Fleckensverfassung. Am nächsten Tag bildete sich eine magistratstreue Bürgerwehr aus 150 halbwegs vermögenden Mitgliedern und einer 30 Mann starken Schützenkompanie, die ihre Kommandanten wählten. Am Abend demonstrierten 900 Leute, indem sie johlend, pfeifend und lärmend durch den Ort zogen und versuchten, die durch Läden gesicherten Fenster des Senators Barmeyer und des Superintendenten D. J. Andreas Freytag zu beschädigen. Am 25. März traten zehn Bürger vor den Magistrat und die Bürgervorsteher und kritisierten die Verwaltungskosten, die daraus entstehenden Abgaben, die Bürgerwehr und forderten den Rücktritt von Rat und Verwaltung. Bürgermeister Storkmann trat zurück und bestätigte das auf Verlangen schriftlich. Die Landdrostei hob die Erklärung auf, erwog den Einsatz von Militär und ordnete an, die Aufrührer strafrechtlich zu verfolgen. Gefährdet waren der Tischler Müller, der Posthalter Lüning und der in der Verwaltung schon seit über einem Jahrzehnt als gefährlich und dreist berüchtigte Fuhrmann Cord Strube.

Am 12. Juli initiierte der Rechtsanwalt Dr. Schrader den Volksverein zu Diepholz (später mit dem Zusatz: und Umgebung) mit Posthalter Lüning, Johann Dietrich Gerke und Nachrichtereipächter Leefhelm. Von den 46 Mitgliedern waren 13 Handwerker, neun Landwirte, sechs Kaufleute, fünf Gastwirte, ein Handwerker und Gastwirt, vier Akademiker, drei Beamte, zwei Fabrikanten sowie drei weitere. Der Volksverein stand hinter der neuen Regierung und hinter der Nationalversammlung und hielt sich von Konservativen, Republikanern und Anarchisten fern. Diese bürgerlich-liberale Interessenvertretung beschäftigte sich mit der Hundesteuer, wollte die Arbeitslosigkeit bekämpfen, die Ungleichheit der Abgabenlast von Häusern aufheben, Akteneinsicht erhalten, Magistratssitzungen öffentlich machen und die Sitzungsprotokolle veröffentlichen. Dr. Schrader setzte sich im Januar 1849 für die Aufhebung der militärischen Stellvertretung sowie für Glaubens- und Gewissensfreiheit ein und wollte die religiöse Eidesformel abschaffen lassen. Im Februar 1849 erreichte der Volksverein mit 207 Mitgliedern seine höchste Popularität, doch schon im Juni lehnte der Magistrat eine Versammlung in und dann vor dem Rathaus ab und löste die Bürgerwehr auf. Die Revolutionäre waren des Treibens müde und stellten ihre Aktivität im Laufe des Sommers ein.

Die Revolution näherte sich ihrem Ende, aber noch einmal zeigte sich ihr Charakter am 6. Juni 1849, als Kaufmann Evers, Lohgerber Brill, Tuchmacher Kettler und Bürger J. H. Ocker in der Wohnung des Syndicus Dr. Brinckmann mit Dr. Schrader zusammenkamen und forderten, zur Beratung und Beschlussfassung der Bürger und Eingesessenen möge der Magistrat das Rathaus freigeben. Zweck sei, auf friedlichem und gesetzlichem Wege die Einheit und Freiheit Deutschlands herbeiführen zu helfen. Für eine entsprechende Versammlung in Bremen sollten Delegierte gewählt werden. Der Magistrat, also vor allem Bürgermeister Storkmann, berief sich auf die Autorität der Regierung, die Bittsteller stellten ihr das Gesetz gegenüber.

Als Diepholz 1851 wieder eine Stadt hätte werden können, siegte die Sparsamkeit, und so begnügte man sich mit Verhandlungen über Nebensachen zum neuen Verfassungsstatut vom 10. August 1853 (mit späteren Änderungen am 13. Mai 1862), das Diepholz nicht mehr der Landdrostei, sondern dem Amt unterstellte und den letzten Rest von Gerichtsbarkeit, den Syndikus und die Bezeichnung „Senator" für die Ratsherren nahm. Der von Storkmann so lange verteidigte Bürgerstolz war dahin. Allerdings durften nun alle wahlberechtigten Einwohner das Bürgerrecht erwerben.

Doch es ging ja meistens nicht um die Rechte der Bürgerschaft gegenüber dem Staat. Viel mehr spielte das Geld eine Rolle. Und daher griff immer wieder die Obrigkeit ein, wenn es um finanzielle Lasten für die Allgemeinheit ging.

War ein Tagelöhner trotz mehrfacher Haft bei Wasser und Brot und körperlicher Bestrafung nicht vom Alkohol, mangelnder Sorge um seine Kinder und vom Betteln abzubringen, schickte man ihn ins Werkhaus. Scheute er davor zurück, beförderte man ihn auf Kosten der Allgemeinheit nach Amerika.[6]

Ein Kuhhirte bei dem Oberjägermeister von Voß wollte eine Frau aus Lehmden heiraten und sich im

Flecken Willenberg als Häusli ng niederlassen. Es bestand die Gefahr, dass das Paar der Armenkasse zur Last fallen würde, da die Frau alkoholkrank gewesen war. Außerdem hatte sie ein Kind von einem Leutnant, und Storkmann verweigerte daher die Zustimmung zur Heirat, den Heiratsconsens, der ohne diesen Einspruch vom Amt hätte erteilt werden müssen. Da das Amt eine Heirat im oldenburgischen „Ausland" befürchtete, untersagte es die Niederlassung der Frau in Diepholz. Drei Jahre danach hatte sie einen anderen Freund, doch ihr Niederlassungsgesuch wurde erneut abgelehnt.[7]

Bis 1899 befand sich das preußische Abgeordnetenhaus im Palais Hardenberg, das 1905 abgerissen wurde.

Dass das bürgerlich-politische Bewusstsein eher bei denen ausgeprägt war, die Einkommen hatten, zeigte sich auch am Anfang der preußischen Zeit. Als 1867 erstmals für das preußische Abgeordnetenhaus gewählt wurde, nahmen von 245 wahlberechtigten Männern nur 84 teil.[8] Da wegen des Dreiklassenwahlrechts die Klassen-, Gewerbe- und Grundsteuern erfasst wurden, sind die Bürger „von Rang und Namen" bekannt: Amtmann Moritz Denicke, Fabrikant Reeßing, Bürgermeister Zwickert, Amtsrichter Georg Dietrich Wilhelm, Gutsbesitzer Albert von Voß, Notar Dr. Heinrich Plate, Produktenhändler Philipp Blumenthal, Kaufmann Christian Georg Schwarze, Kaufmann Ernst Feuß, Gastwirt Ferdinand Meyering, Kaufmann Marcus M. Fontheim, Landesökonomiekommissär Friedrich Duensing, Apotheker Carl Wuth und Sanitätsrat Edmund Lüning. Diese Spitze bevorzugte Reeßing und Zwickert als Wahlmänner, während die „geringeren Leute" seltener von ihrem Wahlrecht Gebrauch machten und eher dem Amtsvogt Trau und dem Vorsteher Tangemann zuneigten.

Entwicklung der Stadt

Diepholz vermochte sich in der napoleonischen Zeit und den folgenden Jahren angesichts der wirtschaftlichen Not nicht zu entwickeln. Künstlerische Akzente setzten lediglich vor der Münte die Aufstellung von vier Sandsteinfiguren von dem in der Franzosenzeit abgerissenen Herrenhaus Dörpel, die Jahreszeiten darstellend, und die Vollendung der evangelischen Kirche durch den Turmaufsatz (1819).[9]

Immer noch war Diepholz eine Ackerbürgerstadt. In die Lohne wurden noch Pferde zur Schwemme gebracht, was die Unterlieger mit Recht als unhygienisch ansahen.

In einem die Einquartierung erstellten „Verzeichnis von den sämtlichen Bürgern, incl. Freien, des Fleckens Diepholz" aus dem Jahre 1827 sind acht Scheunenbesitzer aufgeführt, die wohl Scheunen auf dem Scheurenkamp besaßen.[10] Die 333 Feuerstellen waren immer noch eingeteilt in das Lappenberger Rott, das Langenstraßer, das Hinterplanker, das Judenstraßer, das Mühlenstraßer, das Neustädter, das Steinweger und das Parchweger Rott.

Es war eine armselige Zeit. Die Schulden des Armenetats wuchsen an. Armensteuern, Gebühren für Tanzgesellschaften und die Hundesteuer wurden dafür verwendet. Armenvorsteher Gerhard Grelle und Apotheker Wuth zahlten im Jahre 1830 Vorschüsse, damit das brüchige System nicht zusammenbrach.

Die Sandsteinfiguren vor der Münte stellten die vier Jahreszeiten dar. *Foto: Schöttler*

Ein Blick auf Diepholz im Jahre 1865 von Friedrich Gottlieb Müller, Hannover

Nein, attraktiv war Diepholz damals nicht. Bis 1794 hatte hier noch eine Garnison des 10. hannoverschen Landregiments gelegen. 1795 war mal das englische Hauptquartier für Hannover mit General Dundas (natürlich im Schloss) hier, ein Heumagazin auf dem Esch und ein Magazin für Mehl und Brot in der maroden Kirche, 1796 das Hauptquartier der hannoverschen Armee mit dem späteren preußischen Heeresreformer Major Gerhard Scharnhorst, den die Mutter des Bürgermeisters am Bremer Eck beeindruckend gut versorgte. Vom 1. Juni 1803 bis 28. Oktober 1813 war Diepholz vor allem von Franzosen besetzt, danach zogen Kosaken aus Russland durch. Vom 30. Oktober bis 6. November 1813 sorgte eine Bürgergarde von 160 Diepholzern und 40 Willenbergern unter dem Kommando des Forstmeisters von Voß für Ordnung, 1814 bis 1816 war hier das Landwehrbataillon Diepholz, dann nur der Sitz einer Kompanie. Von 1820 bis 1833 existierte noch das Regiment Diepholz, das 1830 bei politischen Unruhen in Osterode und Göttingen eingesetzt wurde. Dann war Diepholz bis auf kurzzeitige Ausnahmen bis 1936 ohne Soldaten.

Ein Fortschritt war es, dass die Trennung der rechtlich seit dem 17. Jahrhundert mehr und mehr den Diepholzern angeglichenen Willenberger von Diepholz 1834 beendet und damit das kommunale Rechnungswesen vereinfacht wurde. Damit gelangten die bisher gleichfalls der Hausvogtei Diepholz unterstellten Höfe am Groweg, auf der Graftlage, auf dem Hemtewede, den Junkernhäusern und den Moorhäusern zum Flecken Diepholz. Mehrere von ihnen waren ohnehin schon längst Diepholzer. Welch ein unsinniges Durcheinander wurde so beseitigt!

Im Jahre 1834 wurden die Orte Diepholz und Willenberg mit seinen heute noch zum Teil erhaltenen Fachwerkbauten vereint. Gemalt von Willi Hagen 1929.

Spaziergängerin mit Blick auf Diepholz im 19. Jahrhundert

Gleichwohl blieb (nachfolgend für Diepholz und Willenberg Zahlen von 1830, also vor der Vereinigung) die soziale Gliederung in 1077 + 334 Bewohner, 224 + 86 Domestiken, 543 + 203 Häuslinge, 44 Juden, Geistliche, Landdragoner und vom Militär Beurlaubte erhalten.[11]

Diepholz auch als Verwaltungsstadt – diese Tradition wurde verstärkt, als 1867 das königliche Hochbauamt eingerichtet wurde.

Eine bedeutende Veränderung der Umgebung setzte mit der Generalteilung des Gemeinen oder Hörster Bruchs ein, in die nach dem Vollziehungsprotokoll vom 9. Januar 1849 18.112 Morgen einbezogen wurden.[12] Diese Teilung leitete weitere bis hin zu Spezialteilungen der Moore und Brüche im 20. Jahrhundert ein, durch die die Landschaft durch Wegebau, durch Ziehen von Gräben, Aufstellen von Zäunen, systematisches Torfstechen und Ackerbau nachhaltig verändert wurde. Anlieger der Hunte schworen aber etwa für Düngertransporte vom Wohnhaus zum Ackerland noch lange auf den kürzeren Schiffsweg.[13]

Herausragende Persönlichkeiten

Vor allem ist für jene Zeit Georg Friedrich Storkmann (geb. 30.8.1780 in Stolzenau, gest. 10.6.1851 in Diepholz) zu nennen, der schon allein wegen seiner aufrechten Gesinnung Respekt verdient.[14] Am 16. Mai 1820 schrieb er: „Jedoch erlauben wir uns dabey die gehorsamste Bemerkung zu machen, dass wir Königl. Cammer das Recht nicht einräumen können, dergleichen Concessionen in Diepholz zu ertheilen, da wir freye Bürger sind, und städtische Rechte gleich andern Städten des Königreichs haben, daher denn auch jeder Nahrungstreibende Einwohner Observanzmäßig an die Bürgerschaft Nahrungsgeld zahlt, und nicht schuldig gehalten werden kann, an Königliche Cammer dafür etwas zu zahlen."[15]

Storkmann war mit der ältesten Tochter Sophie Charlotte des Bürgermeisters Heinrich Ludolf Albers verheiratet. 1811 übernahm er als Maire die Verwaltung und führte sein Amt von 1813 bis zu seinem Tode als Bürgermeister fort. Er wurde in die hannoversche Ständeversammlung als das damalige Parlament gewählt und versuchte die kleinen Städte von der Vorherrschaft der Ämter zu befreien. Reisekosten beglich er zu einem erheblichen Teil aus eigener Tasche![16] Ein Licht auf seinen Charakter wirft sein Schreiben vom 14.11.1833 zur Ständewahl: Sollten die Grundbesitzer und die Freien einen Stände-Deputierten „finden, der mit Würde und Redlichkeit die Verpflichtung übernehmen kann, so bin ich (dessen) sehr zufrieden und werde, nachdem ich 18 Jahre diese Stelle für die Grafschaft besorgt habe, diesen mit Last und Verantwortlichkeit verbundenen Posten gerne einem Andern überlassen, wenn dieses aber nicht seyn sollte, so muß ich mich dazu verstehen, wenn die Wahlmänner mich wählen."[17]

Er besaß das Haus Kohlhöfen Nr. 1 und seit 1824 die Rehdener Ziegelei, war also auch Unternehmer. Auf ihn ist die Vereinigung des Willenberg mit Diepholz am 24.11.1834 zurückzuführen. Schon als Storkmann 1811 Maire geworden war, hatte er Diepholz und Willenberg als Einheit verwalten können. Manche Bürger machten ihm das Leben schwer mit dem Vorwurf, er sei selbstherrlich, doch hätten sie ihn schon deswegen ehren sollen, weil er eher als seine Kritiker darum bemüht war, zusätzliche Lasten von den Bürgern fernzuhalten und den Status einer Stadt wenigstens annähernd zu erhalten.

Der in Diepholz am 21.1.1784 als Sohn eines Anwalts geborene Hofbaumeister Georg Moller, Neffe des einstigen Diepholzer Landphysicus, Revolutionärs und großherzoglichen Leibarztes

Hofbaumeister Georg Moller (1784-1852) war ein gebürtiger Diepholzer

Professor Dr. Georg Philipp von Wedekind, war ein herausragender Vertreter des Klassizismus. Er plante für die hessische Residenzstadt Darmstadt die katholische und die evangelische Hauptkirche, die Freimaurerloge, den Luisenplatz mit der Ludwigssäule, das Mausoleum auf der Rosenhöhe sowie das Theater. Er schuf das Staatstheater in Mainz und das nassauische Stadtschloss in Wiesbaden, das heutige Landtagsgebäude.

Landtagsgebäude in Wiesbaden von Georg Moller

Goethe las seine Beiträge zur Kunstgeschichte des Mittelalters.[18] Auf Reisen untersuchte er die Kirchen in Limburg, Metz, Speyer, Worms, Freiburg und Oppenheim. Er bewunderte das Mittelalter, setzte sich für die Erhaltung alter Gebäude ein und sammelte Materialien zur Geschichte der deutschen Kunst und Bildung. Da er den Wert der wieder aufgefundenen Pläne des Kölner Doms erkannte und die Risse in Kupfer stechen ließ, ist Moller zu verdanken, dass die gotische Kathedrale in den folgenden Jahrzehnten vollendet wurde. Moller wandte sich gegen die Germanomanie oder Deutschtümelei, war also weltoffen. Er rettete die heute zum Weltkulturerbe gehörende Klostertorhalle in Lorsch vor dem Abbruch und regte den hessischen Großherzog zur ersten Denkmalsschutz-Verordnung an. 1833 bis 1844 gab er Dokumente zur Baulehre heraus, in denen er die Gesetze der deutschen Architektur des Mittelalters veröffentlichte. Gewiss kannte er auch den Vater des Dichters Georg Büchner, den fast gleichaltrigen (geb. 1786) Darmstädter Stadtphysikus und Hospitalarzt Dr. Ernst Büchner.

Dr. iur. Hans (Ernst) Bütemeister (geb. 24. August 1750 in Wulften, Amt Herzberg) verlor mit noch nicht einmal drei Jahren seinen Vater, einen

Die Pläne der Westfassade des Kölner Doms aus dem 13. Jahrhundert, von denen Moller eine Hälfte fand, ermöglichten die Fertigstellung des unvollendeten Bauwerks im 19. Jahrhundert.

Pastor. Er studierte in Göttingen Jura und wurde nach verschiedenen Stationen 1792 2. Beamter am Amt Diepholz. In turbulenten Zeiten fungierte er hier seit 1797 als Amtmann, seit 1807 als westphälischer, 1811-1813 als französischer Kantonmaire (Chef einer den Kommunen übergeordneten Ver-

Hans Bütemeister (1750-1837) verdienstvoller Oberamtmann und 1. Ehrenbürger

Feldmarschall Graf von Wallmoden-Gimborn (1769-1862) wohnte 1797 im Schloss und musste im Jahre 1803 vor den Franzosen kapitulieren.

waltungseinheit) und wurde 1812 kaiserlicher Percepteur (Steuereinnehmer) ohne Gehalt, woraufhin er Ämter und Titel niederlegte.

1813 wieder Amtmann, wurde er 1818 Oberamtmann, 1824 erster Ehrenbürger von Diepholz, Ritter des Guelphenordens und Ehrendoktor der Universität Göttingen. Ein Gedicht zum 16. Mai 1822 gibt seine Verdienste wieder: „Dem Ehrengreis, der fünfzig Jahr für Wahrheit, Recht und Pflicht gerungen, dem hochverdienten Jubilar sei unser Weihelied gesungen." In drei weiteren Strophen pries der anonyme Verfasser Treue, Freundschaft, Tatkraft, edlen Willen, regen Fleiß stiller Tugend und den Drang, die Pflichten zu erfüllen. Er wünschte dem Beamten, „dass Er den Kranz der Huldigung noch lang auf Silberlocken trage."[19] Er starb am 10. April 1837 als Senior der hannoverschen Beamtenschaft in einem Alter, in dem heute Menschen seit zwei Jahrzehnten im Ruhestand sind. Rüstig bis zuletzt, arbeitete er täglich sechs bis acht Stunden. Von seinen acht Kindern mit Friederike Luise Lodemann sind fünf Töchter in Diepholz geboren. Diepholz charakterisierte er noch am 15. Januar 1836 als einen „Ort wahrhafter politischer sowie Familien-Leiden".[20] Da liest man wieder die übliche Klage über und an Diepholz, hier verschwommen auf die menschlichen Beziehungen gemünzt.

Wie ist sie zu verstehen? Man denke nur an die Zusatzbelastungen für seine Familie: 1797 wohnte der hannoversche Feldmarschall von Wallmoden über ein halbes Jahr im Schloss. Am 1. Juni 1803 erschien der französische General Mortier mit seinem Generalstab von 20 Offizieren zum Essen. Am selben Tag steckten Marodeure das Buschersche Haus an der Lohnbrükke in Brand und schändeten eine Vierzehnjährige. Aufregung, Verhandlungen, Diplomatie! Generaladjutant Bertier und General Mortier ließen bald danach die drei Täter in Nienburg hinrichten, ihr

Auch der preußische General Blücher (1742-1819), zu diesem Zeitpunkt noch mit den Franzosen verbündet, schaute in Diepholz nach dem Rechten.

Wenige Tage, bevor er die Kapitulation der hannoverschen Armee in Sulingen entgegennahm, quartierte sich General Mortier (1768-1835) in Diepholz ein.

Regiment zahlte den Schätzwert des Hauses. Ebenfalls am 1. Juni erschien im Schloss bei Bütemeister der preußische General Blücher zur Visite bei Mortier, der seinen Weg am nächsten Tag nach Sulingen fortsetzte.

Mehr als tausend französische Offiziere, unter ihnen der spätere Schwedenkönig Bernadotte, „beehrten" Bütemeister, dessen Privatvermögen gegen Null sank. Im Herbst 1813 ließen es sich die russischen Generäle Winzingerode, Stroganow, Woronzow, Wolkonski und andere wohl sein.

Bütemeister dürfte auch an den frühen Tod seiner kleinen Tochter am 6. März 1795 im Alter von gut acht Monaten und an den seiner Ehefrau im Alter von 40 Jahren am 11. Mai 1807 gedacht haben. Dagegen etwas Erfreuliches: Immerhin wohnte später auch ein Tüftler in Diepholz, denn in der Gesetzsammlung für das Königreich Hannover wird der Lieutenant a.D. Dr. iur. Carl Behne genannt, der am 27. Juli 1838 ein Privileg auf eine von ihm erfundene Vorrichtung zum Lichten (in der heutigen Fachsprache: Leichtern, Heben) gesunkener Schiffe erhielt. Dieses Patent galt für zehn Jahre im Königreich Hannover.[21]

Schulbauten und Schulen

Eine Spinnschule für Kinder, überwiegend Töchter ärmerer Leute bestand von 1833 bis in die vierziger Jahre im Küsterhaus (neben der evangelischen Kirche), eine weitere für den Willenberg von 1835 bis vermutlich vor 1840.[22]

Superintendent Johann Andreas Freytag setzte sich für eine Reform des Schulwesens ein, die er 1846 erreichte. 1850 gab es in Diepholz demnach vier Lehrerstellen als Folge des aus Diepholz und Willenberg zusammengelegten gemeinsamen Schulverbandes: die erste als Rektorstelle für 80 Knaben mit Organistendienst, die zweite für 80 Mädchen mit Küsterdienst, die dritte auf dem Willenberg für 125 bis 150 Kinder und die vierte als Elementarklasse für 125 Kinder.[23]

Versetzt wurde nicht mehr nur nach dem Alter, sondern auch nach der Bildungsstufe und unter Berücksichtigung anderer Umstände. Der Superintendent behielt die Aufsicht über das Schulwesen, über die Aufstellung des Lehrplans und die Versetzung der Kinder. Über die unteren Klassen führte der Kaplan die Mitaufsicht.

Die Schwestern Klußmeyer unterrichteten in ihrer Wohnung Mädchen, die vor allem Vokabeln und Geschichte auswendig lernen mussten. Auch die ledigen Töchter des verstorbenen Superintendenten Dorine und Karoline Dille unterrichteten Jahrzehnte lang in ihrer Wohnung Lange Straße 39 ältere Schülerinnen in Handarbeiten, Klavierspiel und Französisch. „Tante Eilers" betreute von 1830 bis zu ihrem Tod am 13. April 1870 mit Lesen, Schreiben, Rechnen und Stricken mehrere Vorschulkinder, zu denen um 1856 auch der Erfinder der Ansichtskarte, Ludolf Parisius, gehört haben soll. Lehrer Fischer auf dem Willenberg nahm 1838 bis zu 18 Jungen unter seine Fittiche und lehrte sie vor allem Fremdsprachen.

Am 20. Februar 1863 wurden die Statuten für die schon über ein Jahrzehnt zuvor von Superintendent Freytag angeregte und gegründete höhere Privatschule in Diepholz in Kraft gesetzt. Sie regelten beispielweise die Aufnahme der Kinder durch den „Dirigenten", nämlich den Pastor und Schulleiter, durch eine Prüfung, die Verweisung eines Kindes durch einstimmigen Kollegiumsbeschluss, die Anschaffung von Schulmaterialien, das Verhältnis von Kollegium, Elternschaft und Schulvorstand.[24]

1866 nahm der Lehrer Friedrich Grelle in Rehden einen Schüler auf, um ihn für das Lehrerseminar vorzubereiten. 1866 betreute er schon mehrere Jungen und zog 1868 mit drei Präparanden nach Diepholz. Das war der Keim der Präparandenanstalt, von der noch zu sprechen sein wird.

Kirche

Im Jahre 1806 wurde die neu erbaute Nicolaikirche geweiht; die heutige Form der Dachkuppel wurde allerdings erst im Jahre 1820 vollendet, was der Gemeinde in einer sehr schwierigen Zeit einiges abverlangte (s. das vorhergehende Kapitel).

Aber auch die evangelischen Geistlichen hatten so manche Last zu tragen. Der neue Superintendent Johann Christian Dille fuhr 1820 von Hedemünden auf der Weser bis Stolzenau und dann auf dem Landweg in seinen neuen Wirkungsort. Monatelang musste er zuerst einmal in der Registratur arbeiten, weil die Akten nicht in den Repositorien ruhten, sondern auf dem Fußboden verstreut waren. Mehrere Pastoren aus der Umgebung kauften gern in Diepholz ein und machten es sich dann als gar nicht

Die Nicolaikirche vom nordöstlichen Burggraben aus gesehen

nicht in der Lage, die 39 Schüler an der von Superintendent Freytag gegründeten Privatschule zu unterrichten. Seine künftige Schwiegermutter wolle auch einziehen und dann sei der Hausfriede gefährdet.[27] Braeß wurde dennoch versetzt, litt unter dem Lärm von einer gegenüber liegenden Kegelbahn, erkrankte so, dass er unter die Vormundschaft des Apothekers gestellt und in die Heilanstalt Osnabrück gebracht werden musste, wo er sich erholte, so dass er seinen Dienst wieder aufnahm.

gern gesehene Gäste bei ihrem Vorgesetzten gemütlich. Natürlich spielte das Geld eine Rolle, wenn etwa das Konsistorium zu erreichen suchte, dass der 1. Pastor für Schönheitsreparaturen am Wohnhaus selbst aufkommen sollte, was nie der Fall gewesen war. Auch der Kirchenvorstand achtete darauf, dass Schönheit hinter Sparsamkeit rangierte. Dennoch konnte die Superintendentur ausgebaut werden.

Schlecht bezahlt wurde der 2. Pastor, worüber sich Pastor Johann Heinrich Wedekind 1836 beklagte.[25] Er stellte außerdem fest: „... das Klima, höchst feucht und trübe, sagt meiner Gesundheit durchaus nicht zu." Der Magistrat bestätigte 1848, die Stelle sei angesichts geringer Tätigkeit so ausgestattet, dass eine Familie davon nicht ernährt werden könne, so dass jeder junge Geistliche sofort versetzt werden wolle. Früher habe er sich über Wasser halten können, weil er zugleich Schulrektor war.[26] Immerhin hatte seine Eingabe Erfolg: Seit 1851 erhielt der Pastor eine Zulage.

Die Kritik an den Diepholzer Bedingungen aber blieb. 1861 sollte der an Rheuma leidende Pastor Ernst August Hermann Braeß von Mariendrebber nach Diepholz versetzt werden. Nein, wehrte er sich gegen diese Absicht, das Pfarrhaus sei sehr feucht, Schwamm habe Wände und Fußböden befallen und verbreite Modergeruch. Er sah sich auch

Die Geistlichen waren kritische Beobachter ihrer Zeitgenossen in sittlicher Hinsicht. Die frommen Männer kritisierten die sozial Schwachen, deren Kinder die Zeit mit Gänsehüten im Bruch vertrödelten, anstatt Schule und Gottesdienste zu besuchen. Sie schädigten die Wohlhabenden, indem sie die Jungtiere in deren Gärten laufen ließen. Aber auch die besser Gestellten waren nicht nach dem Sinn der Seelenhirten: Sie strebten nach schöneren Häusern und nach besserer Kleidung, nach Genuss und Lebensfreude, anstatt bescheiden zu sein.

Ein besonderes Übel war die durch den Branntwein geförderte Trunksucht. Ein von Superintendent Freytag auf den Weg geleiteter und von führenden Leuten wie Amtmann Tiedemann und Hofmedikus Lindemann geförderter Mäßigkeitsverein fand seit Frühjahr 1840 Anklang, doch ebbte der Eifer in dem am 28. Juni 1840 gegründeten Verein mit bis zu 88 Mitgliedern (1842) bald ab und ging schon 1845/46 völlig ein, zumal viele Mitbürger die Bemühungen gegen den Schnaps eher mit Spott bedachten.[28]

Um 1830 schien die kirchenferne Epoche der Aufklärung überwunden, denn immerhin gab es einige Gemeindeglieder, die wieder in der Bibel lasen oder sich Erbauungsbüchern zuwandten. Dennoch war das Urteil eines Geistlichen so vorsichtig wie im

Moralzeugnis über einen Angehörigen der lokalen Prominenz: „Der ebenfalls in Frage stehende hiesige Bürger Johann Heinrich Reeßing kann sich seinen Gütern nach zu unsern angesehenen Bürgern rechnen, behauptet auch noch immer eine große äußere Rechtlichkeit, so dass man glauben sollte, der Ehrgeiz halte ihn von niedrigen und wenigstens illegalen Handlungen ab sowie seine Urtheile über anderer, besonders armer Menschen moralisches Benehmen gewöhnlich sehr scharf gestellt sind. Mit mannigfaltigen Spekulationen beschäftigt er sich. In kirchlicher Hinsicht kann man ihm wenigstens den regelmäßigen Genuß des heiligen Abendmahls nicht absprechen, zu welchem er sich auch vor etwa 8 Tagen einfand."[29] Der Empfang des Abendmahls galt zumindest als sichtbarer Beleg dafür, dass ein Bürger rechtgläubig war.

Der letzte König von Hannover, Georg V., verstand sich als Christ, Monarch und Welfe. Das führte 1855 bis 1862 zu einer reaktionären Politik, die von der Bevölkerung hingenommen wurde, während der von Georg geförderte neue, liberale Katechismus auf erbitterten Widerstand stieß. Der König sollte sich nicht diktatorisch in den Glauben einmischen, er sollte nicht das Gewissen beherrschen wollen.

Die Synagoge in der Mühlenstraße um 1900

Juden in Diepholz

In der Franzosenzeit zahlten die Juden keine Schutzgelder mehr, so dass sie sich nach der Wiederherstellung des hannoverschen Staates im Jahre 1814 gegen die Wiedereinführung zur Wehr setzten. Im November 1817 mussten sie sie jedoch nachzahlen.[30]

1824 wohnten hier 49 jüdische Personen, vor allem Händler und Schlachter, in neun Schutzjudenfamilien. Drei Viertel bevorzugten Wohnungen an der Langen und an der Judenstraße (heute Kolkstraße). 1855 wurden 55 Personen erreicht – bei 2519 Einwohnern insgesamt.

Am 13. August 1835 wurde die Synagoge an der Mühlenstraße 5 geweiht. Wertvollstes Inventar war eine einen Meter hohe Thorarolle aus dem Ende des 16. Jahrhunderts. Zum 1843 gegründeten Synagogenbezirk Diepholz gehörten auch Mitglieder in Barnstorf, Cornau und Drebber, zeitweise sogar in Goldenstedt und Heiligenloh.

Die Lehrer wechselten wegen der durch die geringe Schülerzahl (1846/47 bis zwölf) bedingten geringen Einkünfte häufig. Der Unterricht hatte seit 1831 in deutscher Sprache zu erfolgen. 1832 wurde die deutsche Sprache auch für die Ansprache im Gottesdienst eingeführt.

Der Vorsteher der Schutzjudengemeinde stellte 1837 eine Bürgschaft für vier Handelsjuden, damit sie ihre Ostern – also das Pessachfest – bis 18. April hier halten konnten.

1842 hob das Gesetz über die Rechtsverhältnisse der Juden das Schutzverhältnis auf, gab die Gewerbe frei, ermöglichte den Erwerb des Bürgerrechts, erhielt aber die Einschränkungen beim Grunderwerb und bei der Ausübung politischer Rechte aufrecht. Im Revolutionsjahr 1848 wurden politische Rechte zu-, 1855 aber das passive Wahlrecht für den Landtag wieder aberkannt. 1871 führte die Reichsverfassung die juristische Gleichstellung ein.

Über Jahrzehnte rang die Familie Fontheim um Anerkennung. Kaufmann Moses Isaac Fontheim starb am 30. Mai 1835 in Diepholz. Mehrere seiner

Kinder blieben ihrer Religion treu, andere konvertierten wie Carl, Ludwig, August Wilhelm Christian und Georgine.

August Wilhelm Christian heiratete 1831 lutherisch in Barrien und wurde durch seinen Sohn Hans (von 1874 bis 1876 Arzt in Syke, gestorben am 10. März 1892 in Liebenberg) der Stammvater der Liebenberger Linie, die seitdem ein immer auf den neusten Stand gebrachtes Sanatorium am Oberharz betreibt.

Carl konvertierte 1840 in Bremen. Obwohl seine Mutter Sophie geb. Rosenberg die Zustimmung verweigerte, heiratete er am 23. März 1841 die Diepholzerin Margarethe Dorothea Schäfer. Das Glück des Paares währte nicht lang, das einzige Kind, ein Sohn, starb am Tage seiner Geburt (2. Dezember 1842), und Carl selbst raffte ein hitziges Fieber am 26. April 1849 im Alter von 55 Jahren dahin. Die von ihm hinterlassene Ehefrau heiratete am 1. November 1849 einen Dielinger Gastwirt.

August Wilhelm Christian Fontheim (1802-1884) konvertierte zum Christentum und wirkte als angesehener Arzt in Syke. Foto: Fontheim

Die christlichen Kaufleute in Diepholz setzten sich gegen die Konkurrenz der jüdisch gebliebenen Linie zur Wehr, und noch im März 1868 sprachen sich drei renommierte Beamte und ein Kaufmann dagegen aus, dass der Kaufmann Isaak M. Fontheim das Stimmrecht bei den Interessenten für die höhere Privatschule erhielt.[31] Doch in jenem Jahr gelang es ihm als einzigem Mitglied seiner Gemeinde überhaupt, die Würde eines Schützenkönigs zu erringen.

Gewerbe und Handel

Die Handwerker stellten mehr als die Hälfte der erwerbstätigen Bevölkerung (ohne die auf dem Willenberg), weit vor Beamten, Kaufleuten, Arbeitern und Landwirten.[32]

Nach wie vor waren zunächst die Tuchmacher mit immer noch 80 Meistern, 25 Gesellen und 10 Lehrlingen 1824 weit vor Schneidern, Schustern und Bäckern diejenigen, die das wirtschaftliche Gesicht von Diepholz prägten.[33] Die Wassermühle durften sie an jedem dritten Tag zum Walken nutzen, wenn die Konkurrenz der Getreidemahlgäste nicht zu groß war und die Tuchmacher den Müller für seinen Verdienstausfall entschädigten. Schlecht ging es den Tuchmachern auch nach der langen Kriegszeit, der Kontinentalsperre und dann durch die preußischen und oldenburgischen Importsteuern, die zu einem Absatzrückgang in der Nachbarschaft führten.[34] Die Mechanisierung in England führte zum Preisverfall, Schafseuchen trieben die Wollpreise in die Höhe. Die verarbeitete Haidschnuckenwolle aus der Umgebung war von geringer Qualität, und die Meister verdienten gerade mal das tägliche Brot für sich und ihre Familien. Die traditionell grobe Ware war wenig gefragt, und obwohl der Staat den Wollankauf subventionierte, blieben die Tuchmacher arm.

Da zeichnete sich ein Aufschwung ab. 1836 trat das Großherzogtum Oldenburg dem 1834/35 gegründeten Steuerverein bei, in dem das Königreich Hannover führend war. 1837 lieferten die Diepholzer 2200 Hospitaldecken an das Militär. Sie schafften 15 Kratz- und Spinnmaschinen an und steigerten die Wollverarbeitung von 56000 Pfund 1837 auf 59150 Pfund 1838.

Doch schon 1838 setzte erneut ein Niedergang ein. Der Staat vergab nur noch Aufträge für 315 Hospitaldecken, und Johann Heinrich Reeßing gründete eine Tuchfabrik, in der höherwertige Ware produziert wurde. 1841 beschäftigte er 40 hinlänglich zufriedenstellend bezahlte Arbeiter und ließ im Verlagssystem 15 Familien in ihren Häusern arbeiten, 1844 schon 28 Familien, 1845 32, 1846 40.

Dieses System bedeutete, dass die Tuchmacher nicht mehr eigenständige, auf eigene Rechnung und nach eigenem Gutdünken arbeitende Handwerker, sondern in allem vom Verleger abhängig waren: im Hinblick auf Rohstoffe, Absatz, Preise und Gewinn.

Diese zunehmende Abhängigkeit ihrem Status nach weiterhin Selbständiger sicherte schlecht bezahlte Arbeit, bedeutete auf Dauer aber höchste Gefährdung. Anschaulich hat Gerhart Hauptmann später diese Auswirkungen in der damaligen Zeit in seinem Schauspiel „Die Weber" beschrieben. Reeßing verkaufte die Ware nach Holland, Ostfriesland, Oldenburg und Hamburg.

1846, als Reeßing noch 33700 Pfund Wolle verarbeiten ließ, strebte die neue Wirtschaftskrise bereits ihrem Höhepunkt zu. Die Lebensmittelpreise stiegen an, Ärmere konnten sich daher kaum noch Tuche kaufen, der Export ging gegen Null, und die Tuchmacher verarmten, da gerade sie die groben Tuche hergestellt hatten. 1847 wurde Brot verteilt, das aus der Armenkasse, der Kasse des Magistrats und aus privaten Spenden finanziert wurde. Eine öffentliche, aus Spenden finanzierte Suppenküche gab ein warmes Essen aus.

Seit 1828/29 förderte die Diepholzer Leinenlegge die Qualität und den Absatz von grauem flächsenem und halbflächsenem Leinen in Hamburg, Holland, Ostfriesland und Oldenburg, musste aber 1846 auf das Leggegeld verzichten. Die Konkurrenz englischer Baumwollfabrikate und auch deutscher Baumwollerzeugnisse stieg nämlich so schnell an, dass viele Hersteller sich auf die Webetätigkeit für den Eigenbedarf beschränkten. was den Absatz von 121052 Ellen im Jahre 1846 um die Hälfte auf 177524 Ellen im Jahre 1847 steigerte.[35] Die eher in der Umgebung als in Diepholz selbst produzierten Garne wurden zur Hälfte ins Oldenburgische verkauft, aber in der ersten Hälfte der fünfziger Jahre wurde die Produktion bedeutungslos, da die Bedürfnisse der Konsumenten sich wandelten und sich bedruckten und mehrfarbigen Stoffen zuwandten.

Die zuletzt bedeutendsten Händler waren die Kaufleute Joseph Fontheim, Georg Hucke und Christian Schwarze, die die Ware zum Teil versandten. Letzter Leggemeister war Bürgermeister Johann Friedrich Zwickert, der die Utensilien wie Tisch und Elle am 30. September 1875 verkaufte, so dass die Legge am folgenden Tag aufgehoben war.[36]

Wie in vielen Gegenden kamen die vielen Kleinbetriebe angesichts der englischen Konkurrenz und des fehlenden Kapitals für die Mechanisierung nicht mehr zurecht und stellten die Arbeit in den sechziger Jahren ein.

1853 waren nach den 49 „Ackermännern" noch 21 Tuchmacher, 12 Kaufleute und 11 Bäcker wahlberechtigt.[37]
Zum Ausklang dieses Teilbereichs sei an Johann Friedrich Schröder erinnert, der am 22. Mai 1815 gegen seine Wahl zum Altmeister der Tuchmachergilde protestierte und vom Amt Recht bekam. Überzeugend war ein Attest des Landphysicus, er sei in einem so bedenklichen Gemütszustand, dass er durch ein Amt in einen wahnsinnigen Zustand gestürzt werden könne![38]

Nach einer Liste vom 21. Dezember 1817 arbeiteten 14 Bäckermeister in Diepholz, die alle Weißbrot backten, zehn stellten auch Schwarzbrot her. Dietrich Gerke mit 50 Berufsjahren hatte den Betrieb seinem Sohn übergeben, in fünf Fällen ist „rel." für „relicta" (Witwe) angemerkt. Die meisten Meister waren seit mehr als 30 Jahren im Beruf, nur Jacob Bernhard Grelle und Carsten Steffen hatten nicht einmal ein Jahrzehnt hinter sich gebracht.[39]

Ein Kapitel für sich ist die Geschichte der Zinngießer.[40] Schon 1730 und 1731 wehrte sich der Zinngießer Caspar Harder gegen zwei italienische Konkurrenten, die in Diepholz das Bürgerrecht erhalten hatten, aber überwiegend nicht hier wohnten und Lasten wie die Einquartierung nicht trugen, sondern umherzogen und zum Beispiel neues Zinn-

Zinngießer fertigten noch bis ins 19. Jahrhundert Gegenstände für den täglichen Gebrauch.

gerät verkauften oder im Sandkrug zu Jacobidrebber (an der heutigen B 51) altes Zinn umgossen.

1826 lebten in Diepholz die Zinngießer Heinrich und Georg Conrad Harder. Sie stellten Teile von Pfeifenköpfen, Zinnknöpfe, Zinnschüsseln und -teller für die Bauern der Umgebung her. Die Qualität soll nicht gut, der Preis daher niedrig gewesen sein. Georg Conrad war 55 Jahre alt, schwächlich, kränklich, konnte nur wenig arbeiten und hatte kaum Verdienst, aber 550 Taler Schulden. Er durfte weder Gesellen noch Lehrlinge beschäftigen noch seine Söhne das Handwerk lehren, während Heinrich 1827 in die Nienburger Gilde eintrat.

Die Diepholzer Gans hatte zunächst nicht den Ruf, den sie im Laufe des 19. Jahrhunderts erwarb. Seit dem 8. März 1808 begrenzte des Gänseregulativ die Haltung auf fünf (1836: vier) Gänse und einen Gänserich pro Haus. Friedrich Hucke fütterte 1838 drei alte Gänse, einen Gänserich und 37 junge Gänse. Dafür musste er 2 Taler Strafe bezahlen.[41]

Zum Aufschwung der Landwirtschaft trug erheblich der Landwirtschaftliche Verein von 1850 bei, dessen Präsident zeitweise Landes-Ökonomie-Kondukteur Duensing war. Die erste bedeutende Tierschau fand am 12. Juni 1868 auf Lüdersbusch in den Zelten der Schützenfest-AG statt; 1873 wurde sie durch eine Ausstellung von Landmaschinen ergänzt.

Die herrschaftlichen Mühlen erwarb der Magistrat 1860 vom Finanzministerium. Viel brachte der Betrieb nicht ein; Pächter Gustav Huth rechnete 1880 vor, dass ein Zuschuss von über 170 Mark im Jahr erforderlich sei.[42] Die Mahlgäste kamen auch aus der nördlichen und östlichen Umgebung. Gewalkt wurde vor allem von Januar bis März, höchst selten im Sommer. Die Bockwindmühle auf dem Esch hielt sich noch bis 1890 und wurde dann nach außerhalb verkauft. Eine holländische Windmühle errichtete C. Schwarze um 1860 als Lohmühle auf dem Gelände der heutigen Stadtwerke – es handelte sich um eine im Oldenburgischen abgebrochene Mühle – und erhielt 1868 auch die Mahlerlaubnis, verzichtete aber 1869 nach einem Brand auf den Wiederaufbau. Die von den Tuchmachern erworbene Walkmühle kurz vor dem Zusammenfluss von Vorder- und Hinterlohne gelegen, wurde angesichts des Verfalls der Tuchmacherei 1861 abgebrochen.

Die Bockwindmühle auf dem Esch wird 1890 verkauft und abgebaut. Hier in einer Karte von 1774.

Wie schon seit langer Zeit gab das Staurecht des Hengelmüllers Anlass zum Ärger. Er überschwemmte niedrig gelegene Grundstücke und Wege in den Moorkämpen, bei den Junkernhäusern und zwischen Diepholz und der Mühle. Das Land wurde sauer, der Dünger ausgelaugt und ging nicht in Humus über, die Landbestellung verzögerte sich. Zielscheibe seiner Kollegen war mehrfach M. M. Fontheim, der nach der Liberalisierung der Judengesetzgebung 1844 in die Krämer-Innung aufgenommen wurde. Er durfte nur einen Gesellen und einen Lehrling beschäftigen, keine Kolonialwaren, Lebensmittel, Öle, Spirituosen und Getränke ver-

Hengemühle in Falkenhardt um 1900 *Foto: Schöttler*

kaufen. 1850 veräußerte er Zucker und Kaffee an Gastwirt Meyering, woraufhin der Vorstand der Kaufmanns-Innung Christian Schwarze und deren Anwalt Dr. Schrader aktiv wurden. Der Magistrat bestrafte Fontheim am 11. Februar 1851 mit einem Taler ausdrücklich nicht wegen seiner Religionszugehörigkeit, sondern weil er nicht zünftig gelernt hatte.[43] Fontheim hielt seine Tuch-, Manufaktur- und Modewarenhandlung jedoch aufrecht und gehörte neben dem entsprechenden Geschäft von Ernst Feuß und dem aufstrebenden Betrieb von Carl Friedrich Lehnkering trotz des Verbots des Handels mit Kolonialwaren zu den führenden Leuten in dieser Branche.

Das Lumpensammeln war in den vierziger Jahren in jüdischen Händen. Drei Diepholzer Familien belieferten die Gebrüder Kugelmann zu Wagenfeld. Handelsmann Moses Samenfeld zog mit Bürsten bis nach Cuxhaven, Osnabrück und Hamburg.[44]

Das Moor wurde in bescheidenem Umfang für den Anbau von Buchweizen genutzt.

Fabriken

Der bereits genannte Tuchmacher Johann Heinrich Reeßing war in den vierziger Jahren der fortschrittlichste Bürger, weil er sich nicht mit einem herkömmlichen Kleinbetrieb wie die übrigen Tuchmacher begnügte, sondern ein Fabrikgebäude errichten ließ. Seinen Werkführer holte er aus Burg bei Magdeburg. In der Notzeit vor der Revolution 1847 gab er die größten Mittel für die Armen und bestritt vor allem die bereits erwähnte Suppenküche für Bedürftige.

Bald danach sank die Produktion wie bei den Tuchmachern angesichts einer übermächtigen Konkurrenz im In- und Ausland und dem fehlenden Gespür für die Veränderungen des Marktes.

Zeitung

Von einer waghalsigen Tat des Bruders vom Zeitungsgründer Ernst Dietrich Schröder erzählte man sich im 19. Jahrhundert in Diepholz. Sein Vater, Christian Schröder, war am Schlossturm mit Maurerarbeiten beschäftigt. Seine Söhne spielten dort, und als der Vater sich einmal fortbegeben hatte, kletterte der 13-jährige Heinrich an einem Draht den Schlossturm hoch, versuchte auf dem Sims gehend zu einem offenen Fenster zu gelangen, rutschte aber aus und stürzte aus 21 Metern Höhe in einen Holunderbusch, der ihn bremste, aber nicht verhinderte, dass der Junge in eine Jauchegrube plumpste. Sein Bruder lief mit dem stinkenden Kletterer zum Burggraben und wusch ihm die Kleidung. Als der Vater zurückkam, war der Anzug schon am Trocknen und nur ein paar Schrammen im Gesicht kündeten noch längere Zeit von dem unerlaubten Abenteuer. So wenigstens hat es Fritz Lohmeyer in den ersten „Heimatblättern für die Grafschaft Diepholz“ 1924 erzählt.

Zeitungsgründer Ernst Dietrich Schröder

Ernst Dietrich Schröders Vater war Sohn eines Ratsdieners und Weideaufsehers und er war selbst Schreiber und Registrator beim Magistrat. Als der noch 36-Jährige beim Amt den Antrag stellte, ihm die Konzession für ein Wochenblatt zu erteilen, äußerte sich die Behörde positiv zur Persönlichkeit des Antragstellers, fragte aber am 16. Januar 1862 skeptisch, ob es denn davon angesichts der mutmaßlichen Interessenlage der zahlenmäßig geringen (und kulturell bescheidenen) Bevölkerung seinen Lebensunterhalt bestreiten könnte. Doch die Landdrostei war einverstanden und das Amt genehmigte das Projekt am 25. März 1862. Das Blatt wollte nur Mitteilungen und Anzeigen veröffentlichen und sich politischer und sozialer Kommentare enthalten.

Am 1. Juli dieses Jahres erschien nach einigen Probeausgaben die erste Nummer des Diepholzer Wochenblatts.

Verkehr

Kaiser Napoleon ordnete 1811 den Bau der militärisch bedeutsamen „Weseler Chaussee“ vom Niederrhein nach Hamburg an. Anfang Juni arbeiteten 70 Männer an der Chaussee und 20 am alten Postweg nach Sankt Hülfe.[45] Eine Woche lang

Diepholzer-Wochenblatt
und
Allgemeiner Anzeiger.

Erscheint Mittwoch u. Sonnabend. Der Pränumerationspreis beträgt vierteljährlich 10 Groschen excl. Postaufschlag.

Insertionsgebühr für die 3gespaltene Zeile das erste Mal 6 ₰, das zweite Mal 5 ₰, und das dritte Mal 4 ₰.

Expedition in Diepholz bei E. D. Schröder; auswärts bei den resp. Postämtern oder Agenten. —

Inserate werden Dienstag und Freitag bis 3 Uhr Nachmittags angenommen.

№ 1. Diepholz, Mittwoch den 2. Juli 1862. 1. Jahrgang.

Telegraphische Depeschen.

• **Paris,** Sonntag 29. Juni, Morgens. Das Urtheil des Cassationshofes in 'Sachen Mirès' ist erfolgt. Das freisprechende Erkenntniß des Obergerichts von Donai wurde annullirt.

Der heutige Moniteur meldet nach Nachrichten aus Mexico, die am 28. in Southampton eintrafen, daß Marquez am 18. Mai mit 2000 Mann seine Vereinigung mit dem General Lorencez bewirkt habe; die mexicanische Avantgarde, die, 1500 M. stark, diese Bewegung verhindern wollte, sei fast vollständig von den Franzosen zersprengt worden. Der Moniteur hofft, daß die erwarteten officiellen Berichte diese Nachrichten bestätigen werden.

• **Palermo,** Sonntag 29. Juni, Vormittags. Bei der

Derselbe theilte mit, daß solche sich in hiesiger Gegend noch in einem sehr unvollkommenen Zustande befinde, und hier an vorzüglich die Übertreibung der Weiden und deren Versumpfung schuld seien. —

Es lasse sich die Viehzucht nur dann heben, wenn eine Regulirung wegen Betreibung der Weiden und eine gründliche Entwässerung derselben stattfindet. —

Der Schaden, welcher seit mehreren Jahren durch Versumpfung der Weiden und durch das damit in Verbindung stehende Viehsterben verschiedenen Gemeinden zugefügt sei, lasse sich gar nicht berechnen, indem derselbe sich nicht allein auf das wirklich gestorbene Vieh beschränke, sondern auch auf das überlebende sich

Erste Ausgabe des Diepholzer Wochenblattes

mussten 701 Leute aus dem Amt Cloppenburg in Sankt Hülfe mit dem Spaten arbeiten. Befreit waren Arme, Witwen und Frauen, deren Männer anderswo zur Arbeit waren und die keine arbeitsfähigen Kinder hatten oder einen Arbeiter bezahlen konnten. Die Zahl der zu stellenden Personen richtete sich nach dem Stand des Pflichtigen.[46]

Die neue Streckenführung durchschnitt das Eschfeld, um den kurvenreichen Weg über den Kohlhöfen und den Philosophenweg zu vermeiden. Zu diesem Zweck wurden Grundbesitzer ohne einen Ausgleich enteignet. Sie mussten nach dem Krieg entschädigt werden, was sich bis 1827 hinzog.

Ein Musterbeispiel für den Zustand vieler Verkehrswege war der „Kuhdamm", die heutige Hindenburgstraße. Ein Bericht aus dem Jahre 1818 beschrieb ihn so: In nassen Zeiten versinkt das Fuhrwerk im Schlamm, die starke Viehtrift von Diepholz belastet den Weg mit Kot und Harn, die nächsten Hausbesitzer häufen zu viel Unrat und laden sogar Mist vor ihren Häusern ab. Bäume und Hecken sind so hoch gewachsen, dass keine Luft mehr durchweht.[47] Zwar warfen Chausseewärter den Unrat zurück und köpften Bäume und Hekken, doch zwei Jahre und noch einmal zwei Jahre darauf beklagte der Beamte Isengarth die Dickfälligkeit der Anlieger. Er charakterisierte die Diepholzer insgesamt als widerspenstig, maulig und nicht lernfähig. Isengarth hatte gute Pappeln anpflanzen lassen, aber die Diepholzer beschwerten sich über Schneeanhäufungen, die Lasten, die ihnen die Weseler Straße aufbürdeten, kümmerten sich dagegen nicht um das hirtenlose Vieh, das den Kuhdamm nur passieren sollte, anstatt ihn durch stundenlanges Herumlaufen einzukoten.

Ebenfalls gleichgültig verhielt sich der Freisasse Adelhorn. 1830 fiel dem Bürgermeister und dem Rat auf, dass dem Mann die Sauberkeit herzlich egal war.[48] Er sollte die Mistpfützen vor seinem Hause an der Langen Straße pflastern lassen, führte aber einen noch größeren Misthaufen als bisher auf, obwohl er eine Düngerkuhle auf dem Hof hatte. Andere beriefen sich auf ihn als Musterbeispiel. Noch über ein Dreivierteljahr gelang es ihm, die Ausführung hinauszuzögern.

Auch Ende des 19. Jahrhunderts befand sich der „Kuhdamm", die heutige Hindenburgstraße, noch immer in einem beklagenswerten Zustand.

Auf dem Groweg kamen volle Wagen bei Nässe nicht durch, da der Boden fast grundlos erschien. Und als das Großherzogtum Oldenburg dem Deutschen Zollverein beitrat und die Beziehungen zum westlichen Nachbarn wichtiger wurden, musste der Wassenberger Damm, die heutige B 214 südlich von Kroge her durch das Diepholzer Moor, zuerst einmal repariert werden.[49]

Ein Vorteil war, dass Kammer- und Landrat von Voß 1832 auf ewige Zeiten die freie Passage über seine Güter Diekamp und Falkenhardt in Richtung Vechta und Aschen zuließ.[50]

Ganz weltabgeschieden war Diepholz trotz der schlechten Wege keineswegs. Es war 1820 viermal wöchentlich durch eine Reitpost und zweimal in der Woche durch eine Fahrpost mit Nienburg und Osnabrück verbunden.[51]

Da kam ein Panoramabesitzer aus Hamburg, ein Vogelhändler aus St. Andreasberg, ein Uhrenhändler aus Goslar, eine Harfenistin aus Hamburg, ein Barometermacher aus Peterwardein im Königreich Ungarn.[52] Ein Italiener zeigte seine Tiermenagerie, jahrelang erschien der Orgelspieler Heinrich Wilhelm Bohlmann aus Moor im Amt Bruchhausen, wie überhaupt neben Handelsleuten und Handwerksgesellen wandernde Musiker, oft in Gruppen, recht gern hier auftraten.

Der Kaufmann Alexander Wilhelm Graumann aus Lübeck fuhr am Ostersonntag 1836 in Gesellschaft dreier Osnabrücker Apotheker, eines „Brillenfutterals" und eines beharrlichen Schweigers mit einer Diligence, einer Postkutsche im Stil der französischen Monarchen, von Bremen nach Diepholz. Hier notierte er: „Diepholz, guter Kalbsbraten."[53]

1839 reiste der Kaufmann Isaac Moses Fontheim geschäftlich nach Leipzig und Helene Barmeyer für ein Jahr nach New York, um „in Condition zu treten" (als Angestellte zu arbeiten).[54]

Das für 1803 erstellte Verzeichnis der bei dem Kaiserlichen Reichs-Postamt Osnabrück abgehenden und ankommenden Posten liest sich weltläufig.[55] Zweimal wöchentlich fuhr die Post von Osnabrück über Diepholz, Nienburg nach Hannover, Braunschweig, Helmstedt, Magdeburg, Berlin, Frankfurt (Oder), Danzig, Königsberg nach St. Petersburg und zurück – natürlich mit Umsteigen.

Anfang 1814 nahm eine reitende Post von Osnabrück über Diepholz und Nienburg die Verbindung mit Hannover auf.[56] Von Vorteil war, dass seit 15. März 1815 die holländisch-hamburgische Post über Diepholz, Lemförde und Fürstenau gelegt wurde, da das Großherzogtum Oldenburg seit 11. März der hannoverschen Post von Barnstorf über Quakenbrück nach Herzlake den Transit verwehrte.[57]

Im April 1868 beschloss der Norddeutsche Bund unter Preußens Führung den Bau einer Bahnlinie über Diepholz.[58] Die Vermessungsarbeiten begannen am 2. August 1869.

Gericht

Die Gerichtsfälle zeigen, was manche Menschen nach der Jahrhundertwende bewegte. Ein Ehepaar beschuldigte einen Goldschmied, er habe von ihrem Kamp Erde entwendet. Im Streit fiel das Wort vom „schlechten Kerl", der Beklagte erklärte den Kläger dann doch für einen ehrlichen Mann und zahlte eine Geldstrafe für die Beschimpfung. Ein anderer äußerte, man könne vom Magistrat kein Recht erhalten, wurde zur Rechenschaft gezogen, konnte sich nicht erinnern, wollte keinen Eid leisten und sollte daher zahlen. Lieber ging er für zwei Stunden in Haft. Ein weiterer Bürger beschimpfte den Sohn einer Bürgerin als Lausejungen, Spitzbuben und Cujon.[59]

Wenden wir uns den Normverstößen allein im Jahre 1837 zu! Beim Erntebier in einem Haus auf der Graftlage wurden Gäste nach Mitternacht ertappt, als schon längst die Polizeistunde geschlagen hatte. Ein Buchbinder wurde wegen des Verkaufs der textlich entsprechend gestalteten gotteslästerlichen „Zehn Gebote" und ein Gastwirt auf der Graftlage wegen Anschlagens dieses Bilderbogens aus dem brandenburgischen Neu-Ruppin in seiner Wirtschaft und wegen der Bedienung von Gästen während des Vormittagsgottesdienstes angeklagt. Die Persiflage enthielt Gebote wie das erste: „Du sollst keine andere Wirthe haben neben mir", das vierte: „Du sollst Wirth und Wirthin ehren, auf dass es dir's wohl gehe", und das zehnte: „Du sollst nicht gar schön mit meinen Dienstmädchen thun" bzw. „Du sollst nicht begehren meine Dienstmädchen zu karessieren".

Ein Schutzjude hatte sich 1835 wegen verbotenen Handels mit Leinen zu verantworten, das er an einen Gronauer Juden verkaufte, der ihn mit fremder Münze bezahlte. Der Diepholzer wusste nicht, dass das verboten war.[60]

Männer beispielsweise aus Diepholz, Dickel, Cornau, Wagenfeld und Ladbergen verstießen gegen das Rauchverbot auf der Straße. Das Rauchen in der Öffentlichkeit hatte der Magistrat am 8. Juli 1835 gänzlich untersagt. Durchsetzen konnte er sich damit letztlich nicht.

Beleidigungen bis hin gegenüber dem Nachtwächter und Raufereien waren nicht selten.

Bürgermeister Storkmann untersagte durch Ausruf mit der Glocke das „Schmeißen (von Geschirr, d. Verf.) vor den Häusern der Brautleute", also den Polterabend, und forderte den Sektionskommandanten der Landdragoner auf, dagegen verstoßende Individuen zu verhaften. Schweine liefen unerlaubt auf den Straßen herum, und auch Gänse in fremden Gärten beschäftigten die Obrigkeit. Fahren ohne Trense für das Pferd, eine Schlägerei, Trunkenheit bis hin zur Trunksucht und Einlieferung ins Werkhaus Moringen (Solling), Beleidigungen, Torfdiebstahl, Verkauf von nicht die vorgeschriebene Bindezahl haltendem Garn und Vagabundieren störten das damals gewünschte und bis heute erhaltene Bild vom ruhigen Biedermeier im Lehnstuhl.[61]

Es gab noch weitere schlimme Vorfälle.[62] In der Nacht vom 11. auf den 12. Februar 1838 hörten Bürger in Rathausnähe einen Schuss. Es stellte sich heraus, dass da Teilnehmer am Ball der Honoratioren im „Grafen von Diepholz" beteiligt waren. Der Sohn des Postverwalters hatte geschossen, weil er mit einem anderen daran gehindert worden war, ein Ständchen vorzutragen. Vor der Apotheke hatten die zwei Frustrierten diesen „Streich" ausgeführt, und Anwohner hatten befürchtet, dass da Diebe einbrechen wollten.

Die Bösewichte standen in der Nachfolge zweier junger Nachbarn, die am Neujahrsabend 1836 auf dem Willenberg geschossen und beim Anblick des Landdragoners die Flucht ergriffen hatten, wo sie von einer dort wohnenden Witwe versteckt worden waren. Der Pistolenbesitzer musste seine Pistole abliefern und sollte acht Tage in Haft verbringen, wurde aber nach vier Tagen freigelassen, weil seine Mutter krank war.[63]

Ein übler Mensch war ein Gastwirt vom Willenberg, der über Jahre hinweg seine Mutter misshandelte, wenn er betrunken war. Seit neun Jahren war er dem Gericht schon vertraut, als er 1841 zu drei Tagen Gefängnis, am ersten und am letzten Tag bei Speisung mit Wasser und Brot verurteilt wurde. Im selben Jahr wurden ihm zwei Wochen Haft zuerkannt. Obwohl er seit 1842 keinen Branntwein mehr veräußern durfte, verkaufte seine Ehefrau einem Jungen Schnaps in einer Flasche. Der Wirt erschien völlig betrunken im Rathaus und wollte sich wieder entfernen, doch der Ratsdiener führte ihn ins Gefängnis. Und wieder setzte es vierzehn Tage Arrest!

Auch zum Thema Sexualmoral sei ein Beispiel genannt.[64] Am 8. Oktober 1851 zeigte der Sektionskommandant Recke von der Landgendarmerie an, dass die ledige Margarethe Lohmann von hier „mit dem Tischlergesellen Wilhelm Und aus Colberg in verwichener Nacht zusammen im Bette lag." Dazu äußerte sich die Frau, er habe kein anderes Unterkommen. Ihr Hauswirt wisse es, da er schon länger mit ihr Umgang habe; er dulde es, weil der Gast ihm manches Mal geholfen habe. Die fälligen 3 Taler Geldstrafe konnte der Mann aus Pommern nicht zahlen und trat deswegen eine Strafe von drei Tagen Haft an.

1852 wurden Justiz und Verwaltung, bislang in einer Hand, voneinander getrennt. In Diepholz wurde als Folge davon im Schloss ein königliches Amtsgericht errichtet.[65]

Die örtlichen Behörden waren weiterhin mit den üblichen Fällen befasst, in denen man froh war, Unliebsame abschieben zu können. 1854 wurde ein Böttchergeselle aus Diepholz im preußischen Herford als Dieb ertappt. Nach vier Monaten Gefängnis wurde er des Landes verwiesen. Wer sollte sich nun um ihn kümmern? Das Amt forderte eine Stellungsnahme des Magistrats an, der berichtete, der junge Mann habe bei seinem Vater gelebt und alle häuslichen Arbeiten verrichtet, auch im Moore das Buchweizenfeld bearbeitet, bei einem Schneider mehrere Tage gedroschen und sich nichts zuschulden kommen lassen. Er sollte den Reisepass gratis erhalten, das Amt, der Superintendent und der Magistrat wollten für sein Fortkommen sorgen.[66]

Polizei, Nachtwächter und Feuerwehr

Dem Magistrat oblag bis tief ins 20. Jahrhundert hinein die Untersuchung und Bestrafung der Polizeivergehen, die sich bis auf die Aufgaben des Moorvogts, seit 1852 eines Ratsherrn und der Grasvögte erstreckten, die sich um Moordämme, Moore, Wege und Holzungen zu kümmern hatten.

Für die gute Ordnung sollte der Gendarm sorgen, doch das war nicht immer einfach. Natürlich konnte er auf der Langen Straße patrouillieren und Pfeifenraucher anzeigen, aber anders sah es auf dem entfernt liegenden Moore aus. Bald nach dem Wiener Kongress wurde die gefährliche Gewohnheit beim Torfstechen verboten, diejenigen, die zum ersten Mal auf dem Moor arbeiteten, mit dem Kopf in die mit Wasser angefüllten Torfkuhlen zu stecken. Das Hänseln blieb gleichwohl erhalten, indem in der Arbeitspause die Neuen genötigt wurden, sich als einzige auf feuchte Torfballen zu setzen und nach dem Aufstehen den Spott der Erfahrenen über dessen Hose auszuhalten.

Vier Nachtwächter sorgten für die Sicherheit im Dunkeln. Sie übernahmen den Schutz vor Dieben und Einbrechern, vor allem aber sollten sie Brände bemerken. Als die Bürger 1867 mit ihrer Arbeit unzufrieden waren, kam es zum Eklat: Sie wurden abgemahnt, wollten aber mehr Lohn, wenn sie ordentlich arbeiten sollten. Da wurden sie alle entlassen und durch nur noch zwei ersetzt.[67]

Diepholz war wie andere Orte im Laufe der Geschichte immer wieder ein Opfer von Bränden geworden. Die Dächer vieler Gebäude waren mit Stroh gedeckt; angesichts der Flächenaufteilung, die die Häuser dicht beieinander stehen ließ, konnte der Brand rasch von einem Haus auf das benachbarte überspringen. Bei Feuer und Licht durften Flachs und Hanf (in Backöfen!) nicht getrocknet und Getreide nicht gedroschen werden. Nicht jeder hielt sich daran, auch wenn der Nachtwächter sein Auge darauf werfen sollte. Schornsteine mussten jährlich mehrere Male gefegt, Aschekuhlen und brennbare Stoffe wie Heu, Stroh und Torf durften nicht in der Nähe von Feuerstätten gelagert werden. Die dafür eingesetzten „Feuerherren“ hatten jedes halbe Jahr die Bürger zu ermahnen und zu kontrollieren. Selbst das Pfeiferauchen wurde reglementiert; erlaubt war es nur mit eigenem Feuerzeug, damit das Feuer nicht über die Straße getragen werden musste.

Wie gelöscht wurde, hat Friedrich Schiller eindrucksvoll in „Die Glocke“ beschrieben. Jeder Bürger hatte mit seinem Löscheimer an der Brandstätte zu erscheinen und zu löschen; jeder Mann im Alter von 18 bis 60 Jahren musste helfen.

Das war die Theorie, doch in der Praxis wurden die Eimer oft nicht erneuert, die gemeindeeigenen Hilfsmittel (wie die Willenberger Spritze von 1794 bis 1814) wurden vernachlässigt.[68]

Ärztliche Versorgung

Das Niveau der Diepholzer Apotheke lässt sich an Hand eines Artikels erahnen, den der seit 1827 in Diepholz tätige Apotheker Friedrich Wuth 1831 im Hannoverschen Magazin veröffentlichte. Er schrieb kritisch und auf Grund eigener Untersuchungen „über eine im Handel vorkommende verfälschte Senne, und zwar mit den Blättern des Hundswürgers“.[69] Wuth hatte von einer angesehenen Drogeriehandlung eine größere Sendung Sennesblätter erhalten, deren Zusammensetzung ihm verdächtig vorkam. Er untersuchte die Blätter chemisch und stellte fest, dass Exemplare darunter waren, die Hunde zu töten imstande waren. Daher warnte er seine Kollegen davor, die oft zerkleinerten und dadurch nicht ohne Prüfung erkennbaren Pflanzenteile ohne weiteres (als Abführmittel!) zu verwerten. Wuth las übrigens auch das Berlinische Jahrbuch für die Pharmacie, das ihn zu seinen Studien anregte.

Im September 1831 ergriff die Angst vor der in Russland und im Osten Preußens grassierenden Cholera die Diepholzer. Eine Kommission aus Bürgern verschiedener Berufe inspizierte die Häuser. In der Stube sollte ein Fenster geöffnet werden können, und dort durften keine Lebensmittel gelagert werden. Die Oberaufsicht führte in Diepholz der Landphysicus Dr. Lindemann. Ein Zimmer im Haus der Witwe Tangemann wurde als Hospital vorgesehen, für das vorerst eine Bettstelle angeschafft werden sollte. Dann aber wurde mehr vorgesorgt. Kranke sollten nicht in den engen, muffigen Butzen liegen. Drei Spuckkästen, 13 Handtücher, 18 Leinenschürzen, 12 blaue Leinenkittel, drei Bleckbecken, zwei Tische, eine Badewanne, ein Nachtstuhl, drei Wolldecken, Bettzeug, vier Kleiderbürsten und anderes diente der Ausstattung dieses ersten, noch provisorischen Diepholzer Krankenhauses. 1833 wurde alles versteigert.

Eine anderes übertragbares Übel beschäftigte das medizinische Fach 1845. In mehreren Fällen wurden Geschlechtskrankheiten übertragen. Dr. Lindemann stieß auf eine Serie: Der älteste Sohn eines Willenbergers kam nach vorehelichen Beziehungen zu einer Dienstmagd aus Wagenfeld-Neustadt zu ihm. Auf die junge Frau folgte eine Zwan-

Die erste Apotheke in Diepholz besteht noch heute.

zigjährige aus Dielingen, die bei einer Bäckermeisterwitwe diente. Und nun wusste er nicht, bei wem er sich angesteckt hatte. Natürlich wurde sie verhört und gestand drei Liebhaber, den bereits bekannten zwischen Ostern und Pfingsten, einen Tuchmachergesellen vor sechs Wochen und einen Kutscher vor vier bis zwei Wochen im Pferdestall.[70]

Aus einer Armenakte des Amtes ist zu ersehen, was der Armenarzt Dr. Lüning zu leisten hatte.[71] 1853 operierte er die Witwe Döbbeling auf dem Willenberg mit Assistenz des Wundarztes Müssel am Grauen Star und beschaffte dann eine damals übliche Starbrille mit den schweren, dicken Linsen. Nach gut zwei Monaten beschwerte er sich erfolgreich beim Amt über den Magistrat, der die Kosten nicht bezahlte. Dr. Lüning behandelte auch den Bruch des linken Beins eines Häuslings auf der Graftlage, als der von einem Postwagen überfahren worden war. Der erwähnte Wundarzt nahm acht Blutegel und ließ die genannte Willenbergerin zur Ader. Die Apotheke zu Diepholz wurde bei einer Revision durch Professor Wiggers aus Göttingen „sehr rühmlich anerkannt."[72]

Der Zahnarzt und Bader Carl Gerke, geboren in Sievershausen, zog als 23-Jähriger 1849 nach Diepholz. Von ihm handelt das älteste erhaltene Diepholzer Spottgedicht mit einer Federzeichnung aus der Hand Johann Friedrich Leefhelms vom 20. März 1852. Die Karikatur trägt den Titel „Nicht alle Esel sind Philosophen." In dem beigefügten Gedicht beschreibt eine Strophe Gerkes Tätigkeit.[73]

„Schon manchen Zahn hab ich platziret,
wohl zwischen Backen an,
Und manchen Zahn plombiret,
Und ausgebrochen manchen Zahn."

Als Tierarzt wurde 1825 Dr. Ludwig Fontheim für das Amt Diepholz zugelassen.

Großmarkt, Sportvereine und sonstige Freizeitvergnügungen

Am 24. September 1821 wurde der „große Vieh- und Pferde- auch Kram-Markt" abgehalten. Erstmals lässt sich hier die Bezeichnung „groß" nachweisen. Wohl nicht sehr viel später dürfte er auf zwei Tage ausgedehnt worden sein.
Die Märkte fanden weiterhin auch in der Nachbarschaft Interesse. Am 24. und 25. September 1863 durfte der Häusling Berend Beinbrink aus Wagenfeld in seiner Bude Branntwein und Bier ausschenken.[74] Die benachbarten Südoldenburger besuchten den Markt scharenweise und ließen viel Geld hier.

1845 beantragten 85 Bürger, das Schützenfest wieder einzuführen. Bürgermeister Storkmann torpedierte eine rasche Entscheidung und brachte die Landdrostei hinter sich. Das Bürgerwehrkorps mit 30 Schützen übte 1848 auf den Schabewiesen im Osten mit langen Piken und einer Fahne. Als Storkmann im Juni 1850 beurlaubt war, gewannen zehn Bürger Amtsassessor Heyne und die Landdrostei für die Genehmigung eines Schützenfestes. So fand schon am letzte Sonntag und Montag des Juli 1850 das Fest statt. 1851 sorgte die Schützenfest-AG für ein Tanzzelt, ein Schießzelt und Nebenzelte. Das Fest war ein voller Erfolg: Wecken, Festzug mit bärtigen Sappeuren (eigentlich: Belagerungs-

Der Akademische Kegelclub

pioniere mit Hacken), Kapelle, Ehrengruppe, Kommando, Schützen, Zünfte, Abholung des Königs, Festzug zum Festplatz, dort: acht Getränkezelte, Schlachter, Konditor, zwei Bäcker, zwei Händler, ein Karussell, weit über 900 Besucher. Diepholz war wie ausgestorben.

Christian Schröder, der erste Adlerkönig. Vier seiner direkten männlichen Nachfahren gelang in den nächsten 120 Jahren das nämliche Kunststück.

Obwohl der Magistrat ein Scheibenschießen vorgeschrieben hatte, entschieden sich die eigenwilligen Schützen (wohl nach altem Vorbild) 1851 für das Schießen auf den Vogel. Am 29. Juli 1850 errang der Kaufmann und spätere erste Sparkassenbedienstete Grelle die Königswürde, am 15. Juni 1851 der Ratsdiener und Barbier Christian Schröder, der als erster „den Vogel abschoss“. Die Würde war begehrt, weil der König für ein Jahr von kommunalen Lasten befreit war und „sich nicht erkenntlich zeigen“ durfte, also keine „Lokalrunde schmeißen“ musste. Schröder stand im öffentlichen Dienst und war daher ohnehin abgabenfrei, woran sich zeigt, dass er nicht um finanzieller Vorteile willen, sondern aus Idealismus Schütze war.

Der 1862 gegründete Akademische Kegelclub mit zwei Riegen scheint der erste Verein zu gewesen zu sein, in dem Bürger sich körperlich betätigten.

Öffentliche Musik wurde von Musikpächtern betrieben, die auch unterrichteten. 1836 war die Musik in Verfall geraten. Der Magistrat, insbesondere der sich dafür interessierende Bürgermeister Storkmann, veranlassten daher den aus Eutin stammenden Militärmusiker Ludwig Christoph Springe, damals in Lingen, sich in Diepholz niederzulassen. Die von ihm geleitete Kapelle verhalf der Musikpflege wieder zu einem höheren Niveau.

1863 wurde der Gesangverein für Damen und Herren gegründet, dessen wiederbelebter Nachfolger auch heute mit anerkannten Leistungen besteht. Im „Hotel zum Grafen“ erfreute er mit Konzerten, Sologesang und Orchesterstücken, gelegentlich auch mit einer Theateraufführung.

Gasthöfe waren damals noch selten. Das erste Haus am Platze war das Hotel zum Grafen (auch mit dem Zusatz: von Diepholz), Lange Straße 40, das Gastwirt und Postverwalter Wilhelm Schütte seit 1800 entwickelt hatte. Den Namen hat es wohl schon in den dreißiger Jahren getragen.

Nördlich der Großen Wache stand (nach Oskar Schröder „von alters her“) der Gasthof Zum braunen Hirsch, Lange Straße 56, das seit 1850 zum Lokal der Schützen avancierte, da der Lüdersbusch zu weit vom Ort entfernt lag und sich nur für die Schützenfeste eignete.

Das Hotel zum Grafen

In der Kaiserzeit

1871-1918

Die erste Wiedervereinigung Deutschlands unter Führung von Preußen im Jahre 1871 traf auch in den ehemaligen hannoverschen Landen auf Begeisterung und zusätzlich sorgte die Verbesserung der Arbeits- und Lebensverhältnisse im Zuge der aufkommenden Industrialisierung in der langen Friedenszeit bis 1914 für eine versöhnliche Stimmung gegenüber den anfänglich ungeliebten Herren in Berlin.

Im Zuge der großen Kreis- und Verwaltungsreform wurde im Jahre 1885 der Kreis Diepholz aus dem Amt Diepholz gebildet, aus der Landdrostei Hannover wurde der Regierungsbezirk Hannover, der bis zum Jahre 2004, wenn auch in vergrößerter Form, bestehen sollte. Zum Kreis Diepholz gehörten damals die heutigen Gemeinden Barnstorf, Lemförde, Rehden und Wagenfeld.

Im Jahre 1905 leistete sich die Gemeinde ein neues Rathaus, das an die Stelle des alten gebaut wurde und für einige Jahre auch das Kaiserliche Postamt beherbergte. Im Jahre 1910 wurde mit Gustav Brüning (1882-1969) der erste hauptamtliche Bürgermeister gewählt, der bis 1950 Chef der Verwaltung blieb, wenn auch seit 1946 als Stadtdirektor. Aus Dankbarkeit für seine Leistungen für die Stadt in dieser schweren Zeit wurde er bei seinem Ausscheiden zum Ehrenbürger ernannt.

Im Jahre 1873 wurde der Bahnhof eröffnet, der eine schnelle Verbindung nach Bremen und Osnabrück ermöglichte. Wenige Jahre zuvor war der Telegrafenverkehr eröffnet worden, der den schnellen Austausch von Nachrichten und Informationen ermöglichte. Ab dem Jahre 1900 konnte von Diepholz aus telefoniert werden.

Mit der Schöttlerschen Maschinenfabrik (Schöma) wurde im Jahre 1879 das Industriezeitalter in Diepholz eingeläutet. Im Jahre 1903 nahm das Gaswerk seinen Betrieb auf, so dass den Verbrauchern erstmals Energie direkt ins Haus geliefert wurde, womit sie heizen, Wohnungen und Straßen beleuchten oder Motoren antreiben konnten. Im Jahre 1913 leuchteten die ersten Glühbirnen und drehten sich die ersten Elektromotoren; Diepholz erhielt erstmals elektrischen Strom durch eine Hochspannungsleitung aus Lemförde. Im selben Jahr nutzte Gastwirt Bruns am Pohl diese neue Energiequelle, um das erste Kino zu betreiben, das eine neue Form der Information und Unterhaltung in die Provinz brachte.

Auch das Bildungswesen, Folge des einsetzenden und Voraussetzung für den weiteren wirtschaftlichen Aufschwung, entwickelte sich erfreulich. So bezog die Präparandenanstalt für künftige Lehrer, aus der später die Graf-Friedrich-Schule entstehen sollte, 1885 einen Neubau in der Wilhelmstraße, der heutigen Hindenburgstraße. Zehn Jahre darauf ersetzte die Lübkemannschule (heute Jugendfreizeitzentrum), deren Bau durch großzügige Spenden ermöglicht worden war, die zwei bisherigen Volksschulen und im Jahre 1900 wurde die spätere Realschule geschaffen. Mit der Landwirtschaftlichen Winterschule wurde schließlich eine Art saisonale Berufsschule begründet.

Auch das freiwillige Engagement der Diepholzer für ihre Mitbürger fand ganz neue Formen, so wurde 1892 die Freiwillige Feuerwehr Diepholz gegründet und im Jahre 1903 das Rote Kreuz.

Der verbesserten Gesundheitsversorgung diente das Krankenhaus, das, durch zahlreiche Spender ermöglicht, von der Stadt 1908 am Willenberg eingerichtet wurde. Im Jahre 1914 wurde das Jugendheim am Postdamm (heute Sozialstation) eröffnet, während die Kreisverwaltung in den Jahren vor 1915 durch den Bau der Grawiede für einen weiteren Entlastungskanal sorgte, der einen Teil des Dümmerwassers um Diepholz herum führte.

Bedeutung über den kleinen Ort hinaus erlangten Frieda Duensing (1864-1921), die sich einen Namen als Vorkämpferin der Jugendgerichtsfürsorge machte, und Adolf Prinzhorn, der als Direktor die Continental-Gummi-Werke in Hannover zu beachtlicher Größe führte und seine Heimatstadt mit großherzigen Spenden bedachte. Auch Fritz Klatte (1880-1934), der mit seinen chemischen Forschungen den Grundstein für die Herstellung von PVC legte, wurde in Diepholz geboren.

Der Erste Weltkrieg, der über 150 jungen Männern aus der Stadt das Leben kostete, beendete diese hoffnungsvolle Entwicklung für über dreißig Jahre, er bedeutete auch das Ende des Kaiserreichs und der Adelsprivilegien. Unter schmerzhaften Geburtswehen und der schweren Hypothek des Friedensvertrages von Versailles startete die erste Demokratie auf deutschem Boden in ihr kurzes Leben.

Diepholz in der Hohenzollern-Monarchie war von Widersprüchen gekennzeichnet. Da spielte einerseits noch das verletzte Rechtsgefühl der Anhänger eines eigenständigen Königreichs Hannover unter einem legitimen König eine Rolle, andererseits die Meinung, Preußen sei der fortschrittliche, Macht bündelnde, Deutschland einigende Staat. Tradition stand gegen Moderne, der um 1900 auflebende Heimatstil in der Architektur gegen den Jugendstil, hin und wieder auch beide versöhnend. Neues sei zu teuer für eine nicht eben wohlhabende Bevölkerung, mahnten manche, andere sagten, was wir brauchen, machen wir. Gas, Strom und Wasserleitung sind Beispiele; die Wasserleitung vermochte der Bürgermeister erst in den dreißiger Jahren durchzusetzen, wofür ihm nicht nur die Feuerwehr außerordentlich dankbar war. Diepholz wurde zur Schulstadt mit den Neuheiten Präparandenanstalt, Landwirtschaftliche Winterschule und Mittelschule. Der Bahnanschluss ließ die wichtige Fuhrmanns- und Poststation Wildeshausen zurücktreten; Visionen wiesen auf weitere Verbindungen mit Sulingen und Nienburg und mit Lohne und dem Emsland. Am Ende förderte ein Verein den Wohnungsbau. Krankenhaus, Kino und Cafés demonstrieren, dass Diepholz nicht so verschlafen war, wie es den aus größeren Städten heimkehrenden Zeitgenossen oft schien. Ein beträchtliches Manko aber blieb die geringe Industrialisierung, die durch die kleinen Betriebe in der Möbelherstellung und im Maschinenbau nicht erheblich vorankam.

Kreisstruktur und Verwaltung

Vorausgeschickt sei, dass das größte norddeutsche Land Preußen 1866 nach einem Krieg deutscher Staaten gegeneinander den Norddeutschen Bund ins Leben rief, an dessen Spitze der König von Preußen als Bundespräsident trat und in dem das Volk durch einen Reichstag vertreten wurde. 1870 vereinbarten der Norddeutsche Bund und die süddeutschen Fürsten mitten im Deutsch-Französischen Krieg die Gründung des Deutschen Reiches, als dessen Deutscher Kaiser der König von Preußen 1871 im Königsschloss von Versailles proklamiert wurde. Auch dieses Reich erhielt einen Reichstag.

Nachdem das Königreich Hannover 1866 von der preußischen Armee erobert worden war, annektierte das Königreich Preußen ohne Rücksicht auf den Willen der Betroffenen den gesamten Staat und setzte 1867 für den neu geschaffenen Steuer- und Militärkreis Diepholz (mit den Ämtern Diepholz, Sulingen und Syke) einen Kreishauptmann ein, dessen Stelle der Diepholzer Amtmann erhielt. Die Amtsversammlung trat auf der königlichen Amtsstube, einem größeren Raum im Westflügel des Schlosses zusammen. Diese Versammlung bestand aus allen Gemeindevorstehern des Amtes Diepholz (einschließlich der aufgelösten Ämter Lemförde und Auburg zu Diepholz), den Bürgermeistern von Barnstorf, Cornau, Diepholz und Lemförde und einem Vertreter des Rittergutes Münte (von Voss) bzw. ersatzweise nach 1870 von Falkenhardt (Administrator Borsum). Aufgaben waren der übergemeindliche Wegebau, die Verwaltung der Sparkasse und die Wahl von Vertretern in verschiedene Kommissionen (z.B. der Körkommission) und des

Landrat von Korff (1885-91)

Landrat Freiherr von Wangenheim (1893-1902)

Impfarztes.[1] 1872 war man sich uneinig über die finanziellen Mittel für ein Denkmal für die im letzten Krieg Gefallenen.[2] Die letzte Amtsversammlung tagte am 21. Februar 1885.

Vom Gebiet der früheren Grafschaft Diepholz waren 1820 die Gemeinde Colnrade und 1852 die Gemeinde Rüssen abgetrennt worden.[3] Am 1. April 1885 wurde auf Grund der Kreisordnung für die Provinz Hannover vom 6. Mai 1884 der Kreis Diepholz mit einem Landrat an der Spitze errichtet. Die Amtsversammlung trat ihre Aufgaben, die Amts-, Spar-, Leih- und Vorschusskassen, den Wegeverband mit seiner Kasse und die Amtsnebenanlagekasse an den Kreis ab.[4] Der Landrat (von Korff 1885-91, Freiherr von Wangenheim 1893-1902, Rötger 1902-1909, Dr. Quassowski ab 1910) leitete im Auftrag des Staates die kleine Kreisverwaltung und wurde dabei von einem Kreisausschuss bekannter Persönlichkeiten unterstützt.

Der Behördensitz Diepholz war mit mehreren zentralen Funktionen für die Umgebung ausgestattet, denn er besaß das königliche Landratsamt im Westflügel des Schlosses, ein kaiserliches Postamt neben dem Bahnhof, das königliche Amtsgericht mit einem Amtsrichter und dem Grundbuchamt, die königliche Kreis-Bau-Inspektion im Behördenhaus an der Langen Straße südlich der Kirche (Hochbaukreis für die Kreise Diepholz, Syke und Sulingen, Wasserbausachen der Kreise Diepholz und Sulingen, fiskalische Wegebausachen der Kreise Syke und Sulingen), eine königliche Eisenbahn-Station, das königliche Kreis-Physikat in der Praxis des jeweiligen Kreisphysikus (dem Ein-Mann-Vorläufer des Gesundheitsamtes), die königliche Oberförsterei an der heutigen Hindenburgstraße (mit den Schutzbezirken Neerensett, Rehden, Strange, Rathlosen, Blockwinkel, Dörpel, Drebber und Markonah), das königliche Steueramt, die königliche Steuerkasse, das Katasteramt und die königliche Präparanden-Anstalt.

Das Verhältnis der Bürger zur Verwaltung machte noch einen sehr persönlichen Eindruck, was dem Bürgermeister Friedrich Zwickert 1892 unangenehm wurde. Da er sich dadurch belästigt fühlte, dass sehr häufig Besucher noch in den späten Abendstunden in seiner Wohnung erschienen, setzte er im selben Jahre Bürostunden fest: Von 8 bis 13 Uhr und von 15 bis 17 Uhr war er zu Hause zu sprechen.[5] Als Ministerpräsident von Bismarck in Preußen 1874 die Standesämter einführte, wurde der Bürgermeister wie schon zur Zeit Napoleons I. Standesbeamter anstelle des Pastors, der dann die Kirchenbücher nur noch für kirchliche Zwecke weiter führte.

Die Wahlen der Bürgervorsteher stießen auf unterschiedliches Interesse. So war die Beteiligung 1870 im zweiten, mehr ländlichen Bezirk mit 43 von 147 Berechtigten so gering, dass der Gang zur Urne im folgenden Jahr wiederholt wurde, da ein Drittel erreicht werden musste.[6]

Die beiden Diepholzer Wahllokale waren – der Einteilung nach Wohngebieten folgend – das Rathaus und die Willenberger Schule.

Im Frühsommer 1895 diskutierten Bürger darüber, ob die Sitzungen der Ortsbehörde öffentlich durchgeführt werden sollten. Doch Ma-

Landrat Quassowski (1910-18)

Landrat Rötger (1902-1909)

gistrat und Bürgervorsteherkollegium lehnten mit 5 gegen 4 Stimmen ab.[7] Am 10. Februar 1899 setzte sich die Öffentlichkeit auf Antrag des Bürgervorstehers Samenfeld dann doch durch.[8] Weniger bedenklich waren die Gremien beim Geld: Im selben Monat führten sie eine Lustbarkeitssteuer für entsprechende Veranstaltungen ein.[9]

Der erste hauptamtliche Bürgermeister Gustav Brüning (1882-1969)

Am 15.10.1910 wurde erstmals ein hauptamtlicher Bürgermeister gewählt, der in der Altmark geborene, bisher in Bramsche tätige Stadtsekretär Gustav Brüning.[10]

Die Wahlen im Königreich Preußen waren indirekt und öffentlich. In jedem Wahlbezirk wurden die wahlberechtigten Männer in drei Klassen eingestuft, von denen jede ein Drittel des Gesamtaufkommens an direkten Steuern erreichte. Dadurch war die Stimme eines Mannes, der viele Steuern zahlte, im preußischen Durchschnitt fast sechsmal so viel wert wie die eines Mannes aus der mittleren Klasse, die wiederum dreieinhalbmal so viel zählte wie die eines Mannes aus der unteren Klasse. Das hatte zur Folge, dass das Abgeordnetenhaus konservativer blieb als der Deutsche Reichstag. Die neun gewählten Diepholzer Wahlmänner reisten nach Ehrenburg, um dort ihre Stimmen für die Abgeordneten im Abgeordnetenhaus in Berlin abzugeben. Im November 1870 wurde Gutsbesitzer Meyer (Heiligenloh) mit 135 Stimmen gewählt, während sein Gegenkandidat Domänenpächter Ahlborn auf Ehrenburg nur drei Stimmen erhielt. (Bekanntester heimischer Abgeordneter war der Diepholzer Amtsrichter Meyer-Diepholz (1898-1909, dann bis 1918 von Verden aus). Dieses Wahlrecht ging davon aus, dass diejenigen, die viel besaßen, am meisten zu verlieren hatten und deshalb am Wohlergehen des Staates am meisten interessiert waren. Daraus ergab sich folgerichtig, dass die Stimme eines Mannes, der die meisten Steuern zahlte, mehr zählte als die eines Mannes, der weniger besteuert wurde. Die zunächst Gewählten waren Vertreter ihrer jeweiligen Klasse und wählten ihrerseits die Vertreter, die in Berlin das derart ungleich bewertete „Volk" repräsentierten, so dass die zweite Kammer in Berlin zwar demokratischer als das Herrenhaus als erste Kammer war, aber weniger demokratisch als der nach dem gleichen Stimmrecht zustande gekommene Reichstag, der aber durch eine aus monarchistischer Sicht geschickte, die Städte benachteiligende Wahlkreiseinteilung lange Zeit ebenfalls die fortschrittlichen Oppositionsparteien benachteiligte.

Die Wahlen – auch für den Deutschen Reichstag, der seit der 1. deutschen Wiedervereinigung im Jahre 1871 ebenfalls seinen Sitz in Berlin hatte – waren in Diepholz von der Auseinandersetzung zwischen den propreußischen Nationalliberalen und den für die Rückkehr des Welfenhauses und die Lösung von Preußen streitenden Deutsch-Hannoveranern geprägt. Gewählt wurde in den Norddeutschen Reichstag Arnold Buddenberg, in den Deutschen Reichstag Otto zu Stolberg-Wernigerode, 1874 Johannes Struckmann, 1878 Werner Alfried Alexander Friedrich von Arnswaldt und 1803 Hermann Colshorn, geboren in Brinkum. Die ersten beiden waren nationalliberal, von Arnswaldt gehörte der Deutschen Reichspartei an, seit 1878 wurde der Wahlkreis Melle-Diepholz-Wittlage-Sulingen von den Deutschhannoveranern vertreten. Die SPD blieb lange Zeit unattraktiv, erreichte selbst 1903 erst acht Stimmen und wurde erst in den letzten Jah-

Der Deutsche Reichstag um 1900

ren vor dem Krieg zu einem gewichtigen Faktor.[11]

Aufregend wurde der Wahlkampf Ende 1911, als am 21. November der nationalliberale Reichstagsabgeordnete Dr. Gustav Stresemann in der Kaiserhalle sprach und ihm 950 Personen zuhörten, die zum Teil mit Sonderzügen von Bohmte und von Barnstorf angereist waren, ein für Diepholz neuer Rekord an politischem Interesse.[12] Die SPD dagegen warb am 14. und am 16. Dezember 1911 für den Besuch einer Veranstaltung im Lokal des Hermann Witte, doch Witte sagte am Vortag wohl unter dem Druck der mächtigen Gegner „einer anderen Versammlung wegen" ab. Daraufhin zog die Partei am 7. Januar 1912 in den Stall von Bultmann auf der Ovelgönne außerhalb des Fleckens.

Die letzte Wahl vor dem ersten Weltkrieg im Januar 1912 zeigte wie gewohnt eine Spaltung der Wählerschaft: Der Wahlbezirk Diepholz I war nationalliberal, das mehr ländliche Diepholz II deutschhannoversch und geringfügig sozialdemokratisch.

Eigentümlich erscheint, dass die Fleckenskollegien im Dezember 1912 entgegen dem Trend das veraltete Dreiklassenwahlrecht bei den Wahlen der Bürgervorsteher einführten. Bisher hatte stets das gleiche Wahlrecht gegolten.[13] Julius Fontheim sammelte Unterschriften für das auch von Bürgermeister Brüning bevorzugte „neue", die zahlungskräftigeren Steuerzahler begünstigende Wahlrecht, erhielt aber in einer Bürgerversammlung nur gut zwei Fünftel der Stimmen, die die auf dem alten Wahlrecht Beharrenden erzielten. Doch die Abstimmung im Magistrat und im Bürgervorsteherkollegium (dem Vorläufer des heutigen Rats) ergab 5 Stimmen für das neue und 4 dagegen. Angewandt wurde das so mit knapper Mehrheit durchgesetzte Klassenwahlrecht in Diepholz zuletzt am 13. Februar 1918.

Wie gewählt wurde, hat Bürgermeister Brüning an Hand eines Beispiels überliefert.[14] Zuerst nahm der Bürgerverein eine Vorabstimmung vor. Der deutschhannoversch eingestellte Arzt Dr. Ludwig Frank machte sich für Malermeister Heinrich Kläning stark. Da votierten 80 für den bisherigen Bürgervorsteher Heinrich Kläning und 8 für Carl Wienstroh. Jedes Jahr wurde je einer von jeweils drei Bürgervorstehern in Diepholz und Willenberg neu gewählt. Einmal gaben alle ihre Stimme mündlich ab. „Ick wähle Molers Heini." „Ich wähle Kläning." Nur einer wählte schriftlich – und das war Dr. Frank. Am Ende wurde der Zettel ausgewertet – und was stand darauf? „Carl Wienstroh." Da war das Gelächter groß.

1879 erfolgte die Auseinandersetzung des kirchlichen und des bürgerlichen Armen-Vermögens. Aus der entsprechenden Akte gehen Einnahmequellen und Ausgabenarten hervor.[15] Sammlungen, Hochzeitsgaben, Strafgelder, Ablieferungspflichten von bestimmten Bauernhöfen, Armenstöcke in der Kirche, Legate von Brauer, Georg Friedrich Storkmann und Friederike Klatte speisten die Töpfe, aus denen Roggen, Kleidung, Schulbücher, die Unterbringung, Torf zum Heizen, Miete oder Mietzuschuss, Beerdigungen und das Wochengeld für die Armenhäusler in der Hinterstraße finanziert wurden, die dafür das Pflaster um die Kirche reinigen mussten.

Entwicklung der Stadt

1875 zählte Diepholz 2.554 Einwohner, 1880 2.720, 1885 2.854, 1885 437 und 1890 441 bewohnte Häuser, sieben waren unbewohnt. Die Zahl der Haushaltungen betrug zuletzt 597 bzw. 598, die der Einwohner stieg in dieser Zeit auf 2.875. Sie hielten noch 122 Pferde und 1.173 Stück Hornvieh.[16] 1895 überschritt die Einwohnerzahl die Marke von 3.000 um 7 (1900: nur 2.976) in 452 Häusern. 63 waren alleinstehend.[17] 1905 wurden 3.100 Einwohner erreicht (zum Vergleich: Syke 1.964), am 1. Dezember 1910 3.268.

Die weiterhin starke zentrale Funktion für die Umgebung zeigte sich in der 1874 gebauten Oberförsterei an der Wilhelmstraße (heute Hindenburgstraße), im Katasteramt an der Bahnhofstraße, das 1903 an die Lange Straße (in das Haus des Arztes Dr. Gerding) verlegt wurde, und im Steueramt, das 1908 in ein Zollamt umgewandelt wurde.

Die marode und nicht mehr zeitgemäße Bockwindmühle auf dem Marktplatz an der Straße nach Bremen wurde mit ihren riesigen Windmühlenflügeln und den Mühlsteinen von 25 und 36 Zentnern 1890 an Friedrich Bollhorst nach Bohnhorst bei Uchte verkauft und auf etwa zwei Dutzend Wagen abtransportiert. Bis dahin waren die Flügel der Mühle angehalten worden, wenn ein Leichenzug zum Friedhof vorüberzog.[18]

Der Friedhof wurde im Februar und März 1896 vergrößert. Dafür wurden 6.000 m³ Sand aus der Umgebung und vom nördlichen Teil des Marktplatzes angefahren.[19]

Das größte Gebäude auf dem Esch war die „Kaiserhalle“ von Ernst Vogelsang, später von Dedde Hagen in der Nachfolge von Fritz Becker.

Blick von der Nicolaikirche über unsere kleine Stadt

Angefangen 1865 mit einem Wohnhaus, kam 1868 ein kleiner Saal dazu, der 1872 erweitert wurde und ein Jahr nach der Kaiserproklamation Wilhelms I. von stolzen Patrioten seinen Namen erhielt. 1879 errichtete Fritz Becker ein Kegelhaus. Nach den ersten Jahrzehnten enthielt das Anwesen eine Gastwirtschaft, eine Kolonial- und Kornhandlung, zwei große Säle mit Theaterbühne für Theatergesellschaften und Militärmusik, Garten, Doppel-Kegelbahn, Billard und Stallungen für 100 Pferde. 1909 wurde das Musterungslokal aus dem Landratsamt hierher verlegt.[20]

Der Friedhofseingang mit dem schmiedeeisernen Tor befand sich um 1900 am Philosophenweg. *Foto: Berneburg*

Ein markantes Gebäude war auch die 1908 bezogene Villa des Gerichtsvollziehers Ferdinand Groeck, der im öffentlichen Leben bis um 1930 eine Rolle spielte.[21]

Als 1872 die Amtsversammlung über das Denkmal für die im

Kriege Gefallenen in Diepholz diskutierte, sprachen sich einige Mitglieder für größte Sparsamkeit aus, was die national gestimmten Teilnehmer empörte.[22] Am Sedanstag 1875 wurde der mit Reichsapfel und -adler bekrönte und mit Pickelhaube und Eichenlaub verzierte Sandsteinobelisk an der Bahnhofstraße im Beisein von als Soldaten in Uniformen aus der Zeit Friedrichs des Großen verkleideten Männern enthüllt, der die Namen von drei Kriegsopfern aufwies und seit 1962 im Heldenhain steht; beim Umzug allerdings seines Adlers verlustig ging.

Das Denkmal für den Krieg 1870/71 in der Bahnhofstraße um 1910 *Foto: Berneburg*

Zwei Villen auf dem Esch und an der Wilhelmstraße (Haus Niedersachsen) und das Schwarzesche Kontorhaus am Ende der Ledebourstraße gehörten den mit Mehl, Getreide und Kunstdünger handelnden Kaufmannsfamilien Schwarze.[23] Carl Schwarze war der erste Vorsitzende des kaufmännischen Vereins für Diepholz und Umgegend[24] und hat Diepholz und seine Vereine gefördert. Otto Schwarze (1873-1942), ein Enkel eines der beiden Firmengründer, trat 1900 in die Firma seines Vaters ein, war wie sein Vater Diepholzer Vertreter in der Industrie- und Handelskammer Osnabrück, wurde zum Handelsgerichtsrat ernannt, war ein Freund der Künste und stand dem Bürgermeister mit Rat und Tat zur Seite. Sein Bruder Alfred Schwarze zog 1906 in das von seinem Schwiegervater zur Hochzeit geschenkte, künstlerisch gestaltete Niedersachsenhaus ein, wurde 1908 Teilhaber der Firma, lebte zeitweise in Bad Nauheim, gründete die Firmenfiliale in Bremen und leitete sie. Sein Diepholzer Haus veräußerte er 1920 an einen Hannoveraner, dessen Witwe es 1924 an den Kreis verkaufte. Schwarze verunglückte tödlich am 2. März 1938.

Die Firma Manufakturwaren C. Schwarze wurde 1899 an Heinrich Westerhoff aus Goldenstedt und William Harms aus Ebstorf veräußert. (Harms war von 1921 bis 1933 Feuerwehrhauptmann.)

An der Wilhelmstraße entstanden die königliche Präparandenanstalt und nebenan 1906 das Haus für ihren Vorsteher.

Die 1873 zusammen mit dem Bahnhof in Betrieb genommene Bahnhofstraße wurde in den Jahrzehnten vor dem Weltkrieg intensiv bebaut. Den Schluss bildete das 1913 bezogene Gebäude der Kreissparkasse[25], die seit 1889 in einem kleineren Haus nebenan untergebracht gewesen war.

Das Niedersachsenhaus von Alfred Schwarze um 1910 (heute Sitz des Landrates) *Foto: Döbbeling*

Die Fleckenskollegien beschlossen am 12. Juni 1903, ein neues Rathaus zu bauen, um der neben dem Bahnhof gekündigten Reichspost eine neue Unterkunft in der Mitte des Ortes zu bieten. Postbaurat Schaeffer in Hannover fertigte den Entwurf, denn im Erdgeschoss wurde das kaiserliche Postamt untergebracht, im ersten Stock die Verwaltung des Fleckens und im dritten Geschoss die Wohnung des Postmeisters, so dass die Kosten für den Flecken minimiert wurden.[26]

Das 1913 bezogene Gebäude der Kreissparkasse (heute Kriminalpolizei)

Das bisherige Rathaus wurde auf Abbruch an Kaufmann Albert Strahmann in Barnstorf verkauft. Im Mai 1904 begannen die Baumaßnahmen. Am Tag vor Silvester wehte ein Sturm Dachpfannen und Schiefer herunter.

Das Postamt mit Telegraphenanstalt und seit 1. Mai 1868 täglicher Post-Expedition in die Umgebung bezog seine gemieteten Räume im Erdgeschoss am 30. Juli 1905. Am 5. Oktober 1905 wurden die von 10 bis 13 Uhr für den Publikumsverkehr geöffneten Diensträume des Magistrats und des Standesamts im ersten Stock des neuen Gebäudes eröffnet.

Das Rathaus von 1905 *Foto: Stuke*

Am 16. November 1905 wurde das stilistisch dem Historismus mit Fünfpass, Erker, Türmchen, gotischem Giebelabschluss, Rund-, Korb- und gemäßigten Spitzbögen verpflichtete Rathaus eingeweiht, und die Gäste bewunderten das von dem Berliner Textilfabrikanten Siegfried Simon Fontheim (1854-1937), einem gebürtigen Diepholzer, gestiftete und von den Glasmalern Henning und Andres hergestellte Buntglasfenster mit den Wappen des Königreiches Preußen, der Provinz Hannover, der Grafschaften Hoya-Diepholz und des Fleckens Diepholz und mit dem Phantasiebild des Edelherrn Johann als Verleihers des Stadtrechts. In diesem Bildprogramm manifestierte sich das Selbstverständnis vieler Bürger: Sie wollten sich als loyale Monarchisten, treue Preußen, heimat- und geschichtsbewusste Hannoveraner und Diepholzer zeigen. Heute befindet sich dieses Fenster im Ratssitzungssaal des 1986 eingeweihten neuen Rathauses.

Buntglasfenster von Siegfried Fontheim im Rathaus

Der Ratssitzungssaal mit Bürgermeisterstuhl und Gaskronleuchter

Kaufmann C. Schwarze hatte den geschnitzten und mit dem Diepholzer Löwen auf schwarzweißrotem Grund an der ledernen Rückenwand versehenen Eichenstuhl für den Bürgermeister gestiftet. Weitere Schmuckstücke waren ein hellgrüner, neogotischer Kachelofen, der von der Bremer Firma Franke gestiftete 16-armige Gaskronleuchter und die von dem Vorstand der Gaswerk AG, Dunkel (Bremen), gestiftete Wanduhr. Eine neue Fahne mit dem preußischen Adler und dem Diepholzer Wappen demonstrierte Selbstbewusstsein und Staatstreue. Der Aushängekasten für öffentliche Bekanntmachungen wurde noch im selben Jahr im Eingang angebracht.

Im Rathaus wurde ein Museumsraum eingerichtet, für den in diesen Jahren schon zahlreiche Gegenstände aus der Sammlung des verstorbenen Senators Bargeloh vorlagen, weshalb das selbstbewusste Diepholz es ablehnte, Objekte an das im Entstehen begriffene zentrale Museum für die Grafschaften Diepholz, Hoya und Wölpe in Nienburg abzugeben.[27]

Da der Bürgermeister Ortspolizeibehörde war, warteten im Hof des Rathauses zwei Arrestzellen mit „Donnerbalken“ auf „Kunden“.

Das Postamt förderte einen neuen Frauenberuf: Am 1. April 1908 trat Gertrud Samenfeld als „Fräulein vom Amt“ in den Telefonvermittlungsdienst ein und hatte 24 Ortsleitungen und vier Fernsprechleitungen zu betreuen.[28]

In diesem Zusammenhang fragt man sich: Seit wann konnte man von Diepholz aus telefonieren?[29] Im Juli 1900 suchte der Flecken Interessenten für ein privates Telefon. Damals wurde die Telefonleitung von Bremen nach Osnabrück und weiter nach Dortmund und Düsseldorf hergestellt. Fünf zahlende Bürger waren Bedingung für den Anschluss des Ortes an die Leitung. Im Oktober war die Linie mit vier Drähten fertig, und zwischen Bremen und Osnabrück hatte nur Diepholz Anschluss. Im Februar des folgenden Jahres wurde ein Klappenschrank mit zwanzig Leitungen als erste Fernsprechvermittlung installiert. Vermittelt wurde nur am Tage. Erster Fernsprechteilnehmer war Kaufmann Carl Schwarze, doch schon fünf Monate später folgten die Familie Hustedt und Kreistierarzt Gustav Meyer. 1907 wurde der Klappenschrank auf einhundert Anschlussmöglichkeiten erweitert. 1912 waren bereits 54 Anschlüsse vorhanden, zu denen die beiden öffentlichen des Postamts und des Bahnhofswirtes Friedrich Gramberg gehörten.

Die Firma C. F. Lehnkering stellte ihren markanten Neubau an der Langen Straße im Oktober 1903 fertig. 1911 wurde die Alte Wache Lange Straße 67 abgebrochen und an ihrer Stelle der Neubau der Putzmacherin Alwine Kettler erstellt, die ihren Beruf im Jahre 1900 im elterlichen Hause aufgenommen hatte. Heute befindet sich in diesem Hause ein Parfümeriegeschäft.

Das Dach des Schlossturms war mit graugrünen Schindeln gedeckt. 1903 wurden sie durch deutschen Schiefer ersetzt.[30]

Für das neue Jugendheim am Postdamm schenkte Christian Klatte aus der Steinstraße ei-

Jugendheim am Postdamm (heute Sozialstation) *Foto: Schöttler*

nen Bauplatz, und Ehrenbürger Prof. Dr. Adolf Prinzhorn stellte 5.000 Mark zur Verfügung. Am 19. Juli 1914 wurde das Gebäude eingeweiht.[31] Eine zentrale Funktion erfüllte die Wanderarbeitsstätte, die vom Magistrat an der Grafenstraße 14 in der kurzlebigen Huckeschen Glühstrumpffabrik eingerichtet wurde. Träger wurde der Herbergsverein für den Kreis Diepholz unter Vorsitz des Pastors Menke mit der Rechnungsführung durch den Bürgermeister. Die etwa 170 Mitglieder folgten der Parole, Arbeit statt Almosen zu geben. „Wanderern" wurde daher für den Vormittag Arbeit wie Holzspalten und Teppichklopfen vermittelt, dann mussten sie auf einer festgelegten Route weiterfahren oder -gehen. Abgestempelte Karten der Wanderarbeitsstätten ließen die Aufenthalte und Wege dieser Obdachlosen lückenlos nachvollziehen. Im Dezember 1913 kamen hier mehr als 900 Menschen unter. Diese Einrichtung verwaltete auch die erste Altpapiersammelstelle in Diepholz. Erster Hausvater wurde zum 1. November 1911 Diakon Heinrich Rolf vom Stephansstift in Hannover.[32]

Beliebt wurde das Kegeln. 1892 baute daher Gastwirt Vogelsang (Zum braunen Hirsch) neben

Das Hotel Gerke um 1910: Pferdedroschken holen die Gäste vom Bahnhof. – Zehn Jahre später erledigen dies Autos.

einen neuen Saal eine überdachte Doppelkegelbahn und eröffnete am 14. August einen Konzertgarten „ersten Ranges".[33] 1905 eröffnete Hotelier Fritz Gerke an der Langen Straße feierlich eine neue Doppelkegelbahn, die sich fast bis zur Vorderlohne erstreckte.[34]

Selbst zu Beginn des neuen Jahrhunderts machte Diepholz immer noch einen teilweise ländlichen

Gänsescharen in der Steinstraße

Eindruck. Dunghaufen lagen vor den Häusern, auf den Bürgersteigen wurden Ackerwagen abgestellt, und Abwässer wurde auf die Straßen geleitet. In der Erntezeit fuhren verbotenerweise Ackerwagen an der Kirche vorbei, auch wenn da gerade der Sonntagsgottesdienst gefeiert wurde. Im Spätherbst wurden große Gänsescharen aus den neuen Mastanstalten durch die Innenstadt zum Bahnhof getrieben.

Die Viehzählung am 1. Dezember 1911 ergab für Diepholz 457 Haushalte mit Vieh. 191 Pferde, 6.329 Schweine, 1.586 Rinder und zwei Schafe wurden erfasst.[35] Diese agrarische Struktur wurde bis zum 1. Dezember 1912 sogar noch gesteigert, denn da wurden in 459 von 553 Häusern gezählt: 213 Pferde, 2 Maultiere, 1.615 Stück Rindvieh, 4 Schafe, 5.398 Schweine, 272 Ziegen, 8.835 Stück Federvieh und 100 Bienenstöcke.[36]

Das Wasser zum Trinken und zum Kochen wurde den hauseigenen, mit Abdeckungen geschützten Brunnen mit Pumpen entnommen. Als der neue, in Diepholz noch nicht verankerte Bürgermeister Gustav Brüning 1911 eine moderne Wasserversorgung einführen wollte, sprach sich eine Bürgerversammlung in der Kaiserhalle dagegen aus. „Man meinte, die Diepholzer würden ebenso alt wie die Leute anderwärts, das Moorwasser sei gerade so gut wie anderes, außerdem sei das Vorhaben zu teuer."[37]

Die Besitzer der meist einstöckigen, giebelständigen, nicht oder nur wenig unterkellerten Häuser hatten nach dem Prinzip des Ackerbürgertums verschiedene, verstreut liegende Nutzflächen, Äcker, Wiesen, Weiden und Moorteile. Grasvögte und der Bruchhirte beaufsichtigten die einsamen Gegenden im Westen und im Süden der Gemeinde. Der Bruchhirte wohnte in der Bruchhütte, bis 1935 das Amt aufgehoben wurde, weil das Bruch aufgeteilt wurde. Der Hirte wachte im Sommer über 100 Pferde, mehr als 500 Rinder und um 3.500 Gänse.

Das Bremer Eck mit dem damaligen Postgebäude (links)

Berechtigt waren 180 Grundbesitzer und 322 Weideberechtigte. 1903 beschlossen die Interessenten, die Menge des Viehs einzuschränken, da infolge des Fortschritts in der Landwirtschaft das Vieh schwerer geworden war und mehr Futter benötigte.[38]

Die Teilung der Moore westlich des Fleckens begann 1885 und zog sich bis ins 20. Jahrhundert hinein.

Hochwasser ließ den ohnehin noch hohen Wasserstand mehrfach wie 1882 ansteigen. 1901 waren auf den Moorhäusern mehrere Häuser vom Verkehr fast abgeschnitten.[39] Dagegen trocknete die Lohne im heißen, langen Sommer 1911 fast aus, so dass die Kinder in den kleinen Pfützen Fische mit den Händen fangen konnten. Die Weiden in den Brüchen waren durch die Monate lang anhaltende Trockenheit dürr.

War es im Januar kalt genug, wurde auf der Lohne und auf dem Burggraben Eis für die Kühlhäuser geerntet, das 1909 eine Stärke von 15 cm erreichte.

Erst kurz vor dem Krieg wurden die zur Heunutzung verpachteten Huntebruch- und Escholtwiesen melioriert und die Verkoppelung des Eschfelds und des oft feuchten Gebietes der „Welle" gesichert, die damals noch als Gartenland genutzt wurde.
Neuheiten wurden in dieser ländlichen Welt nicht immer begierig angenommen. Als 1898 eine Kartoffelrodemaschine erprobt wurde, klagten die 22 Sammler: „Wi wöllt achter dat nige Dert nich upsöken, da deit us de Puckel van weh, un he krig sine Kartoffeln to fröh rut"[40] („Wir wollen hinter dem neuen Gerät nicht aufsammeln, davon tut uns der Buckel weh, und er kriegt seine Kartoffeln zu früh heraus.")

Hier lebten aber auch unternehmungslustige Leute wie Bernhard Langhorst, der Anfang der achtziger Jahre nach Los Nation im US-Staat Iowa zog und dort eine größere Farm aufbaute, jedoch 1900 mit erst 37 Lebensjahren tödlich verunglückte.[41] Friedrich Müller (geb. September 1834, gest. 30. Oktober 1901) aus der Steinstraße verließ Europa 1854, zog wie so viele nach Cincinnati und 1856 nach Watertown (Wisconsin), wo er 1861 ein Zigarrengeschäft eröffnete und als (wenn auch merklich zunehmender) Turner und Sänger das öffentliche Leben förderte.[42]

Der Diepholzer Tischlerlehrling Hermann Meyer wanderte am Anfang der achtziger Jahre auf die Südinsel Neuseelands aus, wo er sich als Farmer niederließ. Durch die Kreiszeitung blieb er über die Verhältnisse in der Heimat stets informiert. Erstmals nach über drei Jahrzehnten besuchte der inzwischen wohlhabend gewordene Mann Diepholz wieder im Sommer 1913.[43]

Rege war ferner Karl Schäfer aus der Mühlenstraße. Er arbeitete zwei Jahre in Cincinnati, St. Louis und Chicago. 1898 machte er sich als Kaufmann selbständig. 1911 wurde er in Diepholz Stadtkämmerer, eine Tätigkeit, die er von 1914 bis 1918 als Soldat unterbrach. 1918 geriet er in einen Gasangriff. Nach der Rückkehr war er noch bis 1935 als Kämmerer tätig. Er erwarb sich Verdienste um die Diepholzer Gans und um den Geflügelzüchterverein.

Noch ein Lebenslauf: Der Tuchmachersohn Friedrich Kettler kam am 21. Januar 1848 zur Welt. Nach der Volksschule trat er mit 14 Jahren in die Reeßingsche Tuchfabrik in der Hinterstraße ein und bediente die Spinnmaschine. 1865 trat er in Oldenburg eine Bäckerlehre an. Nach ihrem Abschluss begab er sich zu Fuß von Diepholz nach Hamburg und arbeitete in einer Großbäckerei, wo er bald zum ersten Gesellen aufstieg. Neun Jahre später verwaltete er die Bäckerei Gerke und machte sich 1883 im Haus des ausgewanderten Torbeck an der Judenstraße (jetzt Kolkstraße) selbständig. Seine 24 Pfund schweren Schwarzbrote erlangten Berühmtheit. Er war fleißig und erkrankte nur einmal schwer an einer Rippenfellentzündung. Wie viele ältere Selbständige ging „Kettlers Fritze" noch bis zu seinem Lebensende am 28. Dezember 1925 gern in die inzwischen von seinem Sohn geführte Backstube, um nach dem Rechten zu sehen.

Dem französischen Schriftsteller und Arzt Louis-Ferdinand Céline (1894-1961) gefiel es als Schüler in Diepholz nicht so sehr.

Ernst Feuß gründete ein Manufakturwarengeschäft gegenüber der Superintendentur; sein Sohn Wilhelm besaß als erster eine Badewanne, seine Tochter Else fuhr als erste Diepholzerin Fahrrad, und deren Tochter Anneliese Schrader war die erste Diepholzer Segelfliegerin und ist wohl auch als erste in ihrem Tennisdress gemalt worden.[44]

Vereinzelt kamen auch unternehmungsfreudige junge Leute hierher, wie aus einer Anzeige hervorgeht: „Junger Franzose, der etwas Deutsch spricht und sich darin weiterbilden möchte, sucht Wohnung mit Pension auf einige Monate. Familienanschluss erwünscht."[45] Prominent als sprachlich eigenwilliger, bei seinen Landsleuten umstrittener Schriftsteller wurde später Céline, der als kleiner Louis Ferdinand Destouches bei Mittelschulrektor Hugo Schmidt wohnte und aus der Rückschau die Diepholzer vor allem wegen der von ihnen veranstalteten patriotischen Sedanfeier zum Jahrestag der siegreichen Schlacht am 2. September 1870 als „Boches" verurteilte.[46] Man kann diese Abneigung verstehen, denn die Hochstimmung der einstigen Sieger musste dem kleinen Franzosen missfallen, auch wenn manche Diepholzer inzwischen mit der Erinnerung an den mehr als dreieinhalb Jahrzehnte zurückliegenden Krieg ihre Schwierigkeiten hatten.

Bei den Experimentierfreunden dürfen wir einen Pädagogen nicht vergessen: Der Winterschuldirektor Oehme legte 1898 ein landwirtschaftliches Versuchsfeld auf dem Hochmoor an, auf dem bis 1911 Anbaumethoden erprobt wurden.[47]

Einer der sesshaft gewordenen Neubürger war Fritz Laker. Er stammte aus dem Kreis Melle und arbeitete elf Jahre als Hoteldiener im „Hotel zum Grafen". Zwei Jahre betrieb er eine Gastwirtschaft in Barnstorf und ließ sich schließlich am 1. Oktober 1902 in Diepholz im Hause Steinstraße 33 nieder, wo er 1910 einen Neubau errichtete. Er starb 1937, doch ist die für Veranstaltungen beliebte Wirtschaft mit kleinem Saal in den Händen der Familie Laker-Wiele geblieben.

Die Technik begann ihren Siegeszug: Um 1900 hatten sich zahlreiche Hausbesitzer bereits Blitzab-

Gasthaus Fritz Laker

Konditor Schröder mit Familie

leiter von Buderus zugelegt.[48] In dieser Zeit nahm auch der Hausbriefkasten seinen Siegeszug auf.[49] 1901 verkaufte die Kaiserhalle sechs sechsarmige Kronleuchter, 20 große Lampen und 40 fast neue Säulenlampen, da sie auf die Beleuchtung mit Acetylen umstellte.[50] Am 23. Dezember 1901 stellte Gastwirt Conrad Bruns am Pohl ein automatisches Klavier mit elektrischem Antrieb auf, das 3.200 Mark gekostet hatte.[51] Kein Jahr später folgten Konditor Schröder und Ernst Vogelsang, 1910 das Café Buddemeyer. Auch in Diepholz konnte man 1928 also mit Recht den Schlager singen: „Und das elektrische Klavier, das klimpert leise ..."

„Conny" Bruns baute 1905 den vierten Saal in Diepholz, und am 1. Februar 1913 eröffnete er mit zwölf Filmen das erste Lichtspielhaus, die „Schauburg" an der heutigen Flöthestraße. Schon am zweiten Tag gab es eine Vorstellung für die Kinder. Die Musik zu den Stummfilmen spielte das Theater-Orchester unter Musikdirektor Nolte.

Einen tiefen und nachhaltigen Einschnitt in die Energieversorgung brachte das Gaswerk mit sich. Bürgermeister Wilhelm Stüven, von Bürgern zur Aufstellung von Straßenlaternen gedrängt, förderte diese Innovation. Am 15. Mai 1903 gründeten Stüven, die Kaufleute Julius Fontheim und Otto Schwarze, der erfahrene Gaswerksbauer Ing. Willy Francke und Syndikus Dr. Witthoff in Bremen die Gaswerk Diepholz AG.[52] Noch im Gründungsjahr wurde der Sitz nach Diepholz verlegt, wenn auch die Verwaltung einstweilen in Bremen blieb.

Örtlicher Bauleiter war der aus Diepholz stammende Ing. Iwan Fontheim. Auf dem Eschfeld entstanden Kohlenschuppen, ein Ofenhaus[53], Apparatehaus, Kühler, Wacher, Reinigerkasten, Gasbehälter und Gasmeisterwohnhaus.

In der zweiten Oktoberhälfte 1903 eröffnete das Gaswerk seine Tätigkeit. Anfang November waren bereits 120 Anschlüsse installiert und 75 Laternen an ein 6,5 km langes Rohrnetz angeschlossen. Der Verbrauch des aus der Verkokung von Steinkohle gewonnenen Leuchtgases stieg unerwartet schnell

Das Gaswerk begann mit der Versorgung 1903. *Foto: Döbbeling*

auf über 140% des berechneten Wertes.[54] Deshalb musste das Werk 1906 um einen neuen Retortenofen erweitert werden. 1912 verwies das Gaswerk auf 204 Anschlüsse mit 1.570 Privatflammen.[55] In der Druckerei Schröder, den Tischlereien Evers und Senkler, der Bäckerei Haselhorst und der Schlosserei Schröder waren Gasmotoren aufgestellt.

Im Januar 1905 wurde die Warmbadeanstalt auf dem Gelände des Gaswerks eröffnet, in der man für sechs Groschen eine Dreiviertelstunde verbringen durfte und zwei Handtücher kostenlos gestellt bekam. Man konnte als Anreiz für Dauernutzer eine verbilligte Zwölferkarte erwerben.[56]
Der Siegeszug der Technik zeigt sich auch in einer Statistik aus dem Jahre 1909, die in Diepholz bereits 588 Glühlampen und 31 Motoren erfasste.[57]
Am 17. September 1913 erstrahlte in Diepholz erstmals elektrisches Licht, das durch eine Hochspannungsleitung aus Richtung Lembruch geliefert wurde. Stolz kündigte die Presse das Ereignis an: „In Diepholz wird heute abend im Hotel Gerke und in der Gastwirtschaft „Zum braunen Hirsch“ das Bier bei elektrischer Beleuchtung getrunken werden können.“[58] Bald beschafften sich die Bäcker Knetmaschinen mit elektrischem Antrieb.[59]

Tischler Evers mit Arbeitern und Familie

Unter dem Arzt Dr. Friedrich Helwes konstituierte sich am 24. Februar 1913 der Gemeinnützige Spar- und Bauverein mbH Diepholz, dessen 23 Mitglieder kostengünstiges Bauen von Häusern mit Hausgärten vor allem in den Außenbereichen fördern wollten.[60]

1911 kaufte der Magistrat die Schlossweide, den Weizenkamp und den Hagengarten vom königlichen Domänenfiskus. Das war ebenso wie die Beplanung von Eschfeld und Welle vorausschauende Grundstückspolitik, denn der so geschaffene Landvorrat reichte für den Wohnungsbau noch bis nach dem Zweiten Weltkrieg.

In den Bereich der Entwicklung gehört schließlich noch die Veränderung der Escholt im Süden. Sogar ein Beamter aus dem russischen Landwirtschaftsministerium in St. Petersburg sah sich dieses Projekt an.[61] Das vom Forstfiskus an den Domänenfiskus übergegangene Huntebruch wurde zum Teil von Wald- in Weideland umgewandelt.[62] 1500 Morgen wurden 1912 im Auftrag der königlichen Escholtweiden-Gesellschaft von acht galizischen Arbeitern trockengelegt.[63] 1914 starb ein dort beschäftigter junger Arbeiter aus Kongresspolen; seine Leiche wurde von einem katholischen Geistlichen aus Twistringen eingesegnet.[64] Nach Beginn des Weltkriegs im August 1914 wurden die hier tätigen polnischen Arbeitskräfte interniert, weil sie Staatsangehörige des Kriegsgegners Russland waren.[65]

Herausragende Persönlichkeiten

Goldschmied Johann Friedrich Zwickert (geb. 16.2.1807 in Diepholz) war Bürgervorsteher und wurde 1854 Bürgermeister. 1889 wurde ihm der Kronenorden IV. Klasse verliehen. Er war der letzte Diepholzer Leggemeister (1859-1874), Mitbegründer der Sparkasse, bis 1872 ihr Vorstandsmitglied und erster Standesbeamter nach der zweiten Einführung der Zivilehe. Noch 1890 wurde er trotz Krankheit wiedergewählt. Der Nationalliberale hatte zwar ein etwas barsches Wesen, wurde aber hochgeachtet. Am 12. März 1894 starb er im Alter von 87 Jahren.[66] Sein Nachfolger, der bisherige Kämmerer Fritz Klatte an der Steinstraße, hielt das Standesamt von 13 bis 14 Uhr geöffnet. Er verschied am 6. Februar 1895 im Alter von erst 45 Jahren.[67]

Der Konfektionskaufmann (seit 1881) Wilhelm Stüven (geb. 24. April 1857 in Hechthausen bei Stade), Nachfolger des Bürgermeisters Chr. Müller[68] (1895-1898, Mitglied des Kreistags 1888-1899, gest. 25. Juli 1909), war für manche Modernisierungsmaßnahmen verantwortlich: die Pflasterung der Hauptstraßen, die Anlegung von Bürgersteigen, die Kohlengasanstalt und die Gasbeleuchtung, den Ausbau der Rektorschule mit vier Klassen zur Mittelschule mit neun Klassen, das Krankenhaus, das neue Rathaus, die Turnhalle, die Dienstwohnung des Präparandenanstaltsvorstehers, die Anlage des Marktplatzes und die Vermehrung der Vieh- und Schweinemärkte.[69] Zu seinem Nachfolger als erster hauptberuflicher Bürgermeister wurde am 15. Oktober 1910 unter 25 Bewerbern Gustav Brüning gewählt. Stüven starb am 1. November 1914.

Superintendent Georg Heinrich Eduard Hermann Stölting (geb. 1844 Kloster Wülfinghausen, 1885-1899 in Diepholz, gest. 1903 in Neustadt a. R.) erarbeitete Geschichtliches aus der Grafschaft Diepholz, Aufsätze, die seit 1890 in der Zeitung veröffentlicht wurden, mit der Serie „250 Jahre aus dem kirchlichen Leben von Brockum" begannen und 1891 mit „Aus dem kirchlichen Leben von Lemförde" fortgesetzt wurden. 1895 hielt er vor dem Lehrerverein einen Vortrag über Ortsnamen im damaligen Kreis Diepholz, 1896 publizierte er seine Forschungen über die Diepholzer Schulen vor einem Jahrhundert. 1899 veröffentlichte er ergänzend Beiträge über die Gründung der Diepholzer Kirche, die Diepholzer Armenrechnung vom Jahre 1653, den Dreißigjährigen Krieg, Hexenprozesse, Soziales im 17. Jahrhundert, die Zeit des Siebenjährigen Krieges und „Aus den Tagen unserer Großväter".[70] 1900 verließ er Diepholz, doch wurde noch 1901 „Aus dem kirchlichen Leben von Lemförde" gedruckt. Auch mit der Geschichte der Kirchengemeinde von Rehden-Hemsloh beschäftigte Stölting sich.[71]

Dr. jur. Heinrich Wilhelm Plate wurde 1892 mit dem Titel eines Justizrats geehrt. Geboren am 6. März 1829 in Klein-Lessen, besuchte er später das Gymnasium in Verden und studierte in Göttingen. Er trat sein Berufsleben als Auditor in Hoya an und ließ sich 1862 als Rechtsanwalt in Hannover nieder. Seit 1862 arbeitete er als Anwalt in Diepholz, wo er auch Vorsitzender der Kreissparkasse wurde. Von 1874 bis 1876 war er Mitglied des Angeordnetenhauses. Als er am 29. November 1896 starb, hinterließ er ein beträchtliches Vermögen, das zunächst seinem Sohn Friedrich zugute kam, dessen Großzügigkeit vor allem für die öffentliche und die private Bildung schon vor der Jahrhundertwende dazu führte, dass er Ehrenbürger von Diepholz wurde, und die noch heute in Gestalt der Plate-Stiftung viel Gutes für die Öffentlichkeit in Barnstorf und Diepholz wirkt.[72]

Die Beamtentochter Frieda Duensing (geb. 26. Juni 1864, gest. 5. Januar 1921 in Gauting bei München) wuchs in ihrem Geburtshaus Diepholz, Lange Straße 35, auf, wurde in Berlin und in Hannover Lehrerin, studierte nach Aufenthalten in Frankreich, Großbritannien und München von 1897 bis 1900 Jura in Zürich zu einer Zeit, als sie als Frau in ihrem Heimatstaat noch kein Studium aufnehmen durfte. Die meisten jungen Frauen an der eidgenössischen Universität waren in Medizin und Philosophie eingeschrieben, und unter den Nationalitäten standen die Russinnen an erster Stelle. 1903 promovierte sie magna cum laude mit einer Dissertation über „die Verletzung der Fürsorgepflicht gegenüber Minderjährigen. Ein Versuch zu ihrer strafrechtlichen Behandlung". Die sozial und liberal eingestellte, mit

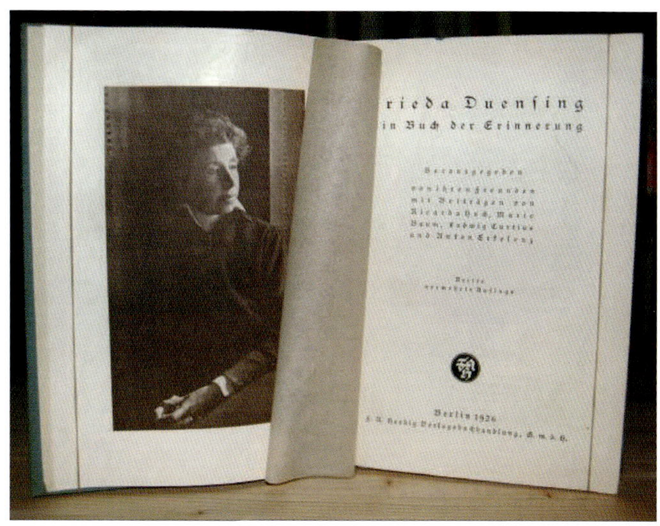

Frida Duensing (1864-1921), Pionierin der Jugendfürsorge

dem Politiker Theodor Naumann, Marie Baum und dem späteren Bundespräsidenten Theodor Heuss bekannte Frieda Duensing wurde bedeutend als Publizistin, Vorkämpferin der Jugendgerichtsfürsorge und Geschäftsführerin der Deutschen Zentrale für Jugendfürsorge in Berlin (1904-11). Sie wohnte in Zürich (mit Unterbrechung 1897-1903), München (1895-97, 1903-04, 1918-21) und Berlin (zeitweise in der Zürcher Zeit und seit 1904). In München wurde ihr die Leitung der Sozialen Frauenschule übertragen. Sie redigierte seit 1909 die Zeitschrift „Jugendwohlfahrt" und hielt auf dem 1. Jugendgerichtstag am 15. März 1909 einen Vortrag. Ihr Biograph Herbert Major kennzeichnet sie als von starken Selbstzweifeln und Melancholie geprägt, aber auch von Lebensfreude, sozialer Einstellung und Pflichterfüllung motiviert.[73]

Ihre in München wirkende älteste Schwester Anna Duensing war künstlerisch begabt und verkaufte ihre Radierungen an die Pinakothek in München und die Kupferstichkabinette Darmstadt, Coburg und Karlsruhe. Sie starb am 23. November 1938 in Gauting bei München.

Der in Ostpreußen geborene Hugo Prejawa arbeitete als Beamter der staatlichen Bauverwaltung von 1890 bis 1898 in Diepholz. 1892 beauftragte ihn der Staat, die bereits seit Jahrzehnten bekannten Bohlenwege bei Diepholz zu vermessen, zu kartieren und zu beschreiben. Seit 1893 fand er selbst weitere Teile und Fundstücke im Moor. Mehrere Veröffentlichungen zu seinen Forschungen wie „Die Bohlwege im Wittmoor" fanden die Aufmerksamkeit der Fachwelt auch außerhalb des Historischen Vereins zu Osnabrück, dem er angehörte.[74] Eine weitere Aufgabe war die Verzeichnung aller vor- und frühgeschichtlichen Denkmäler im Kreis Diepholz. Als erster erfasste er einen Bohlenweg systematisch, fotografierte aber unzulänglich und interpretierte unter dem Einfluss des übereifrigen Osnabrücker Gymnasialpädagogen Friedrich Knoke manches falsch, so dass alles, was „gereift" aussah, als römisch aufgefasst wurde. Prejawa war eben mehr Techniker als Archäologe.

Hugo Prejawa (1854-1926) entdeckte viele Bohlenwege in umliegenden Mooren.

Er war ein humorvoller Mann, der in der Zeit seiner beruflichen Tätigkeit gern zu festlichen Angelegenheiten, z.B. zur Feier des 25-jährigen Reichsjubiläums 1896 die „fidelen Teile" bestritt.[75]

Amtsrichter Woldemar Meyer, Sohn eines Geistlichen in Vilsen (geb. 3. Januar 1861, gest. 1939), wurde 1898 als Nationalliberaler in den Landtag gewählt, bis 1918 mehrfach bestätigt und setzte sich in zahlreichen Reden für die Region ein, etwa 1903 für die Regulierung der Hunte, 1905 für die Erweiterung der Präparandenanstalt zu einem Lehrerseminar und für den Bau der Eisenbahn Nienburg-Diepholz-Aschen-Lohne. Er nannte sich Meyer-Diepholz, damit man ihn leicht von anderen MdL mit dem Namen Meyer unterscheiden konnte. 1909 wurde er nach 15 Jahren in Diepholz als Landgerichtsdirektor nach Verden (Aller) versetzt, behielt aber seinen Namenszusatz.[76]

Der am 17. April 1847 in Diepholz geborene und mit seiner Vaterstadt eng verbundene Adolf Prinzhorn war 1861-1864 Assistent an der Technischen Hochschule Hannover. König Wilhelm I. wunderte sich 1867: „So jung, und schon im Lehrkörper der Hochschule!" Von 1874 bis Ende 1908 war er technischer Leiter der Continental Gummiwerke in Hannover. Die Technischen Hochschulen Charlottenburg und Hannover verliehen ihm die Ehrendoktorwürde, um ihn für seine Forschungen zu ehren, die die Kautschukindustrie entwickeln halfen. In den neunziger Jahren führte er die betriebliche Altersversorgung, Bezahlung des Urlaubs und andere soziale Vergünstigungen ein. Zeitgemäß förderte er den Luftschiffbau und hieß den Grafen Zeppelin oft in seinem Hause Königsworther Straße 46 willkommen. Nach dem Eintritt in den Ruhestand reiste der Diepholzer Ehrenbürger nach Indien. Um Diepholz hat sich der bescheidene, schlichte, lautere und hilfsbereite Mann 1903 durch großzügige Gaben für Turnhalle und Krankenhaus verdient gemacht, wofür er 1904 Ehrenbürger wurde. Er starb am 28. März 1913 in Stuttgart, der Heimatstadt seiner Frau.[77]

Adolf Prinzhorn (1847-1913) brachte es zum Direktor der Continentalen-Gummi-Werke AG.

Walther Uffenorde, geboren am Neujahrstag 1879 in Diepholz, Sohn eines Weinhändlers, besuchte das Gymnasium in Göttingen, studierte in Leipzig und Göttingen und wurde 1908 zum Dr. med. promoviert. Dann arbeitete er in Wien, Freiburg, Halle (Saale) und Berlin und schließlich als Assistent in der Ohrenklinik Göttingen, wo er sich 1907 für die Ohren-, Nasen- und Kehlkopfheilkunde habilitierte. 1912 erhielt der geschickte Operateur eine außerordentliche Professur.[78] 1922 wurde er auf einen Lehrstuhl in Marburg berufen. Als langjähriger Prodekan sollte er 1943 Dekan der medizinischen Fakultät werden, setzte sich aber mit Erfolg für die Ernennung des Psychiaters Ernst Kretschmer ein, der als einziger nicht der NSDAP angehörte und der die Fakultät von NS-Einflüssen fernhalten sollte. Trotzdem wurde er am 24. September 1945 als Parteimitglied automatisch entlassen und am 22. Februar 1947 als Mitläufer des Regimes eingestuft. Er starb im selben Jahr noch während des Verfahrens. Zu seinen Werken gehören „Der Hals-, Nasen- und Ohrenarzt" (1940) und „Anzeige und Ausführung der Eingriffe an Ohr, Nase und Hals (1942).

In Linden bei Hannover (heute: Hannover-Linden) war der am 8. September 1872 in Diepholz geborene Dr. Bernhard Engelke eine bedeutende Persönlichkeit. Er war Senator und als Stadtrat in Hannover von 1920 bis 1935 machte er sich um die Modernisierung der Krankenhäuser verdient, ließ die Museen ausbauen und das Archiv gut ausstatten. Er baute das Büchereiwesen auf und entwickelte Parks und Friedhöfe. Schriftstellerisch war er als Chronist von Hannover-Linden tätig, befasste sich auch als erster ausführlich mit der Diepholzer Münzgeschichte, mit dem Schulwesen im Flecken Diepholz und mit den Gerichten in der Grafschaft Diepholz.[79] Gestorben ist er am 7. Dezember 1958 in Hannover.

Von besonderer Bedeutung war Dr. Fritz Klatte, geboren am 28. März 1880 im Hause Steinstraße 12.[80] Er wurde in Berlin als Apotheker ausgebildet, studierte Pharmazie und Chemie und trat 1908 als Chemiker bei der Firma Griesheim Elektron in Frankfurt am Main ein, wo er ein Ersatzmaterial für Celluloidfilme, Hornkämme, Knöpfe und Schnallen suchte. 1912 fand er die Synthese von Vinylchlorid aus Acetylen und Chlorwasserstoff und schuf 1913 die Grundlagen für die technische PVC-Herstellung. Chlor konnte in PVC gebunden und damit gefahrlos deponiert werden. Damit trug er maßgeblich zur Entwicklung der Kunststoffe bei, auch wenn seine Firma die Patente 1926 aufgab. Klatte starb am 11. Februar 1934 in einem Sanatorium in Klagenfurt. 1935 wurden erstmals Druckrohre aus PVC hergestellt, doch der große Siegeslauf der Kunststoffchemie begann erst nach dem Zwei-

Prof. Walther Uffenorde (1879-1947) an seinem Schreibtisch

Fritz Klatte (1880-1934), der Erfinder des PVC, in seinem Grießheimer Labor

ten Weltkrieg. Klatte wurde 1978 mit einer von der Firma Hoechst AG gestifteten PVC-Gedenktafel an seinem Geburtshaus geehrt, auch Straßen in Diepholz und in Frankfurt am Main tragen seinen Namen.

Schulbauten und Schulen

1846 waren die Diepholzer und die 1796 mit einem eigenen Gebäude versehene Willenberger Schule vereint worden. Im Willenberger Schulhaus Willenberg 78, jetzt dem Malermeister Stroink gehörend, wurde noch bis 1895 die Mittelstufe der Volksschule unterrichtet.

Eine markante Persönlichkeit war Lehrer Friedrich Fischer, geboren am 22. Mai 1812 in Neuenkirchen bei Bassum. Er unterrichtete von 1838 bis 1887 in der Willenberger Schule und dann in Diepholz. Fischer unterrichtete 1839 zusammen mit dem damals von ihm auf eigene Kosten angeworbenen Kollegen Kantor Prinzhorn, der Vater des oben erwähnten Adolf Prinzhorn, etwa 180 Schulkinder, für die ein einziger Raum zur Verfügung stand! Teilweise unterrichtete Prinzhorn in einem seiner Privatzimmer. Erschwerend für den Unterrichtserfolg war, dass manche Schüler die Schule unregelmäßig besuchten, so dass sogar noch Analphabeten konfirmiert wurden. Prinzhorn heiratete eine Schwester Fischers. Sein Einkommen war gering, doch hielt Fischers Privatschule alle über Wasser, und 1841 wurden zur Entlastung zwei Klassen gebildet. Von 1868 war die 1. Knabenklasse im Kantorhaus neben der Kirche untergebracht. Fischer starb am 7. Mai 1896.[81]

Als Kantor Prinzhorn seinen 80. Geburtstag feierte, dankte ihm im Namen von 102 früheren Schülern eine Abordnung von 25, an deren Spitze die Herren Springe und Fontheim standen.

Eine „Kleinkinderbewahranstalt“ führte „Tante“ Eilers, die vier Jahrzehnte lang kleine Kinder spielerisch unterrichtete und am 13. April 1870 im Alter von 78 Jahren starb.[82] Die Superintendententochter Dorine Dille unterrichtete mit ihrer Schwester Caroline Handarbeiten, Klavierspiel und Französisch und richtete 1872 im Hause Lange Straße 39 eine Vorbildungsanstalt für die Privatschule ein.[83]

Die private hohe Schule oder Höhere Privatschule wurde seit den dreißiger Jahren besonders von selbständigen Kaufleuten und Hotelbesitzern getragen, auch Beamte trugen zu ihrem Unterhalt der zuletzt drei Klassen mit 75 Kindern bei. An Michaelis 1874 wurde die Anstalt Teil der evangelisch-lutherischen Volksschule und in deren (Erste) gehobene Abteilung (nach dem Lehrplan der Mittelschule) umgewandelt, deren Rektor der bisherige Privatschullehrer Wilhelm Kaiser wurde.

1870 führte Superintendent Karl Wilhelm Haenell für die erst wenigen Präparanden Unterricht in Latein und Französisch ein.[84]

Das alte Willenberger Schulhaus *Foto: Reinald Schröder*

Kantor Friedrich Prinzhorn (1816-1897) nebst Frau

Die königliche Präparandenanstalt aber mit ihrer hervorragenden Ausbildung war das Werk des Lehrers Friedrich Grelle. Er eröffnete die Anstalt im Hause Willenberg 32 am 1. Mai 1874 mit acht Präparanden. Sie wurden in einem zweijährigen Kurs auf den Besuch eines Lehrerseminars vorbereitet. Da ein bedeutender Teil von auswärts stammte, mussten sie privat untergebracht werden. Die Eltern der 15- bis 17-Jährigen hatten 20 Taler Schulgeld und 72-80 Taler Kostgeld zu zahlen, doch konnte das Schulgeld bei „Bedürftigkeit und Würdigkeit" ermäßigt werden. Im Herbst 1893 genehmigte die Schulbehörde einen dreijährigen Kurs. Auf die Einhaltung von Vorschriften wurde peinlich geachtet. Präparanden, die eine Gastwirtschaft betraten, wurden umgehend zu ihren Eltern zurückgeschickt, wie es drei Sprösslingen 1912 und zwei weiteren 1914 widerfuhr.[85] Die Lehrer hatten die Pflicht, die auswärtigen Schüler bei ihren Pensionseltern aufzusuchen und ihre Unterbringung zu kontrollieren. Seit 1904 trugen die Schüler Klassenmützen aus hellblauem Tuch mit weißer Paspel (Trennfaden) und verschiedenfarbigen Litzen.[86]

Anfang der achtziger Jahre verlangte der Staat größere Räume und eine Dienstwohnung für den Leiter. Der stets sparsame Magistrat lehnte ab, der Staat drohte mit einer Verlegung nach Lemförde oder Bassum, eine Bürgerversammlung übte zusätzlich Druck aus, und siehe da: 1884/85 wurde ein Neubau an der Wilhelmstraße, der heutigen Hindenburgstraße, errichtet.

Die Präparandenanstalt wurde als soziale Aufstiegsmöglichkeit so beliebt, dass 1902 die schriftlichen Zulassungsprüfungen erschwert wurden. 97 Schüler meldeten sich an, 83 traten zur schriftlichen Prüfung an, aber nur 47 wurden zum Mündlichen zugelassen, und schließlich wurden 30 aufgenommen. Die anderen waren keineswegs alle ungeeignet, aber 30 war die vorher festgesetzte Höchstzahl wie auch 1904, als mehr als 40 Jungen abgewiesen werden mussten![87] Besonders bitter das Jahr 1903: 120 Anmeldungen, 80 zur Prüfung zugelassen, 30 aufgenommen![88]

Die Anstalt stellte sich immer in den Dienst vaterländischer Werbung. Sie erfüllte ihre Aufgabe

Die im Jahre 1885 neu erbaute Präparandenanstalt an der heutigen Hindenburgstraße

an den staatlichen Gedenktagen und führte am 9. September 1913 sogar in Bassum zur Erinnerung an die Verteidigung der Stadt in Pommern gegen die Franzosen 1807 das Schauspiel „Colberg“ des damals bedeutenden Dramatikers Paul Heyse auf.

Präparandenjahrgang 1907-1910

Vorsteher Grelle war 1874 auch der Autor der Inspections-Fibel, eines „Bestsellers“, der 1912 in neunter Auflage erschien und auch im Kreis Syke benutzt wurde. Der Reinverdienst aus dem Verkauf wurde Witwen und Waisen von Lehrern zur Verfügung gestellt. Ohne Grelles Wirken wäre Diepholz nicht so früh zu einer Stadt der Schulen geworden und die Präparande nicht zu einer der größten Anstalten dieser Art in Preußen.[89] Er ging zum 1. Oktober 1903 in den Ruhestand und starb am 6. November 1922 in Hannover.

Eine bedeutende Persönlichkeit war auch der aus Schlesien stammende, 1888 nach Diepholz versetzte Lehrer Wilhelm Krigar, 1. Vorsitzender des Lehrervereins, Dirigent des Gemischten Chores, Initiator des Männergesangvereins und lokaler Exponent der Nationalliberalen, der noch bis in die dreißiger Jahre zuerst als überzeugter Preuße, zuletzt als Gegner „moderner“ gesellschaftspolitischer Strömungen von sich reden machte.

In Hannover bildete sich zum 25-jährigen Jubiläum der Anstalt eine Vereinigung ihrer früheren Schüler mit einem Ortsausschuss in Diepholz.[90]

Die beamteten Lehrer waren im Bezirks-Lehrerverein Diepholz zusammengeschlossen, dem der Diepholzer als einer von acht Ortsvereinen (Bassum, Harpstedt, Heiligenloh, Hoya, Sulingen, Vilsen und Weyhe) angehörte.

Die Landwirtschaftliche Winterschule des Landwirtschaftlichen Zweigvereins für die Grafschaft Diepholz nahm ihren Unterricht im Hause Steinstraße 11 am 1. November 1888 auf. Sie wurde gut zur Hälfte von mindestens 15 Jahre alten Schülern aus der Umgebung besucht, die anderen kamen aus anderen Teilen der Provinz Hannover. Die Teilnehmerzahl stieg innerhalb der ersten zehn Jahre von 21 auf 68. Die im Oktober 1891 mit Unterstützung durch den Flekken vom Kreis übernommene Schule befand sich an der Steinstraße 12 in einem Haus des Bürgermeisters Klatte, dessen Witwe es 1902 an den Bäckermeister Nordhoff verkaufte. Am 17. Juni 1904 wurde der Neubau an der Grafenstraße gerichtet und nahm vor dem Krieg über 70 Schüler auf.

Der Begründer der Präparandenanstalt: Friedrich Grelle

Schon 1890 wurde ein Neubau der Volksschule für nötig erachtet.[91] Damals war es nämlich so, dass nur so viele Kinder versetzt werden konnten, wie Plätze durch konfirmierte Schulabgänger frei wurden. Das große Gebäude an der Bahnhofstraße wurde 1895 mit der 1894 gewährten finanziellen Hilfe des aus Diepholz stammenden und in (Hamburg-) Altona-Eidelstedt wohnenden Maurermeisters Friedrich Heinrich Lübkemann und seiner Frau errichtet. An das Ehepaar erinnert heute noch eine Ehrentafel an der Straßenfront des gegenwärtigen Jugendfreizeitzentrums. Das Stifterpaar Lübkemann war bei der Einweihung anwesend.[92] Die Willenberger Schüler wurden mit einem Festzug von ihrer bisherigen Schule abgeholt. Bauinspektor Hugo Prejawa übergab den Schlüssel an Senator Stüven. Dann hielt Superintendent Stölting die Festre-

Der Neubau der Landwirtschaftlichen Winterschule in der Grafenstraße mit Schülern *Foto: Berneburg*

de. Ein auch in der Zeitung abgedrucktes Gedicht über die neue Schule brachte zum Ausdruck, dass die gehobene Schule den Magistrat als ihren Lübkemann, also als ihren Mäzen sehen wolle. Rektor Kaiser daraufhin: „Werte Frau, 'nen Lübkemann schafft man dir so leicht nicht an; ihn zu finden ist kein Spiel: Lübkemänner gibt's nicht viel. ... Schon seh' ich im Geist den Bau, und am Vordergiebel, schau, lieset man gerührten Blicks: „Gehobene Schule, gestiftet von X."[93]

Modern war manches wie die Bänke mit verschiebbaren Tischplatten, wie Rektor Kaiser sie gewünscht hatte. Aus Dankbarkeit für den Rektor errichteten mehrere seiner früheren Schüler wie Otto Schwarze und Wilhelm Kinghorst im Januar 1905 die Rektor-Kaiser-Stiftung.[94]

Der vorbildliche Sponsor Lübkemann starb am 21. Oktober 1896 in Eidelstedt bei Altona, seine Frau gut ein Jahrzehnt später. Als Fußnote sei noch hinzugefügt, dass der Bauinspektor Prejawa von den Bürgervorstehern gerügt wurde, weil er eigenmächtig eine Wasseranlage für die Schule bauen ließ.[95]

Dem mit Diepholz eng verbundenen Continental-Direktor Dr. h.c. Adolf Prinzhorn als Mäzen war die am 3. Dezember 1904 eröffnete Turnhalle am Schulhof zu verdanken, die heute durchaus im Sinne des Stifters einer Tanzschule dient.[96] Der Sponsor wurde zum Dank Ehrenmitglied des Männer-Turnvereins.

Die „Gehobene Abteilung der Volksschule" und am 1. April 1900 als Ersatz auf Grund staatlicher Vorgaben gegründete „Rektorschule" unter Rektor Schmidt wurde in einem von Maurermeister Heiser erstellten Neubau an der Bahnhofstraße untergebracht, die der mit Barnstorf verbundene spendabelste Rentier Plate als verkehrsgünstigen Standort gewünscht hatte.[97] Dafür hatte die Wagenfelder Ziegelei Brüggemann 272.000 Ziegelsteine geliefert.[98] Angesichts der neuen finanziellen Belastung wagten sich einige Kritiker hervor, doch Superintendent Stölting wies sie zurück: „Für einen Ort wie Diepholz, der keine Industrie hat, ist das einzige, was den Ort nach jeder Richtung zu heben imstande ist, möglichst viele und gute Schulen!"[99] Der nach Louisville (Kentucky, USA) ausgewanderte H. Schröder trat hier als Mäzen auf wie auch der Berliner Kaufmann Siegfried Simon Fontheim, der eine Außenuhr stiftete. Mitte Oktober 1899 wurde der Unterricht aufgenommen.[100]

Die Baumaßnahme hatte noch eine unerquickliche Folge. Baurat Scherler hatte Superintendent Stölting gesagt, er mache den Entwurf zu seinem

Die Lübkemannschule ca. 1930

Der Neubau der Realschule, der bald schon erweitert werden musste

Vergnügen. Als der Flecken diese natürlich weitergegebene Aussage so interpretierte, er arbeite kostenlos, war Scherler empört. Schließlich entschieden Magistrat und Bürgervorsteher, er solle 0,6% der veranschlagten Bausumme erhalten. „Es würde unseres Fleckens unwürdig sein, ein Geschenk, welches der Geschenkgeber nachträglich nicht mehr geben will, anzunehmen."[101]

Auch wenn über die Mehrkosten, wechselnde Lehrkräfte und Lehrermangel geseufzt wurde: 1908/09 wurde das Gebäude der seit 1902 wie die Volksschule kommunalen Mittelschule um zehn Räume erweitert, und schon damals scheint an ein Gymnasium gedacht worden zu sein.[102] 1911 wurde der Pausenhof mit Sand vom Sandstich in der Südwestecke der Schlosswiese aufgefahren.

Privaten Musikunterricht erteilte Kapellmeister Louis Springe bis zu seinem Tod im Jahre 1903 und in seiner Nachfolge Kapellmeister Heinrich Nolte, der mit seinem Musikkorps von Thüringen nach Diepholz umzog und fortan auf vielen Veranstaltungen auch in Nachbarkreisen mit seiner „Diepholzer Kapelle" (1905 mit dem neunjährigen Wundergeiger Arpad Kun aus Budapest) auftrat.

Eine private gewerbliche Fortbildungsschule für alle Lehrlinge in deren freien Stunden stellte die Wurzel des berufsbildenden Schulwesens dar. Der Besuch war zeitweise schlecht, so dass die Meister ihre Lehrlinge zum Besuch ermahnen mussten. 1904 wurden 42 Schüler im Winter von 17.30 bis 19.30 Uhr, im Sommer von 19.30 bis 21.30 Uhr bzw. von 13 bis 15 Uhr sonntags unterrichtet (1906: an einem Tag von 16 bis 20 Uhr).[103] 1897 bezog diese Schulform die neue Volksschule, was dem Willen des Stifters Lübkemann widersprach, der in „seinem" Gebäude nur die Jahrgänge 1 bis 8 sehen wollte.[104]

Die Kirche

Weiterhin verstand man unter der Kirche in Diepholz nur die eine evangelisch-lutherische, da es seit der Reformation keine anderen gab.

Der älteste Frauenverein war der kirchliche von 1873, der die Geselligkeit pflegte und sich um finanziell dauerhaft Schwache und Hilfsbedürftige in einzelnen Bezirken kümmerte, in denen die jeweils betreuenden Damen Einblick in die wirtschaftlichen und sozialen Verhältnisse hatten.[105] Es war der erste spezielle Frauenverein, wenn auch vereinsrechtlich ein Pastor die Vertretung nach außen übernehmen musste. Ein Nähverein für die Armenpflege oder Damennähverein unter Leitung der Frau des Landrats und der des Superintendenten pflegte in den neunziger Jahren zu Weihnachten Arme und zu Ostern bedürftige Konfirmanden zu versorgen.[106] Im Herbst 1887 nahm ein Kirchenchor unter Leitung von Louis Springe seine

Eine Volksschulklasse um 1900, links Lehrer Niestrath, rechts Rektor Kaiser

Übungen auf, um den Gottesdienst feierlicher zu gestalten.

Für diejenigen, die sich eine Hotelunterkunft nicht leisten konnten, wurde kurz vor dem Ersten Weltkrieg ein Herbergsverein gegründet, der unter der Aufsicht eines Diakons Unterkunft und einfache Verpflegung an Selbstzahler und an Obdachlose gewährte, die leider recht raren Arbeiten wie Holz zerkleinern und Teppiche klopfen vermittelte und auf die vorgeschriebenen Wanderstraßen hinwies. Für die Betreuten waren Wanderstraßen von Bremen zu Fuß nach Syke und mit der Bahn über Diepholz nach Bohmte und wieder zu Fuß nach Osnabrück vorgeschrieben.[107]

Zwischen 1890 und 1892 wurden die zwölf Oberfenster der Kirche mit gespendetem Buntglas versehen.[108] Am meisten trugen bei Direktor Adolf Prinzhorn mit drei, die Präparandenanstalt, „Frau Adolf Koch“ in Hamburg und Amtsgerichtsrat Salfeld mit jeweils zwei Fenstern. Seit 1893 wurden die großen Fenster verändert, beginnend mit einem Chorfenster des Glasmalers Freystadt in Hannover zum Thema „Der Heiland und die Mühseligen und Beladenen“.[109] 1899 waren Themen der „Heiland am Kreuz“ und „Johannes und Maria“.[110]

Die Nicolai-Kirche, links die später versetzte Superintendentur

1893 wurde der Gottesdienst von 9.30 Uhr bis 11.30 Uhr auf 9 bis 11 Uhr vorverlegt, weshalb die für die Landbevölkerung praktischen sonntäglichen Verkaufszeiten von 7 bis 9 und von 11 bis 14 Uhr festgesetzt wurden.[111] Der Vorgänger des Landrats Carl Freiherr von Wangenheim soll (vor 1891) sonntags vom Schlossturm mit dem Fernrohr nach verbotener Sonntagsarbeit gespäht haben.[112] Zwar hat der Autor den Namen nicht angegeben, doch kann es sich nur um den Landrat von Korff (1885-1891) gehandelt haben, da nach ihm der Beamte Schmeltzer (1891-1892) lediglich kommissarisch eingesetzt war.

1896 trat die Diakonisse Ida Walkemeyer aus dem Henriettenstift in Hannover ihren Dienst in der Gemeindepflege an.[113] Sie pflegte im ersten Jahr 95 Kranke und gründete einen Jungfrauenverein, in dem 14- bis 18-Jährige im Stopfen und Flicken angewiesen wurden, aber auch beteten und sangen. Die nächste Schwester Dorothea Krull zog 1899 in die umgebaute Küsterschule neben der Kirche und regte für etwa 20 Kinder Badekuren an. 1908 zogen die mittlerweile zwei Schwestern in das am Willenberg neu errichtete Krankenhaus um, doch wurde die Gemeindeschwester 1914 im Jugendheim untergebracht und von der Krankenhausarbeit entbunden.[114]

Eine alte Tradition wurde 1903 beendet, als der Beichtgroschen gegen die jährliche Zahlung von 50 Mark an jeden Geistlichen abgelöst wurde. Das Becken, das bisher während der Kommunion am Altar aufgestellt war, fand einen neuen Platz an der Tür.

Die Kirche wurde auch für Veranstaltungen mit geistlicher Musik genutzt, zu denen auswärtige Interpreten anreisten. Im November 1911 trat erstmals ein Posaunenchor in Erscheinung, dessen Tätigkeit durch die vielen Einberufungen im Krieg ab 1914 für mehrere Jahre ruhen musste.

Zum 100. Jubiläum des Kirchbaus wurden 1906 die Gemälde „Die Kreuztragung“ und „Taufe Jesu“ angebracht und die im März fällig gewesene Feier am 6. Dezember in der neugestalteten Kirche nachgeholt, in die das von dem gebürtigen Diepholzer Kaufmann August von Hartz in Venedig gestiftete vierte Buntglasfenster „Jesus mit Maria und Martha“ erst 1907 eingesetzt wurde.[115]

1913 erfolgte die Auseinandersetzung zwischen Kirchen- und politischer Gemeinde. Die Stadt behielt das 2. Pfarrhaus und trat den Kirchturm an die Kirchengemeinde ab. Vorbei ein Vorgang wie 1889, als Superintendent Stölting bei der Fleckensverwaltung eine neue Kirchturmuhr beantragt hatte, weil die bisherige bei Wechsel von Wind und Wetter stehen blieb und die Stundenzahl falsch angab, was die Lehrer in der Schule nebenan verdross. Uhrmacher Springe hatte so viel zu tun, dass die Firma Weule aus Bockenem reparieren musste. 1895 musste die Firma Korfhage und Söhne aus Buer auf Grund der Störungen revidieren. Von nun an musste hierfür die Kirchengemeinde selber aufkommen.

Ein Evangelischer Männer- und Jünglingsverein versuchte in den letzten Friedensjahren vor allem die jungen Männer der Gemeinde zu sammeln. Die vielen Einberufungen im Sommer 1914 legten seine Arbeit bis Ende März 1915 lahm.[116]

Eine der größten Veranstaltungen in Diepholz war die Reformationsfeier des Jahres 1917 bei Bruns. Ungefähr 1000 Zuhörer versammelten sich, um die Reden von Mittelschulrektor Albrecht Zurmühlen und Superintendent Friedrich Penshorn, die Vorträge der Kinderchöre des Mittelschullehrers Rinne, der einheimischen Sängerin Wilma Meyer und der Nolteschen Kapelle zu hören und ein Festspiel der Mittelschule zu sehen.[117]

Am 15. September 1918 glaubten die Diepholzer zum letzten Mal alle drei Glocken zu hören, doch technische Schwierigkeiten und die geschickte Hinhaltetaktik des beauftragten Diepholzer Unternehmers bis zum Ende des Weltkriegs (militärisch am 11. November) bewahrten das Geläut vor dem Ende auf einem Glockenfriedhof und der Einschmelzung für Kriegszwecke.[118]

Erstmals seit der Reformation wurde am 2. Pfingsttag 1918 ein katholischer Gottesdienst abgehalten, wenn auch Handelsmann Gisbertz schon 1895 vergebens den Rathaussaal für Gottesdienste angestrebt hatte.[119] An zwei sakralen Feiern in der Landwirtschaftlichen Winterschule an diesem 20. Mai nahmen 110 Gläubige teil. Im August 1918 wurde der monatliche Gottesdienst eingeführt.

Juden in Diepholz

In der Kaiserzeit fühlten die Juden sich im Staat „angekommen“, obgleich Vorbehalte von Mitbürgern nicht völlig schwanden.

Die Zahl der Gemeindeglieder blieb gering. 1898 umfasste sie 54 Personen, von denen aber nur zehn beitragspflichtig waren.[120]

1907 übernahm Julius Fontheim die Kosten für eine Neugestaltung des bisher weiß gehaltenen Gottesdienstraums durch Malermeister Konrad Thomas. Die Decke wurde wieder weiß gestrichen, erhielt aber in der Mitte eine Rosette. Die Wände wurden gelblich, unten von gerafften Vorhängen begrenzt, im oberen Teil durch Säulen und Spitzbögen verziert. Die Bänke wurden grün gestrichen, die Fenster erhielten farbiges Glas. Die heilige Lade und der Almenor (die Empore) wurden in grau und blau abgesetzt. Alte Messingleuchter und eine zehnarmige Gaskrone stellten besondere Schmuckstücke dar. Die Öffentlichkeit durfte die Synagoge besichtigen.[121]

Der jüdische Friedhof wurde in den achtziger Jahren erweitert. Am Eingang standen Bäume, deren Äste in Formen gezogen waren und 1915 von einem Jungen leider abgeschnitten wurden.[122]

Schon um 1870 spielte Julius Moses Fontheim (Lange Straße 3) im gesellschaftlichen Leben eine nennenswerte Rolle. Er trug die höhere Privatschule mit, hatte Anteil an der Unterstützung der während des Deutsch-Französischen Krieges eingezogenen, besonders der verwundeten Soldaten, wurde mit acht anderen Honoratioren in den Vorstand des Vereins „Bürgerabend“ (eines Vorläufers des Bürgervereins) gewählt und fungierte am 17. März 1874 im „Grafen“ als Wahlkommissar für die Wahl eines Abgeordneten zur Handelskammer in Verden für den Wahlkreis Diepholz (mit Sulingen und Freudenberg).[123] Sein Vater hatte vor 1843 eine Bürgschaft übernommen für den Fall, dass der jüdische Schulmeister in Wagenfeld verarmte.[124]

Beispielhaft für eine Zusammenarbeit mit Christen war die am 20. August 1875 eröffnete Firma Diepholzer Möbel Bazar von Julius Marcus Fontheim und Heinrich Ludwig Geiersbach.[125]

Aquarell des Innenraums der Diepholzer Synagoge

Juden waren Mitglieder in bürgerlichen Vereinen und engagierten sich sozial.

Als gebürtige Diepholzer waren auswärts besonders erfolgreich zum einen Max Fontheim, der die Bankierstochter Dorothea Japhet heiratete und in das Londoner Bankhaus Japhet eintrat, und zum andern seit 1874 die Firma für Wäsche- und Krawattenfabrikation J. Fontheim mit dem Geschäftsführer Siegfried Simon Fontheim in Berlin, Schönhäuser Allee 163.[126] Der sozial eingestellte Fontheim schenkte wohl auch aus Anlass seines 25-jährigen Firmenjubiläums der gehobenen Schule 1899 die Außenuhr für den Mittelschulneubau an der Bahnhofstraße. Synagogenvorsteher Julius Fontheim erreichte 1907 in Diepholz im Hinblick auf den Beitrag zu den Unterhaltungskosten die Gleichstellung der jüdischen mit den evangelischen Schulen rückwirkend ab 1900, 1911 die Gleichheit des Schulgelds für alle Kinder der Mittelschule, aber ohne Rückzahlung für die vergangenen Jahre und 1915 einen Zuschuss für das israelitische Schulwesen.[127]

Der Schule fehlte es lange an Kontinuität. Der Lehrer Carl Roßkamm wurde zum 1. Oktober 1894 nach 5 ½ Jahren nach Fordon an der Weichsel versetzt, der für ihn vorgesehene Lehrer Strauß aus Würzburg lehnte die Wahl ab, auch ein anderer wollte nicht kommen. Das lag an dem geringen Verdienst, von dem noch ein kleiner Teil an den Synagogenvorsteher abgetreten werden musste, während die Dienste als Vorbeter, Schächter und Prediger unbezahlte Nebenämter waren, so dass die Pädagogen fast immer weniger als zwei Jahre blieben. 1894 fand sich doch noch Lehrer Joseph Höxter aus Hessen bereit, nach Diepholz zu ziehen. Er war depressiv und erschoss sich in seiner Wohnung an einem Sabbat, dem 9. Mai 1896.

Der letzte Lehrer Julius Rosenblatt wurde 1913 durch den Landrabbiner eingeführt. Er war Vorbeter und Schächter, unterrichtete im Ersten Weltkrieg an der Mittelschule, da die jüdische Schule geschlossen wurde, und prüfte bei den Gesellenprüfungen Rechnen, Schreiben, Buchführung und Gesetzeskunde.

Die israelitische Gemeinde stand treu zur Monarchie und zum Reich. 1915 waren von den zwölf Steuerzahlern sechs im Militärdienst; insgesamt zwei jüdische Männer fielen dem Krieg zum Opfer.

Im Weltkrieg wurde ein russischer Gefangener auf dem jüdischen Friedhof beigesetzt. Der Kriegerverein ehrte ihn am Totensonntag 1920 mit einem Kranz.

Gewerbe und Handel

Zwar wurden die Zwangsinnungen im Zuge der von Preußen angeordneten Liberalisierung aufgelöst, doch stellte sich heraus, dass es durchaus sinnvoll blieb, dass die Handwerker ihre Netzwerke an Kontakten bewahrten. Daher wurden freie Innun-

Der später von Nazis ermordete Moritz Samenfeld auf einem Gruppenfoto der Freiwilligen Feuerwehr Diepholz aus dem Jahre 1896

gen ins Leben gerufen, im Jahre 1900 die Bäcker- und Conditor-Innung für den Kreis Diepholz unter Obermeister Haselhorst, 1902 die Schuhmacher-Innung und 1905 die gemischte Innung.

Das Handwerk spielte weiterhin eine bedeutende Rolle und erweiterte sein Spektrum wie durch den Klempnermeister Fritz Antrecht, der 1893 am Kohlhöfen 2 ein Geschäft eröffnete, das mit veränderter Aufgabenstellung heute an der Thüringer Straße besteht.

Dass modernisiert wurde, wo es angängig war, möge das Müllerhandwerk verdeutlichen: An die Stellen der traditionellen Mühlen mit Wind- oder Wasserantrieb traten Dampfmühlen wie die von Pieper an der Bahnhofstraße 3 und die von Tangemann an der Lüderstraße. Die Windmühle auf dem Esch verkaufte der Flecken nach Bohnhorst, die Wassermühle an der Lohne wurde kurz vor dem Weltkrieg stillgelegt.

Gerbermeister Friedrich Wilhelm Müller an der Steinstraße stellte Ober- und Sohlleder, Lack- und Futterleder, Schuhmacher-Bedarfsartikel her und stieg in die Produktion für Pferdegeschirr ein.

F. Steffens in der Steinstraße backte täglich Schwarzbrot mit, das die Privatleute von 12 bis 14 Uhr bringen konnten. Wilhelm Vogelsang, seit 1870 Inhaber der Gaststätte „Zum braunen Hirsch“ an der Langen Straße, backte Weiß- und Schwarzbrot. Hausfrauen brachten den von ihnen hergestellten Kuchenteig zu den Bäckern und holten die fertigen Produkte wieder ab. Weiße und braune Kuchen und besonders Butterkuchen waren beliebt. Der Konditor und Bürgervorsteher Hermann Becker aber bot damals nicht nur frische Fastnachtskrabben, Hedeweg und Schneebälle an, sondern auch Baumkuchen, Stachelbeerkuchen, Mohrenköpfe, Kladderadatsch, Konfitüren, Marzipan und Baumkonfekt zu Weihnachten. Hieran zeigt sich, dass die Bäcker auf Möglichkeiten zu höheren Einkünften bedacht waren. 1892 bot Becker jeden Sonntag verschiedene Eissorten von Ananas und Erdbeer über Vanille und Nuss bis zu Schokolade und Fürst Pückler an. Er backte Napoleontorte, Thusneldatorte, Prinzregententorte, Nusstorte, Königsberger und Lübecker Marzipantorten, gebrochene Herzen, Kaisertorten, Bischofsmützen, Giraffentorten, Berliner Pfannekuchen und Windbeutel.[128] 1895 übergab Becker den Betrieb nach etwa 50 Jahren an seinen Neffen Johann Schröder, der Anfang des 20. Jahrhunderts in das neu erbaute Haus Lange Straße 1 umzog.[129]

Die Wassermühle an der Lohne

Der billige Branntwein spielte im 19. Jahrhundert noch eine bedeutende Rolle, und daher überrascht es nicht, dass 1885 noch 34 Branntweinbetriebsstellen bestanden, womit auf je 84 Menschen eine Stelle entfiel.[130]

Die Wirtschaftsstruktur wurde weiterhin von der Tradition bestimmt, doch zeigt sich an der Gründung von Geschäften, dass in der zweiten Hälfte des 19. Jahrhunderts eine Änderung eintrat, die in ihrem revolutionären Ausmaß noch gar nicht eingeschätzt werden konnte. Häuser wie die der Kaufleute Lehnkering und Feuss waren Boten der neuen Zeit, die teilweise recht bescheiden einsetzte, wenn etwa Auffurt 1870 ein Textil- und Schuhgeschäft im Hause des Gastwirts Paradiek im ersten Stock einrichte-

Rechts mit der Kinderschar der Neubau des Hauses Lehnkering mit dem charakteristischen Erker *Foto: Berneburg*

te.[131] Christian Friedrich Lehnkering, geboren 1824 als Sohn eines Kupferschmiedes, verlor seinen Vater im Alter von sieben Monaten. 1846 übernahm er die Werkstatt von seinem Stiefvater, eröffnete aber im Hause Lange Straße 53 einen Gemischtwarenladen. Die Galanteriewarenhandlung C. F. Lehnkering (seit 1873: und Sohn) eröffnete am 24. August 1873 ein Mode- und Manufaktur-Geschäft mit Einkauf auf der dem Senior seit 18 Jahren bekannten Leipziger Messe[132] und vergrößerte sich nach der Jahrhundertwende durch einen Neubau in Rathausnähe. Er verkaufte in den ersten Jahren Leinen, Wolle, Eier, Butter, Kolonialwaren, später auch Petroleumlampen und Pumpen. Ferner arbeitete er in seiner Landwirtschaft. Das Angebot der Firma war von dem eines Warenhauses nicht weit entfernt, denn sie verkaufte Manufakturwaren, Aussteuerartikel, Konfektion, Nähmaschinen, für Betten ausschließlich die guten Diepholzer Gänsefedern und -daunen, Kolonial-, Kurz- und Eisenwaren, Glas- und Porzellanwaren. Vertreter bereisten die Umgebung und fragten nach Kundenwünschen, und auf dem Brockumer Markt war Lehnkering regelmäßig mit einem großen Stand vertreten.[133] Fleiß, Sparsamkeit, Wagemut und Strenge zeichneten ihn aus. Er starb Anfang 1906.

1867 startete das Kolonial-, Eisen- und Kurzwarengeschäft Paradiek, das 1912 zwei neue große Schaufenster einbauen ließ, an denen die Kinder sich im Dezember die Nasen plattdrückten.[134] Aufregung anderer Art versprach ein Besuch im Fotogeschäft Heinrich Springe, der seit 1874 Auf dem Esch 56 wohnte. Von Bedeutung war seit Januar 1892 auch die Haushaltswarenfirma Hagemann an der Ecke Bahnhof- und Hinterstraße.[135]

Bei Wilhelm Schäfer an der Hinterstraße lockte immer in der Adventszeit in der ausgeräumten guten Stube eine Weihnachtsausstellung mit Puppen, Puppenwagen, Puppenstuben, einem Kochherd mit kleinen Töpfen, Spielen und einer Dampfmaschine für die Jungen.

1909 erweiterte der Scherenschleifer Carl Lampe an der Judenstraße (heute: Kolkstraße) sein An-

Gastwirtschaft und Geschäft Paradiek um 1900 *Foto: Kunstanstalt Paul Hermann*

gebot. Er vergrößerte seine Wäscherei, indem er eine elektrische Wasch- und Spülmaschine, eine Schleuder und eine Plättmaschine aufstellte.[136]

Die Globalisierung des Handels schon im 19. Jahrhundert wird an den Waren deutlich, mit denen Diepholzer Kaufleute umgingen. Um 1860 bezogen Kaufmann Reeßing junior und die Gebrüder Schwarze Rigaer Leinsamen unmittelbar aus der damals zu Russland gehörenden Stadt im Baltikum. Reeßing verkaufte später auch Kohlen aus Obernkirchen; die ersten waren von der Zeche Königsgrube in Röhlinghausen (heute ein Stadtteil Hernes) geliefert worden. Lehnkering empfahl um 1875 amerikanische Apfelspelten und türkische Pflaumen, Uffenorde alle 14 Tage frische Schellfische. Wein bezog er aus Lüneburg. Die Kaufleute Becker auf dem Esch und Hustedt verkauften Saathafer aus Badbergen. Aus den Zeitungen des Jahres 1892 lässt sich ersehen, wie international das Angebot bereits war: Groninger Honigkuchen, holländische Vollheringe, Dampf-Ring-Äpfel sowie Speck und Schmalz aus den USA, türkische Pflaumen, französischer Cognac, Jamaica-Rum, Batavia-Arrac, feiner Samos, ungarischer Tokajer und Öl aus der Provence. 1898 bot die Firma Hagemann Magdeburger Sauerkraut an. Kaum ein Kind mochte den gesunden Dorsch-Lebertran aus den Gewässern um die Lofoten.

1891 übertrug die Fahrradfabrik Gebr. Reichstein in Brandenburg dem Möbellager G. A. Schöttler den Alleinverkauf ihrer Produkte für den Kreis Diepholz, so dass Brennabor-Erwachsenen-Fahrräder für 120 und Kinder-Fahrräder ab 12 Mark gekauft werden konnten. Sattlermeister Schöttler war Vorsitzender des erste Radfahrervereins. Mehrere Jahre darauf sicherten sich Diestelhorst das Recht auf Göríckes Westfalen-Fahrräder und Paradiek das auf Allright-Fahrräder aus Köln-Lindenthal.

Die Gastwirte warben für jeweils wenige Tage mit dem Anstich von Bier aus Dortmund, Erlangen, Berlin, Herrenhausen, Pilsen und Nürnberg. 1895 wurde der aus Dresden stammende junge Bierverleger Georg Feischner als Vertreter der Actien-Bierbrauerei Hilter bei Osnabrück eingesetzt; er wechselte später zur Herforder Brauerei und vertrieb auch Biere aus München, Erlangen, Kulmbach, Pilsen und das Grätzer Rauchbier aus dem Posener Land.

Diepholz wurde außer dem traditionellen „Hotel zum Grafen“ (Lange Straße 40, Familie Ahrens, Theodor Lohkamp) noch um solche Häuser wie das „Hotel zum goldenen Engel“ (Familie Gerke), „Stadt Osnabrück“ (Postdamm 1, Familie Behrens) und „Stadt Hannover“ (Familie Gerke bis 1884, dann Fritz Pottberg) bereichert. Im „Hotel zum Grafen“ stiegen vom 9. bis 13. Januar 1899 Kaufmann Ludwig Roselius aus Bremen, der Schöpfer der Böttcherstraße, Kunstmaler Otto Modersohn mit seiner Frau aus Worpswede vom 1. bis 4. Oktober 1919 und General Erich von Falkenhayn in der Nacht vom 28. zum 29. Juli 1902 ab. Auch Forstrat Deckert aus Hannover, der Förderer der Moorkolonie Freistatt, Baurat Prejawa aus Salzwedel, der Ausgräber von Bohlenwegen im Aschener Moor, Postbaurat Schäffer aus Hannover, der Architekt des Rathauses, Kaufleute aus Berlin, New York, Sao Paulo in Brasilien, Roubaix in Frankreich und Sunderland in England nächtigten hier. Gäste aus Paris, Riga, Chicago, England und das ungarische Künstler-Wunderkind Arpad Kun aus Berlin brachten einen Hauch der großen weiten Welt in das nur scheinbar weltabgeschiedene Städtchen.[137]

Ludwig Roselius (1874-1943), Gründer der Firma Kaffee Hag und Gründer der Böttcherstraße, übernachtete auch in Diepholz.

Neue Geschäfte entstanden zwischen 1900 und 1914 wie die von Alwine Kettler (Hüte und Putzwaren, Lange Straße gegenüber dem damaligen Rathaus), Gebrüder Barmeyer (Kolonial-, Kurz- und Eisenwaren, Lange Straße), Otto Seyl (Kolonial-, Eisen- und Porzellanwaren) und die Niederlassung der Deutsch-Amerikanischen Petroleum-Gesellschaft (zuerst am Güterbahnhof, 1909 bei den Fünf Häusern im Osten der heutigen Hindenburgstraße). Durchaus solide Unternehmen gehörten zu den Anfängern wie das des Ofensetzers Heuer (1900), das beide Weltkriege überstand, oder die bereits erheblich ältere Seilerei von Kemper, die seit 1879 am Pohl bestand und sich später auf Angelbedarfsartikel spezialisierte, oder das am 4. September 1881 eröffnete Textilgeschäft Stüven an der Langen Straße, das sich rund ein Jahrhundert hielt.

Heinrich Wiechers wurde am 3. März 1843 in Rödenbeck geboren. In Diepholz trat er die Nachfolge des Fuhrunternehmers Heinrich Strube an. 1872 ließ Wiechers sich auf der Hausstelle Lüderstrasse 46 nieder und bestritt seit 1876 seine Fuhren mit einem Pferd.[138] Nach dem Tod des Gründers am 2. April 1902 kaufte sein Sohn Heinrich 1903 das zweite Pferd und brachte es bis 1914 auf sechs Pferde. Als er 1914 in den Kriegsdienst eingezogen wurde, leitete seine Frau den Betrieb und hielt ihn mit polnischen Zivilinternierten und französischen Kriegsgefangenen aufrecht. Ein zeitweiliger Geschäftszweig wurde die logistische Betreuung der Kriegsgefangenenlager in Mecklinge und bei Kreyenhop.

Am 16. Juli 1909 wurde vor dem Dr. Gerdingschen Hause (am Bremer Eck) ein Gemüsemarkt eröffnet.[139] Er fand jeden Freitag statt, fand aber zu wenig Zuspruch. Die Bahnbeamten-Familien, die ihn angeregt hatten, blieben als Kunden aus, obwohl es eine reiche Auswahl an Gemüse aller Art, auch Champignons, Geflügel, Fischen, Früchten und Blumen gab. Der Umsatz war lediglich zufriedenstellend, manchen fehlten die Bauern der Umgebung mit Produkten wie Kartoffeln und Eiern.

Von Diepholz aus wurden Schweine und Ferkel ins Ruhrgebiet, besonders zum Viehmarkt Altenessen transportiert, oder von Viehhändlern aus Thüringen auf dem Bahnhof gekauft. Nur etwa ein Viertel stammte aus Ställen und von Weiden in Diepholz und Umgebung, wie das „Wochenblatt" von einer Stichprobe bei 900 Tieren am 25. Februar 1895 meldete. Größer war die Produktion in anderen Gemeinden wie besonders im benachbarten Oldenburgischen, die in Ermangelung einer eigenen Station weiterhin auf den Diepholzer Bahnhof angewiesen waren. Erst am 5. Oktober 1912 wurde die Viehverwertungs-Genossenschaft Diepholz gegründet, deren Aufsichtsratsvorsitzender der Leiter der Landwirtschaftsschule Dr. Fahrenbach wurde.

Im Frühjahr 1890 wurden wöchentlich 4-5.000 Gänse in die Mastanstalten in Norddeutschland[140] und in den umgebenden Brüchen gesammelte Kiebitzeier nach Berlin versandt, was eine durchaus einträgliche Nebenerwerbsquelle war, die aber um 1900 zunächst eingeschränkt und dann verboten wurde, weil sie als dem Naturschutz schädlich erkannt worden war.[141]

Berlin, Hamburg und Bremen waren um 1895 Hauptabsatzgebiete für Diepholzer Gänse, 1900 auch Neustadt am Rübenberge (von dort weiter nach Mandelsloh, dann nach Hannover-Osterwald) für den Bedarf der Hannoveraner. 1897 beschaffte der Geflügelzuchtverein Geflügelringe mit der Inschrift „Diepholzer Gänsezucht".[142] Ein Gänsepaar wurde im Frühjahr 1898 nach Deutsch-Südwestafrika geliefert, um auf einer Musterfarm für Nachwuchs zu sorgen. Damals verließen in einer Woche 1.200 Gänse aus den Mastanstalten von Alms und Kläning und 600 von Müller und Gramberg den Bahnhof Diepholz. In der Weihnachtswoche 1898 wurden vom Bahnhof Diepholz 700 Zentner Schlachtgänse verschickt, dazu weitere mit der Post.[143] Der Züchter Menke aus Lembruch fuhr täglich zwei Gespanne mit Gänsen zum Diepholzer Bahnhof. 1905 richtete Siemer (Kohlhöfen 15) eine Gänsezuchtstation ein. Bekannt war auch die 1906 eröffnete Geflügelhandlung Ernst Glaue mit „Glaues Wiese" auf den Moorhäusern Nr. 1.

Die Diepholzer Gans, eine weiße oder grauweiße mittelschwere Frühbrüterin, genoss einen ähnlich guten Ruf wie die Pommersche. Als aber 1896 russische Gänse aus einer Mästerei bei Berlin in die Diepholzer Anstalten gebracht wurden, wurde damit die tödlich verlaufende russische Geflügelcholera eingeschleppt, die auch in den folgenden Jahren noch Opfer forderte.[144] Ziel war es natürlich gewesen, diese wachsamen „Schwäne des Bruches" nach der Mast werbewirksam als „Diepholzer Gänse" aus der Region zu verkaufen.

Ein Züchter wie Greve im Fladder kreuzte 1898 Diepholzer mit Dithmarscher und Züchter Wienstroh mit russischen Gänsen.[145]

1899 wurde Diepholzer Geflügel trotz großer Konkurrenz auf einer Ausstellung in Berlin ausgezeichnet.[146]

Wohlhabende Gäste verspeisten Küken aus Diepholz 1906 auf dem drei Jahre alten Dampfer „Kaiser Wilhelm II." des Norddeutschen Lloyd, der nach Nordamerika fuhr.[147]

Als erste richteten die Gastwirte Krümpelmann und Pieper Schweinemastanstalten ein, andere folgten in den Jahren vor dem Ersten Weltkrieg.[148] Führend waren hierin schon längst die Kreise Hoya und Syke (mit „Schweine-Brinkum"), doch interessierten sich auch Halter in den Kreisen Sulingen und Diepholz.

Handelsgärtner Christian König, der seit 1876 am Kohlhöfen ansässig war, verlegte seinen Betrieb 1895 in die Hinterstraße 14 in das damals urige Fachwerkhaus hinter der Kirche, wo der Nachfolger noch lange nach dem Zweiten Weltkrieg tätig war.

Der blaue Diepholzer Hochstammkohl wurde weiterhin angebaut, und hin und wieder ließ ein stolzer Züchter wie der Maurer Peters verbreiten, eine seiner Futterpflanzen habe eine Länge von beispielsweise 2,3 m Länge und 2,5 cm Durchmesser erreicht.

Schließen wir den Abschnitt über agrarische Tätigkeit mit einem 1888 an den Vorsitzenden der Commission, den Kaufmann Georg Barmeyer gerichteten Satz zum Thema Landwirtschaft: „Zugleich bemerken wir noch, daß, falls der Stierhalter Behrens seinen Stier nicht besser in Stand setzt um gehörig decken zu können, und die Willenberger mit ihren Kühen nach hier treiben müssen, dann soll demselben kein Zuschuß mehr gegeben werden."[149]

Im Februar 1893 entstand unter dem Vorsitz von Kaufmann Carl Schwarze in Gerkes „Goldenem Engel" der Kaufmännische Verein für Diepholz.[150] Auslöser mag die zunehmende Angst vor der wachsenden wirtschaftlichen Konkurrenz der Großstädte gewesen sein. Besonders die Warenhauskataloge aus Berlin, Leipzig, Hamburg, München und Wien bereiteten Sorge.

Auch in der Präsentation der Waren zeigte sich der Einfluss der beeindruckenden groß- und mittelstädtischen Geschäftswelt. Kaufleute vergrößerten ihre Ladeneinrichtung und brachen größere Schaufenster in die Hausfronten. So stellte 1898 der Sattlermeister Vogelsang an der Langen Straße als Werbung einen mit rotem Plüsch beschlagenen Wagen aus.[151]

Die Brüder Schwarze aus Drebber stiegen seit 1855 zu den wichtigsten Familien in Diepholz auf. Am 28. August 1826 hatte Schwarze sen. ein Manufaktur- und Bettfedern-Geschäft gegründet. 1894 gab die mittlerweile von Carl Schwarze jun. (1834-1914) geleitete Firma ihr Manufaktur- und Modewarengeschäft auf und konzentrierte sich auf das internationale Getreide-, Kleie- und Mehlgeschäft. Der Inhaber war gewähltes Mitglied der Handelskammer Osnabrück, fungierte viele Jahre als Vorsitzender des Kaufmännischen Vereins Diepholz und betätigte sich als Mäzen. Otto Schwarze wurde noch im November 1914 sein Nachfolger in der Handelskammer und damit Repräsentant von 97 wahlberechtigten Firmen.[152]

Zum „Imperium" Schwarze gehörten die 1967 leider abgerissene neoklassizistische Villa

Geflügelhof Ernst Glaue in der Zeit des Ersten Weltkrieges

Altes Bauernhaus aus der Gegend um Diepholz im Germanischen Museum in Nürnberg

am Südeingang des Marktplatzes, das funktionale, ebenfalls abgeräumte Kontorgebäude am Westende der Ledebourstraße und das teilweise im Heimatstil mit Jugendstilelementen entworfene, erhalten gebliebene Haus Niedersachsen an der Hindenburgstraße (damals Wilhelmstraße).

Für die wirtschaftliche Entwicklung erforderlich war die Neuordnung des Geldwesens. Die traditionelle Ausleihe von Geldern durch Privatleute und kirchliche Institutionen, das Kaufen auf Borg mit Hilfe von Anschreibebüchern wurde allmählich durch Einrichtungen der professionellen Geldwirtschaft ersetzt.

1850 wurde nach viele Jahre lang anhaltendem Desinteresse der Diepholzer (trotz Versuchen der Regierung) eine Fleckenssparkasse gegründet, die 1865 nach der Neugründung als Spar-, Leih- und Vorschusskasse für das Amt Diepholz allmählich zum bedeutendsten Institut im Flecken und seiner Umgebung wurde.[153] 1907 bot das 1885 in „Kreissparkasse" umbenannte Institut erstmals Safes im Gewölbe des Hauses an und förderte seit 1912 das Sparen durch Heimsparbüchsen.

1900 wurde Textilkaufmann Bernhard Thye als Agent der Münsterländischen Bank, einer Filiale der Oldenburger Bank eingesetzt, 1906 ließ sich die Gewerbebank hier nieder.[154]

Fabriken

Tuchmacher Heinrich August Klatte, Lohnstraße 24, verfügte 1870 als Neuerung über drei Kratz- und Spinnmaschinen, die von Pferden angetrieben wurden.Der Schornstein der Weberei Schöttler auf dem Kohlhöfen 34 von etwa 1877 fand seit 1957 allgemeine Aufmerksamkeit, als Weißstörche den längst Stillgelegten für mehrere Jahrzehnte zum Nistplatz erkoren. Später rettete u. a. Helge Bredemeyer Schornstein und Nest vor dem Verfall, doch schauten auch die Schüler im nahen Schulzentrum bald Jahr für Jahr vergebens nach dem „Diepholzer Storch", der auf dem Schulhof sein Futter gesucht hatte.

Maschinenfabrikant Wilhelm Helmsmüller, Auf dem Esch 49, produzierte seit 1871 und erweiterte seinen Betrieb schon 1873. Er baute eine Flachsbearbeitungsmaschine mit geriffelten eisernen Walzen statt wie bisher mit einem Schlägerwerk und stellte für den Landwirt Ihlbrock in Ihlbrock eine durch zwei bis vier Pferde angetriebene Breit-Dreschmaschine her, mit der 600 Roggengarben in einer Stunde ausgedroschen wurden.[155] 1893 wurde der Betrieb eingestellt. Die kleine Maschinenfabrik Wilhelm Ihlbrock als Nachfolgerin lieferte 1902 eine Feuerspritze nach Cornau. 1909 führte Otto Krahl, 1915 Nageler die Firma (seit 1915 nur noch als Maschinenreparaturwerkstatt) weiter.[156]

Die Reeßingsche Kunstbutterfabrik wurde 1895 in eine Dampfmahlmühle umgebaut.[157]

Die Schwarzsche Villa am Bremer Eck *Foto: Schöttler*

Fritz Schöttler, zunächst im Hause Lohnstraße 5, seit etwa 1885 an der Wilhelmstraße 4 (heute Hindenburgstraße), erfand Kugelspurlager, rüstete Mühlen in Wagenfeld und Barnstorf mit Maschinen aus und lieferte (1907 für Kunden in Hemsloh und in Barver) Lokomobile (Dampfmaschinenanlagen zum Antrieb) für Windmühlen.[158] Die Maschinenfabrik stellte 1912 die 400. Steinschrotmühle her, deren

Vorgängerinnen für die Verarbeitung von Mais und Gerste zum Beispiel nach Brasilien und nach Belgien exportiert worden waren. Sie erwarb mitten im Krieg einen Bauplatz für einen Neubau an der Grafen- bzw. der Wilhelmstraße 50 (heute: die Firma Schöma) und stellte dort seit 1923 Feldbahnlokomotiven her.

Sie wurde von den Niedersächsischen Kraftwerken Osnabrück autorisiert, Stromanlagen zu reparieren.

1898 gründete Kaufmann Plincke, im nächsten Jahr auch Dachdeckermeister Sachs eine Zementwarenfabrik vor allem für Dachziegel.[159]

Ein Pionier war Sensenfabrikant Heinrich Windels (gest. 16. Oktober 1908), der in den siebziger Jahren als erster einen nicht landwirtschaftlichen Betrieb außerhalb der geschlossenen Ortslage an der Grafenstraße baute, wo sich heute ein Block von Eigentumswohnungen neben einem kreiseigenen Gebäude erhebt.[160] Zwei Jahre nach seinem Tod brannten Schmiede, Scheune und ein Teil des Wohnhauses ab, Kessel- und Maschinenhaus mit dem hohen Schornstein blieben verschont.

Vom Bedarf der Landwirte profitierte ebenfalls die Dampfmahlmühle des Müllers Wilhelm Bünte an der Steinstraße (1901).[161]

Heinrich Müller aus Berlin zog nach Diepholz und eröffnete auf dem Kohlhöfen im November 1902 eine Bau- und Möbeltischlerei mit Dampfbetrieb, die vor allem Schlafzimmer herstellte. Damit trat er in Konkurrenz zu der Tischlerei von August Steffens, dessen Betrieb zum 1. Januar 1909 in die Diepholzer Möbelfabrik GmbH mit sieben Bremer und drei Diepholzer Teilhabern mit einem Geschäftsführer umgewandelt wurde. Dieser Betrieb lieferte damals unter anderem Speise- und Schlafzimmermöbel für Hotels auf Nordseeinseln, später auch Küchen. Die beiden Großtischlereien brachten die erkleckliche Summe von jährlich 100.000 Mark von Auswärtsverkäufen ein.[162]

Am 8. März 1911 traten in diesen zwei Fabriken 21 im Deutschen Holzarbeiterverband organisierte Tischlergesellen in den Ausstand. Sie stellten am vierten Tag Streikposten auf, die den Zuzug auswärtiger Kräfte verhindern sollten. Eine Hälfte suchte auswärts Arbeit, die andere beharrte auf ihren Forderungen: Lohnerhöhung von 40 Pfennig auf 43 sofort und auf 45 Pfennig nach einem Jahr und Herabsetzung der Arbeitszeit von 60 auf 58 Stunden bei vollem Lohnausgleich. Bürgermeister Brüning versuchte am 16. Mai vergeblich zu schlichten, und so lief der Streik noch einige Tage bis zu einem letzten Einigungsversuch weiter, dann wanderten elf Tischler ab.[163]

1908 richtete Kaufmann Georg Hucke an der Ecke Grafen- und Wilhelmstraße eine kurzlebige, zu spät auf dem Markt erscheinende Glühstrumpffabrik ein, deren Gebäude 1911 in die Herberge und Wanderarbeitsstätte für die damals zahlreichen Männer ohne festen Wohnsitz umgewandelt wurde.[164]

Bei aller positiven Würdigung darf man die Wertung von Hermann Prinzhorn nicht unterschlagen, der 1909 feststellte, „dass trotz des gewaltigen Aufschwunges in den letzten 10 bis 20 Jahren diese ganze Gegend des Kreises, besonders aber Diepholz und Wagenfeld, noch sehr entwicklungsfähig sind, wird Niemand, der sich dort aufgehalten hat, bezweifeln."[165]

Störche auf dem Schöttlerschen Schornstein

Zeitung

Druckmaschinen zum Zeitungsdruck

Das „Diepholzer Wochenblatt“ erschien seit 1862 im Haus des Verlegers, Redakteurs und Druckers Ernst Dietrich Schröder an der Langen Straße.[166] Das Amt äußerte sich nach Eingang des Antrags auf Zulassung zunächst bedenklich, glaubte es ein Bedürfnis der Allgemeinheit doch nicht zu erkennen. Es charakterisierte den Antragsteller aber als rechtschaffen, zuverlässig und betriebsam. Daher erteilte die höhere Behörde ihm am 25. März 1862 die Konzession, die antragsgemäß politische und soziale Kommentare ausschloss. Am 1. Juni erschien nach ersten Probenummern die Nr. 1, und am 1. Dezember 1862 erhielt Schröder die für sein Unternehmen hilfreiche Genehmigung, in seinem Produkt offizielle Bekanntmachungen zu veröffentlichen.

Sitz des „Diepholzer Wochenblattes“ an der Langen Straße (später Drogerie Hoffmann)

Die Zeitung wurde nicht nur in Diepholz gelesen, sondern zunehmend auch in anderen Gemeinden des Kreises und durch viele Exemplare von Auswanderern in den USA (Texas, New York, Ohio, Minnesota, Kentucky, Indiana und Nebraska) und vereinzelt sogar in Brasilien, China, Japan, auf den Philippinen und in Australien. 1880 erschien sie erstmals mit einer Beilage.

Der Sohn des Gründers, Ernst Hermann Schröder, stellte 1881 von der traditionellen Hand- zu einer mit der Handkurbel betriebenen Schnellpresse um. Querelen in der Familie führten zur Gründung der „Diepholzer Zeitung“, doch vertrugen sich die Kontrahenten nach einem Dreivierteljahr und schritten vor dem 1. Januar 1899 zur Gründung der „Diepholzer Kreiszeitung“, die wie ihre Vorgängerin (seit 1897) dreimal in der Woche erschien. 1905 dehnte die Zeitung ihr Erscheinungsgebiet auf die südliche Nachbarschaft des Kreises Diepholz mit Dielingen, Wehdem und Rahden aus.

1903 erhielt das Haus den Telefonanschluss Diepholz Nr. 6. Vorteilhaft war, dass seit 1903 gemeindliche Informationen nur noch selten durch Ausrufen mit der Glocke verbreitet wurden, sondern in der Zeitung erschienen. Als 1906 ein Gasmotor für eine Schnellpresse aufgestellt wurde, musste das „Original“ „Tollen Fidi“ (Friedrich Toll) seine Tätigkeit an der Presse mit der Handkurbel aufgeben. Damit war er im Flecken das bekannteste Opfer der Technisierung geworden. 1911 wurde die erste Setzmaschine angeschafft, und nach dem Umzug in einen Neubau an der Ecke von Bahnhofstraße und

Die 1915 neu errichteten Geschäftsräume von Zeitung und Schröderscher Buchdruckerei an der Bahnhofstraße im Jahre 1937

Schloßstraße am 24. Oktober 1914 nahmen eine zweite Setz- und eine 4-Seiten-Rotationsmaschine die Arbeit auf. Diepholz war damals der kleinste Ort Deutschlands, in dem eine derartige Innovation Platz fand.

„Tollen Fidi" war ein Diepholzer Original

Die „Diepholzer Kreiszeitung" war so entschieden gegen die politische Opposition eingestellt, dass sie sich im Wahlkampf ausschließlich für die das System erhaltenden Parteien, also für Konservative und Nationalliberale öffnete.

Nach Beginn des Ersten Weltkriegs erschloss die Zeitung ein neues Verbreitungsgebiet. Mehrere hundert Exemplare wurden an die „im Felde stehenden" Soldaten versandt. Ab 1. Januar 1915 erschien die Diepholzer Kreiszeitung erstmals täglich mit über 6.000 Exemplaren. Waren anfangs nur 4-500 Exemplare gedruckt worden, so wurden 1918 über 7.100 hergestellt, von denen über ein Fünftel an Soldaten verschickt wurde.

Verkehr

Dass Bahnverbindungen dringend erwünscht waren, kann man sich leicht vorstellen, wenn man bedenkt, dass am Tag vor Heiligabend 1870 zwei Postwagen von Nienburg wegen des hohen Wasserstandes der Weser nicht eintrafen und ein Postpferd zwischen Nienburg und Lemke ertrank oder dass Fahrten nach Bremen oder nach Osnabrück mit einem erheblichen Zeitaufwand verbunden waren.[167] Schon am 16. März 1866 hatten die Königreiche Preußen und Hannover einen Vertrag über den Bau einer Bahnstrecke von Wanne(-Eickel) nach Hamburg unterzeichnet, die spätere Venlo-Hamburger Eisenbahn, für die die Köln-Mindener Eisenbahngesellschaft am 20. Juni 1868 die Konzession erhielt. Es gab zwei Optionen für die Streckenführung, die „nördliche" über Vechta und Delmenhorst und die „südliche" über Diepholz, die beide zur Zeit des Abschlusses eines Bündnisvertrags zwischen Preußen und Oldenburg am 18. August 1866 möglich erschienen. Schließlich setzte sich 1868 die Diepholzer Streckenführung nach Sebaldsbrück durch, da die ausführende Gesellschaft an der kürzesten Trasse interessiert war. Die Industrie bekundete ein lebhaftes Interesse an einer möglichst schnellen Bahn, um Massengüter vom aufstrebenden Ruhrgebiet zum Drehkreuz Hamburg mit seinen Verbindungen nach Skandinavien und Übersee zu transportieren.[168]

Der Diepholzer Bahnhof ist fertig: stolz präsentieren sich die Bahnbeamten mit den Erbauern

„Fünf Häuser" genannt wurde, weil hier ein Unternehmer Häuser für seine Arbeiter gebaut hatte.

Im Oktober 1871 fuhr die erste Arbeitslokomotive, und im August 1872 wurde die Verbindung mit Paris und Hamburg gefeiert. Eine Vergnügungsfahrt nach Lemförde am 3. August mit der zwei Tage vorher eingetroffenen Lok und Kieswagen sowie anschließendem Souper im Diepholzer Güterschuppen wurde mit dem Bewusstsein des historischen Ereignisses als „zum ersten Male seit Erschaffung der Welt von Diepholz nach Lemförde und zurück per Eisenbahn" gewürdigt.[170] Aber erst am 13. September wurden die von Norden und Süden gelegten Gleise auf der Station Drebber zusammengefügt. Gefeiert wurde gemeinsam in Drebber und dann in Diepholz, die Lemförder waren zu spät eingeladen worden.[171] Bald passierten täglich zehn Personenzüge, ein Schnell- und ein Güterzug den Bahnhof Diepholz.[172]

Die nur wegen des Krieges im Sommer 1866 unterbrochene Planung wurde im Juni 1868 wieder aufgenommen. In der ersten Julihälfte 1870 begann die Vorbereitung der Bauarbeiten bei Dreye. Der deutsch-französische Krieg beschleunigte das Werk, weil dessen militärische Bedeutung erkannt wurde.

Im November 1870 nahmen 31 französische Kriegsgefangene aus dem deutsch-französischen Krieg mit kleinen Schiebkarren die Bauarbeiten am Bahndamm bei Diepholz auf.[169] Die am 10. November 100 Mann umfassende Truppe wurde nach einem bemerkenswerten Aufruf führender Persönlichkeiten zu Humanität und Mildtätigkeit auch gegen die Feinde von der Bevölkerung mit Unterwäsche, Wollstrümpfen und Holzschuhen versorgt. Die Franzosen kehrten im April 1871 in ihre Heimat zurück. Lange blieb aber die volkstümliche Bezeichnung „Klein Frankreich" etwa gegenüber dem späteren Fabrikantenhaus Schöttler an einem Häuserensemble haften, das auch

Der Bahnhof von der Stadt aus um 1910 Foto: Döbbeling

Am Abend des 14. Mai 1873 fuhr der letzte Pferdebus nach Bremen.[173] Am nächsten Tag war der Bahnhof fertiggestellt, ab August fuhren täglich acht Güterzugpaare,[174] im Oktober 1873 nahm die Bahn den fahrplanmäßigen Personen- und Kohlenverkehr (von der Zeche Königsgrube aus Röhlinghausen, heute Herne) auf, und das Postbüro wurde im Posthaus am Bahnhof eröffnet. Friedrich Gramberg begrüßte die ersten Gäste in der Bahnhofswirtschaft und schenkte an diesem Tag das erste Bier aus einem Fass aus, denn bis dahin kannte man nur Flaschenbier. Er war einer der Hauptgründer der Nordwestdeutschen Speisewagen-Gesellschaft vereinigter Bahnhofswirte GmbH (1916 in der Mitropa aufgegangen) und richtete Ende der siebziger Jahre den Handel mit Diepholzer Gänsen nach Berlin ein, wodurch die Gänsezucht im Kreis erheblich gefördert wurde.[175]

Der Postverkehr auf der Nord-Süd-Strecke wurde zwangsläufig eingestellt, die Pferde, Geschirre, Decken und steinernen Pferdekrippen wurden versteigert. Doch verkehrte eine Privat-Personenpost nach Vechta noch bis 28. Februar 1891 und eine nach Lohne bis 30. April 1903. Als letzter Postillon der Personenpost nach Wagenfeld stellte der alte Tangemann am 28. Februar 1907 seine Tätigkeit ein.[176] Nach Sulingen verkehrte die Post noch bis 1923 zweimal täglich.

Seit 15. August 1873 dampften täglich je acht Güterzüge in beide Richtungen und hatten in Diepholz zwischen 20 und 60 Minuten Aufenthalt. Vom 9. bis 12. August jenes Jahres fuhren Dragoner, Infanterie und Artillerie, die der Besatzungsarmee in Frankreich angehört hatten, über Bremen zurück nach Oldenburg.[177] Einmal erschreckte eine Lok ein Pferd aus Lohne dermaßen, dass es flüchtete, auf der Bahnhofstraße vier Bäume und einen Kutschwagen beschädigte und erst im Westen vor dem Moor angehalten werden konnte.[178]

Ein besonderes Ereignis war die Durchfahrt zu einer Demonstration von je eintausend Katholiken aus dem Oldenburgischen und aus der Twistringer Gegend am 12. April 1874, die im Rahmen des Kulturkampfs der preußischen Regierung von Bismarck gegen den kirchlichen Einfluss dem von ihnen hoch geachteten Bischof von Münster huldigten.[179]

Von Tierquälerei berichtete das „Diepholzer Wochenblatt“ am 19. September 1874. 22 fette Schweine aus dem Oldenburgischen waren vom Vormittag bis 20 Uhr ohne Nahrung in einem Bahnwaggon eingesperrt. Da die Tiere unruhig wurden, wurden sie mit einem Stock „beruhigt“, der ihnen an die Augen „gehalten“ wurde.

Der Bahnhof war nicht nur für die Personenbeförderung, sondern auch für den Viehtransport wichtig. Die Gänse sind schon erwähnt worden; vom 1. Oktober 1898 bis zum 1. Oktober 1899 wurden 1850 Stück Großvieh und 184.000 Stück Kleinvieh verladen, etwas mehr als doppelt so viel wie in Barnstorf und anderthalbmal so viel wie in Lemförde.[180] Die militärlogistische Bedeutung mag der Grund dafür gewesen sein, dass Bismarck die sich inzwischen als rentabel erweisende Strecke neben anderen am 1. Februar 1880 verstaatlichte.[181]

Ein wenig Hofberichterstattung möge erlaubt sein. Am 23. April 1890 durchfuhr auf dem Weg ins Elsass ein von zwei Loks gezogener Extrazug mit Kaiser Wilhelm II. langsam den Bahnhof. „Hoch“ und

Die Bahnhofstraße als Verbindung von Stadt und neuem Bahnhof *Foto: Döbbeling*

„Hurra“ riefen die Einheimischen, wofür der Kaiser sich wiederholt huldvoll verneigte.[182] Die treuen Welfenanhänger werden wohl zu Hause geblieben sein. Am 22. September 1901 passierte der kaiserliche Hofzug mit dem russischen Zarenpaar auf dem Weg von einem Staatsbesuch in Nordfrankreich in Richtung Bremen und Hamburg.[183]

Der Anschluss an die Bahn brachte folgende Veränderungen für Diepholz: Gebaut wurden im Bahnhofsbereich ein Empfangsgebäude, Kohlenbansen zur gleisnahen Lagerung der Kohlen für die Dampflokomotiven, Lokschuppen, Wasserstation (1897 im Süden neu als Turm), 1908 ein neuer Maschinenschuppen, das Postgebäude und als Verbindung zur Innenstadt die Bahnhofstraße mit dem Kriegerdenkmal und ein- bis zweistöckigen Wohnhäusern. Schon 1872 wurde ein Speditions- und Verladungsgeschäft am Bahnhof eröffnet, das mit Kolonialwaren, Salz, Kohlen und Kalk handelte. 1905 wurde bei Bahnhofswirt Gramberg als Ersatz für das an die Lange Straße verlegte Postamt eine Posthilfsstelle mit Telegrammannahme eingerichtet. Der bisher nach Südosten verlaufende Bursloppweg wurde durch die Straße An der Bahn und den Übergang südlich des Bahnhofs nach Lüdersbusch ersetzt.

1894 wurde eine Bahnsteigsperre eingeführt, die noch bis in die zweite Hälfte des 20. Jahrhunderts bestand und zu deren Passieren man im Bahnhof eine Bahnsteigkarte kaufen musste.[184]

Diepholz hatte im Vergleich zu den Gemeinden der weiteren Umgebung das große Los gezogen. Als 1894 267 aufwärts strebende Twistringer mit einer Unterschriftenaktion eine Schnellzugstation nach Diepholzer Vorbild erhalten wollten, wies die Leitung der Bahn sie ab.[185]

Es ging durchaus noch gemütlich zu. Der Sommerfahrplan 1895 sah für die Verbindung nach Osnabrück einen Zeitraum von einer Stunde und 18 Minuten vor, für die Strecke nach Bremen eine Stunde und 40 Minuten. 1904 erreichte ein Zug Osnabrück bei normalen Wetterverhältnissen in 50 Minuten ohne Aufenthalt.[186] Unter extremen Bedingungen wie Kälte und Schnee wie im Januar 1901 kam ein Güterzug mit sechs Stunden Verspätung in Diepholz an oder musste ein anderer Güterzug an der Marler Höhe von fünf Lokomotiven geschleppt werden.[187] Im Oktober 1902 stießen in der Nähe des Bahnhofs ein aus Osnabrück kommender Kohlenzug und ein fast leerer Güterzug aus Diepholz zusammen.[188]

Weitere Bahnbaupläne wurden zunächst nicht verwirklicht. So war schon 1882 eine Strecke über Lingen nach Zwolle in den Niederlanden im Gespräch, und Lohne hoffte lange Zeit, durch eine Verbindung von Diepholz über Aschen nach Quakenbrück Bahnknotenpunkt zu werden, wofür sich 1911 auch der Diepholz liebende Magdeburger Hermann Prinzhorn mit militärischen Argumenten und dem Plädoyer für einen Anschluss an die Hauptstrecke südlich des Growegs einsetzte. Er wollte auf dieser Strecke für den Fall eines Einmarsch der Briten in die Niederlande und der Franzosen in Belgien Truppen in kurzer Zeit nach Westen transportieren.

1893 wurde eine Bahnverbindung an die Mittelweser ins Gespräch gebracht. Die betreffenden Bürgermeister und die Industrie zeigten ein besonderes Interesse daran. Erst 1907 setzten die Vorarbeiten für die Strecke von Nienburg über Sulingen nach Diepholz ein. Begründet wurde der dann 1908 vom Abgeordnetenhaus gefasste Beschluss mit den Vorteilen für den Transport von Dünger für die Kultivierung (Urbarmachung) des Wietingsmoores, von Vieh, von Futtermitteln und von Holz sowie der dann möglichen industriellen Ausbeutung der Moore.

Nicht voran dagegen kam der vor 1900 diskutierte Plan einer Kleinbahn von Diepholz nach Ströhen, da sowohl der Landrat (aus Rentabilitätsgründen) als auch einzelne Wagenfelder das Projekt ablehnten. Benachbarte Westfalen vermuteten, dass die Abneigung gegen die Altpreußen im Hintergrund stand, so dass die Vision einer Verbindung mit Bünde über Rahden erst recht illusionär blieb, während Sulingen von dieser Zurückhaltung profitierte. Auch die angedachte und in Rehden begrüßte Strecke ab Wagenfeld blieb ein Wunschtraum, weil die dortigen Kaufleute befürchteten, dass ihre Kunden nach Diepholz abwandern würden.[189]

Damals gab es den ersten regelmäßigen Verkehr vom „Hotel Stadt Hannover“ zum Bahnhof mit einer einspännigen Kutsche, die achtmal Pakete mitnahm und zwei bis drei Personen für einen Groschen beförderte. Eine seit 1874 verkehrende Personenpost nach Wagenfeld stellte 1907 ihren Betrieb ein.

Seit 1906 wurde der Spediteur Heinrich Wiechers dadurch gefördert, dass er als bahnamtlicher Rollfuhrunternehmer bei der Güterabfertigung anerkannt wurde und dadurch manche Aufträge erhielt.

Viele Straßen wurden erneuert. Im April 1873 war die Landstraße nach Vechta zwischen Ovelgönne und der Hunte wegen des Neubaus dreieinhalb Wochen lang gesperrt, und als Umleitung wurde der Weg über die Düstere Straße, die Heeder Brücke und den Heeder Moorweg in Richtung Falkenhardt genutzt.[190] 1870 wurde der Weg von Kroge bis zur östlichen oldenburgischen Landesgrenze zu einer Chaussee ausgebaut. Die Chausseen nach Westen auf den Moorhäusern und nach Nordnordwesten bei Spannhake (Aschen) sperrte der Kreis seit 1872/73 durch Schlagbäume, die gegen eine Gebühr angehoben wurden. Das Weggeld kassierte der jeweilige Hebestellenpächter. Gern hätten die Diepholzer auf der Basis der Gleichbehandlung dieses Hemmnis aufgehoben, doch im Kreis Vechta behielt man die dortigen Sperren noch viele Jahre bei.

Am Rittergut Falkenhardt vorbei ging es nach Vechta.

Vorstellen können wir uns die Straßen so richtig, wenn wir die Beschwerde von Julius Samenfeld, von Frau Lemke und aus dem Hause Klatte lesen, dass bei jedem starken Regen Wasser von der Straße in den niedriger liegenden Hausflur laufe, oder die Beschreibung des Magistrats, Parkweg und Steinstraße seien in einem Zustand, dass „die Pflasterbahn eigentlich nur aus nebeneinanderliegenden Löchern besteht."[191]

Im ersten Jahrzehnt des 20. Jahrhunderts wurden Lange Straße, Steinstraße, Parkweg, Mühlenstraße, Grafenstraße und Bahnhofstraße auf eine neue Höhe gepflastert, weshalb Zimmermeister Grieme das nahe dem Kurzen Weg stehende Kriegerdenkmal um einen Meter erhöhte und Maurermeister Wilhelm Heiser einen Fundamentblock darunter setzte.

Nach 1900 nahm die Zahl der Motorradbesitzer rasch zu. 1905 kaufte sich Richard Behrens ein sensationell erscheinendes 3½ PS-Motorrad, das 40-50 km ohne neue Füllung zurücklegte![192]

Der erste prominente durchreisende Autofahrer aber war Prinz Heinrich von Preußen (bekannt durch seine „Prinz-Heinrich-Mütze"), der am 11. Oktober 1902 bei Gastwirt

Langestraße vor 1900

Das erste Auto in Diepholz besaß Heinrich Buddemeyer.

für die die Prüfungen bisher in Hannover abgelegt werden mussten.[195]

Ein aufregendes Ereignis im Schiffsverkehr: Im Frühjahr 1914 verunglückte ein Lohnekahn. Mit Sand gefüllt, fuhr er auf der Lohne gegen eine Brücke und sank. Zwei Stunden brauchten die Leute, bis er gehoben war. Das Wasser stand ihnen bis zum Leib.[196]

Die technische Kommunikation mit der Umgebung wurde durch weitere Maßnahmen verbessert. Schon im Jahre 1870 wurden wichtige Kriegsereignisse per Telegraf übermittelt. Im Oktober 1873 wurde zusätzlich zur Nord-Süd-Strecke ein Telegrafendraht vom Bahnhof Diepholz nach Lohne gelegt. 1898 erhielt Diepholz die erste öffentliche Fernsprechstelle, von der aus man für 25 Pfennige drei Minuten lang telefonieren konnte.[197] Schon Ende 1898 bot die Post Verbindungen mit 21 anderen Poststellen an.[198] Erster privater Fernsprechteilnehmer der 1900 in Diepholz vereinigten Linie zwischen Bremen und Osnabrück war seit Oktober des Jahres Kaufmann Schwarze auf dem Esch 1, und seit 1901 konnte man Bremen, Berlin und Osnabrück, aber auch Vechta, Ankum, Bersenbrück und Gehrde, seit 1902 Hamburg und seit der Jahreswende 1903/1904 Wildeshausen, Steyerberg und Stolzenau direkt erreichen. Erst 1908 wurden die privaten Telefonanschlüsse 25-28 hergestellt.[199]

Fritz Pottberg (damals Hotel Hannover, Lange Straße) ein einfaches Mahl einnahm und nach mehreren Tagen für die „aufmerksame Bedienung und gute Kost“ danken ließ.[193] Im Rahmen einer großen Rallye des kaiserlichen Automobilklubs und des Royal Automobile Club von Bad Homburg vor der Höhe über Köln und Bremerhaven bis nach England kehrte er am 7. Juli 1911 zurück. In Diepholz hielt er sich über zweieinhalb Stunden lang auf. Die Diepholzer Kapelle spielte für den Prinzen „Heil dir im Siegerkranz“, für die anderen Teilnehmer wie Adolf Fürst zu Schaumburg-Lippe, Prinz Karl zu Isenburg, den Bankier Dr. Hans von Bleichröder, Mitglieder des englischen Königshauses, den Finanzmann Lionel de Rothschild und den Schriftsteller Sir Arthur Conan Doyle („Sherlock Holmes“) Musikstücke oder einen Tusch. 12 Mercedes, 10 Benz, 6 Opel, 3 Adler und andere Fabrikate hielten auf dem Willenberg und ließen sich vom Depot der Firma Continental in der Nähe des neuen Krankenhauses versorgen. Die Engländer frühstückten im „Hotel Gerke“. Viele Zuschauer sahen sich das für sie aufregende Spektakel an. Über die gesamte Fahrt – von Diepholz nach Bremen in einer Stunde und 25 Minuten – berichtete die nächste „Allgemeine Automobil-Zeitung“ mit einem Foto von der Diepholzer Kapelle vor dem Hotel Gerke.[194]

Erfreulich für damalige Kfz-Freunde: 1913 durfte der Automobilkaufmann Heinrich Behrens jun. erstmals Führerscheine der Klasse 3 ausstellen,

Gericht

1877 wurde das Gefängnis aus dem Pforthaus in den Ostflügel des bereits 1837 gründlich umgestalteten Schlosses verlegt, der um ein Stockwerk erhöht wurde.

Die Diepholzer galten nach einer Anzeige vom 22. April 1868 im Diepholzer Wochenblatt als „sehr gute Leute“. Dennoch gab es auch hier kleinere Verstöße gegen die Ordnung.[200] So wurden Grabdenkmäler beschädigt oder ein Bienenkorb gestohlen, oder Jungen zerstörten entgegen dem Polizeistrafgesetz vom 25. Mai 1847 Nester von Singvögeln am alten Heerwege, dem heutigen Philosophenweg. In dieses Bild passt auch die Warnung des Aufsehers H. Rohlfs in der Escholt, die am 4. September 1872 im „Diepholzer Wochenblatt“ veröffentlicht wurde: „Diejenigen Burschen, welche am Sonntage während meiner und meiner Frauen Abwesendheit sich in meinem Hause so flegelhaft benommen, außerdem mein Gemüse zertreten und auch reichlich 50 Eier bis auf die Schalen entwandt, auch mit brennenden Cigarren und Pfeifen im Viehhause sich herumgebalgt haben, werden hierdurch gewarnt, sich in solcher Weise bei mir nicht wieder blicken zu lassen, widrigenfalls ich sie ohne Ausnahme beim königlichen Schöffengerichte verklagen werde.“

Im Sommer 1895 ertappten zwei Bewohner von den Moorhäusern und ein weiterer Diepholzer einen Mann aus Kroge, der im Diepholzer Moor wildernd auf die Jagd ging. Als er die drei erblickte, beschoss er sie mehrmals. Das Diepholzer Gericht verurteilte ihn zu einer Geldstrafe von 100 Mark und drei Monaten Gefängnis. Zwei Leute aus Lehmden kamen wegen unberechtigter Jagdausübung im Diepholzer Moor am 22. Oktober 1897 mit 20 Mark davon.[201]

1898 verurteilte der Amtsrichter einen Steinmetzmeister in Diepholz und einen Kaufmann und Gastwirt in Barver zu 5 Mark Geldstrafe, weil sie sittenverletzende Abbildungen an einem dem Publikum zugänglichen Ort in einem Bilder-Automaten ausgestellt hatten.[202] Zwei Jahre darauf erhielt die Frau des Bildhauers eine Geldstrafe von 3 Mark, weil sie in ihrem Schaufenster drei Postkarten mit damals als unzüchtig geltenden Abbildungen ausgestellt hatte. Es handelte sich nach Auskunft einer Nachfahrin um Karten mit Tänzerinnen in Federröckchen, die man hochpusten konnte – nach heutiger Auffassung allenfalls neckisch.[203]

Gefährlicher war da schon ein Diepholzer Kaufmann, der einer Frau Blome im Streit um die Grundstücksgrenze drohte, sie totzuschlagen. Das damals noch zuständige Osnabrücker Schwurgericht verurteilte ihn zu 30 Mark Geldbuße. Ähnlich gelagert war der Streit wegen der Grope (schmaler Gang) zwischen den Häusern eines Maurermeisters und eines Schlachters. Der Maurer warf schließlich einen Stein auf den Schlachter und beleidigte ihn als Betrüger und Spitzbuben, wofür er 50 Mark Strafe zahlen musste.

Ein gebürtiger Westpreuße war wegen eines Einbruchs in Barnstorf verhaftet und in Vechta inhaftiert worden. Von dort floh er nach Diepholz, wo

Das Schloss als Sitz des Amtsgerichtes und die alte Vorwerksbrücke

er am 18. Januar 1904 den Gerichtsdiener und Gefangenenaufseher Wilhelm Neil überfiel und schwer verletzte. Er wurde gefasst und vernahm am 7. Juni jenes Jahres sein Urteil: Vier Jahre Zuchthaus wegen des Überfalls und zwei Jahre zusätzlich wegen des Einbruchs sowie fünf Jahre Ehrverlust. Neil war so lädiert, dass er sich noch bis zum 1. Oktober erholen musste.

Ein Streiflicht auf die Verhältnisse im Männer verschlingenden Ersten Weltkrieg wirft ein Gerichtsurteil von 1917.[204] Zwei junge Frauen hatten sich Ende April in einer Scheune im Espohl bei Lemförde mit zwei Kriegsgefangenen getroffen. Das war seit Beginn des Krieges verboten. Die Männer entwichen, die Mädchen wurden erwischt. Das Gericht in Diepholz erlegte den beiden je 14 Tage Haft auf. Und weil die verliebte Tochter eines Diepholzer Akkerbürgers (bei dem kriegsbedingt großen Mangel an jungen Männern) oft einem belgischen Zivilgefangenen „nachgelaufen" war, diktierte ihr das Schöffengericht eine Geldstrafe von 150 Mark zu.[205]

Polizei und Nachtwächter

Für die örtliche Polizei und die nächtliche Sicherheit war die Fleckensverwaltung verantwortlich. Ein grimmiger Kommentar zum Verhalten mancher Zeitgenossen erschien am 25. August 1894 im Wochenblatt: Der (natürlich nicht bestehende, ironisch erfundene) „Verein zur Hebung von auf der Bahnhofstraße versunkenen Menschen und sonstigen Wertgegenständen" könne sich ja auflösen, aber für die sittlichen Zustände besonders auf der Langen Straße am Sonntagabend sei vielleicht ein „Verein zur Hebung des öffentlichen Anstands" nötig.

Im Winter wurden Torfdiebstähle auf dem Moor entdeckt, ohne dass man die Übeltäter zu fassen vermochte. An einem Septembertag des Jahres 1900 verfolgte Gendarm Dreuse und andere drei Wilddiebe aus der westlichen Nachbarschaft, die im Diepholzer Moor Hasen jagten. Die Südoldenburger konnten entkommen. Zeitweise waren die Zustände im „Wilden Westen" von Diepholz so, dass man von einem Schreckensregiment sprach.[206]

Nachdem am 31. Dezember 1892 fast sämtliche Bergleute im Saargebiet ihre Arbeit eingestellt hatten, wurde der berittene Gendarm Bienert dorthin entsandt, um Unruhen verhindern zu helfen. Vom 17. Januar bis 21. Februar 1905 war Gendarm Geffert mit einem Pferd unterwegs, um in Dortmund einen Arbeiterstreik eindämmen zu helfen. Im März 1912 wurde er mit einem gleichen Auftrag ins Kohlenrevier von Recklinghausen entsandt.

Die Nachtwächter sorgten für Ruhe und Ordnung. Zu ihren wichtigsten Aufgaben gehörte es, auf die Einhaltung des Brandschutzes zu achten. Manche Bürger beklagten sich über das störende Nachtwächterhorn, mit dem sie ihre Tätigkeit bekundeten und Feueralarm auslösten. Als 1898 47 Bürger die Einstellung beantragten, lehnten die Bürgervertreter ab.[207]

Zum 1. April 1900 wurde es dann doch abgeschafft, doch ganz konnte man darauf nicht verzichten, da es noch keine Sirenen gab.[208] 1906 wurden spezielle Alarmhörner beschafft. Zwei Männer wachten nach einer Regelung aus dem Jahre 1899 von 23 bis 5 Uhr von Januar bis März, von 23 bis 4 Uhr von April bis September und von 23 bis 3 Uhr von Mai bis August.[209]

1901 fuhr Nachtwächter Ernst Fricke im Auftrag des Magistrats nach Göttingen, um in neue Desinfektionsverfahren mit der Verdampfung von Formalin eingeführt zu werden. Anfang 1904 wurde die Desinfektionsanstalt am Weg zum Lüdersbusch fertiggestellt, wo vor allem wegen Ansteckungsgefahr verdächtige Textilien desinfiziert wurden.[210]

Feuerwehr

Noch lange war die Abwehr von Bränden eine Pflicht aller Bürger. Überdurchschnittlich gut ausgerüstet war die Firma Schwarze mit einer modernen Handspritze. Auch der Rat und der Willenberg verfügten über jeweils eine Spritze (Stand von 1895).[211] Doch bei einem Brand in der Lohnstraße 1874 freute man sich auch über die nachbarschaftliche Hilfe aus Heede und Sankt Hülfe, weil die Lohne oberhalb wegen Vertiefungsarbeiten abgestaut war und deshalb kaum Wasser zur Verfügung stand.[212]

Die Freiwillige Feuerwehr wurde erst 1892 gegründet.[213] Im Saal von Vogelsang traten 26 Mitglieder unter Freiherr Karl Wilhelm von Veltheim bei und eröffneten am 1. Mai ein provisorisches Büro. Der Hauptmann der Freiwilligen Feuerwehr Sulingen gratulierte, woraufhin die Diepholzer Kameraden das Sulinger Muster besichtigten und anerkannten, dass das Interesse dort größer war als in ihrem Ort. Immerhin aber erschienen zur ersten

Generalversammlung Anfang Juni 1892 bereits 40 Männer. Am 31. Juli 1892 hielt die Wehr ihre erste Übung auf dem Marktplatz ab und wenige Wochen später rückte sie zu ihrem ersten Einsatz aus, als ein Schuppen auf dem Gut Diekamp brannte.[214] Eine neue Spritze wurde wenige Tage später aufgestellt, zwei Alarmhörner ebenfalls für die Feuerwehr 1906 angeschafft.

Ein Großbrand auf dem Kohlhöfen 1896 erfasste gleich fünf Häuser mit mehreren Mietern. Neun Wehren rückten an, um ein weiteres Ausgreifen zu verhindern.[215] Das letzte Großereignis dieser Art hatte sich sieben Jahrzehnte zuvor auf dem Willenberg, auf dem sog. „Halben Mond" abgespielt. In einigen Fällen halfen Präparanden unter Leitung ihres Vorstehers an der Judenstraße (heute Kolksstraße) und an der Langen Straße und verhinderten damit eine neue Katastrophe. Mehrfach brannte das Moor. Im trockenen Sommer 1911 brannte sich das Feuer südlich von Diepholz einen halben Meter tief in den Heideboden und wütete wochenlang.[216]

1912 erhielten die beiden Brunnen auf dem Marktplatz und der bei Gutknecht auf dem Willenberg Rohre für den Anschluss von Feuerwehrschläuchen. Damals wurden die Feuerlöschgeräte für ungefähr ein Vierteljahrhundert im Hause Hinterstraße 3 untergebracht.

1915 erhielt das Kriegsgefangenenlager Moorhäusern eine Feuerspritze.

Gründungsmitglieder der Freiwilligen Feuerwehr Diepholz

Ärztliche Versorgung

Sanitätsrat Dr. Lüning behandelte ein langwieriges Leiden des seit einem Beinbruch im Februar 1845 leidenden Schreibers Abraham Roberg, dessen Vater in Drebber schon im August 1847 den Magistrat für den damals Vierzehnjährigen um einen Zuschuss zu den Kosten eines künstlichen Beins gebeten hatte.[287] Der Arzt erreichte 1870, dass sein Patient mit Hilfe von Spenden eine (neue?) Beinprothese erhielt.[218] Der Wohltäter wurde 1875 Kreiswundarzt und 1883 Kreisphysicus. Er starb 1893 im Alter von 74 Jahren.[219]

Der bis 1912 am Bremer Eck im alten Posthaus praktizierende Dr. Gerding musste als Armenarzt unentgeltlich behandeln.[220] So untersuchte er 1908 im Gerichtsgefängnis einen Arbeiter, ob er der Anstaltspflege bedurfte oder reisefähig war. Auf das medizinische Gutachten hin verabreichte der Magistrat der Person Nahrungsmittel und Reisegeld.[221] Nachfolger des nach Hunteburg verzogenen Dr. Gerding als Armenärzte wurden Dr. Ludwig und 1914 der gebürtige Verdener Dr. Ludwig Frank auf der Münte.

Noch 1892 fand man Aborte nahe den Armen der Hunte, wurden Kadaver von Hunden und Katzen in die Kanäle geworfen und erhoben sich Düngerhaufen vor den Häusern, worüber sich die Obrigkeit wegen der Cholera besorgt zeigte, die im August nicht nur im Osten, sondern auch in Hamburg und Osnabrück Opfer forderte, so dass eine Sanitätskommission gegen sanitäre Mängel gebildet wurde.[222]

Das für den 2. September 1892 geplante Essen zum Sedantag im „Grafen" wurde abgesagt, alle öffentlichen Veranstaltungen und Märkte wurden verboten, so dass der Großmarkt vom 22. September auf den 14. Oktober verschoben wurde. Hinter der Bahn, vom Ort entfernt, wurde vorsorglich eine Baracke für Cholerakranke aufgestellt, da bereits Reisende aus Hamburg eintrafen, die zu ihren Diepholzer Verwandten flüchteten. Auf dem Bahnhof wurden Personen aus choleraverdächtigen Gebieten desinfiziert, und die in Diepholz Aufgenommenen wurden ärztlicher Kontrolle unterstellt. Schon kreiste in der lokalen Gerüchteküche die unzutreffende Vermutung, in einem renommierten Diepholzer Geschäftshaus sei die Cholera ausgebrochen.

Am 10. September 1892 wurde ein Aufnahmeverbot für Personen aus Altona, Hamburg, Harburg und Bremen und Umgebung verhängt. Die schon Angekommenen wurden desinfiziert, die Abortgruben wurden mit Kalkmilch und Abrieb der Sitzbretter mit Karbolsäure gereinigt. Wasser und Milch sollten nicht ungekocht getrunken werden, auch vor rohem Obst wurde gewarnt.

Mehrere Züge fielen am 19. September aus, und erst Anfang Oktober fanden die Märkte wieder statt, nach der Monatsmitte normalisierte sich auch der Zugverkehr.

Die Sanitätskommission wurde auch 1894 aktiv und kontrollierte erneut Straßen, Plätze, Dungstätten, Abtrittsgruben und die Reinlichkeit von Logier- und Kosthäusern.[223]

Der Kampf um die Hygiene dauerte noch länger, wie aus einem Aufruf des Landrats von Wangenheim vom 5. Juli 1895 ersichtlich wird: „Da in Diepholz kürzlich mehrere Fälle von Unterleibstyphus aufgetreten sind, werden die Einwohner des Ortes davor gewarnt, Wasser aus der Lohne zum Trinken oder zum Spülen von Geschirren zu benutzen."[224]

Die Cholerabaracke wurde 1899 verkauft.

Üble Nachrede bezog sich auch auf den Gesundheitszustand. So annoncierte ein Schuhmachermeister in der Lohnstraße: „50 Mark Belohnung zahle ich demjenigen, welcher mir den Verleumder bringt – so dass derselbe gerichtlich bestraft werden kann – der die Unverschämtheit hatte zu sagen, dass in unserem Hause die Bewohner mit der Krätze behaftet seien. Es ist nämlich bei uns keine Spur von Krätze nach Aussage des Herrn Doctor Frank."[225]

Dr. Franks Domizil war die Münte

1894 strebten vor allem Pastor Meyer und Superintendent Stölting eine Krankenpflegestation mit einer Diakonisse aus dem Henriettenstift in Hannover an. Die Erträge aus allerdings kümmerlich besuchten Liederabenden wurden für erforderliche Utensilien bereitgestellt. Im November 1896 trat die erste Gemeindeschwester Ida Walkemeyer ihren Dienst an. Sie baute außerhalb ihrer sozialmedizinischen Tätigkeit die Jugendarbeit mit konfirmierten Mädchen („Jungfrauen" in der damaligen Bezeichnung) auf. Die Gemeindeschwester verfügte ein Jahrzehnt nach der Eröffnung der Station über Wasserkissen, Luftkissen, Eisblasen, Inhaliermaschinen, Badewanne, Thermometer und Krankenwagen, die auch verliehen werden konnten. Erhalten wurde die Einrichtung durch den Verein für Gemeindepflege.

Da ein Frauenarzt hier noch nicht praktizierte, fuhren Ratsuchende mit dem Zug nach Bremen und nach Osnabrück. Überhaupt fehlten in Diepholz noch die Fachärzte. Andererseits wurde Kreisarzt Dr. Helwes am 1. November 1905 nach Posen abgeordnet, um die dort aus Russisch-Polen Einreisenden auf Cholera hin zu überprüfen.[226]

Wichtig für die Volksgesundheit wurden im neuen Jahrhundert monatliche, für Un- und Minderbemittelte kostenlose Sprechstunden für Tuberkulosekranke. Gegen die noch verbreitete Tbc wurde zu einem eigenen Bett, zu Spucknäpfen und Spuckflaschen geraten. Wäsche sollte desinfiziert, eigenes Geschirr benutzt und kranke Mütter sollten von ihren Kindern getrennt werden. Der Kreis Diepholz und der Frauenverein boten Beihilfen für Kräftigungsmittel und für Aufenthalte in einer Heilanstalt oder einem Bad an.

Aufgesucht wurden von einzelnen Vermögenden schon um 1870 Marienbad, Franzensbad und Karlsbad in Böhmen, Bad Kissingen, das Nordseebad Norderney und Bad Ems.[227]

Das neu erbaute städtische Kranken- und Siechenhaus am Willenberg *Foto: Döbbeling*

Im neuen Jahrhundert ermöglichten Spenden die Verschickung schwächlicher Kinder zur Erholung. 1909 – um ein Beispiel zu nennen – fuhren neun Diepholzer und drei Lembrucher zu einem kostenlosen Badeaufenthalt nach Norderney.[228]

Die Zahnmedizin war ebenfalls noch nicht fest etabliert. So musste man sich entweder auf den Bader oder auf umherziehende Männer wie den aus den Niederlanden gekommenen „Zahnkünstler" Schreckenberg verlassen, einen Allroundmann, der im August 1874 warb, er ziehe Zähne schmerzlos aus und erteile Rat gegen Gicht, Rheuma, Kopfübel und Morgenübel.[229] Er praktizierte bei Gastwirt Vogelsang. Im Hotel von Fritz Gerke, wo in den neunziger Jahren der „Zahnartist" Mock aus Twistringen seine Kunst ausübte, trat 1891 auch ein reisender Stotterheillehrer auf.[230] 1910 eröffnete Dentist Hermann Schröder aus Bremen eine Filiale seiner zahntechnischen Praxis. Damit ergänzte er das „Zahnatelier" von Borghardt jun., neben dem im Salon seit April 1894 Bart- und Haupthaare geschoren wurden.[231]

Öffentliches Impflokal war (jedenfalls 1903) das vor seinem Abbruch stehende Rathaus.

Die Aufgaben der (damals noch einzigen) Apotheke waren vielfältiger als heute. Apotheker Wuth verkaufte noch Kernseife, Lavendelseife, Rasier- und Waschseife, Kakaopulver, Schokolade, Tafelessig, Mohnöl und schwarze Schreibtinte. In der Apotheke besorgten sich die ersten Autofahrer auch ihren Treibstoff, da es noch keine Zapfsäulen, geschweige denn Tankstellen gab. Apotheker Jäger beglückte die Eltern und dämpfte die Stimmung ihrer Kinder mit dem gesunden Medizinal-Lebertran.

Schon ein Jahrzehnt vor dem Ersten Weltkrieg schlossen sich die Mediziner zu gegenseitigen Absprachen im Ärzteverein des Kreises Diepholz zusammen und vereinbarten Ende 1907 gemeinsame Honorarsätze.[232]

Ein bedeutender Fortschritt ergab sich aus dem seit 1894 angebahnten Bau des „Kranken- und Siechenhauses".[233] Der erste Hauptstifter, Louis Nennecke aus St. Louis (USA), der sich auch eine Kur in Wiesbaden leisten konnte, hatte 1905 die Bedingung gestellt, das ursprünglich für die Wilhelmstraße vorgesehene Haus solle auf dem Willenberg gebaut werden, weil er von dort stammte. Damit setzte er sich durch, und so konnte am 5. November 1907 der Grundstein für das von Architekt Hölscher in Hannover entworfene ein- bis zweistöckige Gebäude gelegt werden, das am 30. September 1908 mit 16 Betten eröffnet wurde und als dessen leitende Schwester die bisherige Gemeindeschwester Dorothee Krull eingesetzt wurde.[234]

Für die Einrichtung konnte man auf den Sachverstand von Dr. Helwes bauen. Als das Geld nicht ausreichte, wandte der Bürgermeister sich an zwei bewährte Sponsoren, Bankdirektor Roese (Filiale der Deutschen Bank in London) und besonders Direktor Prinzhorn, und erhielt 8.000 Mark, zu denen noch 10.000 Mark der Witwe des Amtshauptmanns von Denicke in Evensen bei Neustadt am Rübenberge, früher in Diepholz, traten. Man denke nicht, dass nach der Einweihung geschlemmt wurde! Die Ehrengäste verzehrten im Hotel Gerke einen kalten Imbiss, Bouillon und Portwein.[235]

Eine bessere medizinische Versorgung war dringend nötig, denn – um ein Beispiel zu nennen – die Kindersterblichkeit war so hoch, dass mehr als jede vierte verstorbene Person ein Kind war, das insbesondere an Krämpfen, Luftröhrenkatarrhen und sog. Lebensschwäche starb.[236]

Anfang Mai 1913 war in der Diepholzer Volksschule fast jedes zweite Kind an Mumps und Masern erkrankt.[237]

Gemäß der Reichsversicherungsordnung empfahl der Kreisausschuss am 18. November 1912 eine Allgemeine Ortskrankenkasse und eine Landkrankenkasse mit Versicherungspflicht zu errichten. Der Kreistag erhob die Empfehlung am 25. Januar 1913 zum Beschluss, und am 18. Dezember 1913 schritten die im November gewählten Vorstands- und Ausschussmitglieder zu den konstituierenden Sitzungen im „Grafen".[238] Der erste Sitz der AOK war das Geschäft von William Harms am Bremer Eck, der der Landkrankenkasse ein Büroraum im Rathaus.

Ein in Diepholz am 3. November 1831 geborener Sohn des Medizinalrats Dr. Lindemann war der Geheime Sanitätsrat Dr. Theodor Lindemann, der, zunächst Militärarzt, von 1863 bis 1896/7 das Henriettenstift in Hannover leitete. Er starb am 23. Februar 1903 in seinem Wirkungsort.

Wurstmachen des Kriegervereins für die Kameraden im Felde 1916

Rotes Kreuz

Am 21. Juli 1870 wurde als Folge des Deutsch-Französischen Krieges im „Grafen von Diepholz" ein Verein behuf Unterstützung und Pflege von Kriegsverwundeten gegründet, dessen Kassenbestand 1873 dem Kriegerdenkmal zur Verfügung gestellt wurde.[239] Vom 29. August 1870 bis in den Oktober beschäftigte sich „der hiesige Frauen-Verein" unter der Leitung von „Frau Conditor Becker, Frau Superintendent Haenell, Frau Sanitätsrath Lüning" und Frau Uffenorde nach einer „Damenversammlung" im „Hotel zum Grafen" mit „weiblichen" Handarbeiten (Stricken, Nähen) und veräußerte sie auf einer Lotterie für verwundete und erkrankte Krieger.[240]

Der 1872 gegründete Lokalverein des Provinzialvereins zur Pflege im Felde verwundeter und erkrankter Krieger unter dem Vorsitz von Amtsrichter Salfeld war in erster Linie eine Geldsammelstelle.[241]

Das heutige Deutsche Rote Kreuz aber entstand erst Ende 1903 als Vaterländischer Frauenverein vom Roten Kreuz und wurde zur Unterscheidung vom älteren kirchlichen Frauenverein auch „neuer Frauenverein" genannt. Am 11. Januar 1904 hielt der Verein seine erste Generalversammlung ab.[242] Den Vorsitz nahm die Frau des Arztes Dr. Helwes ein, der noch vor Jahresende den Schwesterverein in Barnstorf gründete. 1906 richtete der Verein Krankenpflegestationen in der Umgebung (z.B. bei Thiesing auf der Graftlage) ein, die mit einem Thermometer, einem Irrigator und einem Steckbecken ausgestattet wurden.[243]

1910 bot der Vaterländische Frauenverein ein Mittagessen an für Volksschüler, die sich mittags wegen großer Entfernung nicht nach Hause begeben konnten. Auch Milch und manchmal Kakao wurden ausgegeben.

Die Sanitätskolonne des Kriegervereins stellte die parallele Abteilung der Männer dar, die 1902 vom Kriegerverein aufgestellt wurde.[244] Sie kam beispielsweise am 27. September 1910 zum Einsatz.[245] Damals verunglückte Dr. med. Ludwig Frank, weil ein Pferdegespann durchging. Er zog sich einen schweren Bruch zu und verlor viel Blut. Die Kolonne war schon nach 20 Minuten am Unfallort „Grüner Jäger" in Richtung Wetschen, versorgte den Arzt und brachte ihn zum Bahnhof, von wo aus der Verunglückte in einem Packwagen nach Bremen befördert wurde, wo er im St. Josephsstift behandelt wurde.

Zur Zeit ihres zehnjährigen Stiftungsfestes 1912 zählte die Kolonne 35 aktive und drei inaktive Mitglieder.[246]

Im Ersten Weltkrieg, in dem der Vaterländische Frauenverein vom Roten Kreuz vor allem im August 1914 die durchreisenden Soldaten auf dem Bahnhof mit Lebensmitteln versorgte und im Winter 1915 ostpreußische Flüchtlinge in Bad Essen bedachte, führte das Textilhaus Stüven ein Bußgeld ein, das diejenigen erlegen mussten, die im Laden unpatriotisch ein Fremdwort benutzten. Diese Strafe wurde an das Rote Kreuz abgeführt. Am 1. Juni 1915 nahm der nur für Männer offene Zweigverein vom Roten Kreuz für den Kreis Diepholz unter dem Vorsitz des Landrats Dr. Quassowski seine Arbeit auf.[247]

Großmarkt

Die Bezeichnung „Großmarkt" war früher keineswegs so gebräuchlich wie heute. Man sprach eher vom Markt, Jahrmarkt oder Diepholzer Markt.[248] Die Bedeutung der jüdischen Viehhändler war so erheblich, dass der Kram- und Viehmarkt mit Schweinen, Ferkeln, Rindvieh, Milchkühen und Pferden wegen der jüdischen Feiertage beispielsweise vom 22./23. auf den 25./26. September 1873 verlegt wurde. 1872 war der Viehmarkt wegen einer Seuche ausgefallen. Der Markt war aber derart attraktiv, dass in dem Jahr allein in diesem Zusammenhang 800 Fahrkarten im neuen Bahnhof verkauft wurden.[249] Sehr viele Schaubuden wurden aufgestellt, und 1874 traten wie wohl schon seit Jahrzehnten mehrere Orgeln mit acht „Mordbildern" (also: gereimter Bänkelgesang über Mordfälle, durch Bildtafeln anschaulich gemacht) in Erscheinung.[250]

1886 wurde am großen Markttag im September für Buden Stättegeld nach Gewohnheitsrecht auf Grundstücken im Eschfeld erhoben. Kunstreiter und Karussells waren werbewirksame Attraktionen.[251]

Von der Bedeutung des Großen Marktes vermitteln folgende Zahlen einen Begriff: Am 22. September 1890 wurden hier 218 Pferde, 550 Rinder und 1.412 Schweine aufgetrieben.[252] Der 1893 wegen der Choleragefahr verschobene Großmarkt wurde am 14. Oktober mit großer Freude nachgeholt, und die Züge aus Lemförde und aus Richtung Bremen beförderten jeweils über 300 Besucher nach Diepholz.[253] Es war wie beim Großmarkt in Brockum

Osterhäschenfest des Vaterländischen Frauenvereins 1913

oder beim „Grot Mart“ in Wagenfeld, von dem ein Zeitgenosse schrieb: Da „blifft kin olt Wiew bien Potte.“ (Da bleibt kein altes Weib beim Topf, d.h. in der Küche oder zu Hause.)[254]
Der Konditor Rölly aus Sulingen verkaufte 1894 Spritzkuchen und Berliner Pfannkuchen.[255] 1900 reiste ein Händler aus Allendorf in Hessen mit Porzellan und Steingut zum Markt. Besucher kamen in größerer Zahl immer auch aus der südoldenburgischen Nachbarschaft.

1888 wurde der Markt auf den Esch verlegt, den der Magistrat für 1.440 Mark erworben hatte.[256]

Fand der Markt noch 1894 an einem Sonntag und am folgenden Montag statt, so wurde er 1895 auf Mittwoch und Donnerstag vorverlegt, weil die kirchliche Bezirkssynode die Sonntagsruhe fördern wollte.

Der 1901 erweiterte Marktplatz erfüllte noch weitere Funktionen. Hier fand ein Teil der alljährlichen Sedanfeier statt. Der vermutlich nicht erste Auftritt eines Zirkus mit 16 Personen, 20 Pferden, mehreren Hirschen und Rentieren ist schon Ende August 1874 nachweisbar, und der Marktplatz ist bis ins 21. Jahrhundert Standort von Wanderzirkussen geblieben. Im Sommer 1900 durfte Gärtner Beckmann während der Erntezeit eine Dampfdreschmaschine aufstellen. Im Juni 1901 fand hier das Kreiskriegerfest statt.

1897 erfuhr der Oktobermarkt eine Aufwertung vom Vieh- zum Vieh-, Pferde- und Füllenmarkt.[257]

1899 wurde die Fahrt über den Platz für alle Fuhrwerke gesperrt und beschlossen, ihn um 15 Quadratruten zu vergrößern, was der Gärtner Beckmann 1900 ausführte, der den Platz auch planierte und mit einem Graben an der Chaussee versah. Erstmals im Jahre 1900 wurden Barrieren zum Anbinden des zum Kauf angebotenen Viehs aufgestellt.

Der Platz war nicht etwa ein Schmuckstück, wie aus einem Gedicht hervorgeht, das ihn als Schmierplatz, Sauplatz und Zimmerbauplatz beschrieb und die abwertend gemeinte, auf die weit entfernte und im Aufbau befindliche Kolonie gemünzte Frage stellte: „Bin ich in Südwestafrika?“[258] Ein Brunnen und eine Bedürfnisanstalt fehlten zwar, doch wuchsen wenigstens die Lindenalleen heran.

1900 wurden angesichts des Bedarfs der Landwirte und des Verkaufsplatzes Essen im Ruhrgebiet neue Märkte genehmigt. 1901 wurden als Folge davon abgehalten Kram- und Viehmärkte am 17. April und am 18. September, Viehmärkte am 20. Februar, 29. Mai, 23. Oktober und 27. November. Um 1910 stieg der Zahl der Märkte auf 12 Schweinemärkte, sechs Vieh- und Pferdemärkte und zwei Kram-, Vieh- und Pferdemärkte, diese an einem Tag Mitte April und an zwei Tagen Mitte September wie heute unser Großmarkt.

Der Kohlmarkt jeweils im Oktober war eine Veranstaltung auf der Langen Straße vom Marktplatz bis zur Paradiekschen Ecke (Mühlen-/Bahnhofstraße), zu der gegen Ende des Jahrhunderts über 40 Wagen mit „Kabus“ vor allem aus dem Kreis Vechta und aus Eickhöpen auffuhren. Die Kohlköpfe wurden schockweise verkauft und von den Hausfrauen oft gemeinschaftlich zu Sauerkraut verarbeitet. Zweimal in der Woche wurde Sauerkraut gegessen. Jahrzehntelang zitierten die Diepholzer schmunzelnd den angeblich auf einen Verkaufswagen geschriebenen Spruch: „Wer Gott vertraut und Kabus klaut, der hat im Winter Sauerkraut.“ Noch kurz vor der Jahrhundertwende verlor der Markt an Bedeutung, weil die Händler dazu übergingen, den Weißkohl an den Haustüren zu verkaufen. Um 1935 wurde der Markt eingestellt.

Sportvereine

Der Akademische Kegelclub wurde 1862 ins Leben gerufen. Groß kann seine Mitgliederzahl nicht gewesen sein, denn seine im Namen zum Ausdruck gebrachte Exklusivität ließ in der Regel damals nur die in Diepholz seltenen studierten Männer wie Richter, Anwälte, Apotheker, Ärzte und Geistliche zu. Immerhin hat er sich bis heute aktiv gehalten, und zu Beginn der kalten Jahreszeit kann man zwei ältere Herren gemessenen Schrittes mit einem Karton über den Friedhof schreiten und auf Gräber einiger verstorbener Mitglieder Nelken niederlegen sehen.

Bereits zu Beginn der sechziger Jahre turnten Männer im Meyeringschen Saal (später Hotel Stadt Bremen am Bremer Eck). Der später lebende Wilhelm Kinghorst hörte wohl von Zeitzeugen davon, doch fehlen Dokumente darüber.[259]

Erstmals trat der am 15. Mai 1870 von Persönlichkeiten wie Kaufmann Johann Heinrich Reeßing, H. C. Harries, Buchdruckereibesitzer Ernst Dietrich Schröder und Bezirksfeldwebel Meyer gegründete Männerturnverein praktisch in Erscheinung mit einer Turnstunde am Abend des 21. Mai 1870. Die Bevölkerung liebte das Schauturnen, aber die Übungsfreude der Herren ließ erheblich nach, so dass die letzten Treuen 1872 die Auflösung beschlossen, aber nicht vollzogen. Am 18. Mai 1876 wurde der Verein nach dem völligen Stillstand im vorhergehenden Winter neu gegründet. Groß war die Freude, als 1891 und 1895 Turnfeste des von Sulingen aus angeregten Regionalverbands (von Harpstedt bis Bohmte) in Diepholz (Lüdersbusch) durchgeführt wurden.[260] Wie andere Vereine litt aber auch der MTV um 1900 unter mangelnder Aktivität seiner Mitglieder. Er appellierte nach mehreren Austritten an die Lehrherren, sie sollten ihre Lehrlinge zum Eintritt auffordern. „Es herrscht leider in Diepholz die irrige Ansicht, im Turnverein sei das Biertrinken die Hauptsache... Es mag Perioden gegeben haben, in welchen die Turner mit Recht in Verruf waren.“[261] Der Bau einer von Prof. Dr. Adolf Prinzhorn gestifteten Turnhalle, die am 10. Dezember 1904 eröffnet wurde, förderte den Turnbetrieb erheblich, denn 1905 entstand eine Altersriege und am 18. November 1907 eine Damenriege. Das Schulturnen war 1894 in der Kaiserhalle aufgenommen worden und wurde 1904 in die neue Turnhalle verlegt, die die erste zwischen Bremen und Osnabrück war. 1905/08 entwickelte sich in der Region der Turnverband Friesen (nach einem Mitstreiter von Friedrich Ludwig Jahn) mit sechs Vereinen, an dessen Entstehen Wilhelm Kinghorst, seit 1908 1. Vorsitzender, maßgeblich mitbeteiligt war. 1914 bestand der Verband aus 14 Vereinen, von denen Diepholz den MTV und den 1911 geschaffenen MTV Jahn stellte und 1906 und 1919 Feste ausrichtete. Kinghorst war von 1908 bis 1927 1. Vorsitzender, obwohl er in Bederkesa und an anderen entfernten Orten wohnte.[262]

Die Wiege des Turnvereins stand im späteren Hotel Stadt Bremen am Bremer Eck *Foto: Brinkmann*

1912 organisierte der MTV zusammen mit der Präparandenanstalt „Kriegsspiele“ in den Aschener Bergen – eine Vorahnung des Weltkriegs.[263]

1913 richtete der MTV in seinem Vereinslokal Kaiserhalle das 8. Gauturnfest des Turngaus Osnabrück aus, zu dem 38 Vereine mit fast 500 Teilnehmern erschienen und in einem mehr als einen hal-

Die Turnerriege des MTV

Schauplatz des Schauturnens war anfänglich die Kaiserhalle auf dem Esch

ben Kilometer langen Festzug über die Lange Straße schritten.[264]

1898 bildete sich ein Fußballklub aus 20 jungen Leuten, die auf der Heide bei Falkenhardt übten.[265] Wahrscheinlich handelt es sich schon um den Verein „Froher Muth", der am 6. Mai 1900 eine Generalversammlung abhielt.[266] Aber erst im Sommer 1904 lebte der Fußballsport mit dem FK Germania Diepholz auf, der auf Lüdersbusch zwar im September-„Matsch" (Match!) gegen den FK Olympia Osnabrück mit einem gegen neun „Goals" eine bittere Niederlage davontrug, aber auf großes Interesse stieß und im nächsten Jahr Siege gegen die Osnabrücker und gegen die Dammer errang.[267]

Am 5. August 1897 gründeten etwa 20 Interessierte den Radfahrer-Verein Diepholz und Umgebung. Die Mitglieder trugen Vereinsmützen und grüßten sich mit „All Heil!"[268] Am 22. August beteiligten sie sich bereits am Verbandsfest des Vereins Twistringen, am 29. August unternahmen sie ihren ersten Ausflug über Drebber, Barnstorf, Barver und Wagenfeld nach Diepholz und am 12. September fuhren sie 58 km nach Steinfeld, Damme, Hunteburg und zurück. 1898 trug der Diepholzer Verein selbst ein Fest aus, an dem Freunde aus Vechta und Barnstorf teilnahmen. Am zweiten Fest 1899 beteiligten sich schon Sportler aus Barnstorf, Dielingen, Harpstedt, Sulingen und Wildeshausen. Sogar ein Wettbewerb im Langsamfahren (Bestleistung: 100 m in 3 ½ Minuten) war ausgeschrieben. Dem Radfahrerverband „Sport" gehörten 1900 neun Vereine bis hin nach Syke und Heiligenfelde an. Die Räder kaufte man bei dem Brennabor-Fahrrad-, Möbel- und Polsterwaren-Lager von G. A. Schöttler. Auch die Hersteller Wanderer und Adler waren gefragt. Schlossermeister Wilhelm Diestelhorst warb mit den Marken Dürkopp aus Bielefeld und Allright aus Köln.

Der Verein ging 1912 ein, da sich der 1906 gegründete konkurrierende RV Germania Diepholz als attraktiver erwies.

Gauturnfest im Jahre 1913 in Diepholz *Foto: Döbbeling*

2. Bundesfest
des Radfahrerbundes des Kreises Diepholz
am Sonntag den 26. Juli 1908
in sämtlichen Räumen des Herrn Conr. Bruns-Diepholz.

Programm:

12–1 Uhr: Empfang der auswärtigen Vereine.
1–2 „ Bundessitzung.
2½ „ Abmarsch zum Rennplatz.
3 „ Rennen über 10 km, a. Bundesrennen (3 Preise), b. Vereinsrennen (3 Preise).
4–5 „ Preis-Blumen-Korsofahrt (3 Preise u. Ehrenpreis).
5 „ Konzert im Festlokale.
6 „ Beginn des Kunst- u. Reigenfahrens (3 Pr. u. Ehrenpr.)
7½ „ Preisverteilung.
Nachdem: Großer Festball.

Für Aufbewahrung der Räder u. Garderobe wird bestens gesorgt.
Eintritt inkl. Tanz für Herren 1 M, für Damen 50 ₰, Zuschauer 50 ₰.
Zu recht zahlreicher Beteiligung laden ganz ergebenst ein:
Der Vorstand des Radfahrerbundes des Kreises Diepholz.
Der Vorstand des Radfahrervereins „Germania" Diepholz.

Kreis-Radfahrertreffen in Diepholz 1908
DK 16.7.1908

Das Deutsche Eck lud zum „wilden“ Baden

Auch außerhalb eines Vereins wollten die Diepholzer sich sportlich betätigen. Gastwirt Wilhelm Behrens am Postdamm richtete 1877 eine Badestelle und einen Kahnverleih an der Lohne ein. Im Flecken boten Textilkaufleute wie Heinrich Roberg wegen der Nachfrage (wohl auch für das „wilde“ Baden an anderen Stellen) Badekappen und Badeanzüge an.

Eine besondere Bedeutung hatte nach einem an dem Unwillen des Bürgermeisters Storkmann 1845 gescheiterten ersten Versuch das Schützenfest des 1850 gegründeten Schützencorps, an dem zunächst die Selbständigen interessiert waren. Sonntags und montags wurde es gefeiert, und am folgenden Sonntag fand noch eine Nachfeier statt. Ausmärsche, Königsparade, die Reveille (das Wecken), die Kirchenparade, der Festzug vom Rathaus zur Residenz durch die Lange Straße, am Schloss vorbei zum Willenberg, dann zur Stein- und Mühlenstraße und zur Festwiese bei Lüdersbusch erfasste einen großen Teil der Stadt. Auch viele Gäste aus Lohne ließen sich anlocken.

Die Schützen trugen eine graue Joppe mit grünem Kragen und dunkelgrünem Schützenhut mit schwarzer Feder. 1898 legten sie sich eine von der Bonner Fahnenfabrik hergestellte Fahne zu, die auf einer Seite einen Doppeladler mit Scheibenschild und auf der anderen das Stadtwappen zeigte.[269] Im folgenden Jahr feierten sie zwei Tage lang das goldene Jubiläum des Schützenfestes, brannten ein Feuerwerk ab und gaben eine Denkmünze heraus. Für den Königsschuss des Schützenfestes durch einen Bürger oder Bürgerssohn zahlte die Kämmereikasse üblicherweise 60 Mark.

Am 20. Juli 1872 warnte das Diepholzer Wochenblatt vor „Attentaten“ auf die festlich geschmückten Häuser; denn wer erwischt wurde, musste sich die „Pforte“ (das Gefängnis) von innen ansehen!

Eine Episode sei hier wegen ihrer Originalität festgehalten: Um 6 Uhr an einem Februarmorgen des Jahres 1900 holte die Ehefrau eines Bahnwärters auf dem Willenberg Wasser zum Viehtränken aus einem tiefen Lohnearm. Auf dem Glatteis am Rande rutschte sie aber aus, fiel ins Wasser und wurde bewusstlos. Zufällig kehrte um diese Zeit der Schütze Klatte vom Schützenfest heim, erkannte die Lage, wünschte höflich einen guten Morgen und zog die Frau aus dem Wasser.[270]

1907 fand der neue Schießklub Diepholz unter dem Vorsitz des Schützenbruders Fritz Gerke immerhin 26 Mitglieder.[271]

Badestelle und Kahnverleih an der Lohne beim Hotel „Stadt Osnabrück“ (später Trakehner Hof)

Schützenfest im Jahre 1904 *Foto: Döbbeling*

Chöre

1863 wurden die Statuten des Gesangvereins für Herren und Damen aufgestellt. Er benannte sich 1893 in den Verein für gemischten Chorgesang um und zählte solche herausragenden Männer wie Kapellmeister Louis Springe und Lehrer Wilhelm Krigar von der Präparandenanstalt zu seinen führenden Mitgliedern.[272] Am 29. September 1894 aber bildete sich auf Initiative von Wilhelm Berneburg der neue, attraktivere Gemischte Chor im „Grafen“ mit Präparandenlehrer Krigar als Vorsitzendem, dem Arzt Dr. Frank als seinem Stellvertreter und Kapellmeister Springe als Dirigent. Kurios war, dass von sieben Vorstandsmitgliedern nur zwei Frauen waren. Mehrere Personen waren Mitglieder in beiden Chören.[273] Doch auch der neue Chor hatte Probleme, da nach wenigen Jahren die Männer übungsmüde waren. Die „Existenz (war) wieder einmal stark in Frage gestellt.“[274]

Am 21. Juni 1899 wurde der Männergesangverein gegründet, der am 15. August mit regelmäßigen Übungen begann.[275] Seinen ersten öffentlichen Auftritt absolvierte der Chor am 28. Januar 1901 zum Geburtstag des Kaisers.[276] Zu seinem Repertoire gehörten im Laufe der Geschichte Volkslieder, Schlager, Männerchorsätze, Opern- und Operettenmelodien und Kirchenmusik.

Die mental immer noch nicht ganz integrierten Willenberger schufen einen eigenen Gesangverein mit dem Namen „Harmonie“, dessen Vereinslokal am Pohl stand.

Große Aufmerksamkeit fand das erste Bundessängerfest des seit 1903 bestehenden Sängerbundes Kreis Diepholz am 29. Mai 1904, zu dem eintausend Besucher strömten, um die Auftritte von 250 Sängern bei der Kaiserhalle zu erleben.

Der Männergesangverein von 1899 besteht noch heute.

Das kulturelle Leben

Im Jahre 1910 trat das ungarische Zigeuner-Orchester „Rakokzi" im Hotel zum Grafen auf.

Das kulturelle Leben äußerte sich vielfach. Der landwirtschaftliche Filialverein hielt 1870 die in Hannover erscheinende Landwirtschaftliche Zeitung so, dass zwei bis drei Mitglieder ein Exemplar bezogen, für das jedem eine Lesezeit von acht Tagen eingeräumt wurde.[277] Diepholz stand mit 29 Exemplaren an der Spitze vor Sankt Hülfe und Heede mit 13 und Lembruch einschließlich Eickhöpen mit sieben. An der Diepholzer Zahl zeigt sich weniger, dass der Flecken noch stark vom agrarischen Berufsfeld bestimmt wurde, denn unter den Beziehern waren auffallend viele Beamte, die das Blatt wohl bezogen, um sich über die Interessen der Bewohner der umliegenden Dörfer zu informieren.

Eine bürgerliche Lesegesellschaft unter Leitung des Amtsrichters und des Pastors lässt sich in den Jahren 1870/73 nachweisen.[278] Sie hielt Zeitschriften im Abonnement, beschaffte Romane, teilte die Kosten auf und traf sich in längeren Abständen abends im Gasthaus Ahrens. Den Vorstand bildeten der Amtsrichter, der Pastor und Kaufmann Carl Schwarze.

1900 nutzte Johannes Döbbeling das Interesse bereits kommerziell durch seinen Lese-Zirkel, 1906 konnte man sich bei Hermann Stuke ein Abonnement aus 14 Zeitschriften zusammenstellen.[279] Dessen Nachfolge trat 1915 Buchhändler Ferdinand Schöttler an, der auch über eine kleine Handdruckerei verfügte. Am 21. Januar 1906 öffnete das Lesezimmer für die schulentlassene männliche Jugend im Gemeindehaus jeweils sonntags von 1 bis 22 Uhr mit Büchern, Zeitschriften und Spielen.[280] Volksbibliotheken unterhielten der Kriegerverein und die Mittelschule.

Begegnungen mit der Literatur schufen auch Vorlesungen wie die des Schauspielers Johann Heinrich (Jan Hinnerk) Wördemann aus Dörpel (z.B. am 15. Mai 1879 in Meyerings Saal, Auf dem Esch 58), Gedenkfeiern wie nachträglich zu Körners Geburtstag am 28. November 1891 und die Schillerfeier 1905 mit Wilhelm Kinghorst als Redner vor weit über 300 Zuhörern.

Buchhandlung Berneburg an der Ecke Lange Straße/Bahnhofstraße *Foto: Berneburg*

Die Buchbinderei und Papierhandlung des Buchbinders Wilhelm Berneburg warb 1891 mit den gängigen Klassikern wie Lessing, Hauff, Körner, Goethe, Shakespeare und Schiller.[281] Fabrikant Windels überschrieb 1893 eben diesem Schwiegersohn Wilhelm Berneburg das Haus an der Ecke Bahnhof-/Lange Straße, dessen Nachfolgebau noch heute an einem aufgemalten Spruch des Schriftstellers Friedrich Rückert erkennbar ist. Er trat in Konkurrenz zu Hermann Stuke (Lange Straße 24), der mit eher einfachen Sachbücher, wie Kochbüchern, oder dem poetischen Werk der Arbeiterin Friederike Imhart aus Barver auf den Markt kam.

Beliebt waren Kinderbälle, Bälle und Tanzmusik, Theateraufführungen (möglichst mit folgendem Tanz), Rezitationen und Konzerte mit auswärtigen Orchestern. Allerdings fanden klassische Werke wie 1891 die Mozart-Konzerte zum 100. Todestag des Komponisten wenig Anklang.[282] Die im „Wochenblatt" veröffentlichten Titelanzeigen der vom 5.4. bis 1.5.1874 gastierenden Bühne unter Direktor Ernst Müller mögen Beispiele liefern: die Posse „Einer von unsere Leut'", das Volksstück „Die Grille", das Liederspiel „Hans und Hanne", das Lustspiel „Die Schubkarrnpromenade", die Operette „Guten Morgen, Herr Fischer", das Lustspiel „Gänschen von Buchenau" sowie „Sperling und Sperber, Lebensbild mit Gesang und Tanz". Das änderte sich über die Jahrzehnte hinweg nicht, wie die beiden Stücke des Norddeutschen Lustspiel-Ensembles am 5. Februar 1905 im Saal von Friedrich Vogelsang demonstrieren: die Posse „Der sanfte Heinrich" und „Das schönste Mädchen von Diepholz".[283] Attraktiver wurden Abende, wenn auf den geistig bildenden und unterhaltenden Teil Tanz für alle folgte.

Gastierte die Böhmische Bade-Kapelle von der Insel Sylt, spielte sie beispielsweise Strauß und Franz von Suppé.

Immerhin wurden für eine Aufführung der „Räuber" von Schiller am 28. Februar 1895 bei Vogelsang junge Männer gesucht, die als Räuber mitwirken wollten. Theaterfreunde etwa aus den führenden Familien Reeßing und Schwarze studierten Liebhaberaufführungen ein.

Für Spaß waren die Leute auch damals zu haben, und immer wieder fanden sich Stimmungsmacher wie der junge Hotelier, erfolgreiche Jagdhundezüchter, spätere Schützengeneral, Vereinsgründer, Karnevalsfreund und Coupletsänger Fritz Gerke[284] und der Baubeamte und Archäologe Hugo Prejawa, der den Bismarck-Kommers bei Vogelsang in der Nacht vom 31. März zum 1. April 1895 zum 80. Geburtstag des Altreichskanzlers mit sprudelndem Humor würzte.[285]

Die Diepholzer der späten Kaiserzeit waren so hungrig nach Vergnügungen, dass sie sich über das moralische Gebot einer enthaltsamen Zeit nach Fastnacht hinwegsetzten und eine Veranstaltung nach der anderen besuchten, so dass Vereine und andere Veranstalter keinen freien Sonntag mehr fanden und ihre Feste auf Werktage verlegten.

Die Kapelle Louis Springe bot Abonnements-Konzerte bei Becker und Meyering, den führenden Gastwirten mit Sälen. Auf sie folgte bald nach Springes[286] Tod die Diepholzer Kapelle unter Heinrich Nolte, deren Gastspiele in die Nachbarkreise und einmal an seine frühere Wirkungsstätte, nach Mühlhausen in Thüringen führten.[287] Nolte, ein gebürtiger Sankt Hülfer, machte sich 1889 in Mühlhausen selbständig, hatte Engagements als Trompeter am Hoftheater in Sondershausen und als Leiter der Kurkapelle in Thale (Harz), wurde mit dem Verdienstkreuz des Großherzogs von Oldenburg ausgezeichnet und dirigierte den Männergesangverein Wetschen. Die Diepholzer Kapelle begleitete im Winter auch die beliebten Eiskonzerte im Freien mit einer Lampion-Polonaise.[288]

Immer wieder wurden Vorträge gehalten. 1897 informierten zwei Fachleute über „Röntgen'sche X-Strahlen" und stellten durch sie hergestellte Fotogramme aus.[289] 1901 sprach der Deutschbalte Baron von Saß, der in Südafrika gegen die Briten gekämpft hatte, vor als wenig empfundenen 135 Personen im „Grafen" über den Burenkrieg.[290]

Wanderausstellungen boten Attraktionen wie die große, 15 Zentner schwere Weltuhr von Wilhelm Martin aus Koblenz in der Kaiserhalle[291] oder zum Großmarkt 1893 Bergs historische Kunstausstellung mit 150 Lampen, bei der marktschreierisch angepriesen zu bewundern waren die großartige Weltausstellung in Chicago 1893, das furchtbare Wasserunglück in Schneidemühl, der Untergang des großen Kriegsschiffs Viktoria in Kiel 1893, das Leben und Treiben in den Straßen, den Leichenhallen und Cholera-Baracken sowie auf den Kirchhöfen während der Cholera-Epidemie im August und September 1892 in Hamburg, das schreckliche Brandunglück in Unna am 20. November 1892, wo beim Einsturz eines Hauses zehn Personen ihr Leben einbüßten, drei Hinrichtungen in Magdeburg und Bielefeld und der Leichenzug des Reichstagsabgeordneten Dr. Ludwig Windthorst in Hannover am 18. März 1891.[292] 1894 traten Bergs historische Kunstausstellung und Schießsalon erneut auf dem Großmarkt in Erscheinung.[293]

Zum ersten Mal wurde in Rühes Hotel (Bremer Eck) am 19. und 20. Januar 1901 (danach in Barnstorf und in Wagenfeld) ein Kinematograph mit 54 Bilderserien in Betrieb gesetzt.[294] 1913 eröffnete mit zwölf Filmen als erstes Lichtspieltheater die „Schauburg“ des am 18. Oktober 1870 geborenen Gastwirts und Kegelbahninhabers Conrad („Conny“) Bruns am Pohl, der auch die erste Kindervorstellung organisierte.[295]

Kulturelle Impulse verliehen auch die Festtage wie „Kaisers Geburtstag“ und zum Gedenken des entscheidenden Sieges im Krieg gegen das Frankreich des Kaisers Napoleon III. 1870 der Sedantag (2. September) mit Festessen und Festreden. Die Kohlhöfer und ihre Nachbarschaft entschlossen sich Ende März 1871 sogar zu einer Vorfeier des Friedensfestes nach dem Deutsch-Französischen Krieg, organisierten einen Fackelzug, Illumination ihrer ungefähr 50 Häuser und Tanzmusik bei Gastwirt Heinrich Bultmann, Ovelgönne 10.[296] Die Kohlhöfer feierten dort auch noch ihren eigenen Ernteball. (Bultmanns Festzelt stand noch bis 2009 auf dem Großmarkt und war sehr beliebt.)

Bedeutsam war der am 15. Oktober 1873 gegründete Krieger-Verein, der in den achtziger Jahren eine vereinsinterne Bibliothek beim Vereinswirt aufbaute, die vor dem Ersten Weltkrieg ungefähr 400 Bücher umfasste.[297] Er organisierte die oben erwähnten Sedanfeiern, die anfangs folgendermaßen abliefen: Von 6 bis 7 Uhr läuteten die Kirchenglocken. Die Schulen feierten von 9 bis 10 Uhr, daran schloss sich ein Festmarsch von der Kaiserhalle zur Kirche an, wo von 10 bis 11 Uhr Gottesdienst mit Posaunenbegleitung gehalten wurde. Am nachmittäglichen Festmarsch nahmen bis zu 400 Personen teil, das Fest-Comité, der Magistrat, die Bürgervorsteher, die Lehrer mit Präparanden und älteren Schülern, Turner, Krieger, Schützen, junge Damen in Weiß mit schwarz-weiß-roten Fähnchen, die Handwerker mit den früheren Gildefahnen, der Schornsteinfeger und die sich anschließenden Einwohner. Den krönenden Abschluss bot die Festrede eines Prominenten. Bei zwei Gastwirten war Gartenkonzert, abends Illumination und Tanz, bei einem dritten Festessen und Ball.

Der Kriegerverein zählte 1898 etwas über 200 Mitglieder, von denen aber zur Generalversammlung nur jedes siebte erschien. Fördernd sollte daher das Kreiskriegerverbandsfest 1901 wirken, zu dem 19 Vereine mit 17 Fahnen und 490 Mitgliedern aufmarschierten.[298] Sollte – denn zur Sedanfeier nicht einmal ein Vierteljahr später erschienen von 250 Mitgliedern lediglich 30 zum Umzug und auch in den folgenden Jahren besserte sich nichts.[299] 1908 zählte der Verein nur noch ungefähr 60 Mitglieder, die sich nebenbei verpflichteten, die Jugend vor der als revolutionär und damit „reichsfeindlich“ angesehenen SPD zu bewahren.

Am 16. Januar 1902 bildete sich eine Sanitätskolonne im Kriegerverein, die einen Monat später bereits 26 Mitglieder zählte.[300] Sie verteilte Verbandszeug auf 24 Häuser, vor deren Eingang ein Schild mit rotem Kreuz im weißem Feld auf die Möglichkeit der Hilfe hinwies. Bei sieben Mitgliedern wie bei Philippsohn an der Langen Straße lag ein größerer Posten Verbandszeug. Am 22. Juni 1913 übte die Sanitätskolonne, indem sie „Verwundete“ vom Bahndamm über den Gänsehals auf Kähnen über die Lohne zum Krankenhaus transportierte; auch im September übte sie das Übersetzen auf der Lohne.[301]

Der am 4. Juni 1872 von führenden Bürgern wie Dr. Plate, Eduard Müller, Reeßing, Schwarze,

Umzug am Sedanstag um 1900 (im Hintergrund das beflaggte Rathaus von 1792)

Fladdermann, Julius Fontheim, E. W. Schröder, C. Neumüller und Leefhelm ins Leben gerufene „Bürgerabend" bestand nicht lange[302] und wurde 1886 durch den „Bürgerverein" ersetzt, der zwar 1898 wie andere Vereine einschlief, 1905 aber unter Bäkkermeister August Haselhorst in der Nachfolge des Uhrmachers Springe zu neuem Leben erwachte und die Barnstorfer 1907 zu eigener Aktivität anspornte.[303] Er trat zum Beispiel für die Abschaffung fester und vermieteter Plätze in der Kirche ein und bot ein Forum für ortspolitische Vorstellungen. Daneben gab es den mehr geselligen Bürgerklub unter Malermeister Kläning.

Der am 1. Oktober 1873 von 15 Damen gegründete kirchliche Frauenverein mit einem weiblichen Vorstand, aber unter Leitung des Pastors hatte die Aufgabe, arme Kranke und arme Alte der Gemeinde in Wartung und Pflege zu nehmen und sie vor allem mit Nahrung zu versorgen.[304] An Weihnachten bescherte er Armen Stoffe und Garn als Hilfe zur Selbsthilfe, Kuchen und Kleidungsstücke. Die Stadt war in sechs Bezirke aufgeteilt, für die Vorstandsmitglieder zuständig waren, die sich mit der Lage der Familien auskannten. Unliebsame Erfahrungen mit Missbräuchen veranlassten die 84 Mitglieder 1901 dazu, die Unterstützungen nicht mehr in Bargeld zu zahlen, sondern sie in Anweisungen auf Lebensmittel zu gewähren.[305]

Wo drei Deutsche zusammen sind, gründen sie einen Verein: In Diepholz kam 1893 auf weniger als 90 Einwohner ein Verein.[306] Außer dem Bürgerklub, dem Krieger- und dem am 2. Februar 1893 gegründeten Kaufmännischen Verein existierten Vereine für Lehrer[307], Gesang, Konzert und Musik, Quartett, Turnen, Landwirtschaft, Feuerwehr, Harmonie, Gemütlichkeit, Concordia (gegründet 15. Oktober 1873), zur Weihnachtsbescherung armer Kinder, für Frauen, für Gesellen (gegründet 1887, 1901 wieder belebt) und für Jünglinge. Fünf Gesangvereine, zahlreiche Kegelclubs, die Schützengesellschaft und der nationalliberale Wahlverein komplettierten die Liste. 1894 trat noch der Geflügelzucht-Verein für den Kreis Diepholz mit etwa 20 Mitgliedern unter Freiherrn von Veltheim hinzu, der am 8. und 9. September seine erste Geflügelausstellung im Lüdersbusch abhielt.[308] Der noch heute bestehende Bienenwirtschaftliche Verein (aktuelle Bezeichnung: Imkerverein) für den damaligen Kreis hielt 1898 seine erste Generalversammlung in Rühes Gasthaus am Bremer Eck ab, 1904 trat der in den folgenden Jahren auf Ausstellungen sehr erfolgreiche Verein zur Hege der Jagd und Förderung des Gebrauchs reinrassiger Jagdhunde in Erscheinung und der Eisenbahn-Verein Diepholz mit 500 Mitgliedern zwischen Vehrte und Twistringen wurde (wohl 1904) gegründet. Sogar ein Ziegenzuchtverein fand eine Nische. Kurz vor dem Weltkrieg bestand auch eine Gruppe des Altwandervogels in Diepholz.

Am 19. Januar 1913 bewegte sich nach einer Probe erstmals der Festzug der 1912 gegründeten Großen Diepholzer Karnevals-Gesellschaft durch den Ort mit der Stadtkapelle, Wagen von Fritz Gerke und Wilhelm Horn, dem Verein Diepholzer Schweinemäster und anderen. Neun Wagen hatten die Mitglieder zusammenstellen können. Schon im Januar 1914 war der Zug zum letzten Mal Erscheinungsform des Diepholzer Karnevals, denn

Der Gesellenverein von 1887

Der kleine Rat des Karnevalsvereins kurz vor dem Krieg

der Krieg ließ 1915 eine derartige Veranstaltung als nicht mehr zeitgemäß erscheinen.[309] Beim Radfahrerverein Germania fungierte Maler Kläning junior 1912 als Prinz Karneval.[310]

Der Verbundenheit mancher Diepholzer in der Fremde kam der Verein ehemaliger Diepholzer von 1912 in Bremerhaven, Geestemünde und Lehe entgegen, in dem 54 Leute vor allem aus dem alten Amt Lemförde in monatlichen Versammlungen ein Stück Heimat suchten.[311]

Der Gustav-Adolf-Verein für die Evangelischen in der Diaspora zählte ungefähr 100 Mitglieder. Entschiedene Kämpfer gegen den Alkoholmissbrauch unterhielten die Loge Sachsenfels des Freien Guttemplerordens mit einem Logenzimmer im alten Schulhaus, die wie vor allem in Barnstorf den Alkoholismus bekämpften.[312]

Der Fahr- und Reitverein für die Kreise Diepholz und Syke war Dr. Ludwig Frank zu verdanken, der erstmals am 11. August 1909 in Holzort Mitglieder aus Diepholz, Heiligenloh, Hollen, Twistringen und Adelhorn zusammenführte, um Turniere zu veranstalten.[313]

Ärgerliche Verhaltensweisen

Ein Stück überlieferter Kultur wurde in den siebziger Jahren erfolgreich bekämpft. Es war bis dahin üblich, dass arme Kinder am Neujahrsmorgen gratulieren gingen und dafür beschenkt wurden. Superintendent Haenell wandte sich jahrelang entschieden dagegen und brachte Kirchen- und Schulvorstand und das Armenkollegium hinter sich, weil die Kinder letzten Endes doch nur betteln lernten und die Gaben nicht im Sinne der mildtätigen Geber verwendeten. Haenell wetterte 1873 auch dagegen, dass Kinder in der Landwirtschaft der Umgebung im Sommer arbeiteten, statt die Schule zu besuchen.[314]

Ebenso empörend fanden fromme Erwachsene das „Schatten“ durch Kinder bei Hochzeiten. Geldgier, Neid und Rauflust bei den Jungen würden geweckt, und das Brautpaar könne auf dem Weg zur Kirche nur noch ans Geldwerfen an der Wegsperre denken.

Bis heute gehalten hat sich aber das Heischegehen der Kinder in der Nachbarschaft und zu den Geschäften am Nachmittag des Rosenmontags, wenn auch seit etwa 1960 nicht mehr mit dem plattdeutschen „N'Abend, n'Abend, Fasslamm abend is lang nich wä'en, von Jaor nich ...“ („Guten Abend, guten Abend, Fastnachtabend ist lange nicht gewesen, seit einem Jahr nicht.“) Eher heißt es heute „Ich bin ein kleiner König, gib mir nicht zu wenig, gib mir nicht zu viel, sonst komm ich mit dem Besenstiel“ oder deutlich neuer: „Ich bin ein kleiner Punker, mein Vater ist ein Kranker, meine Mutter kann nicht denken, du musst mir jetzt

Maskerade 1911

was schenken." Die Jüngeren lassen sich gern von den Älteren mitnehmen, die mutiger sind und ihre Sprüchlein sicherer aufsagen.

1906 wird schon von Graffiti-Vorläufern berichtet: „Eine Anzahl Schulkinder findet großes Vergnügen daran, die mit Ölfarbe gestrichenen Wände von Wohnhäusern, Türen, Fenstern usw. durch Kritzeleien mit Blei- oder Buntstiften zu beschmutzen. Wiederholt sind diese Malereien durch Neuanstrich der Häuser oder Abwaschen beseitigt worden, aber immer wieder werden die Häuser in dieser Weise beschmutzt."[315]

Überhaupt stellen wir uns die Menschen der Kaiserzeit klischeehaft zu sehr von Befehl und Gehorsam beherrscht vor. Damit stimmt überhaupt nicht folgende Beobachtung überein: „Während sonst fast allabendlich an bestimmten Straßenecken den Passanten oft recht lästige Ansammlungen junger Leute beiderlei Geschlechts stattfanden, kann man solche jetzt in den späteren Abendstunden auf dem Postdamm zu beiden Seiten des Brückenneubaus beobachten. Hierbei lassen die Betreffenden sich keineswegs am Spazierengehen oder harmlosen Unterhaltungen genügen, es wird vielmehr auch allerlei Unfug getrieben. Nicht allein, dass die schmale provisorische Brücke oft so dicht gedrängt besetzt ist, dass Passanten nur mit Mühe sich durchdrängen können, es werden auch Schiebkarren, schwere Holzstücke, Steine usw. auf den Fußsteig gebracht. Die an den Sperren aufgehängten Lampen sind mehrfach zertrümmert worden, so dass schon mehrere neue haben beschafft werden müssen. Die dort befindliche Baubude wurde in der Sonnabendnacht erbrochen und ein Fenster in derselben zertrümmert; entwendet scheint nichts zu sein."[316]

Junge Leute hatten auch damals viel Kraft und Langeweile. Sie rissen Kohlstauden aus, brachen Äste von Obstbäumen ab, machten sich an Blumengärten, Gartenpforten, Staketzäunen, Efeuwänden und Fenstern zu schaffen. Sie beschmierten vor allem neue Hauswände mit Blei- und Farbstiften, ritzten mit Hölzchen und Ziegelsteinstücken Inschriften. Häufig wurden Straßenlaternen beschädigt oder am helllichten Tag angezündet. Stolperschnüre schnell über die Straße zu spannen, wenn ein Erwachsener kurz davor angelangt war, avancierte auch zu einem beliebten Streich. Mochte er stolpern, Hauptsache war, ungesehen aus dem sicheren Versteck davonzulaufen.

Verboten war Jugendlichen das Rauchen, und dennoch musste 1908 ein 13-jähriger Diepholzer wegen Nikotinvergiftung ins Krankenhaus Osnabrück gebracht werden.[317]

Schier unausrottbar war die Eigenheit, dass die Radfahrer am Rand der Wilhelmstraße (heute Hindenburgstraße) entgegenkommenden Fußgängern nicht auswichen, sondern auf das vermeintliche Recht des Schnelleren vertrauten. Die noch ungewohnten „Automobile" galten bald als Schrecken der Landstraße, weil manche Fahrer so rücksichtslos fuhren, dass die Pferde scheuten, und die Unsicherheit auf den Landstraßen war so groß, dass den Erwachsenen empfohlen wurde, Revolver oder Wachhunde anzuschaffen.[318]

Nicht erst im Ersten Weltkrieg belästigte sonntags bis in den Abend der spätnachmittägliche „Bummel" von Schülerinnen und Schülern, das gemeinschaftliche Auf- und Abgehen auf einem gut 100 m langen Abschnitt

Eine Hochzeitsgesellschaft in der Lüderstraße um 1900

der Langen Straße die Erwachsenen.

Dass die Liebe auch damals schon mutig machte, vermittelt folgende Kontaktanzeige von 1917: „Zwei hübsche junge Mädchen aus dem Diepholzer Städtchen, die eine blond, die andere schwarz, haben beide keinen Schatz, möchten gern korrespondieren mit „jungen Herrn".“[319] Darauf erschien eine weitere Annonce: „Die Blonde und die Schwarze, die hab'n schon längst nen Schatz, steckt Ihr nur Eure Nase in Euer eigenes Faß.“[320] Darauf wiederum reagierten „Heinz und Emil“ am 10. Dezember „im Felde“ (also als Feldgraue im Kriegsdienst): Einheimische Neidhammel steckten ihre Nase in Sachen, „die ihnen (!) im Grunde gar nichts angehen“, gönnten anderen kein Vergnügen und Glück und seien in dieser Beziehung selbst erfolglos.[321]

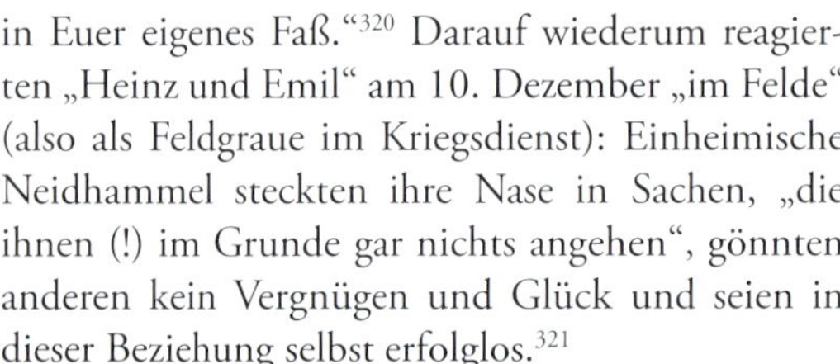

In Lüdersbusch wusste man schon um 1900 sich zu vergnügen.

Ausflugslokale

Die städtische Bevölkerung Europas machte gern Ausflüge in die nähere Umgebung, wie das schon Goethe in Fausts „Osterspaziergang“ festhielt. In der Nähe von Diepholz waren der Hof Lüdersbusch mit seiner Restauration und den Pfingstkonzerten und die Gastwirtschaft Lohaus mit Kaffeegarten (und 1894 mit einem neuen Tanzsaal) in Sankt Hülfe beliebte Ziele. Lüdersbusch erwarb eine besondere Stellung durch seine Tierschauen, die Ausstellungen landwirtschaftlicher Maschinen und Geräte, Festbälle des landwirtschaftlichen Vereins, Pfingstkonzerte und am Ostersonntag das Ostereiersuchen für Kinder und das Abbrennen von Osterfeuern.

Im Herbst 1889 wurden für die Spaziergänger nach Sankt Hülfe 20 Ruhebänke aus Grasplaggen an der Bremer Chaussee aufgeschichtet, im Frühjahr 1890 aber schon zerstört.[322] Bis weit in die achtziger Jahre standen noch Bäume an den Straßen nach Drebber und Lembruch, die dann gefällt wurden, so dass der Spazierweg vorbei am „Grünen Jäger“ nach Wetschen Anfang der neunziger der letzte schattige war. Erfreulicherweise wurden als Ersatz auf dem Esch Linden gepflanzt. An Ostern, wenn alle Lokale von Kaffee- und Biertrinkern überfüllt waren, begaben die Leute sich auch zu den Bällen in der Gastwirtschaft Kettler auf der ländlich geprägten Graftlage.

Der „Grüne Jäger“ nicht weit vor der Stadt Richtung Wetschen *Foto: Döbbeling*

Beliebt war ferner ein Spaziergang zu „Mutter Thiesing" in der Diepholzer Bruchhütte, wo man Spiegeleier mit Speck, Schinken und Plockwurst essen konnte. Die organisatorisch begabte Wirtin im einsamen Bruch war auch in der Lage, 1912 150 Volksschulkinder auf einmal zu bewirten.

1877 eröffnete Gastwirt Wilhelm Behrens sein Bade-Lokal an der Lohne oberhalb der Vorwerksbrücke (am Postdamm). Auch ein Kaffeegarten lockte Spaziergänger dorthin.

Beliebt waren als nicht so nahe Ziele der Dümmer mit der Gastwirtschaft des Fischers Wenzel in Hüde – in kalten Wintern manchmal auf Schlittschuhen erreichbar – und durch die Bahnverbindung zunehmend der hier so genannte Lemförder Berg mit dem Hannoverschen Berghaus auf der Nordseite und dem weiter entfernten Preußischen Berghaus weiter östlich im Stemweder Berg.

Im Ersten Weltkrieg

Ende Juli 1914 ging nach dem späteren Empfinden der Menschen die gute alte Zeit mit ihrer soliden „Friedensware" an der Stelle der billigen Ersatzstoffe etwa beim Papier, bei Kaffee und Wäsche zu Ende. Schon am 28. Juli lasen die Leute in einem Leitartikel der „Diepholzer Kreiszeitung", der Weltkrieg werde „entfesselt". Die Extrablätter über den drohenden Krieg wurden vor dem Geschäftshaus der Kreiszeitung an der Langen Straße 46 in hunderten Exemplaren verlangt. Militärurlauber wurden zurückberufen, die Getreidepreise besonders für russische Futtergerste kletterten gewaltig, man wusste um den Ernst der Lage und dass es einen männermordenden Kampf geben würde. Vorsichtige Leute hoben ihre Guthaben ab. Gerüchte munkelten, die Lemförder Sparkasse habe ihre Zahlungen eingestellt und ein französischer Spion sei durch Diepholz ins Oldenburgische gefahren.[323]

Am 1. August 1914 erklärte die Reichsregierung Frankreich und Russland den Krieg. Verboten wurde der Verkehr mit dem Ausland außer an zwei Stellen mit den Niederlanden, verboten wurde das Auflassen und die Einfuhr von Brieftauben, verboten wurde der Versand von Briefen in bestimmte Grenzgebiete und in Festungsbereiche. Soldaten durften sofort ohne die sonst verpflichtend vorgeschriebene persönliche Genehmigung ihres Vorgesetzten und ohne langwieriges Aufgebot heiraten.

Die Fleckenskollegien wandten sich gegen den beginnenden Preisauftrieb. Vorausschauende horteten Lebensmittel, und da das wertvolle Metallgeld zurückgehalten wurde, fehlte es an Kleingeld. Da die Armee Mehl in großen Mengen kaufte, stiegen die Preise, zumal die Ernte wegen der zahlreichen Einberufungen in großen Teilen eingestellt werden musste und durch Schulkinder und Präparanden nur notdürftig Ersatz gestellt wurde.

Den Bahnhof passierten Züge mit Soldaten, denen es an Verpflegung mangelte. Daher wurde am 4. August der Vaterländische Frauenverein aktiv und richtete eine Erfrischungsstation ein.[324] Er stellte Kaffee und Lebensmittel zur Verfügung, sorgte für Wäsche, Verbandsmittel und Geld, unterstützte mit Hilfe des kirchlichen Frauenvereins, des Kriegervereins und der Autorität des Superintendenten Penshorn die durch den Ausfall der Männer hilfsbedürftig gewordenen Familien und bildete Helferinnen für die Kranken- und Lazarettpflege aus.

Im Krieg wurden gerne patriotische Karten verschickt.

Die Bevölkerung war so hilfsbereit, dass an zwei Tagen von Cornau bis Stemshorn derartige Mengen an Hilfsgütern eintrafen, dass der Verein bat, keine Lebensmittel mehr zu spenden. Auch aus der westlichen Nachbarschaft traf Hilfe in bedeutendem Ausmaß ein.

Erleichtert waren die Menschen über den ersten Sieg über die Franzosen bei Metz in Lothringen.[325] Abends wurden die Glocken geläutet, auf den Straßen flanierten Leute und sangen patriotische Lieder. Nach dem Sieg bei Tannenberg in Ostpreußen fiel der Unterricht aus. Sieg bei Sedan, bei St. Quentin – Jubel über Jubel! Der erste Aufruf, Kriegsanleihen zu zeichnen, wurde mit dem Hinweis auf die Reparationen Frankreichs nach dem Krieg von 1870/71 unterfüttert, so dass der Eindruck geweckt wurde, der Staat werde alles zurückzahlen können.[326] Nach Siegen über die Russen in Mittelpolen im November 1914 ertönten wieder die Kirchenglokken und auf dem Marktplatz wurden Böllerschüsse abgegeben.[327] Gejubelt wurde in dieser Weise auch öfter noch 1915 und 1916. Schülerinnen sangen dann patriotische Lieder vor dem Denkmal an der Bahnhofstraße.

In der Mühle an der Bahnhofstraße wurde eine Kreis-Sammelstelle für Lebensmittel eingerichtet, im Haus Pottberg (Lange Straße 14) für Wäsche, Bekleidung und Lazarettsachen. Beide Frauenvereine und das Rote Kreuz unter Vorsitz des Landrats sammelten Geldspenden.

Auf dem Marktplatz begannen am 20. September 1914 Oberzolleinnehmer Rasenberger und acht weitere Männer mit der vormilitärischen Ausbildung von 138 Jugendlichen.[328] Dieses Training wurde immer für die Sonntagnachmittage, für Präparanden an Wochentagen angesetzt. Die Lustlosigkeit nahm aber rasch zu, so dass im Sommer 1915 in der Jugendkompanie nur noch Präparanden dienten, die in den Aschener Bergen eine Feldstellung mit Schützengräben, Unterständen, Draht- und Astverhauen aufbauten und nach Ridderade und Borwede ins „Manöver" marschierten, bei Wehrkamp mit den Rehdenern übten und im Winter 1916 mit fünf anderen Kompanien bei Felstehausen ins Gelände gingen. Mit eigenen Trommlern und Pfeifern versuchte man das Marschieren zu erleichtern.

Der Krieg erfasste alle Lebensbereiche. Das Vereinsleben erlahmte als Folge der zahlreichen Einberufungen zum Militär. Der Krieg wurde total. Die Vortrags-Vereinigung ließ am 26. Oktober 1914 Dr. Pohlmeyer aus Oranienburg über den den Deutschen „aufgezwungenen Krieg und seine Vorgeschichte" sprechen, und die Presse rügte die erfolgreiche britische Propaganda in den USA. Am 27. Dezember 1914 gab die Noltesche Kapelle ein patriotisches Konzert mit Titeln wie „Hindenburg-Marsch", „Weihnachten im Felde" und „Wir müssen siegen". Bruns' Kinematograph hatte damals „Die Verräterin" mit Asta Nielsen, ein Schauspiel mit dem zeitnahen Zitat Kaiser Wilhelms II. „Ich kenne keine Parteien mehr" und die „Lebende Kriegsberichterstattung" im Programm.

Im September 1916 erschien auf dem Marktplatz das Panorama „Die Kriegsschau vom Weltkriege", der eigentliche Großmarktbetrieb entfiel.[329] Gut eine Woche später wurden dort Wehrkämpfe veranstaltet, zu deren Übungen bereits das Handgranatenwerfen gehörte.[330]

H. Witte konnte dem Krieg 1916 sogar noch lustige Seiten abgewinnen.

Im Januar 1915 feierten Lehrer Rosenblatt in der Mittelschule und Meyerholz in der Präparandenanstalt den Kaiser vorschriftsgemäß als Friedensfürsten. In einer Geburtsanzeige für ihre Zwillinge jubelten Eltern über eine Tochter und einen „Vaterlandsverteidiger"![331]

Vom 23. September bzw. November 1914 bis 6. März 1915 und vom 6. Oktober 1915 bis 23. März 1916 wurden die im August mit 22 bzw. 30 Betten eingerichteten Lazarette im Krankenhaus bzw. im Jugendheim am Postdamm belegt. Verwundete Engländer waren die ersten Patienten, insgesamt 178 Soldaten wurden allein im Lazarett des Frauenvereins gepflegt.[332]

Im November 1914 waren die „Kaiserhalle" und die immer weniger benutzte Wanderarbeitsstätte und Herberge zur Heimat zu Durchgangsstationen für vor der russischen Armee evakuierte Ostpreußen umgenutzt worden.[333] 1915 trafen sich die beiden Frauenvereine im Rathaussaal zu Nähstunden für ostpreußische Kriegswaisen und im Hotel Gerke zum Stricken. 1916 wurden Kartoffeln an Notleidende in Ottweiler (Saargebiet) versandt.

Der Stolz der deutschen Armee auf Durchfahrt in Diepholz: Die dicke Berta
Fotoarchiv Gerd und Carla Schröder

Bald setzte Katzenjammer ein. Immer wieder wurden die Leute ermahnt, Gold an das Vaterland abzuliefern. Schüler bekamen wegen entsprechender Sammelerfolge schulfrei. Der Staat ließ auch Kupfer und Messinggegenstände sammeln, die Wanderarbeitsstätte nahm Zeitungspapier als Füllung von Schlafunterlagen für militärische Mannschaften an.[334] 1917 wurden Gegenstände aus Aluminium und Bronzeglocken beschlagnahmt und Orgelpfeifen aus der Kirche wurden für die Rüstung eingezogen.[335]

Am 1. Dezember 1914 wurde das „K-Brot" mit 5% Kartoffelgehalt eingeführt.[336] Am 25. Januar 1915 stellte der Staat Brotgetreide und Mehlvorräte sicher.[337] Einige Tage darauf legte er seine Hand auf Metalle, die eingeschmolzen werden konnten.[338] Am 25. Februar 1915 wurde eine Brotkarte verteilt: Pro Woche durfte jede Person 4 Pfund Graubrot oder 4,4 Pfund Schwarzbrot kaufen.[339]

Im Sommer 1916 wurde die Bevölkerung aufgerufen, mit markigen Worten zu einem Sponsorenpreis gekaufte Nägel in das von der Diepholzer Möbelfabrik und von Schlossermeister Fritz Diestelhorst hergestellte „Eiserne Buch" zu schlagen, der Erlös kam bedürftigen Familien von Kriegsteilnehmern zugute.[340] Mitte desselben Jahres musste man aus Arbeitskräftemangel auf die zwölf Kriegsgefangenen verzichten, die sonst Bahn- und Postsendungen für das Lager gezogen hatten und nun in der Landwirtschaft helfen sollten, und spannte eine Kuh vor den Wagen. Mangel überall: Radfahren war nur noch für berufliche Zwecke erlaubt.

Junge Leute trieben sich betrunken auf den Straßen herum, die Lust der Jungen zur Teilnahme an

Gefangenenlager in Diepholz

den Jugendkompanien mit regelmäßigem Dienst und einem Marsch im kalten Januar nach Jacobidrebber erlahmte endgültig.[341] Junge Leute aus den Städten unternahmen Bahnfahrten aufs Land, um zu hamstern, nämlich sich wie die Hamster die Taschen mit Lebensmitteln vollzustopfen. Soldaten an der Front fielen, wurden verwundet oder gerieten in Kriegsgefangenschaft, die sie nach Japan, Algerien und Sibirien führte und mehrere Jahre von der Heimat fernhielt. In der Reichswollwoche im Januar 1915 wurden fünf Wagen mit warmen Sachen gefüllt, die in der Anstalt bei Lüdersbusch desinfiziert und später für das Militär verarbeitet wurden; für den „Kaiser-Wilhelm-Dank" zum Geburtstag des Kaisers und in der „Kriegsbuchwoche" wurden Bücherspenden für die Feldtruppen entgegengenommen.[342]

Im Mai 1915 rückten 500 Kriegsgefangene aus dem zentralen Lager Soltau in ein eingezäuntes Lager mit Lazarett, Verkaufsstand, Kantine, Wohn- und anderen Baracken westlich von Diepholz (Moorhäusern 8) ein.[343] Franzosen, Engländer und Belgier hatten sich freiwillig zum Arbeiten gemeldet und unterstanden dem Kommando eines Oberleutnants mit 50 älteren Landsturmmännern, den „Helden von Kreinhops Camp". Kriegsgefangene wie auch die im Juli 1915 22 mit drei Wachleuten in der Wanderarbeitsstätte untergebrachten wurden durch den Landrat zur Arbeit auch in anderen Gemeinden bis nach Dinklage vermittelt oder arbeiteten an der Beeke nördlich der Straße nach Lohne. Am 29. Oktober 1915 wurden 220 russische Gefangene separat untergebracht. Noch 230 Gefangene lebten Mitte März 1916 im Lager, 150 im Juni.[344] Im September 1918 stieg die Zahl auf fast 2.000 Mann.[345] Sie boten ein buntes Bild, waren unter ihnen doch französische Nordafrikaner mit rotem Fez und Schotten mit kurzen Röcken – ein krasser Gegensatz zum Feldgrau deutscher Soldaten.

Im April 1915 wurde dem Kaufmann P. verboten, Mehl zu verkaufen, weil er Mehl veräußert hatte, ohne eine Brotkartenabschnitt zu verlangen.[346] Eine Bäckerei wurde im Mai 1917 über eine Woche lang geschlossen, weil sie Brot ohne Marken verkauft hatte.[347]

1917 – im „Steckrübenwinter" – wurde der Unterricht anderthalb Wochen eingestellt, weil es den Schulen an Kohlen fehlte.[348] Kaffee und Tee (außer Heidekrauttee!) waren in jenem Jahr kaum noch zu bekommen, eine Lücke, die von der Diepholzer Apotheke genutzt wurde, um Lindenblüten für Tee anzukaufen. Als Grundnahrungsmittel wurde „Wasserkleisterbrot" verkauft. Es mangelte an Nähgarn und an Salz. Bei Biermann auf den Moorhäusern und in Hagemanns Kohlenschuppen am Bahnhof wurden Torffasern gesammelt, aus denen andernorts Anzüge hergestellt wurden.[349] Im letzten Kriegsjahr wurden auch Steine, Dachziegel und Dränageröhren aus Ton beschlagnahmt.

Die Fabrik von Christoph Schöttler produzierte Granaten (76,6 cm und 15 cm), Teile für Lafetten, Fliegerabwehrgeschütze und Tanks, und auch die Diepholzer Möbelfabrik erhielt Aufträge vom Heer.

1916 wurden wegen befürchteter feindlicher Luftangriffe erstmals die Straßenlaternen in bestimmten Nachtstunden gelöscht, und 1917 musste der Gasverbrauch als Folge des Kohlenmangels eingeschränkt werden. Die Kirche konnte im folgenden Winter erst zu Weihnachten erstmals geheizt werden.

Im März 1918 wurden auf dem Marktplatz Pferde für das Militär zwangsweise ausgehoben.[350] Schulkinder sammelten Laubheu, das getrocknet und mit Melasse vermischt zum Füttern der Pferde genommen wurde, Mangel herrschte auch an Zeitungspapier, an Fleisch, an Wolle, an Messing, weshalb die Barbiere und die Friseure sogar ihre traditionellen Aushängeschilder, die blanken Messingbecken abliefern mussten. Stacheldraht, Kork, Holzspäne, Fässer und Kübel, Nussbaum- und Mahagoniholz wurden beschlagnahmt.

Das Manufakturwarengeschäft Sundermann Nachf. (Lange Straße 38) betrieb die Kreissammelstelle für getragene Kleidung, das Gemeindehaus an der Hinterstraße diejenige für Kupfer und Kupferlegierungen. Ein aufmerksamer Bürger stellte entrüstet fest, dass ein Anwohner der Wilhelmstraße (heute Hindenburgstraße) 50 Pfund Himbeeren verarbeitete, und fragte in einem Leserbrief, woher er denn den Zucker habe.[351]

Um Kinder aufzupäppeln, nahmen Landwirte aus dem Diepholzer Süden seit 21. Mai 1917 bis in den November 1918 für jeweils mehrere Wochen Sprösslinge aus Remscheider Arbeiterfamilien und von Müttern auf, deren Männer zum Militär eingezogen waren.[352]

Frauen wurden von der Eisenbahn, der Kreissparkasse und von Büro und Küche des Gefangenenlagers eingestellt, damit Männer ins Militär abgezogen werden konnten. Im Kreis-Arbeitsnachweis an der Grafenstraße meldeten sich in den letzten Kriegsjahren auch Frauen.

Um den Bargeldumlauf einzuschränken, führte die Kreissparkasse 1917 den Scheck- und Überweisungsverkehr ein.[353]

Doch den Sieg konnte auch die kurzlebige Vaterlandspartei mit ihren Durchhalteparolen nicht mehr retten, deren Kreisverband im Oktober 1917 mit Rechtsanwalt Dr. Schrader als Vorsitzendem und Präparandenvorsteher Meyerholz als seinem Stellvertreter gegründet wurde. Schon im Januar 1918 wurde unbewusst zum letzten Mal Kaisers Geburtstag mit einem Festzug zum Gottesdienst und einer Veranstaltung mit 650 Personen in der Kaiserhalle gefeiert.

Immerhin bekam Diepholz in dieser Zeit kurzfristig Kontakt mit großer Kunst. Im April 1918 richtete die Diepholzer Möbelfabrik die „Worpsweder Werkstätte“ ein, deren Leiter Victor Seidel vorher die von den Brüdern Franz und Heinrich Vogeler gegründete Kunstwerkstätte in Tarmstedt geleitet, in der Adventszeit 1917 schon Radierungen des berühmten Künstlers (und nachmaligen Revolutionärs) Heinrich Vogeler ausgestellt hatte und mit ihm nun als künstlerischem Beirat warb. Im Juni 1918 stellte die Werkstätte für einen sozialen Zweck Werke von Otto Modersohn – das Diepholzer Schloss, Straßen- und Kahnpartien auf der Lohne – und von Heinrich Vogeler aus seiner Zeit als Soldat in Rumänien aus. Eins der beiden Schlossgemälde wurde dem ehemaligen Landrat Dr. Quassowski als Hochzeitsgeschenk in Hannover überreicht. Am 1. November 1918 stellte Vogeler zu Gunsten des Roten Kreuzes erneut Dorf- und Naturbilder aus Rumänien zur Verfügung.[354]

Am Ende des Krieges breitete sich die spanische Grippe als eine der weltweit größten Epidemien des 20. Jahrhunderts auch hier aus und forderte besonders von Oktober 1918 bis in den Januar 1919 eine Reihe von Todesopfern, zu denen auch Kriegsgefangene aus Belgien, Italien und Russland einschließlich Kongresspolens gehörten.[355]

In dieser Zeit, am 9. November 1918 wurde der für Diepholz zuständige Deutsche Kaiser und König von Preußen seines Amtes enthoben und verzichtete mehrere Tage später auch für seinen Sohn Wilhelm und das Haus Hohenzollern auf den Thron. Eine Epoche war an ihrem Ende angelangt; Monarchie und Adelsprivilegien hatten ausgedient.

Kinder im damals so beliebten Matrosenanzug

Fotoarchiv Gerd und Carla Schröder

Aufbruch zur Demokratie und Sturz in den Abgrund

1918-1945

Die Niederlage im Ersten Weltkrieg bedeutete das Ende der Monarchie. Die erste Demokratie auf deutschem Boden entstand, die aber mit der Ablehnung durch große Teile der Bevölkerung und enormen wirtschaftlichen Problemen durch die hohen Reparationszahlungen und die Weltwirtschaftskrise zu kämpfen hatte. Die Herrschaft der Nationalsozialisten beendete diese zaghaften Versuche abrupt und führte zur dunkelsten Zeit, die Diepholz jemals erlebt hat. Die z. T. schon seit Jahrhunderten in Diepholz lebenden jüdischen Mitbürger wurden vertrieben und deportiert – die letzten im Jahre 1942. Damit war Diepholz wieder „judenfrei", wie die Lokalzeitung vermeldete. Diejenigen, denen nicht die Flucht gelang, kamen in der Shoah um. Barbarische Zerstörungen von Synagoge und Wohnungen im Jahre 1938 waren auch in Diepholz dieser Vertreibung vorangegangen.

In der gesamten Zeit wurde die Verwaltung der Stadt von Gustav Brüning (1882-1969) geführt, der 1910 zum Bürgermeister gewählt worden war und der die Verwaltung der Stadt auch noch fünf Jahre in der Nachkriegszeit leitete (zuletzt als Stadtdirektor). In diese Zeit fiel die Wiedererlangung der Stadtrechte im Jahre 1929, die nach dem Ende der Grafenzeit verloren gegangen waren. Eine noch wichtigere Entscheidung war, den Sitz der Kreisverwaltung bei der Vereinigung der Kreise Diepholz und Sulingen im Jahre 1932 in Diepholz zu belassen. Dies war neben Brüning dem seit 1918 amtierenden Landrat Jochen Hilmar von Wuthenau (1887-1965) zu verdanken, dem es gelang, den bereits gefassten Beschluss, Sulingen den Kreissitz zu verleihen, in Berlin nachträglich zu ändern. Von Wuthenau sorgte auch für die Urbarmachung der Diepholzer Umgebung, weshalb eine Siedlung und ein Kanal seinen Namen erhielten. Im Jahre 1934 wurde er zwangsversetzt, wirkte aber nach dem Kriege noch in Stadtrat und Kreistag für die CDU.

Bürgermeister Brüning sorgte außerdem dafür, dass Diepholz einen Fliegerhorst erhielt, der 1936 bezogen wurde. Zwar zog dieser die Angriffe der alliierten Bomberflotten an, aber heute profitiert die Stadt immer noch von dieser Einrichtung. Durch einen geschickten Trick – nicht die Stadt, sondern ein Verein war der Bauherr – gelang es Brüning zudem Diepholz trotz staatlichen Baustopps im Jahre 1939 ein Freibad zu verschaffen. Aber auch bei anderen Infrastrukturmaßnahmen setzte er sich nach anfänglichen Widerständen schließlich durch. So wurde im Jahre 1934 endlich mit dem Bau der Kanalisation begonnen, während der Kreis in den Jahren von 1922 bis 1925 die Strothe als weiteren Entlastungskanal hatte graben lassen, an den in späteren Jahren das Klärwerk gebaut wurde. Ebenfalls in diese Zeit – in das Jahr 1923 – fiel die Eröffnung der Eisenbahnstrecke nach Nienburg über Sulingen.

Für die Gesundheitsversorgung der Bevölkerung erwies sich das im Jahre 1929 eröffnete Kreiskrankenhaus als nützlich. Im Bildungswesen erlaubte die Gründung der späteren Graf-Friedrich-Schule (GFS ab 1925) im Jahre 1923 in den Räumen der alten Präparandenanstalt den Erwerb des Abiturs in Diepholz, während die Gründung der Kreisberufsschule 1936 die Ausbildung der Lehrlinge verbesserte. Eng verbunden mit der GFS, deren Rektor er von 1931 bis 1942 war, war der Pädagoge und Heimatforscher Dr. Wilhelm Kinghorst (1877-1947), nach dem die Förderschule und eine Straße benannt worden sind.

Der Bau des Flughafens geschah im Zuge der nationalsozialistischen Aufrüstungspolitik. Hitlers Plan, mit kriegerischen Mitteln Lebensraum im Osten zu erobern, wurde ab 1939 in die Tat umgesetzt. Ein totaler Krieg, der vielen Soldaten das Leben kostete und auch die Daheimgebliebenen nicht verschonte. So verloren bei dem alliierten Angriff auf den Diepholzer Fliegerhorst am 21. Februar 1944 72 Menschen ihr Leben. Mit der kampflosen Einnahme von Diepholz im April 1945 endete die Zeit der Diktatur der Nationalsozialisten – nun unterstanden die Diepholzer Verwaltung und ihre Bewohner der britischen Besatzungsmacht.

Die Jahre 1918 und 1945 kennzeichnen zwei Zusammenbrüche, die durchaus zusammen gesehen werden können. Das Ende der Monarchie bedeutete zugleich einen erheblichen Schritt in Richtung auf die Demokratie, die formal eingeführt wurde, in den Herzen jedoch wenig verankert war. Das Ende der Nazi-Diktatur gab der Demokratie dann eine neue Chance, die in den folgenden Jahrzehnten nicht nur wahrgenommen, sondern auch begrüßt wurde. Erleichtert wurde dieser Wandel durch die günstige wirtschaftliche Entwicklung, die wiederum zu zahlreichen neuen Erfahrungen in der Begegnung mit der Außenwelt führte. Diepholz wurde in einem Ausmaß verändert, wie es das in den Jahrhunderten zuvor nicht erlebt hatte.

Dazwischen aber lag die Enttäuschung über die neue Zeit mit zwei tiefen Einschnitten: der Inflation als Folge des Weltkriegs und der sie vertiefenden Politik bis 1923 und der Weltwirtschaftskrise mit Arbeitslosigkeit und beruflicher Aussichtslosigkeit vor allem der Jugend von 1929 bis 1933, einhergehend mit erneuter Verunsicherung über den Segen der Demokratie. Die folgende Diktatur der NSDAP gab sich als Politik des wirtschaftlichen Aufschwungs und des nationalen Selbstwertgefühls, zeigte aber spätestens seit 1941 ihre entscheidende Schwäche als illusionäres Gebilde, das auf Kosten der Unterworfenen existierte und seine Ressourcen bis zum Nullpunkt vergeudete. Die ganze Tiefe des Unrechtssystems wurde den meisten Deutschen auch in Diepholz erst später bewusst.

Zurück zum Herbst 1918. Das Ende der Monarchie erreichte Diepholz später als die Großstädte, weil es keine Garnison mit revolutionären Soldaten hatte und eine bedeutende Arbeiterbewegung fehlte.

Am 9. November 1918 wurde der Kaiser von Soldaten und Arbeitern in Berlin abgesetzt. Schnell wurde die Bevölkerung von einem Gefühl der Unsicherheit erfasst. In Diepholz gründete Bürgermeister Gustav Brüning am folgenden Tag einen Bürger-Nachtwachdienst.[1] Ab 13. November sollten jede Nacht 40 Bürger von 20 Uhr bis 6 Uhr patrouillieren, jeder zwei Stunden lang, um Plünderungen und Unruhen zu verhindern.

Das Waffenstillstandsabkommen mit den westlichen Alliierten vom 11. November setzte dem Blutvergießen endlich ein Ende, die Menschen atmeten auf. Doch fast unerträglich große Aufgaben mussten bewältigt werden, und daher schienen Ruhe und Ordnung die erste Bürgerpflicht zu sein. Die Arbeiterfrau Lotte I. aus der Judenstraße freilich, die ihren Mann, wenn er wieder einmal betrunken nach Hause kam, gern verprügelte, glaubte, Revolution bedeute, nun müssten sie keine Steuern mehr zahlen.[2]

Ende November 1918 fuhren keine D-Züge mehr, weil die von der Westfront über Köln nach Norddeutschland heimkehrenden Soldaten Platz brauchten. Am 22. November 1918 kamen die ersten Diepholzer Soldaten zurück und wurden mit zwei Ehrenpforten des Magistrats nahe dem Bahnhof und am Rathaus, mit zahlreichen Girlanden und Fahnen besonders auf dem Willenberg begrüßt.[3] Am Postamt wurde unterdessen der Zusatz „Kaiserliches“ entfernt. Die festlich beflaggte Gemeinde und der Kriegerverein begrüßten am 9. Februar 1919 500 Heimkehrer nach einem Festmarsch in der Kaiserhalle. 154 Kameraden hatten ihr Leben an der Front und in Lazaretten lassen müssen, 1920 waren 45 als Kriegsbeschädigte registriert.

Im Rathaus wurden Anfang Dezember 1918 eine Ortskommandantur und im Güterschuppen am Bahnhof ein Proviantamt für die Soldaten eingerichtet.[4] Als ein paar Tage später die ersten 59 Soldaten von der früheren Flandernfront mit 26 Pferden und mit klingendem Spiel für einen Tag in Diepholz einzogen, jubelten die Einwohner ihnen zu.[5] Ende März 1919 kam ein Feld-Artillerie-Regiment ins Quartier, übernahm die Bahnhofswache, richtete ein Wachlokal in der Kaiserhalle ein und stellte einen Posten vor der Schöttlerschen Maschinenfabrik (damals Wilhelmstraße nahe dem Bremer Eck) auf.[6] Im April zogen die Soldaten in Säle und ins Jugendheim um, rückten am 10. Mai größtenteils und mit der letzten Batterie am 2. Juni ab.

Das Gefangenenlager Moorhäusern wurde erst im Juni 1919 geschlossen, nachdem am 13. Juni 430 Russen mit einem Sonderzug nach Hameln gefahren worden waren und die letzten 14 Gefangenen, sechs Wachleute, vier Schreiber und ein Sanitäter (nach einem Abschiedsball am 15. Juni) abgezogen waren, woraufhin das Lagerinventar versteigert wurde.[7]

Revolution in Diepholz, Umsturz, Enteignung, Straßenkämpfe? Nichts von alledem! Der Anfang Dezember 1918 gewählte und konstituierte Bauern-

Gefangenenlager in Diepholz

und Bürgerrat oder Volksrat umfasste vier Selbstständige, einen Beamten und vier Arbeiter. Seine durch einen Parteisekretär der SPD aus Osnabrück gestellte Aufgabe bestand in der Kontrolle der Verwaltung, um Unregelmäßigkeiten aufzudecken. Im gewählten Fürsorgeausschuss für Erwerbslose saßen drei Arbeitgeber und drei Arbeitnehmer.[8] In einer Sitzung im Hotel Gerke beschloss der Rat Anträge an die Regierung, an Alte und Kranke und Kinder unter zwei Jahren solle Weißbrot ausgeteilt werden und Fleisch aus Notschlachtungen der Kreisbevölkerung solle markenfrei angewiesen werden.[9] Dazu muss man wissen, dass die den Konsum einschränkenden Lebensmittelkarten aus der Kriegszeit auch im Mai 1920 noch nicht abgeschafft waren. Allerdings zeigt sich bei dieser Gelegenheit, dass unter der Oberfläche durchaus Klassengegensätze vorhanden waren. Am 21. Mai 1920 richtete sich ein „Eingesandt" gegen die Diktatur des Herrn L. von der „herrschenden Klasse", der bei der Fleischverteilung in der Hinterstraße ihm politisch Nahestehende bevorzugt habe, so dass man den Gleichheitsgrundsatz der neuen Zeit wohl nicht ernst nehme. Der angesprochene Verteiler Lührmann verteidigte sich am 23. Mai 1920: Vor eineinhalb Jahren, als die Gewaltpolitiker noch herrschten, wurde im Gemeindehause oben vom Boden Wasser auf die Bevölkerung gegossen, und er habe kürzlich, als das Fleisch zu Ende ging und sich eine Gruppe plötzlich vordrängte, ermahnt, sie sollten sich ordentlich verhalten; dann habe er die durch das Gedränge fast schon zerquetschten Kinder und dann die Arbeiter bevorzugt („de dor arbeiten möt"). Im alten System habe der Arbeiter womöglich nur die Knochen bekommen. Wer das Plattdeutsche nicht möge, könne ja zu Hause bleiben, Plattdeutsche gebe es genug.

Auch nicht umstürzlerisch gemeint war die missverständliche Formulierung im Ratsprotokollbuch: „Es soll versucht werden, die Bilder von den früheren Bürgermeistern zu beschaffen, um diese in den Rathausräumen aufzuhängen."[10] Neu war aber, dass die SPD mit dem Eisenbahnbediensteten Hermann Hoffmann 1919 zum ersten Mal einen Bürgervorsteher stellte. Der Volksrat löste sich am 5. März 1919 nach der Bürgervorsteherwahl auf.

Anfang Dezember 1918 konstituierte sich ebenfalls ein Ausschuss des Bauern- und Landarbeiterrats für den Kreis Diepholz.[11] Auch wenn Parteisekretär Ruppert aus Osnabrück die erste Rede hielt, saßen in dem von 84 Vertretern unter Leitung des Regierungsassessors von Wuthenau gewählten Fünfzehner-Ausschuss bis auf zwei Häuslinge in der Regel Bauern und Handwerker. Ihre Aufgabe war, die Erfüllung der Ablieferungspflicht von Nahrungsmitteln zu fördern und die Kreisverwaltung zu kontrollieren. Vorsitzender war der Hofbesitzer Hermann Ihlbrock zu Ihlbrock, neben ihm galt Kaufmann Marcks (Drentwede) als führende Persönlichkeit. Der Rat diskutierte über den Acht-Stundentag, die Wirtschaftsform, Lohnerhöhungen und soziale Maßnahmen sowie über seine Zugehörigkeit zu den Räten des Bezirks Hannover, an

Notgeld mit einem Motiv aus der Diepholzer Geschichte von 1921

deren Stelle die Zuständigkeit der Volks- und Arbeiterräte des Regierungsbezirks Osnabrück treten sollten. Die Bauernräte blieben zur Erfassung der Lebensmittelvorräte im Interesse der Arbeiter in Hannover noch bis Ende Oktober 1919 erhalten. Bei der Auflösung dankte der noch in der königlichen Zeit kommissarisch eingesetzte und in der Republik bestätigte Landrat von Wuthenau dem Rat für die geleistete Arbeit.

Landrat von Wuthenau (1918-1934)

Mitte Dezember 1918 wurden erstmals wieder die Parteien mobil. Deutschhannoveraner, Deutsche Demokraten (mit dem gebürtigen prominenten Diepholzer Wilhelm Heile in Berlin), Sozialdemokraten und Deutsche Volkspartei traten in den Kampf für die für Januar 1919 angesetzten Wahlen zur Deutschen Nationalversammlung und zur Preußischen Landesversammlung. Als am stärksten erwiesen sich die Deutschhannoveraner vor den Sozialdemokraten und den Linksliberalen, während die Rechtsliberalen und erst recht die Deutschnationalen weit zurücklagen. Dementsprechend wurde im Februar eine Einheitsliste für die Bürgervorsteherwahl aufgestellt: Deutschhannoversche Volkspartei 8, SPD 5, Deutsche Demokratische Partei 4 und Deutsche Volkspartei 1.[12] Frauen fehlten noch trotz entsprechender Überlegungen von männlicher Seite.

Die Kämpfe zwischen den Spartakisten und der für die Nationalversammlung eintretenden Division Gerstenberg um Bremen am 3. und 4. Februar 1919 führten dazu, dass der Zugverkehr unterbrochen wurde und Reisende einmal vormittags zwar noch bis Hemelingen fuhren, nachmittags aber wieder in Diepholz einliefen.

Am 5. März 1919 löste sich der Volksrat Diepholz auf; die „Revolution“ war beendet.[13] Immerhin erreichten die Arbeiter der Diepholzer Möbelfabrik einen Monat darauf, dass der Betrieb um 16.30 Uhr und sonnabends um 12 Uhr geschlossen wurde.[14]

Kreisstruktur und Verwaltung

Das Landratsamt im Schloss blieb in seinen Funktionen erhalten. Mitte Februar 1919 wurde auf Anordnung des Regierungspräsidenten ein Kreisarbeitsnachweis eingerichtet, dessen Geschäftsführer Karl Schäfer im Rathaus freie Stellen auf Grund einer Meldepflicht auflistete und die oft „aus dem Felde“ heimkehrenden Arbeitslosen mit großem Erfolg vermittelte.[15]

1922 schuf der Kreis Büros für die amtliche Fürsorge für die Kriegsbeschädigten[16] und Hinterbliebenen im Landratsamt und für das Wiesenbauamt im Jugendheim, 1923 wurde eine Kreishebammenstelle geschaffen. 1929 richtete das neu gebildete Arbeitsamt Bassum eine Nebenstelle ein.

1924 kaufte der Kreis das repräsentative, ursprünglich für das Ehepaar Schwarze gebaute Haus Niedersachsen von der aus Hannover zugezogenen Witwe Mohr.[17] Dort zog der aus Westpreußen stammende Landrat Jochen-Hilmar von Wuthenau ein, der bei der Bevölkerung beliebt war und für seine Verdienste um die wirtschaftlichen Nutzbar-

Der Kreisausschuss im Jahre 1920 (2. v. l. Landrat von Wuthenau)

1924 kaufte der Kreis das Niedersachsenhaus, heute Dienstsitz des Landrats

machung der weiten Ödländereien dadurch geehrt wurde, dass dort eine Siedlung von zehn Stellen den Namen „Wuthenau" erhielt, wie 1932 nach dem Kreiswiesenbaumeister Hermann Düver eine andere Siedlung „Düversbruch" benannt wurde. Als gegen von Wuthenau Vorwürfe wegen seiner Finanzpolitik erhoben wurden, versammelten sich am 11. März 1931 über 900 Personen im Saal Bruns und zogen demonstrativ zur Wohnung des populären Beamten, um ihre Solidarität zu bekunden. Am 26. März 1931 versammelten sich gar 2000 Leute, Gewerkschafter, Kommunalpolitiker, Ziegeleiarbeiter aus Rehden, allein über 300 Wagenfelder, Feuerwehrleute und viele Privatleute zu einem Fackelzug für von Wuthenau.[18] Die Vorwürfe gegen ihn erwiesen sich in der Tat als haltlos.

Viel bedeutsamer war die preußische Verwaltungsreform des Jahres 1932, durch die die Kreise Diepholz und Sulingen am 1. Oktober 1932 zu einem Großkreis Grafschaft Diepholz mit dem Kreissitz Sulingen zusammengefügt wurden.[19] Landrat von Wuthenau ließ den Bürobetrieb vorerst in Diepholz weiterlaufen. Brüning fuhr zweimal nach Berlin, nahm Kontakt mit dem Landtagspräsidenten und dem Oberpräsidenten auf, ein Arbeitsausschuss kämpfte insgeheim für den bisherigen Kreis, der Leiter der Graf-Friedrich-Schule Dr. Wilhelm Kinghorst formulierte eine Denkschrift. Die Beziehungen des Bürgermeisters zu einer in Bremen wohnenden Großnichte Hindenburgs führten bis zum Reichspräsidenten und schließlich am 19. Oktober 1932 zu einer Besichtigung durch zwei hohe Beamte.

Ein Handlanger lief zuvor in seinen Holzschuhen durch den Ort und rief: „Der Herr Bürgermeister hat befohlen, am heutigen Tage müssen alle Hühner und Enten an die Kette gelegt werden!" Er sammelte die Zementtüten von Bauarbeiten am Hause des Dr. Vogelsang (Bahnhofstraße) auf. Die

Der letzte Kreistag des Altkreises Diepholz 1932 (vorne in der Mitte Landrat v. Wuthenau)

Straßen wurden gefegt, die Bürgersteige geschrubbt. Else Lambrecht rief: „Fahnen heraus, wir haben den Kreissitz wieder!" Und das wurde groß gefeiert.[20]

Am 23. November 1932 wurde zur massiven Verärgerung der Kreissulinger der Verwaltungssitz tatsächlich nach Diepholz gelegt. Nicht protestiert hatten sie naturgemäß gegen die Einrichtung des Finanzamts in Sulingen auf Kosten der Diepholzer kurz nach dem Krieg.

Den Sulingern halfen auch eine Entschließung von weit über eintausend Altkreisbewohnern und eine Aktion mehrerer Politiker und der Mehrheit des Kreistags gegen den Kreissitz Diepholz und gegen den von ihnen ungeliebten Landrat nicht mehr, denn die NS-Regierung wollte im Mai 1933 entgegen den Versprechungen lokaler NSDAP-Größen vor der Märzwahl endlich Ruhe einkehren lassen.[21] In Diepholz dagegen mietete der Kreisausschuss das Bürohaus der Schöttlerschen Maschinenfabrik für die vergrößerte Verwaltung..

Die Unsicherheit, die sich in zahlreichen Diebstählen, der Inflation als Folge der Rüstungsausgaben im Krieg und der nicht unberechtigten Angst vor einem radikalen Umsturz in Bremen und in Osnabrück äußerte, führte den Magistrat am 23. April 1919 zur Bildung einer Einwohnerwehr, doch ließen sich über 200 Bürger von ihrer Notwendigkeit erst sieben Monate später überzeugen.[22] Der organisatorische Leiter Heinrich Beckmann und der militärische Leiter Ernst Schröder teilten die unter frei gewählten Führern dienenden Freiwilligen in vier Züge nach ihrem Wohnsitz ein. Im Januar 1920 zählte diese Hilfspolizei 250 Angehörige, die gegen Spartakisten, Schieber, Diebe und Raubmörder vorgehen sollten, zahlenmäßig aber zu schwach waren. Einige Wochen später zogen die an weißen Armbinden erkennbaren Männer erstmals zum Übungsschießen in die Aschener Berge. Der Zug Willenberg sammelte sich am frühen Nachmittag „auf dem Pohl" und marschierte ins Gelände. Doch das Interesse blieb gering, auch als Ernst Schröder als militärischer Führer durch Amtsgerichtsrat Fritz Euker abgelöst wurde.

Zeitungsverleger Dr. Ernst Schröder (mit dem im 2. Weltkrieg gefallenen Sohn Heinrich) war militärischer Leiter der Bürgerwehr

Als neue Behörde wurde im Oktober 1919 das Kulturamt eingerichtet, das sich um die Verbesserung der Bedingungen für die Landwirtschaft bemühte. Vom Zollamt ist zu berichten, dass sein Leiter Rasenberger am 11. November 1920 rund 5 Millionen beschlagnahmte Zigaretten versteigerte.[23]

Bedenklich schien die Verlegung von Institutionen nach Sulingen. Das zunächst im Jugendheim untergebrachte Finanzamt wurde im Juli 1920 mit dem in Sulingen vereint, seine Verwaltung zog im September fort. Am 15. Dezember 1920 wurde die bisher bei der Kreiskasse in Diepholz befindliche Finanzkasse ebenfalls im Finanzamt Sulingen eröffnet. 1938 wurde das Katasteramt vom Bremer Eck nach Sulingen gelegt.

Die örtliche Verwaltung blieb überschaubar. Dem bereits genannten Bürgermeister stand Magistratssekretär Ernst Waßmann zur Seite, unterstützt durch den Nachtschutzbeamten Heinrich Schneidewind und den Polizeiwachtmeister und Trichinenschauer Ernst Fricke („Fricken Ernst"). Angesichts der erheblich gestiegenen Bevölkerungszahl und der zahlreichen neuen Aufgaben hat sich diese persönliche Nähe und Vertrautheit natürlich nicht bis heute halten lassen.

1924 wurde die Einheitsliste von 1919 für die Bürgervorsteherwahl durch vier Listen ersetzt. Die Listen Beckmann, Bürgerverein und Landwirtschaft erhielten je vier Sitze, die Gewerkschaften drei. Das kennzeichnete den Grad der Demokratisierung, wenn auch die Neigung gering blieb, die Parteien als Vertreter des kommunalen Willens zu akzeptieren.

1933 wurde das demokratisch-plurali-

Magistrat (Bürgermeister Brüning sitzend 4. v. l.) und Bürgervorsteher (Wortführer Malermeister Kläning sitzend 2. v. l.)

stische System abgeschafft und durch das Führerprinzip ersetzt, das verlangte, dass die vorgesetzte Behörde in Hannover sich durch den in Sulingen amtierenden Kreisleiter „beraten" ließ und dann die von ihm genehmigten Ratsherren ernannte. Grundsätzlich gehörte als Senator der Ortsgruppenleiter der NSDAP zur Leitung der Stadt, in Diepholz war das der Postbeamte Wilhelm Nageler bis 1939, dann Studienrat Dr. Ernst Lange bis 1944 und in den letzten Monaten der Kriegsbeschädigte Sinclair Schlund. Über den Kaufmann Sinclair Schlund aus Bremen schrieb der Vorsitzende des Diepholzer Entnazifizierungsausschusses Paul Friedrichs am 31. Juli 1947, er habe auch Nicht-Parteigenossen und Andersdenkenden geholfen. „Schlund dürfte einer der wenigen Ortsgruppenleiter sein, der nur das Gute gewollt und getan hat und dem die gesamte Einwohnerschaft von Diepholz das bestätigen wird."[24]

Nageler dagegen war in den Augen von Zeitzeugen übereifrig, intolerant, brüsk und von Machthunger geprägt.[25] Er arbeitete mit dem SA-Sturmführer und dem Kreisleiter der NS-Betriebszellenorganisation gegen den Bürgermeister und seine Freunde. Gauleitung und Regierungspräsident wurden sich nicht einig, was mit dem bürgerlichen, korrekten und pflichtbewussten Brüning geschehen sollte. Der beeindruckte den NS-Gaugeschäftsführer Maul im November 1934 schließlich so, dass der Kampf eingestellt wurde. Hindenburgs Großnichte hatte sich vorher schon zweimal an Hitler gewandt und für Gerechtigkeit gegenüber Brüning und dem aus Diepholz in den Netzekreis an die polnische Grenze versetzten, ebenfalls missliebigen Landrat von Wuthenau gebeten. Nageler hatte – welch ein unglaubwürdiger Wandel – am 7. Juni 1934 um Zusammenarbeit gebeten. Neu war das nicht, Nageler gab bereits Ende März 1933 eine Ehrenerklärung für den von ihm zu Unrecht verdächtigten Brüning ab,[26] doch noch kurz vor den Ausschreitungen gegen die Juden am 10. November 1938 schrie er ihn an, der Bürgermeister habe an diesem Tag nichts zu sagen. Das von Ehrenbürger Siegfried Simon Fontheim gestiftete Buntglasfenster im Rathaussaal drohte er zu zerschlagen, aber Brüning stellte sich schützend davor, ließ die Widmung lediglich übermalen und nach dem Untergang der NSDAP 1945 alsbald wieder sichtbar machen.

Im Krieg wurde die Zahl der Ratsherren entsprechend der Deutschen Gemeindeordnung von acht auf vier reduziert, die mit Bürgermeister, zwei Beigeordneten und dem Ortsgruppenleiter Entscheidungen trafen.

Entwicklung der Stadt

Die Einwohnerzahl stieg kontinuierlich. War kurz nach dem Jahre 1900 die Zahl von 3.000 überschritten worden, so waren es 1931 etwas über 4.000, 1936 über 5.000 und 1939 über 6.500.[27]

Man vergesse nicht, dass Diepholz immer noch in recht großen Teilen von seiner ländlichen Umgebung geprägt war. Da fuhr der noch so eben in der Zeit des Königreichs Hannover eingeschulte Christel Schöttler mit seinem Kahn auf der Lohne und auf der Hunte und stakte bis zum Dümmer, wo er seine Aalkörbe stellte, kontrollierte und leerte.

Lohneschiffer, im Hintergrund das Schloss, das Haus des Tischlermeisters Schierbaum und die Badeanstalt

Ein Luftbild des noch sehr übersichtlichen Städtchens aus den 1930er Jahren *Foto: Schöttler*

Brüning hatte Spenden dafür gesammelt.

Umstritten war die Verlegung des Postamts aus dem Rathaus an die Bahnhofstraße 12 in den Jahren 1926 und 1927.[28] Dort an der Südseite westlich der Mittelschule hatte die Kreissparkasse bei einer Zwangsversteigerung das Haus erworben und es an die Deutsche Reichspost verkauft. Die Geschäftswelt beklagte, dass das Postamt nicht mehr in der Ortsmitte lag, sondern „weit weg". Die Post hatte das Rathaus kaufen wollen, dem Flecken aber weniger Geld geboten, als er 1905 für den Bau aufgewendet hatte. Die Neuerwerbung dagegen kostete die Post nicht einmal die Hälfte dessen, was sie dem Flecken für das Rathaus geboten hatte. 1927 modernisierte die Post die Einrichtung: Zwei Brief- und ein Paketschalter und der Fernsprechdienst wurden hier vorgehalten. Am 24. März 1928 wurden das Selbstanschlussamt für 300 Teilnehmer und das Fernamt mit vier Plätzen in Betrieb genommen.[29] 1936 entstand der Ämterpflegebezirk Diepholz, dem insgesamt elf

Für die Wasserschauen auf der Hunte war Landrat von Wuthenau auf ihn angewiesen. Die Leute von der Lohnstraße stakten wie seit Jahrhunderten ihre Kähne mit Dünger zum Land und kehrten entlang der Flussbadeanstalt mit Viehfutter, Wurzeln, Kohl und Kartoffeln zurück.

Beschaulich war's in den zwanziger Jahren: Man hatte stets Zeit für ein Schwätzchen vor der Haustür, war schnell in der Natur, die Kinder spielten auf der Straße ohne Angst vor Autos, die eher als fotogene Sensation angesehen wurden wie das von Bäcker August Haselhorst.

Schon 1919 wurde die durch den Krieg unterbrochene Verkopplung des Eschfelds wieder aufgenommen. Der 1896 erweiterte Friedhof und der Marktplatz sollten vergrößert werden. Eine Folge war, dass 1929 mit Hilfe von Spenden auf dem neuen Südteil des Friedhofs das Dolomitkreuz mit dem Spruch „Bei dir ist die Vergebung, dass man dich fürchtet" (Psalm 130, Vs. 4) errichtet wurde. Bürgermeister

Die Bahnhofstraße: rechts das Gebäude, das 1927 die Post bezog, links die Prinzhornsche Villa

Vermittlungsstellen im alten Kreis Diepholz und in Hannoversch Ströhen unterstellt wurden. Das Fernamt Diepholz wurde auf sechs Fernplätze mit Handbedienung erweitert.

Das 21. Jahrhundert teilweise vorwegnehmend richtete die Post schon 1925 Verkaufsstellen für Postwertzeichen bei Kaufmann Wilhelm Kohlwes auf dem Willenberg und bei Kaufmann Georg Hagemann an der Bahnhofstraße ein.[30]

In die freigewordenen Räume im Rathaus an der Langen Straße zog u.a. die Landschaftliche Brandkasse ein.

Der kurz vor dem Weltkrieg gegründete Bauverein sorgte dafür, dass Diepholz über sich hinauszuwachsen begann. Im April 1922 stellte er sechs Doppelwohnhäuser auf dem Groweg fertig und fügte alsbald vier weitere hinzu.[31] Bis 1948 waren etwa 60 Häuser auf seine Hilfe zurückzuführen, besonders am Triftweg, der Fladderstraße, der Herrenweide, der Maschstraße und dem Klöverkamp, hier im Jahre 1942.

Auch am Heldenhain wurde das erste Einfamilienhaus errichtet. In den zwanziger Jahren begann zudem die Bebauung des östlichen Eschfelds mit Eschfeldstraße, Stüven- und Amelogenstraße. Am Maschweg wurden seit Ende der zwanziger Jahre Wohnhäuser errichtet. Als Folge der beginnenden Motorisierung wurden in größerer Zahl Garagen aufgestellt.

Die Spezialteilung (Privatisierung der einzelnen Parzellen) des bis zu 4,5 m mächtigen Diepholzer Moores mit 2 m tiefem Schwarzmoor seit 1921 und die Verkoppelung der Feldmark Diepholz veränderten das Gesicht der umgebenden Landschaft durch neue Zäune, Wege, Brücken und Gräben.[32] 1927 – um ein Beispiel zu nennen – wurde der Nährweg gepflastert. Die Entwässerung des Bruches mit der Schaffung neuer Höfe wurde als Anbruch einer neuen Zeit empfunden, wurde das wegen der Grundlosigkeit und Unzugänglichkeit seiner Siedlungen als „Muffrika" bezeichnete Gelände jetzt doch näher an die älteren Orte ringsumher angebunden. Zwei Dutzend Höfe entstanden zwischen Grawiede und Graft.[33] 1934 wurde das Bruch zum letzten Mal gemeinschaftlich beweidet. Die Bruchinteressentenschaft wurde aufgelöst, die beiden Gänsehürden wurden veräußert, und es entfiel der Brauch des sonntäglichen „Bruchgangs" zu der Wirtin Thiesing, um einen „Lüttjen" zu genießen und mit anderen Interessenten zu „klönen" und zu „schnacken". Thiesings erhielten als Siedler das bisherige Bruchhirtenhaus. Die Bruchteilung bewirkte einen raschen Rückgang der Gänsehaltung um 75%, was in verstärktem Maße zu Importen aus Polen führte.[34] 1935 bis 1939 wurde die Umlegung des Diepholzer Bruches angegangen, und in diesem Zusammenhang übernahm die Stadt 1936 die Wege im Bruch, soweit sie befestigt waren. Die einstmals herrschaftlichen Escholtwiesen wurden Besitz der Diepholzer Bruchweidenbesitzer, womit die Firma Weidebetrieb Staatliche Escholtwiesen GmbH 1936 erlosch.[35]

1925 fertigte Schlossermeister Louis Schröder auf Anweisung des Bürgermeisters für alle Häuser erstmals einheitliche, blaue Nummernschilder an.[36] Dadurch fiel das Auffinden leichter, die Annäherung an städtische Maßnahmen bereitete ein wenig auch die Erhebung zur Stadt vor.

1922 wurde der Bahndamm südlich vom Bahnhof für weitere Gleise mit Schutt vom Stahlwerk Osnabrück verbreitert. Auch hier wurde der Eindruck von der wachsenden Bedeutung des Fleckens verstärkt, da im Norden gleichzeitig der Anschluss an die Bahnstrecke über Sulingen nach Nienburg in Arbeit war.

Östlich der Bahn wurde 1922 feste Weide und etwas Ackerland bei Lüdersbusch für den Reit- und Fahrverein Diepholz-Syke in einen Pferderennplatz

Einweihung des Kriegerdenkmals am Heldenhain 1922

1928: Die Färberei Fiebinger in der alten Wassermühle an der Lohne brennt ab. *Foto: Petersen*

mit 800 Meter Geläuf umgewandelt, wodurch die regionale Attraktivität verbessert wurde.[37] Am 6. Mai 1923 zog das erste Rennen 5-6.000 Personen an, die zu Fuß, mit Rad, Motorrad, Wagen und Autos aus dem Westfälischen, Oldenburgischen, Osnabrück, Wittlage, Sulingen, Syke herbeigeeilt waren, um (z.T. an den Kassen vorbeigemogelt) Hürdenrennen, Trabreiten und -fahren, Flachrennen und Eignungsprüfungen zu erleben und anschließend im Schützenfestzelt zu tanzen. 1931 wurde der Verein wegen geringen Interesses aufgelöst; dennoch fanden auch 1932 Turnier und Rennen statt.[38] Das Gelände nahm außerdem andere sportliche Wettkämpfe in größerem Rahmen auf.

Der Marktplatz fand nach Norden hin seinen baulichen Abschluss durch das Denkmal für die im Ersten Weltkrieg Gefallenen.[39] Am 14. Mai 1922 wurde dieses aus Spenden auch von Deutschen in den USA bezahlte Ehrenmal eingeweiht, das nach dem Entwurf von Prof. August Schreitmüller auf einer Art Altar die Gruppe „Die Wacht" mit der Idealgestalt eines fast unbekleideten Kriegers und dem deutschen Adler zeigte, wie sie sich damals schon für ein privates Soldatengrab auf dem Riensberger Friedhof in Bremen fand.

Für ein Altersheim stiftete der mehrfach als Mäzen auftretende Berliner Unternehmer Siegfried Simon Fontheim in Verbundenheit mit seiner Vaterstadt 1922 5.000 Mark, die durch die Inflation jedoch schnell entwertet wurden.[40]

Es war symbolhaltig, dass die Schrödersche Wassermühle an der Lohne am 30. Januar 1928 abbrannte. Da die Färberei Fritz Fiebinger sich hier niedergelassen hatte, war die Mühle ihrer Jahrhunderte alten, kurz vor dem Weltkrieg durch staatlichen Beschluss beendeten Aufgabe bereits enthoben gewesen. Nur die Sandsteinmauer nach dem Wasser hin stand noch. Fotograf Oskar Petersen hängte als Zeichen der modernen Schnelligkeit schon nach einer Stunde ein Foto vom Brand aus.[41]

Einen bedeutenden Wendepunkt in der Stadtentwicklung stellte die erneute Verleihung des Stadtrechts dar. Der Bürgerverein und bekannte Persönlichkeiten setzten sich dafür ein, einige sparsame Deutschhannoveraner sahen skeptisch neue Kosten auf Diepholz zukommen und wollten Diepholz rechtlich als Landgemeinde erhalten.[42] Die Fleckenskollegien stimmten am 10. Dezember 1928 mit 16 gegen 2 für die Stadtrechte, nach einer Beanstandung durch den Regierungspräsidenten mit 14 gegen 3.[43] Am 25. Oktober 1929 beschloss die preußische Staatsregierung Diepholz die Stadtrechte wieder zu verleihen. Dennoch feierten die städtischen Kollegien am 11. Januar 1930 die 550. Wiederkehr der Verleihung der Stadtrechte durch den Edelherrn mit einem Vortrag des renommierten Fachmanns Dr. Kinghorst.[44]

Zur Entlastung der Lohne baute der Kreis (wie schon 1911/15 die Grawiede) 1922/25 die Strothe als Entlastungskanal aus, was im Winter und Frühjahr 1926 Hochwasser östlich und nördlich des Fleckens zur Folge hatte, so dass die Dr. Frank'sche und die Schlosswiese fast ständig unter Wasser standen und die Strömung Schlick und Unrat wegriss.[45] Bald klagten die Lohneanlieger, früher hätten sie ständig frisches und klares Wasser für Haushalt und Wäsche gehabt, jetzt verschlicke die Lohne, und im Sommer stinke sie durch den Wassermangel. Sandbänke bildeten sich im Mühlenkolk, am Mühlen-

Die Verleihung der Stadtrechte im Jahre 1380 als Motiv des Notgeldes

Ausbaggerung der Grawiede

stau trieben Dosen und Flaschen, an der Vorwerksbrücke wuchsen Wasserrosen. Ziemlich trocken fielen Burggraben, Barlager Hüde, der Lohnearm zwischen Schrader und Schröder und die Hüde hinter Behrens.[46]

1933 wurde der Lohnearm am Rathaus und bei Lehnkering bis zum Mühlenkolk zugeschüttet, 1935/36 bei Hotel Hannover und Barmeyer, beim Superintendenten und Dr. Schrader verrohrt.

Bürgermeister Brüning erreichte Anfang der dreißiger Jahre endlich, wofür er bald nach seinem Amtsantritt gefochten hatte: den Bau eines Wasserleitungsnetzes, das aus Brunnen in der Ameloge gespeist wurde.[47] Bis dahin förderten die Bürger das Wasser mit Pumpen in der Küche oder in der Waschküche, andere gingen mit Eimern zum Beispiel zur großen, ringsum mit Holz verkleideten Pumpe auf der Judenstraße (heute: Kolkstraße).

Sein Grundstück an der Nienburger (heute: Sulinger) Straße (Fladder, nahe Triftweg) tauschte Semmi Philippsohn bald danach mit der Stadt gegen ein Grundstück am Nährweg. Die Stadt ließ die Neuerwerbung durch die Baufirma Zander für einen Halteplatz für Zigeuner herrichten, um sie, wie von der NS-Regierung gewünscht und der Stimmung in der Bevölkerung entsprechend, von der Stadt fernzuhalten.

Im Herbst 1934 baute die 1919 von einem Herrn Wieprich gegründete, seit 1923 unter der Leitung des Sparkassenmitarbeiters Hermann Maaß stehende Technische Nothilfe (später: Technisches Hilfswerk) bei den Stadtwerken einen Gas- und Luftschutzkeller.[48] Von jetzt an wurde der Bombenkrieg durch weitere LS-Keller im Krankenhaus, in der neuen Superintendentur, in Privathäusern, durch den Reichsluftschutzbund mit Sitz im Niedersachsenhaus seit 15. Mai 1937 und durch Luftschutzübungen auch in Diepholz vorbereitet.[49]

Ein Dokument der Zeit stellt die Sgraffito-Arbeit am Hause Kläning an der Steinstraße dar. Das 1934 geschaffene Werk ist „Handwerk im Aufbau" betitelt und dokumentiert die Erleichterung über die rasche wirtschaftliche (noch nicht offenkundig nur scheinbare) Erholung nach der jahrelangen Zeit der Depression.

Erstmals 1935 wurden die Flächen durch einen Bauzonenplan gegen „wildes" Bauen eingeteilt. Ein bisher noch nicht erlebter Boom setzte ein. 1935 erstellte der Bauunternehmer Zander auf dem Grundstück des abgebrannten Wassermühlenhauses einen Neubau, 1936 baute Wilhelm Horn ein neues Geschäftshaus für Putz- und Weißwaren, Buchhändler Ferdinand Schöttler und Kolonial- und Eisenwarenkaufmann Georg Arning gaben dem nördlichen Teil der Langen Straße ebenfalls ein neues Gesicht, Baumeister Niemeyer baute an der Ecke Grafen-/Wellestraße.

Wo heute die Wellestraße in die Lange Straße mündet, verlief bis 1933 ein Lohnearm.

Lange Straße am Bremer Eck (rechts Buchhandlung Schöttler)

Zu verdienen gab es plötzlich viel durch die Anlegung des Fliegerhorstes mit Rollfeld, Kasernen, Wachgebäude, Hallen für Flugzeuge und Material, Bunker, Schießstand und Lazarettgebäude. 1938 verkaufte die Stadt die Bürgerfuhren bei Biermann auf Junkernhäusern an den Staat. Die Wehrmacht errichtete dort ein Depot. Flak-Stellungen wurden im Süden und im Norden und ein Scheinflughafen im Moor angelegt. Offiziere beanspruchten Wohnungen, eine große Siedlung wurde Ende 1936 auf der Herrenweide (an nach Kampffliegern von 1914/18 und dem Grafen Zeppelin benannten Straßen) geplant und im Juli 1938 begonnen. Landrat Dr. Spießbach sah dort ein „amerikanisch anmutendes Wachstum" voraus.[50] Auch am Sandstich und an der Hermann-Göring-Straße (seit 1945: Maschstraße) wurde bereits vor dem Krieg gebaut.

An der Schloßstraße und im Eschfeld wurden Häuser hochgezogen. Der Gemeinnützige Bauverein erstellte 1936 drei neue Doppelwohnhäuser und damit 42 in einem Vierteljahrhundert. 1938 wuchsen die Landkrankenkasse, die Ortskrankenkasse und das Zollamt in der Welle empor, zu der 1937 durch den Kauf und Abbruch der Neumüllerschen Schmiede an der Langen Straße ein breiter Zugang geschaffen wurde.

Mehrere Neubauten wie der des seit 1937 durch Grundstückskauf vorbereiteten größeren Postamts, des Kreishauses, der Kreissparkasse, des Gesundheitsamts in der Welle und der neuen Volksschule wurden geplant, aber erst nach dem Krieg verwirklicht. Auch eine großflächige Kanalisation wurde mitten im Krieg ins Auge gefasst. Dem Hang zum Großen entsprang der Plan, das Gelände zwischen Postdamm und Willenberg zu gestalten. Ein Aufmarschgebiet von 4 Morgen an der Münte, ein Stadion, das als erstes aus einem Bauernhaus umgebaute HJ-Heim, Tennisplätze, Schießstände und das Freibad wurden 1938 in die Agenda aufgenommen.[51] Jahrelang stritten Justiz, Finanzminister und Kreis um die Zukunft der Schlossinsel, so dass 1942 sogar NS-Reichsleiter Martin Bormann im Führerhauptquartier damit befasst wurde, während schon 1941 die weise Er-

Krankenkasse und Zollamt in der Wellestraße

kenntnis formuliert wurde: „Die Zeit, während welcher der Richter Kühe hielt, dürfte ... endgültig vorbei sein!“[52]

Das Freibad wurde angesichts eines staatlichen Bauverbots für Behörden 1938/1939 mit Hilfe des vom Bürgermeister initiierten Badevereins Diepholz e.V. errichtet. Sandgrubenbesitzer und freiwillige Helfer von SA, SS, Turnvereinen und Schulen schütteten das Gelände auf und planierten es. Diese Ausweichmöglichkeit entsprach einem Erlass des Innenministers, da der Körperertüchtigung ideologisch ein hoher Rang beigemessen wurde.[53] Die Einweihung am 18. Mai 1939 wurde von Sportlerinnen und Sportlern aus Dresden (Kunstsprung-Europameister und Olympia-Teilnehmer Erhard Weiß), Bremen, Diepholz, Hannover und Osnabrück bestritten und mit einem Springen vom 10-m-Turm gekrönt.[54] Die Bremer Schwimmer riefen begeistert: „Das Freibad nehmen wir mit!“ Die neu angelegte Liegewiese wurde 1940 freigegeben. Am 20. September 1943 kaufte die Stadt das Bad vom Verein. Kaufen war erlaubt, bauen nicht! Noch Jahrzehnte lang sprachen die Diepholzer von der „Badeanstalt“, obwohl sie inzwischen sprachlich zeitgemäß in „Freibad“ umbenannt worden war.

Neue Straßennamen wiesen auf Neubaugebiete hin: Horst-Wessel-Straße (heute: Welle), Am Weizenkamp, Klöverkamp, Schlageter-Straße (heute: Gartenstraße), Jahn-, Friesen-, Goethe-, Schiller-, Niedersachsen- und Prinzhornstraße. Bezeichnend für den Personenkult war, dass lebende Personen (Adolf Hitler für die Eschfeldstraße und Hermann Göring für den Maschweg, heute Maschstraße) als Namengeber gewählt wurden. Im Spätherbst 1941 bauten Kriegsgefangene aus der Sowjetunion die Lüderstraße vom Klöverkamp bis zur Hermann-Göring-Straße aus und befestigten den Untergrund mit zerschlagenen Grabsteinen vom jüdischen Friedhof.[55]

Zur Dümmereindeichung eingesetzte Lokomotive der Firma Schöma *Foto: Ernst Schröder*

1938 nahm die am Bremer Eck residierende Hunte-Neubauabteilung in Diepholz das Hunte-Meliorations-Projekt mit Grabungs- und Deichbauarbeiten am Dümmer in Angriff.[56]

Bei aller Modernisierung ging manches doch seinen gewohnten Gang. Eine Anzeige des Müllabfuhrunternehmers Otto Grambow möge das verdeutlichen:

„Ich möchte darauf aufmerksam machen, dass die Müllkübel möglichst einmal im Monat von unten auf gesäubert werden, da der Geruch der ver-

Das Diepholzer Freibad wurde 1939 eingeweiht

faulten Kruste, die zum Teil schon jahrelang drinsitzt, für die Fuhrleute gesundheitsschädlich ist.

Heringsfässer, schwere Kisten und Waschwannen sind keine Müllkübel!"[57]

Der 1939 angefangene Krieg änderte die NS-Frauenpolitik. Bisher sollten Frauen den Männern keine Arbeitsplätze „wegnehmen" und sich um Haushalt und viele Kinder kümmern, nun sollten sie „ihren Mann stehen", um Männer für die Front „frei" zu machen. Nach dem Beginn des Krieges gegen die Sowjetunion suchte die Stadtverwaltung Diepholz zwei Aushilfsangestellte für ein „Gehalt nach Vereinbarung", da Fachkräfte in der Finanz- und Steuerverwaltung und in der Kämmereikasse zum Kriegsdienst eingezogen waren.[58] Um den Entschluss zur Arbeit zu fördern, eröffnete die NSV (Nationalsozialistische Volkswohlfahrt) auf dem Gelände des früheren städtischen Kinderbades an der Lohne am 30. Juni 1940 in einer Baracke ein Tagesheim für 50 Kinder werktätiger Frauen. Am 20. Januar 1941 kam ein zweiter an der Grafenstraße 14 hinzu.[59]

In der Escholt südlich der Graftlage in Richtung Dümmer bestand in den dreißiger Jahren zunächst ein Arbeitsdienstlager, dann die Wilhelm-Sturm-Kreisschule für Lehrerfortbildung, für Schulklassen und für die Hitlerjugend.[60] In diesem Barackenlager wurden 1940 französische Kriegsgefangene, am 15. November 1941 80 sowjetische Gefangene (im April 1942 nur noch 42) und 10 Wachtposten untergebracht. Die Gefangenen kamen völlig ausgehungert an, mussten aber im Winter 10,5 Stunden arbeiten, die Wege gehörten zur Arbeitszeit. Im Sommer waren es zwölf Stunden, am Sonnabend „nur" elf. Sie wurden vor allem beim Straßen- und Wegebau eingesetzt. Zur Nahrung gehörten gekochte Kartoffelschalen![61]

Russische Kriegsgefangene beim Ausbau des Heeder Triftweges
Foto: Ernst Schröder

Bevölkerung

Wenn auf den folgenden Seiten viel von Politik die Rede ist, sollte man nicht vergessen, dass das Alltagsleben von Arbeit und ein wenig Freizeit geprägt war. Die Diepholzerinnen und Diepholzer feierten gern, und besonders in den ersten Monaten nach dem Ende der Kampfhandlungen 1918/19 konnten viele nicht genug von den ausgelassenen Tanzvergnügen bekommen, die zudem nicht immer bis spät in die Nacht, sondern gerade anfangs bis in den frühen Morgen andauerten. Darüber beklagten sich besonders Anlieger der Langen Straße und Vertreter der „ernsten Zeit", die sich entrüsteten, dass angesichts der miserablen politischen Verhältnisse manche Zeitgenossen nicht in Trauer über Waffenstillstandsbedingungen, weiter einlaufende Benachrichtigungen über gefallene Familienangehörige und weiter anhaltende Kriegsgefangenschaft deutscher Soldaten versanken.

Die Bevölkerung war nach der Revolution für die Demokratie und zu einem nennenswerten Teil einerseits für die Lösung von Preußen und damit für die Wiederherstellung eines unabhängigen Landes Hannover im Deutschen Reich, zu einem anderen Teil aber für die Beibehaltung des Status quo gestimmt. Die Sozialisten veranstalteten 1919 zum ersten Mal einen Mai-Umzug, an dem über 120 Frauen und Männer teilnahmen, und hörten den Vortrag einer Osnabrücker Genossin über „Sozialismus und Völkerfriede".[62] Am 2. Mai 1920 versammelten sich die Arbeiter aus den beiden Möbelfabriken und der Maschinenfabrik, zogen demonstrierend durch die Stadt und veranstalteten abends einen Festball.[63] Der zweitlängste Streik in der Diepholzer Geschichte ereignete sich damals: Maurer und Zimmerleute streikten vom 14. April bis zur Lohnerhöhung am 10. Mai 1920.[64]

Stärker als die Sozialisten waren die Hannoveraner, die ein Heimatfest am 5. Oktober 1919 mit vielen gelb-weißen Fahnen, Ehrenpforten, Girlanden und einem Festzug zum Marktplatz begingen. Dort sprachen gegen die Zugehörigkeit zu Preußen

Sanitätsrat Dr. Ludwig Frank und der Landtagsabgeordnete Karl Biester mit dem Appell: „Hannover muß frei werden!". Weitere Festreden, Gesang, Musik, Turnen und ein Festball machten diesen Tag zu einem eindrucksvollen Erlebnis.[65]

Unterhaltsam war von November 1919 bis Januar 1920 die Leserbrieffehde des aus Schlesien stammenden Präparandenlehrers Wilhelm Krigar gegen die Welfenpartei, die er als antiliberal und antipreußisch verdammte.[66] Der deutsch-hannoversche Verein mit Malermeister Heinrich Kläning und Dr. Ludwig Frank annoncierte, er wolle keine Aussprache mit diesem Gegner, und erhielt Unterstützung von dem Osnabrücker Landtagsabgeordneten Eduard Wulfetange, dem Heimatdichter Janhinnerk Wördemann, dem Barnstorfer Steffens, Bäckermeister August Haselhorst und Pastor Aulbert (Lemförde). Auf Krigars Seite traten der Ostpreuße Georg Baslau und der Hamburger Pieper. Baslau verurteilte das Heimatfest der Hannoveraner mit Tanz und Trunk in ernster Zeit, die Spaltung der drei Diepholzer Volksklassen mit je fünf Unterstufen und Dr. Frank als Konservativen.[67] Einer der Angegriffenen wehrte sich: „Die Freiheitsbewegung in Hannover geht seinen (!) Lauf, die hält kein Ostpreuße noch Schlesier mehr auf." Hämische Freude bei den überzeugten Preußen: Es heiße doch „geht ihren Lauf"! Wulfetange dagegen in einer Rede in Sankt Hülfe: Hermann der Cherusker, also ein Nordwestdeutscher, sei Volksbefreier der Germanen von den Römern, also von den landfremden, militärisch zunächst überlegenen Fremden gewesen. Leider verzog der streitbare Krigar zum 1. April 1920 als Seminarlehrer nach Hameln.

Ja, noch eine weitere kleine Demonstration erlebte Diepholz. Am 16. März 1920 – während des Kapp-Putsches in Berlin – zogen die SPD-Genossen vor das Haus des Landrats, da sie den aus dem Land östlich der Elbe Stammenden als politisch unzuverlässig verdächtigten. Landrat von Wuthenau erklärte die Unruhe für überflüssig, da er sich an die von den Sozialdemokraten Friedrich Ebert als Reichspräsident, Gustav Bauer als Reichskanzler und Gustav Noske als Reichswehrminister unterzeichnete Notverordnung gehalten habe, auf Grund derer General von Hülsen sieben Artikel der Verfassung außer Kraft gesetzt hatte.[68]

Die Bevölkerung kann man als überwiegend traditionalistisch ansehen. Dazu trugen die örtliche Presse, die evangelisch-lutherische Kirche, die Lehrkräfte (abgesehen von der lange gewünschten und nun endlich erreichten Trennung von kirchlichen Aufgaben) und gesellschaftliche Organisationen wie der bis 1918 monarchistische und antisozialistische Kriegerverein erheblich bei. Symptomatisch für die Grundstimmung mögen Gottesdienst, Fackelzug der Vereine und der Schüler, „Feuerrede" des Leiters der Aufbauschule (GFS) Dr. Otto Heinze auf dem Marktplatz und „Vaterländischer Abend" in der „Kaiserhalle" zum 80. Geburtstag des Reichspräsidenten von Hindenburg am 2. Oktober 1927 erscheinen.[69]

Das Reichstagswahlergebnis 1928 brachte die Deutsch-hannoversche Partei knapp vor der SPD in Führung.[70] Am 17. November 1929 errang die NSDAP bei der Bürgervorsteherwahl erstmals einen der 15 Sitze, doch wurde die Wahl nach einem Einspruch des Kreises im Oktober 1930 vom preußischen Oberverwaltungsgericht annulliert, so dass

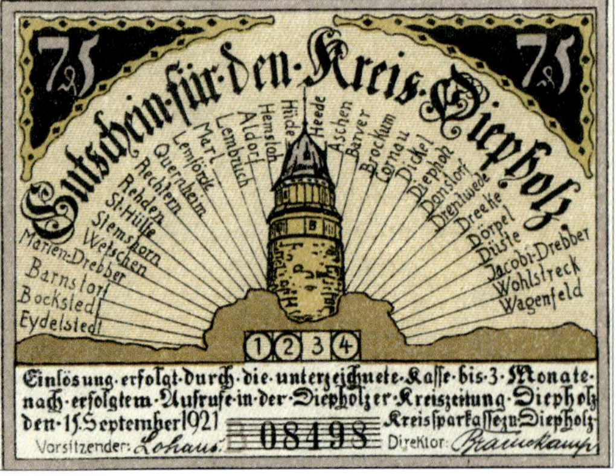

Auch Motive der Nachbarorte Barnstorf, ...

... Lemförde und Wagenfeld zierten die Scheine des vom Kreis verausgabten Notgeldes.

am 7. Dezember 1930 erneut gewählt wurde.[71] Die bisher stärkste Gruppe Landwirtschaft, Handel und Gewerbe sank von fünf auf drei Sitze, während die Rechten als Nationaler Block von einem auf sieben Mandate aufstiegen und der SPD von drei nur zwei blieben.

Zu den einzigen mutigen Opponenten gegen rechts gehörten der sozialdemokratische Eisenbahner auf dem Stellwerk Hermann Hoffmann und der pensionierte, aus Schlesien stammende Präparanden- und Seminaroberlehrer Wilhelm Krigar (gest. in der Nacht zum 26. März 1939 in Oberkaufungen, beerdigt in Hannover), die sich gegen den Jungdeutschen Orden, den Stahlhelm, die Deutschvölkischen und die NSDAP wandten.

Die Reichstagswahl am 5. März 1933 zeigte ein „braunes“ Diepholz. 1.284 Stimmen wurden für die NSDAP abgegeben, 470 für die DNVP („Kampffront Schwarz-Weiß-Rot“), also 1.754 für die beiden Regierungsparteien, aber nur 321 für die SPD, 70 für die KPD und 8 für das Zentrum.[72]

Die absoluten Mehrheiten der NSDAP bei den Reichstags- und bei den Provinziallandtagswahlen im März 1933 wurden bei der Bürgervorsteherwahl nicht erreicht, denn hier erzielte die NSDAP nur sechs (40%), die bürgerliche Einheitsliste sieben und die SPD immerhin noch zwei Mandate.[73]

Vorbehalte wurden nach außen hin schnell abgestellt. Zum Tag von Potsdam (21. März 1933, staatsoffizielle Demonstration der Einheit von Nationalsozialisten und Konservativen) veranstaltete der Männerturnverein von 1876 einen Fackelzug und hörte die Worte des Landrats von Wuthenau, es stünden „an der Spitze Deutschlands Männer, denen wir uns bedingungslos anvertrauen können.“[74] Kreistagsmitglied Hermann Hoffmann, der führende Sozialdemokrat, trat am 6. April 1933

Die Lange Straße mit Hakenkreuzfahnen

von seinem Amt zurück und verließ die SPD, blieb aber Bürgervorsteher.[75] Am 19. April 1933 erhielten neue Namen die Eschfeldstraße (Adolf-Hitler-Straße), Auf dem Esch (Hindenburgstraße) und Judenstraße (Kolkstraße). Zwei Wochen später wurde die Bezeichnung Auf dem Esch wieder hergestellt, stattdessen wurde die seit Januar 1874 so genannte Wilhelmstraße nach dem Reichspräsidenten benannt.[76]

Zum 44. Geburtstag des neuen Reichskanzlers Hitler am 20. April 1933 war die Stadt mit zahlreichen Flaggen geschmückt. Eintausend Besucher hörten dazu bei Bruns durchaus freiwillig die Festansprache des Parteigenossen Studienrat Wittkopf.[77]

Rechtzeitig zum neuen gesetzlichen Staatsfeiertag am 1. Mai wurde zwei Tage vorher eine Zelle der NS-Betriebszellenorganisation NSBO in der Möbelfabrik Müller gegründet, deren Leiter am liebsten nur Parteigenossen beschäftigt hätte. An diesem ersten, von Ortshandwerksmeister Hans Finke organisierten Tag der nationalen Arbeit zogen alle Berufsgruppen und Vereine vom Reitverein bis zur SA mit 27 Fahnen zum Marktplatz, auf dem 20 Fahnenmasten aufgestellt worden waren.[78]

Alle Vereinigungen wurden von Mai bis August 1933 „gleichgeschaltet", mussten wenigstens ein Parteimitglied im Vorstand vorweisen und Juden ausschließen. Der Kreishandwerkerbund gehörte zu den ersten und wählte zum 1. Vorsitzenden den Pg. Schlachtermeister Finke, der Kriegerverein folgte im Juli. Im Juni wurden alle Gewerkschaften außer der NS-gelenkten Unternehmer- und Beschäftigten-Organisation Deutsche Arbeitsfront verboten. Der MTV Jahn von 1911 musste im Juni dem MTV von 1876 beitreten. Zum Jahresende hatte sich die kirchliche Jugend der Hitlerjugend anzuschließen, und Anfang 1934 wurden der schon seit 3. August 1933 zum Eintritt für alle Bauern verpflichtende Landbund und der Landwirtschaftliche Verein von 1851 durch den „Reichsnährstand" ersetzt. Selbst die Innungs-Obermeister wurden im Adressbuch von 1935 als Personal der Partei geführt, in Diepholz wohnten die für Schuhmacher und Gerber (Ernst Kettler), Fleischer (Hans Finke), Wagen- und Karosseriebauer (Wilhelm Gelmke) und für die Schmiede (Paul Windels).

Als letzte parteipolitische Regung außerhalb der NSDAP war eine Treuekundgebung der Deutschnationalen Front des Kreisverbands zu ihrem Vorsitzenden Alfred Hugenberg am 16. Mai 1933 zu vermerken, doch in den folgenden Wochen lösten sich alle Parteien außer der NSDAP auf oder wurden verboten.[79] Der „Stahlhelm" wurde nach zehnjährigem Bestehen im Frühherbst 1933 bzw. am 8. April 1934 in die SA eingegliedert.

Warum waren viele Leute von dieser Entwicklung dennoch angetan oder begeistert? Sie suchten nach einem Weg aus der jahrelangen Wirtschaftskrise, die sie keine Perspektive erkennen ließ. Zwar zeichnete sich im Herbst 1932 ganz zart ein Aufschwung ab, doch erst Hitler traute man als Alternative einen Umschwung zu. Tatsächlich war der Kreis – nach 6-700 im Winter 1931/32 – schon im August 1933 fast frei von Unterstützungsempfängern, trafen am 1. Juli 1933 216 Berliner Freiwillige für 20 Wochen zu Meliorationsarbeiten in dem vom Stahlhelm betriebenen neuen Escholtlager zur Arbeit ein, wurden fünf Brücken über Wätering und alte Hunte gebaut, wurde der Brunssche Saal umgebaut und wurde endlich der vom Bürgermeister seit über 22 Jahren gewünschte Wasserleitungsbau in Diepholz in Angriff genommen, der am 26. April 1934 mit der Übergabe des schon 1911 geplanten Wasserwerks in der Ameloge nördlich des Krankenhauses ein gehöriges Stück vorankam.

Die Aufbruchstimmung beinhaltete auch die Sehnsucht nach Einheit. Die Partei entfaltete viel werbewirksame Aktivität mit Aufmärschen, Fahnenschmuck, Einrichtung von Räumen der NSDAP und der SA (Jan-Blankemeyer-Heim im Partei- und Sturmlokal „Brauner Hirsch", Inhaber Hans Hoffmann, Lange Straße), der DAF (Hindenburgstraße 22), der HJ (Steinstraße, dann Hinterstraße, 1939 Willenberg auf dem früheren Hofgrundstück des Bauern Finke). Die allgegenwärtige Propaganda („nationale Revolution", „die nationale Bewegung", „Volkskanzler Hitler", „Ein Volk – ein Reich – ein Führer!") tat ein übriges. Der Vereinheitlichung konnte sich kaum jemand entziehen. Den Abstammungsnachweis als Arier(in) brauchte man als Beamter und für die Heirat, die Vereidigung auf den „Führer und Reichskanzler" (statt auf die Verfassung) im August 1932 musste jeder Beamte leisten, der Eintritt in die HJ wurde für alle Jugendlichen ab zehn Jahren am 1. Dezember 1936 durch Gesetz zur (nicht immer eingehaltenen) Pflicht. Ein die Gemeinschaft förderndes Abendsingen im Schlosshof

1934 veranstaltete die DAF-Organisation Kraft durch Freude mit SA, HJ, der Singschar der NS-Frauenschaft, Jungmädeln, Bund deutscher Mädel und am Ende auch dem MGV und dem Gemischten Chor.[80]

Kritisiert wurden nur einzelne Phänomene wie die Beurlaubung des in Diepholz populären Landrats am 25. April 1934 auf Grund der Abneigung des Diepholzer Ortsgruppenleiters und der Rachegelüste Sulinger Nationalsozialisten wegen der Festsetzung des Kreissitzes, die zu seiner Versetzung in den Netzekreis an die polnische Grenze führten.[81] Der Nachfolger Dr. Max Spießbach, ein Parteigenosse, stellte sich am 18. Mai 1934 als vorläufiger Landrat vor, ohne seinen Vorgänger zu erwähnen.[82]

Landrat Dr. Max Spießbach (1934-1940)

Dem Ortsgruppenleiter wurde von manch einem noch aus anderen persönlichen Gründen kein Wohlwollen entgegengebracht. Seine Abneigung gegen den Bürgermeister, dem er nicht beikommen konnte, die Verdrängung seines erst drei Jahre im Amt befindlichen Vorgesetzten, des Postamtsleiters Kruse, das schroffe, herrische und aufbrausende Wesen wurden ihm übelgenommen. Nageler nutzte seine Stellung zum persönlichen Vorteil und wurde Nachfolger Kruses.

Das Escholtlager des Freiwilligen Arbeitsdienstes des Stahlhelms, zuletzt meistens von Bremern belegt, wurde schon nach 13 Monaten aufgelöst.[83] Dass die Stahlhelm-Leute ihre Uniform nicht mehr tragen durften und sich der SA oder dem NS-Frontkämpferbund unterordnen mussten, stieß bei manchen auf Vorbehalte. Das bisherige Lager wurde zu Schulungen der Parteifunktionäre, Bürgermeister und Beigeordneten, Betriebsführer und Vertrauensleute, Lehrer, Schulen und der Hitlerjugend genutzt, wozu es sich im Sommer bestens eignete, weil es an der Wätering lag, wo junge Leute baden konnten.[84]

Die Wahlpflicht gab kein realistisches Bild von der Stimmung. 1934 votierten in Diepholz I 98%, in Diepholz II 80% und in Diepholz III 100% „für den Führer". Stolz wurde ein „gut aufgezogener Schleppdienst" gemeldet, denn es war „auch der letzte Säumige herbeigeholt worden."[85] Auch die letzte „Wahl" am 10. April 1938 im Rathaus (Familiennamen A-J), der Schauburg (K-Q), im Jugendheim (R-Z), bei Stickforth (Graftlage), auf dem Flugplatz und im Krankenhaus funktionierte wieder mit Hilfe eines „Schleppdienstes" der dazu verpflichteten Luftschutzhauswarte, so dass bis zum Mittag schon drei Viertel „ihre" Stimme hatten abgeben müssen. Die Partei setzte sich mit „Meckerern" auseinander, kritisierte passive Parteimitglieder und setzte den ersten Kreistag der NSDAP am 29. und 30. Mai 1937 als Mittel zur Demonstration ihrer Macht ein: Besuch des Gauleiters Rust, Einweihung des nach dem Kreisschulungsleiter benannten Wilhelm-Sturm-Heims als Kreislandschulheim im Escholtlager, Pistolenschießen, Zeltlager der HJ, Sportwettkämpfe, Sondertagungen, Vorbeimarsch, Kundgebung, Schauvorführungen besonders der Luftwaffe und Umbenennung der Langestraße in Straße der SA gehörten zu dem Bild des neuen, von der NSDAP dominierten und militarisierten Deutschland.[86]

Am 28. August 1938 sammelte die SA Alteisen und Altpapier; das war der Beginn der reichsweiten Rohstofferfassung, um weniger Devisen ausgeben zu müssen (also nicht mit einer ökologischen Begründung).[87]

Die Bevölkerungszahl lag im Juni 1933 noch bei etwas über 4.100, im Oktober 1935 hatte sie die 4.500 bereits deutlich überschritten und erreichte ein Jahr später über 5.000 gegenüber knapp 3.000 noch im Jahre 1900. Die Volkszählung am 17. März 1939 ergab 6.513 Personen.[88] Arbeitslose gab es angesichts der wirtschaftlichen Erholung und der ungehemmten Aufrüstung seit 1937 nicht mehr.

1939 wurde noch einmal in aller Öffentlichkeit ausgiebig Feierkultur organisiert: Erinnerungsmärsche der HJ zum offiziellen Beginn der Wiederaufrüstung vor vier Jahren, der Tag der Wehrmacht, der Triumphzug wegen der Annexion der weit überwiegend tschechischen Kerngebiete Böhmens und Mährens, Beflaggung wegen der Rückkehr des Memellands, Einweihung des HJ-Heims auf dem Willenberg und des Freibads, Fackelzug zu Hitlers 50. Geburtstag, Maikundgebung und Sonnwendfeuer auf dem Marktplatz.

Am 26. August 1939 begann manches anders zu werden: Sportwettbewerbe, Tierschau, Stuten- und Stutfüllenschau wurden abgesagt, Bezugskarten für Lebensmittel, Seife, Hausbrandkohle, Spinnstoff- und Schuhwaren und Kraftstoffe eingeführt und in den Häusern Hinterstraße 3 und Willenberg 23 ausgegeben. Reifen wurden beschlagnahmt.[89] Die Folge waren lange Reihen von Radfahrern von und zum Fliegerhorst. Der Landrat wurde nach Karlsbad versetzt, der Schulrat, der Hauptschriftleiter der Zeitung und einige Parteifunktionäre, später auch Rechtsanwalt Dr. Wilhelm Eggert wurden zum Militärdienst eingezogen, Postbeamte meldeten sich noch im September zur Dienstleistung im besetzten Polen. Der Zweite Weltkrieg begann am 1. September 1939 mit dem juristisch als Überfall zu bezeichnenden Angriff auf Polen. Völlige Verdunklung war Pflicht, Luftalarm wurde durch den Heulton der Dampfpfeife der Möbelfirma Heinrich Müller, durch ein Alarmhorn oder durch eine Handzug-Sirene ausgelöst. Zu Übungszwecken wurde kein Alarm mehr gegeben. Ausländische Radiosender zu hören war verboten. Tabakwaren und Alkohol außer Bier und Einkommensteuer wurden durch Kriegszuschläge verteuert. Die Löhne wurden eingefroren. In Gaststätten erinnerten zwei fleischlose Tage an die veränderten Gegebenheiten. Später musste man Einwickelpapier und leere Schachteln zum Einkaufen mitbringen, es gab keine Apfelsinen mehr, die HJ wurde für 14 Tage zum Kriegseinsatz in der Ernte abgeordnet.

Bombenalarm wurde häufig ausgelöst, denn die Bomber der Westalliierten nutzten den Dümmer als auch nachts gut erkennbare Orientierungsfläche und flogen über Diepholz nach Hannover, Braunschweig und Berlin. Bomben wurden abgeworfen am 22. Juni 1940 (vier nahe dem Bahnhof, u.a. Grafenstraße 28), 15. Juli 1940 (Willenberg 61), 23. Januar 1943 (16), 8. Oktober 1943 (42), 30. Mai 1944 (27), 3. Februar 1945 (7), 15. März 1945 (Ewers am Bahnhof zum zweiten Mal getroffen) und am 11. April 1945 (durch die deutsche Luftwaffe: Stüvenstraße und Marktplatz). Das verheerendste Ereignis war der USAAF-Angriff am 21. Februar 1944, der mehr als 70 Menschen das Leben kostete, darunter auch mehrere Jugendliche und viele Ausländer im Bereich des Fliegerhorstes, der dadurch für längere Zeit seine militärische Bedeutung verlor.[90]

Das Escholtlager wurde als Unterkunft für 200 französische Kriegsgefangene genutzt, von denen im Sommer 1940 unter tschechischen Vorarbeitern 120 an der Grawiede und 80 am Dümmer-Randgraben arbeiteten.[91] Seit 9. November 1941 wurden dort sowjetische Kriegsgefangene eingewiesen.[92] Ihre Lebensbedingungen waren von der Führung gewollt äußerst hart. Das einzige Fleisch, mit dem sie verpflegt wurden, kam von der Freibank; vor allem wurden sie mit fettarmen Kohlsuppen versorgt. Im ersten Vierteljahr wurden acht Leichen zum Sammelfriedhof Ströhen gebracht, Ende März 1942 wurden 17 Mann wegen anhaltender Krankheit ins Sammellager befördert.[93] Im Lager Maschweg waren 150 bis 200 Russen. Das Kriegsgefangenenlager (zunächst 30 Polen, 1941 zwei auf der Flucht erschossen), dann Ostarbeiterlager Lüdersbusch sollte 1943 auf mindestens 80 Mann aufgestockt werden.[94] Auf dem Willenberg lebten 20 bis 25 Franzosen in einer Baracke.

Im Gaswerk waren Flamen und bei der Deutschen Reichsbahn Niederländer eingesetzt (Arbeiterlager mit 25 bis 30 Niederländern, keine Wachen, volle Bewegungsfreiheit). So schrieb die Niederländerin Anke Corneles de Jong aus Leeuwarden in Friesland am 15. Juni 1942 mit Erfolg an den „Burgemeister“[95]: „Daar ich jetzt 1 ½ jare an die bahn in Diepholz arbeidet habe, ont mein Ayd al lang om ist, ont ich mier hier by innen Abgemeldet habe den 10 April 1942. bitte ich dat sie fur mie inthortung machen wol das ich mein Entlassung papieren von de Bahnmeisterei Diepholz zurück geschikt bekom naar Holland.“

Nach einem schweren Luftangriff auf Hannover am 26. Juli 1943 beschlagnahmte der Staat sämtliche Räume im Kreis, um ausgebombte Menschen mit gerettetem Hab und Gut aufnehmen zu können. Die Parteipropaganda setzte sich über das Leid hinweg mit dem kalten Satz: „Kriege sind letztlich nichts anderes als Bewährungsproben.“[96] Im Herbst 1943 wurden zahlreiche „Umquartierte“ oder „Evakuierte“ mit einem „Bombenpass“ eingewiesen, Arbeiter aber wurden im November zur Rückkehr aufgefordert. Alte Menschen aus Hannover wurden in einer Baracke an der Hermann-Göring-Straße untergebracht. Auch aus Städten westlich des Niederrheins trafen Evakuierte ein.

Im Juli 1944 mussten junge Menschen ab 10 Jahren für acht bzw. vierzehn Tage in den „Kriegseinsatz". Dazu zählten Erntehilfe auf Höfen und in Gärtnereien, Einkaufen, Hilfe in kinderreichen Familien und in Kindergärten, Aufkleben von Marken in Geschäften und Koffertragen im Bahnhofsdienst.

Die Frauen wurden zum Dienst in den Heimarbeitsgemeinschaften der NS-Frauenschaft aufgerufen. Da angesichts der vielen Einberufungen Arbeitskräfte fehlten, wurde im August 1944 für Männer der Jahrgänge 1878 bis 1928 und für Frauen der Jahrgänge 1898 bis 1927 eine Meldepflicht beim Arbeitsamt eingeführt. Der kamen allerdings viele nicht nach. Daher musste die Propaganda einsetzen. Unter einem Foto in der Zeitung stand die Frage „Soll dein Mann sich vor seinen Kameraden schämen?" Junge Frauen aus Diepholz, so hieß es, die einen eigenen Haushalt und kleine Kinder zu betreuen hatten, arbeiteten freiwillig mehrere Stunden wöchentlich im Rüstungsdienst der NS-Frauenschaft.[97] Der bestand in Nähmaschinenarbeit mit Material von Fiebinger in der Bahnhofstraße 10 a, bis Mitte Februar 1945 die Verkehrsverhältnisse diese Arbeit überflüssig machten. Die Parteidienststellen verfügten eine Arbeitszeit von 60 Stunden in der Woche. Jeglicher Urlaub wurde gesperrt. Alle Taxis wurden stillgelegt, um Benzin zu sparen. Ausländische Hausgehilfinnen hatten in der Rüstung zu arbeiten, nicht kriegswichtige Veranstaltungen wurden verboten.

„Kriegswichtig" waren solche Versammlungen wie die „Treuekundgebung für den Führer" auf dem Gelände des Freibads mit vielen hundert Teilnehmern am 21. Juli 1944 (nach dem Attentat auf Hitler am Vortag), die die Geschlossenheit von Partei und Wehrmacht demonstrierte, und der Wehrappell auf der Liegewiese des Freibads mit 1.000 Uniformierten und 500 Zivilisten, dem Kreis- und dem Gauleiter.[98] Letztlich ebenso wirkungslos war die Vereidigung des Volkssturms älterer Männer und von Hitlerjungen am 12. November 1944 im Heldenhain, denn diese Formation wurde glücklicherweise nie eingesetzt, da ihr Chef, der Ortsgruppenleiter, sie am 5. April 1945 kurzerhand auflöste, ohne sich das erlauben zu lassen.[99]

Es sei nicht verschwiegen, dass die spätere Schwärmerei früherer Soldaten, sie seien wegen der Versetzungen und Lehrgänge nie wieder so viel gereist wie im Krieg, durchaus ihre dann verdrängten Schattenseiten hatte. Es gab den SS-Hauptsturmführer an der Spitze einer baltischen Einheit im Osten und den SS-Oberscharführer im Konzentrationslager Auschwitz. Auch wenn Diepholzer beim Schanzeinsatz in den Niederlanden waren und dies bei einem Kameradschaftsabend im Dezember 1944 wie einen Sieg feierten, waren sie doch heilfroh, wieder zu Hause angelangt zu sein.[100]

Es war ein merkwürdiges Nebeneinander. Kinder aus dem Kreis erholten sich im Sommer 1944 fünf Wochen im Seebad Ahlbeck auf Usedom, zugleich starben ihre Väter und Onkel an der Front. Bewegend die Anzeige einer Frau Rohlfs: Ihr Mann war ein Opfer des Krieges geworden, dann starb auch ihre Tochter im Alter von achteinhalb Monaten, „das letzte Andenken meines gefallenen Mannes."[101]

Wie sehr das „Tausendjährige Reich" in seinem zwölften Jahr dem Ende entgegenging, zeigen Anzeigen vom Dezember 1944, in denen jemand eine Puppe im Tausch gegen einen guten Füllhalter suchte, die goldene Hochzeit wegen der ernsten Zeit nicht einmal im Verwandtenkreis stattfand und Weihnachtsbäume nur an Familien mit Kindern unter zehn Jahren verkauft werden durften. Im Januar 1945 wurden Diepholzer Jungen in den Postdienst abkommandiert, Schule wurde nur zur Besprechung und zum Diktieren der Hausaufgaben einmal in der Woche gehalten. Seit Mitte Februar 1945 wurde kein Gemüse mehr in den Kreis geliefert. Den im Lazarett liegenden Soldaten sollte die Bevölkerung Sofakissen, Spiele, Bettlaken und -bezüge, Unterwäsche, Strümpfe, Pflegeartikel und Gerät für die Küche schenken. Der Gauleiter erschien am Monatsende, als die Front noch am Rhein verlief, im benachbarten Kreis Grafschaft Hoya und ordnete die totale Verteidigungsbereitschaft mit der Anlegung von Verteidigungslinien und Sperren durch den Volkssturm an. Wer genau las, konnte dem entnehmen, dass Diepholz bereits über einen Monat vor dem Erscheinen der ersten britischen Soldaten aufgegeben worden war.

Mittelschullehrer Paul Friedrichs las genau und machte im Februar 1945 im Luftschutzkeller eine verhalten kritische Bemerkung, die weitergetragen wurde. Ergebnis: Er wurde verhaftet und für mehrere Wochen ins Konzentrationslager Liebenau eingeliefert. Nach dem Krieg war er als anerkannter

Verfolgter Beisitzer im Sonderhilfsausschuss beim Regierungspräsidenten in Hannover.

Dass der Parteigenosse Dr. Gustav Schrader und der Stammführer Nürnberg Ende März 1945 im HJ-Heim noch die 14-Jährigen auf Hitler vereidigten, hatte keine praktische Auswirkung mehr. Der nur noch in den letzten Monaten amtierende Ortsgruppenleiter Sinclair Schlund löste den erst im Herbst gebildeten Volkssturm auf.[102]

Am 5. April ließ Bürgermeister Brüning einen Sarg mit Einwohner- und Versorgungskarteien und alten Urkunden beisetzen. Kränze schmückten das „Grab". Der Kreisleiter und andere kontrollierten, ob die wegen der bevorstehenden Besetzung angeordnete Vernichtung der Unterlagen erfolgt war, was Brüning guten Gewissens bejahte. Dann erschien der Verwalter des Landratsamtes, ein Oberregierungsrat, und forderte ihn auf, sich mit ihm nach Osten abzusetzen. Der Beamte verstand nicht, warum Brüning sich weigerte. Der aber erklärte stolz: „Wenn ich eine Stadt 35 Jahre als Bürgermeister verwaltet habe und sie im Falle allergrößter Not im Stich lassen würde, dann wäre ich ein Schuft und der möchte ich nicht sein. ... Und wenn das ganze Rathaus über mich zusammenbricht, ich bleibe und daran ist nichts zu ändern."[103]

Am 5. April 1945 besiegten die Briten bei einem Schusswechsel eine deutsche Einheit bei Lembruch und erreichten noch die Graftlage, am Morgen des 6. April übergab der ihnen mit einer weißen Fahne entgegen gehende Bürgermeister Brüning die Stadt kampflos den Siegern; ein deutscher Trupp, der sich zunächst am Parkweg verteidigen wollte, zog nach Kroge ab, das noch mehrere Tage in der Hand der Wehrmacht blieb. Wie an vielen Orten wurden jetzt gefährlich erscheinende Waffen weggeworfen. Beliebt waren Flüsse unter Brücken, aber auch in einem Regenbassin an der Grafenstraße fand man bei einem Umbau 13 Jahre danach drei Jagdgewehre, zehn Pistolen, einige Seitengewehre und einen SA-Dolch.

Mit dem letzten Luftangriff auf Diepholz (paradoxerweise durch die deutsche Luftwaffe) am 11. April 1945 endeten endlich die Kampfhandlungen des Krieges für unsere Zivilbevölkerung.

Den oben erwähnten Sarg aber ließ Brüning Ende April ausgraben; alle Unterlagen konnten weiter verwendet werden.

Fliegerhorst und Wehrmacht

1918 hatte die letzte Musterung in Diepholz stattgefunden; nachdem im März 1935 die allgemeine Wehrpflicht wieder eingeführt worden war, mussten sich im Juli desselben Jahres die jungen Männer des Jahrgangs 1914 in der Turnhalle des GFS (später in der Kaiserhalle) vorstellen, der Jahrgang 1915 wurde dort für den nunmehr pflichtmäßigen Arbeitsdienst gemustert, der dem Militärdienst voraufging.

Der Fliegerhorst wurde schon vor der Wiedereinführung der Wehrpflicht 1935 geplant. Ein Neffe des Konrektors Robert Dörflein, Beamter im Luftfahrtministerium, bot dem Bürgermeister am 14. August 1934 an, in Diepholz einen Militärflugplatz zu errichten. Brüning ergriff die Chance sofort, kaufte Land in der Masch und verkaufte es streng geheim an die Tarnfirma Deutsche Luftfahrt- und Handels AG. Zuerst interessierte sich eine Fliegerschule in Münster-Loddenheide für den „Notflugplatz", doch Brüning schrieb an General Kesselring im Luftfahrtministerium, er wolle eine „größere Sache" wie ein Bombergeschwader nach Diepholz holen, um die Stadt zu vergrößern.

Er hatte Erfolg, denn der Staat begann unverhüllt aufzurüsten, und am 1. Mai 1935 war Baubeginn der Kasernen und des Rollfeldes. 1936 wurde die Stichstrecke der Bahn vom Bahnhof aus ins Auge gefasst, später wurden das Lager Vorwerk und Flak-Stellungen gebaut. Bis 1940 beherbergten die Anlagen den Luftpark Diepholz. Am 21. März 1936 wurde dessen erste Truppe auf dem Marktplatz begrüßt und marschierte dann durch ein Spalier der Bevölkerung durch die Stadt zum Horst, wo

Begrüßung von General Halm beim Einzug der Truppen durch Bürgermeister Brüning auf dem Marktplatz 1936 *Foto: Petersen*

Einmarsch der Truppe im Jahre 1936 durch die Lange Straße, die im folgenden Jahr in „Straße der SA" umbenannt wurde *Foto: Petersen*

Seit dieser Zeit sollte die Flieger-HJ rechtzeitig den technisch interessierten Nachwuchs für die Luftwaffe heranbilden, in der Schule wurden die Fächer Mathematik, Physik und Werken (mit dem Bau von Segelflugzeugen) in den Dienst militärischer Interessen gestellt.

1937 wurde das Vorwerk I erbaut, 1938 ein Barackenlager für die Nachrichtenschule, 1939 folgten die Startbahn, ein Rollfeld mit Ringstraßen und Liegeplätzen für Flugzeuge; und das Lazarett wurde fertiggestellt. 1940 wurde das Vorwerk II in der Escholt angefangen, 1942 wurden die Bürgerfuhren (bei Biermann) an den Reichsfiskus für weitere Gebäude verkauft.

im Beisein des Bürgermeisters und zahlreicher Uniformierter die Flaggen gehisst wurden und ein Tag der offenen Tür veranstaltet wurde.[104] Erstmals seit 1902 erlebte Diepholz am 31. August 1936 wieder eine Einquartierung, für die eine Panzerabwehrabteilung auf dem Marktplatz aufmarschierte.[105] Am 15. März 1937 traf eine Staffel des Kampfgeschwaders 254 am Bahnhof ein, marschierte ebenfalls zum Marktplatz, wo sie durch Kreisleiter Jacob aus Sulingen, Bürgermeister Brüning und Major Höhne begrüßt wurde. Abends bekam die Truppe in drei Sälen den ersten Kontakt mit der Bevölkerung.[106]

Der Tag der Luftwaffe (6. März 1938) wurde als Tag der offenen Tür für die Bevölkerung gestaltet.[107] Schon am 21. April 1938 wurden die Flugzeuge nach Fritzlar verlegt. Der Luftpark zog 1940 nach Seerappen in Ostpreußen um, während in Diepholz ein Nachtjagdverband, ein Fallschirmjägerregiment und Flak-Truppenteile stationiert wurden. Eingerichtet wurde auch eine Nachrichtenschule,

Einzug in den Fliegerhorst 1936 *Foto Petersen*

Oberst Belau nimmt 1941 den Vorbeimarsch der frisch vereidigten Rekruten ab.

Martialische Grüße aus Diepholz

von der 40 Angehörige im Rahmen der „Legion Condor“ im Spanischen Bürgerkrieg in Sevilla eingesetzt wurden. Sie wurden bei ihrer Rückkehr im Juni 1939 am Bahnhof von Schulkindern, SA, NS-Funktionären, einer Ehrenkompanie und einem Musikzug aus Quakenbrück begrüßt.[108]

1940 waren stationiert: die Fliegerhorstkompanie, eine Luftwaffen-Baukompanie, der Luftpark, die Kraftfahrbereitschaft und die Flak. Am 17. Mai 1941 wurden eintausend Rekruten des Fliegerausbildungsregiments auf dem Fliegerhorst vereidigt. Die Zahl der Arbeitnehmer schwankte in den ersten Kriegsjahren um gut 370 bis fast 650.[109]

Gruppen aus 14 Nationen waren hier teils freiwillig, überwiegend aber gezwungenermaßen versammelt. In das Barackenlager an der Maschstraße zogen 1940 Polen ein, die bisher im Papenburger Torfstich gearbeitet hatten. Auch über 40 Flamen waren unter den Ausländern, einige blieben nach dem Krieg in Diepholz. Kriegshilfsdienst, Luftwaffenhelfer aus der GFS, Nachrichtenhelferinnen und „Schwarze Husaren“ (die älteren Horstwachen) gehörten zu der bunten Mischung neben den Luftwaffensoldaten. In Falkenhardt befand sich eine Lehrlingsbaracke.

Die leichte Flak veranstaltete zeitweise Schießübungen südlich des Lehmder Damms bis in die Gegend nördlich vom Dümmer.

Bei Fliegeralarm versammelten sich die Angehörigen der Technischen Nothilfe auf einem Platz an der Steinstraße 2.

Von 1940 bis Anfang 1943 flogen die Alliierten 13 Luftangriffe auf die Stadt Diepholz und warfen 78 explodierende Bomben ab, zusätzlich wurden neun Blindgänger entdeckt. Allein am frühen Morgen des 15. August 1940 warfen Flugzeuge einige Sprengbomben und etwa 50 Brandbomben ab; zehn Flugzeuge wurden abgeschossen. Am 23. Februar 1943 trafen vier Bomben die Luisenstraße, zwei detonierten, ein Haus wurde zerstört. Drei Tote, vier Schwerverletzte und ein Leichtverletzter wurden registriert.

Gravierender war – im Rahmen der Operation „Big Week“ gegen Industriewerke in Mitteldeutschland – der Angriff der USAAF am 21. Februar 1944 kurz vor 14 Uhr eine Dreiviertelstunde lang mit vier mal 30 viermotorigen Boeing- und Liberator-Bombern, die vom Fladder und der Bahnstrecke her kommend über die Jahnstraße, die Schloßstraße, Münte, Freibad und die Wätering nach Westen flogen und besonders auf dem eigentlichen Ziel, dem Fliegerhorst das Leben von 72 Menschen – unter ihnen mehrere belgische Arbeiter – forderten, Start-, Rollbahn und Hallen zerstörten. 5.000 Bomben fielen, 183 ruhten als gefährliche Blindgänger auf dem und im Boden. Die Angreifer flogen so hoch, dass die 2 cm-Flak sie nicht erreichen konnte. Sie trafen den 15-jährigen Kurt Sauerberg ebenso wie den

Soldaten des Kampfgeschwaders Boehlke im Jahre 1937 in der Bahnhofstraße (links Foto Petersen, dahinter die Kreissparkasse)

63-jährigen Friedrich Kröger, den Bauunternehmer aus Sankt Hülfe, den Maschinenmeister und Parteigenossen, den Reichsangestellten, den Vorarbeiter aus Bockhop und den Soldaten aus Brockstreck. Auch einige Frauen waren unter den Opfern. In dem Chaos wurden Fahrräder gegriffen und zur schnellen Flucht entwendet. Merkwürdig oft – offenbar auf Anordnung der Partei – war in den Todesanzeigen von einem „tragischen Unglücksfall" die Rede.[110]

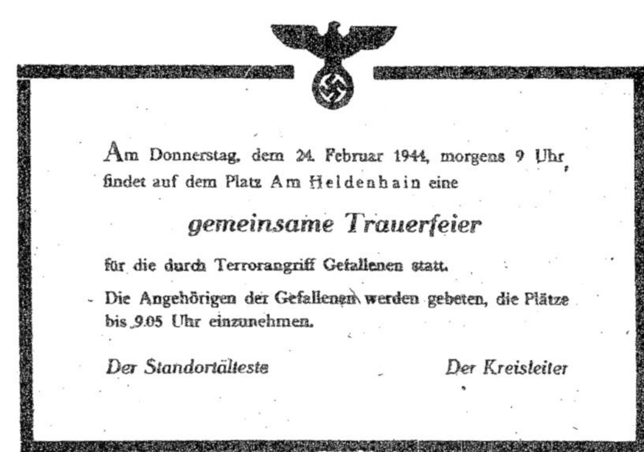

Am Donnerstag, dem 24. Februar 1944, morgens 9 Uhr findet auf dem Platz Am Heldenhain eine

gemeinsame Trauerfeier

für die durch Terrorangriff Gefallenen statt.

Die Angehörigen der Gefallenen werden gebeten, die Plätze bis 9.05 Uhr einzunehmen.

Der Standortälteste — Der Kreisleiter

Aufruf zur Trauerfeier für die durch ›Terrorangriff‹ Gefallenen
DK 23.2.1944

Die für den nächsten Tag angeordnete Nacherfassung der Jahrgänge 1923-1933 wurde um eine Woche verschoben. Am 24. Februar wurde die Trauerfeier für die Opfer („die durch Terrorangriff Gefallenen") im Heldenhain abgehalten. Ihr folgte drei Tage später eine Totenfeier der Partei und der HJ.[111]

Zwar wurde die Startbahn repariert, doch Boeing Fortress zerstörten sie gleich wieder.

Die letzten Diepholzer Kinder, die ihr Leben durch den Luftkrieg verloren, waren am 15. März 1945 Helma und Fritz Klostermann (12 und 10 Jahre) und Christa und Bärbel Schröder (10 und 2 Jahre).[112]

Verfolgen konnten die Diepholzer den Weiterflug alliierter Flugzeuge aus westlicher Richtung an Hand einer Karte für die Luftlagemeldungen im Rundfunk. Von Diepholz bis Berlin brauchten Kampfflugzeuge 70 bis 80 Minuten, schnelle Flugzeuge weniger als 48 Minuten. Als Ziele beliebt waren Hannover und das ihm benachbarte Misburg, Braunschweig, Magdeburg, Berlin und das mitteldeutsche Industriegebiet.

Die Stimmung geben Briefe aus der Zeit wieder, so vom 20. 9.1944: „Gestern abend um 10 Uhr hatten wir nur Voralarm, heute war es den ganzen Tag merkwürdig still." 26.9.1944: „In den letzten Tagen hatten wir sehr schlechtes Wetter und wenig Alarm. Heute Nachmittag war etwas Wetterberuhigung und schon wieder ging es los. Hier sind sie nur überhin geflogen. Hoffentlich weiter so." 3.10.1944: „Es ist so unruhig hier durch die Flieger. Es geht manchmal bis morgens ½ 4 oder bis ½ 6. Es ist meistens nur Luftwarnung dann, aber alle Viertelstunde kommt so ein Tiefflieger und jagt uns hoch."[113]

Den letzten Angriff flog – wirklich – die deutsche Luftwaffe am 11. April 1945 auf das von den Briten errichtete Treibstofflager auf dem Marktplatz. Der „Erfolg": Sechs Häuser wurden beschädigt, davon zwei schwer. Einschläge gab es in der Stein-, Lohn-, Bahnhofstraße, am Bahnhof, Luisen-, Grafen-, Amelogen-, Stüvenstraße, Auf dem Esch, Kohlhöfen und Hindenburgstraße. Insgesamt waren in diesem Krieg 68 Häuser beschädigt worden, die meisten nur leicht,[114] aber auch mittel, schwer und total beschädigt worden, gering um die 70.

Nicht mehr ihre Lehre beenden konnten die Metallflugzeugbauer-Lehrlinge des Fliegerhorsts,

Sie starben für uns

** Diepholz, 25. Februar 1944.
Vor dem Ehrenmal des Weltkrieges nahmen die Diepholzer Abschied von den Opfern des Terrorangriffs, der am 21. Februar aus strahlend heiterem Winterhimmel über unsern Ort hereinbrach und die Bevölkerung in Trauer und Leid versetzte. In ehrfürchtigem Schweigen umsteht die Menge die mit dem Fahnentuch bedeckten Särge der Gefallenen, vor denen die Angehörigen auf Bänken Platz genommen haben. Das eherne Antlitz der Ehrenwache, die vielen Fahnen, die in der unbewegten Luft schwer herabhängen, und die feierliche Flamme der Pylonen werden umsäumt von den Ehrenformationen der Wehrmacht und der Partei, die an den Seiten des Platzes aufmarschiert sind.

Musik, Chor und Spruch geloben den Toten, die ihr Höchstes dem Vaterland geopfert, unvergänglichen Dank und ewiges Leben im Herzen der kommenden Geschlechter, für deren Glück und Größe sie Deutschland muß leben und wenn wir sterben müssen!

Nach der von fester Siegeszuversicht getragenen Ansprache senken sich unter den Klängen des Liedes vom guten Kameraden die Fahnen, und Partei, Wehrmacht und Behörden lassen Kränze an den Särgen niederlegen. Dann drücken die Vertreter der Wehrmacht und der Partei den Angehörigen das Beileid aus.

Wehmut erfüllt den weiten Platz, ein Schluchzen erklingt. Da springt hart und hell das Kommando zum Ehrensalut auf. Scharf peitschen die Schüsse über dem flammenden Rot der Särge durch die Luft. Hart werden die Gesichter, und brausend steigen die Nationalhymnen wie ein heiliger Schwur zum Himmel.

Rächen werden wir den Tod auch dieser Männer, Frauen und Kinder, die dem Bombenterror zum Opfer gefallen sind. Ihr Sterben wird uns dauernde Mahnung

Bericht über die Trauerfeier für die Opfer des Luftangriffs *DK vom 25.2.1944*

die an Ostern 1944 ihre dreieinhalbjährige Ausbildung in der Lehrwerkstatt in der Möbelfabrik Müller aufnahmen.

Herausragende Persönlichkeiten

Ein Vergleich der sozialen Zuordnung „herausragende Persönlichkeiten“ belegt eindringlich den endgültigen Rückgang des Adels und die Entfaltung des Bürgertums.

Gustav Brüning aus der Altmark leitete die Geschicke der Stadt von 1910 bis 1946 als Bürgermeister und von 1946 bis 1950 als Stadtdirektor.[115] Für seine Verdienste wurde er zum Ehrenbürger gewählt. Seine Bedeutung ist in diesem Abschnitt schon des öfteren dargelegt worden.

Ihm wurde als erstem Bürgermeister ein Wohnhaus (auf dem ehemaligen Grundstück Prinzhorn an der Westecke Bahnhofstraße/Prinzhornstraße) errichtet. Als im Herbst 1923 Richtfest gefeiert wurde, bekam jeder Handwerker 25 Millionen Mark – in der Inflation, als das Geld fast nichts wert war.[116]

Brüning war für den NS-Ortsgruppenleiter ein „rotes Tuch“, weil er ihm zu unabhängig war. Dieser griff den Bürgermeister mehrfach an und versuchte ihn durch negative Meldungen an höherer Stelle loszuwerden. Brüning aber gelang es von der Sache her, positiv dazustehen und die Welle von Vorwürfen abzuwehren. Auf seiner Seite standen die staatliche Verwaltung und honorige Bürger, die sich für ihn einsetzten, so dass der Parteimann seine Vorwürfe 1934 einstellte, da ihn auch die Kreisleitung in Sulingen nicht mehr unterstützte.[117]

Für Brünings Wesen mögen die folgenden von ihm selbst aufgezeichneten Episoden sprechen.[118] Er beauftragte nach der Mitte der zwanziger Jahre Tischlermeister Evers, den ersten Rollstuhl in Diepholz anzufertigen. Den schenkte er der Witwe Grieme („Griemen Mudder“), die ihm später dafür dankte: „Wenn sich nu ener wedder dat Been brickt, denn segge ick em, no'n Doktor gaohn Se man nich, gohn Se man lewer no usen Börgermeester, de kann det völ better as de Doktor.“

Da war auch einer, der sich Hugo Leinhos nannte und als Soldat des Artillerie-Regiments 229 1919 zeitweise in Diepholz „stand“. Der Mann war bei Ackerbürger August Kreip im Quartier und verlobte sich mit dessen Tochter. Er hatte wegen zahlreicher Diebstähle viel auf dem Kerbholz und versuchte mit einer Urkundenfälschung das Aufgebot zu bestellen. Vater Kreip vertraute ihm trotz der Fälschung weiterhin. „Leinhos“ wurde verhaftet, und ein Polizist aus seinem Geburtsort Marlishausen identifizierte ihn als Hugo Erdmann, der seine Braut mit zwei Kindern hatte sitzen lassen. Erdmann wurde zu sechs Wochen Gefängnis verurteilt, flüchtete aus dem Diepholzer Gefängnis, wurde aber nach einigen Monaten als Fahrraddieb in Bramsche erwischt.

Nach weiteren Monaten erschien die Braut mit einem anderen Verlobten auf dem Standesamt. Der Vater erlaubte die Heirat und dankte Brüning, dass er in der Sache „Leinhos“ gehandelt hatte. Dem jungen Paar gab er auf den Weg: „Wat use Herr Bürgermeister seggt, dat is recht. so, nu wett ji Bescheed.“

Auch er darf hier nicht fehlen, obwohl seine bedeutenden Jahre schon vorbei waren: das Original seiner Zeit. Tollen Fidi (Friedrich Toll) aus dem Diepholzer Bruch war von der Natur benachteiligt, trotz seines großen Kopfes keine Geistesleuchte und zudem verwachsen, deshalb kannte ihn jeder. Er drehte im Hause des Verlegers und Buchdruckers

Gustav Brüning im Jahre 1899 als Flötist in einem Spielmannszug in seiner Heimatstadt Osterburg

Schröder an der Langen Straße die Kurbel, mit deren Hilfe die Zeitungen gedruckt wurden, und war erbittert, als eine neue Technik ihn 1906 überflüssig machte. Mitleidige Bürger beauftragten ihn, vor ihren Häusern zu kehren, er sammelte Zigarettenstummel auf und rauchte sie zu Ende, lief auf seinen krummen Beinen mit rutschender Hose und schleifendem Besen oder führte einen Tanz auf, um die Kippen als Belohnung zu bekommen. Er behandelte alle Leute bis hinauf zum Landrat gleich, war also auch zeitlebens, obgleich eigentlich friedfertig, hasserfüllt gegen jeden, der ihn schlecht behandelt hatte. Die Kinder gingen nicht immer freundlich-rücksichtsvoll mit ihm um. Er war aber der einzige Diepholzer, der als alleiniges Motiv auf zwei Ansichtskarten posierte. Seine letzten Lebensjahre verbrachte er in der Siechenabteilung des Krankenhauses auf dem Willenberg und starb mit 70 Jahren im April 1920. Den Älteren war er noch am Anfang des nächsten Jahrhunderts ein Begriff.[119]

„Tollen Fidi" mit seinem Arbeitsgerät

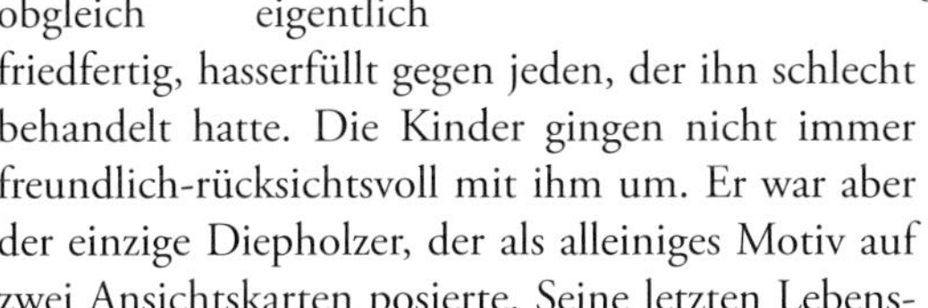

Karl Bramekamp übernahm im Ersten Weltkrieg als Rendant die Leitung der Kreissparkasse und wurde nach einigen Jahren ihr erster Direktor. Er wurde Vorsitzender des Vorstands des Herbergs-Vereins, rief mit seiner Frau in der eigenen Wohnung eine Bibelstunde und im Jugendheim eine christliche Jungschar ins Leben und ermöglichte 1924/25 die Bildung eines christlichen Zentrums in Lemförde. Die Fehde zwischen Kreissparkasse und Spar- und Darlehnskasse Wagenfeld versuchte er dadurch zu entschärfen, dass er versicherte, eine feindliche Übernahme sei nicht geplant, ihm gehe es mehr um das Dienen, weniger um das Verdienen.[120] Er war der erste, der sich schreibend mit der Geschichte der Kreissparkasse befasste. Die wirtschaftliche Entwicklung ermöglichte 1923 eine bauliche Erweiterung des Instituts und die Errichtung eines Dreifamilienhauses auf dem Esch. Der herzkranke Bramekamp starb erst vierzigjährig am 22. Juni 1926.[121] Noch in seinem Sterbejahr wurde die Sonntagsschule seiner

Das Kreisbeamtenwohnhaus auf dem Esch wurde 1921-22 gebaut

Witwe mit Hilfe von Pastor Schlie als Kindergottesdienst auf eine kirchliche Basis gestellt.

Eine bedeutende Wohltäterin war Sophie Romero, geb. Behrens, geboren auf dem Esch, verheiratet in Dighton (Massachusetts), die gemeinsam mit ihrem Ehemann in den Notzeiten vor und nach 1920 half und 1938 erheblich dazu beitrug, dass das Innere der Kirche restauriert werden konnte. Romero hinterließ bei ihrem Tode im Jahre 1953 ihrer Heimatstadt mehrere 1000 DM.

Ebenfalls viel Gutes im Weltkrieg und danach getan hat der am 11. September 1852 geborene Diepholzer August von Hartz. Er wanderte mit 18 Jahren aus und absolvierte eine kaufmännische Lehre in Bremen, arbeitete dann 21 Jahre in den USA und übernahm 1893 die Leitung der Tochtergesellschaft der Deutsch-Amerikanischen Petroleumgesellschaft in Italien mit Sitz in Venedig und in Genua. Seinen Lebensabend verbrachte er seit 1910 in der Schweiz. Sophie Romero und August von Hartz dankte der Kriegerverein 1924 mit je einem Exemplar der Zeichnung „Diepholz im Jahre 1579“ (fiktive Darstellung des Hochzeitstages des Grafen Friedrich aus der Hand von Vereinsmitglied Hermann Witte) und ernannte von Hartz zum Ehrenmitglied. Mütterlicherseits war von Hartz mit Hemtewede verbunden. Er starb am 25. Januar 1934 in Zürich.[122]

Der Pädagoge und Heimatforscher Dr. Wilhelm Kinghorst (1877-1947)

Ehrenbürger wurde 1926 Malermeister Heinrich Kläning, der seit 1885 als Bürgervorsteher gewirkt hatte. Er starb im folgenden Jahr.[123]

In Diepholz geboren war Hermann Prinzhorn, Zivilingenieur in Magdeburg.[124] Er warb in Aufsätzen schon vor dem Weltkrieg für die Entwicklung der Stadt, äußerte sich zur Vertiefung der Lohne, zum strategischen Wert einer Bahnlinie von Hannover über Diepholz ins Emsgebiet, über eine Anschlussbahn von Rehden nach Wagenfeld und zum Hansa-Kanal von Bramsche durch Wagenfeld nach Dreye/Achim. Es machte ihm nichts aus, vor der Fertigstellung der Eisenbahn zu Fuß von Nienburg nach Diepholz zu pilgern, denn eine „geradezu fanatische Liebe zur alten Heimatstadt Diepholz“ trieb ihn hierher.[125] Er starb 1935 in Langenhagen bei Hannover.

Der am 31. Dezember 1877 in Diepholz als Sohn eines Lohgerbermeisters geborene Pädagoge Dr. Wilhelm Kinghorst hatte einen bewegten Lebensweg mit den Stationen Quakenbrück (Abitur am Realgymnasium 1909), Münster (Westfalen), wo er studierte und 1912 zum Dr. phil. promoviert wurde, Herford (1913 Prüfung für das Lehramt an höheren Schulen), Verden, Salzhausen, Diepholz, Berlin, Bederkesa, Münster, Herford, Lüdenscheid, Hamm und wieder Diepholz. Nach seiner Dissertation zur Verwaltung der Grafschaft Diepholz im 16. Jahrhundert und zum Übergang an das Haus Braunschweig-Lüneburg begleitete er die Entwicklung seiner Heimatstadt auch weiterhin aus der Ferne. 1922 setzte er sich für die Einrichtung der Aufbauschule ein und bemühte sich erfolgreich werbend um ihre Erhaltung in der Notzeit 1930/31. Er leitete die Graf-Friedrich-Schule von 1931 bis 1942 und war führend und bis heute vorbildlich besonders in der Erforschung der Diepholzer Schloss- und der Verfassungsgeschichte tätig, war der Motor des 1924 gegründeten Heimatvereins für die Grafschaft Diepholz und aus Heimatliebe Mitglied des Vereins zur Hebung der Geflügelzucht. 1933 versuchte er vergeblich und nicht zur Freude der

Nationalsozialisten, den Bürgerverein wieder zum Leben zu erwecken. Schmerzlich war für ihn auch der Abschied von dem von ihm mitbegründeten Huntegau der Deutschen Turnerschaft (Dezember 1933), der ihm mit einem Ehrenbrief erleichtert werden sollte. Seine 1936 aufkeimende Hoffnung, den Heimatverein zu beleben, wurde von der NSDAP zunichte gemacht. Der Wunsch nach einem großen Heimatmuseum blieb zeitlebens unerfüllt. 1935 lehnte die Partei ihn als Kreisarchivpfleger ab, der Landrat setzte ihn durch, zog ihn 1937 zurück und setzte ihn 1939 mit Hilfe des Oberpräsidenten wegen des Fachkräftemangels wieder ein, obwohl der Kreisleiter ihn weiterhin als politisch unzuverlässig ablehnte. 1946 wurde er in dieser ehrenamtlichen Funktion bestätigt.[126]

Zum 1. Juli 1942 trat er zermürbt vom Kampf um die Leistungsfähigkeit der Schule gegen die Ansprüche der die Jugend vereinnahmenden Partei vorzeitig in den Ruhestand und starb bereits am 10. März 1947. Erst 1952 wurde sein Artikel über Diepholz im renommierten Deutschen Städtebuch abgedruckt.[127] In der nach ihm benannten Stiftung für bedürftige und würdige Schüler der Graf-Friedrich-Schule und der nach ihm vom Stadtrat benannten Straße und der Förderschule lebt sein Name weiter.

Hans-Joachim (Jochen) von Wuthenau (Poledno 1887-1965) aus Westpreußen wurde 1918 als kommissarischer Landrat nach Diepholz versetzt und erhielt die Stelle 1920 definitiv. In seiner Amtszeit wurde die Diepholzer Landschaft verändert; ein Lokalpolitiker sagte einmal, von Wuthenau sei zwar „use" Landrat, man müsse ihn aber „Wasserrat" nennen, da er zusammen mit dem Kreisbaumeister Hermann Düver (geboren 1888 im Kreis Uelzen, seit 1915 in Diepholz, gest. 1959) die nassen Brüche in nutzbares Land verwandelt habe. Eine Siedlung im Kreise erhielt den Namen „Wuthenau", eine andere „Düversbruch". Mit dem NS-Kreisleiter kam der Landrat schon wegen seiner Vorliebe für die Kreisstadt Diepholz nicht zurecht, weshalb der als Vorkämpfer Sulingens auftretende Parteigenosse dafür sorgte, dass von Wuthenau zur Genugtuung der Sulinger von seinem Posten entbunden wurde. Im Mai 1934 wurde er in den einstweiligen Ruhestand, 1935 aber nach Schönlanke in den Netzekreis versetzt, zu dem er in den letzten Kriegsjahren zusätzlich die Kreise Arnswalde und Friedeberg (Neumark) zu verwalten hatte.[128] Ende Januar 1945 flüchtete er nach Westen und wurde mit der Verwaltung der Kreise Melle und Wittlage betraut. Mitte April 1945 internierten ihn die Briten in Belgien, entließen ihn aber im August 1946. Von 1948 bis 1956 war von Wuthenau für die CDU Mitglied des Diepholzer Stadtrats und nahm ein Mandat im Kreistag wahr. Die Liebe zu seiner Wahlheimat Diepholzer Land fand den letzten Ausdruck darin, dass er sich nach seinem Tod am 12. Januar 1965 dort beisetzen ließ, wo auch seines 1941 mit 25 Jahren im Kampf um Kreta abgeschossenen Sohnes gedacht wird, auf dem Friedhof in Düversbruch.[129]

Schulbauten und Schulen

Am 27. November 1918 wurde die geistliche Ortsschulaufsicht durch den revolutionären Rat der Volksbeauftragten aufgehoben, was einer alten Forderung der Lehrer entsprach. Präparandenlehrer Friedrich Meyerholz wurde zum Kreisschulinspektor ernannt und war für alle Schulen im Kreis zuständig. Den Kohlenmangel konnte aber auch er nicht beheben, so dass die Diepholzer Schulen im November bis zu zwölf Tage lang schließen mussten.

Eine Episode zum Schmunzeln: Am 6. Dezember 1919 gaben zwei Schüler der Landwirtschaftsschule eine Anzeige auf, sie wollten zwei lebenslusti-

Mittelschule: Entlassungsjahrgang 1920 (am Tisch Rektor zur Mühlen)

Luftbild der GFS mit Anbau von 1927 und Turnhalle von 1931

ge junge Damen zwecks Heirat kennenlernen. Drei Tage danach distanzierten sich die anderen Schüler wohl unter dem Einfluss ihrer Pädagogen, „weil durch derartige Taktlosigkeiten der gute Ruf unserer Anstalt ... gefährdet wird."[130]

Demokratie war noch schwierig: Die erste Elternbeiratswahl der Mittelschule am 30. Dezember 1919 führte nur zur Bildung eines Wahlvorstands. Schließlich wurde doch noch Ende Februar 1920 ein Rat gewählt, in dem die Ehefrauen Schwarze und Wiechers gegenüber den Männern deutlich in der Minderheit waren.[131] Die Mittelschule eröffnete 1924 ihre erste, noch kleine Bücherei. Im folgenden Jahr plädierte ein Gastwirt vergeblich dafür, die Mittelschule abzubauen, um Geld zu sparen. Gegenüber dieser Haltung bemerkenswert fortschrittlich war, dass die Mittelschule bereits von 1926 bis 1930 von einer Konrektorin (Auguste Meyer, 1928 Ida Graue) mit geleitet wurde, während in der Graf-Friedrich-Schule erst 84 Jahre später eine Frau in die erweiterte Schulleitung beordert wurde.[132] 1936 besuchten nach 385 1920/21 nur noch 151 Schülerinnen und Schüler die Mittelschule, da viele aus der bisherigen Klientel die 1923 gegründete und inzwischen konsolidierte Aufbauschule bevorzugten, doch stieg die Zahl 1940/41 durch den Bevölkerungszuwachs trotz des weiterhin durch die Eltern zu zahlenden Schulgelds auf 192.[133]

Präparandenanstaltsvorsteher Meyerholz wurde noch 1920 (bis 1928) zum ersten Schulrat für den Schulaufsichtsbezirk Diepholz-Sulingen ernannt.[134] Die Landwirtschaftliche Winterschule wurde 1925 in eine Landwirtschaftliche Schule der Landwirtschaftskammer mit Unterstützung durch den Kreis umgewandelt.

Aufgehoben wurde auf Grund einer Neuordnung der Lehrerausbildung zum 1. April 1922 die Präparandenanstalt, die in 48 Jahren 1.570 Schüler betreut hatte. Vier Lehrer und 60 ehemalige Schüler waren im Krieg gefallen. Nach der würdigen Abschiedsfeier in der Kaiserhalle und den letzten Prüfungen Mitte Februar standen das Anstaltsgebäude und das 1905/06 erbaute Direktorwohnhaus leer.[135]

Verantwortlich und vorausschauend denkende Männer bis hinein in den Landtag setzten sich daher schon bald für eine Aufbauschule mit dem Lehrplan der Oberrealschule ein, die junge Menschen zum Abitur führen sollte. Dr. Kinghorst warb mit Erfolg in Barnstorf, Diepholz, Lemförde und Wagenfeld für den Besuch der künftigen Einrichtung, deren nebenamtlicher Leiter am 1. April 1923 Schulrat Meyerholz wurde.

Der Kreis übernahm die Schule, der Flecken stellte das Gebäude. Bei der Aufnahmeprüfung fielen von 21 Kindern sechs durch. Am 30. April erteilte Studienassessor Wilhelm Kurmeier den ersten Unterricht, Leiter wurde Oberlehrer Dr. Otto Heinze. Seine Leitidee war eine „Sammelschule

Die Buntglasfenster, die sich heute im Treppenhaus befinden, zierten ursprünglich die großen Fenster im Altbau der Präparandenanstalt *Foto: Beckmann*

ländlicher Intelligenz" mit nationaler und sozialer Bedeutung und die Kampfrichtung gegen das „internationale Großstadtparasitentum, das keine Heimat mehr hat."[136] Angesichts dieser Einstellung war es verständlich, dass er vor konservativen Organisationen wie dem Stahlhelm (zum Jubiläumstag des Kaiserreiches) und dem Jungdeutschen Orden (zur Aufführung des Schauspiels „Der Ordensritter") pathetische Reden hielt.

Zwei Oberteile der Buntglasfenster haben sich erhalten.

Foto: Beckmann

Am 20. Juli 1925 wurde der Aufbauschule der Name „Graf-Friedrich-Schule" zu Ehren des Grafen, der 1584 die erste Diepholzer Schulordnung erlassen hatte, vom preußischen Minister für Wissenschaft, Kunst und Volksbildung verliehen. 1925/27 erhielt die Schule einen Anbau quer zur Wilhelmstraße (heute Hindenburgstraße).

Künstlerische Zierde bildeten die die Naturwissenschaften symbolisierenden Reliefs an der Fassade und die Buntglasfenster mit der Devise „Rein bleiben und reif werden" (Walter Flex) und dem Satz „Mens agitat molem" (Der Geist bewegt eine Last, Vergil). Da ein großes Bad fehlte, übten die Schüler für das Frei- und das Dauerschwimmen im Dümmer. 1929 bestanden erstmals in Diepholz eine Abiturientin und zehn Abiturienten die Prüfung, die sie zum Studium berechtigte. Am 16. September 1931 wurde mit der GFS-Turnhalle das zweite Turngebäude in Diepholz in Betrieb genommen.[137]

Das so hoffnungsvoll begonnene Werk geriet in Gefahr, als die Schülerzahl dermaßen sank, dass Dr. Kinghorst in den umliegenden Gemeinden für den Besuch der Aufbauschule warb. 1928 besuchten bereits 146 Jungen und 32 Mädchen die Anstalt, 1933 nur noch 83 Jungen und 12 Mädchen. Doch die folgende Erholung durch das Ende der Wirtschaftskrise und die Verschuldungspolitik des Staates führte rasch dazu, dass wieder mehr Eltern bereit waren, Fahrtkosten, Schulbücher und Schulgeld zu bezahlen. 1936 zählte Schulleiter Dr. Kinghorst bereits 118 Jungen und 27 Mädchen, 1937 insgesamt 208 und 1938 270 (225 Jungen und 45 Mädchen). 1941 erreichte die Zahl 296 Jungen und 55 Mädchen. 235 wohnten im Kreis Grafschaft Diepholz, 48 im Kreis Grafschaft Hoya, 32 im Kreis Lübbecke, 32 im Kreis Wittlage, 14 in anderen. Neun Lehrer standen im Heeresdienst, ortsanwesend waren 14 mit voller Stundenzahl und 4 im Nebenamt. Im Sommer 1938 besuchte im Rahmen der formalen Good-will-Politik des NS-Staates erstmals eine Amerikanerin die GFS im Austausch mit einem Schüler, der zuvor in den USA gewesen war.

Im April 1936 wurde die Kreisberufsschule als Zusammenfassung der bisherigen isolierten, bis 1932 nur nebenamtlich geführten gewerblichen Fortbildungsschulen in sechs Gemeinden eröffnet.[138] Diepholz war vorangegangen, denn hier war bald nach der Revolution von 1848 die erste derartige Schule begonnen worden, und Diepholz war 1934 die erste Gemeinde, die einen Beamten auf einer Planstelle einstellte, den Gewerbeoberlehrer Friedrich Kreimer, der 1936 die Leitung der neuen Schule übernahm, die an fünf Standorten 501 Schüler in 19

Landwirtschaftsschule: Jubiläumsjahrgang 1925 (die Lehrer mit Hut, von links: Julius Rosenblatt, Superintendent Penshorn und Direktor Dr. Fahrenbach)

Klassen (Diepholz: 7) zählte. Als erste Fachklassen wurden 1938 die für Bäcker und Maler geschaffen. Die Kreishandelsschule wurde für Diepholz 1942 genehmigt. Wie andere Schulen auch, hatten diese berufsbildenden Schulen unter der Einberufung von Lehrer, fehlendem Brennmaterial, Fliegeralarm und Belegung durch Truppenteile (September/Oktober 1939) zu leiden.

1937 wurde eine Mädchenabteilung an der Landwirtschaftsschule eröffnet.

Angesichts des raschen Bevölkerungswachstums wurde 1938 klar, dass man ein neues Volksschulgebäude brauchte. Dafür wollte die Stadt die Ecke Prinzhorn-/Horst-Wessel-Straße (heute Wellestraße) in Anspruch nehmen, und die Berufsschule sollte das bisherige Volksschulgebäude beziehen. Der Krieg machte einen Strich durch diesen Plan.

Der Zweite Weltkrieg erfasste wie 1914 auch wieder und diesmal noch heftiger die Schulen. Die Herbstferien 1939 der GFS entfielen, weil durch die Belegung der Gebäude durch die Wehrmacht vor Kriegsbeginn schon viel Unterricht ausgefallen war. Auch im Februar und im April 1940 blieben die Schulen lange geschlossen, zuerst um Kohlen zu sparen, dann, weil Raum zur Vorbereitung des Krieges im Westen gebraucht wurde. Im Winter 1942 fiel der Unterricht sogar während des ganzen Februars bis tief in den März aus. 1943 wurden die Sommerferien auf vier Wochen verkürzt, weil man für den kommenden Winter schon mit einem Ausfall wegen des Kohlenmangels rechnete. In der Turnhalle an der Bahnhofstraße wurden um die Jahreswende 1941/42 gesammelte Woll- und Wintersachen für die Soldaten an der Ostfront gestapelt, die diese viel zu spät erreichten, nachdem sie von November bis Januar zahlreiche Erfrierungen an den Gliedmaßen erlitten hatten.

Sogar in die kriegswichtige Produktion wurden die Schulen einbezogen: Im Schulgarten erreichte 1940 Hanf die Höhe von 3 Metern. Was geschah mit den Pflanzen? Sie wurden nach Windelsbleiche bei Bielefeld gesandt, wo sie zu Stoffen verarbeitet wurden.

Volksschule: Einschulungsjahrgang 1930 mit Klassenlehrer Schmidt

Kirche

Die evangelische Kirche erlitt einen Schock dadurch, dass die gemäß langer Überlieferung gottgewollte monarchische Obrigkeit ihres Amtes enthoben worden war und einige Tage später auf den Thron verzichtet hatte. Überhaupt schien früher manches subjektiv besser geregelt gewesen zu sein, wie aus einer Konfirmationspredigt von Superintendent Penshorn hervorgeht, der gegen Materialismus und Atheismus wetterte, die bereits vor dem Krieg begonnen hätten, ihren Einfluss auszudehnen, und inzwischen eine zunehmende Ungläubigkeit im Volk bewirkten.[139]

Die evangelisch-lutherische Landeskirche gab sich eine neue Verfassung. Zu der mehr formalen Demokratisierung gehörte auch die Einrichtung des Kreiskirchentages, der erstmals 1925 abgehalten wurde.

Im Mai 1919 protestierte der Pfarrverein für die Grafschaften Hoya und Diepholz bei der Reichsregierung „gegen den geplanten Mordfrieden von Versailles", die Missachtung 14 Punkte des US-Präsidenten Wilson für den Friedensvertrag durch die militärischen Gegner, den völligen Sieg der Gewaltherrschaft und des Kapitalismus, die Recht- und Ehrlosmachung Deutschlands. Der katholische Bischof von Osnabrück setzte ein dreizehnstündiges Gebet wegen der Friedensbedingungen an.[140]

Die erste heilige Messe seit der Reformation wurde am 25. August 1918 in der Landwirtschaftlichen Winterschule an der Grafenstraße gelesen. Für die Soldaten aus dem Rheinland hielt Divisionspfarrer Heimhardt im April 1919 jeden Sonntag einen katholischen Gottesdienst; nach seinem Weggang wurde die entsprechende Gelegenheit auf einmal monatlich reduziert und 1924 auf Antrag der Gläubigen in die Aula der Mittelschule verlegt.

Bald nach Friedensschluss wurde der im Krieg wegen der vielen Einziehungen zum Militär ausgefallene evangelische Posaunenchor reaktiviert.

Der evangelische Kirchenvorstand konnte sich der Not im Inflationsjahr 1923 nicht verschließen und bildete einen Wohlfahrtsdienst, der neben der Deutschen Notgemeinschaft im Flecken Diepholz für Alte, Invaliden und Witwen tätig wurde.

Superintendent Friedrich Penshorn in der Mitte

1928 verstarb der noch in der Kaiserzeit eingesetzte, angesehene Superintendent Friedrich Penshorn, dessen Nachfolger Theodor Cöster bereits im folgenden Jahr das Zeitliche segnete.

Die zeitweise hier zur Erholung anwesenden katholischen „Ruhrkinder" aus dem damals von Franzosen und Belgiern besetzten Gebiet erhielten 1923 Religionsunterricht in der landwirtschaftlichen Schule, 1938 nahmen die ebenfalls katholischen Pflegekinder aus dem kurz zuvor „angeschlossenen" Österreich am Gottesdienst in der Mittelschule teil.[141]

Die Kinder- und Jugendarbeit erlebte einen Aufschwung, der sich seit 1926 in regelmäßigen und sehr gut besuchten Kindergottesdiensten (1934: „Kinderkirche"), der gewohnten Mädchenbetreuung und 1929 in einem Jugendsonntag der evangelischen Jugend aus Stadt und Land Osnabrück in Diepholz manifestierte.[142] Anfang 1933 nahm der evangelische Jünglingsverein noch fünf neue Mitglieder auf.[143]

Noch bis zum Jahre 1927 waren zwei Lehrerstellen an der Volksschule mit der Stelle eines Kantors und Küsters verbunden, eine Lösung, die der partiellen Trennung von Staat und Kirche seit 1918 nicht mehr entsprach.

Die mehrfach reparierte, noch aus der Kirchbauzeit stammende Kirchenorgel von 1810 wurde 1929 ersetzt.[144] Der neue Superintendent Seiffert erwies sich als eifriger Förderer der Posaunenchöre.

1929 feierte Diepholz den 400. Jahrestag seiner kirchlichen Reformation. Aus diesem Anlass hielten die Kreissparkasse, die Schröder-Bank und die Berufsschule ihre Türen geschlossen, und die Kirche feierte das Ereignis in würdigem Rahmen.[145]

Sorge bereitete den Pastoren und den Gläubigen, dass nach ihrer Beobachtung die Heiligkeit der Ehe öfter als früher missachtet wurde, die Erschütterung des Familienlebens und der Bindung an die Kirche, der gegenüber dem Reichsdurchschnitt niedrige Geburtenstand.[146] Bezeichnend für die freiwillige Aufgabenteilung ist, dass der weiterhin bestehende kirchliche Frauenverein traditionsgemäß für arme Kranke und arme Alte sorgte, während sich der Vaterländische Frauenverein vom Roten Kreuz in erster Linie um Kinder bemühte.

Einen wichtigen sozialen Dienst leistete die evangelische Winterhilfe am Anfang der dreißiger Jahre mit Sachspenden für die notleidende Bevölkerung in Lerbach im Oberharz.[147]

Auch wenn der Kirchturm kurz vor dem Ersten Weltkrieg von der politischen an die kirchliche Gemeinde übergegangen war, wurde dort auf Anregung von Ferdinand Groeck (vom Kriegerverein) am 20. November 1932 ein von Diepholzer Handwerkern geschaffenes „Heldenehrenmal" eingeweiht, das die Namen der Gefallenen aufwies: 152 Evangelischer, zweier Juden und eines katholischen Kriegsteilnehmers.[148] Sein militärisches Aussehen (z. B. mit einem nachgestalteten Stahlhelm) wurde dem gewandelten Zeitgeist entsprechend vor einigen Jahren getilgt.

Einen Höhepunkt in der Arbeit der Frauenvereine stellte der Besuch des Landesbischofs D. Dr. August Marahrens im Dezember 1932 dar, zu dem Frau von Wuthenau im Saal Bruns am Pohl 800 Personen begrüßen konnte.[149]

Für 1930 ist eine Neuapostolische Gemeinde nachweisbar, die sich in der Kaiserhalle versammelte.[150] Die Werbung der bereits am Karfreitag 1932 aktiven und von der Kirche alles andere als willkommen geheißenen Ernsten Bibelforscher aus Gestringen wurde am 14. April 1933 von der Polizei unterbunden.[151]

Die politische Neuorientierung nach dem 30. Januar 1933 berührte auch die Kirche. Superintendent Seiffert mahnte gleich nach der „Machtergreifung", man solle wieder auf Gottes Wort und Willen hören und wieder deutsch und treu sein und denken.[152] Als Ende August 1933 der Landeskirchentag in Hannover zusammentrat, wehten als Zeichen der partiellen Anpassung erstmals Fahnen vom Turm der Kirche: die neue Kirchenfahne und die beiden Staatsfahnen der Kaiserzeit und der neuen Diktatur. Auch einem Feldgottesdienst der SA einige Tage später versagte die Kirche ihren Dienst nicht.[153]

Doch alsbald wurde die Kirche an die Seite gedrängt.[154] Die Berechtigung zur Winterhilfe wurde ihr durch das vom Sparkassendirektor Fritz Behn geleitete Winterhilfswerk entzogen.[155] Der Luthertag der Kirchengemeinde mit der Pflanzung einer Luther-Linde zum 450. Geburtstag des Reformators wurde von uniformierten NS-Formationen

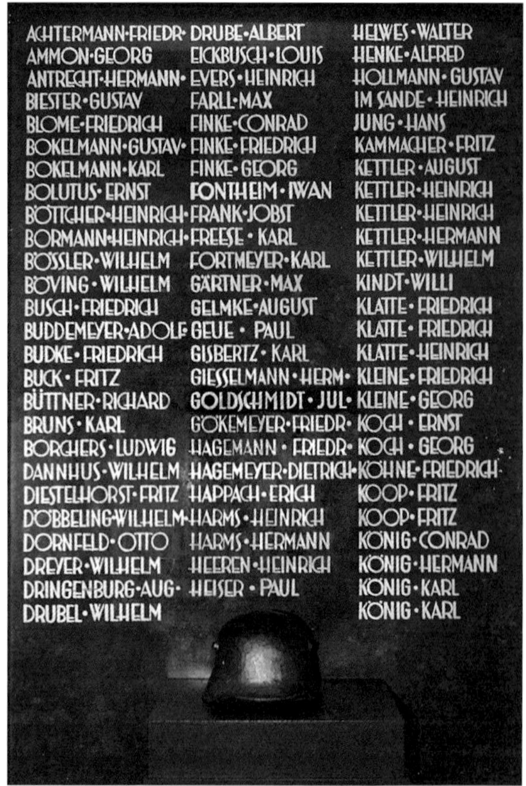

Eines der beiden Ehrenmäler für die Gefallenen des 1. Weltkrieges. Die Namen der beiden jüdischen Toten (Fontheim und Goldschmidt) wurden während des 3. Reiches übermalt.

äußerlich teilweise als Akt der Partei für den deutschen Patrioten Luther gestaltet. Im Februar 1934 musste die seit 1911 bestehende und noch aktive Jugendorganisation ihre Arbeit aufgeben und sich in die HJ einordnen. Der HJ-Bannführer behandelte den Superintendenten ironisch, indem er ihm für die unbeabsichtigte Werbung für die HJ dankte: Das empfohlene Jungmännerwerk sei vorrangig eine Abteilung der HJ und nicht mehr kirchlich. HJ marschierte sonntags im befohlenen „Dienst" mit lautem Gesang provokativ um die Kirche, um den Gottesdienst zu stören. Das Evangelische Frauenwerk durfte noch einen „Großmüttertag" veranstalten, während die NS-Frauenschaft den jüngeren Frauen offenstand und als modern propagiert wurde.

Im Kirchenkampf zwischen NS-nahen Deutschen Christen und Bekennender Kirche stellte sich Superintendent Seiffert auf die Seite des Landesbischofs D. Dr. Marahrens, der sich beispielsweise gegen die Abschaffung des Alten Testaments und gegen die Umdeutung des Neuen Testaments wandte. Den Machthabern gefiel das gar nicht, denn sie sahen das Alte Testament lediglich als Geschichte des jüdischen Volkes und nicht auch als Vorgeschichte des christlichen und zugleich als Teil der Geschichte Gottes mit den Menschen an. Als Marahrens am 19. März 1936 in Diepholz vor zahlreichen Besuchern einen Abendgottesdienst hielt, lehnte die Zeitung ohne Begründung ab, darüber zu berichten. Von fast 600 Diepholzern unterstützt, zielte Seiffert auf Einigkeit und Entpolitisierung hin.[156] Die Kirche versuchte mit betonter Loyalität einen Freiraum zu wahren, musste aber den gegenläufigen, einengenden Trend erkennen, so dass Seiffert 1937 resignierte, während vor allem Frauen aktiv blieben und vorzugsweise die „lauen“ Randchristen zu Vorträgen abholten. Die rassistischen, von Teilen der NSDAP geförderten „Deutschen Christen. Nationalkirchliche Einung“ mit einem Schwerpunkt in Haldem existierten zwar auch in Diepholz, hatten aber keinen Einfluss. 1935 verbot der Landrat, Mitglied der NSDAP, die traditionelle Ansprache eines evangelischen Geistlichen bei der Weihnachtsfeier im Krankenhaus, weil sich die Katholiken oder die Nichtchristen gestört fühlen könnten.[157] Parteiveranstaltungen nahmen seit 1939 grundsätzlich keine Rücksicht mehr auf die Gottesdienstzeiten. Die kirchlichen Termine wurden nur noch als kostenpflichtige Anzeigen in die Presse aufgenommen, die traditionellen geistlichen Sonntagsbetrachtungen wurden nicht mehr abgedruckt. Einer älteren Forderung und dem Zug der Zeit entsprach, dass 1938 die privaten Stühle auf den Priechen (den Stühlen für besondere Honoratioren, hier wohl gemeint: die Emporen) der Kirche entfernt wurden, um die Gleichheit aller „Volksgenossen“ zu demonstrieren.

Der Landesbischof August Marahrens (1875-1950) predigte auch in Diepholz.

1937/38 wurde die Superintendentur im Garten ihrer Vorgängerin neu gebaut, also von der Langen Straße weit zurückgesetzt, und gleich mit einem Luftschutzkeller ausgestattet. 1939 fand zum letzten Mal vor dem Krieg ein Missionsfest „auf Lüdersbusch“ statt; die nachfolgenden durften nur noch in der Kirche, nicht mehr „im Busche“ (Bürgerpark Lüdersbusch) abgehalten

Die 1938 neu erbaute Superintendentur *Foto: E. Warnecke*

werden. Seit September 1939 hatten die Glocken kriegsbedingt zu schweigen. Zu den abendlichen Adventsfeiern wurde die Kirche vorschriftsgemäß gut abgedunkelt. Superintendent Seiffert vertrat im Krieg eingezogene Amtsbrüder in bis zu fünf Gemeinden, die er meist mit dem Fahrrad erreichte.

Das Kirchturmdach wurde 1944 bei einem Luftangriff beschädigt und konnte erst nach Kriegsende repariert werden.

Ein eher geringes Problem war die Austrittsbewegung, die 1937 einsetzte, 1939 ihren Höhepunkt erreichte, aber erst 1941 die Zahl 100 überschritt und 1944 deutlich abflaute.

Gravierender dagegen war der Rückgang der Besucherzahlen in den Gottesdiensten.

Die christlich begleitete Blaukreuzarbeit lässt sich in Diepholz schon in der Weimarer Republik nachweisen.[158]

Den wenigen Katholiken wurde weiterhin die Aula der Mittelschule für Sonntagsgottesdienste zur Verfügung gestellt. Stets durch Seelsorger von Twistringen aus versorgt, wurden gottesdienstliche Handlungen im Krieg auch in der Grafenstraße 4, in der Aula der GFS und im evangelischen Jugendheim vorgenommen. Für die zahlreichen „umquartierten“ Gläubigen aus dem nördlichen Rheinland und aus Hannover wurden noch vor Kriegsende Gottesdienste in größerem Rahmen auch in anderen Gemeinden des Landkreises gehalten.

Juden in Diepholz[159]

Der Antisemitismus spielte 1918/19 im Wahlkampf zwischen den beiden liberalen Parteien eine Rolle, indem die Deutsche Volkspartei die Deutsche Demokratische Partei als judenfreundlich angriff und diese sich zur Wehr setzte, sie werde verleumdet.[160] Die Wirklichkeit aber spiegelt eher wider, dass das Mitglied der jüdischen Gemeinde Semmi Philippsohn jahrelang dem Vorstand des Kriegervereins angehörte, 1927 für seine 25-jährige Mitgliedschaft im Männergesangverein besonders geehrt wurde und einer der Vertreter bei der Kreiskriegerverbandstagung war.[161]

Nach dem Krieg wurde die in den Kriegsjahren der Mittelschule eingegliederte israelitische Schule wiedereröffnet, auf Antrag der Gemeinde 1924 jedoch wegen der mit fünf zu geringen Kinderzahl erneut geschlossen. Ihr Lehrer Julius Rosenblatt unterrichtete auch in der Mittelschule, in der Volksschule, in der Gewerbeschule, in den Meisterkursen für Handwerker und an der Landwirtschaftlichen Schule, wo er so angesehen war, dass er ihrem Direktor Dr. Wilhelm Fahrenbach zu dessen 25-jährigem Amtsjubiläum im Namen des Kollegiums gratulierte. Rosenblatt, der zuletzt noch jüdischen Religionsunterricht erteilte, starb am 29. Dezember 1932 im Alter von 62 Jahren.[162]

1922 löste Philippsohn den Vorsteher der Synagogengemeinde Rentier Julius Fontheim nach dessen mehr als vierzigjähriger Amtszeit ab. In diesem Zusammenhang ist die an die Religionszugehörigkeit nicht gebundene mannigfaltige Hilfe von Angehörigen der Familie Fontheim auch in Berlin und London für bedürftige Diepholzer und 1923 für die Hilfe für die gegen die französische und belgische Besatzung des Ruhrgebiets streikenden Arbeiter und ihre Familien besonders hervorzuheben.[163] 1921 wurde der in Berlin erfolgrei-

Semmi Philippson auf einem Gruppenbild der freiwilligen Feuerwehr aus dem Jahre 1931 hinter Bürgermeister Gustav Brüning (vierter von rechts mit Hut)

che Textilfabrikant Siegfried Simon Fontheim auf Grund seiner großherzigen Stiftungen zum Ehrenbürger von Diepholz gewählt.[164]

Lehrer Julius Rosenblatt (1870-1932)

Julius Fontheim, langjähriger Vorsitzender des Aufsichtsrats der Gaswerk AG, starb im Alter von 82 Jahren am 14. Oktober 1924 in Wiesbaden, wo er sich zur Erholung aufhielt.[165] Bankier Max Fontheim (London) verkaufte das Diepholzer Manufakturgeschäftshaus Lange Straße 3 im Jahre 1928.[166]

Der Synagogenvorsteher Semmi Philippson (1873-1942)

Zu Beginn der NS-Zeit zählte die Gemeinde nur noch sieben zahlende Mitglieder und 48 Seelen.[167]

Sorgen bereitete der Gemeinde die 1928 hier einsetzende Propaganda der NSDAP gegen jüdische Warenhäuser und den finanziellen Einfluss der Juden im Ausland. Die NSDAP untersagte Juden den Zutritt zu ihren Versammlungen. Im Mai 1933 mussten Juden überhaupt aus allen allgemein zugänglichen Organisationen ausscheiden. Philippsohn hatte noch ein Vierteljahr zuvor als Rechnungsprüfer bei der Freiwilligen Feuerwehr fungiert.

Die Ausgrenzung aus der örtlichen Gesellschaft zeigte sich in der Adventszeit 1934. Zwei Diepholzer gaben eine Anzeige auf, in der sie den Schuhmacher Friedrich Schröder beschuldigten, er habe der Frau des Schlachters Kleinschmidt ermöglicht, ihr Klavier öffentlich zum Verkauf anzubieten, was ein anderer Kaufmann abgelehnt hatte mit der Begründung, „dass er seinen guten Namen nicht für einen Juden hergebe."[168] Juden wurden ausgegrenzt; mit ihnen Geschäfte zu tätigen galt als volksfeindlich. Die berufliche Aussichtslosigkeit trieb am 25. Mai 1934 den Viehhändler Adolph Meyer in den Tod.[169]

Im September 1935 wurde Juden die Staatsbürgerschaft entzogen und sie durften nicht mehr die Reichsfahnen hissen. Vorbereitend bereits im August hatte die NSDAP eine Kampagne durchgeführt, die mit der Rede eines Parteigenossen aus Hannover einsetzte, in der er zugab, dass die Diepholzer Juden anders als in Berlin nicht „aufdringlich" aufträten. Vier Tage danach, am 10. August, waren HJ, Jungvolk und Betriebe durch die Stadt zu judenfeindlichen Schildern am Bahnhof, am Postdamm und am Marktplatz marschiert. Nicht alle Arbeiter waren dabei, und vor allem Geschäftsleute hielten sich fern.[170] Vielleicht in jenen Tagen drohte der Ortsgruppenleiter das von Fontheim gestiftete bunte Rathausfenster mit seinem Spazierstock zu zerschlagen, was Bürgermeister Brüning verhinderte, indem er sich davor stellte.

1937 wurde die Stimmung verschärft. Regierungs- und Schulrat Blome sprach anlässlich einer Schulung im Escholtlager vor Lehrern über „Judenknechte ..., die heute den Juden noch Vorschub leisten, da wurde es wohl allen klar, wohin diese Teufelskinder und ihre Helfershelfer gehören."[171] Bedrohlich las sich die Überschrift „Auftakt zur Lösung der Judenfrage" mit dem Verbot, für Juden geschäftlich tätig zu werden.[172] Damit war deutlich, dass das Judentum wirtschaftlich vernichtet werden sollte. In dieselbe Richtung zielte die Verpflichtung, dass die Juden bis 30. Juni 1938 ihr Vermögen beim

Rathaussaal mit dem von Siegfried Fontheim gestifteten Buntglasfenster um 1940

Bürgermeister anmelden mussten, widrigenfalls sie eine Gefängnisstrafe zu erwarten hatten.[173] Weiter ging die Vorstellung, Juden in der französischen Inselkolonie Madagaskar anzusiedeln, was die Presse im Sommer 1938 als alten Plan des Reichsleiters Alfred Rosenberg, nun in Polen aufgegriffenes Projekt vorstellte.[174] Glaubhaft mochte das nicht erscheinen.

Im August 1938 wurde aber Jüdinnen und Juden amtlich vorgeschrieben, dass ab 1. Januar 1939 die Vornamen Israel bzw. Sara zusätzlich zu den vorhandenen gesetzt und in die offiziellen Pässe eingetragen werden mussten, z.B. Günter Israel. In diesem deprimierenden Jahr wurde der Kultusvereinigung die Eigenschaft als Körperschaft des öffentlichen Rechts aberkannt, und die Gemeinde durfte Minderbemittelte und auswandernde Mitglieder finanziell nicht mehr unterstützen, obwohl sie eigens die Synagogenwohnung und das Gemeindeland verpachtet hatte.[175]

Am Morgen des 10. November 1938 erreichten die in der Nacht befohlenen Ausschreitungen gegen die Juden auch Diepholz. Ortsgruppenleiter Nageler schrie den Bürgermeister auf dessen Vorhaltung, was die SA mache, sei ungehörig und gehöre verboten, morgens im Rathaus an: Er, Nageler, trage heute die volle Verantwortung für das, was in Diepholz geschehe, das möge Brüning sich merken. Dann begab er sich zum „Sturmlokal" Brauner Hirsch an der Langen Straße und marschierte mit der SA zur Synagoge. Die Männer schlugen zuerst die Scheiben über der Haustür ein, stürmten dann in das unauffällige, kleine Gotteshaus, zerbrachen Stühle und Tische, die Bänke und das Rednerpult. Sie rissen die Verschalungen und die Balustrade ab und Teile des Fußbodens auf. Die fünf Bücher des Moses (Pentateuch) und den Inhalt der Schränke luden sie auf einen Wagen, den sie ins Parteilokal fuhren. Sie durchsuchten Wohnungen, zerstörten viel Mobiliar und Inventar bei der Witwe Roberg und fuhren den betagten Ziegenschlachter Carl Samenfeld, den „langen Carl", auf einem Handwagen zum Gerichtsgefängnis im Schloss. Sie holten den Vorsteher Semmi Philippsohn an der Hindenburgstraße aus dem Haus und trieben ihn ebenfalls zum Schloss. Dort wurden die jüdischen Gemeindeglieder stundenlang inhaftiert. Der Ortsgruppenleiter bedrohte die Witwe Roberg mit dem Tode und äußerte sich ihr gegenüber in brutal demütigender Weise.[176]

Auch Sophie Roberg (1890-1942), die Mutter des Diepholzer Ehrenbürgers Günter Roberg, wurde deportiert und ist in Warschau verschollen.

In den folgenden Tagen folgte ein Schlag nach dem andern: Keine Versicherung durfte für die Schäden aufkommen, die Juden musste eine hohe Geldsumme als „Sühne" für die voraufgegangene Ermordung eines deutschen Diplomaten durch einen jungen jüdischen Emigranten in Paris bezahlen, sie mussten das „Straßenbild" sofort „wiederherstellen", sie durften keinen Betrieb mehr leiten, sondern mussten ihre Betriebe bis zum Jahresende verkaufen, sie durften keine Kulturveranstaltungen, keine Hochschulen und keine für andere zugängliche Schulen mehr besuchen, Aktien, Grundstücke und Gold nur noch mit staatlicher Genehmigung verkaufen, mussten ihre Autos, Motorräder und Führerscheine abliefern. Schon vorher war ihnen verboten worden, als Ärzte, Handelsvertreter oder Apotheker zu wirken. Und der SA-Gruppenführer (Gruppe Nordsee, Bremen) Heinrich Böhmcker betonte bei einem Besuch in Diepholz, dass der Kampf immer weiter gehe und ernster werde.[177]

Als der oben genannte Carl Samenfeld am 11. Januar 1939 beerdigt werden musste, wurde ihm der Leichenwagen versagt und so musste der Sarg auf einen Ackerwagen geladen werden, den die jüdischen Männer zum Friedhof zogen.

Ende Januar 1939 richtete sich eine Ausstellung „Erbgut und Rasse" gegen Juden und Erbkranke, zwei Wochen später kündigte Reichsleiter Rosenberg die „Endlösung der Judenfrage" an, in deren Rahmen alle Juden Deutschland verlassen müssten.[178] 1941 richtete das NS-Kraftfahrerkorps die seit der Schändung 1938 nicht mehr genutzte Diepholzer Synagoge als Ausbildungsraum ein.

Am 28. März und am 20. Juli 1942 wurden die letzten Jüdinnen und Juden aus Diepholz nach Ahlem und später nach Warschau bzw. nach Theresienstadt deportiert. Der herzleidende Viehhändler und seit langem gezwungenermaßen erwerbslos als Privatmann die Stütze seiner Ehefrau, zuletzt im Hause Hindenburgstraße 46 lebende 68-jährige Semmi Philippsohn wurde vor dem Anbruch des 28. März, an dem er „abgeholt" werden sollte, von zwei Diepholzern informiert. In tiefster Verzweiflung nahm er mitten in der Nacht ein zwei Meter langes Hanfseil, das er an einem Schlachterhaken befestigte, und erhängte sich eine halbe Stunde nach Mitternacht.[179] Die anderen, zu denen auch seine Ehefrau gehörte, wurden alle umgebracht. Die Reichsfinanzverwaltung beschlagnahmte ihre Häuser und verkaufte bzw. verschenkte sie 1942/43 an die Stadt. Die Reichsvereinigung der Juden in Deutschland bot Anfang 1943 gezwungenermaßen auf Weisung der ihr übergeordneten SS den geschändeten Friedhof an, als vertrüge sich das mit ihrem Religionsgesetz, doch die Stadt als Erwerberin bezahlte das Grundstück erst im Sommer 1944 dem Deutschen Reich als dessen Enteigner.[180]

Gewerbe und Handel

Zur Freude der Kreissparkasse Diepholz wurde die 1906 gegründete, konkurrierende Gewerbebank 1919 aufgelöst.[181] Stattdessen eröffnete die Landesgenossenschaftsbank Hannover bei Frau Haselhorst 1920 eine Agentur.[182] 1922 ließ sich auch die J. F. Schröder Bank Bremen mit einer Geschäftsstelle nieder, ging aber 1931 in Konkurs und wurde 1932 kurzfristig durch die Norddeutsche Kreditbank AG ersetzt.[183]

Die Kreissparkasse wurde modernisiert, trennte die Kassen für Sparverkehr und für Schecks und Effekten, beriet in Steuerfragen und ernannte den Sparkassenrendanten Bramekamp zum Sparkassendirektor. Sie expandierte auch in die Umgebung, z.B. 1921 nach Wagenfeld. 1924 verfügte die Kasse über 45 Mitarbeiter gegenüber 3 im Jahre 1913.[184] Den Gedanken des Sparens förderten Werbung, Sparuhren, Heimsparbüchsen und Schulsparkassen.

Die neuen Räumlichkeiten in der Kreissparkasse. Auch das Bild des Reichskanzlers durfte nicht fehlen. *Foto: Petersen*

Die Kreissparkasse gab 1920 Notgeld heraus, das von Regierungs- und Baurat Gerstenhauer entworfen worden war.[185] Weiteres Notgeld war teilweise seit 1917 noch von der Handelskammer Osnabrück, aus Bremen und von der Reichsbahnverwaltung Münster in Umlauf, und am zweiten Großmarkttag 1921 brachte der Flecken Notgeld mit von dem früheren Hotelier Hermann Witte gezeichneten lokalen Motiven in den Verkehr. Im

Kurzzeitig in Diepholz: die Privatbank J. F. Schröder (Bildmitte)

selben Jahr trat auch der Kreis mit mehreren Serien auf den Markt. Das Notgeld war weniger als Ersatz für die wegen ihres Metallwertes rar gewordenen Münzen gedacht als vor allem für Sammler und als Gruß an die Auswanderer, um ihre Heimatliebe zu erhalten. Der Tauschwert des Kleingelds war ja erheblich gesunken. Einzulösen war das Notgeld der Sparkasse nur bis 15. März 1922.

Turbulent war das Jahr 1923.[186] Schon im Januar stieg der Kreditzinssatz auf 13%, am 16. August schlossen die Bank für Niedersachsen, die Kreissparkasse und die Schröder Bank wegen Arbeitsüberhäufung durch die Unmengen an Papiergeldscheinen bereits mittags und bezifferten am Monatsende die Spareinlagen in Goldmark und zum Roggenwert. Auch ab 10. September mussten sie wegen Überlastung am Mittwochmittag schließen. Nach der Währungsreform normalisierte sich der Betrieb. Ab 2. Januar 1924 waren die Geldinstitute wieder von 9 bis 13 Uhr und von 15 bis 17 Uhr geöffnet, sonnabends von 9 bis 13 Uhr.

Die Schuhmacher baten ihre Kundschaft im September 1923, wegen der hohen Preise selbst das Leder zu besorgen.[187]

1926 richtete Konrektor Robert Dörflein in Zusammenarbeit mit der Kreissparkasse eine Schulsparkasse ein, um nach dem Ende der Inflation das in das Sparen erschütterte Vertrauen der Bevölkerung in die Wirtschaft schon bei der Jugend zu fördern.[188]

Die Bank für Niedersachsen, Filiale Diepholz, wurde 1924 auf Initiative des Vorsitzenden August

Notgeld der Kreissparkasse Diepholz

Spiering vom Kreislandbund mit 107 Genossen in dessen Kreditgenossenschaft für den Kreis Diepholz umgewandelt.[189] Im Herbst 1933 wurde daraus die Ländliche Kreditkasse eGmbH.

Heinrich Fischer aus Mühlheim (Ruhr) eröffnete 1919 ein Baulager, die Landwirtschaftliche Ein- und Verkaufsgenossenschaft erbaute 1920 ebenfalls in Bahnhofsnähe ein Lagerhaus mit einer Fuhrwerkswaage. Das lange Ende der Heizung mit Torf läutete Heinrich Fischer ein, als er 1926 an der Bahnhofstraße den Handel mit Kohlen und Briketts aufnahm.[190]

Erstmals wurde 1920 ein Kreishandwerkertag (unter Vorsitz von Stellmachermeister Bunge) abgehalten, zu dem nur gut 60 Meister in die Kaiserhalle kamen.[191] 1921 bildete sich eine Ortsgruppe des Kreishandwerkerbundes.[192] Zwangsinnungen entstanden, z.B. für das Baugewerbe unter Obermeister Rathje aus Diepholz.

Dass der Einzelhandel Stützen durch überregionale Zusammenarbeit benötigte, wurde Wilhelm Stüven 1923 klar, und daher wurde er Mitglied der Handelszentrale deutscher Kaufhäuser in Berlin und Chemnitz.[193] Die Hamburger Lebensmittelgeschäftskette Thams & Garfs (Thaga) ließ sich 1925 in Diepholz nieder und hielt sich an der Langen Straße noch lange nach dem Zweiten Weltkrieg.[194]

Die Technik erfasste mehr Bereiche als bisher, so dass Ende 1920 Willy Laker an der Steinstraße ein Installationsgeschäft eröffnete[195] und Anfang 1924 Generalvertreter Alfred Weißbrodt einen Vier-Röhren-Emp-

Soldaten warten im Jahre 1937 auf den Abtransport zum Fliegerhorst vor der Kohlenhandlung von Heinrich Fischer in der Bahnhofstraße (im Hintergrund Firma Becker).

fänger für 550 Mark anbot und nach zwei Monaten zu der Übertragung eines Radio-Konzerts in London durch das in Dresden hergestellte Wattophon einlud.[196] Das „Hotel zum Grafen" lud ein, sich die Ergebnisse der Reichspräsidentenwahl am 26. April 1925 im Rundfunk anzuhören.[197] In diesem Zusammenhang sei erwähnt, dass Studienrat Georg Alms der erste Diepholzer war, der über den Äther zu hören war; der Kieler Rundfunk übertrug seinen Klaviervortrag am 30. Dezember 1927.[198] Im Frühjahr 1929 besaßen bereits 95 Diepholzer Haushalte ein Empfangsgerät.[199]

Textilhaus Stüven Ende der 30er Jahre

Der werbenden Selbstdarstellung diente der erste Diepholz-Film über die Fleischfabrik Finke, die

Thams & Garfs in der Langen Straße

Kreissparkasse, das „Hotel Gerke", die Brennerei Blome, die Umgebung des Schlosses und andere Sehenswürdigkeiten, den eine Magdeburger Firma 1926 produzierte und der nach gegenwärtigem Stand verschollen ist.[200]

Erstmals am 18. Juli 1926 wurde in einer technikbegeisterten Zeit ein Großflugtag auf dem Eschfeld (Beckmanns Wiese) organisiert, an dem das Verkehrsamt Osnabrück und der Diepholzer Magistrat drei Kunstflugzeuge und einen Fallschirmspringer zur Attraktion werden ließen.[201] Die Deutsche Reichsbahn setzte in Bassum und Sulingen Sonderzüge ein. Schon nach der ersten Landung des prominenten Piloten Reinhold Tiling aus Osnabrück begeisterte sich ein älterer Herr vom Lande: „O wat was dat fein! Und wenn nu nix mehr käme, dat wör all genog för ene Mark!"

Im Bild hielt Fotograf Petersen die Fahrt eines Zeppelins über das mittägliche Diepholz am 17. September 1929 vom Schlossturm aus fest.[202]

Die Zahl der Benzinzapfsäulen nahm zu. Die Dapolin unterhielt Pumpanlagen am „Hotel Gerke", bei Behrens und bei Hustedt (beide an der Bahnhofstraße), Stellin bei Harms und Westerhoff, Aral vor dem „Hotel zum Grafen", Olex bis 1938 an der Paradiekschen Ecke Lange Straße/Mühlenstraße. Der Durchgangsverkehr mit schnell fahrenden Lastwagen auf dazu ungeeigneten Straßen wurde derart gesteigert, dass sich die Stadt 1930 besorgt über die zunehmenden Schäden an Wohnhäusern äußerte und mit etwa 40 Hausbesitzern vom Regierungspräsidenten eine Geschwindigkeitsbeschränkung auf 10 km/h erreichen wollte.[203] Immerhin hatte der Protest die Wirkung, dass eine Kommission mit einheimischen Beamten, einem Oberregierungsrat, dem Landesbaurat und einem Vertreter

Zeppelin über Diepholz im Jahre 1929 *Foto: Petersen*

Auch am Bremer Eck gab es zeitweise eine Zapfsäule.

der Firma Büssing aus Braunschweig die Schäden besichtigte.[204] Zunächst erlosch das Problem aber von selbst durch den Rückgang des Verkehrs in der Weltwirtschaftskrise und durch die rasche Zunahme luftbereifter Autos.

Die bis 1930 bestehende erste Fahrschule von Henry W. Behrens prüfte am 29. und 30. April 1925 zum ersten Mal sechs Wagen- und 22 Motorradfahrer (bevorzugt auf einer „Hulla").[205] Natürlich waren die Verkehrsverhältnisse damals noch ideal ruhig, dafür mussten die Teilnehmer aber technische Kenntnisse nachweisen. Eine kurze Fahrt durch einige Straßen genügte für den fahrpraktischen Teil. Behrens' Nachfolger als Lehrer wurde Wilhelm Paradiek, das DKW-Geschäft mit der Werkstatt wurde 1932 an Ing. A. Köpke verkauft.[206]

Aufmarsch des Reichsarbeitsdienstes zum Kreisparteitag der NSDAP 1937, im Hintergrund das Cafe Haselhorst

Ein eindrucksvolles Beispiel der Anpassung an die Entwicklung: Wilhelm Paradiek unterhielt eine Gastwirtschaft, einen Kolonialwarenladen und eine Fahrradhandlung an der „Paradiekschen Ecke" im Stadtkern (Mühlen- und Lange Straße). Wilhelm Paradiek jun. und Heinz setzten ihr im elterlichen Haus genährtes technisches Interesse um und wurden Autoschlosser, was später zum Aufbau einer Werkstatt und eines Autohauses an der Mühlenstraße und zur Großtankstelle am Postdamm führte. Für die Fortführung des Geschäfts war Kaufmann Ewald Paradiek zuständig, so dass alle Söhne in Diepholz versorgt werden konnten.

Als weitere Folge der Motorisierung wurde 1930 die Ortsgruppe des ADAC mit dem Unternehmer Christoph Schöttler als Vorsitzendem ins Leben gerufen.[207] In der NS-Zeit erhielt das NSKK (NS-Kraftfahrerkorps) das motorsportliche Vereinsmonopol und nutzte schließlich den entweihten Synagogenraum als Depot und Garage.

Erstmals einen öffentlichen Fernsprecher im Fladder konnte man 1930 bei Niermann benutzen.[208] Den ersten Postkartenautomaten fand man 1932 am Rathaus, den ersten Briefmarkenautomaten 1933 am Kino Bruns.[209]

1922 verwirklichte August Haselhorst seinen Plan, an der Langen Straße eine Konditorei mit Café in für Diepholzer Verhältnisse vornehmstem Stil einzurichten, und fügte drei Jahre später noch ein „Weinhaus" hinzu, in dem er Wein und Liköre ausschenkte.

Flexibel waren manche Diepholzer durchaus. Als Beispiel sei Friedrich Kettler genannt. Sein Vater war Tuchmacher und nahm den Sohn mit in die Reeßingsche Tuchfabrik. 1865 aber ging Friedrich in eine Lehre als Bäcker in Oldenburg und arbeitete dann als Geselle in Hamburg. Nach neun Jahren trat er in die Bäckerei von Gerke ein und machte sich 1888 an der Judenstraße selbständig. Der Vorbesitzer war in die USA ausgewandert. Kettlers Schwarzbrot erlangte „eine gewisse Berühmtheit".[210] Das 1920 gegründete Fischgeschäft Lampe ließ sich 1922 in Diepholz nieder und überdauerte Inflation, Kriegs- und Nachkriegszeit.

Zu den Zuwanderern gehörte Otto Hoffmann aus Bremen, seit 1. September 1910 der erste Dro-

Lange Straße in den 50er: Links Schloss-Drogerie von Otto Hoffmann, rechts die Buchhandlung Berneburg *Foto: Verlag Ferd. Lagerbauer*

gist und seit 1915 an der Langen Straße ansässig. Er machte die Amateurfotografie in Diepholz populär.[211] Ein anderer Auswärtiger war Hermann Zander (geboren 1873 in Pöhlde), der erste Tiefbauunternehmer in Diepholz, der im Heeder Fladder, im Hörster und im Diepholzer Bruch und beim Bau des Flugplatzes umfangreiche Aufträge erhielt. Die Baufirmen Willi Tappe und Albert Höller blühten ebenfalls in den dreißiger Jahren auf.

1923 eröffnete Wilhelm Herbst als Geschäftsführer die Edeka-Niederlassung Diepholz, die Einkaufsgenossenschaft deutscher Kaufleute, die dem Einzelhandel kostengünstige Waren beschaffen wollte und der noch 1957 am Ort zwölf Kaufleute angehörten.

Nach Wilhelm Berneburg und Ferdinand Schöttler an der Langen Straße trat 1922 mit Wilhelm Schäfer an der Hinterstraße ein dritter Buchhändler und 1929 mit Fritz Schröder (Lange Straße 3) ein weiterer auf den Plan. Außerdem wurde im Bahnhof eine Buchhandlung eingerichtet. Eine Bücherei für seine Mitglieder schuf der Evangelische Gesellenverein 1930.

„Teddy" Schröder, der Bruder von Otto, in seinem Laden in der Langen Straße 3 *Foto: Archiv Gerd und Carla Schröder*

Das Fuhrunternehmen Wiechers durchlitt nach dem Krieg bis 1923 eine schwierige Zeit, schaffte aber 1924 den ersten Lkw an und führte später motorisierte Möbeltransporte durch, fuhr Sand und Kies aus Gruben in der Umgebung, unterhielt ein Gasöllager der Rhenania und betrieb die Spedition von Gütern vom und zum Bahnhof.

Als anpassungsfähig erwies sich auch der in Sankt Hülfe geborene Heinrich Fischer. Seinen beruflichen Lebensweg begann er als Steinsetzer in Wetschen und setzte ihn als Geselle in Wilhelmshaven und in Mühlheim (Ruhr) fort. 1907 ließ er sich dort als Unternehmer nieder, verlegte seinen Sitz aber 1919 nach Diepholz, wo er in den zwanziger Jahren am Weizenkamp ein Sägewerk (später: Reepmeyer) gründete.[212] 1931 erwarb er eine Konzession zum Handel mit Kohlen. 1947 zog er sich zurück; sein Schwiegersohn Heinrich Windels beschäftigte mehr als 30 Stammarbeiter im Straßenbau und in der Kohlenhandlung.

Die Bredemeyersche Schmiede in der Mühlenstraße *Foto: Müller*

Gärtnerische Erzeugnisse bezogen die Bürger von den Gütern Haldem (1927 mit einer Filiale an der Langen Straße) und Falkenhardt und aus Osnabrück, schon seit 1876 auch von der Gärtnerei König auf dem Kohlhöfen bzw. ab 1893 im Burg-

Getreideernte mit Bindemäher noch ohne Motorkraft *Foto: Mattfeld*

mannshaus an der Hinterstraße hinter der evangelischen Kirche.

1920 wurde von den Landwirten der Umgebung massenhaft Flachs (1.500 Zentner) abgeliefert und vom Bahnhof zu den Tuchfabriken Bramsche und Salzgitter befördert.[213]

Weiterhin stellten Diepholzer Gänse ein wichtiges Produkt dar, das in Lehrte, Magdeburg, Berlin und Winsen an der Luhe abgesetzt werden konnte und durch den 1931 angeregten „Herdbuchverein für die Diepholzer Gans" gefördert wurde.[214] Der Landwirt Ernst Glaue lieferte Leghorn-Zuchthennen nach Ungarn und Peking-Enten in die Sowjetunion.[215] Seine Geflügelgroßhandlung bestand 1942 bereits 75 Jahre.[216]

Von den landwirtschaftlichen Erzeugnissen ist auch der Niemannsche Weichkäse von der Molkerei Rehden erwähnenswert, da er von der Firma Lehnkering als „Diepholzer Vollfett-Schlosskäse" verkauft wurde; Lehnkering setzte auch den „Diepholzer Schlosskaffee" ab. Diepholzer Käse wurde sogar in einem Delikatessengeschäft „Stop and Shop" in Chicago verkauft.[217] 1928 begann die neue „Eierverwertungsgenossenschaft Diepholz" mit dem Versand von Eiern.[218]

Die andauernde landwirtschaftliche Prägung äußerte sich auch in der Bezirks-Tierschau mit Gewerbeschau am 12. und 13. September 1924 und den Kreis-Tierschauen auf Lüdersbusch elf Jahre später mit Landwirtschaft, Handel, Handwerk und Gewerbe und im Erwerb eines Schuppens am Weg nach Lüdersbusch

Gänse, selbst für Kinder eine Leibspeise

durch die Landwirtschaftliche Ein- und Verkaufsgenossenschaft (1928).[219] 1943 wurde bereits die 40. Geflügelschau in einem Zelt am Postdamm abgehalten.[220] Die Diepholzer Gans war in 230 Exemplaren vertreten – das war die höchste Zahl, die sie bei einer Ausstellung erreichte.

Die Teuerung zu Anfang der zwanziger Jahre ließ Kalkulationen kaum noch zu. Die Molkerei Diepholz berechnete für ein Pfund Butter im Juni 1922 noch 60 Mark, Anfang November bereits über 500 Mark.[221] Der Milchpreis erreichte im Dezember 160 Mark je Liter.[222] Der Gaspreis kletterte bereits im Januar 1923 auf 260 Mark je Kubikmeter.

Der gern verwendete Begriff der „Golden Twenties" sollte nicht darüber hinwegtäuschen, dass die Landwirtschaft gerade nach der Inflations-

Einer der letzten Ochsenkarren

Bei der Kartoffelernte *Foto: Mattfeld*

zeit in eine Krise rutschte, die den 1920 im „Hotel zum Grafen" gegründeten Kreislandbund 1926 und 1928 zu lautstarken Protestversammlungen gegen die Steuerforderungen der Finanzverwaltung und gegen die Regierung mit der Forderung nach einem Agrarimportverbot führte.[223] Auch der Kreishandwerkerbund äußerte seinen Unmut über die Besteuerung wenige Monate danach. 1927 fiel die Ernte durch ständigen Regen und späte Nachtfröste besonders gering aus; der Roggen verdarb und die Kartoffeln waren zu klein. Als Folge der Weltwirtschaftskrise mussten 1931 auch einige Geschäfte (Kettler, Helmrich) ihren Betrieb einstellen, Beamte erhebliche Gehaltskürzungen hinnehmen und die Behörden sparen.

Am 2. Juni 1937 wurde wie schon 1909 wieder ein Wochenmarkt eingerichtet, auf dem Obst, Gemüse, Suppenhühner, Hähnchen, Käse und See- und Dümmerfische angeboten wurden.[224] Im Krieg warb Landwirtschaftsrat Dr. Feise für einen eigenen Gemüsegarten, damit die Hausfrauen nicht die zweite Wahl kaufen mussten, die ihre Kolleginnen in Bremen und Osnabrück verschmähten.[225] Wilhelm Buddemeyer aus Ossenbeck verkaufte mancherlei Obst, Kartoffeln, Gemüse und Salat dienstags und mittwochs auf dem Pohl und auf dem Marktplatz auch an Gemüsehändler aus Barnstorf.

Der im Februar 1943 propagierte totale Krieg führte zur zeitweiligen Schließung von Betrieben wie dem Manufakturgeschäft der Gebrüder Schneider und der Werkstätte für Schmuckreparaturen von Emil Bruns.[226]

Der Text auf dem Notgeld warb noch für Torf.

Fabriken und Gaswerk

Vorteilhaft entwickelte sich die Diepholzer Maschinenfabrik von Fritz Schöttler jun., Wilhelmstraße 36 an der Stelle der alten Brillschen Lohgerberei, die am Anfang der zwanziger Jahre von der Reparatur und Herstellung landwirtschaftlicher Geräte auf die Produktion von dieselbetriebenen Feldbahnloks umstieg, die sie zunächst in Deutschland absetzte, bald aber auch in die Schweiz und nach Niederländisch-Indien (heute: Indonesien) exportierte. Schon 1922 verkaufte sie zwei Loks nach Sumatra, 1923 sieben nach Java, 1931 zwei nach Frankreich. Sie produzierte zeitweise zugleich eine

Arbeiter der Schöma *Foto: Archiv Pleister*

Möbelfabrik Steffens, heute Parkplatz gegenüber dem Roten Kreuz. *Foto: Petersen*

hier konstruierte Motorstraßenwalze. Über 50 Arbeiter fanden hier eine Beschäftigung. Der Senior, der bis 1913 im Geschäft geblieben und zugleich Kesselrevisor für die Kreise Sulingen und Syke gewesen war, starb 1926 im Alter von 74 Jahren.

1929 setzte ein Familienmitglied auf einen neuen Betrieb im Eschfeld und schuf dort die Diema mit demselben Produktionsprogramm. Beide Firmen litten unter der Wirtschaftsflaute von 1930 bis 1932 und beide wurden in der NS-Zeit mit Heeresfeldbahnlokomotiven, Motoren und U-Boot-Teilen in die Rüstung einbezogen.

Angesichts des hohen Torfbedarfs nach dem Krieg etablierte sich nördlich der Lohner Landstraße die „Diepholzer Torfwerke GmbH" von Barmeyer, musste aber bereits 1922 aufgeben.[227] 1925 ging auch die „Moorverwertung Diepholz" in Liquidation.[228]

Die „Diepholzer Möbelfabrik" mit der im Frühjahr 1918 eingerichteten „Worpsweder Werkstätte" hatte ebenfalls wachsende Probleme, denen sie im Frühjahr 1925 erlag. Ihr mit Heinrich Vogeler und Otto Modersohn, mit dem Osnabrücker Fritz Koch, dem Notgeldillustrator Karl Jörres und dem Mackensen-Meisterschüler Grohs (Groß) bekannter, politisch liberaler Leiter Bücherrevisor Victor F. Seidel war vielleicht mehr den Künsten zugeneigt, denn er setzte die Ausstellungen aus der Kriegszeit (1922 u.a. mit Bildern von Otto Modersohn) fort, bot Konzert-Zither-Unterricht an und trat

Torffuhrwerk auf dem Schobrink *Foto: Mattfeld*

als Unterhalter beim MGV auf. Er gründete und leitete aber auch den von ihm hier 1922 gegründeten Stenographenverein Stolze-Schrey in Diepholz. Die Erträge der Ausstellungen in der Fabrik kamen gemeinnützigen Zwecken zugute (1918 Ludendorff-Spende, 1921 Kriegerdenkmalsfonds, 1922 Sammlung für Kleinrentner). Die Tischlereimaschinen wurden ab 20. Januar 1926 verkauft, der Rest versteigert, das Fabrikgebäude erwarb zum 1. April 1926 der schon erwähnte Henry W. Behrens, der seine Garage und seine Autowerkstatt erweiterte, das Wohn- und Geschäftshaus 1929 an Wilhelm Herbst veräußert. Seidel betrieb in den letzten Jahren ein Treuhand-Büro, übernahm die Buchführung und erteilte Unterricht darin, stellte Bilanzen auf, arbeitete Gesellschafts- und Handelsverträge aus, betrieb eine Steuerauskunftei und arbeitete in der Geschäftsstelle des Kreishandwerkerbundes. 1930 verzog Seidel nach Osnabrück.[229]

Ein kurzes Leben hatten die „Iral-Werke" unter dem für Neues aufgeschlossenen Aufsichtsrats-Vorsitzenden Molkereibesitzer Niemann (Rehden). Am 31. Oktober 1924 zur Herstellung von Wand- und Fußbodenplatten aus Aschener Sand gegründet, gingen sie schon im folgenden Sommer ein.[230]

Glücklicher agierte August Steffens, der 1928 westlich der Langen Straße eine Möbelfabrik eröffnete. Doch im Winter 1930/31 wurden auch die Möbelfabriken in die allgemeine Wirtschaftskrise hineingerissen. Möbel-Müller kürzte die Löhne im Februar 1931 um 8%; als die Arbeiter dem nicht zustimmten, wurden sie ausgesperrt.[231] Immerhin konnten die zwei Möbel-, die beiden Maschinen-

Das Diepholzer Gaswerk nach 1936. Das Gas wird aus Koks vor Ort gewonnen.

Zum Jahresende 1936 installierten die Francke-Werke Bremen angesichts des erhöhten Bedarfs einen neuen Gaskessel, der den alten mit 13 Metern Höhe um 4 Meter übertraf. Im Kriegsjahr 1942 stellte das Gaswerk zwei Flamen ein, da Deutsche auf Grund des hohen Personalbedarfs der Wehrmacht nicht mehr zur Verfügung standen.[234]

und die Fleischwarenfabrik Finke 1931 Arbeitslosigkeit noch vermeiden.

Über die Personalstärke unterrichtet eine Information über Betriebsappelle am 30. Januar 1934[232]: die Diepholzer Maschinenfabrik 45 Personen, die Christoph Schöttler GmbH 30, das Arbeitslager Escholt 58 und die Möbelfabrik Müller 104. Im Krieg wurde Müller für die Rüstung verpflichtet; er stellte Baracken und Gehäuse für Kleinboote der Marine her. Die Maschinenfabriken erhielten Aufträge zum Bau von Feldbahnloks des Heeres in den besetzten Gebieten.[233]

Am 30. Januar 1922 übernahm der Flecken die bisherige Gaswerk AG als Städtisches Gaswerk Diepholz. Am 1. Januar 1928 traten die der NIKE abgekauften E-Werkanlagen mit dem Niederspannungsnetz hinzu, so dass die Städtischen Gas- und Elektrizitätswerke die gesamte Energie bereitstellten. Erst 1928 erreichte der Gasverbrauch wieder den Stand von 1913. Gas wurde wie bisher nicht zum Heizen, sondern für die Beleuchtung der Straßen und der Häuser und zum Kochen benutzt. Im März 1934 wurden die Wasserleitungen in Betrieb genommen, so dass die Städtischen Werke nun für die Versorgung der Bewohner mit Gas, Wasser und Strom zuständig waren.

Die Gemeindeschwester und der Vaterländische Frauenverein nutzten das Gaswerk weiterhin für das „Kinderbaden in der Gasanstalt“. Badetuch und Frühstück mussten mitgebracht werden. 1924 eröffnete auch Färber und Reiniger Fiebinger eine „Badeanstalt“ mit Wannenbädern.

Kanalisation und Klärwerk

Im ausgeprägt trockenen Jahr 1911 wurde erstmals in Diepholz das Thema einer zentral geregelten Wasserversorgung angesprochen, aber nicht zu Ende diskutiert. Im September 1919 zahlten 30 Unterzeichner je 500 Mark für den Wasserleitungsbau, der bis 1. Oktober 1925 begonnen werden musste. Die zahlungskräftigen Bürger wie H. Beckmann, Ernst Glaue, Otto Schwarze, Carl Lehnkering und Hermann Rathje, sogar Siegfried Simon Fontheim in Berlin (mit Julius Fontheim) boten ihr Geld an. Wurde nicht gebaut, erhielten die Sponsoren ihr Geld mit Zinsen zurück.[235] Nun, das Geld wurde durch die Inflation entwertet!

Bürgermeister Brüning kam zwei Jahrzehnte nach dem ersten Versuch darauf zurück und verlangte den Bau einer Wasserleitung. Dagegen wandten sich der stets auf Sparsamkeit bedachte Sanitätsrat Dr. med. Frank und der Haus- und Grundbesitzerverein, doch setzte sich der Bürgermeister noch am Anfang der dreißiger Jahre durch. Die alte, nicht mehr benötigte Pumpe auf dem Marktplatz wurde durch einen Überflurhydranten ersetzt. 1936 begann die Stadt das Wasserwerk durch eine Verrieselungseinrichtung und ein Klärwerk zu erweitern.

Mitten im Krieg, Ende 1941, hatte der Bürgermeister schon wieder eine kostspielige Idee aus dem unerschöpflichen Vorrat der Modernisierungsmöglichkeiten: Er wollte Diepholz mit einer Kanalisation beglücken. Diesmal musste angesichts des Mangels an Demokratie nicht mehr diskutiert und abgestimmt werden, aber nun fehlte es an Geld für diese nicht kriegswichtige Aufgabe, die auf Grund weiterer noch dringlicher Aufgaben erst lange nach dem Krieg umgesetzt werden konnte.

Beleuchtung

Die Mangelwirtschaft dauerte nach dem Krieg an. Im Oktober 1919 fehlte es an Kohlen, so dass die Straßenlaternen abgeschaltet wurden. Junge Leute nutzten die Situation, sperrten zum „Spaß" die Bahnhofstraße mit Baumstämmen und brachten Damen in der Dunkelheit zu Fall.[236]

An den Straßen blieben die Gaslaternen stehen und wurden ergänzt, so dass ein radelnder Arbeiter jeden Abend mit einem Haken die jeweilige Beleuchtungsquelle anzündete und sie jeden Morgen losch. Das sah gemütlich aus, war aber umständlich.

Die Versorgung mit Strom erreichte immer mehr Wohngebiete. Die Überlandzentrale Osnabrück schloss 1924 Lüdersbusch und die neuen Häuser im Bereich des Growegs an.[237] 1929 wurden die ersten, teilweise seit über zwei Jahren fertigen Häuser am Maschweg mit Strom versorgt.[238] Früher, so schrieb der Zeitungsredakteur, sei das eine „öde Gegend" gewesen, aber immerhin lebte man dort gesund.

Zeitung

Als die Eisenbahner im März 1920 gegen den Kapp-Putsch nationalistischer Freikorps gegen die Demokratie streikten, brachten Radfahrer die Kreiszeitung aufs Land, dann wurden mehrere Ausgaben nicht gedruckt, weil die Stromzufuhr unterbrochen war.[239] Das Abonnement der Diepholzer Kreiszeitung kostete für Postexemplare damals als Folge der Inflation das Viereinhalbfache des Friedenspreises: 7, 50 Mark. Im zweiten Vierteljahr 1922 stieg der Abo-Preis auf 39 Mark, im dritten Quartal schon auf 66 Mark. Für August und September erbat der Verlag eine Nachzahlung von 30 Mark. Die pure Not trieb auch die Beschäftigten der Druckerei zu einem kurzen Streik, der am 13. September 1922 beendet wurde. Die Zeitung griff zu Radikalmaßnahmen: Vom 1. Oktober 1922 bis 30. April 1924 erschien sie wie bis 1915 nur noch dreimal wöchentlich, doch der Preis wurde auf 80 Mark im Monat erhöht. Am 22. November 1922 wurden 100 Mark nachgefordert. Am 30. Dezember 1922 setzte sich der Heimatdichter Jan Hinnerk Wördemann gewissermaßen als geistige Autorität trotz der Preiserhöhungen für den weiteren Bezug der Zeitung ein. Mitte August 1923 wurde der Abopreis schon von 20.000 auf 70.000 Mark erhöht, am 6. September von 500.018 auf 1,5 Millionen. 11. Oktober: Nachzahlung von 18 Millionen! 15. Oktober: Bezugspreis: 825 Millionen! 27. Oktober: Nachzahlung von 4 Pfund Roggen! 19. November: 900 Milliarden für Dezember plus 24 Millionen Bestellgeld! Dann die Währungsreform, Folge: Mitte Dezember für Januar 1924: 1 Billion 620 Milliarden alte Mark oder 1,50 Mark neue plus 12 Pfennige Bestellgeld!

Am 4. Oktober 1933 wurde die Zeitung wie alle Medien dem Schriftleitergesetz und damit der Zensur unterworfen. Was schon eingetreten war, wurde nun „Recht" oder vielmehr Pflicht. Die Presse sollte nicht mehr objektiv oder irgendwie parteilich sein, sondern dem neuen, von der einen Partei gesteuerten Staat dienen und die Leserschaft im Sinne der Regierung beeinflussen. Der Schriftleiter hatte „Arier" (also nicht jüdisch) zu sein und war letztlich dem Reichsminister Dr. Joseph Goebbels für alle Artikel verantwortlich. Das Deutsche Nachrichtenbüro sortierte alle überregionalen Meldungen nach ihrer politisch-erzieherischen Bedeutung und leitete sie weiter.

Betriebszelle der Zeitung mit Seniorverleger Fritz Schröder (links) *Foto: Kollmeyer*

Die kleine Zeitungs-Rotationsmaschine im Jahre 1937.
Foto: Petersen

Ab 3. August 1934 wurde die Zeitung nicht mehr vordatiert, sondern erschien „in Echtzeit".

Bald nach Kriegsbeginn wurde der Fernschreiber eingeführt. Im November 1940 wurde eine neue, in Würzburg produzierte Rotationsmaschine aufgestellt, mit der die gesamte Auflage in 40 Minuten gedruckt werden konnte.[240] Hauptschriftleiter Dr. Ernst Schröder wurde zur Wehrmacht eingezogen und durch Fritz Bostelmann vertreten. Ab 1. Mai 1943 gingen die beiden Diepholzer und Sulinger Zeitungsverlage zunächst „von oben" erzwungen zusammen und bildeten den Verlag Schröder & Plenge, die Diepholzer Zeitung erhielt ihren heute noch gebräuchlichen Titel: Diepholzer Kreisblatt. Ihr zuletzt arg geschrumpftes Medium erschien zuletzt am 3. April 1945, also drei Tage vor der Besetzung der Stadt durch die Briten.

Eine große Leistung für die Heimatforschung erbrachte seit 1924 neben dem Schriftleiter der „Heimatblätter für die Grafschaft Diepholz" Fritz Lohmeyer der Heimatforscher Oskar Schröder. Er gehörte der Verlegerfamilie an und war zuletzt Reichsbahnvizepräsident in Essen. Sein Steckenpferd aber war die Erfassung der Diepholzer Hausbesitzer nach den vorhandenen Akten (überwiegend seit 1688). Das war eine Arbeit, die seit 1937 bis in die sechziger Jahre veröffentlicht wurde und nach Straßen und Hausnummern geordnet war und durch ein Namenregister zusätzlich erschlossen wurde. Zwar fehlten dann manche Häuser an den neueren Straßen, aber damals wusste noch fast jeder über deren erst kurze Besitzgeschichte Bescheid.

Heimatforscher Fritz Lohmeyer (1892-1971)

Heimatforscher Oskar Schröder (1885-1974)

Eisenbahn und Auto

1919 griffen die Gemeinden den Plan wieder auf, eine Bahnstrecke von Diepholz über Damme, Vörden und Engter nach Osnabrück zu bauen. Landrat Hermann Rothert setzte sich bis 1922 erneut vergeblich für die Strecke von Diepholz über Aschen und Lohne nach Quakenbrück ein.

Dringlicher war die Behebung des Kohlenmangels, denn am 26. Oktober 1919 wurde der gesamte Personenverkehr der Bahn an Sonn- und Feiertagen eingestellt, vom 5. bis 15. November fuhren nur wenige Arbeiterzüge.[241] Das hatte zur Folge, dass der Sozialdemokratische Ortsverein auf die Revolutionsfeier verzichtete, da der auswärtige Redner nicht fahren konnte.

Wegen des Kapp-Putsches wurde der Zugverkehr auch im März 1920 eingestellt, wenige Wochen darauf der Güterverkehr (vor allem mit Schlachtvieh) in das von der Roten Ruhr-Armee besetzte Ruhrgebiet.

Der Bahnübergang nach Lüdersbusch sollte schon vor dem Krieg nach Süden verlegt werden, doch nach 1918 kam weder die Verlegung noch eine Unterführung zustande.

Der Bahnhof könnte endlos viel erzählen. So traf am 23. April 1923 eine Schwangere ein, die auf dem Weg von Osnabrück nach Hamburg war. Da die Wehen eingesetzt hatten, wurde sie im Wartesaal 1. Klasse untergebracht und brachte dort einen Sohn zur Welt.[242]

Mit Hoffnung nahmen Diepholzer die Anregung aus Bremen auf, einen Verein für den Bramsche-Stade-Kanal zu bilden. Dem Vorstand gehörten aus Diepholz Bürgermeister Brüning, Ratsherr Beckmann und Landrat Fürbringer an.

Zunächst musste noch eine wichtige Verbesserung geschaffen werden, und zwar der Bahnanschluss an die Strecke von Nienburg, die von Osten

Der Bahnübergang nach Lüdersbusch mit Dampflok, Stellwerk und Wasserturm

her gebaut wurde. Am 29. April 1923 wurde die Arbeit zwischen Sankt Hülfe und Rehden aufgenommen.[243] Am 1. Oktober 1923 wurde die einspurige Strecke in Anwesenheit einer ungeheuer großen Menschenmenge endlich in Betrieb genommen.[244] Der Kreis Sulingen sollte ein Drittel der Rechnung für das Bier anlässlich der Feier bezahlen, nämlich 608 Millionen Mark. Am folgenden Tag lehnte der Kreisausschuss Sulingen das ab, und so übersandte Landrat Menger seinen Kostenanteil von nur 120 Millionen an den Landrat in Diepholz und bedauerte, dass sein Ausschuss sich geweigert hatte.[245]

Die alte Pumpstation wurde abgerissen und ersetzt. Im Süden wurde eine Überholungsanlage für Güterzüge gebaut, und 1930 wurde ein Ausziehgleis verlängert und ein kleiner Ablaufberg aufgeschüttet.[246] Ein Stellwerk wurde errichtet und im Bahnhof die Kontrollsperre für die Reisenden ins Innere verlegt. Die Außentür der Wartesäle wurde zugemauert und eine offene Überführung zum Bahnsteig 2 gebaut. Zwar waren die Reisenden mit dieser dem Wetter ausgesetzten Brücke unzufrieden, aber dem Staat und der Bahn fehlten das Geld für eine Unterführung. 1937 wurde das Gelände am Bahnhofsplatz erhöht.[247]

Durch die neue Bahnstrecke gewann der Versand von Fettvieh auch aus der Umgebung besonders nach Essen (Ruhr) an Bedeutung.

Die Autoverkehr Lohne-Diepholz GmbH versuchte 1924 einen Kleinbusverkehr mit Diepholz, doch wurde die Verbindung nur durch 15 Personen täglich genutzt, und 1925 übernahm die Reichspost die Linie, stellte sie jedoch nach knapp einem Jahr ein, woraufhin eine Lohner Firma das Experiment weiterführte.[248] Dennoch eröffnete eine besonders von Unternehmern aus Wagenfeld und Rehden geförderte private Gesellschaft gleichfalls 1925 den Kleinbusverkehr zwischen Wagenfeld und Diepholz, trat ihn aber drei Jahre später an die Gemeinde Wagenfeld ab, die 1929 wiederum diese Aufgabe an die Reichspost abgab.[249]

Am 11. März 1925 führte die Deutschlandfahrt des ADAC mit 300 Motorradfahrern durch Diepholz, dessen Bürger für das zweistündige Spektakel vor allem schwarz-weiß-rot, nicht schwarz-rot-gold geflaggt hatten, also demonstrierten, dass sie in der Demokratie noch nicht „angekommen" waren.

Der noch in der Republik als Fernstraße (51) klassifizierten Verbindung von Osnabrück nach Barnstorf wurden 1934 als Reichsstraßen neu hinzugesellt die 214 von Lingen über Bersenbrück nach Sulingen und die 69 von Diepholz über Vechta nach Oldenburg, so dass Diepholz offiziell ein überregionaler Fernstraßenverkehrsknotenpunkt wurde.

Der Hauptverkehrsknotenpunkt bis zum Jahre 2008 war das Bremer Eck.

Die Lange Straße: Damals noch Hauptdurchgangsstraße und dennoch recht beschaulich

Noch verlief der Ost-West- und der Nord-Süd-Verkehr über die Lange Straße mit neuralgischen Punkten auf dem Kohlhöfen und an der Paradiekschen Ecke mitten in der Stadt! Am 22. August 1933 wurde der Verkehr an der Ecke Postdamm/Willenberg gezählt: In drei Stunden fuhren dort 36 Lkw, 29 Anhänger, 11 Zugmaschinen, 134 Pkw, 39 Motorräder, 226 Fahrräder und 19 sonstige Gefährte.[250]

Der Fahrradladen von Jansen am Bremer Eck

An einem Augusttag im Jahre 1938 befuhren den Esch (Reichsstraße 51) in zwölf Stunden fast 2.000 Fahrzeuge.[251]

Da Diepholz dem modernen Verkehr nicht mehr gewachsen war, sah der Reichsstraßenverwaltungsplan vom Herbst 1937 als Konsequenz eine Umgehungsstraße westlich der Stadt vor, deren Streckenführung von Bürgermeister Brüning und den Gemeinderäten aber abgelehnt wurde, weil sie ihnen zu dicht an der Stadt lag und deren Entwicklung nach Westen behinderte.[252] Glücklicherweise hat sich die Gegenkonzeption unter Einbeziehung des lauschigen Philosophenwegs und einer Linienführung an der Wätering ebenfalls nicht durchsetzen können.

Neben dem Hang zum Großen hatte der Flekken um 1920 weiterhin ortsnahe Probleme. Die Straße auf den Moorhäusern war verschlammt, der Fußweg sollte nicht als Ausweichmöglichkeit befahren werden. An der Ecke der Vechtaer Straße und des Philosophenwegs wurde verbotenerweise Schutt und Asche abgeladen, wofür der Chausseegraben bei Fromme (auf dem Esch) und eine ausgeschachtete Spitze beim Burggraben in der Schlosswiese erlaubt waren.[253]

1937 wurden der lange Willenberg von 5 auf 7 m, der Süden der Langen Straße und die nordöstliche Ausfallstraße verbreitert, um die R 51 auf den damals aktuellen Standard zu bringen. Schon 1936 waren die R 69 und die R 214 an vielen Stellen nach demselben Prinzip verändert worden.

Gericht und Behörden

Das Amtsgericht hatte in der Notzeit nach dem Krieg viel zu tun. Im Juni 1919 wurde ein Einbruchsdiebstahl im Textilgeschäft Stüven beobachtet. Der Schuldige, ein Arbeitsloser aus Bremen, wurde noch auf dem Bahnhof gefasst und ins Gerichtsgefängnis gebracht.[254]

Im Juli 1920 entwischte ein junger Untersuchungsgefangener, der im Diepholzer Westen wohnte, aus dem Schlosshof und sprang bei Schierbaum in die Lohne. Dort wurde er aber von Gastwirt Behrens aufgehalten, der von einem Kahn aus den Flüchtenden mit einem Revolver aufhielt. Ironisch kommentierte der Zeitungsredakteur: „Jetzt sorgen niedliche Armbänder für die Unterdrückung der Freiheitsgelüste."[255]

Im August 1920 brachen drei heimwehkranke und freiheitsdurstige Westfalen aus dem Gefängnis aus, einer schaffte es nur bis zur Graftlage, der zweite bis Lembruch. Der dritte wurde nach einem Vierteljahr in Bramsche entdeckt.[256]

Eine noch wildere Jagd spielte sich im Sommer 1921 ab. Zwei Landfahrer, die ihren Wohnwagen auf dem Marktplatz stehen hatten, stahlen in einem Fachgeschäft an der Langen Straße zwei Herrenstiefel und machten sich aus dem Staube. Sie hatten nicht mit dem Schlachtermeister Gustav Kleinschmidt gerechnet, der sie mit seinem Fahrrad verfolgte und den einen in der Welle fasste. Der zweite rannte auf den Esch und versuchte durch die Grawiede zu entkommen, wurde aber ebenfalls gefasst und in die „Staatswohnung im Schloss" eingewiesen. „Es wäre zu wünschen, wenn die Polizei derartiges Gesindel möglichst schnell aus unserem Orte entfernte."[257] Diese Hoffnung wurde so lebhaft geäußert, weil die Betreffenden im Bereich des Eschfelds bettelten und stahlen und öfter als früher in Erscheinung traten, durch ihre „Invasion" also Angst erweckten, und gute Pferde und gute Wagen besaßen, also Neid schürten, aber als nicht Sesshafte (angeblich aus der „Puszta") und damit für die staatliche Ordnung schwer Fassbare seit Jahrhunderten abgelehnt wurden.

In der Nacht zum ersten Pfingsttag 1921 entkam ein Einbrecher der Haft, der die Tat in Wagenfeld begangen hatte, aber bereits in Hemsloh gefasst worden war.[258]

Am 12. Juli 1922 erfrischten sich zwei Radfahrer in der Gastwirtschaft Friemann (Aschen). Handelte es sich nicht etwa um die Mörder des Außenministers Rathenau? Endlich eine Sensation! Man verhaftete sie und lieferte sie ins Gefängnis ein. Dort stellte man aber fest, dass ein harmloser Lehrer und ein unschuldiger Seminarist aus Eisenach ins Netz gegangen waren.[259]

Im Oktober 1923 waren mehrere Gefangene in einer Zelle untergebracht, Anfang Mai 1924 keiner mehr. Die meisten Häftlinge waren wegen Landstreicherei, Gewerbevergehen und wegen Schwarzfahrens eingeliefert worden. Einmal wurden fünf nichtsesshafte Frauen wegen Bettelns auf dem Sankt Hülfer Kiekemarkt für einen Tag eingesperrt. Sie hatten den Markt eher als Griepemarkt (nicht gukken, sondern greifen!) aufgefasst.

Als erste (und in Diepholz einzige) jüdische Beamtin im staatlichen Vorbereitungsdienst nahm am 1. Februar 1931 für ein halbes Jahr die Referendarin Adelheid Heilbrunn aus Wagenfeld ihren Dienst am Amtsgericht auf. Die beginnende Entfernung aller Juden aus dem Staatsdienst der antijüdischen Diktatur verwehrte der frisch promovierten Juristin seit 1. April 1933 mitten in ihrer praktischen Ausbildungsphase alle weiteren beruflichen Entwicklungsmöglichkeiten, so dass sie bald zuerst nach Spanien und dann in die USA emigrierte.[260]

Das Gefängnis nahm seit 1933 auch politische Oppositionelle auf. Im August 1935 veranlasste der Stützpunktleiter der NSDAP in Wagenfeld, dass ein Bauer aus Förlingen und seine Schwester wegen grober Beleidigungen und Schmähungen Hitlers dem Gefängnis zugeführt wurden.[261]

Eine neue Sparte stellte das Anerbengericht Diepholz dar, das auf Grund des seit 1. Oktober 1933 gültigen Reichserbhofgesetzes bis 1936 die anerkannten Erbhöfe mit einer besonderen, die Eigentümer schützenden Rechtsform eintrug.[262]

Polizei

Auch der Schleichhandel mit Fleisch und Wurst, Schinken und Butter zwischen Südoldenburg und dem Bahnhof Diepholz beschäftigte die Behörden. Viele „schoben", so dass auf dem Bahnhof auch ein doch als gesetzestreu eingeschätzter Beamter, ein Oberpostschaffner aus Hamburg, ertappt wurde und auf dem Parkweg ein Steinfelder Kaufmann mit Butter. Einmal wurden auf dem Bahnhof auch so genannte Schallplatten als Speckseiten identifiziert.[263]

Ganz ruhig ging es in Diepholz gewiss nicht zu. Da wurde 1920 ein Hilfsbeamter des Magistrats erwischt, der im Torfkeller des Rathauses einen Geldbrief vom Postamt Drebber mit 3.000 Mark versteckt hatte.[264] Da wurde der 27-jährige ehemalige Kriegsgefangene Stanislaus Rositzky nahe dem Postamt in die Lohne gestürzt und beraubt.[265] Dabei war er überall gern gesehen, dolmetschte für die Behörden und arbeitete seit einem Jahr in der Schöttlerschen Maschinenfabrik.

Die beiden letzten Nachtwächter durften zum Jahresende 1919 ihre schlafstörende Dienstmeldung einstellen; anstelle des Stunden-Abblasens mit dem Horn erhielt jeder eine Kontrolluhr.

Die Einbruchsversuche gingen auch 1924 nicht zurück, weshalb für den im Vorjahr eingestellten jungen Nachtpolizisten Heinrich Schneidewind der Hund „Asta von Hestenmoor" angeschafft wurde.[266]

1930 wurde wegen der zunehmenden Unsicherheit eine Polizeiwache auf dem Großmarkt eingerichtet.

Die Polizei ging im Frühjahr 1932 gegen Nationalsozialisten vor, indem sie bei dem SA-Führer eine Haussuchung vornahm,[267] der SA die zeitweilig verbotenen Schulterriemen abnahm, Umzüge auflöste und SPD-Versammlungen schützte. Doch nach dem Reichstagsbrand wurden am 3. März 1933 ein paar Männer von SA, SS und Stahlhelm in Diepholz als Hilfspolizisten verpflichtet.[268] Die damit aufgewertete SA hisste am 8. März die Parteifahnen am Rathaus und am Postamt und dokumentierte damit, dass das die Demokratie repräsentierende Schwarz-Rot-Gold in Deutschland ersetzt worden war.

Im Krieg wurde die Polizei auch „staatspolitisch" im NS-Sinne eingesetzt. Sie vertrieb Ende August 1944 Badende von den Ufern der Strothe, der Wätering und der Grawiede. Nutzloses Radfahren war verboten, um Material zu sparen; fuhren Kinder und Jugendliche dennoch einfach zum Spaß, mussten sie damit rechnen, dass das Rad beschlagnahmt wurde.

Hauptwachtmeister Schneidewind wurde im Dezember 1944 nach einer Beschwerde des NSDAP-Kreisleiters nach Hoya strafversetzt. Der neue Schutzpolizeileiter setzte sich am 5. April 1945 mit dem Fahrrad nach Hoya ab. Schneidewind kehrte auf britischen Befehl Ende April 1945 zurück.

Feuerwehr

1919 erhielt die Feuerwehr auf dem Willenberg eine neue Feuerspritze, auch die Spritze des aufgelösten Gefangenenlagers wurde dort untergebracht.[269] Die bisherige Spritze und die Ortsspritze Nr. 1 standen im Spritzenhaus Hinterstraße, Nr. 3 auf der Graftlage, Nr. 2 war abhängig. Die Notkuhlen bei Priemer, Alms, Döbbeling (Lüderstraße) und am Parkweg wurden ausgegraben. Die Feuerspritze aus dem aufgelösten Gefangenenlager Diepholzer Moor erhielt der Willenberg (1920/21 zwei neue Handdruckspritzen), die Willenberger Spritze wurde auf der Graftlage aufgestellt.

Im Juni 1923 erhielt die Feuerwehr von der Firma Magirus in Ulm die erste, im Dezember 1922 und am 16. März 1923 vom Magistrat noch verweigerte Motorspritze, da Buntmetall von einer dafür abgewrackten Spritze verkauft wurde und der Magistrat den Rest zahlte. 1924 konnte die Wehr helfen, einen Brand in Freistatt und an Heiligabend den Brand des Wohn- und Geschäftshauses Fischer, Bahnhofstraße 33 zu bekämpfen. Nicht retten konnte sie die 1910 stillgelegte Fachwerk-Wassermühle am Zusammenfluss der beiden Lohnen, die am 31. Januar 1928 abbrannte. Heute steht auf dem Grundstück das der Stadt gehörende Agenda-Haus.

Ideal waren die Verhältnisse noch keineswegs. Für Einsätze außerhalb war nur eine Überlandspritze auf dem Willenberg geeignet. Die Pferdehalter mussten ihre Tiere für Gespanne bereithalten. Noch fehlte ein Steigerturm für die Schläuche. Immerhin wurden 1924 an verschiedenen Stellen Alarmhörner in Glaskästen untergebracht. Auch bildete die Feuerwehr einen Minimax-Stoßtrupp aus, der sich mit dem Gebrauch von tragbaren Feuerlöschern auskannte

Ein Höhepunkt in der Geschichte der Freiwilligen Feuerwehr Diepholz war das Gau-Feuerwehrverbandsfest des Regierungsbezirks Hannover am 6. und 7. Juni 1925 mit einem umfangreichen Rahmenprogramm der Diepholzer Vereine, Feuerlösch-

Feuerwehr mit Feuerspritze

übungen auf dem Marktplatz, einem Festzug sowie einer Alarmübung an der Mittelschule.

1933 wurde auch die Freiwillige Feuerwehr „gleichgeschaltet“ und als „Feuerlöschpolizei“ neu organisiert. 1934 trat an die Stelle des Feuerwehrhauptmanns der Wehrführer. Zu der ursprünglichen Aufgabe des Feuerlöschwesens traten Luftschutz, Sanitäts-, Bergungs- und Rettungsdienst, neue Bereiche, die mit Hilfe der Feuerwehrfachschule in Celle erlernt wurden.

Im Sommer 1934 „erfasste“ der im Niedersachsenhaus untergebrachte Reichsluftschutzbund unter dem Ortsgruppenführer Ude alle Hauswarte, die für eine luftschutzmäßige Ausrüstung zu sorgen hatten. Behauptet wurde die Gefahr feindlicher Fliegerangriffe, in Wirklichkeit ging es um die Vorbereitung auf selbst ausgelöste Kriege. In der letzten vollen Septemberwoche 1937 wurde der Luftschutz mit der Verdunklung aller Häuser und Straßen geübt. In der Folgezeit wurde vorgeschrieben, einen Sandvorrat, Feuerpatschen, Wassereimer und Gasmasken vorzuhalten und alle Fenster mit Luftschutzrollos zu versehen. Appelliert wurde an die Bewohner, die Dachböden zu entrümpeln.

Ein Ereignis war der Brand in der Möbelfabrik August Steffens, Lange Straße 59/60 im September 1935. Die Arbeit von 50 Leuten konnte dennoch fortgesetzt werden. Viel schlimmer aber war das verheerende Großfeuer am 16. Mai 1938, als 200 Feuerwehrleute aus fünf Wehren mit 26 Schlauchleitungen im Einsatz waren. Das erst vor ein paar Tagen bezogene Fabrikgebäude brannte nieder.[270] Der neue Magirus-Mannschafts- und Gerätewagen wurde erst am 5. Juli geliefert. Innerhalb von vier Monaten wurde das Gebäude wiederhergestellt und war bereits fünf Monate nach dem Brand voll in Betrieb.

1936 wurde das alte Haus des Leinewebers Kläning an der Steinstraße abgerissen und an seine Stelle die Kreisschlauchwäscherei mit einem 17 m hohen Turm und das Gerätehaus der Feuerwehr gesetzt.[271] Zu den Baukosten trug die Landschaftliche Brandkasse bei. Seit 1911 war die Wehr an der Hinterstraße 3 beheimatet gewesen, wo dann zeitweise die HJ, viel später der Bund der Vertriebenen, dann die Stadtbücherei und 1966 das Stadtarchiv untergebracht waren. 1978 wurde das Haus abgebrochen.

Am 17. September 1939 trat eine Einheit der HJ erstmals als Hilfs- oder Jugendfeuerwehr in Erscheinung, die im Winter 1942 das Feuer im Geschäftshaus Arning, Lange Straße 57, mit bekämpfte, sich aber Ende 1943 auflöste, weil es an Ausbildern und an Nachwuchs fehlte.[272]

Der Krieg erreichte Diepholz schon im ersten Jahr. Bis Mitte September 1940 war von der Befehlsstelle im Rathaus mehr als sechzigmal Alarm durch Sirenen auf dem Rathaus, bei Steffens und auf dem Fliegerhorst ausgelöst worden, mit steigender Tendenz überflogen britische Flugzeuge nachts die Stadt in Richtung Hannover, Braunschweig, Magdeburg und Berlin.[273] Außer der Freiwilligen Feuerwehr bekämpfte auch die Feuerwehr des Fliegerhorstes Brände und begrenzte Schäden.

Etwa zwei Wochen vor dem Einmarsch der britischen Truppen wurden Frauen und Mädchen zum Notdienst bei der Freiwilligen Feuerwehr Diepholz verpflichtet.[274]

Feuerwehrhaus an der Steinstraße mit Kreisschlauchwäscherei *Foto: Müller*

Krankenhaus

Die Fleckensgemeinde wollte das Krankenhaus schon 1920 an den Kreis abtreten, was der Kreistag zunächst noch ablehnte, 1921 aber (nach gemeinsamer Verwaltung durch Flecken und Kreis) akzeptierte.[275] Der Kreiswohlfahrtsdienst sammelte daraufhin Geld, um Röntgenapparat, Höhensonne und Krankenwagen anzuschaffen. Im selben Jahr wurde zusätzlich zum Gebäude von 1908 eine Baracke errichtet.

Neu geregelt werden musste der Krankentransport, da sich die überalterte Sanitätskolonne zurückzog. Neun Personen wurden dafür eingestellt, so ein Arbeiter, ein Nachtwächter und Zimmermann, der Magistratsdiener Fricke und der Schulwärter Schröder.[276] Den ersehnten Krankenwagen, einen 35 PS-starken Audi, erwarb der Kreis 1922 von der Heeresverwaltung.[277]

Andererseits wurde die Geldentwertung so groß, dass die Krankenschwestern im selben Jahr Naturalien für die Kranken sammeln mussten.[278] Im Frühsommer 1923 stiegen die Verpflegungssätze auf 36.000 Mark.[279]

Der Krankenwagen wurde am 15. Dezember 1928 durch einen Opel ersetzt, der aber schon am 6. Januar 1929 in Flammen aufging.[280] Sein Nachfolger war ein Adler, der 1944 in den Niederlanden von der Wehrmacht beschlagnahmt worden sein soll.

1925 wurde als erster Arzt Dr. Gustav Enneker aus Osnabrück gewählt, der seinen Dienst am 1. Januar 1926 antrat.[281] Er war Chirurg und Frauenarzt, in Diepholz aber Generalist. Er kritisierte alsbald die Verhältnisse: Der motorisierte Verkehr auf dem Willenberg nahm ständig zu, Hofbesitzer Imsande musste mit einem Gespann Wasser holen, die Kranken lagen sogar in Schwesternzimmern und in der Seuchenbaracke, das Operationszimmer war zu dunkel und ein Wartezimmer fehlte. Das Haus war für 25 bis 30 Patienten eingerichtet, musste aber 50 bis 60 betreuen.[282] Der Kreiskriegerverband griff die Problematik auf und stiftete Geld für einen Neubau, wodurch eine „Ziegelsteinsammlung" angeregt wurde. Kreistagsmitglied Schmidt aus Wagenfeld prägte den klassischen Satz: „Wat nützt mi ne Million, wenn ick kenen Stohlgang hebbe."[283]

Es dauerte nicht lange, und der Kreis begann mit den Baumaßnahmen an der Wilhelmstraße, so dass noch 1927 Richtfest gefeiert wurde und am 13. Februar 1929 die Öffentlichkeit das neue Gebäude an

Luftbild des Kreiskrankenhauses nach 1930: vorne die elegante Auffahrt, nach hinten erstreckt sich der großzügige Krankenhauspark

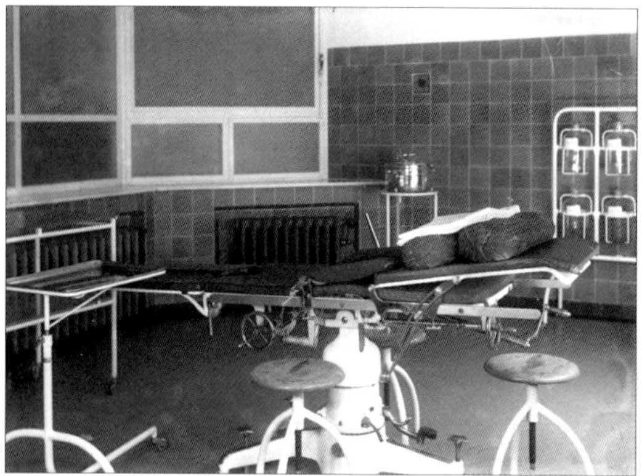

Moderner Operationsraum *Foto: Petersen*

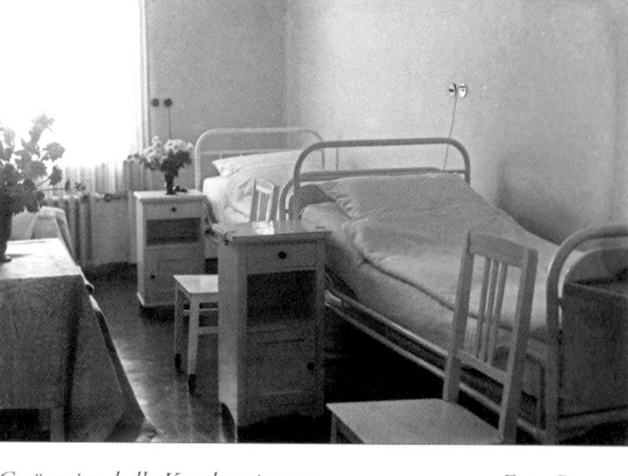

Geräumige, helle Krankenzimmer *Foto: Petersen*

einem Tag der offenen Tür in Augenschein nehmen konnte.[284] Alle Zimmer lagen zur Südseite, die Neben- und die OP-Räume zur Nordseite. Höchstens vier Betten standen in einem geräumigen Zimmer – für damals ein bedeutender Fortschritt wie fließend warmes und kaltes Wasser, Wandschränke, Linoleumfußböden und Schlaraffia-Matratzen. Die medizinischen Einrichtungen entsprachen dem neuesten Standard.[285] Zur Amelogenstraße hin wuchs der mehr als 7 ha große Krankenhauspark, der mit Bäumen und Büschen zu einen bunten Schatzkästlein emporwuchs.[286]

Das bisherige Krankenhausgebäude auf dem Willenberg wurde als Altersheim genutzt, die Baracke nahm eine Jugendherberge auf, die aus der Mittelschule dorthin verlegt wurde und 1933, 1934 und 1937 je 2.200 Übernachtungen in vier Räumen mit 42 Betten zählte, zu denen noch 500 durch HJ-Schulungskurse traten.

1936/37 wurde die Bettenkapazität des ständig überbelegten Krankenhauses durch einen Anbau von 50-70 auf 110 erhöht. Ein Luftschutzbunker bereitete auf den kommenden Krieg vor.[287]

Eine spezielle Einrichtung schuf Mary von Wuthenau im Herbst 1922 mit dem Säuglingsheim an der Grafenstraße, erreichte aber schon 1924 den Beschluss des Kreises, dass die Einrichtung in einen zweistöckigen Neubau an der Stüvenstraße umziehen sollte, der ebenfalls 1929 verwirklicht wurde, und sammelte Geld und Spielzeug und sorgte für eine Krankenhausbibliothek.[288] Von 1920 bis 1928 sank die Säuglingssterblichkeit von 14% auf 7%.[289] Das Säuglingsheim musste in der NS-Zeit zunächst die Zahl betreuter Kinder senken, da der Staat der Familie den Vorrang gab, und nahm 1936 das Staatliche Gesundheitsamt auf.[290]

Im August 1943 wurde eine Baracke für kranke Ausländer am Kreiskrankenhaus übergeben.[291] Offenbar wollte man sie besser versorgen als bisher, scheute sich aber, sie in das feste Haus aufzunehmen. Sie erhielten weniger und einseitiger zu essen, und wenn die Deutschen Süßwaren zugeteilt bekamen, waren Kriegsgefangene, Polen, Juden und Ostarbeiter ausdrücklich ausgeschlossen. Polnische, meist „dienstverpflichtete" (also gezwungene) Zivilarbeiter(innen) durften den Ort nicht verlassen, keine Tanzveranstaltungen und nicht das Kino besuchen, mussten durch ein „P" auf der Kleidung gekennzeichnet sein und durften nicht Rad fahren.

Im August 1944 durften für Transporte Schwerkranker, Schwerverletzter und Wöchnerinnen zum Arzt oder zum Krankenhaus nur noch Kutschwagen ein-

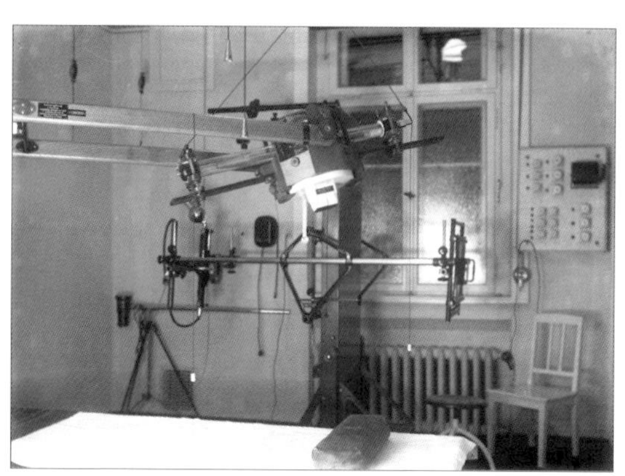

Auch moderne Röntgentechnik kam zum Einsatz. *Foto: Petersen*

gesetzt werden, lediglich für besonders dringliche Fälle war noch der DRK-Wagen des Kreiskrankenhauses erlaubt.[292]

Nicht nur Säuglinge wurden hier betreut.

Das Kreissäuglingsheim in Diepholz, erbaut 1928

Das Säuglingsheim in der Stüvenstraße *Foto: Petersen*

Ärzte

Der seit 1901 amtierende Medizinalrat und Kreisarzt Dr. Friedrich Helwes, der in Bukarest ein Seuchenlazarett geleitet hatte, wurde im November 1918 in Ungarn interniert und kehrte im Februar 1919 zurück. Im November 1920 belehrte er auf einem Jugendpflegelehrgang im Hotel zum Grafen über sexuelle Aufklärung in den Vereinen. Eigentümlicherweise bewahrte er auch die Bücherkisten der Kreiswanderbücherei auf. 1930 löste ihn der aus Brinkum stammende Dr. Dunkhase ab.

Die Mütterberatung wurde im Sommer 1919 aufgenommen. Als Folge der Inflation wurden die Gebühren für Hebammen im Herbst 1919 um 100% erhöht.

Im Januar 1933 kam auf die Ärzte Mehrarbeit infolge einer Grippewelle zu, die so gravierend war, dass die Volks- und die Mittelschule für mehrere Tage geschlossen wurden.[293]

1935 praktizierten bereits drei Ärzte (Dr. Gustav Enneker, Dr. G. Eule und Dr. Karl-Ludwig Frank), eine Zahnärztin (Dr. Emmi Borghardt) und ein Zahnarzt (Dr. Hermann Vogelsang), vier Dentisten (Heinrich Borghardt, Wilhelm H. Büschgen, A, Helmuth Riemenschneider, dazu Ferdinand Mock aus Twistringen, zweimal wöchentlich Sprechstunden im Gasthof Franz Ewers am Bahnhof) und zwei Tierärzte (Dr. Meyer und Dr. Lücking). Der Kreisarzt, Medizinalrat Dr. Dunkhase, hatte zweimal vormittags Sprechstunde.

Anfang 1939 begann die beratende Schulzahnpflege, die nach manchem Vorgänger in unseren Tagen von Dr. Volker Jelen mit großem Einsatz aufrechterhalten worden ist.[294]

Seit Ende August 1939 wurden Ärzte zum Kriegsdienst eingezogen: Zahnarzt Dr. Grave und die Ärzte Dr. Eule und Dr. Halfbrodt, für die Frau Dr. Rosenthal die Vertretung übernahm.

Dr. med. Dunkhase blieb bis zu seinem Tode am 26. März 1942 (im Alter von erst 49 Jahren) Kreisarzt. 1934 baute er das Gesundheitsamt auf, das die Hebammen förderte und die Mütterberatung entwickelte. Zeitweise betreute er zugleich das Gesundheitsamt des Kreises Grafschaft Hoya in Syke. 1939 unterhielt er wieder eine allgemeine Praxis. Sein Nachfolger wurde Dr. Suntheim.

Rotes Kreuz

Die Sanitätskolonne des Kriegervereins war nach dem Krieg nicht mehr aktiv, viele waren gefallen, gestorben oder standen in hohem Alter.[295]

Die im Krieg gegründete Männerabteilung des Roten Kreuzes für den Kreis Diepholz wurde 1922 aufgelöst.[296] Ihr Aufgaben übernahm das Kreisfürsorgeamt.

Der Vaterländische Frauenverein (vom Roten Kreuz) bestand weiter. Im Dezember 1928 beging er seinen 25. Gründungstag.[297] Seine Mitglieder kümmerten sich um arme und kränkliche Kinder. 1931 ermöglichten sie 28 schulpflichtigen Kindern eine Salzbade- und Liegekur im Krankenhaus.[298] Der Verein bot Kurse im Kochen und in der Stoffmalerei an und informierte über die elende Lage der Deutschen im frühstalinistischen Russland. Er arbeitete im Rahmen der Winterhilfe mit dem kirchlichen Frauenverein, dem Kirchenvorstand, den Wirtschaftsverbänden und der Stadtverwaltung zusammen, schenkte 65 bedürftigen Kindern Weihnachtspakete und half zwei kinderreichen Familien im Oberharz.[299] Mit dem Fortzug der „Landesmutter“ von Wuthenau, die 1934 ihrem Mann nach Ostdeutschland folgte, verlor der Frauenverein eine wichtige Stütze.

1926 beteiligte sich das Rote Kreuz gemeinsam mit den Turnvereinen an einer Reichsgesundheitswoche.

Unter den Schriftführern des Vereins ist der Rechtsanwalt und früher in Flensburg amtierende 2. Bürgermeister Dr. Georg Schrader hervorzuheben, der in Diepholz von 1919 bis 1924 auch Bürgervorsteher war und eine vollständige Sammlung aller Diepholzer Münzen besaß (geb. in Diepholz 29. Juli 1870, gest. in Diepholz 1930).[300] Landrat Dr. Spießbach war Schriftführer des Rotkreuz-Provinzialverbandes und des Vaterländischen Frauenvereins der Provinz Hannover. Seit 1933 Kreisführer des Deutschen Roten Kreuzes im Kreis Grafschaft Diepholz, baute er das Sanitätswesen wieder auf. Die Frauenvereine wurden 1937 vom Staat aufgelöst und durch Kreisbereitschaften ersetzt. Im Rahmen des Kriegseinsatzes 1944 wurde als Folge der häufigen Fahrtunterbrechungen durch Luftangriffe eine Übernachtungs- und Verpflegungsstelle für Wehrmachtangehörige im Bahnhof eingerichtet.

Großmarkt

Der Großmarkt fand nach dem Krieg zu seiner früheren Größe zurück. Gastwirt Witte am Bremer Eck bewahrte an solchen Tagen Fahrräder, Gepäck und Garderobe auf. 1924 stellte man Lichtmasten auf. Wie in den Großstädten zog an Großmarkttagen der Jazz die Besucher in verschiedenen Sälen in seinen Bann. Aus dem Angebot des Marktes 1926: Verkauf russischer Pferde, Varieté der lustigen Dikken, Dittrichs Grottenbahn, Zirkus Althoff, Boxerzelte, Kasperbude, Luftschaukel, Kettenkarussell, Haut den Lukas, Höllensturzbahn mit Schiebetreppen, fliegende Händler und billige Jacobs. In der Kaiserhalle spielte eine Original-Seppl-Kapelle zum Tanz und trat ein Komiker auf, im Hotel Stadt Bremen gastierte eine Jazzband, die sich ebenfalls von einem Komiker ablösen ließ.

1927 wurde eine elektrische Anlage für den Marktbetrieb installiert.[301] Der Betrieb auf der Langen Straße (mit Viehtrieb der „Övermörsken“, von jenseits des Moores Wohnenden, aus dem oldenburgischen Münsterland) wuchs an Markttagen so an, dass 1935 überlegt wurde, den Durchgangsverkehr über den Willenberg, die Steinstraße, die Bahnhofstraße und die Grafenstraße umzuleiten.[302] Die Harfenmädchen aus dem Eichsfeld kamen immer noch, aber nicht mehr mit Harfen, sondern mit neueren Instrumenten.

Da der Markt ein wichtiger Wirtschaftsfaktor war, setzten 1930 Bemühungen ein, den Sonntag als dritten Großmarkttag an die beiden Werktage anzuhängen.

Der Marktplatz behielt seine Multifunktionalität, beispielsweise übte hier zeitweise der Reitverein, die Graf-Friedrich-Schule trieb hier Sport, da der Platz seit 1929 auch dem Männerturnverein als Sportplatz diente, und 1940 wurde ein Stadtsportfest abgehalten. Ende 1936 wurde an jedem Mittwoch wieder ein Wochenmarkt eingeführt. Für die Reichswehr und dann die Wehrmacht wurden so genannte Remontemärkte abgehalten, auf denen Ersatzpferde „gemustert“ wurden, zum 1. Mai wurde ein Maibaum (1938: 14 m hoch) errichtet und der Tag der Arbeit mit Liedern, Gemeinschaftsempfang und Festzug gefeiert. Für das Winterhilfswerk spielten die „Arbeiter der Faust“ gegen „die Arbeiter der Stirn“ Fußball und die SA brannte hier bis 1938 ihre Sonnenwendfeuer ab, während die SS sich den mythischen, Germanen zugeschriebenen Felstehauser Schanzen zuwandte. 1935 fanden aus Anlass der bevorstehenden Volksabstimmung über die Zugehörigkeit des Saargebiets „Kundgebungen" für den Anschluss an das Deutsche Reich und wegen der (bald darauf in Zuchthaus umgewandelten) Todesurteile gegen vier Deutsche in Litauen statt.[303] 1939 wickelte man hier ein Abendsportfest ab.

Auch der Kohlmarkt mit dem Verkauf von Pferden, Rindvieh und Schweinen Ende Oktober behielt seinen festen Platz.

1939 entfiel „das" Markt, wie die Alten sagten, wegen des von Deutschland ausgelösten Krieges gegen Polen. 1942 wurden nur noch 63 Pferde und 50 Stück Rindvieh aufgetrieben. Der Krammarkt lockte mit einer Bobrennbahn, einer Seeschlangenbahn, Schießzelt, zwei Kettenkarussells, zwei Luftschaukeln, und einem Zweimastenzirkus. 1943 war die Lage nicht besser geworden. Verkaufsstände mit Ketten und Holzpferdchen, eine Lotterie, Schießbuden, drei Karussells, ein Kettenkarussell, die Original Rubinis Spezial-Schau und ein Zirkus brachten Abwechslung in den Kriegsalltag. In der Stadt zogen einige ältere Orgeldreher umher.

Vereinswesen und Parteien

Der Vaterländische Frauenverein stellte sich nach der Revolution 1918 rasch auf die neue Situation ein. Er forderte die Frauen auf, zur Wahl zu gehen und „treudeutsch" zu wählen.[304]

Der Kriegerverein und die Ortsgruppe des Volksbundes zum Schutze der deutschen Kriegs- und Zivilgefangenen (mit vier Frauen und fünf Männern im Vorstand) setzten sich 1919 nach der Entlassung der alliierten für die Entlassung der deutschen Kriegsgefangenen in die Heimat ein. 21 Diepholzer mussten allerdings noch im September 1919 u.a. in Algier auf ihre Heimkehr warten wie Ingenieur Willi Springe, der im November 1919 aus Ostafrika bzw. Ägypten zurück kam,[305] und Hermann Wachsmann, der – in Tsingtao (heute: China) gefangen genommen – von November 1914 bis 1920 im japanischen Lager Kurume lebte und erst Anfang März 1921 Diepholz wiedersah.[306] Auch der Zivilinternierte Erich Hustedt, der bei Kriegsbeginn in St. Petersburg gearbeitet hatte, sah seine Heimat erst am 12. November 1920 wieder.[307]

Als Folge des Kriegsendes schlossen sich die ehemaligen Kriegsgefangenen und zusätzlich die ehemaligen Front-

Sporttreiben auf dem Marktplatz

Fotos: Petersen

kämpfer zusammen, schließlich trat noch unter Ferdinand Groeck der Volksbund für Kriegsgräberfürsorge auf den Plan.

Der Kriegerverein verwand die Revolution nicht und schmückte am Jahrestag der Gründung des Kaiserreichs 1921 das Kriegerdenkmal an der Bahnhofstraße mit einer aus Grün hergestellten 50. Pikant war, dass er Anfang 1931 diesen Tag mit einer Rede von Direktor Dr. Heinze beging, der in seiner Schule diesen vom demokratischen Staat als monarchistisch aufgefassten Tag nicht begehen durfte.[308] 1935 wurde der Kriegerverein in Kriegerkameradschaft umbenannt, um im Sinne des NS-Regimes den bürgerlichen Charakter auch im Namen aufzuheben.[309]

Georg Haselhorst war Vorstandsmitglied der Reichs-Schutzgemeinschaft für Handel und Gewerbe, die sich gegen die befürchtete Sozialisierung wandte.[310]

Am 3. Dezember 1919 wurde ein Gewerkschaftskartell gegründet, dem ungefähr 200 Eisenbahner, Holzarbeiter, Buchdrucker, Zimmerleute, Maurer, Metallarbeiter, Telegrafenarbeiter und Gärtner angehörten.[311] Erstmals gedieh der Gewerkschaftsgedanke damit über eine Fachgewerkschaft hinaus. Andere Eisenbahner jedoch gehörten der sich als unpolitisch bezeichnenden Gewerkschaft deutscher Eisenbahnbeamter und Hilfsbeamter an. Eine Berufsvereinigung war auch der Deutsche Musiker-Verband, Ortsgruppe Diepholz und Umgegend, der am 19. Februar 1921 ein großes Instrumental-Sinfonie-Konzert bot.[312]

Außer der SPD, der Deutschen Demokratischen Partei und den für die Trennung Hannovers von Preußen eintretenden und allem Fremden abgeneigten Deutschhannoveranern (mit dem Provinziallandtagsabgeordneten Dr. Frank) wurde die rechtsliberale Deutsche Volkspartei aktiv und gründete 1920 unter Mittelschullehrerin Auguste Meyer die erste politische Frauengruppe.[313] Die Deutschnationale Volkspartei schickte schon am 18. Februar 1921 einen Redner aus Hannover, der missbilligte, dass „der Orientale bei uns die Führung übernommen" habe.[314]

Einig waren die Parteien von der DNVP über die DVP und die DDP bis zur DHVP und der Vereinigten SPD nur im Ruhrkampf 1923. Damit war der Boden bereitet für die vom Kreiswohlfahrtsamt organisierte Aufnahme von 16 Kindern aus Hagen (Westfalen), auf die weitere folgten, die teilweise in der Krankenhausbaracke und im Säuglingsheim untergebracht wurden.[315]

1923 machte sich eine Ortsgruppe der KPD bemerkbar, die zu einer Versammlung im September 350 Zuhörer anzog und vor allem Kritik seitens des SPD-Vorsitzenden Hoffmann erfuhr.[316] Die Neugier auf die Revolutionäre ließ aber schnell nach.

Im selben Jahr lud der noch junge, militärisch und revisionistisch orientierte „Stahlhelm. Bund der Frontsoldaten" den früheren Schutztruppenoffizier in Ostafrika General von Lettow-Vorbeck zu einem Vortrag ein.[317] Der Diepholzer Stahlhelm initiierte 1924 eine Tochtergründung in Wagenfeld, ebenso der gleichfalls konservative Jungdeutsche Orden (Jungdo), der zudem Bassum, Drentwede und das Alte Amt Lemförde beeinflusste.

1930 bildete sich eine kleine Ortsgruppe des Königin-Luise-Bundes, die etwas später eine Mädchengruppe schuf. Diese weibliche Abteilung des Stahlhelms sollte „vaterländischen Geist" auch bürgerlichen Frauen vermitteln, um auf die häusliche Erziehung einzuwirken. Die früh verstorbene preußische Königin Luise wurde als Vorbild ausgewählt, weil sie durch die kriegsbedingte Flucht vor Napoleon 1806 mit ihrer Familie von Berlin bis ins nördliche Ostpreußen gelitten hatte und 1807 in Tilsit als Vertreterin eines geschlagenen Staates mutig allein auf sich gestellt, aber vergeblich versucht hatte, den siegreichen Kaiser zu milderen Friedensbedingungen zu überreden.

Am 4. April 1924 hielt die Deutsch-völkische Freiheitspartei ihre erste Versammlung in Diepholz ab, zu der 230 Personen in den „Grafen" strömten. Der Redner aus Hannover und der Versammlungsleiter Studienassessor Dr. Ernst Lange vom Stahlhelm waren Nationalsozialisten, die sich wegen des Parteiverbots als „Völkische" getarnt hatten. Diskutiert wurde nicht, nur Hoffmann (SPD) stellte drei Fragen.[318]

Die Deutschhannoveraner erlitten 1924 bei der Volksabstimmung über ein selbständiges Hannover eine Niederlage, in den beiden Diepholzer Stimmbezirken erreichten sie nur 22 bzw. 29%, im Regierungsbezirk Hannover 27%, so dass Hannover preußische Provinz blieb.[319]

Im Wahlkampf 1928 zeigte sich politische Gleichgültigkeit. Eine NSDAP-Versammlung wurde mit über 50 Personen gut besucht. Angehörige anderer Parteien wollten sich erstmals aus erster Hand über die neue Gruppierung informieren. Der Redner Blankemeyer äußerte sich radikal: „Die Nationalsozialisten sind gefährlich. Eins von beiden gibt es nur für uns: entweder Sieg oder vollständige Ausrottung."[320] Noch mehr Interesse fand die von Barver aus geförderte Deutsch-völkische Freiheitspartei mit über 70 Besuchern. Sie polemisierte ebenfalls gegen ein Volk, „das in Deutschland nichts zu suchen hat."[321]

Verfassungsfeiern zur Erinnerung an den Tag, an dem die Nationalversammlung die Reichsverfassung verabschiedet hatte, blieben auf einen kleinen Kreis von durch den Landrat eingeladenen Männern im Rathaus beschränkt, so dass der demokratische Gedanke nicht wirklich Fuß fasste, zumal die meisten Parteien den 11. August als gesetzlichen Feiertag verhinderten und die Reden wenig zur Stärkung der Demokratie beitrugen. Gegen die demokratischen Weimarer Parteien und die Kommunisten wandten sich seit 1920 der in der agrarischen Umgebung einflussreiche Kreis-Landbund (seit 1928 mit dem Jung-Landbund und seit 1930 mit einem eigenen Haus an der Grafenstraße) und der Kreishandwerkerbund.

Seit 1930 warb die am 10. März 1929 gegründete Ortsgruppe der NSDAP für den Besuch ihrer Veranstaltungen scheinbar demokratisch, indem sie jedem Redefreiheit zusicherte, andererseits drohend, auch jeder als hinterhältig und ruchlos bezeichnete Gegner dürfe sprechen, oder aggressiv, sie präsentiere nach eigener Aussage einen der bestgehassten Männer und den Schrecken des Provinziallandtags. Bei der Reichstagswahl 1930 setzte sie sich an die Spitze vor den Deutschhannoveranern und den Sozialdemokraten, während die Liberalen zur Randerscheinung wurden.[322]

Den Widerstand der Sozialdemokraten zu Gunsten der Demokratie verstärkten seit 1931 unter Vertrauensmann Josef Rolfs das Reichsbanner Schwarz-Rot-Gold (offiziell gemeinsam mit Linksliberalen) und die Eiserne Front zusammen mit den freien Gewerkschaften zum Schutz der Republik gegen Nationalsozialisten und Kommunisten.[323] Die NSDAP marschierte in wachsender Stärke mit einem SA-Sturmbann und einem Sturmbann-Musikzug, der musikalisch bewährten Diepholzer Kapelle, mit Hitlerjugend und Bund Deutscher Mädel auf.

In den Wahlkämpfen des Jahres 1932 setzte sich Hindenburg als Reichspräsident mit absoluter Mehrheit gegen Hitler und Thälmann durch, die NSDAP errang aber die absolute Mehrheit und blieb auch im November weit vor der DNVP und der SPD erfolgreich.[324] Am Jahresende 1932 verließen mehrere Mitglieder die NSDAP, doch im März 1933 traten viele „Konjunkturritter" oder „Märzgefallene" schnell in die Partei ein, um an der Macht teilzuhaben. Einer der führenden Geschäftsleute gehörte zu den Alten Kämpfern, die vor 1933 Parteigenossen geworden waren.

Ende Februar und Anfang März 1933 nahmen die NSDAP, die Kampffront Schwarz-Weiß-Rot (DNVP), die DVP, die Deutschhannoveraner und die SPD noch am Wahlkampf teil; nach den Wahlen in der ersten Märzhälfte 1933 zeichnete sich das Ende der pluralistischen Demokratie ab. Der

Gaststätte Wichelhaus, das spätere „Haus der Arbeit" *Foto: Bergmann*

letzte oppositionelle Bürgervorsteher Hermann Hoffmann (SPD) wurde noch am 31. Mai 1933 anerkannt, doch Anfang Juni 1933 begann die Auflösungswelle, die mit dem Verbot der SPD noch vor dem Monatsende ihren Abschluss fand.[325]

Die im Juli gesetzlich monopolisierte Staatspartei richtete ihre zentralen Kreisstellen mit Vorliebe in Sulingen ein. In Diepholz amtierte lediglich der Kreiswalter der Deutschen Arbeitsfront mit einer Rechtsberatung und der NS-Gemeinschaft Kraft durch Freude (für Kultur, Urlaub und Freizeit). Dieses Amt wurde 1935 im Haus der Gaststätte Wichelhaus an der Ecke Eschfeldstraße/Hindenburgstraße 22 eingerichtet, das die Bezeichnung „Haus der Deutschen Arbeit" erhielt.[326]

Die NSDAP, die NSV und die SA-Standarte ließen sich 1939/40 im Haus der durch staatliche Maßnahmen überflüssig gewordenen Wanderarbeitsstätte an der Grafenstraße 14 nieder, deren Trägerverein sich aufgelöst hatte.[327] Hier und in einer Baracke an der Lohne schuf die NSV Kindergärten, an der Maschstraße ein Altersheim für Evakuierte.

Den letzten, im Oktober 1944 eingesetzten kriegsversehrten Ortsgruppenleiter Sinclair Schlund (geb. in Bremen) bezeichnete Stadtdirektor Brüning 1947 als anständig und für alle da.[328]

Sportliche Aktivitäten

Kaufmann Karl Barmeyer, der 1922 den Hausbesitzer- und Vermieterverein für Diepholz mit 33 Mitgliedern gegründet hatte, rief mehrere Wochen danach den Kreisverein Diepholz für die Leistungsprüfung des hannoverschen Pferdes und 1925 den Pferdezucht- und -sportverein des Kreises Diepholz ins Leben.[329]

1919 gründeten die Fußballer einen Verein, den FK Niedersachsen Diepholz. Ihr erstes Spiel bestritten sie am 15. Juni untereinander, dann fanden sie andere Partner wie die Präparandenanstalt und die Bassumer Ballfreunde.[330] Am 27. Juli 1919 wurde erstmals ein Pokalspiel ausgetragen, das die Diepholzer hinter der Kaffeewirtschaft Lohaus in Sankt Hülfe gegen Kirchweyhe vor 300 Zuschauern mit 7:1 gewannen. Die starken Diepholzer besiegten Syke mit 11:0, verloren am 10. August aber gegen Bassum nach Verlängerung 2:3, weil der Schiedsrichter auf dem Bassumer Rasen parteiisch entschied, was die Bassumer nach drei Wochen zugaben.[331]

Am 27. September 1919 schlossen sich der MTV von 1876 und der FK zusammen; der FK wurde zur Sportabteilung innerhalb des Turnvereins.[332] Im 1920 so genannten Männerturn- und Sportverein MTSV mit einer Frauenabteilung wurden auch Korbball (weiblich) und Faustball (männlich) gespielt, das Schwimmen bis hin zu Wettkämpfen (seit 1921) und das Handballspiel ins Programm aufgenommen.[333] Der Diepholzer Spiel- und Sportclub von 1922 aber besiegte Ende April 1924 im Fußball Werder Bremen – mit 5:3![334] Der Club hielt seine Übungen auf Lüdersbusch ab, während der MTSV seit 1920 auf dem dafür neu hergerichteten Marktplatz mit Fußballfeld, Sprunggruben und einer Laufbahn übte. Dieser Club, später DSC von 1931, wurde 1935 in DSV umbenannt und durfte nur Fußball spielen, der MTV von 1876 war für alle übrigen Sport- und Turnsparten zuständig.

Der nach einem früh verstorbenen Mitarbeiter des „Turnvaters" Friedrich Ludwig Jahn benannte Verband Friesen wurde 1922 in den Huntegau umgewandelt, der mehr als 50 Vereine erreichte. 1927 trat Dr. Kinghorst als Gauvertreter zurück und wurde zum Ehrengauvertreter ernannt und 1933, als der Gau aufgelöst werden musste und im Reichsbund

Schützenumzug am Bremer Eck in den 20er Jahren

Beliebtes Ausflugslokal und Ziel der Schützen war auch nach dem Kriege Lüdersbusch. Foto: Felschner

für Leibesübungen aufging, mit dem Ehrenbrief der Deutschen Turnerschaft geehrt. Zu den leitenden Aktiven aus Diepholz gehörten Männerturnwart Hermann Schöttler, Dr. Ernst Schröder, Fritz Bostelmann, Schwimmwart Wilhelm Karwat, Kinderturnwart Walter Grünendahl und der Obmann für Tennis Otto Eckstein.[335]

Der erste Kreis-Jugend-Spieltag auf dem Marktplatz am 15. Oktober 1922 war Ausdruck der Politik der Republik, die Jugend sinnvoll zu beschäftigen und ihre Gesundheit zu fördern, auch mit dem Hintergedanken, dass die männliche Jugend für eine Revision des Kriegsergebnisses körperlich ertüchtigt werden sollte.[336] Auf demselben Platz wurden 1924 die Reichs-Jugendmannschaftskämpfe mit einem Sieg des MTSV bei den Mädchen ausgeführt.[337]

Aufregend war sicherlich Mitte August 1925 der Hermannslauf der Deutschen Turnerschaft mit Teilnehmern aus dem ganzen Reich, Österreich, der Tschechoslowakei und Danzig von der Nordseeküste durch Vechta, Lohne und Diepholz nach Lemförde bis zum Endpunkt Detmold.[338] Ebenso attraktiv war der Sternlauf der Deutschen Turnerschaft u.a. von Bremen über Diepholz, Osnabrück und Detmold nach Koblenz, der als „Saar-Treuestaffel" auf die Volksabstimmung im Saargebiet über die Rückkehr zu Deutschland einstimmen sollte.[339] Am 4. September 1932 weihte der MTV den Ernst-Mewes-Platz für Spiele und Turnen hinter der Kaiserhalle ein.[340] Diepholz war 1935 Schauplatz eines volkstümlichen Städtewettkampfs im Turnen mit Gästen aus Barnstorf, Bassum und Bohmte.[341] 1936 überrannte eine Diepholzer Stadtmannschaft Werder Bremen mit 11:0 – zugegeben, es war die 2. Reserve.

Der MTV rief eine Kanusportabteilung ins Leben und nahm 1938 auch das Boxen ins Programm.[342]

Das Hotel Lohaus in St. Hülfe war nicht zuletzt dank der Tennisplätze ein beliebtes Ausflugsziel.

Der Luftwaffensportverein Adlerhorst Diepholz stieg 1939 im Fußball in die 1. Bremer Kreisklasse auf.[343] Im Krieg absolvierte er nach den Absagen zu Beginn schon am 17. September 1939 ein Faustballspiel gegen den MTV auf dem Marktplatz.

Während des Krieges (1940) wurde weiter Sport getrieben mit Stadt- und Standortmeisterschaften und einem Schwimmfest als Höhepunkten.[344] Am 5. September 1942 gründeten die Diepholzer Sportvereine im Hotel Stadt Bremen die Ortssportgemeinschaft.

Die Radfahrer veranstalteten 1923 ein regionales Bundesfest in Diepholz.[345]

Die Schützen feierten wieder ununterbrochen alljährlich ihr Fest, das im Krieg und wegen der im Hinblick auf den Versailler Vertrag angeordneten Landestrauer auch 1919 ausgefallen war.[346] Das Fest war neben dem Großmarkt stets die Veranstaltung mit der größten Aufmerksamkeit seitens der Bevölkerung. Da wurde geflaggt und gefegt oder geharkt und, wo es möglich war, stellten die Anwohner an den Straßen des Zuges zum Lüdersbusch Birkenstämmchen auf. Als 1939 ein Ausfall des Festes zur Diskussion stand, setzten sich die Heimat und Brauchtum liebenden Diepholzer mit zähem Willen durch.[347]

Der Flecken war stets bereit, dem Schützenkönig eine Prämie zu zahlen. 1920 waren das 60 Mark, 1921 150, 1923 wegen der Inflation 200.000 Mark und 1930 100 Reichsmark.

Auch das seit 1904 bestehende Jungschützenkorps war wieder aktiv. Sogar im schwierigen Jahr 1932 gelang es Gerke und Samenfeld durch intensive Werbung die Schützenidee wieder aufleben zu lassen.[348]

In der NS-Zeit änderte sich in diesem Bereich nichts Wesentliches. 1937 wurde letztmalig nach dem Adler geschossen, in Zukunft wurde der beste Schütze König.[349] Das sportliche Schießen diente nun ideologisch der Erhaltung der Wehrfähigkeit des Volkes. 1938 übernahm das Schützenkorps die Trägerschaft des Schützenfestes von der traditionsreichen Schützenfestzelt AG.[350] Im Krieg ruhte das Schützenwesen.

1927 beschlossen Interessierte im Hotel Gerke die Gründung eines Tennis-Vereins, der alsbald unter seinem Vorsitzenden Gerichtsassessor Dr. Barnstedt einen Tennisplatz bei Lohaus benutzte. Im Spielausschuss saßen vier (!) Damen und zwei Herren.[351]

Den Paddelverein der GFS schuf 1928 als Begründer des Diepholzer Wassersports Studienrat Gerdes, der am 6. Februar 1933 früh verstarb.[352] 1937 nahm die Deutsche Lebensrettungs-Gesellschaft ihre Lehrgänge im Rettungsschwimmen auf.[353]

1934 entstand eine Ortsgruppe des Deutschen Luftsportverbandes, die – auch mit militärischen Intentionen – das Zeitalter der Fliegerei in Diepholz eröffnete.[354] Der Verband und die HJ-Luftsportschar übten seit 1936 in den Hemsloher Bergen auf einem Segelflugzeug.[355]

Kultur

Nach dem Krieg brach die „Tanzwut" aus, unterbrochen nur durch ein Verbot während der Landestrauer vom 9. bis 16. Juni 1919 wegen der Friedensbedingungen von Versailles. Erst im Sommer wurden die Bälle seltener und dauerten nicht mehr bis 8 Uhr, sondern nur noch bis 5 oder 6 Uhr morgens, wodurch der Schlaf der Anwohner der nördlichen Langen Straße aber weiterhin gestört wurde.[356]

Die Klagen über die verwahrloste Jugend hielten sich wie gegen Kriegsende. Sie sei dem Nikotin verfallen, stelle wertvolle Kräfte im Schleichhandel und gehe in schlechte Filme, hieß es. 1927 wurde deshalb erstmals ein Lehrgang zur Förderung der Jugendpflege durchgeführt.[357] 1921 trat neben das Lichtspielhaus von Conny Bruns für kurze Zeit sogar ein zweites, und zwar in der Kaiserhalle.[358] Viele Filmabende deckten möglichst alle Interessen ab, wie eine Ankündigung eines vorzüglichen Familien-Programms am 30. Mai 1920, abends um 20.30 Uhr zeigt: „Hyänen der Lust, 2. Teil von „Der Weg, der zur Verdammnis führt", äußerst spannendes Drama in einem Vorspiel und 5 Akten von Julius Sternheim. Große Rosinen, ein köstliches Lustspiel in 3 Akten. Ungeheurer Heiterkeitserfolg. Graz, die Hauptstadt der grünen Steiermark." Doch wurden auch bedeutendere Streifen wie „Kolberg", „Die Nibelungen", „Fridericus Rex" und „Die Buddenbrooks" aufgeführt. 1924 renovierte Bruns das Ball- und Lichtspielhaus vollständig und ließ es von dem Bremer Kunstmaler Theodor Herrmann ausgestalten. In den ersten Septembertagen 1931 zeigte Bruns zum ersten Mal einen Tonfilm, und zwar den

Kapelle zur Stillung der Tanzwut

Seidel für ein Jahrzehnt wieder auf.[362] Zeittypisch war der Deutsche Liedertag im Sommer 1931 mit öffentlichem Singen vor dem Rathaus, auf dem Pohl und auf der Freitreppe des Krankenhauses.[363]

Das kleine städtische Museum zog 1919 vom Gemeindehaus in einen Aktenraum des Rathauses um; eine Kommission der Fleckenskollegien wurde eingesetzt, um die Aufstellung zu verbessern.

Die im September 1919 von Wilhelm Krigar wiederbelebte Vortragsvereinigung veranstaltete ihre Abende mit einfachen Mitteln.[364] Sie lud beispielsweise zu einem musikalisch-literarischen Abend im Hotel zum Grafen mit Mathilde Kaftan aus Hannover und Wilma Meyer aus Diepholz ein. Kaufmann Otto Schwarze stellte sein Klavier zur Verfügung. 1921 hielt der durch seine Dissertation bereits einschlägig ausgewiesene Dr. Kinghorst einen heimatgeschichtlichen Vortrag. Nach einer Veranstaltung 26. Februar 1921 griff ein Twistringer Seelsorger die Vereinigung wegen der Verleumdung des Priesterstandes an, doch wurde ihm entgegnet, auch die Kirche müsse Gegenstand der Satire sein dürfen. Der Pfarrer seinerseits erklärte eine Zensur für angebracht, denn das gute Verhältnis zwischen Protestanten und Katholiken sollte ungestört bleiben.[365]

berühmten Streifen „Die Drei von der Tankstelle" mit Heinz Rühmann.[359]

Mehrere Leihbibliotheken (als jüngste die von Buchhändler Wilhelm Berneburg, 1933) waren ebenfalls geeignet, die Langeweile zu vertreiben.

Erfreulich war, dass die Noltesche Kapelle ihre Abonnementskonzerte wieder aufnahm. Sie gab auch Platzkonzerte vor dem Rathaus und Promenadenkonzerte vor dem Hotel zum Grafen, trat beim Pferderennen in Drentwede auf und gastierte in Sulingen. Ihr Gründer starb am 26. Januar 1923 im Alter von 60 Jahren, doch setzte der Junior mit der gesamten musikengagierten Familie die Arbeit fort.[360] Als dessen erstes Konzert der Saison 1923/24 schlecht besucht war, führte die Zeitung kritisch das Klagelied aller Generationen an, „dass man sich in Diepholz so gelangweilt fühlte."[361] An die Stelle der Eiskonzerte traten Gartenkonzerte bei Hoffmann-Freese (Lange Straße).

Der Eisenbahnverein hatte eine eigene Kapelle. Zeittypisch im Hinblick auf die anhaltende Jugendbewegung war, dass (bei Laker) Kurse für Mandoline, Gitarre und Laute angeboten wurden und ein Lautenklub existierte. Daneben bestanden natürlich die Chöre weiter, der Gemischte Chor lebte 1928 durch Chormeister Robert Dörflein und den Vorsitzenden Victor

Das neu gestaltete Lichtspielhaus Bruns, die spätere Schauburg *Foto: Petersen*

Die Vereinigung diente 1924 als Vorbild für eine Gründung gleichen Namens in Barnstorf. 1935 wurde sie durch die NS-Kulturgemeinde ersetzt, die selbstverständlich im Dienst der Propaganda stand.[366]

1920 versuchte sich eine neue Karnevalsgesellschaft zu etablieren, doch die Zeit war für größere Unternehmungen wie die Rosenmontagsumzüge vor dem Krieg nicht geeignet.[367] Viel Anklang fand dagegen als Nachfolgerin der Theatertruppe des MGV die Volksbühne Diepholz auch in der Umgegend mit ihren jeweils mehrfachen Aufführungen der populären Operetten „Wenn die Rosen wieder blühen“ (1928), „Die Winzerprinzessin vom Rhein“ (1929) und „Die Winzerliesel“ (1930). Spielleiter war der humorvolle Fritz Röhr (geb. November 1904 in Gelsenkirchen, seit 1924 Drehermeister bei der DIEMA, gest. 3. Mai 1985).

Das Laienspiel pflegten auch weiterhin der Eisenbahnverein und der Gemischte Chor. „Wienstrohs Lina“ übte mit fester Hand zu Weihnachten ein Theaterstück der Kinder ein, das in der vollbesetzten Kaiserhalle aufgeführt wurde. Der Kriegerverein trug die Veranstaltung.[368] Und jeder konnte sich bei dem dann endlich doch stattfindenden alljährlichen Maskenball im Saal von Konrad Bruns am Pohl amüsieren.

Im Bürgerverein schlug der Prokurist Knorr 1920 Bahnbrechendes vor: Der Marktplatz sollte zum innenstadtnahen Sportplatz ausgebaut werden.[369] Knorr war damit der erste, der die Vision wagte, den Marktplatz umzunutzen.

An die Stelle der verschlammten (1921 aber wieder schlammfrei gespülten) Badeanstalt von Richard Behrens in der Lohne trat 1926 etwas oberhalb eine neue in der Bohning-Kuhle, zugänglich vom Willenberg und von einem Badewärter beaufsichtigt.[370] An drei Abenden in der Woche hatten die Vereine Gelegenheit zum Schwimmtraining. Seit 30. Mai 1926 also wird in Diepholz im Verein geschwommen. Immerhin eröffnete schon am 26. Mai 1921 eine Kinderbadeanstalt an der Lohne mit zwei Umkleideräumen.

Der Bürgerverein nahm wie die Gewerkschaften, die Landwirtschaft und Handelsgärtner Beckmann 1924 sogar mit einer eigenen Liste an der Bürgervorsteherwahl teil; damals zählte er 225 Mitglieder.[371] Die Politisierung um 1930 beeinträchtigte den Einfluss des Vereins drastisch. 1931 war er durch Streitigkeiten und die Tendenz zur Selbstauflösung praktisch handlungsunfähig und konnte auch durch einen gegenläufigen Beschluss vom 16. Februar 1933 nicht reanimiert werden.[372] 1935 war von der kommunalpolitischen Bürgerinitiative nur ein geselliger „Maskeradenklub“ übrig geblieben.

Dr. Wilhelm Kinghorst gründete am 10. Februar 1922 mit 22 Mitgliedern den Heimatverein für die Grafschaft Diepholz, der gut einen Monat später mit 36 Mitgliedern offiziell in Erscheinung trat, aber nie zu rechtem Leben gelangte.[373] Immerhin aber betrieben einzelne Mitglieder in Zusammenarbeit mit dem Verlag Schröder die regelmäßige Zusammenstellung der „Heimatblätter“ als Beilage zur Diepholzer Kreiszeitung. Besonders wertvoll wurde die Auflistung eines großen Teils der Hausbesitzer von 1688 bis in die dreißiger Jahre durch Oskar Schröder.

Das Heimatmuseum, das zunächst nur Teile der Sammlung des Ratsherrn Friedrich Bargeloh enthielt und vom Bürgermeister in einem Bodenraum des Rathauses und 1927 im ehemaligen Dienstzimmer des Bürgermeisters neben dem Ratssaal sichergestellt worden war, wurde 1932 von Regierungsbaurat Bruno Krappitz (1931-1934 in Diepholz) geordnet und aufgestellt. Diepholzer Handwerker ergänzten die Ausstattung, und der Museumsraum konnte während der Dienststunden nach Anmeldung besichtigt werden.[374]

Hans Groß (Grohs), künstlerischer Beirat am Nationaltheater in Weimar und Professor an der dortigen Kunsthochschule, schrieb ein expressionistisches Gedicht, in dem er sich vom Schloss inspirieren ließ, und malte ein Bild von der Münte und eins vom Willenberg, das Senator Beckmann dem Flecken schenkte und das bis heute erhalten ist.[375] Vermutlich hat Siegfried Simon Fontheim sein Studium finanziell unterstützt, denn das Gemälde vom Schloss hat er am 14. Mai 1920 als Geschenk durch Bürgermeister Brüning dem Flecken überreichen lassen.[376] Kunstmaler Theodor Fritz Koch aus Osnabrück malte hier im Sommer 1920 Schloss, Münte, Lohnstraße und -brücke, und der Osnabrücker Künstler Franz Hecker erarbeitete Radierungen vom Diepholzer Schloss und von der Hengemühle, die von der Buchhandlung Schöttler in der Adventszeit 1925 ausgestellt wurden. Auch

Die Noltesche Kapelle im Wandel der Zeiten: in Schützenuniform, in dunklem Anzug und in SA-Uniform *Fotos: Schwieger*

der bekannte Worpsweder Maler Fritz Modersohn hielt sich in Diepholz auf.

Im Mittelpunkt der Archäologie stand im Sommer 1941 die Hunte südlich von Diepholz. Damals gruben Berliner Studenten unter Professor Hans Reinerth vier Siedlungen in Flussschlingen mit dem Hunteholz als nördlichstem Fundort aus. In der Gastwirtschaft Stickforth auf der Graftlage wurde ein archäologisches Seminar abgehalten.

Neue Ausflugsziele entstanden. Gastronom Richard Behrens weihte 1924 einen Pavillon an der Lohne südlich der Vorwerksbrücke ein. 1928 wurde Lüdersbusch durch einen neuen Saal noch attraktiver. Die Bahn ermöglichte Wanderlustigen das Wiehengebirge zu erreichen, Bad Essen, Ostercappeln und das Friedeholz bei Syke wurden nach der Inflation öfter besucht. Der Dümmer und der Lemförder Berg blieben wegen ihrer Nähe die Favoriten.

Karl Lohaus in Sankt Hülfe erreichte in den zwanziger Jahren neue Freunde durch die Jazzkonzerte. Der Philosophenweg, eine lauschige Knicklandschaft, war ein Vogelparadies, das durch Eichen, Hainbuchen, Salweiden, Haselnusssträucher und Brombeergestrüpp gebildet wurde.

Seit 1932 lud der „Jägerhof" von Otto Finke auf der Graftlage als Rastplatz auf dem Weg zum Dümmer ein.

Der 1930 von Bürgervorsteher Dr. Ernst Lange ins Leben gerufene Verschönerungs- und Tierschutzverein gedieh nicht über 25 Mitglieder hinaus und stellte seine Tätigkeit nach vier Jahren ein.[377]

Im Juni 1942 gaben der für Diepholz zuständige NS-Gauleiter von Südhannover-Braunschweig, Hartmann Lauterbacher, NS-Reichsleiter Martin Bormann, der Reichsminister der Justiz und der Preußische Finanzminister die „uneinnehmbare Festung", nämlich den Schlosspark zum Teil und erst für die Nachkriegszeit der Öffentlichkeit frei.[378] Vorgesehen war dafür der Ostteil der Schlossinsel, zu dem die Stadt von der neuen Promenade eine (dann doch nicht gebaute) Holzbrücke aus Richtung Schloßstraße über den Schlossgraben führen wollte. Man kann sich vorstellen, dass die Behörden es leid waren, sich mitten im Krieg mit dieser vergleichsweise nachrangigen Frage zu beschäftigen. Es dauerte angesichts der Haftpflichtbedenken der Justizverwaltung und der Frage wegen der Reinigung noch viele Jahrzehnte, bis die Freigabe verwirklicht wurde.

Bemerkenswert ist ein „Verein der Diepholzer", der alljährlich eine Weihnachtsfeier im Restaurant „Union" in Bremerhaven veranstaltete und vor allem aus Zuwanderern aus dem früheren Amt Lemförde bestand. Der Verein besuchte im Juni 1932 mit 30 Personen die beliebte Wilhelmshöhe „im" Stemweder Berg und die Kreisstadt Diepholz.[379]

Von der Besatzungszeit bis zur Gegenwart

Mit der Besetzung von Diepholz im April 1945 unterstand Diepholz bis 1955 der britischen Besatzungsmacht. Im Jahre 1946 löste diese das Land Preußen auf und der Landkreis Grafschaft Diepholz wurde Teil des neu geschaffenen Landes Hannover. Noch im selben Jahr wurde hieraus und den Ländern Oldenburg, Braunschweig und Schaumburg-Lippe das Land Niedersachsen gebildet. Damit gehörte nun auch der katholische Nachbarkreis Vechta zu demselben überwiegend protestantischen Land. Mit der Gründung der Bundesrepublik Deutschland im Jahre 1949 wurde Niedersachsen zum Bundesland.

Die Briten führten noch 1946 das Amt des Stadtdirektors ein, der nun Chef der Verwaltung war. Der ehrenamtlich wirkende Bürgermeister hatte demgegenüber repräsentative Pflichten. Erst im Jahre 2005 endete diese Zweigleisigkeit und Dr. Thomas Schulze wurde von der Bevölkerung zum hauptamtlichen Bürgermeister gewählt.

Das größte Problem der Nachkriegszeit war die Unterbringung und Versorgung der vielen Vertriebenen und Entwurzelten. So bestand seit 1945 auf dem Fliegerhorst ein Lager für Displaced Persons aus hauptsächlich ehemaligen Zwangsarbeitern aus Polen, während ab 1946 im Ort selber eine große Zahl von Vertriebenen aus Schlesien und anderen Gebieten untergebracht werden musste. Nach anfänglichen Reibungsverlusten gelang ihre Integration vollständig, was allerdings den Anteil der Katholiken drastisch erhöhte. Im Jahre 1951 erhielt deshalb die katholische Kirchengemeinde zum ersten Male seit der Reformation wieder ein Gotteshaus, die Christus-König-Kirche.

Im Jahre 1952 bezog die Post ihr großzügiges neues Quartier an der Ecke Prinzhorn-/Wellestraße. Nachdem die Präsenz in Diepholz nach und nach verringert worden war, schloss die Post im Jahre 2007 ihre Zweigstelle in Diepholz endgültig; eine Post-Agentur mit verlängerten Öffnungszeiten wird seitdem im Kaufhaus Ceka betrieben.

Zwei Jahre nach der Post – 1954 – wurde das neue Kreishaus in der Niedersachsenstraße eingeweiht. Keine 25 Jahre später – im Jahre 1977 – wurde aus dem Landkreis Grafschaft Diepholz und großer Teile des Landkreises Grafschaft Hoya mit dem Kreissitz in Syke der Landkreis Diepholz gebildet. Der Kreissitz blieb in Diepholz, die Außenstelle in Syke wurde im Jahre 2004 aus Kostengründen aufgelöst.

Nach der Wiederbewaffnung der Bundesrepublik Deutschland im Jahre 1955 bezog die Luftwaffe im folgenden Jahr wieder den Fliegerhorst in Diepholz, der seit dem Jahre 2000 durch die private „Flugplatz Diepholz-Dümmerland GmbH & Co KG", die seither den zivilen Luftverkehr regelt, mit eigenem Tower mitbenutzt werden darf.

Nach 140 Jahren wurde die Stadt Diepholz 1974 erstmals wieder vergrößert: die Dörfer Aschen, Heede und Sankt Hülfe wurden eingemeindet und im Jahre 1986 das neue Rathaus eingeweiht.
Nach dem Fall des Eisernen Vorhangs im Jahre 1989 begannen sich Spätaussiedler aus Russland und Kasachstan in Diepholz niederzulassen; die Stadt wuchs dadurch innerhalb von drei Jahren um über 1.000 Einwohner. Im folgenden Jahr wurde die zweite Wiedervereinigung Deutschlands vollzogen und die friedliche Einigung Europas fortgesetzt.

Im Jahre 1978 bezog die Feuerwehr ihre großzügigen neuen Räumlichkeiten in der Dr.-Klatte-Straße und im Jahre 1982 folgte die Polizei aus der Grafenstraße in die direkte Nachbarschaft.

Das Kreiskrankenhaus wurde im Jahre 1991 erweitert und saniert. Da der Kreis sich aber nicht länger in der Lage sah, die hohen Kosten für das Krankenhaus zu tragen, wurde es im Jahre 2008 in die Trägerschaft des katholischen Mönchsordens der Alexianer abgetreten.

Der wachsende Autoverkehr überforderte zunehmend die engen Straßen der kleinen Kreisstadt. Im Jahre 1965 erfolgte eine erste Entlastung, indem die B 214 von der Huntebrücke direkt zum Bremer Eck geführt wurde. Das erste Teilstück der Umgehungsstraße bis zur B 214, über deren Notwendigkeit schon in den 1930er Jahren diskutiert worden war, wurde vier Jahre später eröffnet, so dass kein Durchgangsverkehr mehr die Lange Straße passieren musste – weshalb in einem Teilstück im Jahre 1984 eine Fußgängerzone eingerichtet werden konnte. Nachdem die Umgehungsstraße in den Jahren 2003 und 2008 vollendet worden war, konnte im Jahre 2010 der ehemalige Verkehrsknotenpunkt Bremer Eck zu einer innerstädtischen Kreuzung umgestaltet werden. Fast zur gleichen Zeit wurde auch der seit Jahren geplante Bahnhofstunnel fertig gestellt, so dass der letzte beschrankte Bahnübergang zwischen Bremen und Osnabrück endgültig aufgehoben werden konnte.

Dank der Unterstützung der Bundeswehr erhielt Diepholz 1963 ein Hallenbad, das im Jahre 1998 erneuert und erweitert wurde, während das Freibad schon 1973 generalüberholt worden war, wobei es allerdings seinen respekteinheischenden Zehnmeterturm einbüßte.

Wegen der zahlreichen Neubürger wurde im Jahre 1951 mit der Mühlenkampschule die zweite Volksschule eingeweiht und 1957 bezog die Berufsschule ihre neuen Räumlichkeiten in der Römlingstraße.

Ab den 60er Jahren begann dann die Verlagerung aller weiterführenden Schultypen zum späteren Schulzentrum am Scheurenkamp, während die Stadt gleichzeitig die Trägerschaft an den Kreis abtrat. Als erstes wurde 1964 die Jahnschule als Grund- und Hauptschule dort gebaut – die Lübkemannschule diente später als Jugendfreizeitzentrum –, 1974 erfolgte der Umzug der GFS. Die alten Räumlichkeiten wurden von einer Grundschule und der Förderschule benutzt. 1978 folgten die Berufsbildenden Schulen, die ihr ehemaliges Gebäude an den Landkreis übergaben. Im Jahre 1983 entstand neben der Berufsschule ein Theater, das den Schulen gleichzeitig als Aula dienen sollte. Als letzte Schule zog 1991 die Realschule um, während in den alten Räumlichkeiten nun die Volkshochschule residiert.

1998 wurde Diepholz Hochschulstadt, weil die Private Fachhochschule für Wirtschaft und Technik Vechta/Diepholz/Oldenburg aus der Taufe gehoben wurde. Träger ist u.a. die 1983 ins Leben gerufene Dr. Jürgen-Ulderup-Stiftung. Mit der Sanierung und dem Neubau der GFS von 2007 bis 2011 und der Eröffnung der Mediothek im Jahre 2010 ist Diepholz in puncto Schulen und Bildung nun gut gerüstet für die Zukunft.
Im Bereich der Kultur wird auch die Privatinitiative groß geschrieben. So wurde im Jahre 1951 der Kulturring gegründet, zu dessen anspruchsvollen Veranstaltungen auch Zuschauer aus den Nachbargemeinden kommen. Im selben Jahr wurde aus dem ehemaligen Haus der Hitler-Jugend auf dem Willenberg eine Jugendherberge, die allerdings im Jahre 1990 geschlossen wurde.

1969 unterzeichneten die Vertreter von Diepholz und Thouars (Frankreich) einen Partnervertrag, im Jahre 1998 geschah dasselbe mit Starogard Gdański (Preußisch Stargard) in Polen.

1974 wurde die „Fördergemeinschaft Lebendiges Diepholz e.V." von Geschäftleuten gegründet, um Diepholz als Einkaufsstadt attraktiver zu machen. 1980 folgte die Neu-Gründung des Heimatvereins Diepholz, der für die Öffnung des Schlossturms für Besucher sorgte, um das Schloss den Stelenpfad aufstellte und sich um die Geschichte von Diepholz verdient gemacht hat.

Das Jahr 1945 bedeutete einen Einschnitt, der unserer Stadt – in den ersten Jahren noch nicht erkennbar – kräftige Wachstumsimpulse verlieh. Stichwörter mögen hier sein: Bevölkerungsboom, Bauboom und Flächenumnutzung mit Rückgang der Landwirtschaft, Vordringen der Dienstleistungssektors auf Kosten des Handwerks, Wohlstandsboom, zunehmende Mobilität der Bevölkerung, neue Formen der Konkurrenz mit größeren Städten im weiteren Umland bis nach Bremen und Osnabrück.

Kreisstruktur und Verwaltung

Die Zeit des Friedens begann in Diepholz mit einer Rede des Kommandeurs der Royal Air Force J. H. Bentham von der Militärregierung an die dorthin bestellten Erwachsenen auf dem Marktplatz am Tag der Kapitulation. Er warnte, Zeichen von Missachtung würden zur Verhaftung führen. Inhaltlich fasste er die an die Briten gerichtete Rede des Premierministers Churchill vom gleichen Tag zusammen. Erst am Schluss wandte er sich an die Deutschen, indem er ihnen vorwarf, sie hätten eine kleine Schicht an die Macht gebracht, „weil man euch die Herrschaft über die Welt versprach." Dann hatten alle zwei Minuten lang barhäuptig der Toten und Verstümmelten zu gedenken.[1]

Oberste lokale Gewalt nach dem Krieg wurde zunächst die britische Militärregierung 825 in Diepholz, Hochbauamt an der Langen Straße, dann in der Stüvenstraße, ab 16. Dezember 1946 Schillerstraße 1, wo sich bisher die Offiziersmesse befunden hatte, und ab Ende Februar 1947 Eschfeldstraße 24. Sämtliche Hotels wurden beschlagnahmt, außerdem zahlreiche Häuser und Wohnungen; wo die Inhaber unterkamen, mussten sie selbst organisieren. Meistens blieben ihnen nur wenige Stunden Zeit zur Räumung. Hier wurde angeordnet, nichts dürfe mitgenommen werden, woanders wiederum mussten alle Möbel ausgelagert werden. Klaviere wurden ins Seglerheim Lembruch, in die Muna Rehden und ins UNRRA-Lager auf dem Flugplatz „verlagert". In der von einem Tag auf den anderen geräumten Villa Groeck auf dem Esch ließ sich nach dem Umzug aus der Lübkemannschule am 7. Juli 1945 bis März 1946 das Army Post Office nieder, in dem deutsche Frauen die Post der 8. Highland Division weiterleiteten.[2] Der militärische Geheimdienst arbeitete bis März 1946 im Haus Hindenburgstraße 31, Wuthenaustraße 10 wurde zum Offizierscasino, im „Schauburg Cinema" richtete der YMCA eine Kantine ein. Sammlerinnen trugen Kleidungsstücke für 58 Überlebende des KZ Bergen-Belsen zusammen; wer nicht sofort etwas abgab, dem wurde mit dem Eingreifen britischer Soldaten gedroht.[3] Bürgermeister Brüning meldete am 8. Oktober 1946, dass „bei den sog. Nazis kaum noch was zu finden" sei, denn für das DP-Lager waren 1.000 Federbetten. 1.500 Wolldecken, 4.500 Bettstellen, 1.500 Bestekke, 1.200 Teller, 1.500 Tassen, 1.000 Stühle und Sofas und Teppiche gesammelt worden.[4] Noch im Juni durfte man sich nicht weiter als 30 km vom Wohnort entfernen, auf Rädern nur bis 5 km vom Wohnort, wenn man landwirtschaftlich tätig war. Bei Tierarzt Dr. Wilhelm Lükking wurden Ende Juni acht Operationsmesser beschlagnahmt.[5]

Wie eine Befreiung wirkten diese Befehle auf die Betroffenen natürlich nicht, sondern wie Willkürakte. Mehrere Dutzend politisch gefährlich erscheinende und belastete

Schild der britischen Militärverwaltung in Diepholz

Leute wurden aus ihren Stellungen entfernt, einige in Lager verbracht. 260 Konten wurden auf ungewisse Zeit, das bedeutete oft auf Monate oder längstens bis April 1950, gesperrt.[6] Nicht jeder durfte in seinem Beruf weiter arbeiten. Überwindung der jüngsten Vergangenheit bedeutete auch die Erfassung des jüdischen Grundbesitzes ab 16. April 1945 und die Entnazifizierung der Straßennamen am 22. Mai 1945.[7]

Vergessen wir nicht die durch die Kriegsfolgen lange Bedrückten, die Kriegsgefangenen, die Kriegsversehrten und die Angehörigen von Vermissten und im Kampf ums Leben Gekommenen! Nur ein Beispiel: Die einzige Tochter Erika hat ihren Vater, den Stabsgefreiten Heinrich Stickan, nie selbst kennengelernt, denn er „fiel" im Alter von 30 Jahren am 26. April 1945 in schweren Kämpfen in Epfenhofen (Schwarzwald). Ihre fast ein Jahr lang bangende und hoffende Mutter erhielt die Nachricht erst am Ende des Winters 1946. Erika hat sich später sehr in der kirchlichen Jugendarbeit und in der deutsch-französischen Verständigung eingesetzt, um für den Frieden zu werben.

Landrat Wilhelm Oppermann (1896-1989)

Im April 1945 plünderten Deutsche, Briten und Polen in großem Umfang in Geschäften und Lagern Maschinenteile und anderes Wertvolles bis hin zu Zigarren.[8] Vom Sommer 1945 bis Juni 1946 raubten fast durchweg Polen, befreite Kriegsgefangene und Zwangsarbeiter aus dem Lager auf dem Fliegerhorst nicht nur, aber vor allem die Bauern aus. Kleidung, Wäsche, Fahrräder, Nahrungsmittel wie Eier, Milch und Fleisch, Kartoffeln und Vieh auf der Weide waren heiß begehrt.[9]

Im Juli 1945 wurde ein Landwirt von der Graftlage auf dem Weg nach Lehmden krankenhausreif geschlagen, ein Vierteljahr danach das Ehepaar Heßlau beim zweiten Einbruch innerhalb einer Woche mit Beilhieben auf den Schädel schwer verletzt. Auf einem einsamen Hof im Diepholzer Moor wurde noch im März 1946 ein junger Mann erschossen, der die Habe der Familie schützte.[10] Die letzten Vorfälle dieser Art ereigneten sich im Mai 1950 mit Einbrüchen in die litauische Kantine auf dem Fliegerhorst und an der Herrenweide.

Einer Landplage gleich empfunden wurden die vielen „Hamsterer" von außerhalb, die vor allem im Jahre 1946 Kartoffeln, Schuhsohlen, Nähmaterial, Fahrradreifen und Lebensmittel wie Brot, Gemüse und Fisch eintauschen oder bei hohen Preisen erwerben wollten.

Kommissarischer Landrat war zunächst der Sozialdemokrat Professor Oppermann, der im 3. Reich aus politischen Gründen an die Graf-Friedrich-Schule zwangsversetzt wurde, dann der 1933 aus politischen Gründen als Kommandeur der Polizeischule Hann. Münden entlassene Heimard Büttner, der bis August 1946 erster Oberkreisdirektor und damit Verwaltungschef war.

Am 30. Januar 1946 trat im Diepholzer Rathaus der von der britischen Militärregierung mit Beratung durch zuverlässig erscheinende einheimische Deutsche ernannte Kreistag unter dem gleichfalls ernannten Landrat Friedrich Hanker erstmals zusammen.[11] Anwesend war der Kommandeur der Militärregierung des Kreises Diepholz, Oberstleutnant Stoddard. Die Mitglieder kamen je zur Hälfte aus den alten Kreisen Diepholz und Sulingen. Unter den 32 Personen waren ein Evakuierter und Marie Springe aus Diepholz als einzige Frau.

Ein eigenes Wappen erhielt der Landkreis erst 1951 nach einem Entwurf aus dem Jahre 1936, an dem Dr. Kinghorst mitgearbeitet hatte und das 1939 vom Kreisausschuss genehmigt worden, aber erst am 23. Februar 1951 vom Kreistag gebilligt wurde.[12]

Zuerst war Gustav Brüning die Ansprechperson für viele. Die Briten setzten ihn kommissarisch als Landrat, Leiter des Arbeitsamts, der Postverwaltung und der Fahrbereitschaft ein. Kaufmann Willy Samenfeld, der als Enkel eines zum Christentum konvertierten Juden im 3. Reich keinen leichten Stand gehabt hatte – und dessen jüdische Verwandtschaft zum größten Teil ermordet wurde –, wurde sein Sekretär und Stellvertreter.[13] Daneben wurde der Stadtausschuss umgebildet, in dem Nationalsozialisten durch Demokraten ersetzt wurden. Kurz vor Weihnachten 1945 wurden von Brüning den Briten vorgeschlagene Stadtvertreter in ihr Amt eingeführt.

Die Briten führten die zweigleisige Verwaltung ein. Damit wurde ein ehrenamtlicher Bürgermeister Vertreter der Bevölkerung, während das Amt des Stadtdirektors als Leiters der Verwaltung neu geschaffen wurde. Der Magistrat als beschließende Körperschaft entfiel. Gustav Brüning als politisch unbelasteter Berufsbeamter blieb Chef der Verwaltung, Willy Samenfeld, mit absoluter Mehrheit gewählt, wurde am 7. Februar 1946 in Anwesenheit von vier Briten die Position des Bürgermeisters anvertraut.

Im Landkreis war Dr. Hans Brunow von 1946 bis 1959 Oberkreisdirektor, gefolgt von Udo Veltkamp, der am letzten Tag des Jahres 1976 in den Ruhestand ging und dadurch ermöglichte, dass nach einem Intermezzo im Zuge der Kreisreform der Syker Verwaltungschef im folgenden Jahr Oberkreisdirektor des neuen Großkreises Diepholz werden konnte.

Zur Bewältigung neuer Aufgaben wurden ein bis 1951 bestehender Kreissonderhilfsausschuss beim Landratsamt, der Entnazifizierungshauptausschuss (im Niedersachsenhaus), das Kreiswirtschaftsamt und die Kohlenstelle (an der Römlingstraße), eine Flüchtlingsbetreuungsstelle, ein Flüchtlingsausschuss und eine Wohnungskommission eingesetzt.

Für die Flüchtlinge mussten Textilien gesammelt werden, 170 beschlagnahmte Zimmer für Flüchtlinge reichten nicht, besonders, als im Mai und Juni 1946 die großen Sammeltransporte der nach Plünderungen und Misshandlungen aus dem unter polnische Verwaltung gestellten Schlesien ausgewiesenen Deutschen eintrafen.[14] Hunderte ohne Hab und Gut, allenfalls mit einem Rucksack und einem Köfferchen waren es, die notdürftig versorgt wurden. Im Saal des „Hotel zum Grafen", später in der Graf-Friedrich-Schule wurde für die Vertriebenen eine Gemeinschaftsküche eingerichtet, im Küsterhaus neben der Kirche eine Nähstube und eine Schuhmacherwerkstatt. Im Mai 1946 wurde über Arbeitslosigkeit und Schlangestehen beim Fischverkauf geklagt. Wohnraum zu beschaffen war nicht einfach. Zwar konnten die Baracken im Süden der Stadt freigegeben werden, doch reichten sie nicht entfernt aus. Nissenhütten und Baracken waren ebenfalls nur Notbehelfe. Noch im Herbst 1950 fehlten 500 Wohnungen, 60 Familien lebten in Holzbaracken und 80 in Elendsquartieren.[15]

Die Verwaltung der Stadt wurde erstmals seit der Weimarer Republik demokratisch durch freie Wahlen legitimiert, als am 15. September 1946 60% der Wahlberechtigten sich für die Niedersächsische Landespartei (9 Mandate), für die SPD (6) und für die FDP (3) entschieden.[16] Der bisherige Bürgermeister Samenfeld wurde vom Stadtrat bestätigt. Der Rat wählte am 28. Oktober 1946 erstmals drei Frauen in zwei Ausschüsse.[17] Am 11. März 1947 zog als Nachrückerin für Hermann Hoffmann (SPD) mit Dora Juschkat die erste Frau in den Stadtrat ein.[18]

Die erste Kreistagswahl bestätigte dieses Ergebnis im Wesentlichen.[19] In der Stadt lag wieder die NLP vor der SPD, der FDP, auch der CDU und der KPD. Die erste Landtagswahl am 20. April 1947 zeigte ebenfalls die gewaltige Überlegenheit der Landespartei vor allen anderen Konkurrenten.[20] Bei den Neuwahlen zum Stadtrat im Dezember 1948 nahm die DP einen Spitzenplatz vor der SPD ein, doch gelang es der CDU bereits, sich an die dritte Stelle vor die Zentrumspartei und die KPD zu setzen.[21] Schon im August 1949

Landrat (1941-1943), Stadtdirektor (1950-1959) und Oberkreisdirektor (1959-1976) Udo Veltkamp

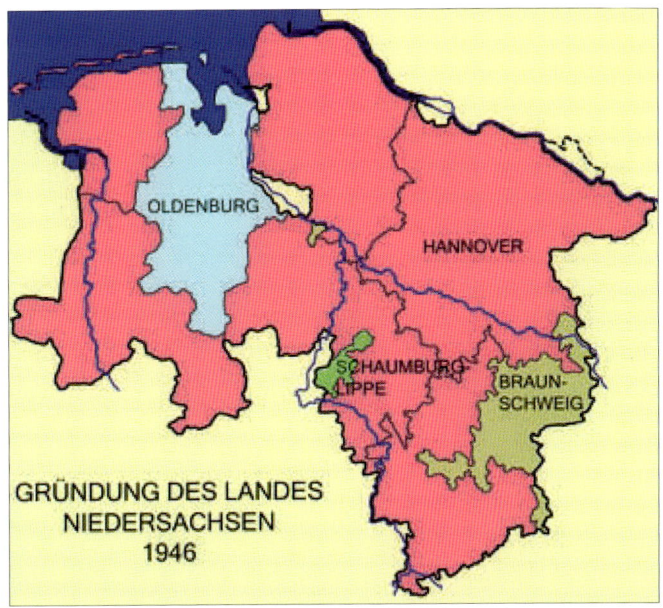

Das neue Land Niedersachsen wurde im Jahre 1946 aus den Länder Hannover, Braunschweig, Oldenburg und Schaumburg-Lippe gebildet.

zeichnete sich ein Umschwung ab: Die CDU stand nun mit 5 Mandaten bereits hinter der DP mit 8 und vor der SPD mit nur noch 3 Sitzen; 3 nahmen Unabhängige ein.[22] In den fünfziger Jahren setzte sich allmählich (1957 erstmals mit einem Bundestagsabgeordneten) die CDU vor die SPD und die DP, deren Anhänger im Landkreis 1957 noch den Landrat und 1959 den Landtagsabgeordneten durchsetzen konnten, seit 1959 jedoch vor allem die FDP und die CDU bevorzugten, So erhielt die CDU bei der damaligen Landtagswahl in der Stadt bereits ein Drittel der Stimmen.[23]

Die FDP war erfolgreich, als es um die Frage der Nachfolge Samenfelds als Bürgermeister ging. Sie kooperierte mit der CDU, doch ist noch zu zeigen, dass das in der konservativen Kleinstadt nicht die einzige Möglichkeit war. Der bisherige Beigeordnete Langhorst wurde am 10. April 1961 zum Bürgermeister gewählt.

Bei der Ratswahl 1972 wurden zum ersten Mal zwei Frauen gewählt, und zwar Ursula Stybalkowski für die SPD und Helge Bredemeyer für die CDU.[24]

1974 hatte sich die Demokratie seit über einem Vierteljahrhundert als stabil und erfolgreich erwiesen. Die damalige Kommunalwahl bestätigte einen langjährigen Trend. Die CDU stand mit zehn Sitzen (1976: 14) deutlich an der Spitze, erreichte aber nicht die absolute Mehrheit, die SPD bildete stets die zweitstärkste Fraktion, jetzt mit zehn Mandaten (1976: 11), und die FDP stellte mit sechs Abgeordneten (1976 ebenso) eine respektable Minderheit dar.[25] Auch im Übergangskreistag des Landkreises Diepholz (1977) war die CDU mit 29 Sitzen vorn, die SPD hatte 21 und die FDP 9.[26] Als im Juni 1982 erstmals die Grünen in Erscheinung traten, gelang es ihnen nicht, diese Verhältnisse deutlich zu verändern.

Immerhin zeigt sich an der Wahl der Ratsvorsitzenden, dass die Fraktionen flexibel waren. Zweimal ermöglichte die FDP einen Bürgermeister der SPD (Bernhard Wehring und Klaus Peter Sander), stellte ihn aber auch selbst (Bernhard Langhorst, Hans-Werner Schwarz) oder votierte für einen Bürgermeister aus den Reihen der CDU (Oskar Bödeker).

Ein bemerkenswertes Beispiel für Möglichkeiten und Grenzen der Bürgerbeteiligung war die langjährige Auseinandersetzung um die Südtangente von der Maschstraße in östliche Richtung (mit Höhepunkten 1982 und 1988). Ergebnis war, dass die Anlieger wenigstens einen Kompromiss erreichten. Die Stadt beschränkte sich auf den positiven Begriff einer Süd-Ost-Entlastungsstraße und verzichtete auf die Überführung über die Bahnstrecke, baute aber mit einer begrünten Lärmschutzmaßnahme bis kurz vor den Gleiskörper und schuf 2009/10 nach langen Verhandlungen mit der Deutschen Bundesbahn, dann mit der Deutschen Bahn AG, eine Unterführung unmittelbar nördlich des Bahnhofs, wodurch der Bahnübergang Nährweg, wie von der Bahn und den Bürgern im Wohngebiet Barlager Wegs gewünscht, aufgehoben werden konnte. Begrenzten Erfolg hatte die bis zum Landesminister Remmers vorgedrungene Bürgerinitiative gegen die Geruchsbelästigung durch die Tierfrischmehlfabrik (1988 gegründet).

Kehren wir zu den Anfängen zurück: Auch wenn viele noch unter den Beschlagnahmungen und Verhaftungen litten, warben die Briten schon Anfang 1947 auffallend um die Deutschen. Kom-

Stadtdirektor war von 1959-1987 Wolfgang Hintze, hier bei seiner Verabschiedung.

mandeur Wilsher lobte im Februar vor dem Kreistag Deutschlands Beitrag zur Weltzivilisation, warb um Vertrauen und zitierte ein niedersächsisches Sprichwort über den Vorrang von Nachbarn vor Freunden.[27] Sein Nachfolger, der Kreis Resident Officer Brigadier Krohn, bedauerte im Spätsommer 1947 sogar das Versagen der Alliierten in der Deutschlandpolitik.[28] Dennoch konnte, wer wollte, sich mit der grausigen jüngsten Vergangenheit auseinandersetzen, als im März 1947 in der „Schauburg" bei freiem Eintritt der Film „Todesmühlen" über die Konzentrationslager gezeigt wurde.

Die Besatzungsmacht zog sich schrittweise zurück. Noch am 25. Mai 1945 hatte sie angeordnet, Franz Erbricht möge dreimal in der Woche Müll abfahren, zuerst den der englischen Truppen.[29] In den folgenden Jahren aber erkannten die Briten, dass sie den Diepholzern vertrauen durften. Ein markantes Zeichen der neu geordneten Beziehungen zu der soeben gegründeten Bundesrepublik Deutschland war am 1. September 1949 die Umbenennung der Dienststelle des Kreis Resident Officer in „British Resident. Landkreis Office". Doch im selben Jahr sprengten die Briten die von den fünf Pächtern instandgesetzte Drainierung und zogen Gräben, um das Flugplatzgelände versumpfen zu lassen und für den militärischen Gebrauch uninteressant zu machen. Sie gaben die Flugzeughallen nicht frei, so dass Industriebetriebe nicht angesiedelt werden konnten und die Arbeitslosigkeit künstlich aufrechterhalten wurde.[30] Im Dezember 1954 protestierte der Rat bei den Briten gegen den Einbau von Sprengkammern an der neuen Lohnebrücke am Postdamm, nachdem der Bürgermeister einen Einbau an den Widerlagern der alten Brücke verhindert hatte.[31] Sollten Anstalten dazu beobachtet werden, sollte die Sirene auf dem Rathaus ertönen und die Bevölkerung zu einer Demonstration herbeirufen – ein Zeichen, wie tief die Kriegserlebnisse sich in das Bewusstsein eingegraben hatten.

Am 1. September 1950 war nur noch der britische Resident McMahon in Syke für die Kreise Grafschaft Hoya und Grafschaft Diepholz mit einer Dependance an der Römlingstraße 8 zuständig, doch im Oktober 1951 wurde McMahon nach Irland versetzt, sein Nachfolger Owen Evans in Nienburg befasste sich ausschließlich mit Wohnraumbeschlagnahme und Interzonenpässen, und das Diepholzer Büro wurde mit Jahresbeginn 1952 geschlossen. Von 1954 bis zum Ende der Besatzungszeit 1955 amtierte der für Diepholz zuständige British Resident in Verden.

Zum Glück blieb der – wenn auch stets bedrohte – Frieden im Kalten Krieg erhalten. Sogar der seit 1932 bestehende Groll der Sulinger auf die Diepholzer legte sich nach und nach, denn die nachwachsenden Generationen kannten Sulingen nicht mehr als Kreissitz. Nur dass Sulingen eine Diepholzer Straße hatte, Diepholz aber lange Zeit keine Sulinger, ärgerte auch jüngere Lokalpatrioten. Immerhin konnte man in der Lokalpresse als Nachklang der Erbitterung von 1932 noch 1957 lesen: „Was in der Südafrikanischen Union Pretoria und Johannesburg sind, das sind im Kreise Grafschaft Diepholz in etwa Diepholz und Sulingen."[32]

Seit 1968 bangten die Diepholzer selbst um den Kreissitz. Verschiedene Modelle wurden diskutiert, wie 1969 die Zusammenlegung des Altkreises Diepholz mit dem starken Vechta oder die des Landkreises Grafschaft Diepholz mit dem Landkreis Nienburg; Kreissitz wäre dann nicht Diepholz geworden. Für Syke sprach seine Nachbarschaft mit den beiden größten Gemeinden Stuhr und Weyhe. Der Rat trug dagegen vor, Diepholz verlöre Arbeitsplätze, während Syke sich an Bremen halten könne, das Landesraumordnungsprogramm verlange Diep-

Im Jahre 1977 wird aus dem Landkreis Grafschaft Diepholz und Teilen des Landkreises Grafschaft Hoya (die Samtgemeinde Harpstedt kommt zum Landkreis Oldenburg, die Samtgemeinden Hoya und Eystrup zum Landkreis Nienburg) der Landkreis Diepholz gebildet.

holz als Schwerpunkt durch seine Mittellage zwischen Oberzentren, und es habe genügend Gebäude und Erweiterungsfläche für die Kreisverwaltung.[33] Sulingen und Twistringen schienen zumindest Diepholz-Gegnern ebenfalls als Kreissitz geeignet. 1976 setzte sich zum großen Kummer der Syker und ihrer Nachbarn die 1975 in Hannover vorgeschlagene Zusammenlegung des bereits um die Gemeinde Borstel vergrößerten bisherigen Landkreises Grafschaft Diepholz mit dem Kern des Landkreises Grafschaft Hoya (Bassum, Bruchhausen-Vilsen, Martfeld, Stuhr, Syke, Twistringen, Weyhe) durch.[34] Diese Entscheidung der Landesregierung aus CDU und FDP auf Grund der überzeugenden Diepholzer Argumente auch unter dem Einfluss des im Sulinger Kreisteil wohnenden FDP-Vorsitzenden und zeitweiligen Landtagsvizepräsidenten Heinrich Jürgens war umstritten, doch konnten die Syker selbst vor dem Staatsgerichtshof in Bückeburg keine Änderung mehr herbeiführen. Seit 1. August 1977 Kreisstadt des neuen Großkreises, war Diepholz immer noch als Kreissitz gefährdet.[35] Am 2. Juli 1979 beschloss der Kreistag endgültig Diepholz als Kreissitz zu belassen und Syke zur Außenstelle für den Norden einzustufen.[36] Landrat Zurmühlen (Bramstedt), Oberkreisdirektor Hans-Michael Heise (Syke) und eine Reihe von Mitarbeitern pendelten jahrelang von ihren Wohnorten im Norden nach Diepholz. Unter dem ersten hauptamtlichen und gewählten Landrat Gerd Stötzel wurde der Sonderstatus Sykes 2004 aufgehoben, da er hohe Kosten verursachte. Nur publikumsintensive Aufgaben wie die Kfz-Zulassung für die Gemeinden im Norden blieben Syke erhalten.[37] Die Verwaltung des Landkreises umfasst weit über 900 Bedienstete und ist damit einer der wichtigsten Arbeitgeber in der Kreisstadt.[38]

Der sich aus der Kreisreform ergebende Zuwachs an Mitarbeiterstellen in Diepholz führte zu weiterem Raumbedarf in der Kreisstadt. Da Oberkreisdirektor Udo Veltkamp in den Ruhestand trat und seine Nachfolger das Niedersachsenhaus nicht bezogen, wurden hier Verwaltungsstellen untergebracht wie das Kreisarchiv (später an der Grafenstraße), die Kreisbildstelle (dann als Kreismedienzentrum in der alten Realschule an der Bahnhofstraße, jetzt in der Mediothek in der Thouarsstraße), die Amtsräume des Landrats und die Feuereinsatz- und

Oberkreisdirektor Hans-Michael Heise (1977-2001) und Stadtdirektor Herbert Heidemann (1987-2005) beim Telefonieren in Diepholz 1988

Hauptamtlicher Landrat Gerd Stötzel (seit 2001) bei der Eröffnung der Mediothek in Diepholz *Foto: Reinald Schröder*

Rettungsleitstelle für den gesamten Landkreis. Ferner wurden die frühere Landwirtschaftsschule an der Grafenstraße und das ehemalige Postamt an der Ecke Welle- und Prinzhornstraße zusätzlich zu den Gebäuden an Niedersachsen- und Römlingstraße genutzt.

Die Stadtverwaltung wuchs nach dem Krieg im Hinblick auf ihre Aufgaben und auf ihr Personal. Das Rathaus bot nicht mehr genügend Platz, so dass ein Teil der Angestellten auf die Etage über dem „Aldi"-Markt an der Bahnhofstraße ausweichen musste, was manche Betriebsabläufe erschwerte. Das Stadtarchiv wurde von Emil-Johannes Guttzeit aufgebaut, der froh war, als er an der Hinterstraße ein eigenes „Reich" – die bisherige Stadtbücherei – bekam, doch war er dadurch vom Rathaus getrennt. Auch nach einem Umzug in ein rückseitig erreichbares Stockwerk des OLB-Gebäudes erging es ihm nicht besser. 1986 endlich konnte sein langjähriger Mitarbeiter und Nachfolger Herbert Major in den Keller des neuen Rathauses einziehen, wo ihn acht Jahre später Falk Liebezeit (mit Erfahrung aus dem Staatsarchiv Oldenburg) ablöste.

1978 hatte die Stadtverwaltung die Bauverfahren vom Landkreis übernommen, so dass sich die Frage nach einem größeren Rathaus noch dringlicher stellte. Doch wo bauen? Anbauen oder besser auf den Südteil des Marktplatzes oder auf den Lappenberg umziehen, dort, wo das Kontor der Firma Schwarze stand? Am 11. Dezember 1980 entschied der Rat knapp für den Standort Lappenberg.[39] 1986 zog die Verwaltung endlich in das seit April 1984 von der Architektengruppe Gestering, Bremen,

Der Rathausmarkt vor dem Bau des Rathauses im Jahre 1976. In der Langen Straße entsteht gerade das Gebäude der Oldenburgischen Landesbank, das Parkhaus besteht noch nicht.

Der Rathausmarkt im Jahre 2008 *Foto: Peter Merk*

durch die Architekten Hermann von Ohlen und Rudolf Rüffer geplante und auf Grund eines Ratsbeschlusses vom 14. März 1983 verwirklichte, etwa 3.844 qm Flächen umfassende Rathaus am Rathausmarkt mit dem Uhr- und Glockenspielturm ein und beendete die Provisorien. Die offizielle Einweihung am 21. Mai 1986 durch den Niedersächsischen Minister des Innern, Dr. Egbert Möcklinghoff, in Anwesenheit zahlreicher Ehrengäste führte alle Dienststellen wieder zusammen.[40]

Die beiden Baukörper stehen in einem Winkel von 60 Grad zueinander und bilden damit eine Begrenzung des Rathausmarktes. Der teilbare Rathaussaal stellt eine Sichtbeziehung von der Langen Straße durch die Ledebourstraße her. Er dient als Tagungsstätte der Ratsmitglieder, aber auch für Ausstellungen, Vorträge und Kammermusik-Veranstaltungen. Durch die Übernahme des Buntglasfensters aus dem alten Rathaus sind Geschichte (erste Erhebung zur Stadt), Gegenwart (Handeln) und Zukunft (Auswirkung des Handelns) miteinander verbunden. Die publikumsintensiven Ämter sind im Erdgeschoss untergebracht, zur Geschichte steigt man in den Keller hinunter, das Bauamt überblickt die Stadt aus dem oberen Stockwerk und der Bürgermeister amtiert als Bindeglied zu allem in der mittleren Etage auf der Ebene des Ratssaals. Durch die roten Ziegel wird eine Harmonie zwischen Rathaus und Fußgängerzone hergestellt.

Auf dem Rathausmarkt wurde 1987 eine Brunnenanlage des Düsseldorfer und seit 1983 auch Diepholzer Avantgarde-Künstlers der Gruppe ZERO, Hans-Albert Walter, der Öffentlichkeit übergeben. Im bisherigen, nun „Alten Rathaus", wurden die Gaststätte „Körstube", zeitweise die Information der Stadtwerke (heute in der früheren Post an der Wellestraße), die Geschäftsstelle des Kulturrings (heute im Rathaus, dafür die regionale Europa-Information) und Räume der Volkshochschule untergebracht.

Die Ausweitung und Intensivierung der Aufgaben zeigte sich etwa darin, dass im Laufe der Zeit eine Frauen- oder später Gleichstellungsbeauftragte (hauptamtlich: Christina Runge von 1995 bis 2002, seit 2003 nebenamtlich betreut von Frau Rosl Kurella), eines Wirtschaftsförderers (seit 1998,

Das Rathaus mit Glockenspiel im Turm und Brunnen von Hans-Albert Walter im Jahre 2009 *Foto: Andreas Esser*

begonnen durch eine Frau) und ein Fachmann für Öffentlichkeitsarbeit eingestellt wurden und die Aussiedlerbetreuung von Emma Steinhauer 1998-2002 bzw. Ehrenamtlichen wie Adalbert Cisek wahrgenommen wurde. Über 100 Bedienstete zählt die Stadtverwaltung, während noch vor nicht einmal einem Dreivierteljahrhundert jeder Bürger die Namen sämtlicher Mitarbeiter nennen konnte. Und in den sechziger Jahren kannte jeder wenigstens die imposanten Gestalten von Louis Becker und Kurt Wilhelm. Heute ist der Überblick schwierig geworden, wenngleich Namen wie Gregor Korte, Karl-Heinz Buns, Christian Rumsfeld und Karsten Hage vielen geläufig sind. Allein der Bauhof an der Strothestraße zählt 25 Beschäftigte, die sich um Straßen, Wege, Grünanlagen, Spielplätze und Friedhöfe kümmern und den Winterdienst besorgen. Ein großer Maschinenpark mit Holzschredder, Hubsteiger, Motorsägen, Friedhofsbagger, Großflächenmäher und Heckenschneidemaschine und das Gewächshaus für die Bepflanzung öffentlicher Flächen mit Blumen werden hier vorgehalten.

Gegenwärtig unterstehen dem Bürgermeister drei Fachdienste. Fachdienst 1 ist für zentrale Dienste und Finanzen zuständig; ihm gehören das Büro des Bürgermeisters, die innere Verwaltung und die Finanz- und Vermögensverwaltung an. Der Fachdienst 2 ist unterteilt in die Bereiche Sicherheit und Ordnung, Soziales und die Büros für Bildung und Familie. Fachdienst 3 (Gestaltung der Umwelt) befasst sich erstens mit der räumlichen Planung und Entwicklung, Bauen und Wohnen, zweitens mit Verkehrsflächen und Anlagen, drittens mit Natur- und Landschaftspflege und Umweltschutz, und viertens mit dem Klärwerk, dem Friedhof und dem Bauhof. Bedeutsam als Gedächtnis der Stadt ist natürlich das Stadtarchiv, dessen Leiter, der Genealoge Falk Liebezeit, zugleich für das Archiv des Landkreises zuständig ist.

Dem wachsenden Bedürfnis nach Repräsentation und Kommunikation trug die Stadt insofern Rechnung, als sie 1979 erstmals zu einem Neujahrsempfang einlud. Der Bürgermeister führte eine Sprechstunde ein, damit Bürgerinnen und Bürger ihre Anliegen an einem festgesetzten Termin vortragen konnten. Bewährt hat sich dieses Verfahren kaum, da Diepholz noch überschaubar geblieben und der Bürgermeister „nicht aus der Welt“ ist.

Stets war Diepholz vom Fortzug von Institutionen bedroht. 1960 wurde die Regierungskasse mit der in Nienburg bestehenden vereinigt. Ende 1963 stellte die Landbauaußenstelle der Landwirtschaftskammer unter ihrem Leiter Ernst Schürmann (seit 1939) ihre Arbeit ein. Das Zollamt wechselte 1960 nach 22 Jahren von der Wellestraße an die Grafenstraße und wurde 1996 aufgelöst, die von ihm wahrgenommenen Aufgaben wurden nach Lohne verlagert. Das Staatliche Forstamt Hindenburgstraße 62 wurde zum 1. Oktober 1966 ersatzlos gestrichen und das Gebäude 1968 vom Landkreis angekauft. Ebenso verlor die Bahn das Interesse an der Güterabfertigung am Bahnhof. 1993 stellte die Schulverwaltung ihre Tätigkeit im Schulaufsichtsamt Diepholz an der Bahnhofstraße ein und bündelte sie für den Landkreis in Syke. 1995 wurde das Staatliche Hochbauamt aufgehoben und ging in einer Baugruppe des Hochbauamts Osnabrück, dann ohne Diepholzer Dependance im Staatlichen Baumanagement Osnabrück auf, dessen Leiter 1996 der Diepholzer Richard W. Bitter wurde.

Dass eine Zusammenarbeit zwischen selbst durch Moore getrennte Konkurrenten sinnvoll sein könnte, war eine Idee des Diepholzer Naturliebhabers Dr. Walter Unteutsch, die dieser im Mai 1971 vor dem Heimatverein Lohne äußerte. Es dauerte noch eine geraume Zeit, bis sie 1995 durch das vor allem kulturell tätige „Städtequartett“ Damme, Diepholz, Lohne, Vechta umgesetzt wurde. Richtig lebendig ist die Kooperation zumindest im Bewusstsein der Bevölkerung nicht geworden.

Das Arbeitsamt als Nebenstelle des Amtes in Bassum zog 1979 von der Grafenstraße an die

Mitarbeiter des Bauhofes im Jahre 1960

Der Arbeitsmarktservice in der Bahnhofstraße, vormals Krapp
Foto: Reinald Schröder

Kolkstraße um, später an die Schloßstraße und die Bahnhofstraße, wo es als Agentur für Arbeit und als Job-Center firmiert.

Sage keiner, die Diepholzer seien konservativ! Immer wieder findet man Lust zu Neuem. Die erste Kinderbeauftragte Deutschlands wurde 1991 – von der Stadt Diepholz eingestellt, kündigte freilich bereits nach gut einem Vierteljahr.

Entwicklung der Stadt

Nach dem Ende des großen Krieges mussten die Kriegsschäden beseitigt werden. Das Wirtschaftsgebäude des Hofes Helmsmüller auf der Graftlage trägt noch heute die Jahreszahl 1946 als Erinnerung an den Wiederaufbau des durch Erdkampf im April 1945 vernichteten Gebäudes. Aus Moorteichen am Fliegerhorst wurden bis 1952 mehrere tausend deutsche Geschosse und britische Granaten geborgen.[41] 1953 fand man 20 Flammenbomben im Moor im Bereich des früheren Scheinflugplatzes, 1957 Bomben an der Huntebrücke vor Falkenhardt.[42]

Die bereits Ende der dreißiger Jahre begonnene Ausweitung der Stadt nach Südwesten wurde durch die am 29. April 1949 gegründete Wohnungsbau- und Siedlungs-GmbH des Kreises Grafschaft Diepholz vorangetrieben.[43] Sie erwarb im selben Jahr 40.000 m² Baugelände nordöstlich des Fliegerhorstes auf der Herrenweide, um Siedlungshäuser mit kleinen Ställen für Hühner und ein paar Schweine und Gartenland vor allem für Vertriebene aus dem Osten zu errichten. Ungefähr derselbe Haustyp wurde 1953/54 im Auftrag der Siedlungsgesellschaft des Evangelischen Hilfswerks an der Martin-Luther-Straße verwendet und bis hinein in die sechziger Jahre in großem Umfang in den Gebieten der Herrenweide und der Maschstraße, an der Wätering und in den Jahren nach 1958 an der Engen Straße verwirklicht.[44] Auch in der Ameloge wurde gebaut: An der Rudolfstraße entstanden Mietshäuser für die Deutsche Bundespost.[45] Schon im September 1949 wurde das erste mit Hilfe der Kreissparkasse selbst geschaffene Flüchtlingshaus fertig.

Aus dem Barackenlager an der Maschstraße konnten Menschen seit 1951 in neue Doppelwohnhäuser an der Richthofen-, der Boelcke- und der verlängerten Immelmannstraße und am Sandstich umziehen. Für dieses neue Viertel wurden 1955 der Saal des Schützenhofs und die Poststelle II im Hause Döring an der Maschstraße eröffnet. Damit knüpfte die Post an die Wehrmachtszeit an, in der es außerdem ein Zweigpostamt Flugplatz gegeben hatte.

Die ehemaligen Landesschützenbaracken an der Engen Straße wurden 1960 durch zweistöckige Gebäude mit einfachen Wohnungen zu günstigen Mieten ersetzt und 1962 abgerissen.

1952 lebten mehr als 9.000 Einwohner in der Stadt, unter ihnen über 2.350 Vertriebene.[46] 600 Personen suchten eine Wohnung, fünf Jahre später ebenso viele.[47] Im Oktober 1957 standen noch fünf Baracken an der Engen Straße mit 31 Mietparteien, zwei an der Maschstraße mit 16, vier kleinere Holzgebäude in den Flakstellungen auf der Graftlage mit fünf Familien und eine Baracke am Burslopp mit drei Familien.[48] Noch bis weit in die sechziger Jahre hinein war das Zeitalter der Baracken nicht abgeschlossen. Einige ihre Freiheit schätzende Mietparteien wohnten gern in diesen Behelfsquartieren, weil die Mieten sehr niedrig waren und Vorschriften wie in Wohnblocks über Treppenhausreinigung, Mittagsruhe und Pflege der Außenanlagen fehlten.

1950 wurde am östlichen Anfang der Bahnhofstraße ein Stadtplan aufgestellt – damals noch Merkmal einer Stadt. In der Nähe (Straße An der Bahn) wuchs 1955 ein Büro- und Lagerhaus der Landwirtschaftlichen Ein- und Verkaufsgenossenschaft Diepholz empor, was zeigte, dass die Umgebung der Stadt immer noch in erheblichem Maße von der Landwirtschaft dominiert wurde.

1950 wurde die Jugendherberge auf dem Willenberg wieder in Betrieb genommen, in der 1950 2.000 und 1951 schon mehr als 4.100 Gäste übernachteten.[49] Im Sommer 1952 erwies sich die Unterbringungsmöglichkeit als zu klein, auch die aufgestellten Zelte reichten nicht.[50] Im Frühsommer 1958 wurde die DJH am Freibad in Betrieb genommen und im Sommer offiziell übergeben.[51] Damit erhielt die Herberge ihre dritte Unterkunft nach der Mittelschule (1926-28) und am südlichen Willenberg. Alljährlich übernachteten hier in den Sommerferien um die 60 Berliner Ferienkinder, die von Studenten betreut wurden. 1970 wurden 6.000 Übernachtungen gezählt – ein Zeichen für Akzeptanz und Bedarf.[52] 77 Betten in 14 Schlafräumen reichten nicht, so dass im Sommer ein großes Zelt für männliche Gäste zur Verfügung gestellt wurde. Der Deutsche Gewerkschaftsbund, die Fußballjugend und die Feuerwehrjugend nutzten die Unterkunft. Doch in den achtziger Jahren sanken die Gästezahlen deutlich (1987 nur noch 2.343 Übernachtungen)[53], und Beschlüsse des Verwaltungsausschusses im Jahre 1985 und des Rates 1986, die JH sogar durch einen Neubau in der Stadt zu halten, konnte die Neigung des Jugendherbergswerks zur Schließung nur noch aufhalten, aber nicht mehr stoppen.[54] 1990 wurde das Haus für eine Übergangszeit Notunterkunft für Aus- und Übersiedler und für Asylanten wie Türken und Libanesen, 65 Menschen, die nicht aufeinander eingestellt waren, so dass es zu Reibereien kam.[55] Seit Jahren dient es nun der „Lebenshilfe" als Haus für junge Menschen, die für ihre Lebensführung auf Hilfe angewiesen sind.

Weiterhin bestand immer noch das Altersheim auf dem Willenberg, das ehemalige städtische Krankenhaus, mit etwa 30 Bewohnern.

Das seit Mitte der zwanziger Jahre an der Bahnhofstraße untergebrachte Postamt erhielt an der Ecke Prinzhorn-/Wellestraße einen schon 1935 gewünschten, am 25. März 1952 eröffneten neuen Gebäudekomplex mit großem Parkplatz für die Fahrzeuge der Deutschen Bundespost. Der Rück-

Das Bremer Eck in den 1950er Jahren. Im Hintergrund die Neubauten der Kreissparkasse und der Post

Blick in den Innenhof der ehemaligen Postgebäude im Jahre 1996, vorne wird gerade der Neubau der Kreissparkasse erstellt. *Foto: Peter Merk*

zug der Deutschen Post begann im Jahre 1993 mit der Aufgabe der Poststelle im Hause Döring an der Maschstraße, nach dem Umzug der Hauptpost von der Prinzhornstraße in die Wellestraße wurde auch diese am 23./24. September 2008 aufgegeben. Seitdem werden die Dienstleistungen der Post vom Kaufhaus Ceka angeboten. Die Postbank eröffnete eine Finanzberatung im Hause Kohlhöfen 49.

Am 1. April 1952 trennte die Bundespost den Fernmeldedienst vom Postamt und unterstellte die Fernmeldedienststelle dem Fernsprechamt Osnabrück. Die neue Ortsvermittlungsstelle mit 600 Anrufeinheiten wurde am 12. Juli 1952 in Betrieb genommen. Die handbediente Fernvermittlungsstelle umfasste sieben Fernplätze. In mehreren Phasen wurde bis 1966 der Selbstwählferndienst eingeführt.

Für die größere Zahl der Bediensteten (besonders durch den neuen Fernmeldebaubezirk Diepholz, der um 1955 die Freileitungen im Zentrum abbaute) wurden 30 Wohnungen errichtet.

1971 wurden die Knotenvermittlungsstelle, die Ortsvermittlungsstelle und Verstärkerstellen an den Lappenberg verlegt, wo die Bundespost 1974 einen 45 m hohen Richtfunkmast mit einer Plattform in 42,5 m Höhe aufstellte.[56] Am 7. Oktober 1974 waren 1.939 Fernsprechteilnehmer an die Ortsvermittlungsstelle angeschlossen, 157 hatten Anträge gestellt. Welch ein Weg von einem Telefon am 22. Februar 1901, 93 an Neujahr 1907, 282 am 1. Januar 1939, 378 an Neujahr 1949 und 1.141 am 1. Januar 1967![57] 1983 wurde der Fernmeldeturm mit einer zentralen Rundfunkempfangsstelle ausgestattet.

1978 entstand an der Schömastraße ein Fernmeldedienstgebäude, das seinem Zweck leider nur rund ein Vierteljahrhundert diente, weil es dann der Zentralisierung zum Opfer fiel. In den achtziger Jahren begann der Anschluss von zahlreichen Haushalten an das unterirdische TV-Kabelnetz, doch bevorzugten nicht wenige den Empfang mit einer „Schüssel“ am oder auf dem Haus.

Münztelefone schienen unersetzlich zu sein, doch 1991 wurden am Pohl und im Postamt die ersten Kartentelefone aufgestellt. Einige Jahre später war der Höhepunkt des öffentlichen Fernsprechers bereits überschritten, da sich das Handy mit großer Geschwindigkeit durchzusetzen begann. Die „gelbe Post“ behielt eine zentrale Stellung durch die Verteilstelle am Südende des Willenbergs, von der aus die Sendungen für den Altkreis Diepholz und den Landkreis Vechta bearbeitet wurden. 1991 arbeiteten beim Postamt Diepholz noch 148 Beschäftigte, die täglich 49.000 Briefe umsetzten.[58]

Höchste Erhebung in Diepholz: der 1974 errichtete Fernmeldeturm *Foto: Reinald Schröder*

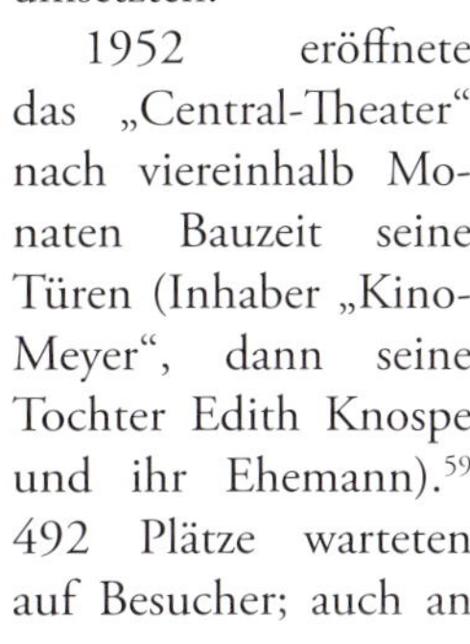

1952 eröffnete das „Central-Theater“ nach viereinhalb Monaten Bauzeit seine Türen (Inhaber „Kino-Meyer“, dann seine Tochter Edith Knospe und ihr Ehemann).[59] 492 Plätze warteten auf Besucher; auch an

Das Central-Theater erfreute sich 1955 eines regen Besuches.
Foto: Helm

Erleichterungen für Behinderte (z.B. Kriegsversehrte) war gedacht worden.[60] Daneben bestand die „Schauburg“ von 1913 weiter. Ihr Gründer Conrad Bruns starb im Januar 1955; er hatte die Entwicklung vom Stummfilm mit Klavierbegleitung über den Tonfilm zum Farbfilm miterlebt. 1965 endete die Ära Bruns nach dem Verkauf des Kinos (damals an die Aldi-Kette) und mit der Verpachtung der Gaststätte, in der längst eine Arztpraxis eingerichtet worden ist.[61] 1957 traten für die Südstadt mit Neubürgern und Soldaten noch die „Schützenhof-Lichtspiele“ (1959: „Film-Casino“, 1963 geschlossen) in dem 1955 gebauten Saal an der Maschstraße mit über 300 Sitzplätzen hinzu; der zuerst aufgeführte Film war der Zeit entsprechend „Förster-Liesel“.[62] Die zunehmende Konkurrenz des Fernsehens ließ aber drei Lichtspieltheater an verschiedenen Standorten nicht mehr zu und führte 1969 zum Tiefpunkt der Kinobegeisterung, die allerdings in den siebziger Jahren wieder deutlich zunahm, so dass heute einzig das Kinogebäude an der Wellestraße, seit 1991 das „Neue Central“ von Schäfers in Vechta, seit 1994 als „Neues Central 2001“ mit vier parallelen Filmangeboten den Bedarf befriedigt.[63] Die traditionsreiche „Schauburg“ nahm 1984 einen bundesweit verbreiteten Discounter auf, später andere Betriebe im Bereich der Fitness und der Elektronik.

Die Ära des ältesten Kinos in Diepholz, der „Schauburg“, endete 1965.

Central-Theater

Am Rathaus DIEPHOLZ Fernruf 473

Freitag, 19. 9., 16 und 20 Uhr — Sonnabend, 20. 9., 16 und 20 Uhr
Sonntag, 21. 9., 15,30, 18,30 und 21 Uhr, Montag, 22. 9., 20,30 Uhr.

JANE POWELL + GEORGE BRENT
LAURITZ MELCHIOR
XAVIER CUGAT
UND SEIN ORCHESTER

LIEBE AN BORD

Ein Farbfilm in Technicolor

Freitag, 19. 9., 22,15 Uhr — Nachtvorstellung — Sonnabend, 20. 9., 22,15 Uhr
Ein Epos der Leidenschaften

Fräulein Julie

nach Strindbergs weltberühmtem Drama. Zwei Menschen begegnen sich in einer Nacht von Rausch und Zauber. Ein preisgekrönter Film. Für Jugendliche streng verboten!

Sonnabend, 20. 9., 13,30 Uhr — Jugendvorstellung — Sonntag, 21. 9., 13,30 Uhr

Dick und Doof »Hinter Schloß und Riegel«

Das berühmte Komikerpaar unter Schwerverbrechern. Ein Lachen ohne Ende!
Eintrittspreise ermäßigt.

Filmplakat aus den 50er Jahren

Das Quartier um die Welle wurde abgerundet durch den Neubau des Kreishauses an der Niedersachsenstraße, dessen Grundsteinlegung im Oktober 1952 gefeiert und das im Februar 1954 bezogen wurde (1964 erweitert), außerdem durch die Allgemeine Ortskrankenkasse Diepholz, seit 1993 AOK Niedersachsen (Richtfest 1954 und Erweiterung

Luftbild von 1954: In der Bildmitte der Neubau des Kreishauses. Links davon der Postneubau, der Neubau der Kreissparkasse steht noch nicht und die Kreisberufsschule in der Römlingstraße besteht noch aus Barracken. Im Vordergrund sind die Gebäude der Schöma zu sehen.
Foto: Otto Schröder

1987) und durch die bisher an der Bahnhofstraße beheimatete Kreissparkasse Grafschaft Diepholz, die 1957 in den repräsentativen Neubau an der Ecke Wellestraße/Prinzhornstraße verlegt wurde.[64] In den Altbau zog die neue Standortverwaltung der Bundeswehr ein. 1977 übertraf die Kreissparkasse sich selbst an derselben Stelle unter Beibehaltung älterer Teile mit einem noch beeindruckenderen Neubau neben einem großen Parkplatz und begrüßt die Kundschaft seit 1985 mit einer Gänse-Skulptur, die die Skulptur des Münzmeisters lokalbezogen passend ergänzt und ein ähnliches Motiv (Bronzefiguren von Heike-Michaela Walter, Tochter von Hans-Albert Walter) auf dem 1988 geschaffenen Gänsemarkt in der Innenstadt variiert. Im Jahre 1998 erhielt die Kreissparkasse einen modernen und großzügigen Um- und Erweiterungsbau.

Auch das Staatliche Gesundheitsamt bezog 1957 ein neues Gebäude an der Wellestraße. 1977 wurde es der Aufsicht des Landkreises unterstellt. Seine Aufgaben sind vielfältig und reichen vom amtsärztlichen Gutachterwesen über Familienfürsorge und Impfwesen bis zur Mütterfürsorge, Seuchenhygiene und Sprachheilfürsorge.

Älteren ist noch die Werbung vor dem Hauptfilm in Erinnerung: „Und nach dem Kino in die Milchbar!" In der Nachbarschaft wurden in den fünfziger Jahren zahlreiche Häuser gebaut, so an der

Die Wellestraße mit der legendären „Milchbar"

An diesem Bild aus dem Jahre 1973 lässt sich die städtebauliche Entwicklung von Diepholz sehr gut ablesen: Vorne die Realschule mit Aula und Neubau aus den 60er Jahren. Auf der anderen Seite der Bahnhofstraße das erste und links daneben das 2. Gebäude der Kreissparkasse, zu diesem Zeitpunkt Standortverwaltung, heute Kriminalpolizei. Der Neubau der Kreissparkasse gegenüber dem Postareal ist auch gut zu erkennen. Dahinter das erweiterte Gebäude der AOK. Auf der anderen Seite der Niedersachsenstraße befindet sich der Neu- und Erweiterungsbau des Kreishauses, rechts davon die Kreisberufsschule. Im Hintergrund ist auch das Kreiskrankenhaus mit seinem Erweiterungsbau zu erkennen.

Wellestraße – mit der damaligen „Milchbar" (heute Eiscafé und Pizzeria) –, der Ratsapotheke, der Dresdner Bank (1969 eröffnet) und der Genossenschafts-, heute Volksbank und an der Dr.-Wilhelm-Kinghorst-Straße (wie 1953 das von Dr. med. Hahn).

Hier ist es an der Zeit, auf weitere Geldinstitute hinzuweisen. Die Kreissparkasse richtete 1961 die Zweigstelle Süd am Vossen Reitweg (in einem Neubau 1973) ein, zu der ab 1968 für längere Zeit eine Filiale an der Engen Straße gehörte. Die schon 1953 angesiedelte Filiale der Oldenburgischen Lan-

Neubau des Staatlichen Gesundheitsamtes an der Wellestraße

Abtanzball in der Kaiserhalle im Jahre 1953

desbank (Lange Straße/Kolkstraße) ersetzte später das beliebte „Café Haselhorst" (Inh. Gerhard Barg) an der Langen Straße und an dieser Hauptstraße etablierte sich 1972 auch die Commerzbank neben dem damaligen Neubau des Optik-, Schmuck- und Uhrengeschäfts „Uhren-Bruns" (Inh. W. Straßheim). 1973 zog die Landesbausparkasse in das Eckhaus Lange Straße 43 ein.

Bei Otto Schröder an der Langen Straße lockte seit 1957 eine Schnell-Imbissstube, der sich weitere an der Bahnhofstraße und der Steinstraße (1964) anschlossen.

Neue Dienstgebäude bekamen die Polizei, die Zweigstelle des Arbeitsamts Bassum (1953) sowie das Zollamt (1955) an der Grafenstraße. Im Jahre 1982 bezog sie ihre neuen Räumlichkeiten in der Dr.-Klatte-Straße. Die Kriminalpolizei wurde später räumlich getrennt und ließ sich im geräumten Hochbauamtsgebäude gegenüber dem Amtsgarten nieder, bis sie 2010 an die Bahnhofstraße umzog.

Modern sein war die Devise, auch wenn der Stadtprospekt Diepholz als die „alte Grafenstadt zwischen Wiesen und Moor" bezeichnete.[65] Die verwittert wirkenden holzverschalten Häuser und auch manches Fachwerkhaus galten als nicht mehr zeitgemäß und wurden abgerissen, Geschäfte erhielten neue Fassaden mit großzügigen Schaufenstern. 1957 wurde zwischen den beiden Textilgeschäften von Horn und Stüven eine Passage „nach großstädtischem Vorbild" hergerichtet.[66] Sehr vermissten die „alten" Diepholzer die Kaiserhalle, in der sie das Tanzen gelernt und so manche Ballnacht gefeiert hatten und gern in dem von Alkohol und Gesprächen gefüllten Raum neben der Bühne „versackt" waren.

1960 wurde wieder einmal ein Versuch mit einem kleinen Markt auf dem Marktplatz unternommen, diesmal glücklicherweise von größerer Kontinuität begleitet als seine Vorgänger. 1986 wurde das Geschehen auf den neuen Rathausmarkt verlegt, um die Besucher in die Innenstadt zu führen und sie in trockenen Sommern an windigen Tagen vor den Staubwirbeln auf dem Eschfeld zu verschonen.

Die Münte, im Krieg beschädigt, aber unter Denkmalschutz stehend, wurde seit 1956 unbewohnt dem Verfall preisgegeben und galt schon damals als abbruchreif, doch beabsichtigte man für eine spätere Zeit einen Wiederaufbau und nahm 1957 Dichtungsarbeiten vor. 1973 war die Ratsmehrheit für einen Abbruch, wusste aber noch nicht, was an ihre Stelle gesetzt werden sollte. Ein Brand im August beschleunigte den Unwillen über

Die Münte im Jahre 1973: ein „Schandfleck"

Die Münte 8 Jahre später: ein Kleinod

Das Geburtshaus von Frieda Duensing heute *Foto: Rolf-Andreas Wienbeck*

Rechtsanwalt Plate bzw. seinem Sohn, wich dem viel größeren Georg-Moller-Haus am Bremer Eck.

Zur Modernisierung trug auch der Ausbau der Kanalisation bei, der die Fäkalgruben hinter den Häusern überflüssig machte und 1957 archäologische Einblicke in den Untergrund der Langen Straße ermöglichte. Um den Hausanschluss am Schloss herzustellen, wurde der Burggraben leergepumpt. Hechte und Schleie „wunderten sich" über die plötzliche Trockenheit nach Herbstanfang. Ein Bürger in der Welle aber, der unabhängige Ratsherr Karl Quebe, wehrte sich 1959-64

den „Schandfleck". Im November bildete sich unter dem Einfluss der Denkmalschutzbewegung eine Bürgerinitiative aus engagierten Architektur- und Geschichtsfreunden, die den Rat tatsächlich bewog, den Abbruchbeschluss auszusetzen, schließlich aufzuheben und die Münte zu entkernen und bis 1979 wiederaufzubauen. Um die Entkernung 1976 machten sich Pioniere der Luftwaffe verdient. Anfang 1979 wurde erneut Brandstiftung gemeldet, doch im Sommer konnte der fertige Neubau (Bürgermeister Bernhard Wehring: „keine Pommesbude") zu 70% unter Verwendung alter Balken der Öffentlichkeit präsentiert werden. In der Nähe retteten Gregor Korte, der Leiter der städtischen Bauverwaltung, und BBS-Lehrer Jürgen Kleinert das Haus, in dem einst die soziale Jugendpolitikerin Frieda Duensing aufgewachsen war.

Der Nachfolger des Geburtshauses von Hofbaumeister Georg Moller, seit 1865 im Besitz von

gegen den Anschlusszwang; er argumentierte, er benötige die selbst produzierte Jauche für seinen Garten und sehe nicht ein, dass er dafür Gebühren zahlen solle, dass er seine Produktion kostenlos an die Stadt abzugeben gezwungen sei und sogar zusätzlich bezahlen solle, um seine Beete zu düngen. Doch seine Kollegen und die Stadtverwaltung beharrten trotz des jahrelangen Verwaltungsstreitverfahrens bis hinauf zum Bundesgerichtshof mit Erfolg darauf, dass er sich dem Interesse der Allgemeinheit unterwerfen müsse. Ähnliche Querelen um ihre Ruhe besorgter Nachbarn entspannen sich 1962 um das neue Betonsteinwerk des Baumeisters Niemeier, wo heute das E-Center steht.

Modern waren um 1960 die Kühlhäuser, von denen es welche auf den Moorhäusern, an der Grafenstraße und an der Rudolfstraße gab. Später ersetzten die privaten Gefriertruhen diese Art der Konservierung von Lebensmitteln.

Blick in die Lange Straße: links das Hotel zum Grafen

Derselbe Blick heute *Foto: Reinald Schröder*

Paradieksche Ecke 1986 …

… und heute *Foto: Reinald Schröder*

Einschneidend war der Umbau des Stadtkerns. Ein Haus nach dem anderen wurde abgerissen und durch einen Neubau oder durch Parkplätze ersetzt. Das Stadtbild veränderte sich weitgehend. Das Hotel zum Grafen wurde abgerissen, da stand nun das „Nike"-Elektrohaus, schräg gegenüber waren das Kaufhaus Seitz – sogar mit Rolltreppen – und die Commerzbank zu finden, das beliebte Café Haselhorst wurde 1978 durch die OLB ersetzt. 1973 war das „Muss" ein Besuch im ersten „Hochcafé" (im ersten Stock) an der nördlichen Langen Straße. Die Holzverschalungen an Hausfassaden verschwanden, an der Schloßstraße entstand 1979 ein Terrassenhaus, zeitweise experimentierten die Architekten mit Sichtbeton, verwarfen diese Idee jedoch wieder wie die sich gegen Regen als anfällig erweisenden Flachdachhäuser. Die einstige Paradieksche Ecke, nämlich die Kreuzung Lange mit Mühlen- und Bahnhofstraße erhielt bis 1995 ein fast völlig neues, städtischeres Aussehen.

Der Typ des Ackerbürgerhauses verschwand fast gänzlich, auch die Bauernhäuser auf dem Willenberg überlebten den Strukturwandel in der Landwirtschaft nicht. Der Pferdebestand sank allein von 1961 bis 1965 von 90 auf 78.[67] Der in den fünfziger Jahren von Willenbergern gepflegte Umzug zum Erntedankfest wurde 1963 eingestellt. Die 1951 geschaffene Zweigstelle der Molkerei Drebber an der Flöthestraße hatte angesichts des Rückgangs der Milchwirtschaft und der Tendenz zu immer größeren Molkereien langfristig keine Chancen zu überleben und wurde von dem Fotogeschäft Hahn 1971 umgenutzt. Heute befindet sich dort eine Kfz-Teile-Firma.

Stadtgerecht wurden nun auch Anlagen entwickelt. 1951 gestaltete die Stadtverwaltung den bisherigen Amtsgarten zwischen Kirche und Schloss in eine kleine Parkanlage um. 1957/58 trat der größere Müntepark an die Stelle einer bisherigen Pferdeweide und wurde bis 1961 angelegt. 1959 wurde er durch einen Promenadenweg mit der Steinstraße verbunden. Am 5. Mai 1956 wurde der Schlossturm

Schlossturm bei Nacht *Foto: Andreas Esser*

zum ersten Mal und dann an jedem Wochenende von drei Scheinwerfern angestrahlt.[68] An den Stadtausgängen grüßten nun Schilder mit dem Diepholzer Wappen die Ankommenden.

Das Schloss wurde in den fünfziger Jahren umgebaut. Die Dienstwohnungen im Nordflügel nahmen einen Sitzungssaal, das Grundbuchamt und das Grundbuchgewölbe auf, der Westflügel die Richterwohnung und die Wohnung des Justizwachtmeisters, der Hauptflügel anstelle des Grundbuchamtes die Gefängnisküche.

Der Friedhof wurde im Sommer 1952 durch eine Ehrenstätte für 64 tote Soldaten mit 32 einheitlichen Grabkreuzen des Volksbundes Deutsche Kriegsgräberfürsorge aus Sandstein ergänzt, die

Die alte Friedhofskapelle

Soldatengräber für Wehrmachtangehörige aus dem Rheinland, Süddeutschland, dem Osten und Österreich aufnahm. 125 beerdigte Ausländer aus der Sowjetunion (unter ihnen 19 russische Soldaten aus dem Ersten Weltkrieg), vor allem aus Polen, aber auch aus Jugoslawien und Rumänien wurden im Oktober 1960 auf den Sammelfriedhof Liebenau-Deblinghausen überführt. Die Gräber eines französischen Waffen-SS-Angehörigen aus Lothringen und mehrerer Belgier blieben hier auf einem von Efeu bedeckten, nicht gekennzeichneten Gräberfeld, da in ihrer Heimat niemand ihre sterblichen Überreste haben wollte. 1961 wurden noch je ein SS-Mann aus Sulingen und aus Kirchdorf hierher umgebettet. Ebenso verblieben auf Wunsch ihrer Verwandten Gräber von Litauern und Letten westlich der Friedhofskapelle. Der Friedhof wurde mehrfach vor allem nach Norden erweitert. 1954/55 wurde die alte Friedhofskapelle durch eine größere näher am Haupteingang ersetzt, da Beerdigungen vom Hause aus unüblich und für viele Mieter unmöglich geworden waren.[69]

Der Heldenhain mit dem Denkmal für die Gefallenen des Ersten Weltkriegs wurde 1962 ergänzt, indem das Ehrenmal für die Kriegstoten von 1870/71 von der Bahnhofstraße hierhin umgesetzt und ein neues, schlichtes für die Opfer des Zweiten Weltkrieges aufgestellt wurde.

Manches Schöne ging verloren wie die 1954 gefällten Linden an der Hindenburgstraße zwischen Eschfeldstraße und dem Bahnposten 123, der entscheidende Teil des 1929 angelegten Kranken-

Bremer Eck in den 60er Jahren: rechts Bäckerei Gerecke, links die Villa Schwarze. Beide Gebäude fielen der Straßenverbreiterung zum Opfer.

Ein Luftbild zeigt den beengten Straßenverlauf.

Das Bremer Eck im November 2010 *Foto: Peter Merk*

Das neu erbaute Hallenbad

hausparks zu Gunsten des 1957 gebauten Schwesternwohnheims und der 1964 eröffneten Krankenpflegeschule mit einem Neubau 1968,[70] 1965 die 84 mächtigen Linden auf dem Esch und 1973 die Linden an der Bahnhofstraße. Dass die Flöthe 1966 teilweise kanalisiert und überdeckt wurde, hat man später kritisch gesehen und den Bachlauf zu heilen versucht. Ebenso bedauerte man schon nach nicht einmal einem Jahrzehnt, dass 1967 die großbürgerliche, spätklassizistische Villa Schwarze zwischen Bremer Eck und Marktplatz vernichtet worden war.[71] Der Ahorn als Naturdenkmal an der Prinzhornstraße wurde 1988 ohne Aufsehen gefällt.[72]

Nicht an allen Veränderungen war der Mensch schuld; so vernichtete der Splintkäfer in den fünfziger Jahren die Ulmen im Schlosspark. Die Justizverwaltung ließ an ihre Stelle Ahorn, Birken und Buchen setzen. 1958 wurde ein Schwanenpaar mit sieben Jungen in den Burggraben gesetzt, und 40 bis 50 kleine Hochflugbrutenten und elf türkische Warzenenten sorgten auf dem Graben für Abwechslung.[73] Die Schwäne bewohnten viele Jahre lang ein Holzhäuschen auf der Schlossinsel, und hin und wieder besetzten sie dominierend den Uferweg. Ebenso spannend war 1958 ein Kampf von sechs Jungstörchen gegen das Horstpaar um das Nest auf dem Fabrikschornstein auf dem Kohlhöfen.[74] Einem „Sprössling" wurde ein Elektrodraht zum Verhängnis.

1951 regulierten 64 Arbeiter die Lohne neu auf eine Sohlenbreite von 6 bis 11,5 Metern.[75] Dabei wurde an der Boningkuhle eine 2 Meter breite Holzbrücke zu dem Nachkriegs-Sportplatz am Willenberg gebaut.[76]

Besonders viel erübrigte die Stadt für den Sport. Das Stadion mit Kassenhäuschen, Fußballplatz, 400-m-Bahn, Sprung- und Wurfanlagen (1954), später einem zweiten Fußballfeld und einer Sporthalle, die Tennisplätze am Freibad (1959), die Rodelhügel an der Engen Straße und im Müntepark, das Hallenbad (1964, völlig neu und abwechslungsreich mit Rutschröhren und Sauna an der bisherigen Stelle unter dem Namen „Delfin" 1998)[77] und die Turnhalle der Jahnschule (1965) sowie eine Skateboard-Anlage zuerst auf dem Marktplatz (1995), dann an der Ginsterstraße dokumentieren die Entwicklung, die durch kommunale (die große kreiseigene Sporthalle und Sportplätze im Schulzentrum) und nichtkommunale Aktivitäten (Clubheim der Tennissparte der SG, Minigolfanlage im Müntepark und mehrere Fitness-Gebäude) ergänzt worden sind.

Die „Badeanstalt", wie sie lange Zeit genannt wurde, konnte sich 1974 einer umfassenden Erneuerung für 2,7 Millionen DM erfreuen.[78] Zwar fehlte danach der 10-Meter-Turm, aber an heißen Sommertagen hatte der sowieso oft gesperrt werden

Der Zehnmeterturm im Freibad

Das Freibad im Jahre 2008 *Foto: Peter Merk*

müssen, weil die Unfallgefahr angesichts der zahlreichen Badegäste zu groß war. Ein kurzer Rückblick: Immerhin zählte man in der Saison 1958 55.000 Besucher.[79] Gereinigtes, aber graues Lohnewasser speiste seit der Fertigstellung im Mai 1939 die Becken; erst am 26. April 1969 wurde erstmals Leitungswasser hineingeleitet.[80]

Durch den Einzug der Bundeswehr entstand am Ende der fünfziger Jahre ein regelrechter Bauboom, der in den nächsten Jahren die letzten noch freien Grundstücke an der Friedrichstraße, der Schiller- und der Schloßstraße, die Kantstraße, den Klöverkamp und den Weizenkamp und vor allem den Bereich der Moor-, der Lüder- und der Möldersstraße bis hin zum Weizenkamp erfasste. Im Februar 1960 wehte der Richtkranz über 220 Wohnungen für Bundesbedienstete an den drei zuletzt genannten Straßen.[81]

Neben der „Wohnbau Bonn“ hatten neben anderen herausragende Anteile an den Baumaßnahmen Steuerberater und Unternehmer Otto Siemon (zugleich der Schöpfer des offenen und doch intim wirkenden „Gänsemarkts“) sowie der Gemeinnützige Bauverein eGmbH von 1913, der 1959 durch die (Gemeinnnützige) Wohnbau GmbH abgelöst wurde, die ihre Tätigkeit auf Barnstorf ausdehnte.[82] An diesem Beschluss hatte sogar noch der Mitgründer des Bauvereins, Fabrikant Christoph Schöttler, Anteil.

1961 wurden erstmals Fertighäuser errichtet, eine Bauweise, die sich gegenüber dem herkömmlichen Bauen nicht markant durchsetzen konnte, obwohl seit 1965 die Diepholzer Fertighaus GmbH dafür warb und bis 1972 250 Objekte errichtete.[83]

In den sechziger Jahren wurden an der Herrenweide Reihenhäuser errichtet, denen südlich der Maschstraße Atriumhäuser mit Flachdächern und 1966 viergeschossige Wohnhäuser der Gemeinnützigen Wohnbau am Memelweg folgten. Auch Schierbaums Wiese südlich vom Burggraben und dann Heitmanns Wiese südlich der Maschstraße wurden seit 1966/67 bebaut.

Schon 1974 entstand im Baugebiet Dustmühle-Süd gut ein halbes hundert Häuser, Mitte 1977

Vorne die Siedlungshäuser nördlich der Maschstraße – der ersten großen Stadterweiterung im 20. Jahrhundert –, darüber die in den 1960er Jahren gebauten Mietshäuser, die ursprünglich Bundeswehrangehörigen als Wohnung dienten

Baugebiet Dustmühle im Jahre 2008 *Foto: Peter Merk*

waren drei Viertel bebaut, der nördliche Teil folgte sechs Jahre später. Das Baugebiet Schloßstraße-Süd wurde seit 1979 erschlossen.[84]

Die zunehmende Veränderung der Familie, die längere Lebenszeit und die Vergrößerung der Bevölkerung führten zu Überlegungen, wie man den Älteren anders als bisher gerecht werden konnte. Der am 23. Mai 1953 gegründete, zunächst in Lemförde tätige Verein für Innere Mission im Kreis Grafschaft Diepholz stellte in den siebziger Jahren neben dem damals noch stehenden Altersheim von 1908/29 an der südlichen Lüderstraße 20 Bungalows fertig, die später mit Spitzdächern versehen und modernisiert wurden.

Das 1966 von der Stadt an den Verein verkaufte Altersheim wurde später abgebrochen; an seine Stelle trat ein Supermarkt (heute „K+K"). Etwas weiter nördlich an der von Hünefeld-Straße und am Willenberg schuf ebenfalls der Verein für Innere Mission Senioren-Bungalows und 1966 das neue Seniorenhaus für mehr als 90 vor allem Bewohnerinnen, das 1996 zu Ehren der letzten, sozial tätigen und in Ehren alt gewordenen Diepholzer Gräfin den Namen „Anna Margareta" erhielt. 1991 zog das Lemförder Mutterhaus die Diakonissen Schwester Elisabeth und Gudrun zurück und gab damit nach 35 Jahren die Arbeit in Diepholz auf.[85]

In der Erkenntnis, dass die Pflege älterer Menschen auch zu Hause immer mehr Bedeutung erhielt, wurde die vom Land geförderte Sozialstation im Gebäude des früheren kirchlichen Jugendheims am Postdamm eröffnet.[86] Für Behinderte setzen sich der Verein für persönliche Hilfen e.V. (PHV, besonders mit dem Recyclinghof und Werkstätten an der Bahn) und der Verein Lebenshilfe e.V. ein, der, 1966 in Sulingen gegründet und inzwischen eine GmbH, 1992 auch in Diepholz mit einem Sprachheilkindergarten an der Strothestraße tätig wurde und heute diese Einrichtung seit 1993 an der Thouarsstraße betreibt,

Schloßstraße-Süd zwischen Lohne und Bahnstrecke *Foto: Peter Merk*

seit 1996 die integrative Kindertagesstätte „Lütke Lüe“ Lohnewiesen 10 und seit 1999 die Tagesstätte Am Weizenkamp 5 (mit Außenstelle Strothestraße). Hinzu traten die Delme-Werkstätten Siemensstraße 6 (2000), zwei heilpädagogische Kindergartengruppen und das Wohnheim in der umgebauten früheren Jugendherberge Willenberg (2000), die Fachpflegeeinrichtung Haus am Wasser Moorstraße 38 (2004), die Kinderkrippe Schlossmäuse und die Frühförderberatungsstelle im Kinderhaus Schlossgärten 31 (2008). Später zog das Seniorenzentrum der katholischen Caritas St. Josef von Falkenhardt in einen Neubau zwischen Lüderstraße und Richtweg um. Die Mariengrotte wurde mitgenommen und wieder aufgebaut.

Das ›Haus am Wasser‹ der Lebenshilfe im Jahre 2010. Der Neubau wurde durch ein Feuer so sehr beschädigt, dass er neu aufgebaut werden musste. *Foto: Peter Merk*

Zu den bestehenden Kindergärten in kirchlicher (evangelischer) Trägerschaft an Friedrichstraße und Vossen Reitweg trat 1973 der integrative Kindergarten Lappenberg.

Insbesondere der Zuzug von Deutschen aus der früheren Sowjetunion (vor allem aus Russland und Kasachstan) in der ersten Hälfte der neunziger Jahre führte zu einem Fehlbestand von mehr als 300 Wohnungen und zu weiteren privaten Baumaßnahmen beispielsweise an der Dobewand, in dem neuen, nach Widerstandskämpfern gegen die NS-Diktatur benannten Straßenviertel an der Grenze des Ortsteils Heede zwischen Philosophenweg und Auf dem Esch, westlich und östlich der Alten Poststraße im Süden und im Musiker- oder Komponistenviertel am Triftweg nördlich vom Lüdersbusch. Für die Triftweger wurde die schon 1979 gebaute Überführung der (inzwischen ehemaligen) B 214 anstelle des Bahnübergangs am Groweg die Hauptverbindung mit der Stadt.

In der Innenstadt entstand 1995 nahe der Flöthe das Wohnensemble Lohgerberweg, und der Teich der 1991 an die Strothe ausgelagerten Gerberei Müller wurde inmitten einer Grünanlage (mit Streuobstwiese) umgestaltet. Um einen Eindruck von dem damaligen Bauvolumen zu vermitteln: Von 1990 bis 1998 wurden 1.354 Wohneinheiten gebaut![87] Und 2002 wurden überdies 55 Bauplätze an der Steinfelder Straße ausgewiesen.

Zuletzt wurde nach langen Auseinandersetzungen zwischen Anliegern und Stadt auch vor Gericht der Bebauungsplan Willenberg/Lohne

Das katholische Seniorenzentrum in Falkenhardt *Foto: Wurster*

Das Baugebiet „Kapellenweg" im Jahre 2008 *Foto: Peter Merk*

Das Baugebiet am Triftweg im Jahre 2008 *Foto: Peter Merk*

gleichwohl viel gescholtene Diepholz sich in nicht einmal drei Jahrzehnten verändert hat.

Wegweisend waren die Maßnahmen nach der Ölkrise im November 1973. Zwei Sonntagsfahrverbote ließen viele – oft als Spaß verstanden – auf Fahrrad und Rollschuhe umsteigen, ermunterten sie zu Spaziergängen oder ließen sie die autofreien Stunden bei Eis und Schnee verschmerzen. Die Weihnachtsbeleuchtung wurde reduziert, Hauseigentümer sollten sich um Vollwärmeschutz bemühen, bei elektrischen Haushaltsgeräten sollte gespart werden. Doch das ökologische Denken setzte sich gegenüber dem Bequemlichkeitshandeln erst allmählich, in jahrzehntelangem Wandel und schubartig motiviert durch die rasant ansteigenden Energiekosten im ersten Jahrzehnt des 3. Jahrtausends durch.

Signale setzten die auf Initiative des damaligen Diepholzers Dr. Remmer Akkermann gegründete Biologische Schutzgemeinschaft Hunte(-Weser-Ems) von 1978, die Unterschutzstellung des Diepholzer Moores in der über 8.000 ha großen Diepholzer Moorniederung seit 1986 – 1999

in Kraft gesetzt, der auf dem Gelände des aufgelösten Autohauses Spiering ein gehobenes Baugebiet vorsieht.

Erstmals vom 21. bis 23. September 1973 wurde die Lange Straße für drei Tage in eine Fußgängerzone umgewandelt. Die Leute, unter ihnen viele aus der Umgebung, genossen das Bummeln und Verharren an den Ständen, ohne auf Autos achten zu müssen. Ein Jahrzehnt später wurde für ein Teilstück dieser bis dahin immer nur für „events" geschaffene Ruheraum zur Gewohnheit, als die Partie vom (alten) Rathaus bis zur Kreuzung bei der Landesbausparkasse für den motorisierten Verkehr dauerhaft gesperrt wurde.[88] Von der kombinierten B 51 und B 214 zur Fußgängerzone mit einer Reihe von neuen Gebäuden bis hin zu dem 1984 überdachten Parkhaus vom Mai 1981 an der Hinterstraße – das zeigt, wie grundlegend und vorteilhaft das

auf 13.600 ha ausgeweitet, das Ende des dortigen Torfabbaus am 30. Juni 1986, der 1. Diepholzer Umwelttag am 7. Mai 1988, 1999 die erste Umweltschutzwoche und schließlich das Verbot, Autos außerhalb von genehmigten Waschanlagen zu waschen.

Der von der Europäischen Union durch das Leader+-Programm unterstützte Moorerlebnispfad mit einer Reihe von Informationstafeln im Rahmen des Agenda 21-Programms wurde vorbei an absterbenden Birken und durch das Wollgras geführt und lockt Naturfreunde an, die Schwarzkehlchen, Feldlerche und Bekassine beobachten wollen.

1992 wurden die braune Bio-Tonne und die gelben Wertstoffsäcke eingeführt.

Umstritten war in den neunziger Jahren der Umgang mit den Saatkrähen vor allem in ihrer 180 Paare starken Kolonie an der Lüderstrasse, aber auch

Blick in die Fußgängerzone der Langen Straße
Foto: Rolf-Andreas Wienbeck

auf der Schlossinsel. Gekrächze und Exkremente störten Anwohner und Passanten, Naturschützer dagegen sahen die Vögel als wertvolle Bestandteile der Natur. Schläge gegen die Baumstämme und Spritzaktionen der Feuerwehr versuchten Abhilfe zu schaffen, was wiederum zu Protesten anderer und weiteren Maßnahmen führte, weil die unerwünschten Vertriebenen nun beispielsweise auf dem Friedhof auftauchten, von wo sie auch verjagt wurden.

Auch der Außenbereich wurde verändert. An der Bahn ließ sich das seit 1953 bestehende Technische Hilfswerk nieder, das im März 1962 nach der großen Sturmflut beim Wiederaufbau bei Drochtersen an der Unterelbe eingesetzt wurde und 1966 eine neue Unterkunft erhielt, in die nach der Einstellung der Arbeit (1979 inaktiv) 1990 die Biologische Schutzgemeinschaft Hunte-Weser-Ems und der Verein für persönliche Hilfen mit einem Recyclinghof und Arbeitsplätzen für sonst schwer vermittelbare Menschen einzog, der 1989 zudem ein Wohnzentrum an der Grafenstraße/Wellestraße erwarb und neben der Lebenshilfe, der Diakonie und der Caritas eine wichtige Rolle in der Stadt übernahm. Östlich der Bahn hingegen entstand seit 1959 zunächst mit Siedlungshäusern für Spätaussiedler und Schwerbeschädigte das Wohnviertel Barlager Weg, das durch die lästige Schrankenanlage der Bahn baulich von der Stadt getrennt war. Im Westen wurde 1971 die Reithalle in Benutzung genommen und 1979 zu einem Reitzentrum ausgebaut.

Ebenfalls am Rand der Stadt, an der Thüringer Straße, lockte seit 1983 die Großdiscothek Airport (1997: Empire) die Jugend.

1949 und 1957 wurden (z. B. durch den Bauern Lührs, Hemtewede) Pappeln, Erlen und Sträucher vor allem als Windschutz gepflanzt.[89] In späterer Zeit nahm zum Ärger der Naturschützer der Maisanbau kräftig zu, der die Vielfalt von Fauna und Flora deutlich reduzierte und ebenso kritisch gesehen wurde wie die Ausbringung von Gülle aus

Der Dümmer: aus dem Flugzeug zum Greifen nah *Foto: Peter Merk*

Das Rennen um den Renault-Cup auf dem Diepholzer Flugplatz im Jahre 1998

Großställen im Kreise Vechta. Andererseits nutzte die Windenergie-Anlage Diepholz-West den Wind seit Januar 1991 in vollem Umfang.[90] Vier Türme mit einer Nabenhöhe von 36 m, 8,5 m lange Windflügel und eine Leistung von 280 kW markierten den Einstieg in nachhaltige Energieerzeugung, die jedoch nur 0,7% des Stromverbrauchs deckte. Dieser Windpark blieb nicht der einzige, denn im Bruch wurde der Bau ebenfalls erlaubt. Im Naturschutzgebiet Boller Moor im Ortsteil Aschen dagegen konnte eine derartige Bebauung 2010 vorerst wegen der widerstreitenden Interessen zwischen Vogelschutz und dem Bedarf an regenerativer Energie nicht durchgesetzt werden.

Im Frühjahr 1991 waren die Parzellen im schon länger bestehenden Kleingartengelände Diepholz-West nahe der Umgehungsstraße voll vergeben, da zuletzt viele Aussiedler Bedarf angemeldet hatten, um wie in ihrer alten Heimat Gemüse zu ziehen.

Zahlreiche landwirtschaftliche Wege in Bruch und Moor wurden seit dem Grünen Plan der Bundesregierung für die schwerer werdenden motorisierten landwirtschaftlichen Geräte befestigt; aus dem Jahre 1966 sei als wichtige Nebenverbindung in den Nachbarkreis Vechta die Pflasterung des Lehmder Dammes genannt. 1980 wurde mit der Flurbereinigung Diepholz angefangen.[91]

Diepholz war nicht wenigen Deutschen als Garnison bekannt geworden. Ein zweiter „Aufhänger" wurden die Flugplatzrennen, von denen auch das Fernsehen Notiz nahm. Den Dümmergästen vermittelten der Weser-Ems-Bus seit 1988 mit einer Verbindung vom Hauptbahnhof Osnabrück zum Bahnhof Diepholz an Wochenenden (nur bei Bedarf), die Bright Side Tours (Lembruch) und Jörgen Kaupat (Falkenhardt, gest. 2008) mit den beliebten Kanufahrten von Lembruch auf der Lohne bis zum Rathaus in Zusammenarbeit mit der Tourist Information Dümmerland Möglichkeiten zum Kennenlernen.

Der schaurige Moorerlebnispfad nach Sonnenuntergang im Jahre 2004 *Foto: Reinald Schröder*

Aschen als selbständige Gemeinde

Die Ortsteile sind älter als Alt-Diepholz, denn sie liegen auf der Geest, die schon in altsächsischer Zeit besiedelt und landwirtschaftlich genutzt wurde.

Aschen entwickelte sich auf der Moräne nördlich von Diepholz. Verwaltungsmäßig mit ihm verbunden war die Siedlung Ossenbeck. Der diluviale Hohe Sühn, die Dau- und die Scharrelberge waren durch Wasser und Wind verändert, von Sand bedeckt und bis ins 19. Jahrhundert kahl. Erst dann wurden sie mit Kiefern bepflanzt, nachdem der Staat im 18. Jahrhundert in der Lindloge ein Forstgebiet geschaffen hatte. Bis 1935 erreichte der Hohe Sühn 65,5 m Höhe, die durch Sandabbau für den Bau des Fliegerhorstes abgetragen wurde.

Aschen aus der Luft *Foto: Peter Merk*

An Bodenschätzen wurden Lehmvorkommen bei Falkenhardt, tertiäre Tone von den Ziegeleien in der Sille (bis 1927), Raseneisenerz bei der Osterheide (für den lokalen Bedarf schon vor 2000 Jahren primitiv verhüttet, um 1900 an die Georgsmarienhütte bei Osnabrück geliefert), Sande aus den Gruben von Buddemeyer und Uder und für das Betonwerk Niemeier mit Weserkies und Rintelner Splitt für Zementsteine und Beton genutzt. Das Aschener und das Boller Moor boten Gelegenheit zum Torfabbau. Aus den Tümpeln des Fladders wurden um 1835 Blutegel geborgen und zu medizinischen Zwecken verkauft.

Dass Aschen eine uralte Siedlung ist, wird durch aufgefundene Feuersteingeräte, einen Mahlstein, Steinbeil und Steinaxt aus dem späten 3. Jahrtausend vor Christus bezeugt. In der Bronzezeit wurden Hügelgräber und in der Eisenzeit Urnengräber angelegt. Schon in der jüngeren Bronzezeit führten über 2 Kilometer lange und mehr als 3 Meter breite Bohlenwege durch das Moor nach Westen. Seit dem 8. Jahrhundert bis in die Zeit des Augustus überbrückten Handels- und Heerwege als Moorbrücken das feuchte Land.

Der Verlauf der heutigen B 69 ist noch einigermaßen jung, denn die Strecke an der Kreisgrenze mit Vechta wurde erst 1795 auf Befehl des hannoverschen Befehlshabers, des Reichsgrafen von Wallmoden-Gimborn neu angelegt, wobei die Diepholzer zeitweilig mit 80 Männern und sieben Wagen helfen mussten. Noch im 19. Jahrhundert ärgerten sich die Bürger über den Herrn von Voß, der bei Falkenhardt eine private Brücke über die Hunte unterhielt, während die Öffentlichkeit den Umweg über den Philosophenweg, die Düstere Straße und die Heeder Torfbrücke in Kauf nehmen musste.

Im frühen Mittelalter lag Aschen südöstlich der heutigen Wohnbebauung. Diese Siedlung wurde wohl im ersten Viertel des 12. Jahrhunderts zerstört, worauf ein auf dem Kapellenberg gefundener Silberschatz

Seen durch Sandabbau auf dem Hohen Sühn *Foto: Peter Merk*

Die Windmühle Fohring in Aschen, als sie noch Flügel besaß

hindeutet. Gut ein Jahrhundert später standen im neuen Ortskern die Höfe von Bertold, Ludger, Ekbert und Rikbern, die Roggen anbauten und Schafe hielten. 1570 gehörten 25 Höfe kirchlich zu Mariendrebber und 14 zu Jacobidrebber. Außerhalb des Zentrums entstanden der Reitemeierhof Holle, der Jagdhunde aufzuziehen und die adlige Jagdgesellschaft aufzunehmen hatte, ferner die Bauerschaft Ossenbeck, die Höfe Apwisch, Bockhop, Mehrholz, Osterheide, Paradiek, Schobrink, Sille, Spannhake und Tiefenwinkel, zu denen um 1950 noch Schönhausen trat. Manche Bauern bewirtschafteten Land im Bereich von Diepholz und Willenberg. Heuerlinge dagegen gingen im 18. und 19. Jahrhundert als Torfstecher und Grasmäher in die Niederlande. Ein Rest der Windmühle Fohring steht noch als Erinnerung an die Zeit um 1878.

Die Zahl der land- und forstwirtschaftlichen Betriebe (mit überwiegender Grünlandbewirtschaftung) sank schon von 1960 bis 1971 drastisch von 171 auf 119.

Schon 1651 unterrichtete ein Schulmeister im Winterhalbjahr. Damals versprachen die Aschener, im Frühjahr 1652 ein Schulhaus zu bauen und einen Lehrer für das ganze Jahr einzustellen. 1764, 1869 und 1965 errichteten sie neue Schulhäuser; das von 1869 ist heute das Hauptgebäude des beachtenswerten Dorfmuseums.

Der 1925 angelegte Friedhof mit der Kapelle von 1957, das Kriegerdenkmal von 1923 und die Aufwendungen für die Freiwillige Feuerwehr (1823 die erste Spritze, 1925 das erste Feuerwehrgerätehaus) sind weitere Belege für eine schon lange aktive Dorfgemeinschaft.[92]

Heede als selbständige Gemeinde

Heede in 36 bis 39 Metern Höhe ist ebenfalls bis in die altsächsische Zeit zurückzuverfolgen, auch wenn der Ort 1982 offiziell erst auf 700 Jahre zurückblikken konnte.

1588 und 1589 lieferten acht Pflichtige Schuldhafer an die Diepholzer Zehntscheune.

Der Gemeinde gehörten 1825 eine Wiese, ein Garten und ein Fuhrenkamp in den Sandwehen auf der Heide am Fleeßenmoore. 1825 wurden die 50 Feuereimer, sechs Leitern und drei Haken durch eine Feuerspritze ergänzt. Später wurde auch hier ein Spritzenhaus gebaut.

Die Heeder Feuerwehr in den 1930er Jahren

Der Zusammenfluss von Hunte und Grawiede im Ortsteil Heede *Foto: Peter Merk*

Gastwirtschaften, zuletzt am 25. Februar 1974 bei Babilon.

Als im 18. Jahrhundert die Grawiede neu gegraben worden war, gingen der Heu- und der Ackerertrag zurück, die Brunnen fielen trokken, durch das trocken gewordene Holz drohten Brände, und die Hunte versandete dadurch, dass die Grawiede schneller floss.

Von 1772 mindestens bis 1834 stritten drei Generationen Reeßing mit den Bruchinteressenten wegen eines Fischwehrs in der alten Strothe. Die Gegner räumten das Wehr weg, ein vom Amt bestellter Zimmermann schlug das neue in Stücke, 1830 räumten der Haus- und der Grasvogt mit seinem Sohn fünf große Fischkörbe weg, Reeßing sperrte erneut, so dass Kähne nicht passieren konnten.

Die Bevölkerungszahl blieb bis Anfang des 20. Jahrhunderts meist unter 300, stieg 1926 auf über 400 und erreichte 1967 754 Einwohner nach einer Spitze im Jahre 1950 von über 1.000. Der Rückgang durch Fortzug in die Städte wurde aufgefangen durch günstige Baugrundstücke etwa an der Dobewand und an der Kreuzkirche.[93]

An öffentlichen Lasten waren neben den üblichen wie Herbstgefälle, Viehschatz und Kriegerfuhrengeldern zu bewältigen der Bau und die Unterhaltung des Straßendamms nach Vechta, die Beseitigung von Buschwerk im Gänsebruch, die Aufräumung der Strothe, die Kosten der Orgel in Jacobidrebber und die Reinigung des Schlossgrabens in Diepholz.

Öffentliche Ämter hatten inne der Feueraufseher, der Grasvogt, Hirten für Chaussee-Vieh, Schafe, Schweine und Gänse, der Feldhüter, der Schulvorsteher, der Armenvorsteher, der Briefträger, die Bademutter (Hebamme) und ein Trommelschläger.

In dem armen Jahr 1822 verzichtete das Amt Diepholz auf den Zwang, einen Nachtwächter zu halten; die Heeder zahlten lieber ein wenig an den Pastor Schumacher, er möge sonntags beten, der liebe Gott möge Feuersgefahr und Unglück in Gnaden abwehren. An Michaelis 1823 aber war Friedrich Hinrich Unnau Nachtwächter. Das Weideregulativ von 1858 legte fest, wer wieviel Vieh auf den Gemeinheiten halten durfte, und wurde jährlich von fünf Männern aktualisiert. Diese Allmenden wurden durch die Generalteilung und durch die Spezialteilungen von Bruch, Fladder und Moor bis 1939 aufgehoben. Damit verloren auch der Bruchhirte in der Bruchhütte und der Wiesenhirte in der Fuhlinger oder Fladderhütte ihre Funktionen.

An der Spitze standen bis 1853 Bauermeister, dann Vorsteher, seit 1934 Gemeindeschulzen bzw. Bürgermeister. Die Gemeindevertretung tagte im Dienstzimmer des Bürgermeisters und in

Sankt Hülfe als selbständige Gemeinde

Sankt Hülfe hieß Jahrhunderte lang Nutlo. Der Grundherr erhielt Roggen, Schafe, Malz und Honig. 1570 lebten hier 50 Hofbesitzer, davon vier am Friedhof („Karkhoff") an der früheren Eigenkapelle der Edelherren von Diepholz, die 1378 erstmals erwähnt wird und 1388 neu gebaut wurde. Ihre Namengeberin war die heilige Hülfe (Hilfe), die an die Hilfe Gottes für eine Christin der Antike erinnerte, die vor dem ihr aufgezwungenen Bräutigam flüchtete und von Gott mit einem plötzlich sprießenden Bart vor ihrem Verfolger gerettet wurde. Die Priester aus Drebber oder im Vertretungsfall aus Diepholz lasen Messen und hielten Vigilien (geistliche Nachtwachen). Der beachtliche Grundbesitz wird auf Stiftungen und Wallfahrten besonders von

Die zusammengewachsenen Ortsteile Heede und St. Hülfe im Jahre 2008. Im Hintergrund das letzte Teilstück der Umgehungsstraße im Bau *Foto: Peter Merk*

Frauen in Not zurückgeführt. Nach 1519 wird die Kapelle nicht mehr erwähnt, vielleicht ist sie abgebrannt. Sie war aber so wichtig, dass der Ortsname Sankt Hülfe für Nutlo erhalten blieb.

1967 wurde an anderer Stelle die Kreuzkirche gebaut. Die zunächst bestehende Verbindung mit Wetschen wurde aufgehoben, dafür später ein verbundenes Pfarramt mit den beiden lutherischen Gemeinden in Diepholz geschaffen.

Eine Schule war 1661 vorhanden. Zeitweise (bis 1964) bestand eine einklassige Schule im Heeder Fladder.

Die 1911 gegründete freiwillige Feuerwehr war am 16. Dezember 1943 im Großeinsatz, als durch Bombenabwürfe eines angeschossenen Feindflugzeugs elf Gebäude abbrannten.

Das gesellschaftliche Leben wird durch Vereine getragen, von denen besonders erwähnenswert als Schützenverein mit besonderem Namen die Maifeier von 1498 und der Männergesangverein von 1895 sind, der seit 1960 den beliebten Karneval mit örtlichen Kräften feiert. Bemerkenswerte Anzeichen für die Vitalität auch kleinerer Einheiten (anstatt der Synergieeffekte von Zusammenschlüssen) sind die Schießvereinigung Heeder Fladder und der 1921 von Sankt Hülfe abgetrennte MGV Heede.

Bemerkenswert sind die Siedlungstätigkeit landwirtschaftlicher Pioniere im Sankt Hülfer Neufeld und in den Sankt Hülfer Wiesen nach den Gemeinheitsteilungen, die dort 1927 geschaffene und 1974 vergrößerte Umspannanlage der RWE und die älteste Gaststätte von Dietrich Castendieck von 1819, die von der Familie Lohaus im 20. Jahrhundert mit Tennisplätzen, einem Saal, einem Turnierplatz und einer Reithalle aufgewertet und zu einem kleinen Hotel ausgebaut wurde. Neben dem Mühlenhandwerk (bis 1985) waren bedeutend die Schrödersche Schreibfedernfabrik 1772-1841 und seit 1820 die Kornbrennerei Blome, heute ein Teil der Vereinigten Gutsbrennereien in Heiligenloh.

Auch hier ging die Zahl der überwiegend Grünland bewirtschaftenden Höfe zurück (1900 80, 1971 65). Die Einwohnerzahl sprang durch Flüchtlinge und Vertriebene von 598 (1939) auf 1.095 (1948) und sank 1970 auf 899.[94]

Kornbrennerei Blome in St. Hülfe

Gemeindereform: Sankt Hülfe, Heede, Aschen werden eingemeindet

Um die Verwaltung der kommunalen Einheiten in Niedersachsen effizienter und professioneller zu gestalten, packten Regierung und Landtag eine Reform an, die zunächst die Gemeinden und dann die Landkreise betraf. Diepholz wurde damit erstmals seit 1834 erweitert.

Stadtdirektor Hintze, die Bürgermeister und Beigeordnete nach der Unterzeichnung des Eingemeindungsvertrages im Jahre 1974

In Sankt Hülfe nahm Bürgermeister Wilhelm Ripking am 20. Dezember 1973 zum letzten Mal eine Trauung vor.[95] Seit Neujahr 1974 waren die bei den Bürgermeistern der nördlichen Nachbarorte angesiedelten Standesämter aufgehoben und ihre Aufgaben dem Standesamt Diepholz zugeordnet. Am 1. März 1974 wurden die bisherigen Landgemeinden Sankt Hülfe, Heede und Aschen der Stadt Diepholz angeschlossen. Von den drei Neuen war besonders das zunächst für das ländliche Drebber gedachte Aschen nicht begeistert, aber alle beugten sich dem Landesgesetz vom 8. November 1973. Um ihre Besonderheit zu wahren, erhielten sie Ortsvorsteher, die die besonderen Belange dieser dörflich geprägten Siedlungen repräsentativ wahrnehmen konnten. In Aschen waren das Adolf Weghorst bis 1977 (nach Bürgermeister Wilhelm Apwisch 1948-74), Willi Hardel bis 1981, Heinrich Buck bis 1986, Gustav Kattau bis 1991, Werner Schneider bis 2001, Hermann zur Mühlen bis 2009 und Wilhelm Paradiek, in Heede der seit 1968 amtierende Wilhelm Ripking (bis 1976 und von 1981 bis 1991, dazwischen Joachim Hübner), seitdem Werner Scharrelmann, und in Sankt Hülfe nach Bürgermeister Heinrich Wiechering (1956-74) Wilhelm Schilling bis 1976, Wilhelm Thoma bis 1981, wieder Wilhelm Schilling bis 1991, Anke Wiechering bis 1996, seitdem Heinrich Blome.[96] Nach dem Abschluss eines Gebietsänderungsvertrags veröffentlichte die Stadt Diepholz am 1. März 1974 ein Grußwort an ihre neuen Ortsteile.[97]

Die Ortsteile waren zum damaligen Zeitpunkt zwar noch ländlich geprägt, doch bildeten die Agrarberufe nicht einmal mehr die Hälfte der Erwerbstätigen. Die Berufspendler nach Diepholz, in den benachbarten Kreis Vechta, nach Drebber und nach Bremen überwogen. In besonderem Maße traf das auf Sankt Hülfe und das südliche Heede zu, die städtebaulich aufeinander zuwuchsen, während das nördliche Heede und Aschen räumlich und im Bewusstsein der Bevölkerung erheblich deutlicher separiert blieben.

Die Ortsteile brachten wertvolle Attribute in die vergrößerte Stadt ein. Dazu gehören auch heute ein reichhaltiges Vereinsleben mit vier Schützenvereinen in Aschen, Ossenbeck,[98] Heeder Fladder und der 1974 als Nachfolgerin eines entsprechenden Komitees gegründeten „Maifeier von 1498 e.V." mit reichhaltiger Tradition, der Kyffhäuserkameradschaft Sankt Hülfe-Heede, Sportvereinen in Sankt Hülfe-Heede und in Aschen,[99] dem 1979 gegründeten Radclub Aschen, der vor langen Touren in die beiden Partnerstädte nicht zurückschreckt, einer rührigen Sängerorganisation, in der der MGV Sankt Hülfe seit 1960 Karnevalssitzungen unter dem Motto „Sankt Hülfe, wie es singt und lacht" mit Funkengarde, Jugend- und Kinderchor, Tanzchor, Superkids, Kinder- und Jugendchor, Hofsängern, Büttenrednern und "Sumpfhühnern" abhält, dem Reit- und Fahrverein Scharnhorst Sankt Hülfe-Heede. Der Tell-Verein Schobrink veranstaltet einmal im Jahr ein Schießen mit der Armbrust, was viel Spaß macht. Die Freiwilligen Ortsfeuerwehren und das Deutsche Rote Kreuz in Sankt Hülfe dienen in besonders anzuerkennender Weise der Allgemeinheit.[100] Regional bedeutsam ist das Heimatmuseum in Aschen, das der 1960 gegründete Heimatverein in langer Arbeit mit eigenen Kräften, finanziell behutsam von der Stadt unterstützt, errichtet, 1982 eröffnet und allmählich zu einem vielseitigen, attraktiven Gebäudeensemble entwickelt hat. Einen Ausdruck des autonomen Bewusstseins stellt die dortige Findlingsgruppe dar, die mit 15 Steinen Aschen und die einzelnen Ortsteile benennt, wie sie im Jahre 1830 bestanden.

Noch aus dem 18. Jahrhundert überliefert sind Speicher, Dorfschmiede, Schafstall, Heuerlingshaus und Fachwerkscheune. Das Schulhaus aus dem 19. Jahrhundert birgt einen Unterrichtsraum sowie Ausstellungsräume. Im Nebengebäude sind eine Schuhmacherwerkstatt, eine Milchkammer und die Garage für das Feuerwehrfahrzeug von 1941 eingerichtet. Wie eine Zimmereiwerkstatt 1893 aussah und welche Maschinen es auf einem Hof gab, auch das lässt sich hier untersuchen.

Der Heimatverein Aschen erfüllt die Anlage mit Leben vor allem durch die gut angenommenen Backtage, deren Produkte aus dem nachgebauten Steinbackofen im Göpelhaus auf dem Gelände genossen werden können.

Die Ortsteile wurden von Rat und Verwaltung nicht zurückgesetzt. 1975 wurde auf dem Sankt Hülfer Sportplatz eine Flutlichtanlage installiert und auch sonst förderte die Stadt öffentliche Einrichtungen wie das Sportzentrum Sankt Hülfe-Heede und die Grundschule. Mit Hilfe der Stadtwerke legten die Aschener Bürger im Jahre 1978 5 km Wasser- und 20 km Gasleitung bis zur Osterheide und zur Gemeindegrenze von Drebber.[101] Neue Gerätehäuser für die Feuerwehren (Sankt Hülfe 1986, Heede 1996, Aschen 1999) erhöhten deren Leistungsfähigkeit.[102]
Die Idee eines Flugplatzes in Aschen dagegen wurde aufgegeben, als sich 1978/79 ein Bürgerantrag dagegen wandte und die Bundesregierung ihn nicht befürwortete.[103]

Bedeutsam für die Stadt Diepholz ist seit langem die Mülldeponie auf dem Hohen Sühn im Ortsteil Aschen, die heute natürlich zu einer geordneten Wertstoffdeponie entwickelt worden ist.

Leider zogen sich in den letzten Jahren die Post (in Heede 1931-1984) und die Geldinstitute (Kreissparkasse in Aschen und Sankt Hülfe 2007) aus den Ortsteilen zurück. Angesichts des hohen Motorisierungsgrades und der besonders in Aschen funktionierenden Nachbarschaft fand die Einrichtung einer Buslinie nach Diepholz nicht den erhofften Zuspruch, so dass die Älteren auf die Hilfe ihrer Verwandten und Bekannten mehr als früher angewiesen sind.

Gesellschaftliche Kristallisationspunkte sind in Form von Wirtshäusern immerhin noch erhalten: Helmut Koop-Apwisch, Wilhelm Milbe (gegr. 1885) an der Aschener Straße und Paradiek an der Vechtaer Straße, Schreiber in Ossenbeck, Castendieck (seit 1819, als Hotel mit wechselnden Betreibern) in Sankt Hülfe. Die Gastwirtschaft Haake-Eckstein im Ortskern brannte 1981 ab; das Gebäude wurde nach zehnjährigem Ruinendasein durch die oben erwähnte Filiale der Kreissparkasse ersetzt. Dem Norden Heedes ging die einzige Gastwirtschaft durch Aufgabe verloren.

Aschen feiert seit 1960 sein Erntedankfest mit einem farbenprächtigen Umzug und Kaffeetrinken und dokumentiert damit, dass die ländliche Überlieferung hier noch besonders lebendig ist.

In der hoffnungsvollen Zeit des Jahres 1967 wurde Sankt Hülfe-Heede kirchlich wieder selbständig: Zuerst von Drebber getrennt, wurde es dann auch von Wetschen gelöst und eine eigene Kirchengemeinde mit einer neu erbauten Kirche. Gegen Ende der neunziger Jahre schloss sie sich mit den Diepholzer Nachbargemeinden zu einem verbundenen Pfarramt zusammen, behielt aber ihre Eigenständigkeit. 1994 wurde der Kindergarten offiziell zu einem integrativen erweitert. Ein späterer Neubau dieser Einrichtung am Nordrand des Ortsteils verschaffte der Grundschule mehr Platz.

Problematisch wurde die Situation der Grundschule Aschen, die trotz geringer Schülerzahl nur mit Mühe gehalten werden konnte. Gegen die Prognose einer „Ausdünnung" des ländlichen Raumes spricht jedoch die bereits erwähnte Ausweisung von Baugebieten mit kostengünstigen Grundstücken auch in der Öko-Siedlung im Norden Sankt Hülfes und an der Schaftrift in Aschen. Immerhin lohnen sich neben dem kleinen in Aschen in Sankt Hülfe-Heede zwei Kindergärten: der evangelische (vor wenigen Jahren in einen Neubau umgezogen) und der von einem Verein geschaffene und unterhaltene Waldorf-Kindergarten (dieser mit Kindern auch aus der Umgebung).

Besorgt waren die Heeder Landwirte angesichts der Planung für die Umgehungsstraße, denn sie erfuhren, dass die Dorfstraße über eine Brücke geführt werden sollte. Ihre Demonstration im Mai 1975 half aber nicht, da ein durch höhengleiche Querung entstehender Unfallschwerpunkt vermieden werden sollte.[104]

Für den grundlegenden Wandel in der Landwirtschaft sei hier nur angeführt, dass Heinrich Kirchhoff aus Heede bis 1953 die Milchkannen noch mit einem Pferdegespann von den Höfen abholte und zur Molkerei nach Drebber brachte. 1976 fuhr er sie zum letzten Mal mit einem Trecker, der dann wie in Diepholz (Milchfahrer Willi Klatte), Sankt Hülfe und Aschen von einem Tankwagen abgelöst wurde.[105] Die Molkereien in Diepholz, Drebber und Rehden waren zu klein geworden und mussten ihre Arbeit einstellen.

Auch in den Ortsteilen ging die Zahl der Landwirte angesichts des ökonomischen Zwangs zu größeren Einheiten und Maschinen bei geringer werdenden landwirtschaftlichen Flächen stark zurück, und der mentale Wandel setzt sich hier ebenfalls durch.

Noch am Anfang der siebziger Jahre soll ein Sankt Hülfer seine Skepsis gegenüber Frauen als Schützinnen so geäußert haben: „Die wüllt ok scheiten, die schallt man leiver knobeln." („Die wollen auch schießen, die sollen mal lieber knobeln.")[106] 1973 wurde dann doch die Damenschießgruppe der „Maifeier" ins Leben gerufen, und die Damen zeigten (ok in Aschken un in Ossenbeck, versteiht sick!) seitdem, dass sie den Männern ebenbürtig sind. Ein weiteres Beispiel: Mit Susanne Huntemann erschien im Januar 1991 das erste weibliche Mitglied bei einer Generalversammlung der Ortsfeuerwehr Heede.[107]

Die Ortsteile wurden keineswegs reine Schlafstätten, sondern entwickelten sich. Einzelne Persönlichkeiten bauten neue Betriebe auf in der Agrartechnik in Heede (seit 1983 Möller GmbH: Agrarklima-Steuerungen, Industrie-Automation, Elektro-Installation, Gewächshaus-Automation mit Filialen in Golzow bei Brandenburg und Tschechien, Vertretungen in sechs weiteren Staaten) und in der Kunststoffindustrie in Aschen (Siebrecht Kunststoffverarbeitung GmbH). Gingen in der Stadt Diepholz etliche entsprechende Firmen ein, so blieb Holzbau-Brandt in Aschen der Zimmermanns-Tradition treu. Seit 1974 war auch die Straßen- und Tiefbaufirma Henrich rrfolgreich, indem sie sich in zwanzig Jahren von 12 auf etwa 50 Mitarbeiter hocharbeitete. Das Rittergut Falkenhardt erweiterte 1995 seine Spiritus- und Presshefefabrik um ein Trockensortiment für Bäckereien. 1996 wurde eine freie Fläche in Sankt Hülfe erstmals für Windkraftanlagen mit zwei 86 m hohen Masten genutzt. Die 1930 gegründete Firma Friedrich Fangmeier (zunächst nur ein Bauunternehmen für gewerbliche und landwirtschaftliche Betriebsgebäude und Wohnhäuser, dann auch für Abfüllplätze und Tankstellen, Agrarhandel, Chips und Snacks) Vertriebs GmbH u. Co KG in Heede erkämpfte unter dem Sohn des früh verstorbenen Gründers Hans-Egon Fangmeier einen führenden Platz im Handel mit Chipskartoffeln, der inzwischen mehrere europäische Staaten einbezieht.

Das Rittergut Falkenhardt *Foto: Peter Merk*

Bevölkerung

Wie teilweise bereits gezeigt, bestand die Bevölkerung 1946 aus verschiedenen Gruppen: den Alteingesessenen, den vor allem durch die Wehrmacht in den dreißiger Jahren Zugezogenen, den Luftkriegsevakuierten vor allem aus dem Niederrheingebiet und Hannover, den Displaced Persons auf Bauernhöfen und insbesondere und jahrelang im Lager Fliegerhorst und den Deutschen aus dem Osten, die vor der Sowjetischen Armee evakuiert bzw. geflüchtet oder durch die polnische Regierung vertrieben (ausgewiesen) worden waren.

Dieser Zustrom an Menschen, deren Zukunft höchst ungewiss war, führte naturgemäß zu Spannungen. Fremde Menschen wurden plötzlich Mitbewohner, die die Küche gerade dann benutzen wollten, wenn die Inhaber selbst „schon immer" ihre Essenszeit hatten, die einzige Toilette war oft dann besetzt, wenn man sie selbst benötigte, die Alten sprachen beharrlich schlesisch oder ostpreußisch, wo doch in der Stadt stets Nordniederdeutsch gesprochen worden war, die Zuwanderer hatten kaum Kleidung zum Wechseln, viele waren katholisch und standen sonntags früh zur Messe auf. Reibungspunkte gab es genug, und immer wieder mussten Schlichter auftreten, um Frieden herzustellen.

Am 1. Juli 1950 zog die International Refugees Organization IRO ab und die Lager Diepholz A (Baracken) und Diepholz B (Flugplatz) mit immer noch 1.050 Personen aus fast einem Dutzend Nationen, einer litauischen Volksschule und Berufsschule wurden der Verwaltung des Landes Niedersachsen unterstellt.[108] Von 1951 bis 1954 bestand hier das einzige litauische Gymnasium in Deutschland, bis es nach Hüttenfeld (Lampertheim, Kreis Bergstraße/Hessen) verlegt wurde.[109] 1953 wurden vorübergehend etwa 50 ukrainische, lettische, litauische, weißrussische und jugoslawische Familien aus dem Lager Lingen auf den Fliegerhorst umquartiert.[110] 1954 versuchten sowjetische Agenten, die jüngeren Ukrainer im Block 8 zur freiwilligen Heimkehr zu bewegen, doch die antikommunistische Stimmung war so gereizt, dass die alarmierte Polizei erschien, um die Männer aus Moskau zum Abzug zu bewegen.[111] In jener Zeit begingen Letten und Litauer in Diepholz stolz und wehmütig ihre Nationalfeiertage, in ihre sowjetisch gewordene Heimat trauten sie sich mit Recht nicht zurück.

Am Jahresende 1948 zählte die Stadt 8.500 Einwohner.[112] Die aus den Großstädten Umquartierten zogen zum größten Teil so bald wie möglich in ihre Heimat zurück. In Diepholz hausten am 31. Oktober 1949 noch 180 Deutsche in Lagerbaracken und fühlten sich dort wohler als in manchen Dörfern, weil in Diepholz Strom, Heizung und Wohnung frei waren und die Nähe zur Stadt als Vorteil gesehen wurde.[113] Die Volkszählung 1950 in Diepholz stellte als Folge des Krieges 669 Schlesier, 185 Ostpreußen, 377 Pommern, 84 Sudetendeutsche und 17 Österreicher fest.[114]

Jahrelang noch kehrten Kriegsgefangene nach Deutschland zurück. Der Prominenteste war Generalmajor a.D. Otto Sydow, Kommandeur der 1. Flak-Division Berlin 1944/45, von 1945 bis 1955 in der Sowjetunion, der von 1959 bis 1962 der erste Leiter der Sektion Diepholz der Gesellschaft für Wehrkunde wurde.[115]

Noch Ende 1950 überzeugte das „Wirtschaftswunder" keineswegs alle. Hunderte Arbeitslose insbesondere unter den Vertriebenen, eine hohe Auspendlerzahl – allein 200 nach Bremen –,[116] die eklatante Finanzschwäche der Stadt bis 1951 und die Wohnungsnot erklären einen Kommentar in der Zeitung:

„Das Wort „Soziale Marktwirtschaft" hat keinen guten Klang mehr. Das „Soziale" in der These des Bundeswirtschaftsministers hat sich bisher vor allem auf die Unternehmerschichten in Handel und Wirtschaft erstreckt. Diesen Konzessionen an die Unternehmerschaft, in den ersten Jahren für den notwendigen Wiederaufbau unserer Produktionsstätten durchweg berechtigt, muss jetzt unbedingt eine Besserung der Lebenshaltung der breiten Arbeitnehmerschichten folgen."[117] Auf der Mai-Kundgebung des Deutschen Gewerkschaftsbundes 1951 in Diepholz behauptete ein Redner, der Staat stehe vor dem Bankrott, nur eine soziale Wirtschaft könne helfen.[118] Auch das Ergebnis der Landtagswahl zeigte die ausgeprägte Unzufriedenheit der Bevölkerung mit den sozialen Verhältnissen insofern, als die rechtsradikale Sozialistische Reichspartei (SRP; mit dem Kreisbauernführer der NS-Zeit an der Spitze) und der Bund der Heimatvertriebenen und Entrechteten (BHE) zusammen erheblich mehr Stimmen bekamen als die DP/CDU oder gar als die SPD. Im Landkreis erhielten sie sogar mehr als

52%.[119] Die Neue Zürcher Zeitung berichtete besorgt über den erfolgreichen Wahlkampf der SRP in Diepholz.[120]
Schon 1953 sank die Jugendarbeitslosigkeit fast auf Null, und die allen sichtbare Tatsache des wirtschaftlichen Aufschwungs ließ dem politischen Extremismus keine Chance. Den kooperationsbereiten BHE nahm Adenauer in sein Kabinett auf, die radikale SRP dagegen wurde schon 1952 als verfassungsfeindlich verboten und ihre Nachfolgepartei DRP erwies sich von vornherein als erheblich schwächer.

Die Jugend öffnete sich der Welt: Ein junger Mann erkundete Finnland, 1955 fuhren drei Schülerinnen der GFS mit dem Fahrrad nach Paris,[121] und andere begannen sich für England und Italien zu interessieren. Die USA wurden zum kaum erreichbaren, aber erträumten Ziel.

Dass zugleich die Vertriebenen integriert wurden, zeigt die Besetzung der Führungspositionen in der GFS (mit dem Ostpreußen Max Dehnen, dem Berliner und zeitweilig in Hohensalza (Inowrocław) tätigen Heinrich Müller-Hartmut und dem Schlesier Dr. Kurt Jäkel), in der Mittelschule (mit Emil Johannes Guttzeit aus Heiligenbeil in Ostpreußen als Konrektor) und in den Volksschulen (mit dem Ostpreußen Bruno Kerbst und dem Schlesier Horst Kuttig). Auch die baltischen Kinder, die 1957 den Fliegerhorst verließen, sprachen schon recht gut Deutsch.

Gymnasialdirektor Max Dehnen von 1947-1951

Die Zuwanderung aus dem Osten hielt lange an. Ein tragisches Beispiel: Eine Familie aus dem Memelland war 1944 getrennt worden. Erst 1960 genehmigte die sowjetische Behörde der Ehefrau Anna K. die Ausreise. Sie durfte endlich zu ihrem Mann an die Enge Straße ziehen. Doch sie schaffte es nur noch bis Berlin; ein Schlaganfall ließ sie ihren dorthin gereisten Mann nicht mehr erkennen, sie starb im Krankenhaus.[122]

Diepholz war in der Mitte der fünfziger Jahre drauf und dran, in Stagnation zu verharren. Die Einwohnerzahl sank 1955 kurzfristig auf unter 9.000 (davon 1950 800 Ausländer, 1955 nur noch 332)[123], doch die Bundeswehr rettete die Zukunft der Stadt, die von Soldaten, Beamten und Angestellten geprägt war. 1957 waren bereits 9.200 Menschen mit Wohnsitz Diepholz eingetragen.[124] Dass selbst Anfang 1960 immer noch über 700 Leute und Mitte 1962 1.000 auf eine Wohnung warteten, sprach zunächst nicht dafür, hier wohnen zu bleiben.[125] Aber Anfang 1959 fanden bereits 9.700 Personen Platz, im selben Jahr stieg die Zahl erstmals auf über 10.000 und ließ 1960 10.700 (einschließlich 400 Flugschülern der Luftwaffe) hinter sich, von denen jeder Dritte ein Vertriebener oder Flüchtling aus der DDR war.[126] In jenen Jahren wurde bereits über Arbeitskräftemangel geklagt. Am 1. Januar 1961 war Diepholz stolz auf 11.347 Einwohner und ein Jahr darauf auf 11.827.[127]

Erwähnenswert ist die Tätigkeit des Vertriebenen Rolf Präger, der allein von Oktober 1955 bis Juni 1963 auf 100 Fahrten 284 Spätaussiedler vor allem aus Ostmitteleuropa vom Durchgangslager Friedland bei Göttingen nach und in die Umgebung von Diepholz fuhr. Dazu benötigte er 60.000 km mit ihm dafür von freundlichen Sponsoren zur Verfügung gestellten Fahrzeugen.[128]

1962 begann ein neues Kapitel mit der Zuwanderung von Ausländern. Die Textilfirma Bieng stellte elf Griechinnen ein, das Diepholzer Betonwerk zwei Griechen. Noch waren es „Gastarbeiter“, und noch war nicht zu erwarten, dass die Leute in Diepholz zu bleiben beabsichtigten. Immerhin überschritt die Einwohnerzahl in diesem Jahr die Grenze von 11.000, wuchs dann aber nur noch bedächtig (1970: 11.877) und ging sogar zurück (1972: 11.553).[129] 1966 lebten über 80 Ausländer in Diepholz.[130]

Natürlich erreichte die bekannte kulturelle und politische Neuorientierung der Jugend auch Diepholz. Mitte der sechziger Jahre agierte die erste Beat-Gruppe und im Oktober 1967 kam es – man sollte es nicht für möglich halten – zum ersten Hippietreffen mit über 30 „Blumenkindern“.[131] Die Woodstock-Generation an der Hunte! Die Basisgruppe Republikanischer Club Diepholz, Raucherpässe und Teilnahme von Schülervertretern an Konferenzen im Gymnasium, der Vorschlag des Volksbundes Deutsche Kriegsgräberfürsorge zur Umbenennung des „Heldenhains“ in „Ehrenhain“ oder „Friedenshain“, die Ersetzung der GFS-Schülerzeitschrift „Brennpunkt“ durch „Der (!) Unlust“ und die Kritik von Konfirmanden an ihrer Kirche waren politische Markierungspunkte des Jahres 1969. Die erste Haschischwelle erreichte Diepholz wohl von Bremen aus um 1970.[132] Sicherlich waren Beobachtungen und Erfahrungen in Bremen in manchem das Vorbild. Es ist heute erstaunlich, wie gelassen, mit liberaler Toleranz die älteren Diepholzer damals auf diese sie verwirrende Entwicklung reagierten.

Anfang 1991 zeigte sich noch einmal eine kurzfristige Politisierung vor allem Jugendlicher in Demonstrationen, Mahnwachen und einem Gottesdienst gegen den bevorstehenden Irak-Krieg.[133] Im folgenden April demonstrierten erstmals Ausländer in Diepholz; es handelte sich um 50 Kurden aus Sulingen, Twistringen und Barnstorf, die am Bremer Eck auf kurdische Interessen im Irakkrieg aufmerksam machten.[134]

Am 30. Juni 1975 waren 14.225 Einwohner Diepholzer Bürgerinnen und Bürger (1986: 14.668, 31.12.1990: 14.970).[135] Bereits in den siebziger Jahren lebten Asylbewerber vor allem aus Asien (in erster Linie aus Vietnam, Bangla Desh und Pakistan) in der Stadt. Als sie 1991 in größerer Zahl in einem leerstehenden Flügel der früheren Realschule konzentriert untergebracht wurden, regte sich massiver Unmut besonders von Anwohnern an der Schloßstraße, aber auch Verständnis und Solidarität von Bürgern mit entgegengesetzter Meinung (Arbeitskreis „Fremde brauchen Freunde“).[136] Die Verlegung in andere Orte und die Aufteilung auf Wohnungen, die in der Stadt verteilt lagen, baute die Aufregung im Sommer 1994 ab.

Aber erst durch die Zuwanderung von fast 1.500 Deutschen aus Kasachstan, Russland und Usbekistan in den frühen neunziger Jahren sprang die Bevölkerungskurve noch einmal nach oben und überstieg 1998 die Marke von 16.300,[137] blieb jedoch um 2008 bei etwas über 16.600 stehen. Auch diese

Die Diepholzer Tanzband ›Comet All Stars‹ (v.l.): Dieter Kuhn, Wolfgang Martens, Dieter Karrasch, Erika Cerull und Roland Puntke

Zuwanderer wurden nicht von allen gern gesehen, wobei Fremdheit gegenüber den teilweise Russisch sprechenden und Neid gegenüber den bald Häuser bauenden Familienverbänden eine Rolle spielten. Ein weiterer Aspekt war wiederum das Wohnen in Ballungsgebieten. Hilfreich war da vor allem für die Jüngeren neben der Aktivität der Sportgemeinschaft das soziale Handeln des von Anke Tuszick angeregten „Verein Stadtteilladen e.V." an der Moorstraße, der sich seit 1996 unter Leitung von Klaus Eckstein mit großem Eifer für die Integration der noch nicht so richtig Angekommenen einsetzte. Schon im Oktober 1989 bildete sich ein Arbeitskreis zur Hilfe für die damals 100 Aus- und Übersiedler und 110 Asylanten.[138] Die Landsmannschaft der Deutschen aus Russland fand Zugang nur bei den Älteren und wurde durch den „Singkreis Liane" (in russischer Volkstracht) in der Bevölkerung bekannt. 1997 wählte der Gemischte Chor die aus Odessa gebürtige, in Usbekistan ausgebildete Musiklehrerin Lilia Häberle zu seiner Chorleiterin.[139] Zwar waren die Neubürger insgesamt zufrieden, sahen aber Probleme im Drogenmissbrauch, dem schwierigen Umgang mit der Sprache und im beruflichen Abstieg der Frauen, deren Abschlüsse hier nicht anerkannt wurden.

Symptomatisch für die angesprochenen Veränderungen mag ein Haus in der Moorstraße sein. Zuerst „Europa-Hotel" mit dem ersten Beat-Keller wurde es zu einem China-Restaurant und 1991 zeitweise zu einem Asylbewerberheim für Vietnamesen. 2008 wurde es abgerissen.

Die Zahl der sozialversicherungspflichtig Beschäftigten ging bis 1984 zurück, stieg dann bis 1990 und sank bis 1998 auf den Stand von 1981.[140] Im folgenden Jahrzehnt wurde mit 6% bis 7% Arbeitslosen wieder ein im Vergleich mit dem Bundesdurchschnitt einigermaßen zufriedenstellender Prozentsatz der Beschäftigung erreicht.

Großereignisse open air zu feiern bürgerte sich auch in Diepholz ein. 1990 gab es eine derartige Fete am Bremer Eck, als die deutsche Elf Argentinien in der Weltmeisterschaft besiegte, 1996, als die Fußball-EM zu feiern war, bis hin zum Jahre 2010 mit der Fußball-WM in Südafrika.

Die Emanzipation der Frauen schritt in Diepholz gleichfalls voran. Eine wachsende Zahl von „Ratsfrauen" (bis zu 20%), ein Frauenladen und ein Mädchencafé an der Steinstraße, 1997 die Parkplätze für Frauen im Parkhaus und das im Dezember 1987 vom „Verein zum Schutz misshandelter Frauen und Kinder im Landkreis Diepholz" unter Marianne Porath eingerichtete Frauenschutzhaus an der Maschstraße, das Vordringen in höhere Positionen in Vereinen und Verwaltung, Frauen- oder Gleichstellungsbeauftragte für den Landkreis und für die Stadt, signifikant höhere Anteile von Mädchen im Gymnasium und im Abitur waren seit den siebziger Jahren zu beobachten und wurden bald als normal akzeptiert. Dr. Traute Schaller leitete 1978 als erste Frau das Gesundheitsamt, der Kreistag wählte 1993 Sabine Müller-Reinecke zur ersten Dezernentin des Landkreises Diepholz (bis 1999). Mit Heide-Anna Meyer (SPD, kurz darauf Freie, dann CDU) wurde 1996 auf Vorschlag der CDU erstmals eine Frau 2. stellvertretende Bürgermeisterin.

Bedenklich war, dass trotz aller gesellschaftspolitischen Fortschritte das (Kinder- und) Frauenschutzhaus in den ersten fünf Jahren seines Bestehens mehreren hundert Frauen und Kindern Zuflucht bieten musste – allerdings nicht nur aus der Stadt.

Die Zuneigung zum Umweltschutz förderte die Anlegung eines Hochzeitswäldchens wie andernorts, in dem Leute, die etwas zu feiern hatten, auf eigene Kosten einen Baum pflanzten. So pflanzte die CDU zum Tag der Wiedervereinigung 1990 in Anwesenheit des DDR-Staatssekretärs Eisold und des Bundestagsabgeordneten Walter Link eine Eiche. (Die Vereinigungsfeier selbst fand am 3. Oktober 1990 in einem Großzelt auf dem Rathausmarkt statt.) Später wurde wieder mit Förderung durch die Stadt ein Bürgerwald angelegt. Die Veranstaltung „Diepholz fährt Rad" mit Gottesdienst, Fahrradkontrolle und einem Ausflug in die Umgebung wurde seit 1995 viele Jahre lang gut angenommen. Das Blockheizkraftwerk am Kapellenweg, die Öko-Siedlung in Sankt Hülfe, städtische Hilfen zur Begrünung von Hauswänden, zusätzliche Radwege und die Einbindung in ein Fernradwegesystem, Langsamfahrzonen, Solardächer, der Beitritt zum Klimabündnis 1997 – es tat sich viel in Diepholz.

In den neunziger Jahren begann der wirtschaftliche Engpass einer kleinen Gruppe zu wachsen. Die Zahl der Obdachlosen nahm zu, seit Juni 1997 nahm sich ihrer die „Arche" in der Lüderstrasse an, und im folgenden Jahrzehnt wurde nach dem Vorbild der Großstädte die „Diepholzer Tafel" mit Lebensmittelspenden von Geschäftsleuten für eine nahrhafte Mahlzeit eingerichtet. Evangelische Kirche und Stadt suchten, so gut es ging, zu helfen.

Die Diepholzer insgesamt waren gewiss nie Revolutionäre, sie „können aber auch anders", wenn sie sich benachteiligt fühlen.

1958 wurde in der GFS „nur so" Toilettenpapier angezündet. Alarm! Der erzürnte Direktor ließ die WC's vom Hausmeister bis zum Beginn des Unterrichts verschließen, damit der Täter sich meldete oder angezeigt wurde. Schüler formierten sich zum Protestmarsch und verbrannten als „leuchtendes Zeichen" Papier. Ein Zettel ihrer Anklage erklärte ironisch: „Wir wollen keine Atombomben, wir wollen Toilettenpapier!"

Des öfteren streikten Beschäftigte in der Zeitungsdruckerei, in der Post und in der Kreisverwaltung vor allem für höhere Löhne, und 1993 und 1994 gingen die Landwirte wegen der durch die EU ergriffenen rigorosen Maßnahmen gegen die Schweinepest auf die Straße und blockierten das Bremer Eck, wegen der Milchpreispolitik der EU ähnlich auch 2009. Das war meist nicht spontan, sondern von Verbänden empfohlen worden und lief in der Regel gelassen, ohne Wutausbrüche und Zerstörungen ab. 1995 gingen sogar 1.500 Erwachsene und Jugendliche aus dem Altkreis für eine Verbesserung des Schulwesens auf die Diepholzer Straßen. 30 Monate lang (1993-1995) stellten evangelische Frauen eine vom Golfkrieg der USA ausgelöste Anti-Krieg-Mahnwache in der Fußgängerzone. Seit 1997 entfaltete die Bürgerinitiative gegen Krähen in Wohngebieten ihre Tätigkeit und überreichte der Umweltministerin Monika Griefahn in Hannover 1.600 Unterschriften – ohne Erfolg. Immerhin reiste 1998 die Regierungspräsidentin Kruse aus Hannover an, um sich die kreischenden Vögel anzuhören.

Vergessen wir nicht die originellen Persönlichkeiten wie „Tante Ella" Apwisch geb. Zahn, die mit ihrem im Februar 1950 bei einem Überfall im Hause ermordeten Mann seit 1938 und dann allein bis 1957 die Gastwirtschaft „Zum grünen Jäger" im Sankt Hülfer Neufeld betrieb und sich als gesellig, gastlich, gütig und hilfsbereit erwies. Sie war schlagfertig, humorvoll und offen, was man ihr nicht übel nehmen durfte; schließlich wurde jeder mit einem „Schluck" verabschiedet. Als sie am 2. August 1980 im 80. Lebensjahr gestorben war, respektierte man ihren Wunsch, dass die Trauernden bei ihrem Kollegen Wilhelm Milbe in Aschen den Beerdigungskaffee auch mit fröhlichen Erinnerungen an sie einnahmen.

Zu diesen örtlich berühmten Frauen gehörte auch „Schreibers Emmy" (verheiratet mit dem Diepholzer Ernst Schreiber) in Ossenbeck, die sich gern darauf berief, dass „das" „de Piesel" (eben Wilhelm Milbe) auch gesagt habe. Eine weitere beliebte Quelle örtlicher Nachrichten waren stets bestimmte Friseure, die ihre Kunden gern unterhielten, von ihnen aber zum Ausgleich manch Neues erfuhren („X. ist ja jetzt auch gestorben. Kannten Sie ihn näher?"). 1997 erschien eine Radierung „Diepholz Tratsch" des Künstlers Alexander von Hagemeister mit der Darstellung des sich rasch über die Dächer verbreitenden Gerüchts.

Stadtgespräch war auch der vor allem bei Jugendlichen beliebte „Quincy", der sich mehr zutraute, als man ihm auf den ersten Blick zubilligen mochte, fast regelmäßig beim Talentewettbewerb auf dem Großmarkt sein Glück versuchte und sich durch die Gunst des Publikums auch mal auf einen der vorderen Plätze sang. Kinder waren angetan von Senior Hans Törker, der bei Straßenveranstaltungen vor seinem Spielwarengeschäft an der Langen Straße (1959-93) seine Modellbahn auspackte. Stadtbekannt ist ferner der Handwerksmeister Georg („Schorse") Türke, der am Grafensonntag im Auftrag des Heimatvereins mit der Pferdekutsche durch die Stadt fährt, dabei den „Grafen von Diepholz" mimt und seine „Untertanen" unterhaltsam den (natürlich stets unzulänglich ausgeführten) „Grafengruß" üben lässt, was immer Anlass zu Späßen gibt. Begleitet wird er dabei von seinem Herold (und Stadtratsmitglied) Martin Kalkwarf, der (schon mehrfach ausgewechselten) „Gräfin" und den „Grafenmädchen".

Fliegerhorst und Bundeswehr

Bürgermeister Brüning forderte Wasserwerksmeister Heinrich Saul am 5. Juni 1945 auf, mit Erlaubnis der Briten die Versorgungsanlagen des Fliegerhorsts wieder in Betrieb zu nehmen: die Trafostation, das Wasserwerk, das Schöpfwerk und die Kläranlage.

Der Fliegerhorst wurde seit dem Vormonat als Unterkunft für befreite Verschleppte genutzt. Kurzzeitig waren hier hunderte befreite Juden aus dem Konzentrationslager Bergen-Belsen untergebracht, die jedoch auf ihren Protest hin in die Heide zurückgebracht wurden. In der Hauptsache aber warteten Polen in großer Zahl jahrelang auf eine bessere Zukunft, weil die Betroffenen zu einem erheblichen Teil nicht in ihre kommunistisch gewordene Heimat zurückkehren wollten. Erwähnenswert für die frühen fünfziger Jahre sind auch die antisowjetischen Gruppen der Letten und besonders der Litauer, diese mit einer Volksschule und dem einzigen litauischen Gymnasium in Deutschland.

Die Briten des 36. Disposals Centre nutzten einige Hallen als Lager, das wieder einen Bahnanschluss erhielt.[141]

Die großen Grünflächen des Horstgeländes wurden dem Landkreis übertragen und von Pächtern landwirtschaftlich genutzt, die das Gelände aber im Laufe der fünfziger Jahre aufgeben mussten.[142] Seit 1950 übte die Diepholzer Hundeschule von Carl Voigt auf dem Gelände.

Doch im Herbst 1955 wurde bekannt, dass Diepholz wieder Garnison werden sollte. Das hatte zur Folge, dass durch ein Räumungsprogramm die DP-Familien abgezogen wurden. 1956/57 zogen sieben Parteien in das erste Europadorf des Paters Pire in die Gegend von Aachen, andere nach Hannover und Osnabrück und in Diepholz an den Klöverkamp, die Herrenweide und die Lüderstraße.[143] Ende September 1957 lebten im Ausländerlager nach einem Fortzug von 55 Personen immer noch 92 Familien mit 197 Personen, die sich seit sechs bis acht Jahren dort aufhielten.[144] Ihre Zahl sank bis Ende November 1957 auf etwa 115, im April 1958 verließen die letzten ausländischen Familien die Unterkünfte.[145]

Im Dezember 1954 erfuhr der Stadtrat streng vertraulich, die „Dienststelle Blank“ (das spätere Bundesverteidigungsministerium) habe den ehemaligen Flugplatz und das Vorwerk besichtigt, und im Sommer 1955 spekulierte man bereits darüber, dass 3.000 Soldaten und 1.500 Zivilisten im Luftpark Diepholz beschäftigt werden könnten.[146]

Am 1. August 1956 bezog eine Vorhut der Bundeswehr den Horst, einen Monat später trafen 200 Mann ein. Diepholz erhielt eine Standortverwaltung in dem von der Kreissparkasse soeben geräumten Gebäude an der Bahnhofstraße (heute Polizeigebäude).[147]

Die nach dem Krieg zunächst demontierte Bahnstrecke vom Bahnhof zum Fliegerhorst und die Gebäude, die von einer Lagergesellschaft genutzt worden waren, wurden wieder in den militärischen Dienst gestellt. Auf dem Bahnhof Diepholz wurde eine Lok stationiert, die den Fliegerhorst und die Muna Rehden bediente und Anfang 1958 durch eine zweite für militärische und für zivile Aufgaben (Transportaufgaben für das Ölfeld Moorhäusern und das Torfwerk Rehden) ergänzt wurde.[148]

Erstmals seit dem Krieg wurden im Herbst 1956 wieder Rekruten ausgebildet.[149] Gemustert wurden die jungen Diepholzer zunächst am 30. Januar 1957 im Hotel Stadt Bremen, später in Nienburg.[150]

Auf dem Horstgelände wurde nun so rege gebaut, dass sich dort im Januar 1957 eine spezielle Bauleitung etablierte.[151] Der Sanitätsbereich, die Tankanlage, die Kasernenblocks waren nicht die einzigen zu renovierenden Objekte. Das Rollfeld musste wiederhergestellt werden, die Werft wurde ausgebaut und die durch Bomben beschädigten Hallen wurden repariert.[152] 1957 wurde das 1944 schwer getroffene Lazarett von 1939 wiederhergestellt und erweitert. Die 1950 von den Briten gesprengte Entwässerung des Rollfelds wurde 1958 wieder hergestellt. 1959 wurden in zehn Monaten 70.000 m^3 Raum umbaut.[153]

Während Bombenräumgruppen immer noch Erfolge verbuchten und mehrere Dutzend Granaten in Sprengtrichtern, Karpfenteichen und Tränkekuhlen fanden, landete im Oktober 1957 das erste Motorflugzeug seit 1945 auf dem Flugplatz.[154] Dieser niederländischen Maschine folgten 1959 die ersten deutschen Militärflugzeuge, die von der Fliegerschule in Memmingen hierher verlegt wurden.[155] Britische Fluglehrer trainierten die Deutschen im Rahmen der NATO, bis 1963 die Deutschen selbst diese Aufgabe übernahmen.[156]

Ende 1957 wurde die Wache am alten Haupttor wieder besetzt und seit Herbst 1960 der Kasernenbereich wieder voll genutzt.[157] 1961 konnte das Offiziersheim, 1965 das Unteroffiziersheim bezogen werden. In die Neubauten wurden die Unterkünfte, die Reparaturwerft und die Beschaffungsstelle einbezogen.

1963 wurde der Sportplatz erstmals bespielt. Zu den informativ und unterhaltsam gestalteten Tagen der offenen Tür strömten 1964 und 1973 bis zu 11.000 Besucher aus der Umgebung, um sich ein Bild von dem neuen Militär zu machen.[158] Eine spektakuläre Zeremonie war an einem Apriltag des Jahres 1965 die Fahnenübergabe vor zweitausend Soldaten auf dem Marktplatz. Ein Bild versuchten sich im Sommer 1974 auch Beobachter der sowjetischen Militärmission vom Lehmder Damm aus zu machen, die aber gesehen wurden, so dass sie sich verzogen.[159] In der Nähe stand bis 1993 eine Peilstation der Franzosen, die ihr Büro an der Grafenstraße hatten. Willkommen waren dagegen offiziell begrüßte NATO-Gäste wie die Besatzungen der neun RAF-Harrier-Senkrechtstarter, die sich 1974 elf Tage hier aufhielten.[160]

Vom 24. November bis 8. Dezember 1970 waren fünf Hubschrauber des Diepholzer Transportgeschwaders 64 in Pakistan, wo sie Lebensmittel, Dekken, Bekleidung und mehrere hundert Obdachlose im Sturmflutgebiet transportierten.[161] Nach dem Einsatz wurden sie zum Fliegerhorst Ahlhorn zurückgebracht. Das war einer der ersten von vielen weiteren Auslandseinsätzen, die bis auf den Balkan und nach Afghanistan führten. Mit Fahrern, Küche, EDV, Sanitätern und der Rechnungsführung unterstützte die Diepholzer Bundeswehr die Olympischen Spiele 1972 in München. 1973 führte die Lufthansa Grundlehrgänge auf dem Fliegerhorst durch.

Die Bundeswehr ist der größte Arbeitgeber in Diepholz. 1974 waren hier 1.200 Personen beschäftigt, die in den Kasernen, in Diepholz und in der Umgebung wohnten und in der Verwaltung, im Materialkontrollzentrum für andere Einheiten, im Luftwaffenmunitionsdepot, auf der Hubschrauberwerft, in der Rekrutenausbildung, in der Fahrschule, in der Flugüberwachung und bei der Flugplatzfeuerwehr arbeiteten.[162] Das 1967 eingerichtete Logistische Lage- und Materialkontrollzentrum der Luftwaffe Nord versorgte Nike, Hawk und Pershing, Starfighter, Fiat G 91, Transall, Hubschrauber und das Sanitätswesen mit Ersatzteilen.

1974 legten erstmals in der Öffentlichkeit, im Müntepark, 380 Soldaten ihr Gelöbnis ab.[163] 1980 wurde zum letzten Mal diese Verpflichtung in Diepholz vorgenommen, da das Luftwaffen-Ausbildungs-Regiment 5 die Stadt im März 1981 verließ.[164]

Beliebt war Diepholz damals auch als Sprungbiwak einer Luftlandebrigade aus Lippstadt, die mit 1.600 Mann aus Transall-Maschinen über dem Aschener Moor absprang, und eines Fallschirm-Bataillons aus Wildeshausen. Zum Einsatz gelangten auch die verbündeten Belgier und Briten, Niederländer, US-Amerikaner sowie neutrale Schweden.[165] Am 4. Juni 1995 fanden hier die Deutschen Hubschrauber-Meisterschaften statt.

Das Soldatenheim Haus Herrenweide der Evangelischen Militärseelsorge bot den Soldaten, die nicht in der Stadt wohnten, eine Möglichkeit, sich außerdienstlich auch mit der Zivilbevölkerung zu treffen, doch wurde es vor allem für Veranstaltungen wie private Feiern und Tanzstunden genutzt.

1979 wurde die Standortverwaltung an der Bahnhofstraße erheblich erweitert, doch die Bundeswehr hatte die Rechnung ohne die Entspannungspolitik gemacht: Nach der Auflösung des Warschauer Pakts wurde die Truppenstärke in Mitteleuropa erheblich reduziert, und die Beschaffungsstelle (1994) und die Standortverwaltung (2007, Ersatz durch das Bundeswehrleistungszentrum Oldenburg) wurden aufgelöst.[166] In das mehrere Jahre leer stehende Gebäude zog 2010 die Kriminalpolizei ein.

Beim Tag der offenen Tür gab es einiges zu sehen. *Foto: Bundeswehr*

Ein gewohntes Bild war die Durchfahrt vor allem niederländischer Militärfahrzeuge auf dem Weg zum Truppenübungsplatz in der Lüneburger Heide; auch britische Panzer waren zu sehen. Dann sperrte die motorisierte Militärpolizei („Marechaussee") die B 214 an den Kreuzungen. 1961 wurde sogar das Verhalten bei einem Atomschlag auf Sulingen geübt.[167]

Der Fliegerhorst wurde am 1. November 1989 erstmals Unterkunft für 87 Aussiedler aus Kasachstan, vier Tage später für 111. Diepholzer spendeten Kinderbetten. Die Aussiedler wurden in das für Diepholz federführende Durchgangslager Bramsche weitergeleitet und durch etwa 100 Deutsche aus Polen ersetzt. In der Monatsmitte waren 87 Deutsche aus Polen und 155 aus der Sowjetunion untergebracht, die aber wie auch die späteren oft nur ein paar Tage blieben (Stand Februar 1990: 160). Am 29. März 1990 kamen auch 146 Rumäniendeutsche. Ende Mai 1990 klagten die Deutschen aus Rumänien, sie säßen seit drei Wochen ohne Geld und Papiere fest.[168] Christliche Pfadfinder, die Unteroffiziersheimgesellschaft, die Standortverwaltung, das Deutsche Rote Kreuz, der Kinderschutzbund, das Diakonische Werk, die Caritas, die Stadtverwaltung (Träger seit 1. Juli 1992) und der Aktionskreis Aussiedler kümmerten sich um die Kinder, um ihnen das Einleben in die fremde Welt zu erleichtern. Innerhalb des ersten Jahres wurden 2.442 Personen betreut, davon 931 aus der Sowjetunion, 88 aus Polen, 4 aus der Tschechoslowakei und 568 aus der inzwischen aufgelösten DDR. Manche wurden innerhalb von sechs Monaten durch fünf Lager geschleust – wie sollten sie da in der neuen Heimat ankommen? Bis Weihnachten 1991 hatten übrigens mehr als 3.000 Aussiedler den Fliegerhorst erlebt. Zum 31. Oktober 1993 wurde das Heim geschlossen.[169]

1992 waren auf dem Fliegerhorst 600 Soldaten und 1.000 Zivilangestellte beschäftigt.[170] Da hatte der Horst seinen Höhepunkt bereits überschritten. Dieser vor dem Landkreis größte Arbeitgeber in der Stadt baute mehrfach Arbeitsplätze ab.

Nicht in Erfüllung ging die Erwartung der Grünen angesichts der Entspannung zwischen West und Ost, der Fliegerhorst werde in wenigen Jahren – als „Friedensdividende" – Gewerbegelände sein.[171]

Neue Aufgaben übernahm die Bundeswehr in den neunziger Jahren. Stabsarzt Dr. Werner wurde 1993 in Dschibuti und in Somalia eingesetzt, und nach Somalia wurden auch elf Mann zur Flugplatzbeleuchtung abkommandiert.[172] 1999 flogen 80 Mann zum Objektschutz in den Kosovo.[173] Kampfmittelbeseitiger und Hubschrauberinstandsetzer arbeiteten in den letzten Jahren in Afghanistan. Seit 1996 wurden Hubschrauber-Piloten ausgebildet.[174] Eine Bell UH-1 D stürzte 1999 in Berlin-Tegel ab – vier Tote![175]

2007 wurde der reine Luftwaffenstandort in einen Standort der Bundeswehr umgewandelt, so dass hier auch Soldaten des Heeres Dienst tun. Leider wurde die Zahl der militärischen und der zivilen Arbeitsplätze verringert, z.B. durch die Auflösung der Standortverwaltung und die Herabstufung des Materialdepots zum Materiallager (2008).

Am Rande des Geländes wurde am 6. Juli 2000 der kleine zivile, private Flugplatz Diepholz-Dümmerland (fdd) mit eigenem Tower, Verwaltungsgebäude, Hangar und Restauration „Weitblick" eröffnet, dessen Flugzeuge die militärische Start- und Landebahn mitbenutzen dürfen.[176]

Der verschneite Fliegerhorst im Jahre 2008 *Foto: Peter Merk*

Am 1. November 2010 wurde die Patenschaft zwischen der Stadt Diepholz und dem Luftwaffeninstandhaltungsregiment II für die Einheiten am Standort Diepholz auf dem Fliegerhorst besiegelt. Im Bild (v.l.) Bataillonskommandeur Oberstleutnant Paul Wolters, die Mitarbeiter der Stadt Karsten Hage und Florian Marré, Bürgermeister Dr. Thomas Schulze und Regimentskommandeur Oberst Stefan Lüth. *Foto: Jansen*

Herausragende Persönlichkeiten

Ein früher Träger des Bundesverdienstkreuzes war 1953 Bäcker Friedrich Nordhoff (gest. 2. April 1964), der damals der am längsten wirkende Klimabeobachter in der Bundesrepublik Deutschland und bereits unter dem letzten Kaiser aktiv war.[177]

Aus der Familie des Diepholzer Tierarztes Dr. Heinrich Heile stammten der Politiker Wilhelm Heile und der Verleger Paul Theodor Heile. Paul Theodor wurde am 1. Weihnachtstag 1884 geboren, arbeitete nach seinem Studium als Redakteur beim „Berliner Tageblatt", dann im Weltwirtschaftsarchiv in Hamburg, wurde aber 1933 aus politischen Gründen entlassen. 1946 gründete er die Hamburger Freie Presse und zog in die Hamburger Bürgerschaft ein. Er betätigte sich führend in Organisationen der Verleger. 1953 wurde ihm das Bundesverdienstkreuz verliehen.[178]

Wilhelm Heile (geb. 18. Dezember 1881 in Diepholz, gest. 17. August 1969 in Harpstedt) arbeitete mit führenden Liberalen zusammen, gehörte 1919/20 der Nationalversammlung und 1920-24 dem Reichstag an und wandte sich im Laufe der Zwanziger Jahre dem Europa-Gedanken zu, dem er auch nach dem Zweiten Weltkrieg ebenso treu blieb wie der Idee von einem von Preußen losgelösten Hannover oder Niedersachsen. Seine Gesinnungsfreunde haben ihm diese Festigkeit damals und 1946 nicht wohl vergolten, woran vielleicht auch sein Eigensinn schuld war. Von 1918 bis 1933 war er Dozent an der Deutschen Hochschule für Politik in Berlin. In der NS-Zeit war er vom politischen Handeln ausgeschlossen und wurde vom Regime beobachtet, so dass er sich verbittert aufs Land zurückzog. Als stellvertretender Ministerpräsident, Mitglied des das Grundgesetz ausarbeitenden Parlamentarischen Rats und des Niedersächsischen Landtags und als Landrat des Kreises Grafschaft Hoya hat er zuletzt in den Reihen der Deutschen Partei manches bewegt; heute wird er in Syke auch wegen der von ihm gegründeten Vereinigung Europa-Union hoch geehrt.[179]

Thea Hucke, geboren 12. August 1893 in Hannover, hatte in Hannover gewohnt, wo ihre zahlreichen, in 30 Jahren geschaffenen Gemälde und Zeichnungen bei einem Luftangriff vernichtet worden waren. Sie kam dann in ihrem Elternhaus in der Steinstraße 2 in Diepholz unter, richtete dort ihr Atelier ein und widmete sich weiterhin der Kunst, z.B. in VHS-Kursen in Osnabrück oder durch Privataufträge auch in Diepholz. Gern malte sie in Diepholz, aber auch in Bayern, auf der Kurischen Nehrung, am Nordkap, in Ischia, auf Bornholm, in Österreich und Jugoslawien. 1956 kaufte das Kultusministerium das Bild „An der Lohne" an. Eine Reihe von Ausstellungen machte das Werk Huckes vor allem in Niedersachsen bekannt und ehrte sie auch in Diepholz.[180] 1966 wurde sie mit dem Niedersächsischen Verdienstkreuz ausgezeichnet. Sie starb am 8. Oktober 1970. Ihr letztes Wohnhaus wurde 1975 abgerissen.

Der vielfach ausgezeichnete Künstler Hans-Albert Walter (geb. 3. Juli 1925 in Kolberg, gest. 2005 in Diepholz) fand an Diepholz Gefallen und siedel-

Thea Hucke (1893-1970) in ihrem Atelier Foto: Sammlung Petersen

te 1983 von Düsseldorf ins Sankt Hülfer Neufeld über. Seine Spezialität war das artifiziell variierende Spiel mit den Ziffern von 0 bis 9, die er in immer neuen Variationen bis hin zum Count-Down-Brunnen auf dem neuen Rathausplatz verarbeitete.

Emil Johannes Guttzeit wurde am 1. März 1898 in Königsberg (Ostpreußen) geboren. Der Volks- und Mittelschullehrer nahm an beiden Weltkriegen teil. 1947 kam er als Vertriebener nach Diepholz, wo er von 1959 bis zu seiner Pensionierung 1963 Mittelschulkonrektor war. Er widmete sich schon im Alter von 24 Jahren mit ganzer Hingabe der Geschichte Ostpreußens, vor allem des Kreises Heiligenbeil, der Familienforschung und der Vergangenheit seiner zweiten Heimat Diepholz. Nach dem Krieg arbeitete er weiterhin an der Darstellung Ostpreußens, u.a. als Herausgeber des Jahrbuches „Der redliche Ostpreuße". Für seine fruchtbare Tätigkeit als erster Diepholzer Stadtarchivar (1956-1984) und Publizist heimatkundlicher Artikel (besonders zu Häusern, Ausgrabungen in der Innenstadt und zum Handwerk) und Bücher wurde der Träger des Bundesverdienstkreuzes am Bande (1977) im Jahre 1983 zum Ehrenbürger ernannt. „Diepholz und seine Straßen" (Diepholz 1955) und „Geschichte der Stadt Diepholz, Band I"

Hans-Albert Walter vor einem seiner Werke im Kunstverein Hannover im Jahre 2004 *Foto: Ina Celmer*

(Diepholz 1982) sind seine herausragendsten Werke. Er starb am 18. Mai 1984 in Bad Essen, wurde aber in Diepholz beigesetzt. Sein Nachfolger als Realschulkonrektor war der erste Kreisarchivpfleger Dr. Hans Gerke.

Guttzeit arbeitete längere Zeit mit Herbert Major zusammen, der nach seinem Fortgang aus Hoya von 1962 bis 1975 die Realschule Diepholz leitete.[181] Major, am 9. Juni 1910 in Plauen (Vogtland) geboren, leitete von 1974 bis 1999 das Stadtarchiv Diepholz und wurde am 25. März 1999 wegen seiner Veröffentlichungen zur Stadtgeschichte (u.a. zur Realschule, Dr. Frieda Duensing, Dr. Fritz Klatte, Münzgeschichte, Geflügelzüchterverein, Spuren jüdischer Geschichte, Die Ehrenbürger des Fleckens bzw. der Stadt Diepholz) ebenfalls als Ehrenbürger gewürdigt. Major starb 2009 in seiner Wahlheimat Diepholz.

Georg Reuter (geb. 1935 in Argentinien, gest. 2003 in Diepholz) war ein Komponist der modernen Klassik, der von 1965 bis 1999 Kammer- und Chormusik, Sinfonien, Oratorien, Opern und Kindermusicals schuf. Zunächst als Kantor, Dozent und Chorleiter insbesondere in Bremen tätig, war er von 1981 bis 1989 Direktor der neu gegründeten Kreismusikschule des Landkreises Diepholz und dann bis 1994 ihr stellvertretender Direktor. Er verfasste „Ein Künstler auf dem Wege. Georg Reuter. Wirklichkeit und Musik", Diepholz 2000.

Der am 12. Juni 1889 in Diepholz geborene und lutherisch getaufte Willy Samenfeld (DP) half Bürgermeister Brüning 1945, die Stadt an die Briten zu übergeben und die konstituierende Sitzung des ernannten Rates am 22. Dezember 1945 vorzubereiten. Vom 7. Januar 1946 bis 1961 leitete er die Geschicke der Stadt, bis 1950 mit Brüning als erstem Stadtdirektor. Anlässlich seiner Verabschiedung am 17. März 1961 äußerte sein (noch nicht gewählter) Nachfolger, „man könne sagen, er habe den Rat im guten Sinne mit Zuckerbrot und Peitsche regiert."[182] Er war von 1912 bis 1951 Kaufmann, Auktionator und Grundstücksmakler. 1933 wurde er wegen seiner vor einem Jahrhundert noch jüdischen Vorfahren nach elf Jahren als Vorsitzender des MGV abgelöst, manche „Freunde" mieden ihn nun. Nach dem Krieg bewirtete seine Frau Nora, Tochter des Kapellmeisters Nolte, in ihrem Haus solche bekannten Gäste wie die Kaisertochter Herzogin Victoria Louise, die Ministerpräsidenten Hinrich Wilhelm Kopf und Heinrich Hellwege und die Regierungspräsidentin und Widerstandskämpferin Theanolte Bänisch. Samenfeld war ein Mann von Witz und Ruhe und derart anerkannt, dass er 1959 mit dem Bundesverdienstkreuz ausgezeichnet wurde und nicht nur zum Vorstandsmitglied des Niedersächsischen Städtebundes, sondern auch zum Vorstandsmitglied des Deutschen Städtebundes gewählt wurde. Er starb im Juni 1967 in seiner Geburtsstadt.

Bernhard Langhorst, geb. 13. Dezember 1913, gest. 8. Juli 1996 in Diepholz, war ebenfalls gebürtiger Diepholzer von einem Hof auf den Moorhäusern (Motto: „Wo ich bin, ist vorne."). Im Zweiten Weltkrieg war er zuletzt Kommandeur einer estnischen SS-Freiwilligen-Panzer-Jäger-Abteilung und wurde am 5. April 1945 mit dem Ritterkreuz ausgezeichnet. Nach dem Krieg trat er in die FDP ein und war von 1961 bis 1979 Bürgermeister. Als erster Diepholzer Kommunalpolitiker war er mit Polen befreundet. Der Stadtrat ehrte ihn nach dem Ablauf seiner Amtszeit als ersten Bürger nicht nur als Ehrenbürger, sondern auch mit dem Titel eines Ehrenbürgermeisters.

Bürgermeister Bernhard Wehring, Sohn eines SPD-Stadtratsmitglieds, war gleichfalls Ur-Diepholzer. Als erster Ratsvorsitzender (von 1979 bis 1981) gehörte er der SPD an und war auch stellvertretender Landrat des Landkreises Diepholz. Außerhalb der Kommunalpolitik förderte er vor allem die Deutsche Angestellten-Gewerkschaft und die Chor- und die Blasmusik. Seine Aktivität wurde 1987 mit dem Bundesverdienstkreuz gewürdigt.

Bürgermeister Willy Samenfeld erhält im Jahre 1959 das Bundesverdienstkreuz aus den Händen der Regierungspräsidentin Theanolte Bänisch, nach der später eine Straße in Diepholz benannt wurde.

Bürgermeister Oskar Bödeker (CDU, geb. 12. Februar 1934), Verkaufsleiter einer Firma für Orthopädietechnik und Chef eines eigenen Geschäfts in dieser Branche, war im Amt von 1981 bis zu seinem Tod in Bad Oeynhausen am 8. Februar 1996.

Bürgermeister Klaus-Peter Sander (SPD) war durch die Bundeswehr nach Diepholz gekommen. Er amtierte von 1999 bis 2003, ferner sechs Jahre als Stellvertreter und von 1972 bis 2006 als Stadtratsmitglied. Sein bleibendes Verdienst ist vor allem die Förderung der Partnerschaft mit Starogard Gdański.

Hans-Werner Schwarz, geboren in Bad Berleburg, kam 1967 als Soldat nach Diepholz, studierte seit 1971 in Vechta und Osnabrück und wurde Lehrer, zuletzt an der Jahnschule. Er wurde 1980 in den Stadtrat gewählt und 1986 in den Kreistag. Von Februar 1996 bis November 1999 und von Juni 2003 bis September 2005 repräsentierte er seine Wahlheimat als erster nicht in Diepholz gebo-

Hans-Werner Schwarz: Bürgermeister (1996-99, 2003-2005) und Landtagsvizepräsident seit 2008

rener ehrenamtlicher Bürgermeister und als letzter dieser Kategorie, der Ratssitzungen leitete. 2003 zog er in den Landtag ein, wurde bildungs- und sportpolitischer Sprecher der FDP-Landtagsfraktion und ihr stellvertretender Vorsitzender, Vorstandsmitglied der FDP-Landtagsfraktion und 2008 Landtagsvizepräsident.

Der in Osnabrück am 6. Mai 1961 geborene Dr. Thomas Schulze schloss sein Studium 1988 als Diplom-Volkswirt ab und ging nach einer wissenschaftlichen Tätigkeit an der Universität Regensburg 1991 zur Landkreisverwaltung nach Osnabrück. Daneben promovierte er 1992 in den Wirtschaftswissenschaften und dozierte an der FH und an der Universität seiner Heimatstadt. 1999 wurde er Kreisrat in Diepholz, am 19. September 2005 wählte ihn die Bevölkerung mit 69,2 % der Stimmen zum ersten hauptamtlichen Bürgermeister nach dem Ende der zweigleisigen Verwaltung. Er war Jugendfußballtrainer und setzte sich zum Ziel, Menschen zu gemeinsamem Tun in ihrer Stadt zu motivieren und zu aktivieren („Diepholz im Dialog"). Er selbst wurde 2007 stellvertretendes Präsidiumsmitglied des Niedersächsischen Städtetages.

Heinrich Jürgens aus Öftinghausen besuchte einige Jahre lang die GFS, doch wurde seine Hilfe auf dem elterlichen Hof benötigt. Er wurde zum Landwirtschaftsmeister ausgebildet. Der Kreistagsabgeordnete, Landrat des Landkreises Grafschaft Diepholz (1968-77), Landtagsabgeordnete, Landtagsvizepräsident (1974-78) und Niedersächsische Minister für Europa-Angelegenheiten (1986) wurde zudem Landesvorsitzender der FDP in Niedersachsen. 1975 hielt er eine Aufsehen erregende Rede im Landtag, denn er sprach sein geliebtes Plattdeutsch. Der begeisterte Europäer erheiterte gern die Mitmenschen mit seinen vorzugsweise platt erzählten „Döntjes". Um Diepholz erwarb er sich mit anderen das bleibende Verdienst, bei der Kreisreform erfolgreich für die Erhaltung des Kreissitzes eingetreten zu sein.

In Diepholz von 1935 bis 1939 die Volksschule besucht und 1948 ihr Abitur an der GFS bestanden hatte Barbara Simons geborene Oppermann. Als Mitglied im Landesvorstand der SPD trat sie besonders für Bildung und Chancengleichheit für Frauen ein, wollte von ihrem Wohnsitz Hannover aus ins Europäische Parlament in Brüssel einziehen und wurde 1984 gewählt.

Der hauptamtliche Bürgermeister Dr. Thomas Schulze (seit 2005) mit dem Diepholzer „Grafen"

Schulbauten und Schulen

Die in den letzten Kriegstagen beschädigte Landwirtschaftsschule an der Grafenstraße konnte den Unterricht erst im Januar 1946 wieder aufnehmen, nachdem die Briten die Beschlagnahme im Dezember des Vorjahres aufgehoben hatten. Erstaunlich zukunftweisend: Die Niedersächsische Landesstelle für Naturschutz und Landschaftspflege und die Landwirtschaftsschule veranstalteten am 25. November 1947 bei Hoffmann-Freese eine Tagung zum Thema „Naturgemäßer Landbau", auf der es u.a. um „die Abwehr der Gefahren und Heilung von Schäden unserer Heimatlandschaft" ging.

1958 erhielt die Schule einen lichtdurchfluteten Anbau mit einer pflanzenfreundlichen Aula.[183] Der fast 40 Zentner schwere Findling vom Hohen Sühn, der 1921 als Ehrenmal für die gefallenen Schüler aufgestellt worden war, wurde 1958 umgesetzt. Durch die Wirtschaftsberatungsstelle wurde dieser Punkt der Grafenstraße zu einem grünen Zentrum, das später leider an Sulingen verlorengegangen ist. Schon 1971 zeichnete sich der Verlust der zentralen Funktion auf dem Agrarsektor ab, als der letzte Jahrgang der Landwirtschaftsschule entlassen wurde.[184]

Landrat Heinrich Jürgens (1968-1977) hat sich erfolgreich für den Erhalt des Kreissitzes in Diepholz eingesetzt.

Als letzte Schule wurde die 1936 gegründete Kreisberufsschule im Gebäude der GFS am 20. August 1946 wieder eröffnet und im Dezember 1946 in Baracken des Reichsarbeitsdienstes aus Ströhen umquartiert. Zum Besuch waren „alle reichsangehörigen nicht mehr volksschulpflichtigen Jugendlichen unter 18 Jahren" verpflichtet.[185] Im Oktober 1947 nahm die Handelsschule ihren Unterricht auf. Die Schreibmaschinen für den Unterricht in einer Baracke mussten die Schüler vom Kreis holen und wieder zurückbringen. 1957 hatte das Provisorium ein Ende mit dem Einzug in das neue Gebäude an der Römlingstraße. 1960 nahm die Höhere Handelsschule ihre Arbeit auf. Doch die Berufsbildung veränderte sich weiter und differenzierte sich in ungeahntem Ausmaß, so dass 1978 das Schulzentrum durch den Umzug der Berufsbildenden Schulen an die Schlesierstraße mit einer Reihe differenzierter Fachschulen vergrößert wurde.[186] Eine anerkennenswerte Leistung des Landkreises, der als Schulträger nie mit dem Geld geknausert hat, auch wenn natürlich nicht alle Wunschvorstellungen erfüllt werden konnten. Einen architektonischen Akzent vor dem Baukomplex setzte 1986 das Kunstwerk „Tritonus" aus Edelstahl,[187] einen ökologischen eine Solaranlage vor dem Gebäude.

Das lang gewünschte Fachgymnasium entwikkelte sich, ohne der GFS Abbruch zu tun. Seine Schwerpunkte sind Ökotrophologie (Ernährungslehre), Technik und Wirtschaft. Mit der von seiner Witwe geförderten Benennung der BBS nach Dr. Jürgen Ulderup wurde ein Sponsorenehepaar geehrt, das erhebliche Geldbeträge in sonst nicht mögliche Maßnahmen zur Entwicklung der Berufsbildung in der Region Diepholz gesteckt hat.

In der Volksschule waren 1947 von zehn Schülerinnen und Schülern drei Flüchtlinge, in der Graf-Friedrich-Schule jedes vierte Kind. Hatte die Volksschule 1927 350 und 1945 636 Kinder, waren es 1949 1.265, die Zahl der Klassen war von neun auf 26 gestiegen.[188] Zum ersten Mal in ihrem Leben kamen die Kleinen 1950 mit Skandinavien in Kontakt, als ihnen schwedische Kinder kleine Päckchen schickten.[189] An Auslandsreisen war noch nicht zu denken.

Angesichts der erheblich gestiegenen Schülerzahl beschloss der Stadtrat am 23. Februar 1949 die Errichtung einer zweiten, schon vor dem Krieg gewünschten Volksschule mit einem Gebäude auf dem Mühlenkamp.[190] 1950 wurde die Schule für die Kinder aus den Bereichen Maschstraße und Herrenweide gebaut und erhielt 1951 den Namen „Volksschule II", dann „Neue Volksschule" zur Unterscheidung von der alten, die nach dem Stifter des Gebäudes „Lübkemann-Schule" genannt wurde.[191] Erste Rektorin wurde Elisabeth Bäumer-Müller, die schon seit 1921 in Diepholz unterrichtete, 1947 bis 1952 als Rektorin an der Bahnhofstraße und 1947/48 als geschäftsführende Schulrätin eingesetzt war und bis 1956 ausschließlich in der neuen Schule amtierte.[192] 1979 erhielt die Mühlenkampschule einen Anbau.[193]

Im Sommer 1964 zog die ältere Volksschule in den Neubau der „Jahnschule" (nach „Turnvater" Jahn) auf dem Scheurenkamp (später: Thouarsstraße) um; Sportplatz und Lehrschwimmhalle waren gleich nebenan.[194] Die Neue Volksschule erhielt den Namen „Mühlenkamp-Schule".

1957 bezogener Neubau der Kreisberufs- und Handelsschule in der Römlingstraße, heute Kreisverwaltumg

Großer Andrang beim Richtfest der späteren Mühlenkampschule *Foto: Müller*

Von der Jahnschule abgezweigt wurde 1964 die Sonderschule, die heutige Förderschule, die nach dem Auszug der GFS in deren bisherige Räume an der Hindenburgstraße umzog, wo auch eine weitere Diepholzer Grundschule Platz fand.[195]

1964 begann die Verkleinerung der Volksschulen in den künftigen Ortsteilen, indem die Schule Heeder Fladder aufgehoben wurde und auch Kinder aus dem Sankt Hülfer Bruch mit dem Schulbus nach Diepholz gebracht wurden, denen 1966 das 7. und das 8. Schuljahr aus Sankt Hülfe-Heede nach Diepholz folgten.[196] 1972 führte die Jahnschule das erste Betriebspraktikum in Diepholz durch und schloss 1974 einen Modellversuch 10. Schuljahr erfolgreich ab. Drei Jahre später führte die Mühlenkampschule den schulfreien Sonnabend ein. Im November 1989 knüpfte sie wieder an die frühen fünfziger Jahre an: 19 Aussiedler und 20 Ausländer mit wachsender Tendenz bei 280 Kindern stellten erhöhte Anforderungen an die Schule, die durch eine Vorschule eine weitere Pionierleistung vollbrachte.[197] Zwei Jahre später genossen Kinder aus Polen und Russland, Araber, Kurden, Chinesen, Vietnamesen, Türken, Jugoslawen und Libanesen den Deutsch-Förderunterricht.

Im Gebäude der Mittelschule war 1945 ein Lazarett untergebracht, weshalb der Unterricht nach vielen unterrichtsfreien Monaten am 25. Oktober 1945 zunächst im Gebäude der Volksschule wieder aufgenommen wurde. Die Schülerzahl stieg so drastisch an, dass die Schule um einen Anbau vergrößert wurde, zu dem eine Aula gehörte, in der der Kulturring seit 1965 Theateraufführungen (oft mit der Landesbühne Niedersachsen-Mitte) veranstaltete. Am 1. Januar 1976 löste der Landkreis (Grafschaft) Diepholz die Stadt als Schulträger ab. 1991 durfte diese inzwischen „Realschule“ genannte Schulform in einen Neubau im Schulzentrum (in Verbindung mit dem Gymnasium) an der Thouarsstraße umziehen.[198] Ihre bemerkenswerte Anziehungskraft bewies sie weiterhin, selbst als in Barnstorf, Lemförde und Wagenfeld Realschulzüge eingerichtet wurden.

Auch die überholten und beengten baulichen Verhältnisse an der GFS verlangten immer dringlicher eine Lösung. Am 7. Oktober 1953 wurden die sanitären Anlagen und die Raumverhältnisse sogar zu einem der Themen einer Landtagssitzung.[199] Wenige

Die Mühlenkampschule mit den großen Sportplätzen im Jahre 2008 *Foto: Peter Merk*

Förder- und Grundschule sind heute in den ehemaligen Räumen der GFS untergebracht. Foto: Peter Merk

Jahre später erhielt die Schule einen Anbau, der jedoch angesichts der wachsenden Schülerzahl und der erhöhten Ansprüche an die Qualität des Unterrichts nicht lange ausreichte.

Die GFS erfuhr in den fünfziger Jahren eine weitere grundlegende Veränderung. Aus der Aufbauschule wurde 1954 ein Gymnasium in Lang- (ab Klasse 5) und in Kurzform (die bisherige Aufbauschule ab Klasse 7). Nach einer Übergangszeit wurde die Kurzform abgeschafft und die Schule in ein Gymnasium mit einem mathematisch-naturwissenschaftlichen und einem neusprachlichen Zweig umgeformt.

Pionierarbeit leistete Direktor Heinrich Müller-Hartmut mit seiner 1953 ausgesprochenen Forderung, Schulbusse einzusetzen, und mit der Einführung des Schülerlotsendienstes an der GFS.[200] 1965 erhielt die Schule zeitweise einen Aufbauzug für Absolventen der Realschule.

Der Neubau wurde schon in den frühen sechziger Jahren zum Mittelbau, als noch einmal angebaut wurde: Die GFS erhielt nämlich 1962 für Feiern und Aufführungen das Aulagebäude mit einer Aula, von der ein abtrennbarer Teil als Gymnastikraum genutzt werden konnte, und mit gut ausgestatteten Biologieräumen. Die Elternschaft spendete 1963 eine kleine Orgel, die 1974 von der katholischen Gemeinde erworben wurde. Im Verbindungsteil zum bisherigen Neubau wurde die Schülerbücherei eingerichtet. Doch auch diese Erweiterung reichte bald nicht mehr, und so behalf die Schule sich mit zusätzlichen Mobilklassen in Containerbauweise. Das Gelände war nun so gefüllt, dass die Sportanlage überbaut war. Schon vorher hatte der überwiegend staubige, teilweise mit Gras bedeckte Marktplatz als Fußballplatz gedient, hatten die Schüler auf dessen baumgesäumtem Seitenweg Laufen geübt oder einen Geländelauf im Außenbereich der Stadt absolviert. Das „Schwimmabi-

Schulklasse der Realschule um 1950

tur“ als Teil des Faches Sport musste bis zum Bau der Schwimmhalle in Lohne abgenommen werden.

Daher entschloss sich der Landkreis als Schulträger – auch angesichts der lebhaften Diskussion über die Einführung von Gesamtschulen – das oben erwähnte Schulzentrum auf dem Scheurenkamp zu errichten. Zwischen Jahnschule und den Berufsbildenden Schulen wuchs 1973/74 und 1976 für über 1.000 Schülerinnen und Schüler das Gymnasium in der bald wieder verworfenen Sichtbetonbauweise mit Flachdach empor. Als Aula für Abiturfeiern, die Begrüßung der neuen Schülerinnen und Schüler und Aufführungen von Schauspielen und Musicals wurde das städtische Theater an den Berufsbildenden Schulen genutzt. Ferner wurden (nicht nur für die Graf-Friedrich-Schule) eine große Sporthalle mit mehreren Spielfeldern aufgebaut und ein Sportplatz angelegt.

So ging es eine Weile, doch am Anfang des 3. Jahrtausends reichten auch diese Gebäude nicht mehr aus. Sollten Klassen nach Lemförde ausgelagert werden? Die Schülerschaft erreichte mit Unterstützung Erwachsener, dass sie zusammenblieb, indem Räume in der erst 1991 erweiterten Jahnschule genutzt wurden, und ebenso erkämpfte sie zusammen mit Eltern- und Lehrerschaft, dass sie, als die Gebäude sich als vom Schimmelpilz befallen erwiesen, auf dem Schulgelände in den Jahren 2007 bis 2010 einen kostspieligen, aber notwendigen Neubau für die inzwischen weit über 1.100 Schülerinnen und Schüler erhielt.

Die damals sehr modern anmutende „Jahnschule“ aus dem Jahre 1965. Dahinter die nach 35 Jahren schon erneuerungsbedürftige GFS von 1973/74

Der Lehrermangel war zeitweise so gravierend, dass im Mai 1975 spekuliert wurde, ob der Unterricht vor dem Zusammenbruch stand.[201] Der Bildungsboom kennzeichnet diese Zeit, denn die GFS behielt eine hohe Schülerzahl, obwohl seit Mitte der fünfziger Jahre nach und nach die Gymnasien in Sulingen, Syke, Rahden und zuletzt auch in Twistringen für ihre Regionen auf den Plan traten und Schüler abzogen.

Die GFS baute ein Netz internationaler Verbindungen zu mehreren Erdteilen auf, trieb den Einsatz elektronischer Medien voran, vereinbarte die offizielle Zusammenarbeit mit den Firmen ZF Lemförder und Wintershall AG in Barnstorf und kooperierte mit der Firma Elastogran in Lemförde.

1998 wurde Diepholz Hochschulstadt durch die Private Fachhochschule für Wirtschaft und Technik Vechta/Diepholz/Oldenburg. Träger sind die 1983 ins Leben gerufene Dr. Jürgen-Ulderup-Stiftung, die Berufsakademie Oldenburger Münsterland und das Bundestechnologiezentrum für Elektro- und Informationstechnik in Zusammenarbeit mit der Industrie- und Handelskammer Hannover-Hildesheim und dem Landkreis Diepholz. Die ausbildenden Partnerunternehmen finanzieren die FHWT. Mit der Stiftung hält Irmgard Ulderup das Lebenswerk ihres verstorbenen Ehemannes, eines bedeutenden Lemförder Unternehmers, in Erinnerung. In Diepholz sind rund 160 künftige Diplomkaufleute, Wirtschaftsingenieure und Diplomingenieure eingeschrieben, die ihr Studium in enger Zusammenarbeit mit am Praxisbezug interessierten Betrieben absolvieren.

Die Volkshochschule nahm gleich nach dem Krieg im Mai 1946 unter Leitung des Schulrats einen ersten Anlauf, benötigte aber noch einen zweiten im Jahre 1963, um richtig in Gang zu kommen.[202] Langjähriger Leiter und Geschäftsführer wurde der Lehrer und spätere Rektor Bruno Kerbst, der die Erwachsenenpädagogik auf breite Fundamente stellte. 1972 führte die VHS Diepholz erstmals in Niedersachsen junge Erwachsene nach Abendkursen zum Abitur. Das

Das Schulzentrum im Jahre 2009: Rechts das Hallenbad mit den Riesenrutschen. Links die Jahnschule, dahinter die GFS (bereits mit den Neubauten, aber vor der Entkernung des alten Gebäudes), rechts davon die Realschule. Links hinten Sporthallen und -platz. Rechts die Fachhochschule, die Berufsbildenden Schulen und das Theater *Foto: Peter Merk*

breit gefächerte Angebot wurde seit den achtziger Jahren durch das rein beruflich ausgerichtete Ausbildungszentrum Kohlhöfen ergänzt.

Kirchengemeinden

Die Tätigkeit der evangelischen Kirche wurde durch das Kriegsende kaum unterbrochen, aber am Anfang beschlagnahmte die Militärregierung die Unterrichtsräume im Küsterhaus, so dass die Kirche für den Konfirmandenunterricht genutzt werden musste. Schon eine Woche nach der Besetzung beantragte der erste in der NS-Zeit Ausgetretene die Wiederaufnahme in die Kirche. Am 7. April 1946 wurde neben dem Gotteshaus eine Luther-Eiche gepflanzt, und am 24. Juni 1946 konnte erstmals nach dem Krieg wieder ein Hermannsburger Missionsfest begangen werden.[203]

Der Zustrom von Schlesiern hatte zur Folge, dass bis November 1961 auch das schlesische Gesangbuch gültig war und dann mit dem alten hannoverschen durch das bereits eingeführte neue Gesangbuch abgelöst wurde.

Die Armut in den ersten Nachkriegsjahren führte dazu, dass Pastor Meisinger auch schon mal eine Haustrauung vornahm, weil es der Braut und ihren Eltern an der notwendigen Kleidung für eine Feier in der Kirche fehlte und sie sich deswegen schämten, in die Öffentlichkeit zu gehen.

1954 verwirklichte Superintendent Bobzien den Gedanken aus den dreißiger Jahren, der evangelischen Kirche den Namen St. Nicolai-Kirche zu verleihen.[204] Ein Patrozinium aus dem Mittelalter war nicht überliefert, doch war Nikolaus einer der Altarheiligen der damaligen Diepholzer Kirche gewesen.

1957 fand das Kirchenkreisrentamt ein neues Domizil an der Hinterstraße, wo heute das Diakonische Werk seinen Sitz hat. Auch ein Teil des Konfirmandenunterrichts wurde dort abgehalten. 1970 wurde das Rentamt an den Postdamm verlegt, bald darauf wurden die Finanzen des evangelischen Kirchenkreises in Sulingen zentralisiert.

Die Lebensidee von Mary von Wuthenau war das Säuglingsheim. 1922 hatte die Ehefrau des Landrats es in einer Dachkammer eingerichtet, in der uneheliche Mütter eine Bleibe fanden. Sie verlegte es bald in ein Haus an der Grafenstraße, dann in einen Neubau an der Stüvenstraße. 1934 wurde es behördlich aufgelöst. Frau von Wuthenau kam als Flüchtling zurück und gründete das Heim am 1. April 1946 in einer Baracke neu. 1947 setzte Superintendent Seiffert die Verlegung des Evangelischen Säuglingsheims in die frühere Villa Runte auf dem Esch durch und beteiligte die Innere Mission und den Kreis Grafschaft Diepholz daran.[205] Für die Versorgung der Flüchtlingsmütter und -kinder wurden vier Diakonissen aus dem Mutterhaus Alt-Vandsburg (bis 1945 in Westpreußen) in Lemförde eingesetzt. 1967 wurde das Heim auf den Willenberg verlegt, 1970 aber aufgelöst und durch eine Alten-Pflegestation ersetzt.

Die evangelische Mütterhilfe richtete nach dem Krieg eine Beratungsstelle ein. Eine weitere soziale Einrichtung stellte das Evangelische Waisenhaus dar, das am 15. Oktober 1947 in einer Baracke an der Lohne untergebracht wurde und am 1. September 1953 ein von Lina Kinghorst vermachtes Wohnhaus an der Jahnstraße beziehen konnte, das bis 1971 von Schwester Mathilde Herbst geleitet wurde. Eine von Jugendamt und Kirche getragene Evangelische Jugendwohngruppe setzte die Tradition des Hauses zeitgemäß fort.

Die Landeskirchliche Gemeinschaft in Diepholz entstand 1946 und wurde wesentlich von überzeugten evangelischen Christen aus dem Osten getragen, die mit ihrer Herzensfrömmigkeit und der Betonung des Laienelements auch den Kirchengemeinden Impulse verliehen und bis heute verleihen.

Die Kirche wurde 1954/55 modernisiert, indem die Emporen abgetragen wurden, neues Gestühl, Taufstein und Altar aufgestellt wurden. An der Hinterstraße wurde ein Haus mit Räumen für den Konfirmandenunterricht und für das Diakonische Werk errichtet. 1984 wurde das frühere Küsterhaus südlich der Kirche zum Gemeindehaus umgebaut.

Am 1. März 1961 beschloss der Kirchenvorstand gegen einen gewissen Widerstand in der Gemeinde den Bau eines Gemeindezentrums, zu dem eine zweite Kirche, Gemeindehaus, Pfarrhaus und Kindergarten gehören sollten.[206] Dazu sollten bisher landwirtschaftlich genutzte Grundstücke des Bauern Bruse an der Lüderstrasse und am Vossen Reitweg genommen werden. Nicht einmal ein Jahr später wurde der Grundstein gelegt. 1962 konnte das Geläut geplant werden. Der markante viereckkige Kirchturm des 1963 eingeweihten Gebäudes mit den 1967 aufgehängten Glocken erreichte eine Höhe von 37 Metern. 1970 erhielt die Kirche, nunmehr mit dem Namen St. Michaelis (mit Bezug auf den Erzengel Michael) eine Orgel.[207] Der dortige, von der Bundeswehr für die Sprösslinge ihrer Angehörigen gewünschte und unterstützte Kindergarten war der zweite in Diepholz nach dem ersten 1940-45 von der NS-Volkswohlfahrt unterhaltenen, nach dem Krieg als evangelischer Kindergarten weitergeführte, der 1964 vom Lohneufer an die Friedrichstraße umzog. 1973 wurde der integrative Kindergarten am Lappenberg bezogen, dessen Trägerschaft die Stadt an die St. Nicolai-Kirchengemeinde übertragen hatte. Diese drei kirchlichen Kindergärten arbeiten in einem Kuratorium mit der Stadt, Elternvertretern und den Kirchenvorständen zusammen.

Als nichtkirchliche Kindergärten traten 1992 der Waldorfkindergarten Diepholz-Sankt Hülfe Karkhoff 14, der Kindergarten des ASB am Ostrand des Wohngebiets Dustmühle und 1996 der Kindergarten Lütke Lüe (Name 1998) der „Lebenshilfe“ nördlich vom Memelweg hinzu. Nicht vergessen seien hier die Kindergartengruppen in Sankt Hülfe-Heede und in Aschen, abgesehen von den von Helge Bredemeyer auf den Weg gebrachte Tagesmütterbetreuung.

Das Interesse an der Kirche ließ aus Bequemlichkeit und als Folge des gewachsenen Wohlstands nach, wie nicht nur an dem durch Personalmangel erzwungenen Rückzug der Diakonissen aus der Säuglings-, der Alten- und der Krankenpflege zu beobachten ist, und die Austrittsbewegung wuchs seit Anfang der siebziger Jahre in einem ungeahnten Ausmaß und viel stärker als in der NS-Zeit, doch übernahmen kirchliche Mitglieder auch neue Aufgaben.

Frauen aus der St. Michaelis-Gemeinde trafen sich mit Frauen aus Bellingwolde in den Niederlanden, veranstalteten Altennachmittage, das Diakonische Werk kümmerte sich um die Bedürftigen und richtete später ein Asyl an der Hinterstraße ein, neue Formen der Predigt und des Konfirmandenunterrichts wurden erprobt, Bibelkreise für Frauen entstanden in beiden Gemeinden. 1970 wurden erstmals drei Frauen in die beiden Kirchenvorstände

Die Michaeliskirche wurde 1963 neu erbaut.

gewählt, die Männer waren zunächst mit acht immer noch deutlich in der Mehrheit, die 1976 knapp aufgehoben wurde.[208] Es war eine engagierte Frau, die Kirchenkreisfürsorgerin Elisabeth Tollmien, die sich um die ersten ausländischen Arbeitskräfte bemühte, indem sie Weihnachten in Familien vermittelte und einen Sprachkurs anbot.[209] Helga Fesel kam als erste Frau im Pfarramt 1974 nach Diepholz und blieb hier sieben Jahre lang. 1993 hatten die Frauen in den Kirchenvorständen von St. Nicolai eine erhebliche Mehrheit, in St. Michaelis waren sie hauchdünn in der Minderheit. Heute bereitet eher die Zurückhaltung der Männer zum Beispiel in den Chören Sorge.

Erwähnenswert ist noch der Korb für die Patengemeinde in Meißen, in den Besucher der Nicolaikirche zusätzlich zur Kollekte für die Bedürfnisse einer Kirchengemeinde an der Elbe Geld legten. Die Kirche wurde sich auch ihrer Aufgabe weltweiter Solidarität bewusst und half Christen in Afrika (besonders in Baboua, Zentralafrika).

Lektorenkreis und Lektorensonntag, plattdeutscher Gottesdienst, Jugendgottesdienst und Jugendkreise erprobten neue Formen unter Betonung der Laienarbeit. Kaffeetrinken nach dem Gottesdienst, Treffen der Ehrenamtlichen, Besuchsdienst und Gemeindefeste führten Interessierte zum Gespräch und zum christlichen Handeln zusammen. Kindergottesdienst und dann die Kinderkirche setzten die in den zwanziger Jahren begonnene Überlieferung fort. Abi(turienten)-Gottesdienste, Großmarkt-Andachten, solche zu der Veranstaltung „Diepholz fährt Rad“ und Erntedankgottesdienste mit Hilfe von Landwirten auf der Graftlage sind Beispiele dafür, dass eine lebendige Kirche mitten in der Gesellschaft steht. Der erste Gemeindebrief erschien bereits am 19. September 1955.

Beeindruckend stark versammelten sich 1963 500 Angehörige von Kirchenchören zu einem Treffen.[210] Die Kirchenmusik erreichte vor allem durch die seit 4. Juli 1971 bestehende Kantorei ein über Jahrzehnte bis heute gehaltenes hohes Niveau, das sich in der Aufführung zahlreicher Oratorien mit auswärtigen Sängerinnen und Sängern zeigte und durch die Zusammenarbeit mit Barnstorf ausgebaut werden konnte. Auch der frühen Ausbildung in Kinderkantorei und Zwitscherchor widmeten sich die Leiterinnen und Leiter. Der die am längsten, seit vor dem Ersten Weltkrieg bestehende Instrumentalgruppe in Diepholz darstellende Posaunenchor erfreut an Heiligabend die Öffentlichkeit an verschiedenen Plätzen in der Stadt, seit 1985 auch auf dem Rathausturm, und bereichert kirchliche Veranstaltungen.

1963 wurden die Bezirke von St. Nicolai und der seit 1. Januar 1964 bestehenden Kirchengemeinde St. Michaelis voneinander abgegrenzt, doch es gilt ja der Satz von der „ecclesia semper reformanda“, der immer umzubildenden Kirche, was sich daran zeigte, dass 1998 das „verbundene Pfarramt“ mit einer Kooperation der beiden Alt-Diepholzer und der 1964 gebildeten Kreuzkirchengemeinde Sankt Hülfe-Heede eingeführt wurde.

Wenigstens behielt Diepholz den Sitz der Superintendentur, der bisherige Kirchenkreis Sulingen wurde gegen Sulinger Bedenken am 1. Januar 1969 nach dem politischen Vorbild von 1932 mit dem

Diepholzer zum Kirchenkreis Grafschaft Diepholz zusammengelegt.

Einer Explosion fiel die Küsterin Else Prahm im Frühjahr 1965 zum Opfer. Sie wollte die Gasheizung im Heizungskeller der Kirche betätigen, schaltete aber die Elektroheizung ein, wodurch es zur Explosion kam, weil der Schornstein durch ein Dohlennest verstopft worden war, so dass sich die Gase stauten und durch einen elektrischen Funken gezündet wurden.[211] Der Brand in der St. Nicolai-Kirche 1976 zog die Orgel so sehr in Mitleidenschaft, dass 1980 auch mit Hilfe von Spenden eine neue beschafft werden musste.[212] Zuletzt wurde die Kirche 2003 renoviert, da die die Feldsteinfundamente tragenden Holzpfähle vollständig verrottet waren, so dass sich das Mauerwerk gesenkt hatte. Betonfundamente ersetzten die Holzreste und die Feldsteine, und eine Stahlkonstruktion wurde in das Dach eingebaut, um die inzwischen festgestellten Schwächen der Dachkonstruktion zu beheben.

Das Gemeindefest wird auf dem neu geschaffenen Platz vor der Superintendentur vorbereitet. *Foto: Rolf-Andreas Wienbeck*

Das Diakonische Werk an der Hinterstraße erwies sich in einer wirtschaftlich schwieriger werdenden Zeit als segensreich und notwendig. Es schuf 1995/98 an der Hinterstraße eine Übernachtungsstätte für Obdachlose und ein Büro für soziales Handeln unter Rüdiger Fäth und setzte mit Hans Jürgen Waschke einen Beauftragten für junge Aussiedler ein. Alljährlich vermittelte das Werk Kinder aus dem vom Brand des Atomkraftwerks Tschernobyl betroffenen Raum Gomel zu Ferien bei Gasteltern in die Region Diepholz.

Seit 2003 betreut das Diakonische Werk mit Hilfe ehrenamtlicher Frauen des Lions Club Grafschaft Diepholz, einer Reihe von Firmen und der St. Michaelis-Gemeinde die „Diepholzer Platte", die allein bis November 2008 10.000 Essen ausgab. Die 1984 gegründete Sozialstation im ehemaligen Jugendheim am Postdamm füllte eine Lücke in der häuslichen Betreuung älterer, kranker Menschen mit dem grundsätzlichen Ziel einer aktivierenden Pflege. Das belastende Spannungsfeld zwischen Menschlichkeit und Wirtschaftlichkeit machte sich hier recht bald wie in der Klinik und in den Seniorenheimen bemerkbar.

Die nunmehr über 200 Jahre alte St. Nicolaikirche strahlt in frischem Glanz. *Foto: Rolf-Andreas Wienbeck aus dem Jahre 2010*

1970 wies Diepholz mit mehr als 86% noch eine weit überwiegende Zahl von Angehörigen

Die erste katholische Kirche seit der Reformation wurde 1951 geweiht.

der Evangelisch-Lutherischen Landeskirche auf; bis 1994 schmolz dieser Anteil durch andere Glaubensgemeinschaften und Nichtmitglieder auf 75% und zeigt weiterhin eine abnehmende Tendenz.[213]

1961 konstituierte sich die evangelisch-freikirchliche Baptistengemeinde, die 1962 einen Versammlungsraum an der Grafenstraße einrichtete, zeitweise englischsprachige Gottesdienste für die US-Soldaten der umliegenden Flarak-Stellungen abhielt und 1998 eine neue Unterkunft an der Heeder Dorfstraße bezog. Im Rahmen ökumenischen Handelns betrieb sie um 1978 auch Kinderarbeit im Jugendheim am Postdamm.

Die Christliche Missionsgemeinde konstituierte sich 1984 in einem Teil des Gebäudes Kohlhöfen 12, neuerdings ist ihr Zentrum ein umgewidmeter Veranstaltungssaal an der Maschstraße. Es folgten als Konsequenz der Zuwanderung aus dem Osten die Gemeinschaft der Siebenten-Tags-Adventisten an der Engen Straße (früher: Kreissparkasse) und die Freie Gemeinde an der Lüderstrasse (früher: Einzelhandelsgeschäft Schilling).

Die Neuapostolische Gemeinde und die Christian Science (Christliche Wissenschafter) fanden 1947 in der Landwirtschaftsschule (bzw. in der GFS) Möglichkeiten zu Gottesdiensten. Die Neuapostolischen weihten 1961 ihre kleine Kirche am Weizenkamp ein. Jehovas Zeugen richteten nach Jahren in verschiedenen angemieteten Räumen endgültig ihren Königreichssaal an der Grimmener Straße ein.

Die katholische Kirche wurde zunächst und nur zeitweise durch die evakuierten Rheinländer, 1946 hauptsächlich durch zahlreiche Schlesier und seit 1956 durch Bundeswehrangehörige erheblich verstärkt.[214] 1974 betrug der Anteil der Katholiken an der Bevölkerung gut 15%, 1994 13%. Der aus Köln gebürtige Pastor Josef Schmidt war am 25. Oktober 1945 aus Mönchengladbach als ständiger Seelsorger in die Diaspora nach Diepholz versetzt worden und entfaltete hier seine organisatorische Begabung.[215] Er richtete in einer Wehrmachtbaracke das Altersheim Falkenhardt ein und hielt Gottesdienste, für die die evangelische Kirche Räumlichkeiten zur Verfügung stellte. Seit April 1950 markierte ein Holzkreuz am Weizenkamp den Platz der künftigen Kirche, zu der am 11. Juni 1950 der Grundstein gelegt wurde, während der Gottesdienst dazu in der evangelischen Kirche gefeiert wurde. Die mit einer Spende des Papstes fertiggestellte und am 6. September

1967 wurde sie um Turm und Chorraum erweitert.

Der Chorraum erstrahlt von innen in leuchtendem Himmelsblau

1951 von dem Osnabrücker Bischof Dr. Berning geweihte Kirche für 1.500 Gläubige erhielt den Namen „Christus König", um auf Christus als König des religiösen Lebens hinzuweisen. Der Volksmund kürzte auf „Christ König" ab. Am 31. Januar 1953 wurde die Gemeinde eigenständig; ihre Kirche wurde 1967 durch den Chorraum und durch den Turm für drei Glocken erweitert. 1974 folgten für die seit 1969 zur Pfarrei erhobenen Gemeinde ein Pfarrheim und 1981 eine Krypta. Der Tod des Pfarrers und geistlichen Rats Joseph Schmidt am 26. Februar 1990 bedeutete einen tiefen Einschnitt, war er doch die treibende Kraft für die ständige bauliche Entwicklung der Gemeinde gewesen.

Auch diese Gemeinde betreute seit 1989 Aussiedler (vor allem aus Polen). Die soziale Arbeit wurde von der Caritas in die Hand genommen, die sich insbesondere um Wohnungslose kümmerte.

Das seit 11. November 1946 in der Ossenbecker Siedlung Falkenhardt am Waldrand befindliche und bis Herbst 1992 von Hedwigschwestern aus Schlesien betreute Altenheim St. Josef wurde 1990 von einer freien Heimleitung übernommen und am 9. Oktober 1998 als Seniorenzentrum St. Josef in einen Neubau am Richtweg und damit in die Stadt verlegt.

Die eher seltenen ökumenischen Gottesdienste und die interkonfessionelle Zusammenarbeit besonders der Frauen wurden nicht als Sensationen, sondern als überfällig empfunden.

Juden in Diepholz

Die „Aufarbeitung" der jüngsten Vergangenheit begann früh, aber nur finanziell und nicht geistig. Am 16. April 1945 legte der Bürgermeister dar, welche Immobilien die Stadt aus jüdischem Besitz erworben hatte: die Grundstücke Philippsohn (einschließlich einer Wiese am Nährweg) und Witwe Roberg, das Haus von Karl Samenfeld (kostenlos wegen Baufälligkeit) und den noch nicht aufgelassenen jüdischen Friedhof.[216]

Im Juni 1945 wurden etwa 1.200 Juden aus dem KZ Bergen-Belsen im DP-Lager Diepholz auf dem Fliegerhorst untergebracht, wollten aber hier trotz Betreuung durch ein Team von zwölf Personen der Jewish Relief Union aus Großbritannien nicht bleiben und wandten sich wieder nach Belsen. Dann sammelten sich einige Gläubige, die nicht aus Diepholz stammten. Es handelte sich um Verschleppte und um Angehörige der Besatzungsmacht, die verlangten, dass die Synagoge wiederhergestellt wurde. Am 22. September 1946 wurde das Gotteshaus von einem Militärrabbiner wieder eingeweiht, für die gefallenen jüdischen Sol-

Hier stand früher die Synagoge, woran eine Tafel erinnert.
Foto: Rolf-Andreas Wienbeck

daten ein Kranz niedergelegt und der Militärregierung für ihr Engagement gedankt.[217]

Stadtdirektor Brüning hatte das britische Ansinnen abgelehnt, dass die Stadt die Kosten für die Wiederherstellung der Synagoge in Höhe von knapp 8.500 Reichsmark übernehmen sollte, und veranlasste ihm bekannte Täter vom 10. November 1938, das Geld bei ihren Mittätern einzusammeln. So kam knapp die Hälfte der Summe zusammen – mehr war ihnen angeblich nicht möglich, doch Brüning beharrte darauf, dass auch der Rest abgeliefert wurde, was dann geschah, weil die Betreffenden befürchten mussten, dass Brüning sie bei den Briten anzeigen würde.

Vorsitzender des Jüdischen Komitees Grafschaft Diepholz war der Endzwanziger Moritz Freudenreich aus der Maschstraße. Auch die jüdische Hilfsorganisation Joint hatte hier noch 1948 eine Niederlassung. Durch die Auswanderung der am 10. Juli 1946 vier deutschen und 25 ausländischen Juden in die USA und die Verringerung der britischen Besatzung löste sich die Gemeinde noch vor dem Ende der vierziger Jahre auf.

Feierliche Einweihung des Mahnmals auf dem jüdischen Friedhof im Jahre 1997

Wieder hergestellt wurden die übermalten Namen der jüdischen Stifter an Fenstern im Rathaus und in der Graf-Friedrich-Schule, viel später die der beiden Gefallenen im Eingangsraum der Nicolai-Kirche.

1951 und 1952 wurden die finanziellen Ansprüche der nach Südamerika und Palästina (Israel) emigrierten Erben Roberg, Samenfeld und Philippsohn nach Verhandlungen vor dem Wiedergutmachungsamt in Verden geregelt.

Die Synagoge wurde von einer Treuhandgesellschaft mit Sitz in London verwaltet und wegen Baufälligkeit und fehlender Nutzungsmöglichkeit 1953 an einen Diepholzer Kaufmann veräußert, der sie im Juni 1961 abreißen ließ.[218] Seit etwa 1980 unterrichtet an dem Nachfolgegebäude eine Informationstafel über die Geschichte dieser Hausstelle.[219]

Drei der Verantwortlichen für die Zerstörung der Diepholzer Synagoge am 10. November 1938 wurden im April 1951 angeklagt. Einer von ihnen wurde zu zehn Monaten Gefängnis verurteilt, während die Verfahren gegen die beiden anderen eingestellt wurden.

Unsensibel beschloss die Stadt Ende 1953, „die Ausweitung dieses neuen Baugeländes" „Tannenbergplatz" zu nennen, was sie wenige Jahre später zurücknahm, da der jüdische Friedhof von der Treuhand inzwischen gärtnerisch gestaltet und ein (die Ereignisse sehr milde verhüllend umschreibender) Gedenkstein aufgestellt worden war.[220] 1960 ging der Friedhof an den Landesverband der Jüdischen Gemeinden in Niedersachsen über. „Am Judenfriedhof" mochte aber wohl niemand wohnen, und

Steine der Erinnerung auf dem Mahnmal im Jahre 2010

Foto: Reinald Schröder

so beließen Verwaltungsausschuss, Anlieger und Rat die betreffenden Wohnhäuser 1963 weiterhin bei der Pommernstraße.

Seit 1978 wurde sporadisch an die jüdischen Mitbürger erinnert, damals durch einen Geschichtskurs der GFS, 1988 durch eine von Realschullehrer Hilmar Kurth aus Sulingen eröffnete Veranstaltungsreihe um die Ausstellung „Jüdische Friedhöfe in Niedersachsen“ mit einer Sondersitzung des Rates. 1979 wurden Straßen nach den Familien Fontheim und Roberg benannt. 2003 ließ die Stadt das Grab ihres 1921 geehrten Ehrenbürgers Fontheim (1854-1937) in Berlin restaurieren.[221]

Die „alten“ Diepholzer nahmen die Verbindung zu ihrer geliebten Heimatstadt wieder auf. So erfuhren die Diepholzer 1963, dass der Lehrersohn Martin Rosenblatt nach Santiago de Chile emigriert war und Werner Vogel chilenischer Landesmeister im Gewichtheben der Mittelklasse geworden war.[222] Der Israeli Günter (bzw. Elieser) Roberg besuchte (wie Martin Rosenblatt 1965) seine Heimatstadt Diepholz 1963 und 1972 und beantragte mit Erfolg im selben Jahr seine Wiedereinbürgerung, und der 1938 nach Argentinien emigrierte Ewald Samenfeld besuchte Diepholz 1988 noch als 76-jähriger auf Einladung der Stadt und seines Freundes Pieper an der Grafenstraße. 1984 erklärte der Rat sich bereit, die Pflege des Friedhofs zu übernehmen. 1998 wurde eine Plexiglastafel mit Informationen über den Friedhof aufgestellt.

1997 nahm Günter Roberg ebenfalls auf Einladung der Stadt und seines Freundes Hilmar Kurth (Sulingen) an der öffentlichen Vorstellung des nach einem Entwurf der GFS-Schüler Mirko Oetting und Thomas Staggl aus Bruchstücken jüdischer Grabmäler zusammengesetzten Denkmals auf dem Friedhof teil. Roberg, Bürgermeister Schwarz und Superintendent Haarmann würdigten die Bedeutung dieser Arbeit.

Dazu war es so gekommen: Im Sommer 1994 sollte die Lüderstrasse erneuert werden, und einer der Arbeiter wusste seit dreieinhalb Jahrzehnten, dass dort Bruchstücke als Straßenschotter im Untergrund lagen. Unklar war nur, wo genau sie sich befanden. Tatsächlich wurden sie am 27. Juli vor der Mühlenkampschule entdeckt.

Das Ehepaar Roberg besuchte Diepholz wieder im Jahre 2008 zu den Gedenkfeiern an den 70. Jahrestag der ersten großen Verfolgung „trotz des Unrechts frei von Hass“.[223] Am 5. August 2010 wurde Günter Roberg auf Antrag von mehr als 200 Bürgerinnen und Bürgern auf Beschluss des Rates die Ehrenbürgerwürde der Stadt verliehen.

Gewerbe und Handel

Angesichts der Vielzahl von Firmen ist es in diesem Rahmen geboten, nicht alle (selbst in den Gewerbegebieten) zu nennen oder gar darzustellen. Absicht ist lediglich, an Hand von Akzenten Tendenzen der Entwicklung aufzuzeigen.

In der Festhalle auf dem Lüdersbusch wurden von 1946 bis 1951 Sandaletten produziert. Besonders Flüchtlinge und Vertriebene versuchten eine Existenz aufzubauen. Stahmann und Neumann aus Berlin gründeten am 9. August 1947 die Schallplattenfirma Union-Record, die spätere Pallas, die mit Recht auf eine großartige Zukunft für die akustische Unterhaltung setzte und nach mehreren Monaten an den Esch umzog, wo sie später eine weitere Fläche bebaute, da sie sich an neue Entwicklungen anpasste, aber auch den Bedarf der „Oldtimer“ deckte. Ein Hirschberger aus Schlesien schuf am 1. Januar 1948 in Diepholz das Norddeutsche Bewachungs-Institut, das in den Kreisen Diepholz, Wittlage und Lübbecke tätig wurde. Der Niederschlesier Rudolf Dittert konnte sich 1967 des 75-jährigen Bestehens seines Luftheizungsbaubetriebs erfreuen.

Regulierungen engten die freie Entfaltung der Ideen und Kräfte ein. Noch im April und Mai 1947 behinderte ein Feinbackverbot die Bäcker. Die Preisbehörde empörte sich über Wucherer, die im Herbst 1947 Kartoffeln für das mehr als Zwanzigfache des amtlich festgesetzten Preises anboten.

Die Währungsreform 1948 setzte die Kräfte des Marktes endlich frei. Markenfrei wurden Lebensmittel, Ziegelsteine und Gaswerksteer; sanitäre Anlagen, Bauplatten und Glas waren sofort lieferbar. Endlich konnten in größerem Maßstab wieder Häuser gebaut werden. Möbelkaufmann Trey ließ sich im Haus Hoffmann-Freese nieder und eröffnete das „Metropol“, in dem ab 1. November 1948 nicht nur die Kapelle Großmann vom Landessender Dresden auftrat, sondern Mitte Januar 1949 auch die Sängerin Lale Andersen (von früher bekannt durch ihre Interpretation des Soldatenliedes „Lili Marleen“). Der Verband des Niedersächsischen

Landvolks bezog das ehemalige Landbundhaus an der Grafenstraße.

Im früheren Vorwerk blühten auf die Rohr- und Binsenverwertung GmbH Diepholz, das Bauplattenwerk Diepholz, Reifen-Günther und eine Süßmostkelterei dreier Flüchtlinge aus Reichenstein in Schlesien. Wenig später betrieb die einst ostpreußische Firma Hahn & Co. hier Fischverarbeitung und Großhandel. Auf dem Flugplatz etablierte sich das Bauunternehmen Tiefland GmbH, das später an den Groweg umzog. An der Maschstraße ließ sich die Hundeschule von Carl Voigt aus Lembruch nieder, der 1952 zum 1. Vizepräsident der Union Canine Internationale mit Sitz in Brüssel gewählt wurde. Im Frühjahr 1949 gab das britische Militär endlich die beschlagnahmten Hotels frei. Am 20. Januar 1950 eröffnete Otto Hoffmann das Schlossbad mit Badewannen für diejenigen, die nicht zu Hause baden konnten.

Von 1945 bis 1949 wurden über 150 Betriebe von solchen Neubürgern wie Dickti, Skoruppa, Diersch, Dittert, Hielscher, Rosteck und Zadow neu gegründet, davon allein 77 im Jahre 1949. Erwähnenswert ist auch, dass Frieda Grad, 1930 in Schönebeck die erste Seilerin Deutschlands, 1950 in einer Baracke an der Maschstraße eine Seiler-Werkstatt errichtete, damals die zweite neben der seit über sieben Jahrzehnten bestehenden von Kemper am Pohl.

Die wirtschaftliche Lage war aber trotz und wegen der zahlreichen kleinen Werkstätten nicht so positiv, wie man sich das vorstellen könnte. Nach dem Schuljahr 1949/50 waren von 81 Abgängern der Volksschule 43 noch ohne Lehrstelle.

Vom 31. August bis 4. September 1949 präsentierte die Leistungsschau Handwerk, Handel, Gewerbe, Industrie Produkte des Kreises Grafschaft Diepholz von ungefähr 150 Ausstellern auf dem Gelände des Bürgerparks.[224] Integriert war eine Kulturschau, die Lehrer Lohmeyer zusammengestellt hatte. Die dort gezeigten Objekte Steinaxt, Feuersteinmesserspitze, Eichenbohle, Urkunden der Grafen, eine Bibel von 1656, eine Anrichte von 1692, Gildefahnen, eine Truhe von 1565, Zinngerät und Eichenstühle sollten Grundlage eines wieder einmal erhofften Heimatmuseums werden.

Die Leistungsschau wurde 1950 unter dem gereimten Motto wiederholt:

„Treffpunkt für Mann und Kind und Frau
in Diepholz auf der Leistungsschau!"[225]

Die benachbarte Restauration Scheppmann-Landgraf war vorher renoviert worden. Eine weitere Lücke sah Tischler Louis Schierbaum, Am Burggraben: Er eröffnete einen Bootsverleih an der Lohne.

Noch 1950 wurde im aufblühenden Baugebiet die Gaststätte „Maschterrasse" an der Maschstraße eröffnet, der sich in den sechziger Jahren das „Maschstübchen" auf der früheren Herrenweide und die „Alte Postklause" an der Engen Straße zugesellten.

Die „Diepholzer Schlosskellerei" mit ihrem Gründer Fritz Gröne vertrieb von 1952 (Neubau 1954 an der Friedrichstraße) bis 1979 Branntweine mit originellen Namen wie „Diepholzer Schlossgold", „Diepholzer Schlosskrone" und „Schlossgraf".

Erstmals seit 1627 bzw. dem 30. Mai 1669 hatte Diepholz mehr als eine Apotheke, als am 26. Juli 1952 der Westpreuße Dr. Georg Kubisch die „Adler-Apotheke" an der Hindenburgstraße eröffnete, so dass mit dem Löwen und dem Adler beide Tiere aus dem Grafenwappen in den Namen der Offizinen vertreten waren. 1959 folgte mit der „Rats-Apotheke" in der Nähe des Rathauses an der Wellestraße die dritte und 1978 mit der „Grafen-Apotheke" eine weitere, die die „Apotheke am Pohl" (1979), die „Schloß-Apotheke" im Ärztehaus und die „Hindenburg-Apotheke" ergänzte. Zeitweise bestand an der Ecke zum Postdamm auch die „Willenberg-Apotheke". Die „Adler-Apotheke" schloss 1960; ihr Gründer starb 1994 im Alter von 104 Jahren.

Auch wenn die Fünfziger Jahre bald als konservativ erschienen, darf man den Umbruch jener Zeit nicht übersehen. Die Stellmacherbetriebe wurden unrentabel, Schmiede wurden nicht mehr von jedem Landwirt aufgesucht, denn Produkte aus Fabriken nahmen immer mehr Raum ein. Das Pferd wurde zunehmend durch den Trecker verdrängt, Schuhe und Kleidung kaufte man in Fachgeschäften, die ihre Ware zu günstigeren Preisen von großen Firmen bezogen, das Schuhmacher- und das Schneiderhandwerk starben beinahe aus. Die kleine Rohr- und Strohmattenfabrik Schirrmacher an der Maschstraße (im Bereich der heutigen Umgehungsstraße) bestand von 1951 bis 1967.

Die Adler-Apotheke in der Hindenburgstraße *Foto: Wurster*

Einzelne konnten sich lange behaupten, so die seit 1873 tätige, auf Tuchmachermeister in der Lohnstraße zurückgehende Schuhmachermeisterfamilie Schröder, die sich vor allem auf die Orthopädie spezialisierte und heute über zwei Geschäfte in Diepholz und eins in Sulingen verfügt. Maler, Glaser und Lackierer Schröder am Kohlhöfen 51, 1836 aus Wagenfeld zugezogen, bildet ebenso eine lange „Dynastie“ wie der Maler- und Lackierbetrieb Kläning an der Steinstraße 35 und Kruppstraße 10.

Eine bemerkenswerte Kontinuität entwickelten die beiden Buchhandlungen von Ferdinand Schöttler (Lange Straße 61) und Wilhelm Berneburg, die, in der Kaiserzeit gegründet, den Wandel der Zeiten überdauerten und als Buchhandlung Schöttler Inh. Röder und Buchhandlung Günzel (1957 zunächst als Pächter bei Berneburg begonnen, dann Neubau Mühlenstraße) auch heute ihre Dienste anbieten. Die Buchhandlung Schöttler – noch 2003 als „Niedersächsische Buchhandlung des Jahres“ ausgezeichnet – schloss nach 95 Jahren Ende des Jahres 2010. Diese Lücke will die Buchhandlung Schüttert aus Syke nur zwei Häuser weiter mit ihrer neu eröffneten Filiale schließen.

Die Holzbearbeitung in Bau- und Möbeltischlereien wie Louis Schierbaum (gegr. 1908 am Burggraben, 1996 ins Gewerbegebiet Kielweg ausgelagert) und durch Zimmereibetriebe wie Friedrich Weghöft schwand dahin. Der letzte Stellmacher Heinrich Kammacher war noch bis 1952 an der Hinterstraße tätig. Die Werkstatt Gelmke an der Ledebourstraße wurde 1959 abgerissen, um einen Durchbruch zur Flöthe zu schaffen. Die Bredemeyersche Schmiede an der Mühlenstraße wurde 1968 ebenfalls abgerissen. Die Mühlenbetriebe wie der von Tangemann (seit 1909, Gebäude 1987 abgebrochen) an der Lüderstrasse oder der von Pieper an der Bahnhofstraße verschwanden aus dem Stadtbild, und 1987 verlegte die in Bahnhofsnähe angesiedelte Raiffeisen-Warengenossenschaft ihre Zentrale von Diepholz nach Barver. Möbelgeschäfte wie Steffens, Stickan (1976) und Müller stellten ihre Tätigkeit ein, obwohl Müller, seit 1949 an der Grafenstraße, 1953, 1955, 1971 und 1972/72 erweitert hatte; eine wenn auch nicht langlebige Firma wie Roller (Werbung: „Die großen Hallen sind gar nicht zu übersehen.“), 1972 angesiedelt, 1978 erweitert, Halle inzwischen abgebrannt und dem Erdboden gleichgemacht, konnte gegen ein Konkurrenzunternehmen in Vechta mit mehr Lagerkapazität nicht bestehen.

Die Bäckereien vermochten in den folgenden Jahrzehnten mit der Konkurrenz der Ketten nicht mehr mitzuhalten. Besonders bedauert wurde 1979 die Einstellung des Cafés „Deutsches Haus“, da der originelle Inhaber, der „deutsche Hermann“, gern

Schuhmachermeister Schröder (rechts) in seinem Orthopädiegeschäft *Foto: Wurster*

zu Späßen aufgelegt war und die Ratsmitglieder nach ihren langen Sitzungen aufzulockern verstand.

Im Lebensmitteleinzelhandel verschwand der Kaufladen alter Art, wie er sich als Kinderspielzeug noch länger erhalten hat. Das erste Selbstbedienungsgeschäft an der Langen Straße seit Pfingsten 1957 hieß schlicht „Esbe" („**S**elbst**b**edienung", 1977 abgerissen, im Neubau das Juweliergeschäft Ahrens) und war zuerst von allen anderen unterscheidbar. Erste Supermärkte an der Gartenstraße und auf dem Willenberg (Penny 1970), 1969 der „Aldi"-Markt an der Bahnhofstraße und 1971 das genossenschaftliche, bald eingegangene „coop" an der Stelle des früheren Gasthauses „Brauner Hirsch" ließen die Kunden staunen. Doch „Cordi" („das Herz von Diepholz", 1975), heute „E-Center" von Immega, „Nordwest-Center" (1975, später „Famka" bzw. 1989 „Eurospar"), „Kafu", dann „K & K" und „Combi" erreichten später andere Dimensionen mit entsprechend großen Parkflächen. Auch Fachmärkte für Heimwerker und Gartenliebhaber erwiesen sich als mächtige Konkurrenten der etablierten Fachgeschäfte. Dem alteingesessenen Geschäft Hagemann erwuchs in der Firma Krapp aus dem Landkreis Vechta eine Konkurrenz, die schließlich eine „freundliche Übernahme" praktizierte und endlich diese Filiale aufgab, weil ihr der größere Hagebaumarkt am Burslopp überlegen war, der 1999 erweitert wurde.

Dass der in einem 1937 gegründeten Geschäft für Eisen, Lebensmittel und Sämereien aufgewachsene Wilhelm Rumsfeld 1963 die „Quelle"-Agentur übernahm, ist symptomatisch für die Entwicklung auch der Handelsketten. Die Textilgeschäftskette Engbers eröffnete 1973 ihre 65. Filiale in Diepholz.

Kleinere Lebensmittelläden verteidigten sich zwar wacker wie das von Lohmeyer an der Bahnhofstraße 14 29 Jahre lang noch bis zur Jahreswende 1993/94 und wurden sogar durch neue der Brüder Schilling an der Lüderstraße (1969-91) und der Engen Straße ergänzt, doch die größer werdenden SB-Läden mit wachsenden Regalen, einem umfang-

Das Diepholzer Einkaufszentrum in den 1990er Jahren: Vorne Cordi, heute befindet sich hier Combi, auf der anderen Seite der B 214 Feuerwehr und Polizei. Der Park am Durchgang zum Rathaus wird gerade angelegt.

Der abendliche Blick auf das Kaufhaus „CeKa“ und umliegende Gebäude im Jahre 2008 *Foto: Peter Merk*

reicheren Sortiment und ständig wechselnden Sonderangeboten erwiesen sich als überlegen und verdrängten auch die Bäckereien und Schlachtereien (nicht zuletzt wegen der Nachfolgeprobleme). Im Mai 1997 versorgten neun Märkte (zuletzt „Aldi“ und „MiniMal“) die Bevölkerung. Damit war die Grenze der Wirtschaftlichkeit erreicht.

Die Edeka Diepholz am Nährweg ging 1962 nach 39 Jahren in der Edeka Bremen auf.

Das Kaufhaus von Siegfried und Sophie Seitz zog 1962 von der Bahnhofstraße an die Lange Straße um und wartete zehn Jahre später mit einer Sensation auf: Es bot die erste Rolltreppe in Diepholz. 1989 übergab der Inhaber sein mehrfach erweitertes Lebenswerk an Kaufmann Friedrich Magnus, von dem es nach der Insolvenz im März 2003 an den ostfriesischen Betrieb „Ceka“ (Central-Kaufhaus) überging. „Ceka“ sah eine Chance, als die Deutsche Post ihre eigenständige Filiale einstellte, und übernahm am 24. September 2008 die Postdienst- und Postbankleistungen.

Mit der Sofie und Siegfried Seitz-Stiftung (2002) hat das Ehepaar Seitz sich ein lebendiges Denkmal gesetzt, denn sie fördert überdurchschnittlich erfolgreich ausgebildete junge Kaufleute aus der Region Altkreis Diepholz , damit sie sich weiterbilden können. Außerdem veranstaltet sie durch die Seitz-Akademie qualitativ hochwertige Fortbildungsseminare.

Die eingesessenen renommierten Firmen profitierten zum Teil vom wirtschaftlichen Aufschwung. C. F. Lehnkering blieb als Betten-, Dekorations- und Aussteuerhaus im Stammhaus an der Langen Straße, ging 1961 jedoch mit seinem Bekleidungsangebot in einen großzügigen, zweistöckigen Neubau an die Wellestraße und wurde 1972 in zwei Firmen aufgeteilt. Nach einem weiteren Umzug in einen Neubau an der Langen Straße auf dem Platz des abgerissenen „Hotel Hannover“ vermochte sich das Geschäft nicht mehr zu halten und gab zu Gunsten der großen Firma C & A auf. Das Ausstattungshaus war schon 1995 erloschen; der Laden wurde nacheinander von drei auswärtigen Drogeriemärkten übernommen, denen wiederum die Kette Rossmann zu schaffen machte.

Ebenso expandierte die 1910 von einem Bremer gegründete Schloß-Drogerie Otto Hoffmann zeitweise mit einer Filiale an der Ecke Lange Straße / Ledebourstraße, besteht aber nicht mehr. Das Textilhaus Horn neben dem Textilgeschäft Stüven feierte 1960 sein 75-jähriges Bestehen, doch beide Geschäfte gingen rund zwei Jahrzehnte später in andere Hände über, weil interessierte Nachfolger fehlten. Alte Malerbetriebe wie Thomas an der Ledebourstraße (1964 100 Jahre alt, inzwischen auf Heimtextilien spezialisiert), Schröder am Kohlhöfen und Kläning an der Steinstraße oder das Schuhhaus Seegers in der Fußgängerzone überstanden die Umbrüche der Zeit bis heute. Standhaft war ebenfalls die Tischlerei mit Bestattungsunternehmen Stroink, seit 1931 an der Lüderstraße. Der Entwicklung passte sich auf andere Weise geschickt die Kohlenhandlung Becker an der Bahnhofstraße an, die 1979 in ein „Grünen Kaufhaus“ umgewandelt wurde und sich später als Becker Zoo & Co. neben dem E-Center von Hilrich Immega an der Thüringer Straße niederließ.

Bemerkenswert ist das Friseurgeschäft Bergbauer, dessen damalige Juniorin Heide um 1970 vordere Plätze bei Deutschen und bei Weltmeisterschaften ihres Berufsstandes belegte.

Behaupten konnte sich die 1921 angefangene chemische Reinigung Fritz Fiebinger mit der 1932 angegliederten Wäscherei; im Krieg waren hier wegen des Fliegerhorstes fast 40 Mitarbeiter beschäftigt. Inhaber Edlef Sommer bewältigte zwei

Der großzügige Neubau des Bekleidungshauses Lehnkering in der Wellestraße von 1961
Foto: Wurster

Umzüge von der Kolkstraße (Abbruch 1975) in die Räume neben dem damaligen Cordi (heute Combi) an der Hilgenstraße und dann an die Steinstraße.

Die 1826 für den Handel mit Land- und Manufakturwaren und Bettfedern gegründete, seit etwa 1900 wegen der Südoldenburger Schweinemast auf den internationalen Getreidehandel spezialisierte Firma Schwarze behielt unter Karl-Theodor Schwarze (gest. 1968) ihr Stammhaus, das zeitweilig von den Briten beschlagnahmte Kontorgebäude am Westende der Ledebourstraße, hatte ihren wirtschaftlichen Schwerpunkt aber unter Rolf Schwarze in Bremen. Der 1906 in Diepholz geborene Inhaber Rolf Schwarze wurde 1959 zum Präsidenten des Zentralverbands des deutschen Getreide-, Futter- und Düngemittelhandels mit Sitz in Bonn gewählt. Das Geschäft boomte, die Zahl der Beschäftigten stieg, die Büroflächen wurden erweitert. Landhandel, Fischmehl, Mischfutter aus einem eigenen Werk in Bremen und Großhandel mit Getreide und Futtermitteln aus Amerika, Nordafrika und Indonesien belegen die Globalisierung der Firma. 1968 konzentrierte sich die Firma auf Bremen, ging aber zusammen mit ihrer Firma Renneberg u. Co. sechs Jahre später in Konkurs.

Mit Bremen verbunden war das Sanitätshaus Brandscheidt, das 1944 nach Diepholz kam, sich 1949 nahe dem Bremer Eck niederließ und 1967 ein großzügiges Gebäude am Kohlhöfen 1 und damaliger B 214 erhielt. Es gehört heute der schon erwähnten Firma Friedrich Schröder. Der wachsende Bedarf ließ dann mit dem von Orthopädie-Technik Bödeker GmbH ein zweites Sanitätshaus an der Bahnhofstraße zu.

1973 etablierte sich das Büroeinrichtungshaus Schröder an der Langen Straße 3 in dem Neubau, der an der Stelle des alten Hauses erbaut worden war, in dem schon seit 1928 ein Schreibwarengeschäft bestand – seit 1931 nach Otto Schröder benannt. 1976 entstand der erste Diepholzer Jeansladen an der Bahnhofstraße in dem Gebäude der ehemaligen Schlosserei Schröder, das im Jahre 2010 dem Neubau der Schloß-Apotheke wich.

Für die Freizeit wurden neben den zunächst immer noch zahlreichen Gaststätten traditioneller Art neue Formen des gastronomischen Gewerbes wichtig. Herausragende Bedeutung hatte neben

Weihnachtlich strahlende Lange Straße um 1965

dem schon traditionellen Café Haselhorst die Milchbar. Strangmeyer (Café und Gaststätte, seit 1962) profitierte mit seiner Nähe zur B 214 und zum Krankenhaus, das neben die Bäkkerei tretende Café Gutknecht (ebenfalls 1962) von seiner Lage an der Ecke Willenberg und Lüderstraße. Es verschwanden aber die Hotels zum Grafen, Gerke, Stadt Osnabrück (1977: Trakehnerhof), Stadt Bremen (1972/73 in eine Gaststätte mit Discothek umgewandelt, erste Bundeskegelbahn in Diepholz) und Hannover, die Gaststätte Stadt Oldenburg, auch neuere Häuser wie das Europa-Hotel an der Moorstraße (1992 Asylbewerberheim, inzwischen abgerissen) und das vor einigen Jahren geschlossene Hotel Dustmühle an der Thouarsstraße. Das Bremer Eck, auch „Bermuda-Dreieck" genannt, weil nachts dort mancher „versackte", errang den Ruf als abendlicher Treffpunkt vor allem jüngerer Leute in der Gastronomie, auch als Möglichkeit zum Feiern etwa nach der Fußball-WM 2007 und der EM 2008.

Die Firma Brandscheidt am Bremer Eck *Foto: Wurster*

Ausländer ergänzten zunehmend das bestehende und geringer werdende Angebot. Chinesen, Griechen, Italiener (Eisdiele am Bremer Eck 1962) und Türken fanden Nischen, wenn auch nicht immer mit dauerhaftem Erfolg. Aus dem renommierten Hotel Gerke wurde 1979 für rund ein halbes Jahrhundert das Restaurant Athen. Krümpelmanns Moorhof an der B 214 im Westen, gegründet 1881, ging zeitweise in chinesische Hände. Ein Chinese übernahm Haakes Wirtschaft auf dem Willenberg, ein anderer die von Wichelhaus an der Hindenburgstraße, wo in den ersten Jahren des 21. Jahrhunderts der „Urfa-Palast" für Zuwanderer aus Vorderasien bestand und sich neben einem Moscheeraum der Aufenthaltsraum des von Muslimen gegründeten Kulturvereins befand.

Ein neuer Geschäftszweig entwickelte sich durch den technisch bedingten Aufschwung der Unterhaltungsindustrie. In Diepholz wurden Fernsehgeräte 1953 bei Elradio (Ehepaar Müller) angeboten, und bereits 1964 gehörte ein Fernsehgerät fast ebenso wie ein Radio zur Standardausstattung eines Haushalts, so dass man nicht mehr zu Nachbarn oder in eine Gaststätte „fernsehgucken" ging. Die Elektrifizierung der Haushalte wurde von der Firma Nike gefördert, in deren Beratungshaus an der Langen Straße 1978 für ein paar Jahrzehnte der Herrenausstatter Rettinghaus Einzug hielt.

Dass es sinnvoll war, nicht nebeneinander zu handeln, sondern miteinander für Diepholz zu werben, sahen Diepholzer Kaufleute und die Stadtverwaltung ein. Der „Diepholzer Fiddi" wurde 1969 zur bieder aussehenden Werbefigur der „Werbegemeinschaft", als Motto warben die Wörter „Zentral, lebendig, leistungsstark". Immerhin wurde ein Teil der Langen Straße vom 21. bis 23. September 1973 zur provisorischen Fußgängerzone. Doch die Motivation der Mitglieder ging zurück, und so bedurfte es am 20. Februar 1974 eines neuen Anlaufs in Gestalt der erheblich größeren und eindrucksvoll wachsenden „Fördergemeinschaft Lebendiges Diepholz", die unter dem Vorsitzenden Kaufmann Siegfried Seitz endlich ein stabiles Fundament für zahlreiche Werbeaktivitäten bot und 1976 mit einem neuen Logo (d mit Turmhelm) in die Offensive ging und weiterhin geht.[226] Für Imagewerbung, Wirtschaftsförderung und Veranstaltungen sorgte ein Geschäftsführer. Am 1. April 1974 bündelte erstmals die im Druckhaus Breyer GmbH am

Burgmannsweg 3 erscheinende Programmschrift „diepholz aktuell" die vielen Freizeitangebote in der Stadt.

Darüber hinaus arbeiteten die Kaufleute in der Innenstadt und zeitweise die am Pohl jeweils intern zusammen. In Kooperation mit der Stadt sind es vor allem die Kaufleute und einige Vereine, die die verschiedenen „events" wie Stadtfest, Autoschau, Weinfest, Gartenschau, Flohmarkt, Kunstausstellung in den Schaufenstern, Grafensonntag (seit 1985), Schlossturmfest, Gänsemarkt und Weihnachtsmarkt ermöglichen. Die Aktion Ferienspaß des ganzjährig arbeitenden städtischen Jugendfreizeitzentrums für Sechs- bis Zwölfjährige und die teilweise gebührenfreie Nutzung des kommunalen Parkhauses werden finanziell unterstützt.

Um die Konkurrenz der Großstädte nicht zu stark werden zu lassen, verlängerten viele Geschäfte ihre Öffnungszeiten (1996 in der Innenstadt bis 19 Uhr, Supermärkte später weiter in den Abend hinein).

Die großen Mitte-Niedersachsen-Schauen der Wirtschaft im großartig gefeierten Jubiläumsjahr 1980 und dann 1985 und 1990 zogen zahlreiche Besucher in die Stadt.

Staatlich gefördert gab es einen Trend zur Aussiedlung der Höfe aus der Stadt. Die meisten bäuerlichen Betriebe aber gingen wegen unrentabler Flächen, des Arbeitskräftemangels und wegen eines fehlenden interessierten Erben ein.

Arbeitsplätze wurden außerhalb geschaffen wie von der „Tiefland" des pommerschen Unternehmers Richard Diehr, der 1957 vom Fliegerhorst auf das Gelände an der B 214 östlich der Bahnstrecke umzog. 1970 ging die Firma in Konkurs.[227]

Längere Zeit erfolgreich war auch der seit 1925 tätige Bauunternehmer Willi Tappe, der um 1965 300 Leute beschäftigte.[228] Als wirtschaftliche Schwierigkeiten auftraten, retteten die Beschäftigten den Betrieb und führten ihn als „Diebau" zwischen Bahn und Schloßstraße-Süd weiter. Aus dem Stadtbild verschwunden sind auch einst so erfolgreiche Baufirmen wie Zander (Rathausmarkt),[229] Rathje (Wellestraße) und Bokelmann (Friedrichstraße).

Das seit 1961 agierende Unternehmen Carl Stolte GmbH u. Co. KG am Kielweg beschäftigte 1975 200 Leute mit Freileitungs- und Kabelarbeiten und im Straßenbau.[230] Die Firma E. u. R. Stolte am Nährweg 11 entwickelte seit 1957 Gewächshäuser, die sie nach Norddeutschland, Dresden, Frankfurt am Main und auf die Azoren lieferte. 1964 erwarb sie auch das Grundstück Nr. 4, die ehemalige Desinfektionsanstalt.[231]

Bedauerlich war der Fortgang der zunächst an der Eschfeldstraße tätigen elsässischen Ölexplorationsfirma Schlumberger mit 40 Beschäftigten in die Vechtaer Nachbarschaft (1996.)[232]

Die Stadt war keineswegs untätig, wies Gewerbegebiete aus und verlegte sich auf die betriebliche Ansiedlungspolitik und Wirtschaftsförderung auch ansässiger Firmen (organisiert über die WISTA GmbH). Durch diese Spezialisierung wurden in späterer Zeit Flächen geschaffen u.a. für die Spedition Heinrich Wiechers, den 1983 als Geschäft für Öko-Produkte gegründeten „Lebensbaum", für die beiden bedeutenden Automobilzulieferbetriebe der ZF Lemförder und für den Lackierbetrieb Heinrich Kläning in der Nähe des Fliegerhorsts, die Dachdeckerei Jacobs am Triftweg (vorher auf dem Willenberg). Die DELME-Werkstätten mit 91 Beschäftigten, die Reifenbetriebe Wünning und SSK, die Spedition Döring mit 60 Lkw und 80 Mitarbeitern, das PUR-System Enneking mit einer 12.000 Qua-

Die Firma „Diebau" an der Bahn *Foto: Peter Merk*

Das Gewerbegebiet am Fliegerhorst: Vorne die Firma Lebensbaum, dahinter ZF Lemförder
Foto: Peter Merk

dratmeter großen Photovoltaikanlage und Claus Harstrick, der mit seinem Glas- und Edelstahl-Designunternehmen unter anderem als Schiffsausrüster für die Meyer-Werft in Papenburg arbeitet, sind weitere Beispiele dafür, dass sich in Diepholz durchaus manches bewegt.

Der Siedler Grambow hatte 1932 mit der Müllabfuhr begonnen. Ein Pferd zog den Wagen, dann wurde ein zweites Pferd angespannt. 1933 stellte Schmiedemeister Bredemeyer einen schweren Müllwagen mit Anhänger bereit. 1939 übernahm Landwirt Erbricht den Betrieb, später nahm sich die Stadt der Sache an. Der seit den dreißiger Jahren bekannte offene Müllwagen mit roter Fahne verschwand als unhygienisch im Jahre 1952, ein Zeichen wachsenden Wohlstands und Hygienebewusstseins. Damals wurde der Anschlusszwang für die Anlieger eingeführt, um die staubfreie Abfuhr finanziell rentabel zu gestalten. Ökologisch umgebaut wurde die Abfuhr durch die allmähliche Einführung neuer Tonnen und die Trennung nach verschiedenen Abfallsorten (Restabfälle, kompostierbare Abfälle, Kunststoffe, Papier, Batterien, Sperr- und Sondermüll). Die Abholung wurde auswärtigen Firmen übertragen, der Müll zu einem erheblichen Teil nicht mehr auf dem Hohen Sühn, sondern auswärts (besonders auf der Zentraldeponie der Kreisabfallwirtschaft AWG in Bassum-Wedehorn) deponiert und verarbeitet, doch blieb der Hohe Sühn für bestimmte Müllsorten geöffnet. Papier sammelt auch der Verein für persönliche Hilfen an der Bahn.

Industrie und Gaswerk

Angesichts der Transportprobleme war es bereits ein Fortschritt, dass es Anfang 1946 wenigstens regelmäßige Gasabgabezeiten von 11 bis 13 Uhr gab. Noch am 23., 24. und vom 27. bis 29. Dezember 1946 wurde von 12.30 Uhr bis 18 Uhr der Strom gesperrt, um eine Einsparung von 45% zu erzie-

Die Firma Döring und ihre Lkws *Foto: Peter Merk*

Die Firma Schöma in den 1950er Jahren

len.[233] Stromsperren ähnlicher Art hielten bis zum 6. April 1947 an.[234] Noch im Februar 1948 waren Teile der Bevölkerung aber zu maßvollem Bezug von Gas und Strom nicht zu bewegen.[235]

Die absehbare wirtschaftliche Erholung nach dem Krieg ließ die seit 1929 bestehende, in ihren Wurzeln ältere Firma Christoph Schöttler GmbH (Schöma) schon mehrere Wochen vor der Währungsreform 1948 ein Privatanschlussgleis bei der Deutschen Reichsbahn beantragen, um ihre Produkte auf Schienen abtransportieren zu können. Die Schöma lieferte bereits vier Jahre nach dem Kriegsende Lokomotiven nach Indien, im folgenden Jahr nach Indonesien, die kleinere Diema nach Ungarn, Spanien und in die Niederlande, 1973 50 Grubenloks über Bremen und Leningrad in den Iran.

In jenem Jahr lieferte die Diema ihre 3.500. Lok aus. Sie war in Italien bestellt worden. 1976 zählte die Firma 110 Beschäftigte, die unter anderem Loks für ein Kalibergwerk in Niedersachsen und im nächsten Jahr für Taiwan und die Türkei herstellten.[236] Einen Höhepunkt bildete das Jahr 1983, als die Diema Loks nicht nur für den Iran, die Türkei und den Nahen Osten herstellte, sondern auch die größte schlagwettergeschützte Batterielok für den Untertagebetrieb an die Ruhrkohle AG ablieferte. 1993 geriet die Firma in Schwierigkeiten, verringerte zunächst die Zahl der Arbeitsplätze und stellte den Betrieb im Herbst ein. 100 Beschäftigte wurden innerhalb von nicht einmal zwei Monaten „freigesetzt".[237] Das Gelände an der Diemastraße wurde versteigert und nach der Parzellierung 1995 in ein Wohngebiet umgestaltet.

Um 1971 gingen Schöma-Loks zu 90% in den Export, nach Österreich, die Schweiz, nach Finnland, Polen, Jugoslawien, Indonesien, Marokko und in die USA. Auf den Philippinen wurden sie später in Kupferminen eingesetzt, auch für Hongkong wurden sie geordert. 1983 fanden auf der Diepholzer Fliegerhorst-Strecke getestete Schöma-Erzeugnisse ihren Markt in Ägypten und Saudi-Arabien, 1984 für Bergwerksstollen in der Tschechoslowakei. In über einhundert Ländern fuhren damals Diesellokomotiven aus Diepholz! Für den Bau des Tunnels unter dem Ärmelkanal von Frankreich nach England um 1990 wurden mehr als 100 Schöma-Loks eingesetzt. Die Metro-Verlängerung in Paris, die U-Bahnen in Athen und in Hongkong, die Inselbahnen auf Borkum, Langeoog und Wangerooge, die Halligbahnen in Dagebüll und früher auf Spiekeroog, ja, sogar das Königreich Lesotho kamen ohne die Schöma mit ihren im Jahre 1994 130 Beschäftigten nicht aus. Eine 1952 für das Emsland produzierte Torfbahnlok wurde 1995 am Kohlhöfen aufgestellt, zwei Exemplare stehen heute am Nordrand des Werksgeländes.[238]

Die Möbelfabrik Müller auf dem Kohlhöfen florierte wieder nach dem Krieg und beschäftigte während des wirtschaftlichen Aufschwungs in den fünfziger Jahren bis zu 60 Fachkräfte.[239] Doch 1958 wurde der Komplex an die Strickwarenfabrik Döring aus Brake veräußert, die 1959 30 Leute beschäftigte.[240] 1960 zog die Hemdenfirma Bieng & Co. an den Kohlhöfen, die 1962 mit sechs Griechinnen aus dem Gebiet von Saloniki die Epoche der „Gastarbeiterinnen" einleitete.[241] Die Wäschefabrik „Bico" (Kohlhöfen 12) wurde 1970 von der Firma Erwin Hucke AG (Nettelstedt) übernommen, die von 140 Beschäftigten Popelinemäntel nähen ließ.[242] Im April 1980 musste auch sie den Betrieb einstellen.

Zeitweise (1960-1972) arbeitete die aus Quernheim übergesiedelte Kleiderfabrik Jugendmoden-Grill mit bis zu 70 Beschäftigten zunächst an der Ledebourstraße, dann auf dem Kohlhöfen.[243] Sie wurde 1973 mit 44 Mitarbeiterinnen von Hucke übernommen, die die Zeitläufte aber auch nicht überdauerte.

Auf dem Gelände der Diema, hier ein Bild aus den 1950er Jahren, befindet sich heute ein Wohngebiet. Jenseits der Eschfeldstraße sind die Stadtwerke mit ihren beiden Gaskesseln zu erkennen.

mit Hänger wurde bestenfalls zum Museumsstück oder ohne Hänger zum bewunderten Oldtimer.

Die im September 1913 gegründete Erste Diepholzer Fleischwaren- und Konservenfabrik Hans Finke versorgte 1948/49 die von der sowjetischen Besatzungsmacht auf dem Wasserweg und auf den Landwegen von den Westzonen abgeschnittenen westlichen Sektoren Berlins. Man kann also durchaus sagen: Diepholzer haben geholfen, dass die West-Berliner die Blockade überlebt haben. 1949 erreichte die von 120 Mitarbeitern, darunter 50% Flüchtlingen und Vertriebenen, erzielte Produktion ein Drittel der Kapazität aller niedersächsischen Fleischwarenfabriken. Absatzmärkte waren außer Berlin das Ruhrgebiet, die Hansestädte und München. Auch später wurde Schweinespeck nach Berlin geliefert. 1952 ging die Firma in Konkurs, konnte aber 1954 als Pachtbetrieb unter neuer Leitung und seit 1955 von der Centralgenossenschaft für Viehverwertung Hannover weitergeführt werden. Der im 64. Lebensjahr stehende Gründer, der 1924 in die Kom-

Die Möbelfabrik Steffens hatte in der Zeit des „Wirtschaftswunders“ ein dickes Auftragspolster und lieferte mit über 40 Mitarbeitern Schlafzimmer besonders ins Ruhrgebiet. Selbst sie vermochte das Ende nicht aufzuhalten. 1989 versuchte vergebens die Firma Rodefix hier eine Fortsetzung.[244]

Die Bekleidungs- und Schuhoberlederfabrik Müller an der Steinstraße (auf dem Gelände heute der Lohgerberweg) vollendete 1962 als einzige von einst sechs Gerbereien das erste Jahrhundert ihrer Existenz und zog 1991 vor die Stadt, konnte sich angesichts der ausländischen Konkurrenz aber nicht mehr lange halten.[245]

Ebenfalls ein begrenztes Leben hatte die Molkerei an der Flöthestraße, deren Gebäude 1970 an das Fotogeschäft Hahn verkauft wurde.[246] Dahinter stand das große Molkereisterben, dem auch andere kleine Betriebe etwa in Drebber und Rehden zum Opfer fielen, da der rationalisierende Trend angesichts der geringer werdenden Zahl der landwirtschaftlichen Höfe zu Großmolkereien und der Abholung des Rohprodukts durch Tanklastwagen ging. Die Milchkannen, die früher zum Abholen an den Straßen vor den Höfen standen, hatten ausgedient. Der tuckernde Trecker

Arbeiterinnen bei der Hemdenfirma Bieng *Foto: Wurster*

munalpolitik eingetreten war, überlebte den Zusammenbruch nur ein paar Monate lang.

1957 verschickte die Schlachtstelle Diepholz der Landwirtschaftlichen Viehzentrale Hannover das Fleisch von wöchentlich zwischen 300 und 900 geschlachteten Schweinen nach Berlin, Frankfurt am Main, Süddeutschland und ins Ruhrgebiet. In einer Woche des Jahres 1970 wurden in der Schlachtstelle noch 4.330 Schweine verarbeitet.

Auch Rinder wurden hier geschlachtet. Am 29. April 1967, einem damals noch nicht arbeitsfreien Sonnabend, gelang einer geplagten Kreatur nicht nur der Ausbruch aus der Schlachterei, sondern eine stürmische Jagd auf neun davonstiebende Schlachter durch mehrere Straßen, als gehe es zum Stierkampf in eine spanische Arena. Doch der Freiheit verheißende wilde Westen erwies sich als Falle, denn die Männer trieben die Kuh auf eine Wiese des Bürgermeisters Bernhard Langhorst auf den Moorhäusern. Ein Jäger aus der Nachbarschaft erlegte es durch zwei Schüsse, und danach wurde die Tote auf ihren letzten Weg gebracht.[247]

Schluss war mit dem 31. August 1973 aber auch für die Großschlachterei selbst, so dass sich hier neue stadtplanerische Möglichkeiten für eine Bebauung mit mehreren Geschäften ergaben.[248]

Einen ebenfalls weit überregionalen Erfolg hatten die bereits erwähnten Berliner Vogt und Neumann mit ihrer 1948 (Hindenburgstraße 50) gegründeten und seit 1949 auf dem Esch tätigen Schallplattenfabrik „Pallas" (nach Pallas Athene, der Schutzgöttin Athens, die für Kunst und Wissenschaften zuständig war). In hohen Stückzahlen produzierte sie für große Firmen wie Philipps, Austrophon, Neckermann und Bertelsmann. 1958 beschäftigte sie einschließlich der Zweigbetriebe in Cornau und Hannover 140 Mitarbeiterinnen und Mitarbeiter.[249] 1971 wurde der Liedermacher Reinhard Mey als besonders erfolgreicher Interpret mit der Goldenen Diepholzer Schallplatten-Presse ausgezeichnet.[250] Erstmals 1975 sorgte die Firma umweltfreundlich dafür, dass der PVC-Staub in einer geschlossenen Anlage verblieb, und im folgenden Jahr nahm sie die Produktion von Musikkassetten (MC) auf.[251]

2008 teilte die Firma mit, dass sie mit 35 Mitarbeitern in einem der beiden letzten deutschen Spezialbetriebe jährlich noch 3 Millionen Vinyl-Platten herstellte, während ihre Tochter P + O Compact Disc in einem neueren Werk gegenüber ebenfalls Auf dem Esch es auf 16 Millionen CDs brachte. Die Firmengruppe umfasste 1998 vier Firmen mit 200 Mitarbeitenden.[252] Eine aussortierte Plattenpresse von 1976 wurde 2008 für die Sonderausstellung „Schlager für Millionen" an das „Haus der Geschichte" in Bonn ausgeliehen.

Die Schreibgerätefirma Vela aus Schötmar (Lippe) stellte mit Sitz in den Schlossgärten die sich seit 1948 durchsetzenden Kugelschreiber her. Sie beschäftigte um 1960 etwa 300 Heimarbeiter(innen) in Diepholz, vergab Arbeit an Häftlinge in Diepholz, Nienburg, Verden, Oldenburg und an die von Bodelschwinghschen Anstalten in Freistatt und produzierte täglich 3.000 Schreibgeräte.[253] Am 31. Mai 1967 stellte sie die Produktion in Diepholz ein.[254]

An die ehemals herausragende Stelle der Möbelfabriken traten neue Betriebe, die sich mit Kunststoffprodukten befassten. Neben der schon genannten Tonträgerfabrik waren das erfolgreiche Betriebe wie die expandierenden Autoteile-Zulieferer Omega Technology Plastic GmbH u. Co. KG an der Ovelgönne und der Thüringer Straße (auch mit dem Schaltknauf für den Kleinstwagen Smart der Daimler-Benz AG)[255] und die der ZF Lemförder (Fahrwerk-Module und Schaltungssysteme), einer Tochter der ZF Friedrichshafen mit großen Fabrikgebäuden im Südwesten der Stadt, wo an der Siemensstraße und an der Dr.-Jürgen-Ulderup-Straße allein im Jahre 2007 etwa 38.000 Lenker und 3,1 Millionen Schaltungssysteme für Automatik- und Schaltgetriebe in Pkw und Nutzfahrzeugen produziert wurden. Die ZF in Diepholz lieferte Know-how sogar schon nach China.

Ende 1994 nahm das Querlenkerwerk der ZF Lemförder in der Nähe des Fliegerhorsts die Produktion auf. Offiziell eröffnet wurde es 1995 von Ministerpräsident Gerhard Schröder. Da hatte es bereits 127 Mitarbeiter. Trotz Wirtschaftskrise 2009 lief die Produktion von Schaltungssystemen und Fahrwerkmodulen erfolgverheißend weiter.

Die 1896 in Minden gegründete Schrottfirma Albert Berg entwickelte sich aus kleinen Anfängen am Bahnhof (1950) zu einem großen Betrieb auf der Graftlage im südlichen Vorfeld der Stadt. 1957 lieferte sie monatlich 5-6.000 Tonnen an die Stahlwerke Salzgitter und Georgsmarienhütte.[256] In erheblichem Maße profitierte Schrott-Berg von Aufträgen der Bundeswehr.

Größere Dimensionen erreichte auch die Baufirma Heinrich Niemeier, die schon 1935/36 150 Menschen beschäftigte. Als sie 1959 das Silberjubiläum beging, begann sie an der Pommernstraße ein Betonwerk zu errichten, das 1960 für mehrere Jahre seine Tätigkeit dort aufnahm, wo sich heute das E-Center befindet. 1963 fügte sie das Werk Hemsloh und 1965 das Werk auf dem Hohen Sühn hinzu.[257]

Das Kunststoffzeitalter erfasste auch die Diepholzer Wirtschaft. Der Westfale Dieter Kristen etablierte sich 1974 im Bereich von Hausbauteilen (Fenster, Rollläden, Haustüren und Wintergärten).

Dieter Kolthoff gründete 1972 das Unternehmen P + S Plast- und Schaumtechnik, aus dem sich die Schaffer PurForm Technik an der Porschestraße mit knapp 100 Mitarbeitern, die Omega Technology und die P + S entwickelten.

P + S nannte einen Werkstoff „Diepocel" in Anlehnung an den Produktionsstandort. Die P & S Polyurethan-Elastomere entwickelte sich an der Thüringer Straße so prächtig, dass sie im Gewerbegebiet Kielweg 2008 eine größere Produktionsstätte errichten konnte. Zu ihren Spezialprodukten aus Polyurethan für den Maschinenbau und belastungsstarke Pufferelemente für die Aufzugtechnik gehören auch Bauteile für den ICE der Deutschen Bahn. Ein weltbekannter Partner ist Bayer in Leverkusen. Die Kunststoffbearbeitung Bernd Wünning an der Kruppstraße verstärkt diese Branche. Recht neu und ein Senkrechtstarter ist noch die Vensys Elektrotechnik im Gewerbegebiet Masch.

Für die den Lüftungsbau in der Landwirtschaft tätig wurde die Firma hdt-Anlagenbau GmbH u. Co. KG von Dönselmann-Theile an Groweg und Fladderstraße.

Immer wieder umstritten war die Tierfrischmehlfabrik (heute: Gepro) im Diepholzer Moor, die sich 1975 anschickte, aus dem Landkreis Vechta umzuziehen. Das führte vielfach zu schriftlichen Protesten bis nach Hannover und bis hin zu einer Demonstration umweltbewusster und bald auch geruchsbelästigter Zeitgenossen und langfristig zum Einbau stets neuer Filter, da es des öfteren Havarien gab, die nicht nur an Wochenenden und nicht nur um 1980/81 unangenehme Gerüche über der Stadt zur Folge hatten.

Die Firma Lebensbaum (heute Dr.-Jürgen-Ulderup-Straße 12) wurde in Rehden gegründet und entwickelte sich aus einem kleinen Anfang als Naturkostgeschäft in drei Jahrzehnten zu einer bedeutenden Firma. Den Namen nahm Ulrich Walter 1993 mit in seinen großen Betrieb in der Nähe des Fliegerhorsts, wo er seine internationalen Kontakte nutzte und sich mit (2009) 100 Mitarbeiterinnen und Mitarbeitern auf die Verarbeitung bestimmter Naturprodukte aus 40 Ländern z.B. in Afrika und Asien spezialisierte. Zunächst bezog er Brennnesseln aus Österreich, Tee aus China und Kräuter aus Frankreich, weitete Sortiment und Betriebsstätte mit Logistikzentrum als erfolgreicher und wegen seines ökologisch verantwortlichen Handelns mehrfach ausgezeichneter Unternehmer und Lieferant für auf Nachhaltigkeit wert legende Geschäfte aber noch erheblich aus.

Glücklicherweise nicht weiter verfolgt wurde eine Studie des Kernforschungsinstituts Jülich von 1975, die voraussagte, Diepholz werde im Jahre 2030 eine Wiederaufbereitungsanlage erhalten.[258]

Man vergebe dem Verfasser, dass er nicht alle Firmen nennen kann, denn das würde den Umfang dieses Buches sprengen. Immerhin ist das ein gutes Zeichen für die (natürlich nicht durchweg) positive Entwicklung der Diepholzer Wirtschaft.

Das seit 1921 städtische Gaswerk, das 1945

Neubau der Firma S-Polyurethan im Gewerbegebiet Kielweg
Foto: Peter Merk

Die Tierfrischmehlfabrik GePro ist an der Stadtgrenze angesiedelt. *Foto: Peter Merk*

über ein Vierteljahr stillgelegt war, erhielt angesichts seiner gewachsenen Versorgungsaufgaben 1950 einen neuen Dreikammerofen, 1957 sogar einen Vierkammerofen. 1960 waren 60% des Stadtgebiets für die Gasversorgung erschlossen, von 2.600 Haushalten verbrauchten 1.200 Gas.[259] Doch das Werk wurde rasch unwirtschaftlich, da die alten Anlagen marode waren, die Kohlepreise stiegen und das in Diepholz erzeugte Nebenprodukt Koks weniger einbrachte. Daher wurde die Stadtgaserzeugung am 21. Mai 1962 eingestellt und die Ofenanlage im Frühjahr 1963 abgebaut.[260] Ein Gasbehälter blieb als Speicher erhalten, wurde jedoch 1972 ebenfalls demontiert.[261] Die letzten Gaslaternen im Eschfeld wurden aus dem Betrieb genommen und durch elektrisch betriebene ersetzt.

Zur Entscheidung für das Erdölgas als Ersatz führten der Krieg am Suezkanal 1956, die Verteuerung der deutschen Steinkohle und der Kapazitätsausbau der Öl- und Erdgasindustrie. War Stadtdirektor Udo Veltkamp bereits 1953 skeptisch im Hinblick auf die bisherige Gaserzeugung gewesen, setzten sich Stadtdirektor Wolfgang Hintze, Bürgermeister Samenfeld und dann sein Nachfolger Bernhard Langhorst seit 1960 entscheidend für eine Neuorientierung ein. Der Rat wollte den Einfluss auf die Energieversorgung behalten. Die Gasgemeinschaft aus Städtischen Werken, Gasgerätefachhändlern und -installateuren propagierte die Umstellung aus Erdölgas und den Kauf bestimmter Gasherdmodelle. Am 2. April 1962 drückte das erste Erdölgas aus dem Feld Vechta-Welpe der Gewerkschaft Brigitta durch eine neue Hochdruckleitung an der Übernahmestation auf dem Scheurenkamp das brennwertmäßig nur 40% so effektive Stadtgas aus den Leitungen an der Mühlenstraße, der Lohnstraße, dem Pohl und auf den Moorhäusern heraus. Alle Herde erhielten durch eine niederländische Firma neue Brennerdeckel, zum ersten überbrachte Werkmeister Thiesing der Frau Grünendahl an der Flöthestraße einen Blumenstrauß. Im Juli 1962 lieferte erstmals das Feld Diepholz das benötigte Gas.

1968 bezogen die Mitarbeiter neue Betriebs- und Verwaltungsgebäude an der Ecke von Stüven- und Amelogenstraße, das Stadtwerke-Haus.[262]

Der Verbrauch an Energie stieg stetig, weshalb bereits 1969 vom Erdölgas auf Erdgas aus den Feldern um Goldenstedt umgestellt werden musste. Günstige Preise für die Verbraucher, weiter wachsender Wohlstand, die Nutzung des Gases für Heizung, Warmwasserversorgung und zum Kochen, aber auch die Sanierung und die Erweiterung des Rohrnetzes in die neuen Ortsteile führten dazu, dass sich die Gasabgabe in den siebziger Jahren verfünffachte. In den ersten zehn Jahren gaben die Werke über 30 Millionen m^3 ab. Seitdem bauten die Stadtwerke ihre Aktivität auf die Samtgemeinden Barnstorf, Rehden und die Einheitsgemeinde Wagenfeld aus und nannten sich seit 1982 als kommunaler Eigenbetrieb Stadtwerke Diepholz GmbH und seit 2001 Stadtwerke EVB Huntetal GmbH (zusammen mit der EVB-Energieversorgung Barnstorf GmbH für die Samtgemeinden Barnstorf und Rehden und die Gemeinde Wagenfeld). 1995 ging die Mittelspannungsversorgung im Ortskern von der RWE an die Stadt über, 1995 auch die in den Ortsteilen. Die vorbeugende Instandhaltung der Leitungen trat an die Spitze der Investitionen, da der Ausbau des Netzes weitgehend abgeschlossen war. Die Versorgung erfolgt durch überregionale Anbieter in Hannover und Münster.[263]

Seit 1995 bauten die Stadtwerke die Fernwärmeversorgung im ökologischen Baugebiet Heede

Das Gelände der Stadtwerke von oben. Darüber und auf der anderen Straßenseite Gebäude der Firma „Pallas“ *Foto: Peter Merk*

technologies AG lieferten später an zahlreiche Sendeanstalten, TV-Anbieter und Telekommunikationsunternehmen selbst entwickelte XBL-Broadcast Logger, also netzwerktaugliche Multimediarecorder für Sendenachweise, Mitschnittservices, Video on Demand-Produktionen und als Middleware-Lösungen für das Internet-Fernsehen. Kunden finden sich selbst am Persischen Golf.

An der Jahreswende 1987/88 versorgten die Stadtwerke an 394,5 km Straßen (davon 27,8 km Bundesstraßen) 1.778 Straßenleuchten mit Strom.[265]

(Lange Wand) und am Kapellenweg auf und propagierten seit 2000 den Einsatz von Erdgasfahrzeugen in Zusammenarbeit mit einer Tankstelle auf dem Esch.

Die neuere Entwicklung auf dem Energiemarkt nahm als erster Dip.-Ing. Ingo Hoffmann auf, der schon 1977 auf dem Dach des Hauses Mühlenstraße 17 eine Solaranlage installierte.[264] Die Gleichzeitigkeit des Ungleichzeitigen zeigte sich darin, dass es in jenem Jahr mit dem Haus Hüninghake im Moor Richtung Kroge noch ein Anwesen gab, dessen Bewohner ohne Licht, Wasser und Gas auskamen. Ingo und Thomas Hoffmann von artec

Alternative Energie wurde zunehmend durch Windkraftanlagen produziert: im Diepholzer Moor, in Sankt Hülfe und im Diepholzer Bruch. Gegen die noch geplanten elf Türme im Bruch protestierten die Anwohner 1998. Im Frühjahr 1999 wurde die erste Photovoltaik-Anlage zur Stromerzeugung bei den Stadtwerken installiert, nachdem bereits mehrere zur Warmwasserversorgung in Gang gesetzt worden waren, und 2001 erhielt das Rathaus eine entsprechende Anlage.

Das Klärwerk an der Strothe *Foto: Peter Merk*

Kanalisation und Klärwerk

In den Nachkriegsjahren lag hygienisch nach heutigen Maßstäben noch manches im Argen. Die Abwässer der Maschstraße liefen zum Teil in die Wätering, die einer Färberei in der Innenstadt in die Lohne. Die Kläranlage des Krankenhauses war unzulänglich, da die Wassergewinnungsanlage in der Ameloge zu nahe lag.

Die seit 1957 vorangetriebene Kanalisation wurde mit dem Bau des am 4. April 1959 übergebenen Klärwerks verbunden.[266] Dieses vollbiologisch arbeitende Werk besichtigten 1960

Von hier stammt das Trinkwasser: das Wasserwerk in St. Hülfe
Foto: Wurster

sogar Fachleute aus Schweden. Nach der Langen Straße wurden auch die Herrenweide, der Willenberg, die Welle, die Hinterstraße und die Mühlenstraße einbezogen. Erst 1972 erhielten die Bruchbewohner ihre Anschlüsse, wofür 11.167 m Leitung erforderlich waren.[267]

Das Klärwerk wurde mehrfach und zuletzt 2009 für 1,2 Millionen Euro modernisiert. Diese jüngste Maßnahme beinhaltete einen zwölf Meter hohen Faulturm, in dem Mikroorganismen in einer Klärstufe schädliche Stoffe abbauen, bevor der Klärschlamm als Dünger auf Feldern ausgebracht wird. Wurde Faulgas wie Methan früher abgefackelt, konnte es nun im gleichfalls neu gebauten Blockheizkraftwerk genutzt werden: Mit diesem selbst produzierten Gas deckt die Kläranlage ihren Wärmebedarf etwa für die erforderliche Temperatur im Turm vollständig ab und stellt auch einen Teil des benötigten Stroms her.

Einige Zahlen vom Tag der offenen Tür 2009: 85 km Schmutz- und Regenwasserkanal, 20 Pumpwerke, Reinigungsleistung zu 40% mechanisch (Rechen, Sandfang, Vorklärbecken), 90% biologisch (Belebungsbecken), 95% chemisch (Phosphatfällung mit Metallsalzen).

Zeitung

Zunächst wurde das Diepholzer Kreisblatt, wie die Zeitung seit 1943 hieß, verboten. Seit 15. Februar 1946 gab der Verlag Schröder & Plenge mit Genehmigung der Militärregierung den „Amtlichen Anzeiger" zum Aushang bei den Gemeinden heraus, der technisch von der Schröderschen Buchdruckerei hergestellt wurde und erst ab 1. September 1948 von der Bevölkerung bezogen werden durfte. Am 1. September 1949 folgte mit einem Diepholzer Lokalteil die „Niederdeutsche Zeitung" (Hamburg), die nach der Gründung der Bundesrepublik Deutschland ab 26. September 1949 im Altkreis Diepholz vom „Diepholzer Kreisblatt" abgelöst wurde. Diese Tageszeitung verfügte seit 1. September 1950 sogar wieder über eine Vollredaktion.

Der Verleger Dr. Ernst Schröder starb im April 1956. Sein Sohn Walter folgte ihm in der Verlagsleitung. Ihm gelang es mit Hilfe der eingespielten Verbindungen auf dem Gebiet der Nachrichtenbe-

Die Schrödersche Buchdruckerei und das Diepholzer Kreisblatt in den 1970er Jahren noch ohne Terrassenhaus. Links Bäckerei Dövener, rechts der längst einem Wohnhaus gewichene Anbau der Realschule
Foto: Archiv Walter Schröder

Die Belegschaft der Schröderschen Buchdruckerei und des Diepholzer Kreisblattes im Jubiläumsjahr 1962 *Foto: Archiv Walter Schröder*

schaffung und der Treue der Leserschaft zu „ihrem“ Blatt, den Versuch der Bremer Konkurrenz, in das ureigene Terrain der bewährten Lokalzeitung einzudringen, scheitern zu lassen.[268]

Bemerkenswerte Zeitungsmacher standen an der Spitze der Redaktion. Erich Brandt hatte im Krieg redaktionell eine Zeitung für die Deutschen in Litauen hergestellt. In Diepholz schrieb er einen Roman über die Landschaft am Niederrhein, zu der er Beziehungen hatte. Sein Nachfolger Fritz Schnitgerhans („Ihr kleines -s-“) schrieb den immer mit Spannung erwarteten „Wochenendbummel“ mit Neuigkeiten aus der Stadt, meistens mit Berichten von der Polizei und aus dem Gerichtssaal garniert („Nicht so sollte man es machen wie jener ...“).

Auf Dauer konnte die eigene Vollredaktion nicht beibehalten werden. Der Verlag zog die Konsequenzen aus dem zunehmend härter werdenden Geschäft in einer sich wandelnden Gesellschaft, in der andere Medien eine scharfe Konkurrenz entwickelten. Der Mantel wurde eine Zeitlang von der „Neuen Osnabrücker Zeitung“ bezogen, wo die Zeitung, die damit ihr Erscheinen von Mittag auf den frühen Morgen umstellte, nun auch gedruckt wurde. Doch nach dem Zusammenschluss der Kreise Diepholz und Hoya im Jahre 1978 fusionierte der Verlag Schröder & Plenge („Diepholzer Kreisblatt“ und „Sulinger Kreiszeitung“) mit dem Verlag der Kreiszeitung in Syke, in dem sich zuvor bereits andere lokale

Die Räumlichkeiten der Schröderschen Buchdruckerei wurden im Jahre 1987 ein Raub der Flammen. *Foto: Archiv Walter Schröder*

Verleger unter der Führung des in mehreren Regionen aktiven Großverlegers Dr. Dirk Ippen zusammengeschlossen hatten. Nun erfolgte der Satz und Druck der beiden Zeitungen aus dem Altkreis Diepholz in Syke, wo auch der überregionale Teil redaktionell erarbeitet wurde. In Diepholz verblieben lediglich die Lokalredaktion, die Anzeigenabteilung, der Vertrieb sowie die Redaktion des sich allein durch Annoncen tragenden, mittwochs erscheinenden Anzeigenblattes „Diepholzer Wochenblatt“. Der Bleisatz war nun ebenfalls Vergangenheit, so dass die Redakteure den Umbruch selbst fertigten und Metteure und Setzer zu Personen der Geschichte wurden.

Auf dieser Rotation wurde die Tageszeitung bis 1970 gedruckt Foto: Archiv W. Schröder

Eine Katastrophe war der Brand des Betriebsgebäudes der Schröderschen Buchdruckerei (Bahnhofstraße 10), der auf Brandstiftung durch Einbrecher beruhte, an einem Novembertag des Jahres 1987.[269] (Im Jahre 1978 hatte der Betriebsleiter, Helmut Breyer, diese traditionsreiche Firma von der Familie Schröder übernommen.) Ein Übergreifen der Flammen auf die benachbarten Räumlichkeiten des Diepholzer Kreisblattes konnte durch das beherzte und entschlossene Eingreifen der Feuerwehr verhindert werden.

Die „Schrödersche Buchdruckerei" wurde von der Familie Breyer am Burgmannsweg fortgeführt und später in Druckhaus Breyer umbenannt, während im Neubau an der Bahnhofstraße (1988/89) neben Wohnungen nun das Sanitätsgeschäft Bödeker Platz fand. Verleger Reinald Schröder mit dem in Berlin ansässigen GNT-Verlag zur Geschichte von Naturwissenschaften und Technik gründete den „Schröderschen Buchverlag", der sich auf die Förderung von Literatur mit regionalen Themen spezialisierte.

Die Orthopädie-Firma Bödeker in der Bahnhofstraße. In dem Vorgängergebäude befand sich über 70 Jahre die Schrödersche Buchdruckerei. *Foto: Reinald Schröder*

In der „Schröderschen" hatte auch Reinhard Linkert gelernt, der sich an der Stüvenstraße mit einer weiteren Druckerei selbständig machte.

Eisenbahn und Auto

Die Deutsche Bundesbahn unterhielt von 1947/48 bis 1985 einen Wasserturm südlich des Bahnhofs.[270] Dieser Turm war 25 m hoch und speicherte 300.000 Liter Lokspeisewasser. 1965 wurde der Wasserkran von 1897 versetzt, doch zeichnete sich da bereits das Ende des Dampflokzeitalters ab, das zwischen dem 24. und dem 28. September 1968 beendet wurde.[271] Und nicht allein das: Ab 5. Oktober 1966 bediente die Deutsche Bundesbahn die Strecke von Diepholz nach Sulingen nicht mehr mit Personenzügen, so dass die Landeshauptstadt Hannover für Bahnreisende wieder wie bis 1923 nur noch auf Umwegen über Bremen oder Osnabrück oder umständlich über Sulingen und Nienburg mit dem Bus und dann mit dem Zug erreichbar war. 1976 wurde Diepholz dem Stückgutbahnhof Lohne zugeordnet. Der Fortschritt in der individuellen Motorisierung forderte eben seinen Preis in der Verschlechterung der Bahnverbindungen und beeinträchtigte die traditionsreichen „Rollgutspeditionen".

Ein alter Wunsch aus dem Herbst 1923, die offene Brücke über die Gleise 1 und 2 zu ersetzen, ging erst 1968 und da höchst unvollkommen in Erfüllung.[272] Die neue Überquerung war überdacht, doch Behinderten half das nicht. So mussten die Reisenden noch bis zum Herbst 2010 auf eine Unterführung mit Treppe und Aufzug (mit Förderung durch die Stadt) warten. Im Zuge dieser Baumaßnahme wurde auch die letzte höhengleiche, beschrankte Straße über die Bahngleise zwischen Bremen und Osnabrück (am Nährweg) ersetzt.

Das Stellwerk aus den zwanziger Jahren wurde 1977 durch ein modernes ersetzt, das 2008 die Aufgaben des in der Dampflokzeit bedeutenderen Stellwerks Kirchweyhe mit übernahm.[273] Computer wurden seit 1990 eingesetzt.
Eine Kuriosität war, dass die IC-Strekke von Bremen nach Osnabrück von 1976 bis 1984 für eine Geschwindigkeit von 200 km/h ausgebaut wurde, die nur in Diepholz wegen des oben erwähnten Übergangs am Nährweg nicht erreicht wurde.

Dem Bedarf entgegen kam die Bahn 1997 mit der Aufstellung von verschließbaren Fahrradboxen am Bahnhof. Damals benutzten täglich mindestens eintausend Reisende aus der Umgebung bis hin nach Wagenfeld und aus dem Kreis Vechta „Diepholz Bf.".

Der Plan einer Umgehungsstraße von 1937 wurde nach zwölf Jahren wieder hervorgeholt und verändert, indem die Verkehrsführung weiter nach Westen zwischen dem Flugplatz und dem Hof Heitmann gelegt wurde, ohne dass dann wirklich gehandelt wurde. Dabei sahen alle ein, dass die Straße vor-

Die Elektrifizierung (die Masten stehen schon) im Jahre 1968 beendete das Dampflokzeitalter. Im Hintergrund die alte offene Überführung

tung bedeuteten da 1958/59 die Begradigung und 1965 durch Abbruch des Hauses Adelhorn der Durchbruch der B 214 westlich des Bremer Ecks, der wenigstens das Leben an der Langen Straße, der Mühlen- und der Steinstraße und am Parkweg entlastete, ohne die große Lösung zu schaffen und insbesondere die Menschen an der Hindenburgstraße einschließlich des Krankenhauses in Ruhe schlafen zu lassen.

1959 kündigte die Straßenbaudirektion Hannover der Öffentlichkeit an, die Umgehungsstraße werde als dringlich gebaut werden musste, denn von 8 bis 22 Uhr fuhren stündlich 130 Kraftfahrzeuge (ohne die damals noch zahlreichen Motorräder) über die Lange Straße.[274]

Flugzeug, Auto, Bus und Regionalbahn in einem Bild: der Diepholzer Bahnhof im Jahre 2008 vor Beginn der Baumaßnahmen. *Foto: Peter Merk*

Der weiter drastisch zunehmende Verkehr mit Motorfahrzeugen führte auch zu der Überlegung, Teile der Innenstadt zu sperren. Besonders schwierig war die Situation an der relativ schmalen Paradieks Ecke (Mühlen-Lange- und Bahnhofstraße) und auf dem ebenfalls beengten Kohlhöfen, ferner auf dem holprigen Pflaster der Steinstraße. 1957 war erstmals von einer (erst 1984 verwirklichten) Fußgängerzone die Rede, doch schien die Zeit dafür damals weder mental noch finanziell reif zu sein.[275] Eine Entlas-

Der Bahnhofstunnel kurz nach der Freigabe im November 2010
Foto: Peter Merk

„vordringliches Projekt" bis 1962 fertiggestellt.[276] Nun ja, Bundesverkehrsminister Seebohm war nach einer Pressemeldung von 1964 immer noch froh, wenn er das Bremer Eck hinter sich gebracht hatte.[277]

1969 arbeitete man tatsächlich am 1. Bauabschnitt mit Fahrbahndamm und Brücke von der Graftlage bis zu den Moorhäusern. Kritiker, an denen es in Diepholz selten fehlt, sprachen damals vom „Westwall". 1990 pflanzten ökologisch eingestellte Mitmenschen vier Bäume aus Protest gegen die geplante und sinnvolle Nordumgehung auf die Trasse. Dieser Aktion setzten im Landtagswahlkampf MdL Karl-Heinz Klare und Gisela Krause demonstrativ einen ersten privaten Spatenstich für den Weiterbau entgegen, doch der von Klare für Mitte 1991 angekündigte offizielle Spatenstich blieb aus.[278] Im-

Der inzwischen nicht mehr vorhandene Bahnübergang am Nährweg 2008 *Foto: Peter Merk*

2010 verlor das Stellwerk in Diepholz seine Funktion. Deshalb musste der Bahnübergang ein paar Monate bis zu seiner Aufhebung manuell gesichert werden. *Foto: Reinald Schröder*

merhin vollendete der Bund als Bauträger im ersten Jahrzehnt des neuen Jahrtausends die Umgehung zuerst bis zur B 69 mit einem Kreisel südlich von Falkenhardt und gab nach zweijähriger Bauzeit am 4. September 2008 auch die Nordost-Umgehung bis westlich Wetschen frei. Der überörtliche Lkw-Verkehr sollte damit von der Hindenburgstraße verbannt werden, und der Weg für die am 1. Juni 2010 in Angriff genommene Neugestaltung des Bremer Ecks wurde frei.

Diepholz wurde nach dem Krieg zum Zielpunkt mehrerer Buslinien. Die Deutsche Bundesbahn setzte Busse von Brockum und von Barnstorf ein, Walter Jöres seit 1946 von Ströhen und Wagenfeld, Clamann bis 1957 von Sulingen aus, mit Buddemeyer aus Ossenbeck erschien sogar ein Anbieter auf dem Markt, der es mit einer Innovation versuchte, deren spätere Neuauflage ebenfalls kaum Freunde fand: Seit 21. November 1958 bestand eine dreimal täglich bediente innerstädtische Buslinie vom Fliegerhorst zum Bahnhof, die jedoch kaum florierte, da die Bediensteten sich mit Hilfe ihres Einkommens bald motorisierten, so dass die Mittagsfahrten nach gut zwei Monaten eingestellt wurden. Dass ab 1. April 1959 kein Bus mehr fuhr, stieß zwar auf Protest, so dass am 16. November 1959 noch ein Versuch unternommen wurde, der die Unwirtschaftlichkeit des Projekts aber erneut bewies.[279]

1971 wurde der Bedarf einer regelmäßigen Verbindung vom Dümmer nach Diepholz erkundet, und der kleine Bus „Dümmerschwalbe“ der Düversbrucher Firma Heiko Öhlmann fuhr zweimal in der Woche für den Benutzer kostenlos. Auch der „Sommer-Sonne-Freizeit“-Bus von Osnabrück an den Dümmer, nach Bad Essen und nach Diepholz fand an seinem Endziel nicht ganz den erhofften Anklang, wurde aber nicht aufgegeben.

Das Haus Adelhorn am Bremer Eck fiel 1965 der Verlegung der B214 zum Opfer.

Zielsicher erkannte ein Mann die Zeichen des motorisierten Zeitalters: Der 60-jährige Hans Günther eröffnete 1952 seine großzügig konzipierte Esso-Station auf dem Esch, nachdem er sich auf die Aufbereitung von Reifen spezialisiert hatte; die Firma

Die Fertigstellung der Umgehungsstraße im Jahre 2008 wurde gebührend gefeiert. *Foto: Dufner*

verfügte nach zwanzig Jahren bereits über zehn Niederlassungen (2010: 23). Reifen-Günther gelang es 1997, zum Festakt des 50-jährigen Bestehens den Ministerpräsidenten Gerhard Schröder, der im folgenden Jahr Bundeskanzler wurde, zur Festrede nach Diepholz zu holen.[280]

1953 folgte im Süden der Stadt die Nitag-Großtankstelle auf dem Willenberg 50.

Im selben Jahr konnte im Zuge der B 51 die neue Lohnebrücke etwas unterhalb der bisherigen Vorwerksbrücke befahren werden. Der Vorteil war, dass die scharfe Ecke an der Lohne aus dem Straßenverlauf herausgenommen worden war. 1953/57 bauten Paradiek eine Gasolin-Großtankstelle und eine Reparaturhalle am Postdamm und Brandt eine entsprechende Aral-Anlage auf dem Willenberg. 1957 existierten in Diepholz sechs Tankstellen, 1961 kam eine Aral-Tankstelle an der B 214 hinzu.

Der Kreisel bei Falkenhardt mit dem im Jahre 2010 eingeweihten Autohof *Foto: Peter Merk*

1961 kostete ein Liter Benzin der Firma Esso 57 Pfennige.[281] Da leistete man sich den Umstieg vom Moped oder Leichtmotorrad auf den Pkw, und nicht mehr auf das Goggomobil, die Isetta oder den Lloyd, sondern auf ein „richtiges" Auto. Die Isabella von Borgward, der Taunus von Ford oder der Admiral von Opel wurden zu Mindestträumen, verwirklicht wurde am liebsten der Kauf eines „Käfers" von VW.

Autohäuser wurden großzügig gestaltet. Opel-Gratz verwirklichte solch ein Projekt 1968 am Esch

Die Esso-Station auf dem Esch um 1960

und Kapellenkamp, Mercedes eine Reparaturhalle an der B 69, Ford-Rape 1968 an Maschstraße und Graftlage (inzwischen auch mit Kia), Renault 1971 an der Maschstraße, Kaune eine VW-Werkstatt 1972 und Audi-NSU 1973 eine Zentrale auf dem Willenberg.

Landwirt August Spiering auf dem Willenberg war in der Zeit der Weimarer Republik im Landbund und in der Genossenschaftsbank führend tätig gewesen und hatte 1932 Landrat von Wuthenau gegen dessen Gegner verteidigt. Er starb am 24. Januar 1960.[282] Hatte er noch das Wäldchen an der Lohne angepflanzt, entwickelte sich der Betrieb nach dem Krieg von einem Bauernhof zu einem BMW-Autohaus mit Ausstellungshalle und Werkstatt. Doch im ersten Jahrzehnt des 21. Jahrhunderts wurde auch dieses wie das Wäldchen beseitigt und eine reine Wohnbebauung geplant.

Natürlich vergessen wir nicht die anderen, teilweise seit Jahrzehnten ansässigen Autohäuser: Lischke mit Mazda und Fiat, Wisloh mit Renault, Opel-Gratz, Asbree mit VW und Audi, Anders mit Mercedes, Walkenhorst mit BMW, Waldemair mit Toyota.

Tankstelle und Autohaus Paradiek in den 1960er Jahren am Postdamm gegenüber dem Freibades, heute Wohnbebauung *Foto: Wurster*

Seit 1973 konnten Autofahrer als erste im damaligen Landkreis eine SB-Tankstelle benutzen, eine Innovation der Firma Shell auf dem Esch.[283] Die Zahl der Tankstellen ging in den nächsten Jahrzehnten zurück (Beispiele Willenberg und am Heldenhain: von jeweils zwei auf keine, ebenso die betriebsinternen am Hochbauamt und auf dem Gewerbegelände am Bahnhof). Auch Tankstellen ohne Personal entstanden. 1998 erhielt Diepholz von Aral auf dem Esch die erste Zapfsäule, die rund um die Uhr zugänglich war.[284]

Zugleich wurde das Autofahren an ökologische Erkenntnisse begrenzt angepasst. Ein Beispiel war die Durchsetzung des bleifreien Benzins in den achtziger Jahren, ein anderes die Einführung von Tempo-30-Zonen teilweise mit Aufpflasterungen in Wohngebieten und im Schulzentrum, ein drittes die öffentlich geförderte Erdgaszapfsäule auf dem Esch.

1966 wurde die Zahl der Fahrschulen von sechs auf vier reduziert, von denen bereits seit 1963 eine von einer Frau, Margarete Busch aus Drentwede („Margarete schult" auf Lkw), geleitet wurde.

Manche hochgeschraubten, oft an Vechta und Lohne orientierten Erwartungen an die Entwicklung blieben (teilweise vorerst) Träume. 1953 spekulierten Diepholzer, die Stadt könne in fünf bis zehn Jahren einen Autobahnanschluss erhalten.[285]

Schnell erhielt Diepholz die erste Stoppstraße (Wellestraße, 1954), den ersten Zebrastreifen (Ecke Bahnhofstraße/Langestraße, 1955), den ersten Parkplatz im Stadtzentrum (Ecke Bahnhof-/Hinterstraße mit zehn Plätzen, 1955), die erste Einbahnstraße (Kolkstraße, 1958), die ersten Parkuhren (Lange Straße, 1959), die erste Ampelanlage (Heldenhain, Auf dem Esch, Stüvenstraße) und ein Parkhaus (1981, 1984 überdacht). 1966 wurde der südliche Anfang der B 69 vom Bremer Eck an den Heldenhain verlegt, dort eine Ampelanlage errichtet und der schmale Kohlhöfen zu einer Straße, die von Lastwagen nicht mehr benutzt wurde, ein Jahr darauf wurde der neue Verlauf der B 214 vom Bremer Eck zur Flöthestraße befahrbar. Aufatmen an der dadurch entlasteten „Lollo-Kurve" (vom Volksmund so benannt nach dem Äußeren der Filmschauspielerin Gina Lollobrigida) von Paradieks Ecke (Mühlen-, Lange und Bahnhofstraße)! Am Kreishaus wurde sogar ein größerer Parkplatz errichtet.

Ein beeindruckendes Bauwerk wurde die Straßenbrücke über die mehrgleisige Fernbahnstrecke im Osten der Hindenburgstraße 1979,[286] die wie auch an anderen Stellen seit 1978 den Typus des Bahnwärterhäuschens und das Warten an der Bahnschranke überflüssig machte. Ungünstig war das für die Schüler aus östlicher Richtung, die sich manchmal für ihr wodurch auch immer verursachtes Zuspätkommen in der Schule entschuldigt hatten: „Die Schranke war runter!" Der in Sankt Hülfe war 1980 zufällig der 15.000. aufgehobene Bahnübergang in der Bundesrepublik Deutschland.[287]

Der Technische Überwachungsverein mit seiner Untersuchungshalle von 1978 unterstrich die zentrale Rolle der Stadt für die Umgebung. Furore machte auch die alteingesessene, bedeutende Spedition Wiechers mit ihrer 1997 weltweit einzigartigen Tankreinigungsanlage für Lastkraftwagen in der Nähe des Fliegerhorstes.[288] Eine weitere wichtige Spedition ist die von Heinrich Döring an der Dr.-Jürgen-Ulderup-Straße.

1956 wurde das Kfz-Schild mit dem BN (Britische Zone Niedersachsen) abgelöst durch das Kennzeichen DH, das seitdem den Namen der Kreisstadt bundesweit bekannt gemacht hat, wennschon in vielen Gegenden die Leute nicht wissen, wo Diepholz liegt, es sei denn, sie haben auf dem Fliegerhorst gedient oder eine Großraumdiskothek besucht.

Reger Betrieb auf dem privaten Teil des Flugplatzes. *Foto: Peter Merk*

Da seit 1999 der Militärflugplatz zivil mitbenutzt werden durfte, gingen engagierte Flugenthusiasten an die Schaffung des Flugplatzes Diepholz-Dümmerland (fdd) mit eigenem Tower, dem „Café Weitblick" und einer großen Halle. Leicht war das nicht, aber Geschäftsleute und Privatleute flogen den Platz an, auf dem ausnahmsweise auch schon mal eine Antonow landete und ebenso selten die „gute alte Tante Ju" Passagiere in die Schweiz flog.[289]

Gericht und Behörden

Die Briten setzten nach der Besetzung 1945 ein Militärgericht ein, das für die Sicherheit ihrer Truppe sorgen sollte. Zahlreiche Personen wurden wegen Überschreitung der nächtlichen Sperrstunde bestraft, bis sie im Oktober 1946 aufgehoben wurde. Im März 1946 verurteilte das Gericht einen Düsseldorfer zu 3 Tagen Gefängnis wegen unerlaubten Besitzes von 1 ¼ Pfund Tee, den ihm angeblich ein britischer Soldat geschenkt hatte, und einen Polen wegen Diebstahls von Kartoffeln auf dem Fliegerhorst zu einem Monat Haft.[290] Auf Schwarzschlachten stand wie in der Kriegszeit Gefängnisstrafe, die in Diepholz mehrfach verhängt wurde. Bestraft wurden Personen, die ihren Ausweis nicht mit sich führten, sowie das unberechtigte Tragen britischer Uniformstücke und das Verlassen des Wohnorts ohne Erlaubnis.

Dem Amtsgericht erlegten die Briten im April 1945 eine Zwangspause auf, stellten jedoch bald fest, dass sie es ohne politische Bedenken wieder eröffnen konnten, so dass schon am 9. Juli 1945 und damit vergleichsweise früh die Arbeit aufgenommen werden durfte.

Dr. Friedrich Gronemann, der das Amtsgericht seit Oktober 1945 leitete, äußerte sich nach gut vierjähriger Erfahrung sehr zufrieden mit den Diepholzern: „Hier leben sehr friedliche Menschen."[291] Kapitalverbrechen waren selten, die Zahl der Zivilprozesse aber war von 1947 bis 1949 von 160 auf 400 gestiegen.[292] Drei Aufseher bewachten aufgegriffene Obdachlose („Landstreicher"), Untersuchungsgefangene und Häftlinge, die bis zu drei Monate absaßen. Waren nach dem Krieg sechs Zellen mit 50 bis 60 Insassen überbelegt, so schuf das Hochbauamt 1949 neun Zellen mit 27 Betten. 1950 waren noch 15 bis 20, 1954 und 1964 noch acht Männer „Gäste", die sich dort wohler als in mancher anderen Anstalt gefühlt haben sollen.[293] Die Küche wurde von der Frau des Justiz-Oberwachtmeisters betreut. Das Gerichtspersonal bestand zu fast der Hälfte aus Vertriebenen.

Aus dem Jahre 1966 ist die Strafe vereinfachter Kost überliefert: Das bedeutete dreimal täglich kalten „Muckefuck" (kein Bohnenkaffee!) mit trockenem Brot, zum „Festessen" am Sonntagmittag eine dünne Haferflockensuppe.[294] Das Lager war hart: eine Holzpritsche, zum Wärmen eine Wolldecke.

Ein wichtiger Prozess vor dem Landgericht Verden wurde 1951 wegen eines schweren Unglücks an der Schranke des Postens 123 Diepholz (Hindenburgstraße) geführt, den damals täglich über 200 Züge passierten.[295] Der Posten war am frühen, noch dunklen Morgen des 16. Januar 1951 von einem Hilfsschrankenwärter besetzt, der die Schranken öffnete, da er die Situation falsch einschätzte. Ein Güterzug von Diepholz nach Sulingen fuhr bereits, als ein verspätet startender Kastenwagen auf die Gleise rollte. Ein Gemüsehändler aus Spreda mit seinem Sohn kamen ums Leben, die Verlobte des Sohns wurde leicht verletzt. Ein Lkw-Fahrer aus der Gegenrichtung wurde schwer verletzt. Der Schuldige, der zum ersten Mal zu dieser Tageszeit seinen Dienst versehen hatte, wurde zu zwei Monaten Gefängnis verurteilt.

1959 traf das Schicksal oder seine ausführenden Organe den Aufseher Hans Goldbach im Gefängnis, den zwei Untersuchungshäftlinge, von Beruf Landarbeiter, zur Zeit des Diepholzer Großmarkts zu überwältigen versuchten. Einer lockte den Hauptwachtmeister in seine Zelle, in der der andere ihm mit einem Stuhlbein zweimal auf den Kopf schlug und ihn erheblich verletzte. Goldbach vereitelte aber mutig und geschickt den Ausbruchsversuch. Die Meuterei wurde dann vor dem Landgericht Verden verhandelt, das die Täter zu 6 ½ bzw. zu 7 Jahren Zuchthaus verurteilte.[296]

Im Frühsommer 1969 wurde das Gefängnis geschlossen und die Häftlinge wurden nach Verden gebracht, für kurzfristige Notfälle blieben aber zwei Zellen erhalten. Der Gefängnisbereich im Ostflügel wurde Ende 1978 großenteils für Bürozwecke umgebaut, die Gefängnismauer abgerissen.

1966 erschütterte ein veritabler Mord in einem Haus in den Schlossgärten die Bürger.[297] Im Juli 1970 erschoss ein 61-jähriger Rentner in der Lohnstraße, als er zu einer amtsärztlichen Untersuchung abgeholt werden sollte, einen 50-jährigen Polizisten und verletzte einen zweiten. Er wurde verhaftet und in die Strafanstalt Lingen eingeliefert. Sein Prozess im Februar 1971 fand viel Aufmerksamkeit.[298] Der Verurteilte wurde in eine Heilanstalt eingewiesen und versuchte vergeblich, einer „normalen" Strafe zugeführt zu werden.

Im Februar 1973 wurde eine 61 Jahre alte Frau in ihrer Wohnung an der Steinstraße ermordet. Der 32-jährige Mörder aus Heede gestand zwei Tage später und wurde 14 Monate nach der Tat zu sieben Jahren Haft verurteilt. Die Revision zweieinhalb Jahre nach dem Mord führte sogar zu acht Jahren Haft.[299]

1973 deckte ein aufmerksamer Bürger einen Skandal im Altersheim an der Lüderstrasse auf. Die erstmals 1934 vorbestrafte, 60-jährige Leiterin Johanne W. hatte ihre Schutzbefohlenen misshandelt und bestohlen und den Vorstand der Inneren Mission getäuscht. Die angeblich gütige „Schwester Hanna" wurde am 28. Mai 1973 in U-Haft genommen, 1974 vor Gericht gestellt und zu einer sechsjährigen Haftstrafe verurteilt.[300]

Am 3. Februar 1974 durchlief erneut die Nachricht von einem Mord das Städtchen. Ein Bahnarbeiter hatte einen Schneidermeister an der Lohnstraße ermordet. Strafe: 7 Jahre Zuchthaus.

Die Aufgaben des Amtsgerichts überstieg ein international Aufsehen erregender Fall, der in Frankfurt am Main verhandelt wurde. 1961 wurde ein längst entnazifizierter Diepholzer, der bei der Bundeswehr beschäftigt war, erstmals wegen seiner Tätigkeit im Konzentrationslager Auschwitz vernommen. Am 30. Dezember 1963 aus der Standortver-

Große Aufregung herrschte 1970 wegen einer Schießerei in der Lohnstraße, bei der ein Polizist erschossen wurde. *Foto: Müller*

waltung entlassen, wurde er 1964 in dem bekannten Auschwitz-Prozess vor Gericht gestellt. Wegen Erkrankung wurde sein Verfahren bald abgetrennt und im Dezember 1965 wieder aufgenommen. Der ehemalige „Krankenpfleger" wurde nach einem mehrmonatigen Verfahren wegen seiner Beteiligung am Mord an Häftlingen in 35 Fällen unter Berücksichtigung mildernder Umstände zu einer Haftstrafe von drei Jahren und sechs Monaten Zuchthaus verurteilt und kehrte dann nach Diepholz zurück.[301]

Über die vielfältigen Aufgaben des Amtsgerichts mit seinen 34 Mitarbeitern im Jahre 2001 legte die damalige Direktorin Elisabeth Kruthaup einen Bericht vor, der 2002 veröffentlicht wurde.[302]

Polizei

Die deutsche Polizei war bis November 1945 machtlos, da die Briten sie entwaffnet hatte. Als die Besatzungsoffiziere einsahen, dass die geballte Masse der Russen und der Polen auf dem Fliegerhorst ihre Fleischrationen und ihre Bekleidung durch Raubzüge vor allem in die Nachbarschaft und bis nach Kroge nahezu ungehindert und monatelang aufbesserte und die neue politische Ordnung dadurch den Anschein der Rechtlosigkeit bekam, ordneten sie die Wiederbewaffnung der deutschen Polizei an und griffen selbst durch.

In den fünfziger Jahren erhielt die Polizei ein Dienstgebäude an der Grafenstraße. Eine für Raser unangenehme Sensation bildete der Radarverkehrswagen, der 1959 erstmals in Diepholz finanziell einträgliche und pädagogisch wirksame Geschwindigkeitsmessungen vornahm.

1982 zog die mittlerweile auch überörtlich zuständige Schutzpolizei aus den beengten Verhältnissen an der Grafenstraße an die günstiger gelegene Dr.-Klatte-Straße 1 um, doch etablierte sich die Kriminalpolizei an der Grafenstraße im früheren Arbeitsamt, das zunächst in die Stadtmitte umzog.[303] Als die staatliche Bauverwaltung in Osnabrück konzentriert wurde, wurden ihre bisherigen Räume gegenüber dem Amtsgarten an die Kripo übergeben. 2009 begannen für deren erneuten Umzug (2010) Umbauarbeiten in der früheren Standortverwaltung an der Bahnhofstraße.

1994 setzte die Polizeiinspektion Diepholz erstmals Computer ein, die auch hier die Ära der Schreibmaschine ablösten.

Feuerwehr

Ein einflussreicher Bürger dieser Stadt sagte einmal unter vier Augen: „Ich spende nur für das Rote Kreuz, weil es mich in der Zeit meiner Kriegsgefangenschaft in Russland und nach der Entlassung unterstützt hat, und für die Feuerwehr, weil ich auf sie nicht verzichten kann, wenn mein Geschäfts- und mein Wohnhaus einmal brennen."

Die für die immer breiter werdende Gefahrenabwehr zuständige Feuerwehr vernichtete 1950 über 100 Saatkrähennester auf der Graftlage.[304] Die spektakulärsten Einsätze verzeichnete sie im knochentrockenen Sommer 1959, als sie tagelang im Escholt-Gebiet und nordwestlich des Fliegerhorstes eine Vielzahl von Bränden vor allem im Moor bekämpfte, die teilweise unter der Oberfläche weiterglommen.[305] Die Grawiede, die Wätering, die Alte Hunte und ein großer Teil des Burggrabens waren

Bahnhofstraße 31: Ursprünglich Kreissparkasse, später Standortverwaltung und seit 2010 Sitz der Kriminalpolizei *Foto: Reinald Schröder*

streckenweise völlig ausgetrocknet, Fische verendeten oder ließen sich leicht fangen. Schulen hatten unterrichtsfrei, Ämter beendeten ihren Dienst früher.

Ende 1961 erhielt die Feuerwehr einen Anbau an ihrem Gerätehaus an der Steinstraße. Von hier fuhr sie immer wieder zu Einsätzen wie im März 1972, als 500 ha im Diepholzer Moor in Flammen standen.

Die Fliegerhorstfeuerwehr der Bundeswehr unterstützte die Ortsfeuerwehr bei größeren Moorbränden und wurde auch im Katastrophenschutz eingesetzt.

An einem frühen Oktobermorgen 1976 wurde entdeckt, dass in der St. Nicolaikirche durch einen technischen Defekt ein Brand ausgebrochen war.[306] Großes Erschrecken! Glücklicherweise konnte der Bau gerettet werden, wenn auch manche verkaufte Orgelpfeife dazu dienen musste, Geld für die Restaurierung einzuwerben. Fast ein Jahr dauerte es, bis die Kirche wieder eingeweiht werden konnte.

Der Feuerwehr wuchsen neue Aufgaben im Bereich der Verkehrsunfälle, der Abwehr von ausgelaufenen oder brennenden Chemikalien und des Schutzes von Gewässern zu, so dass sie ihren Aufgaben angesichts der Enge ihres Grundstücks (Buschgärten) nicht mehr vorschriftsmäßig nachkommen konnte. 1978 zog sie auf das geräumige Areal mit mehr Garagen und Schulungsmöglichkeiten an der Dr.-Klatte-Straße um, von wo aus sie ihre Einsätze schneller als aus der Innenstadt heraus fahren und die Wehrmänner und die Jugendfeuerwehr besser schulen konnte.[307] Im Zeichen der Emanzipation trat im folgenden Jahr eine Mädchenfeuerwehr ins Leben. Mit Tagen der offenen Tür warb man zeitgemäß für den Eintritt in die Wehr und für mehr Kenntnis über ihre erweiterten Aufgaben. Das alte Feuerwehrgerätehaus von 1937 wurde 1990 abgebrochen, um Platz für Wohnhäuser zu schaffen.

1987/88 die schon erwähnte Vernichtung der Schröderschen Druckkerei und eine Serie von Bränden in „Stadt Bremen", Elradio und Le Bistro/Sir George am Bremer Eck[308] – die Freiwillige Feuerwehr musste immer wieder zeigen, wie wichtig sie für die Sicherheit der Bürger war. Einsichtige Menschen mit Bürgersinn gründeten daher einen Förderverein, der dort einsprang, wo die Kräfte der Stadt nicht ausreichten. So informiert er durch eine Zeitschrift die Bürger über die vergangenen Einsätze und über das angemessene Verhalten gegenüber möglichen Gefahren.[309]

1988 brannte die Bar „Sir George" am Bremer Eck ab …
Foto: Müller

Zum Vergleich folgt eine alphabetische Aufstellung der Ortswehren: Aschen gegr. 1903, Jugendfeuerwehr 1975,[310] Frauen 1996. Diepholz gegr. 1892, Jugendfeuerwehr 1964, Frauen 1978. Heede gegr. 1923, Jugendfeuerwehr 1964, Frauen 1995. Sankt Hülfe gegr. 1911, Jugendfeuerwehr und Frauen 1996.

… und machte Platz für das Georg-Moller-Haus (hier im Jahre 2010 während des Umbaus des Bremer Ecks).
Foto: Reinald Schröder

Krankenhaus

Die Krankenhausbaracke mit ihren 23 Betten war im Juli 1945 völlig verwanzt und wurde mehrfach desinfiziert. Das Krankenhaus selbst war im Sommer 1945 überbelegt, da allein die von den Briten versorgten Ausländer über 70 Betten beanspruchten. Diphtherie und Scharlach, Krätze und Geschlechtskrankheiten spielten eine große Rolle. Es fehlten Morphin-Präparate, Sulfonamide, Salbengrundlagen, Alkohol, Diphtherie-Seren und Verbandsstoffe.

Im Frühjahr 1946 wurde die Bevölkerung gegen Typhus geimpft. Nicht mehr geholfen werden konnte im Mai 1946 vier Personen, die zu viel schwarz gebrannten Schnaps genossen hatten.[311]

In der Mittelschule war bis Februar 1948 ein Hilfskrankenhaus für ansteckende Fälle untergebracht, das dann nach einer Übergangszeit von der GFS nach Sulingen verlegt wurde.[312] 1949 erhöhte eine neue Baracke die Bettenkapazität auf 153.

Der erste Chefarzt Dr. Gustav Enneker trat am 30. September 1957 nach 32 Jahren in den Ruhestand. Seit 1. Oktober 1925 hatte er 73.124 Patienten versorgt. Er starb am 16. Mai 1960. Seine Nachfolger als ärztliche Direktoren waren Dr. Guido Meins (1954-1964), Dr. Wolfdieter Broese (1965-1994), Dr. Klaus Schulte (1994-2000), Dr. Hans Joachim Beck (2001-2004) und Dr. Heribert Bongartz (2004-2010).

An die Stelle des Henriettenstifts Hannover mit der langjährigen Oberin Dorothea von Hammerstein (1931-1956, gest. 1979) trat im Oktober 1956 das Mutterhaus Alt-Vandsburg in Lemförde und versorgte das Krankenhaus, solange noch Nachwuchs vorhanden war, mit Diakonissen, von denen die meisten 1945 aus Westpreußen geflüchtet waren. Zusammen mit den Ärzten bildeten sie auch Krankenschwestern aus, die seit 1. September 1957 im neuen Wohnheim an der Amelogenstraße untergebracht wurden. Die Krankenpflegeschule zog 1963 in das ehemalige Säuglingsheim ein. Erst 1987 gab das Mutterhaus auf Grund von Personalmangel die Betreuung auf, und Schwester Ruth Rinkewitz wurde durch Pflegedienstleiter Gerold Kammeyer ersetzt.

1958/60 musste das Krankenhaus dringend erweitert und modernisiert werden. Die OP-Abteilung wurde erneuert, am Westflügel wurde angebaut, der Nordflügel vergrößert und die Kapazität damit von 145 auf 215 Betten erhöht. Die Baracke hinter der Stüvenstraße wurde abgebrochen.

1968: insgesamt 236 Betten durch einen neuen Krankenpavillon! Vor dem Haus wurde ein Hubschrauberplatz für eilige Transporte zu anderen Hospitälern eingerichtet. Umzug der Krankenpflegeschule ins vergrößerte Schwesternwohnheim.

1973: Intensivstation eingerichtet. 1976: Modernisierung der Radiologie und Aufbau der Isotopenabteilung.[313] 1985: Umzug der Männerstation für innere Medizin in den Westflügel, Verkürzung der Liegezeiten und dadurch Reduzierung der Bettenkapazität auf 190.

1991 wurde wiederum ein seit 1986 erarbeiteter Neubau vorgestellt, und von nun an stellte sich das Krankenhaus, wenn man von Wetschen kommt, schon von weitem als ein beeindruckender Klinkerbau dar.[314] Der Haupteingang wurde an die Eschfeldstraße verlegt und erhielt einen künstlerischen Akzent durch den Hans-Albert-Walter-Brunnen

Das Krankenhaus vor der Erweiterung

Krankenhauserweiterung von 1958/60 und Schwesternheim. Der Park mit seinen inzwischen stattlichen Bäumen ist verkleinert aber noch vorhanden.

wohnheim und Schwesternwohnheim für die physikalische Therapie und die Verwaltung.[315]

Angesichts der Teuerung im Gesundheitswesen sah sich der Landkreis nach dem Beginn des 21. Jahrhunderts wirtschaftlich nicht länger in der Lage, eine Rundumversorgung aufrechtzuerhalten. Daher wurde das Kreiskrankenhaus durch einen Vertrag der Gemeinschaft der Alexianer aus Nordrhein-Westfalen überlassen, die den Klinikverbund St. Ansgar der im Landkreis vorhandenen Krankenhäuser schufen und mit dem 30. Juni 2008 die geburtshilfliche Abteilung in Diepholz einstellten, so dass Diepholz als Geburtsort zum Bedauern aller mit Diepholz verbundenen Bürger in Zukunft kaum noch in Erscheinung treten wird. Ansonsten blieb die Versorgung mit Chirurgie, Innerer Medizin, Urologie, Radiologie und

„Objekt mit Wasser". Eine Cafeteria ermöglichte Patienten und Besuchern eine Unterhaltung in angenehmer Umgebung. Die Badeabteilung im Keller ist gut ausgestattet. Und natürlich ermöglichten immer wieder neue Geräte eine optimale Versorgung. Einen guten Ruf erwarb sich – um wenigstens einen Fachmediziner zu nennen – Chefarzt Dr. Heribert Bongartz als Spezialist für Hüftgelenksoperationen.

Zur Unterstützung des Personals bei nicht in der Krankenversicherung vorgesehenen Aufgaben zu Gunsten der Patienten betätigten sich erstmals 1990 ehrenamtlich „grüne Damen".

Stets wurde Neues umgesetzt. 1995: die neue Pflegestation. 1998 Umwandlung in eine GmbH. Dialysepraxis von Dr. Bödefeld. 1999-2001: Umnutzung von Diakonissen-

Das Krankenhaus, wie es sich im Jahre 2008 darstellte. Statt Bäumen nun Parkflächen.

Foto: Peter Merk

Isotopen, Anästhesiologie und Intensivmedizin, Augenheilkunde, HNO-Heilkunde, Dialyse, Gynäkologie und einer Pflegestation erhalten. Im Medi-Cum-Haus der Gesundheit neben der OLB hat das St. Marienhospital Vechta eine Hebammen-Praxis mit Beratung und Kursen eingerichtet.

Ärzte

Jahrzehntelang führte das Gesundheitsamt Röntgen-Reihenuntersuchungen gegen die Tuberkulose durch, bis die Sorge um die Folgen der Strahlen die Pflichtkontrollen einstellen ließ. In den Schulen wurden und werden die Kinder durch einen engagierten Facharzt auf die Gesundheit ihrer Zähne überprüft.

Allmählich ließen sich in größerem Umfang Fachärzte und weitere Ärzte für Allgemeinmedizin nieder. Der aus Posen geflüchtete Dr. Werner Stiller war der erste Augenarzt, Dr. Karl Hackelbusch sein Nachfolger. Den ersten Kinderarzt erhielt Diepholz erst 1974 in den früheren Geschäftsräumen der Kreissparkasse am Vossen Reitweg. Neben den Praxen für Allgemeinmedizin waren schon im Jahre 2007 zwölf (2010: 15) Fachrichtungen vertreten, zu denen noch Sprachheilkunde, Ergotherapie, Krankengymnastik und Heilpraktiker treten. Die Zahnheilkunde erhielt als Spezialgebiete Implantologie und Kieferorthopädie. Auch die Tiermedizin ist genügend vertreten.

In allen Branchen war auch nach dem Krieg noch lange die Sechs-Tage-Arbeitswoche selbstverständlich. Doch im Oktober 1957 führten die Ärzte die Fünf-Tage-Woche ein. Interessant erscheint heute, dass ein Professor Preuschen mehrere Wochen danach diese Regelung kritisierte, weil sie den Lebensrhythmus störe.[316]

Das Staatliche Gesundheitsamt an der Wellestraße, dessen wir bei den Neubauten gedacht haben, erfreut sich einer Kormoran-Plastik der damals in Hüde am Dümmer arbeitenden Edith von Sanden-Guja. Der Landkreis übernahm 1977 außer diesem Amt auch das Veterinärwesen und die Lebensmittelkontrolle vom Staat.

30 Jahre lang leitete als erste Frau Dr. Hildegard Teufel die Beratungsstelle des Medizinischen Dienstes an der Prinzhornstraße, bis sie mit dem 31. Januar 1998 in den Ruhestand versetzt wurde.

Die Zahl der Fachärzte wuchs, so dass 1974 auch ein zahnärztlicher Notdienst für den Kreis Grafschaft Diepholz eingerichtet werden konnte. Der Anteil der Frauen an der Ärzteschaft nahm deutlich zu.

Einige Mediziner entwickelten bemerkenswerte außerberufliche Neigungen. Chefarzt Dr. Klaus Lederbogen, Vorsitzender des Ärzteverbandes im Altkreis Diepholz, erforschte die Orchideenvorkommen im Stemweder Berg und fotografierte sie meisterhaft. Außerdem förderte er mit anderen die Waldorf-Pädagogik in Diepholz bis hin zum Aufbau eines Kindergartens, der in Sankt Hülfe über ein eigenes, nach anthroposophischen Vorstellungen konzipiertes Gebäude verfügt. Der Frauenarzt Dr. Rainer Schubert betätigte sich gleichfalls als Naturfotograf und publizierte die Ergebnisse in Buchform. Der Allgemein- und Sportmediziner Dr. Ingo Preine nahm oft an Weltspielen der Mediziner teil und errang zahlreiche Medaillen in den Schwimmwettbewerben. In jüngster Zeit ist Allgemein- und Rettungsmediziner Dr. Christoph Kirchberg durch Liedkompositionen („Wir sind Diepholz") hervorgetreten.

Rotes Kreuz und ASB

Die Kreisstelle des Deutschen Roten Kreuzes nahm ihre Arbeit am 21. August 1945 wieder auf. Im Herbst 1949 warb das DRK massiv für seine Arbeit. Höhepunkt war eine „Woche des DRK". Es gelang auf Anhieb, 260 Mitglieder zu werben, deren Zahl jedoch in einem Jahr auf unter 190 sank. Mary von Wuthenau übernahm 1950 den Vorsitz von Stella Ulrichs im „Frauenverein vom Roten Kreuz" – da hatte die Tradition des Vaterländischen Frauenvereins offenbar zwei Weltkriege überdauert. Frau von Wuthenau organisierte die Erholung von Kindern, die regelmäßig aus Stadt und Landkreis zum Sultmer Berg bei Northeim verschickt wurden. Als 1966 Mary von Wuthenau (gest. 14. September 1968) zum Ehrenmitglied ernannt und durch die Sulingerin Ida Dora Blüthgen abgelöst wurde, ging eine Ära zu Ende, die ihre personelle Wurzel noch in der Weimarer Republik hatte. 1974 eröffnete das DRK am Lappenberg eine Altentagesstätte, neben der die Verwaltung des Kreisverbands ihren Sitz bezog. Das Rote Kreuz machte vor allem auch durch die regelmäßigen Blutspendetermine auf sich aufmerksam, die 2009 den Kreis Angesprochener erweitern durften, weil die bis dahin geltende Altersgrenze fiel. Auch die Kleiderkammer, die Arbeit mit dem Nachwuchs, die Seniorennachmittage und Erste-Hilfe-Kurse spielen eine herausragende Rolle, die ohne die Ehrenamtlichen, vor allem Frauen wie Bärbel Weerda nicht hätte erreicht werden können.

Ein besonderes Verdienst erwarb sich Lehrer Klaus Lippert (auch örtlicher Leiter des Weißen Rings), der seit 1992 in Zusammenarbeit mit dem Roten Kreuz und Sponsoren Transporte mit wertvollen Hilfsgütern, 1993 sogar mit gebrauchten, aber willkommenen Landmaschinen aus Aschen nach Litauen durchführte und im Sommer 1999 bereits zum 28. Mal ehrenamtlich in Litauen war. Gerade im klinischen Bereich, mit Textilien und für die Ausbildung von Pflegeschwestern dort haben Diepholzer dank Lipperts persönlichem Einsatz auch in den folgenden Jahren viel geleistet. Vergleichbar half ein paar Mal Martin Kalkwarf in Weißrussland (Belaruss) nach der Atomreaktorkatastrophe in Tschernobyl.

Neben das DRK trat seit 1960 der Arbeiter-Samariterbund (ASB) mit ähnlichen Aufgaben im Bereich der Ersten Hilfe in Ausbildung und Praxis und in der Seniorenarbeit. 1976 erwarb der Landesverband das 1973 gemietete Haus Schömastraße 9, die Grundlage für einen größeren Komplex auch an der Grafenstraße. Erste Hilfe-Kurse und Erste Hilfe bei Veranstaltungen, Fahrzeuge, Fortbildung, Senioren-Tagesstätte (1983)[317], Hauspflege bzw. betreutes Wohnen, Jugendarbeit und der Kindergarten im Wohngebiet Dustmühle (1991) bezeugen die Lebendigkeit dieser seit einem halben Jahrhundert in Diepholz aktiven Organisation, die ihren Namen aus Respekt vor der Tradition führt, aber wie das DRK allen offen steht.[318]

Gerne besucht: der Frühschoppen auf dem Großmarkt *Foto: Dufner*

Großmarkt

Der in den letzten Kriegsjahren nur mühselig beibehaltene „Großmarkt“ wurde 1948 wieder das, was er gewesen war. 1.000 Pferde wurden aufgetrieben, 1949 sogar 1.500, Rindvieh nur gut 200 Stück.[319] Und die „Harfenmädchen“ aus dem thüringischen Eichsfeld zogen wieder durch die Gaststätten und über die Lange Straße und sangen Volkslieder und Schlager, spielten aber mit moderneren Instrumenten auf. Angesichts des wachsenden Arbeitskräftebedarfs in der DDR und deren Abgrenzungspolitik kamen sie nicht mehr.

Der Großmarkt veränderte sich in den nächsten Jahren ganz erheblich. 1983 wurden noch rund 30 Pferde und knapp 200 Kopf Rindvieh aufgetrieben. Der Viehmarkt verschwand aber in den folgenden Jahren bis auf einen liebenswerten Rest, der nicht dem Handel diente, sondern von der Stadt subventioniert wurde, um am

Früher von Viechern und Menschen gerne besucht: der Viehmarkt während des Großmarktes

Das Riesenrad aus der Nähe, dahinter die inzwischen abgerissene Aral-Tankstelle *Foto: Peter Merk*

Freitagmorgen den Schulkindern und den Marktbummlern aus verschiedenen Betrieben etwas Lebendiges bieten zu können. Das Großvieh wird heutzutage auf den Höfen abgeholt, so dass sich die Landwirte den umständlichen Auf- und Abtrieb ersparen können. Für den Markt freilich ist das ein Verlust.

Imbissstände, Tanz- und Bierzelte, Lotterie, Karussells, Ponyreiten, Fahrgeschäfte, Schießbuden, eine Verkaufsgasse und weitere Unterhaltungsangebote in großer Zahl prägen den Markt. Aber auch die Gewerbeschau hat ihre Interessenten, und wehe, wenn sie einmal ausfällt! Landmaschinen und Geräte sind in den Hintergrund getreten, da sie angesichts ihres Preisniveaus nicht einfach mal so gekauft werden und zu viel Platz beanspruchen.

In den fünfziger Jahren wurde „Marktsilvester“ eingeführt, an dem (wenigstens bis 2009) am Donnerstagabend Bürgermeister und Rat mit Musikbegleitung, geladenen Gästen und Schaulustigen vom Rathaus an eine markante Stelle der Marktstraßen gingen. Dort empfängt sie der Sprecher der Schausteller, und der Bürgermeister eröffnet den Markt. Ein Feuerwerk bildet den optischen Höhepunkt des Markttrubels, der sich bis in den Sonntagabend hinzieht.

Ein weiterer Höhepunkt war und ist der Frühschoppen in Bultmanns Zelt. Da spricht ein Politiker von auswärts, von dem erwartet wird, dass er gute Laune verbreitet. Sein Lohn ist eine Diepholzer Gans, die ihm zu Weihnachten bratfertig zugeschickt wird. Die Fraktionen des Stadtrats haben im Wechsel das Recht, einen Politiker ihrer Wahl einzuladen.

Eingebürgert hat sich hier auch das Weinzelt der Partner aus Thouars, in dem Diepholzer Freundinnen der französischen Stadt deren schmackhafte Produkte ausschenken, und bei der Jugend beliebt

Immer wieder beeindruckend: das Großmarktfeuerwerk *Foto: Peter Merk*

war der Talentwettbewerb im Festzelt (bis 2007 regelmäßig).

Das große Programm wurde nur im Jahr 2001 gekürzt, als wegen der terroristischen Anschläge in den USA einige Tage zuvor („9-11"!) Marsch, Musik und Frühschoppen gestrichen wurden.

Weniger beliebt blieb der kleine Frühjahrsmarkt, der 1968 eingeführt wurde. Auf dem Marktplatz entwickelte sich 1969 ein zunächst inoffizieller Wochenmarkt, der aber bald von der Stadt reguliert und von ihr später auf den Platz vor dem neuen Rathaus verlegt wurde, damit Verkäufer und Kunden den Staubwolken im Sommer entgingen und der Mittelpunkt der Stadt aufgewertet wurde.[320] Der erste Flohmarkt spielte sich 1974 auf der Kolkstraße ab.[321] Beliebt wurde dafür seit den achtziger Jahren ebenfalls der Rathausmarkt als Standort, für einige Jahre auch der damalige Cordi-Parkplatz an der Flöthestraße.

Vereinswesen

Wie nach 1918 entstanden nach dem Zweiten Weltkrieg mehrere Vereine als Ergebnis der militärischen Ereignisse. Am 8. Februar 1947 hielt der Reichsbund (mit Wurzeln nach dem Ersten Weltkrieg, heute Sozialverband Deutschland) seine erste Versammlung in Diepholz ab.[322] Am 4. Juli 1948 entstand die Ortsflüchtlingsvereinigung, die eine Interessenvertretung sein und mit der Verbrauchergenossenschaft Hansa günstige Einkaufsmöglichkeiten schaffen wollte, die mit einer Zweigstelle auf Sulingen ausgedehnt wurden, angesichts der dünnen Finanzdecke aber 1952 aufgeben musste.[323] Besonders lag der Vereinigung am Herzen, dass das Kreisflüchtlingslager an der Maschstraße recht bald durch neuen Wohnraum aufgelöst wurde. Höchstes Ziel aber war zunächst die Rückkehr in die Heimat. Anfang 1950 zählte die Vereinigung 596 Mitglieder. Als Bund Vertriebener Deutscher (BVD), später Bund der Vertriebenen (BdV) wurde sie fortgeführt. Rolf Präger vom BdV organisierte lange Zeit die Feiern zum 17. Juni (Tag der deutschen Einheit), die bis 1961 im Saal, dann noch mehrere Jahre auf dem Marktplatz stattfanden und zuletzt von Jugendverbänden arrangiert wurden. Die Geschäftsstelle wurde mit dem Fortzug Rolf Prägers nach Köln 1966 aufgelöst, doch bestand der Ortsverband weiter und wurde in den letzten Jahrzehnten mit großer Energie auch in hohem Alter von Hanna Schele bis zu ihrem Wegzug nach Schleswig-Holstein Anfang 2010 weitergeführt.

Ihr Vater, der Forstmeister Wilhelm Vorberg, bewirkte 1950 die Errichtung eines durch die Firma Schlieker geschaffenen Denkmals in Form eines Kreuzes für die in der Heimat verstorbenen Angehörigen der Vertriebenen, da die Trauer an den Gräbern in der Heimat im Osten nicht mehr möglich war und viele auf der Flucht im eiskalten Winter Anfang 1945 erfroren und zunächst im Straßengraben unbestattet liegen geblieben, im Frischen Haff oder in der Ostsee ertrunken waren. Andere waren in der Heimat umgebracht worden oder als Zwangsarbeiter in der Sowjetunion zu Tode gekommen.

Über 500 vertriebene Bauern versammelten sich 1949 zu einer Kundgebung in Diepholz und forderten Land – entweder in der östlichen Heimat oder in Niedersachsen, wodurch sie ausdrückten, dass sie auf eine nahe bevorstehende Rückkehr nicht mehr unbedingt setzten. Tatsächlich baute damals der erste Vertriebene ein Siedlungshaus, und in der ersten Hälfte der fünfziger Jahre folgten

Hanna Schele leitete viele Jahrzehnte die Arbeit der Vertriebenenorganisationen in Diepholz. *Foto: Dufner*

mit kirchlicher Förderung Leidensgefährten an der Martin-Luther-Straße.

1951 gründete Johannes Böhm aus Breslau die Vereinigung heimattreuer Schlesier. Ihr folgten die Ost-, Westpreußen und Danziger.

Auch eine Kreisgruppe des Bundes hirnverletzter Kriegs- und Arbeitsopfer konstituierte sich in Diepholz, ebenso lebte der Volksbund deutsche Kriegsgräberfürsorge besonders unter Schriftleiter Erich Brandt auf, und 1952 folgte eine Ortsgruppe des Verbandes der Heimkehrer, der sich für die sozialen Belange seiner Mitglieder und bis 1955 für die Freigabe noch nicht entlassener kriegsgefangener Kameraden einsetzte.

Letztlich eine Kriegsfolge war auch die Gründung des Haus- und Grundbesitzervereins am 24. Juli 1950, der zunächst die Interessen seiner Mitglieder gegenüber der Wohnungszwangsbewirtschaftung wahrnahm. 1. Vorsitzender war der Rechtsanwalt Dr. Eggert.

Diepholz war schon vor dem Krieg eine Stadt in Bewegung. Keinem Verein gehörten so viele Mitglieder an wie den Turn- und Sportvereinen. Aber 1945 war auch diese Betätigung stillgelegt, da die Briten befürchteten, Sport könne zur paramilitärischen Ausbildung und damit gegen die Besatzungstruppen genutzt werden. Andererseits wurde ihnen bald klar, dass bei entsprechenden Auflagen der Bewegungsdrang der Jugend in geeignete Bahnen gelenkt werden konnte und die Erziehung zum Fair play und zum Teamgeist schließlich dem demokratisch wirkenden Ideal der Briten entsprach.

Bürgermeister Brüning durfte daher am 17. November 1945 die Gründungsversammlung des TuS Diepholz leiten, den Otto Hoffmann in eine bessere Zukunft führte, zu der zunächst einmal gehörte, die beschlagnahmten Turnhallen und das Schwimmbad freizubekommen.[324] Die Briten waren am Sport sehr interessiert und förderten schon seit Januar 1946 sportliche Begegnungen mehrerer der zunächst 100 Mitglieder (z. B. mit militärischen Transportmitteln), so dass bereits im Februar die Saison der Fußball-Kreismeisterschaft eröffnet wurde. Am 21. Februar 1946 konnte der Turn- und Sportverein seine erste Mitgliederversammlung abhalten, und an den folgenden Pfingsten reisten zu einer sportlichen Großveranstaltung die besten Meisterturner und Turmspringer teilweise aus Berlin, Bremen, Kiel, Flensburg, Lüdenscheid und Osnabrück an.[325] Damals war vieles möglich wie ein Fußballspiel Diepholz gegen Köln. Die kühnen Diepholzer verloren leider mit einem gegen zwölf Tore.[326] Am Ende des ersten vollen Jahres gehörten bereits 850 Mitglieder diesem größten Verein in der Stadt an.

Dort, wo die Lohne aus dem Dümmer fließt, haben die Ruderer ihr Domizil (ganz unten).

Die Überlieferung setzte sich bei den Sportlern am 22. Januar 1947 durch, als der TuS sich als „Sportgemeinschaft Diepholz von 1876“ (später: von 1870) einen neuen Namen in Anlehnung an den ehemaligen MTV gab.[327]

Wie bereits in den zwanziger Jahren wurde 1948 ein zweiter Sportverein, der FSV, dann FC gegründet, der aber schon nach wenigen Jahren mit der SG fusionierte. Auch der kurzlebige DSC erblickte 1954 nach zwei Jahren die Fußballerinteressen in der SG am besten aufgehoben, und die Bundeswehr-Fußballelf „Condor“ von 1959 ist auch längst eingestellt worden. Im Jubiläumsjahr 1970 umfasste die SG 1.200 Mitglieder in neun Sparten, sechs Jahre später bereits 2.000 und 1977 und noch einmal 1994 2.500, die der Werbung, neuen Übungsmöglichkeiten und einer Ausweitung des Angebots auf 15 Abteilungen (einschließlich des Behindertensports schon seit 1961, des Tauchens und einer Schachsparte) zu verdanken waren.[328] Leider ist die Zahl der Mitglieder um fast ein Fünftel zurückgegangen. Neben den von der öffentlichen Hand geschaffenen Anlagen in Diepholz ist das 1994 gebaute Bootshaus der Rudersparte in Eickhöpen zum Training auf dem Dümmer zu erwähnen. Der Schlossstaffellauf 1953, die Bunte Sportpalette mit einer Nachfolgeveranstaltung seit den siebziger Jahren und der Volkslauf- und Wandertag (1972 mit 280 Teilnehmenden, 1973 international mit 1.000 Personen)[329] bzw. als Nachfolger mit Start und Ziel Rathaus der Stadtlauf für alle Altersgruppen fanden viel Anklang, die Laufveranstaltungen sogar bei Teilnehmern aus dem Ausland.

Überregional erfolgreich waren zeitweise einige Badmintonspielerinnen und -spieler (bis zu nationalen Meisterschaften und internationalen Spielen), die Versehrtensportler (Erfolge bei Deutschen Meisterschaften), die Schwimmerinnen (bis hin zu Landes- und deutschen Titeln), die Judoka (Teilnahme an Deutschen Meisterschaften), die Leichtathleten (Rudolf Sundermann als Lauf-Teilnehmer in Länderkämpfen, mehrere Landesmeister), die Ruderabteilung mit Deutschen Meistern, -meisterinnen und Vizemeistern, die Volleyballer (Niedersachsenmeister) und das zunehmend von Mädchen und Frauen gern angenommene Turnen mit mehreren Niedersachsenmeisterinnen und der Deutschen Meisterin Heike Woltmann im Deutschen Sechskampf – um nur einige aufzuzählen. Eine erfolgreiche Breitenarbeit leistete auch die Tischtennisabteilung bis in die Bezirksliga. Mitgliederstark wurde die Tennisabteilung, die zeitweise in der Landesliga spielte und sich vor allem um den Ausbau der Plätze im Müntepark und des Clubhauses auszeichnete. Gut im Sinne eines Synergieeffekts tat den Handballern der Zusammenschluss mit dem MTV Barnstorf zur HSG Barnstorf/Diepholz.

Ein Spitzenereignis war am 11. und 12. September 1971 der Leichtathletik-Länderkampf der Juniorinnen und Junioren Deutschland gegen Polen vor insgesamt 3.000 Besucherinnen und Besuchern im Mühlenkampstadion. Die deutschen Aufgebote waren deutlich erfolgreicher, aber die Hauptsache war die erstmalige Begegnung zwischen diesen Angehörigen zweier damals nicht befreundeter Völker und die Aufwertung der Stadt.[330]

Als Folge der Zuwanderung wandte sich die SG 1991 den Aussiedlern zu, für die sie ein Integrationskonzept entwickelte, das dazu führte, dass der Innenminister 1995 die SG mit der Niedersächsischen Sportmedaille auszeichnete.

Die Stadt Diepholz fördert neben ihrem finanziellen Engagement das Ansehen des Sports, indem sie seit 1977 die jeweiligen Sportlerinnen und Sportler des Jahres auszeichnet, als erste die Sportschützin Inge Wickert und die 1. Fußballmannschaft.[331]

Im Januar 1947 übernahm der Kreissportbund (in dem am 31. August 1946 in Diepholz gegründeten Huntesportbezirk) das 1938/39 gestaltete HJ-Heim als „Haus des Sports“. Hier zog 1959 die Jugendherberge ein.

Flugplatzkurs aus der Luft im Jahre 1995 *Foto: AMC*

Von 1988 bis 1991 fuhr auch Michael Schumacher auf dem Diepholzer Flugplatz Rennen.

Erfolge hatten auch die Reiterinnen und Reiter zu verzeichnen, die auf dem Moorhäusern eine Reithalle erhielten.

Der Motorsportclub MSC Diepholz startete seine Tätigkeit am 27. August 1952 und präsentierte nach einem Monat eine Veranstaltung mit Motorrädern auf dem Marktplatz, der bewährten Allzweckfläche.[332]

Von größerer Bedeutung wurde der am 25. April 1958 im Gasthof Grüner Jäger (Sankt Hülfer Neufeld) gegründete Automobil- und Motorradclub AMC Diepholz. Seine aufkeimende überörtliche Bedeutung manifestierte sich in der 1. Nordwestdeutschen ADAC-Geländefahrt ab und bis Diepholz am 30. April 1963. Er war es, der die Nordwestdeutschen ADAC-Zuverlässigkeits- und Geländefahrten organisierte und von 1968 bis 1998 die legendären, auch vom Fernsehen übertragenen Flugplatzrennen im Rahmen der Deutschen Tourenwagen-Meisterschaft DTM veranstaltete, an denen zahlreiche prominente Rennfahrer wie Nicki Lauda, Leopold Prinz zu Bayern, Hannelore Werner als schnellste Rennfahrerin Deutschlands, Jochen Maas, Niki Lauda, Rolf Stommelen, Michael und Ralf Schuhmacher, Hans-Joachim Stuck, Klaus Ludwig und Bernd Schneider teilnahmen. Schon das erste Rennen führte 200 Wagen und fast 150 Motorräder nach Diepholz vor mehr als 10.000 Zuschauern. 1970 kamen bereits 400 Fahrer aus elf Staaten wie Schweden, Dänemark, Österreich, Belgien und der Schweiz. Einige zehntausend Zuschauer wurden an einem Wochenende gezählt.

1973 hatten gleich zwei Prominente Pech: Stucks Wagen brach aus, und Lauda hatte einen Fahrwerkschaden. 1976 wurde ein attraktives Rennen um den ersten ADAC-Motorradpreis von Diepholz auf dem Fliegerhorst gefahren. Und 1983 ging dem prominenten Klaus Ludwig nur 200 Meter vor dem Ziel das Benzin aus.

Leider traten wegen der kostenträchtigen höheren Sicherheitsanforderungen seit 1999 die Rennen bei Oschersleben und bei Ahlhorn mit dem Organisator Peter Rumpfkeil an ihre Stelle, doch engagierte sich der Diepholzer Club in den folgenden Jahren auch dort. Die Diepholzer Vorsitzenden Alfred König und Dr. med. Dietrich Meibert waren durch diese Rennsportereignisse weit über die Grenzen Niedersachsens hinaus bekannt. Zum Goldenen Jubiläum 2008 stellte Dr. Meibert die umfangreiche „Chronik 1958-2008“ mit Zeitungsberichten über alle vom AMC Diepholz organisierten motorsportlichen Ereignisse zusammen.

Den Fliegerhorst nutzten der Luftsportverein für den Segelflug (gegr. 17. Juli 1951 im Hotel Gerke) schon seit Herbst 1953/Frühjahr 1954 und der Aero-Club (gegr. 1970) für Motorflugzeuge, damals mit drei Maschinen und 1974 mit einem Großflug-

Privater Flughafen-Tower mit Café Weitblick

In den 1950er Jahren gingen die Pioniere dem Schützenumzug voran. Foto: Bößmann

tag, zu dem sich fast 8.000 Zuschauer einfanden.[333] Aero-Club, Diepholzer Luftsportverein und Aero-Club Damme gründeten 1993 den fdd, die Initiative für den Flugplatz Diepholz-Dümmerland, den sie in Zusammenarbeit mit der Bundeswehr mit großem Idealismus und viel Eigenarbeit einrichten konnten und mit Tower und Café Weitblick sowie mit Sonderveranstaltungen am Leben erhalten konnten.

Auch der Diepholzer Kanuclub entsprang der Lust am Aufbruch der fünfziger Jahre.

1965 schufen die Diepholzer Sportfischer einen 150 m langen Teich auf der Graftlage, wo sie eine Hütte aufstellten, die später durch ein verbessertes Gebäude ersetzt wurde. 1973 legte der Verein den zweiten Teich an.[334]

Anfang 1950 gründete Kaufmann Johannes Böhm den ersten Schachverein, der bis 1969 existierte. 1991 gründeten auf Initiative des Gymnasiallehrers Heinz Blechert vor allem junge Leute die Schachsparte der Sportgemeinschaft.

Die Verbundenheit der Alt-Diepholzer mit dem Schützenwesen zeigte sich am 10. März 1948 in der Versammlung zur Gründung eines „Vereins zur Erhaltung des Diepholzer Volksfestes".[335] Am 21. und 22. August 1948 beging man stolz und fröhlich die 450-Jahrfeier dieser Traditionsveranstaltung. Schon im nächsten Juli durfte erstmals wieder das Schützenfest in gewohnter Form mit Patronen gefeiert werden. Der Bürgerpark mit der Schützenfesthalle, den Schießständen und dem Krönungspavillon blieb Schauplatz mit Versammlungsraum des Schützenkorps.

Die zahlreichen Neubürger im Süden gründeten einen eigenen Verein, den Schützenverein von 1953, der bald aus dem Schatten des älteren Bruders herauszutreten vermochte und sich eine eigene Anlage im Gebiet Junkernhäuser schuf.

1960 wurden erstmals Stadtmeisterschaften im Kegeln ausgeschrieben, an denen zehn Klubs teil-

Das Schützenkorps Diepholz e.V. anlässlich der 500-Jahr-Feier im Jahre 1998 mit dem damaligen Schützenkönig Wolfgang I. Czerny vor dem Neubau der Kreissparkasse Foto: Schützenkorps Diepholz e.V.

Das Sauna- und Sportparadies an der Moorstraße *Foto: Peter Merk*

nahmen, unter ihnen der erste Diepholzer Damenkegelklub, bemerkenswert als ein weiteres Zeichen der fortschreitenden Emanzipation.

Außerhalb der Vereine zog mit dem „Sportpalast“ 1985 auch das kommerziell geförderte, opulenter ausgestattete Training in Diepholz ein. Inzwischen bestehen mehrere solcher Stätten an der Moor-, der Steinfelder und der Flöthestraße.

Vereine haben sich nach dem allgemeinen Verbot 1945 in großer Zahl etabliert. Die Philatelisten konstituierten sich 1952 und erneut 1971 und zogen durch Ausstellungen des öfteren Briefmarken- und Münzfreunde aus anderen Orten nach Diepholz. 1975 starteten die Kanuvereinigung mit der Taufe von 12 Booten und der Modellflugclub Bussard, der 1993 auf einen Wiesenflugplatz auf der Graftlage zog.

Der mit Besichtigungen und Vorträgen äußerst rege Deutsche Hausfrauenbund richtete 1987 eine Verbraucherberatungsstelle ein, die am 1. Januar 1998 von der Beratung durch das Agenda 21-Büro am Rathausmarkt 2 (Agendahaus) abgelöst wurde.

Im Agendahaus haben der Agenda 21-Förderverein (gegründet 1997) und die Agenda 21-Stiftung (gegründet 1999 von Stadt Diepholz, BSH (Biologische Schutzgemeinschaft Hunte, Weser-Ems) und Förderverein) ihren Sitz. Beide Organisationen haben es sich zur Aufgabe gemacht „heute vor Ort etwas dafür tun, dass auch morgen das Leben noch lebenswert ist!“ Dies geschieht auf zahlreichen Gebieten vom Umweltschutz über die Förderung des Fairen Handels bis zur Anlegung des Moor-Erlebnispfades (mit Unterstützung durch das Leader + -Programm der Europäischen Union) bis hin zum Aufbau eines künstlerisch gestalteten Stelenpfades für Radwanderer vom Schloss durch das Bruch bis zum Dümmer.

Der am Parkplatz Kielweg beginnende Moor-Erlebnispfad führt in und durch ein wiedervernässtes Hochmoor. Auf Grund des Moorschutzprogramms der Landesregierung wurden von 1996 bis 2003 Gräben verfüllt und Staudämme aus Moorboden gebaut. Dadurch sterben die Birken ab und Torfmoos wächst wieder wie vor 4.500 Jahren. Sonnentau, Nordische Moosjungfer, Glocken- und Besenheide, Spiegelfleck-Dickkopffalter, Lachmöwen, Wollgras, Libellen, Aurorafalter haben hier eine Heimat gefunden.[336]

Soziale Unterstützungsvereine bildeten sich als Antwort auf Nöte der Gesellschaft. Vereine zur Bewältigung der Alkoholkrankheit, der Verein für persönliche Hilfen e.V. mit dem Recycling-Hof und

Nach der Beendigung des Torfabbaus wird versucht durch Wiedervernässung wieder eine Moorlandschaft zu schaffen. *Foto: Peter Merk*

Sensenvögel von Wolfgang Buntrock und Frank Nordiek aus den Jahren 2007 bis 2008

einer Werkstatt an der Bahn, einem Wohnheim und Betreutem Wohnen und zeitweise SORRAL für seelisch und medikamentös unterstützungsbedürftige Süchtige, ein Verein zur Betreuung der durch das Medikament Contergan Geschädigten gehören dazu.

1992 kam die 1966 in Sulingen als Verein gegründete Lebenshilfe Grafschaft Diepholz (heute GmbH) auch nach Diepholz, wo sie einen Sprachheilkindergarten in der Strothestraße anmietete (heute Außenstelle der Tagesbildungsstätte). Sie wurde tätig im Sprachheilkindergarten Thouarsstraße (1993), 1996 in der integrativen Kindertagesstätte „Lütke Lüe" an den Lohnewiesen, der Tagesstätte Am Weizenkamp (1999), den Delme-Werkstätten in der Siemensstraße (2000), zwei heilpädagogischen Kindergartengruppen und dem Wohnheim in der umgebauten früheren Jugendherberge Willenberg (2000), der Fachpflegeeinrichtung Haus am Wasser (2004), der Kinderkrippe Schlossmäuse und der Frühförderberatungsstelle im Kinderhaus in den Schlossgärten (2008).

Der von Anke Tuszick im Januar 1995 angeregte Stadtteilladen Moorstraße e.V. betreut mit einem regen Vorstand in einem als durch seine Bevölkerungsstruktur problematischen Stadtteil Kinder und Jugendliche, bietet ihnen ein vollwertiges Mittagessen an, organisiert Feste, unterhält einen Gesprächskreis „Das westliche Niedersachsen", betreibt eine Fahrradwerkstatt und den Stadtteilladen als Versammlungsort.[337] Der Weiße Ring sorgt für Opfer von Kriminalität, mit einer speziellen Klientel auch der Deutsche Kinderschutzbund und das von Marianne Porath ins Leben gerufene Frauen- und Kinderschutzhaus.[338] Eine der jüngeren sozial tätigen Vereinigungen ist der Hospizverein Dasein e.V. zur ehrenamtlichen, kompetenten humanen Sterbebegleitung durch ausgebildete Hospizhelfer, der sich seit 2002 (10 Mitglieder) erfreulich schnell entwickelt hat (2008: über 100 Mitglieder).

Herausragend waren die Christlichen Pfadfinder, die sich 1949 zusammentaten und eine ihre Mitglieder – Mädchen und Jungen – zutiefst prägende Jugendarbeit mit vielen Aktivitäten auch international leisteten. Das gelang anderen Gruppen bei weitem nicht so erfolgreich, denn ihnen (wie dem CVJM) fehlte es an der von den Pfadfindern über viele Jahrzehnte hinweg erreichten Kontinuität (besonders durch den Einsatz des Ehepaares Bredemeyer).[339]

Kunstwerke am Skulpturenpfad „Die Sicht": A Perfect Circle von Pablo Hirndorf von 2006

„Baumstamm" von Wolfgang Folmer aus dem Jahre 2007

Fotos (3): Reinald Schröder

Parteien und Gewerkschaften

Von der Zielsetzung der Briten, die Deutschen zu Demokraten zu erziehen, war bereits die Rede. Demokratische Willensäußerungen haben in Parteien die Möglichkeit, nicht nur Öffentlichkeit zu erzielen, sondern Bestrebungen wenigstens auf dem Wege von Kompromissen auch durchzusetzen.

Als erste Partei regte sich die SPD intern bereits im Herbst 1945.[340] Am 7. April 1946 hielt sie ihre erste Veranstaltung ab. Auch die an der Deutsch-Hannoverschen Partei vor 1933 orientierte Niedersächsische Landespartei (NLP) fasste schnell Fuß, während die neue CDU und die liberale FDP damals noch auf ihre Zulassung warteten. Diese beiden Parteien hatten es anfangs äußerst schwer, gegen die NLP (die spätere Deutsche Partei) anzukommen. Schnell stellte sich heraus, dass die KPD keine Sympathien zu gewinnen vermochte. Dagegen schien der am 29. Juli 1950 in Diepholz gegründete rechtsradikale Kreisverband der Sozialistischen Reichspartei SRP mit Sitz in Eydelstedt eher Chancen bei größeren Teilen der Bevölkerung zu genießen. Gegen sie richteten sich die demokratischen Parteien und die sozialistische Jugendorganisation Die Falken. 1952 wurde die Partei aber als verfassungsfeindlich verboten, 1956 ebenso die hier längst inaktiv gewordene KPD. Am 13. August 1950 trat noch eine weitere Partei auf den Plan, der BHE (Bund der Heimatvertriebenen und Entrechteten), dessen Name die beiden Zielgruppen klar benannte; als entrechtet betrachteten sich solche Nationalsozialisten, die als politisch belastet aus ihren Berufen entfernt worden waren und wieder in ihre Stellungen eingesetzt werden wollten. Auswärtige Rechtsextremisten wie der am 20. Juli 1944 gegen die Widerstandsbewegung in der Reichshauptstadt erfolgreiche, hitlertreue Oberst a.D. Rudel und der ehemalige Staatssekretär im Reichspropagandaministerium Naumann stießen bis 1953 bei Veranstaltungen noch auf großes Interesse. Mehr als Randnotiz zu sehen ist, dass 1956 der stellvertretende Landesvorsitzende der Deutschen Reichspartei, ein vertriebener Ostpreuße, hier an seinem Zufluchtsort nach einem Unfall beerdigt wurde. Damals waren bereits die CDU, die SPD und die FDP und wenn auch mit stark abnehmender Tendenz die DP fest etabliert. DP und BHE wurden vereint, doch passten die Mitglieder oft nicht zusammen, und auch ein zweiter Anlauf der beiden Altparteien 1960 hatte keinen Erfolg mehr, zumal der populäre Landtagsabgeordnete Rudolf Eickhoff (Sulingen) 1961 zur CDU übertrat.

Landtagsabgeordneter seit 1986: Karl-Heinz Klare (CDU) *Foto: Jansen*

Der zweite Diepholzer Stadtdirektor und ehemalige Landrat Udo Veltkamp, ein ehemaliges NSDAP-Mitglied, war zunächst als belastet eingestuft, dann aber rehabilitiert worden, hatte sich als Verwaltungsrechtsrat durchgeschlagen, war vom Stadtrat gewählt und 1950 (bis 1959) bestallt worden. Andere aber galten weiterhin für eine Demokratie als nicht tragbar.

Die Diepholzer CDU wurde vor allem von Jochen von Wuthenau und Wilhelm Vogelsang aufgebaut, benötigte aber 1964 eine neue Motivation durch die Gründung eines Stadtverbands. Die beiden größten Parteien, die CDU und die SPD, hatten in ihren besten Zeiten mehr als jeweils 200 Mitglieder, litten in den letzten Jahren jedoch wie im ganzen Bundesgebiet unter der Abneigung großer Bevölkerungsteile vor allem in der jüngeren Generation, sich parteipolitisch zu binden.

Sensationell war, dass 1974 auf einen Schlag drei Ratsmitglieder die SPD-Fraktion verließen, oder dass ein ehemaliger Ortsvorsitzender dieser Partei, Ernst Ennulat, nach zeitweiligem auswärtigem Wohnsitz als Mitglied der Republikaner in den Stadtrat einzog.

Saß für Diepholz sieben Jahre im Bundestag: Rolf Kramer (SPD) *Foto: Dufner*

Bedeutende Änderungen in der Zusammensetzung des Stadtrats sind in den letzten Jahren nicht oder nur allmählich zu beobachten. Die CDU hatte 1987 14, 2001 15 und

2006 16 Ratsmitglieder, die SPD nach diesen Wahlen 13, 12 und 11, die FDP 3, 5 und 4, die Grünen jeweils eins.

Die Diepholzerinnen und Diepholzer sind im Erscheinungsjahr dieses Buches überregional gut vertreten mit den beiden Landtagsabgeordneten Karl-Heinz Klare (CDU) seit 1986, der die Bildungspolitik seiner Partei vertritt, und Hans-Werner Schwarz (FDP) seit 2003, der zugleich Landtagsvizepräsident ist, während 2009 der Bundestagsabgeordnete Rolf Kramer (SPD) sein Mandat nach sieben Jahren und einer Wiederwahl verlor. Alle drei waren ursprünglich Lehrer.

Bevor es dem neuen Rathaus weichen musste, war im ehemaligen Bürohaus der Firma Schwarze das selbstverwaltete Jugendzentrum untergebracht.

Die Republikaner erlebten 1989 eine nur kurze Blüte mit gut 4 %, in einem ländlichen Stimmlokal sogar mit 13,64 %.

Ohne Bedeutung blieb die wieder gegründete Deutschnationale Volkspartei, deren Bundesvorsitzender Johann von König zwar in Hunteburg wohnte, aber in Diepholz um 1960 eine kleine Tankanlage vor der stillgelegten Pieperschen Mühle an der Bahnhofstraße betrieb. 1968 gründete Steuerberater Otto Siemon die Deutsche Arbeitspartei, die über zwei Landesverbände hinaus nicht gedieh und ihre Tätigkeit nach einigen Jahren einstellte. Auch die von diesem rührigen Unternehmer gebildete Diepholzer Bürgergemeinschaft fand trotz eines aufwändigen Wahlkampfs 1972 nicht das erforderliche Vertrauen.

Der Bürgerverein Diepholz, 1962 gegründet, weckte mit bürgernahen Problemen anfangs viel Aufmerksamkeit, wurde jedoch nach gut einem Jahrzehnt passiv und löste sich auf.[341]

Die Gewerkschaften der Arbeiter (später im Deutschen Gewerkschaftsbund) waren 1946 wieder präsent; die Deutsche Angestellten-Gewerkschaft meldete sich erstmals 1950. 1952 konnte der DGB noch ein Volksfest im Braunen Hirsch veranstalten,[342] doch konzentrierte sich die Aktivität des DGB zunehmend im Erdöl- und Erdgaszentrum Barnstorf. In Diepholz dagegen behielten eher die Einzelgewerkschaften eine gewisse Stärke, neben den „Metallern" insbesondere die damalige ÖTV (heute Verdi) im Dienstleistungsbereich von Post und Kreisverwaltung, die ihre Mitglieder mehrfach zu Arbeitsniederlegungen zwecks besserer Arbeitsbedingungen oder Bezahlung veranlassten.

Die Jugendorganisationen von sieben Vereinen schlossen sich 1955 im Stadtjugendring zusammen, um gemeinsam mehr zu erreichen, indem sie gegenüber der Politik stärker auftreten konnten.[343] 1964 traten als politische Jugendorganisation zu den Jungdemokraten die Jungsozialisten hinzu. Beide gestalteten in ihrem Gründungsjahr zusammen mit dem Jugendspielmannszug die Gedenkfeier zum 17. Juni 1953. Danach spielten auch die Junge Union (gegründet am 26. August 1964) und zeitweise die Schüler-Union eine nennenswerte Rolle. Die antikommunistische Position wurde im November 1967 eingeschränkt, als sich der Ring Politischer Jugend von den Gedenkfeiern zum Tag der deutschen Einheit distanzierte und für Kontakte zur FDJ in der DDR plädierte.[344]

In den sechziger Jahren versuchten die Jungen Europäischen Föderalisten (anfangs unter Manfred Walter und Hetta Harms) das hier nur schwach vorhandene Europa-Bewusstsein zu entwickeln.[345]

Die seit 1951 bestehende Jugendgruppe der IG Metall rekrutierte sich aus den Belegschaften der Maschinenfabriken und war länger als manche andere Gruppe aktiv.[346] Die kurzlebige Sozialistische Deutsche Arbeiterjugend stieß 1977 auf den Widerstand der 13 Lehrlinge der Firma Seitz, die sich im Widerspruch zu den Behauptungen der SDAJ keineswegs als ausgebeutet ansahen.[347]

Ein neuer Stadtjugendring wurde 1969 ins Leben gerufen und verfügte mit Manfred („Manni") Walter sogar über einen Geschäftsführer.[348] Es war die Zeit der intensivierten Demokratisierung, und so wollten politisch engagierte Jugendliche Demokratie einüben, bevor die etablierten Erwachsenen ihnen die Führungspositionen überließen. Das „Scheinparlament" wählte einen „Bürgermeister" und beriet wie die gesetzmäßig Gewählten. Im Bundestagswahlkampf 1969 „sprengten" politisch anders denkende Jugendliche eine Veranstaltung der NPD.[349] 1971 entzündete sich ein Streit um das im früheren Kontorhaus der Firma Schwarze untergebrachte selbstverwaltete Jugendheim, dessen Ruf in der bürgerlichen Mitte durch Drogenmissbrauch gelitten hatte.[350] Im nächsten Jahr setzte das oben genannte Parlament seine Arbeit aus, da Junge Union (mit „Stadtdirektor" Walter Link), Sozialliberale Jugend (mit „Bürgermeister" Heuer) und Jungsozialisten keinen gemeinsamen Nenner fanden. Gut zwei Monate darauf gab der Stadtjugendring das Jugendheim an die Stadt zurück. 1973 fanden Jusos und Judos noch die Kraft, 600 Unterschriften für die Fristenlösung des Abtreibungsparagrafen 218 zu sammeln.[351] 1975 versuchten Studierende aus Vechta, das JFZ zu reaktivieren, doch das Zentrum endete 1977 im Chaos von Diebstahl, Demolierung und Schmierereien.

Der von jungen Leuten getragene maoistische Kommunistische Bund Westdeutschland (KBW) machte 1976 propagandistisch von sich reden, bewegte aber politisch nichts.[352]

Die internationale Hochrüstung mit der Gefahr eines Atomkrieges nach dem Einmarsch der Sowjettruppen in Afghanistan provozierte von 1981 bis 1987 insbesondere bis zu 80 meist junge Menschen, sich in der Friedensinitiative Diepholz (FID) zu engagieren, die zeitweise mit Grünen, Militärdienstverweigerern , dem Deutschen Gewerkschaftsbund, Jungsozialisten und Frauen in der SPD zusammenarbeitete.[353] Eine andere Sicht hatten CDU, Schülerunion und Junge Union, die durch kurzfristige Aufrüstung eine langfristige Abrüstung für sicherer hielten. Beide Seiten führten einen Leserbriefkrieg gegeneinander, die Friedensbewegten arbeiteten mit Fackelzug, Friedensliedern, Kabarett, Mahnwache, einer Demonstration vor der Raketenbasis in Wietinghausen, einer Schweigestunde, Ostermarsch und einer Unterschriftensammlung mit über eintausend Namen unter dem Antrag für eine atomwaffenfreie Stadt, worüber die CDU eine Abstimmung im Rat verhinderte.

Diepholzer setzten sich 1990 in vielfältiger Weise mit ihren Mitteln für die Wiedervereinigung Deutschlands ein. FDP und SPD nahmen im Februar Kontakte mit Zschopau auf, später auch die Jusos (und die DLRG), die CDU im Januar mit Meißen und im Februar zusätzlich mit Zschopau und Wurzen. Als Zschopau sich im September für eine Partnerschaft mit Neckarsulm entschied, waren die Diepholzer Freunde enttäuscht, aber die CDU gab ihren Plan im Hinblick auf das deutlich größere Meißen ebenfalls auf, weil von dieser Liaison zu hohe Kosten zu erwarten gewesen wären. Die Kreissparkasse Grafschaft Diepholz engagierte sich beratend bei einem Partnerinstitut in Zerbst.

Sparkassendirektor Detlev Wulfetange übereicht dem damaligen Vorsitzenden des Heimatvereins, Wilfried Gerke, einen Scheck. *Foto: Dufner*

Silvesterfeuerwerk vom Schlossturm aus gesehen *Foto: Dufner*

dass der Rat seinen Abbruchbeschluss aussetzte und dann beschloss, das Fachwerkgebäude zu entkernen, es bis auf das Gerüst abzubauen und als Gaststätte wieder aufzubauen, was bis 1979 mit Hilfe der Bundeswehr und privater Spenden, insbesondere aber mit öffentlichen Geldern erreicht wurde.[355] Mit den Pächtern hatte die Stadt allerdings überwiegend wenig Glück. Da die Münte nicht wie erwartet genutzt wurde, gelang es der Verwaltung nach langer Zeit, die die örtliche Filiale der Kreismusikschule im oberen Stockwerk zu etablieren, nachdem das Restaurant im umgestalteten Erdgeschoss wieder einmal einen neuen Pächter erhalten hatte.

Am 1. Februar 1979 regte der bereits in der Bürgerinitiative Münte aktiv gewesene Dr. Hans Gerke an, in Diepholz wie bereits in anderen Gemeinden im Rahmen des neuen Kreisheimatbundes Diepholz einen Heimatverein zu gründen. Die Umsetzung erfolgte dann zu Beginn des Stadtjubiläumsjahres 1980 durch Bürgermeister Bernhard Wehring. Gründungsvorsitzender wurde bis 1982 Schulamtsdirektor Alexander Gräbner.

Der Verein erreichte nach einem ersten Schlossturmfest 1982 am 3. Dezember 1983 die regelmäßige Öffnung des Schlossturms über eine neue Holztreppe für die Öffentlichkeit, richtete im Innern eine Dauerausstellung zu heimatkundlichen Themen ein und schuf nach einem bescheideneren Vorbild in Herxheim

Heimatverein

1952 wurde der Heimatverein für den Altkreis Diepholz (mit dem nach der Währungsreform von Bürgermeister Samenfeld aufgewerteten Sparbuch) wiederbegründet. Doch dem 1. Vorsitzenden Fritz Lohmeyer und dem 2. Vorsitzenden Udo Veltkamp gelang es wie einst dem inzwischen verstorbenen Gründer Dr. Wilhelm Kinghorst nicht, die gute Idee mit Leben zu erfüllen. 1967 wurde das kaum noch bekannte und selten geöffnete Heimatmuseum im Schloss aus Mangel an Betreuern geschlossen.

Am 12. November 1973 bildete sich die Bürgerinitiative Münte, angeregt durch das Denkmalschutzjahr.[354] Viel war vom alten Diepholz und in seiner Umgebung verloren, so die 1959 abgerissene Hengemühle und zahlreiche Häuser in der Innenstadt, und die Münte drohte demselben Schicksal zu verfallen. Baufällig war sie, aber mit einem stabilen Kern aus Eichenholz. Wie sagte der Vater des Bürgermeisters Bernhard Langhorst: „Die Münte steht noch tausend Jahre!“ Die Initiative setzte zuerst durch,

Stadtfest am Schloss im Jahre 2008

Foto Dufner

(Pfalz) von 2006 bis 2008 einen 34 Objekte umfassenden Stelenpark zur Diepholzer Geschichte bis in die Gegenwart.[356] Feste am Schlossturm und auf der ganzen Insel wie erstmals 2005 das Diepholzer Schlossgartenfest machten die Schlossinsel seit 1987 zu einem gesellschaftlichen Treffpunkt, der durch die DiepART, eine Kulturmeile als Ausstellung in der Stadt erstmals 2007, ergänzt wurde.

Kultur

Die Vortragsvereinigung erwachte bald nach dem Krieg wieder und bot im März 1946 als erste Veranstaltung ein Kirchenkonzert an.[357] 1947 wurde die Vereinigung durch das Kulturamt der Stadt abgelöst, die den Hunger nach niveauvoller Unterhaltung befriedigte.

Der britische Oberstleutnant Stoddard regte eine Kunstausstellung an, die vom 8. bis 16. Juni 1946 3.500 Interessierte anlockte.[358] Zu den Ausstellenden gehörten die Diepholzerin Thea Hucke und Josef Meyenberg (Hüde), der „Picasso vom Dümmer", wie ihn der spätere Lembrucher Museumsleiter Fritz Hollberg nannte.

Am 26. September 1951 erhielt die Kultur auf Initiative des Stadtdirektors Udo Veltkamp und des pensionierten Leiters der GFS, des Ostpreußen Dr. Max Dehnen, einen neuen Impuls: Der Kulturring wurde – insbesondere durch seinen jungen Geschäftsführer, den Buchhändler Horst Schöttler – zur Basis des Kulturlebens. Schon nach einem Monat gehörten dieser Organisation mehr als 200 Mitglieder an, nach zwei Monaten waren es fast 330.[359] Zahlreiche Theateraufführungen und Konzerte mit hochrangigen Künstlerinnen und Künstlern holte der Kulturring nach Diepholz, teilweise (seit 1954) in den Sitzungssaal des Kreishauses, teilweise in die Schauburg und in Gasthaussäle, in den Zeichenraum und in die Turnhalle der GFS, in die St. Nicolaikirche, seit 1965 in die Aula der Realschule und seit 1983 in das Theater der Stadt im Schulzentrum oder auch in den Ratssaal. Glanzvolle Größen der Kunst wie die Pianistin Elly Ney, die Pianisten Justus Frantz und Christoph Eschenbach, der Kabarettist Hans Dieter Hüsch, die Schauspielerin Ellen Schwiers, die Schauspieler Will Quadflieg und Götz George, der Sänger Thomas Quasthoff und der Orchesterdirigent Volker Schmidt-Gertenbach – um nur wenige zu nennen – gastierten auch dank persönlicher Beziehungen vor allem des Buchhändler-Ehepaares Schöttler in der kleinen Stadt.[360]

Die Heimatbühne Diepholz führte am 1. Dezember 1948 das niederdeutsche Stück „Besök ut de Stadt" auf.[361] 1967 trat die Laienspielgruppe der Volkshochschule zu ihrem ersten Auftritt an.[362] 1988 konstituierten sich unter Christa Schröder (und vor allem als Entertainer in den Umbaupausen: Georg „Schorse" Türke) die „Deefholter Döntkenspälers", die in den ersten 20 Jahren ihres Bestehens immer mit großem Erfolg 190 Sketche im Theater der Stadt aufführten.

Mit von der Geschäftsfrau Hilde Dehmel seit 1959 organisierten Theaterfahrten vor allem nach Oldenburg setzte die Busfirma Buddemeyer (Ossenbeck) lange Zeit einen besonderen Akzent.

Lehrer Fritz Lohmeyer gelang es, den durch eine Fliegerbombe zerstörten und 1949 wiederher-

Der Spielmannszug des Schützenvereins mit Fritz Kotzan in der Mitte *Foto: Heinrich Haake*

„Appletree Garden Festival" in Lüdersbusch mit angeschlossenem Campingplatz im Jahre 2010
Foto: Peter Merk

Der Fanfarenzug im Musikverein Diepholz wurde 1964 ins Leben gerufen und errang eine Reihe von Preisen bei Musikwettbewerben. Um ihn zu modernisieren und für die Jugend attraktiver zu gestalten, wurde er in die Marching Band Castle Sound umgewandelt, was sein Ende aber nur aufschob. Die glanzvollen Zeiten unter Fritz Kotzan oder dem jung verstorbenen Christian Döring sind vorerst vorbei.

gestellten Raum am Schlossdurchgang links seit 4. November 1951 als Museum zu nutzen. Erste Gabe war ein Kachelofen aus Wagenfeld von 1635. Von 1.000 gesammelten Stücken konnten aber wegen des Raummangels nur 150 ausgestellt werden. Prominente wie Professor Jacob-Friesen aus Hannover kamen in der Aufbauphase zu Besuch, um Lohmeyer zu beraten und zu ermutigen. Bald jedoch fanden nur noch wenige Besucher den Weg, und Lohmeyer, im Ruhestand in Lemförde, entwickelte das Museum nicht weiter, so dass es aufgelöst wurde.

Der Popularisierung der Musik dienten die private Musikschule Kursch, der Klavierunterricht bei Marliesa Groeck auf dem Esch und später die Kreismusikschule unter Rupert Steinkühler mit verschiedenen Klassen. Ein hohes Niveau erreichte mehrere Jahre lang seit 1955 das Kreisorchester Diepholz-Vechta unter Dirigenten wie Prof. Felix Oberborbeck und Harding Präkelt.[363] Auch sommerliche Konzerte im Schlosshof (1955-1969, 1997 erneuert) und Platzkonzerte auf der neuen Münte-Wiese seit 1957 hoben das Interesse an der Musik. Die Jugend erfreute sich am ersten Beat-Festival in der Kaiserhalle (1968).

Großereignisse waren Internationale Musiktage wie im Jahr 1999. 2006 wurde das Konzert „Appletree Garden Festival" aus Cornau von dem von jungen Leuten gegründeten „Verein zur Förderung der Jugendkultur in Diepholz" in den Lüdersbusch verlegt und im folgenden Jahr sogar von Ministerpräsident Christian Wulff besucht. Es ist mit über 2.000 Besuchern sozusagen das örtliche Scheeßel in einem intimeren Rahmen, wenn auch nicht mehr unter Apfelbäumen. In diesem Zusammenhang ist erwähnenswert, dass es junge Leute waren, die Diepholzer Kindheitserinnerungen sammelten und drucken

Beliebt waren die Kunstausstellungen von Detlef Praetel in seinem Garten in der Schloßstraße

Kultur in historischem Ambiente bietet das Tuchmacherhaus. Foto: Reinald Schröder

ließen – ein abwechslungsreiches Werk über das Alltagsleben im Diepholz des 20. Jahrhunderts.[364]

Der 1949 wiederbelebte Gemischte Chor Diepholz beging 1964 sein 100-jähriges Jubiläum und rief 1991 das beliebte Adventssingen im Rathaus ins Leben. Noch im 20. Jahrhundert feierte der rührige Männer-Gesangverein ebenfalls sein hundertjähriges Bestehen.[365] Beide Chöre arbeiteten von Fall zu Fall etwa bei einem Schlosskonzert oder bei einer Veranstaltung des Kreissängerbundes zusammen. Die beiden großen Kirchen fördern die Kirchenmusik auf unterschiedliche Weise. Die Namen Paul Ziemann, Rittau, Gadow, Clemens Große-Klönne und Monika Zilke sind nur einige, die hier genannt werden sollen.

Die Kunst wurde durch verschiedene Ausstellungen gefördert wie durch eine Gemäldeausstellung in der Turnhalle der Lübkemannschule 1955 mit Werken von Thea Hucke, Gabriele Heise, Walter und Edith von Sanden-Guja und Joseph Meyenburg vom Dümmer, seit 1975 im idyllischen Garten von Detlef Praetel an der Schloßstraße oder von 1983 bis 1992 durch die Ausstellungen im Hause der Realschullehrerin Anneliese Schrader schräg gegenüber der St. Nicolai-Kirche, ferner im alten und im neuen Rathaus, in der DRK-Altentagesstätte, im Krankenhaus und im Hauptgebäude der Kreissparkasse Grafschaft Diepholz. Einen festen Ort hat sie seit 1998 durch den „Verein Tuchmacherhaus", der das Haus Lohnstraße 2 mit Leben erfüllt, indem er wechselnde Ausstellungen arrangiert, Kunstgewerbe anbietet, Kaffee und Kuchen serviert und ältere Bücher zu Minimalpreisen verkauft.

Dr. Walter Unteutsch zeigte 1967 den ersten langen Film über Diepholz, der in jenem Jahr dreimal aufgeführt wurde, 1970 den zweiten und 1968 einen Kreisjagdfilm, allesamt heute wichtige historische Dokumente.

Die städtische Bücherei besaß 1947 20 ausleihbare Bücher. Konrektor Thiel (gest. 1962 in Hamburg) vermehrte den Bestand bis 1953 auf 450 Titel, zu denen damals noch 200 aus dem Amerika-Haus in Bremen hinzukamen, doch wurde die Einrichtung kaum aufgesucht, und so bildete der alle zwei Wochen vor die Neue Volksschule fahrende Bücherwagen des Amerika-Hauses in Bremen von 1953 bis 1957 eine notwendige Ergänzung für die in der Umgebung (Herrenweide und Masch) Wohnenden.[366] 1957 war die an der Hinterstraße 3 untergebrachte Stadtbücherei auf 890 Bände für 120 Stammleser mit 1.000 Ausleihen im Jahr stolz. Mittelschullehrer Nieper steigerte die Bücherzahl auf fast 12.000 Bände, 1963 konnte die erste Büchereileiterin Melloh (bis 1968) darauf aufbauen, doch wurden beim Umzug in die frühere Lübkemannschule zahlreiche nicht mehr begehrte Bände aussortiert. Seit 1967 bot ein schmuckloser, zweckmäßiger, heller Flach-

Die im Oktober 2010 eröffnete Mediothek im Schulzentrum. Foto: Peter Merk

dachneubau an der Ecke Prinzhorn-/Bahnhofstraße einen benutzerfreundlichen Zugang zu den bis 1970 auf 17.600 Einheiten und bis 1974 auf 21.900 und 1976 auf 23.944 Bände und 342 Schallplatten ansteigenden Bestand.[367] Seitdem liegt der Akzent auf der Aktualisierung der Bestände. Mit Klaus und Jutta Seehafer begann 1976 eine neue Ära, die von einem Ausbau zur Mediothek (seit 1989 mit CD's) geprägt war, am 1. Januar 1999 den Status einer Bibliothek erreichte, durch Lesungen und durch Aktionen für Kinder in den Sommerferien (neuerdings der „Julius-Club") den Erlebniswert der Einrichtung förderte und Jahre lang Erwachsenen durch eine Verbindung von Essen, Trinken und Literatur genussreiche Abende verschaffte. Klaus Seehafer leitete als Städtischer Kulturbeauftragter zudem das auch nach seinem Fortzug bestehende Kommunale Kino mit Vorführungen besonderer Filme im Lichtspielhaus an der Wellestraße.[368] Für die Schulen erhielt die zuerst bei Lehrer Osterloh untergebrachte Kreisbildstelle eigene Räume, zuletzt zeitweise im Niedersachsenhaus, dann in der früheren Realschule, erweitert zu einer Kreismedienstelle. Stadtbibliothek, Kreismedienstelle, GFS-Bücherei und Bibliothek der Fachhochschule wurden im Jahre 2010 in einem neuen, architektonisch bemerkenswerten Gebäude im Schulzentrum vereinigt.

Der Hausfrauenbund fördert die Leselust seit vielen Jahren durch einen Lesekreis, der über neue Bücher diskutiert. Auf dem Fliegerhorst wurde eine Truppenbücherei aufgebaut.[369]

Leichte Kost boten vor allem in den fünfziger Jahren zeitweise bis zu zwei kommerzielle Leihbüchereien an, die dem wachsenden Wohlstand und dem Fernsehen zum Opfer fielen.

Die einzige öffentlich zugängliche kirchliche Bücherei entwikkelten Frauen aus der Kirchengemeinde St. Michaelis. Hier wirkten nach einem langen monokonfessionellen Anfang katholische Frauen mit, so dass man von einem erfreulichen Beispiel ökumenischen Geistes sprechen kann.

Neueren Datums, aber schon fest etabliert ist die öffentliche wissenschaftliche Vortragsreihe der Fachhochschule für Wirtschaft und Technik in Zusammenarbeit mit Buchhändler Michael Röder (Buchhandlung Schöttler).

Auch das Jugendfreizeitzentrum JFZ in der früheren Lübkemannschule leistet Kulturarbeit. Die Stadt Diepholz als Trägerin hat hier Platz für mannigfaltige Aktivitäten nicht nur in den Sommerferien geschaffen. Das Leitungsteam bezieht andere Einrichtungen ein, bietet dadurch ein reichhaltiges Programm und zeigt Möglichkeiten auf, sich auch anderswo sinnvoll zu beschäftigen.[370]

Städtepartnerschaften

Mitglieder des Europäischen Parlaments waren die ehemaligen Graf-Friedrich-Schüler Heinrich Jürgens (FDP, Öftinghausen, Landrat, MdL, Landtagsvizepräsident, Minister für Bundesrats- und Europaangelegenheiten, gest. 4. August 2006), der GFS-Abiturient Wilhelm Helms (CDU, Bissenhausen) und die GFS-Abiturientin und Tochter eines GFS-Studienrats Barbara Simons (geb. Oppermann, SPD, Diepholz, später Hannover).[371] Doch wie sieht es an der Basis aus?

Wappen der drei Partnerstädte *Foto: Reinald Schröder*

Seit 2003 schmükken die Wappen dreier Partnerstädte den Gänsemarkt. Was hat es damit auf sich?

Zwei Städtepartnerschaften wurden Ausdruck der Annäherung und der Versöhnung nach dem Zweiten Weltkrieg und des Aufbaus eines vereinten Europas.

Die dreimalige Besetzung Frankreichs durch Deutschland innerhalb von 75 Jahren belastete das Verhältnis der beiden Staaten und Völker zueinander. Jahrhunderte währende, teilweise erfolgreiche französische Ambitionen auf große Teile des Rheinlands weckten propagandistisch genährte Animositäten auf deutscher und ebensolche Aktivitäten auf französischer Seite. Die Nachkriegspolitik einsichtiger Staatsmänner wie Robert Schuman und Konrad Adenauer, die angebliche Erbfeindschaft durch die Einigung zunächst des westlichen Europa zu überwinden, sollte daher nicht nur auf Regierungsebene, sondern auch in den Völkern Rückhalt finden. Für Diepholz wurde das Verhältnis zu der Stadt Thouars in Westfrankreich ein Gradmesser dieser lokalen, persönlichen Beziehungen, die 1969 in eine offizielle Partnerschaft mündeten, nachdem der Stadtrat von Thouars am 4. April jenes Jahres den Diepholzern die Partnerschaft angeboten hatte.

Diese Beziehungen wurden 1962 durch eine Fahrt Diepholzer Jugendlicher in das ihnen völlig unbekannte Thouars geknüpft. Sie übernachteten auf einem Zeltplatz, fanden schnell Kontakte zur Bevölkerung und kehrten mit dem Wunsch des Bürgermeisters Menard zu einem Jugendaustausch zurück. Schon im folgenden Jahr äußerte ein junger Mann aus Thouars in Diepholz den Wunsch, eine Partnerschaft zu vereinbaren, und 1965 bat Menard erneut um eine „jumelage" auf der Basis von Schwimmern, Fußballern und Radfahrern.

1965 fuhren 38 Diepholzer in Begleitung von 20 Freunden aus Thouars heim – diese persönlichen und von nun an besonders von Jugendlichen, auch von der Landjugend – gepflegten Beziehungen drängten auf die erwähnte Partnerschaft hin, die im Oktober 1969 feierlich unterzeichnet wurde. Außer Schülerinnen und Schülern vom Collège Jean Moulin besuchten auch – um Beispiele zu nennen – eine Volkstanzgruppe, die Jugendfeuerwehr und die Jäger die Huntestadt. Zum 20. Jahrestag mobilisierte eine Deutsch-Französische Woche die Interessen der Diepholzer Bürger und 220 Diepholzer zu einem Besuch in Thouars zugleich aus Anlass des 200. Jahrestags der Großen Revolution.[372]

In Diepholz erinnern die Thouarsstraße im Schulzentrum, ein seit 1989 kräftig gewachsener Freundschaftsbaum vor dem Rathaus und das Stadtwappen am Gänsemarkt an die Beziehungen des Basis. In Thouars wurde 1977 einer Straße der Name „Boulevard de Diepholz" gegeben. Und – natürlich – Diepholzer fahren weiterhin nach Thouars, und Leute aus der Partnerstadt fahren nach Diepholz. Die ursprüngliche Motivation, Krieg durch Kennenlernen zu verhindern, ist gewichen; das reine Erleben ohne politisch-geschichtlichen Hintergrund genügt inzwischen.

Annette Wöstmann als Beauftragte der GFS für die Beziehungen zu europäischen Schulen hat durch in Frankreich dafür entwickelte Prüfungen besonders die Kenntnisse in der französischen Sprache gefördert.

Viel später, nach der Wende zwischen West und Ost (1989/90), propagierte Klaus-Peter Sander (SPD) im März 1991 den Gedanken, die grundlegende Verbesserung im Westen durch eine Verbesserung im Osten zu ergänzen, und verfolgte ihn beharrlich. Hier wurde zum Gradmesser das Verhältnis zur Stadt Starogard Gdański (im 19. und zeitweise in der ersten Hälfte des 20. Jahrhunderts amtlich Preußisch Stargard genannt) in der nordpolnischen Wojewodschaft Pomorze Gdański (Danziger Pommern oder Pommerellen, früher Westpreußen). Trotz der schrecklichen Erlebnisse im Kriege von 1939 bis 1945 waren es bemerkenswerterweise die Polen, die Sanders Plan nicht nur entgegenkamen, sondern seine Verwirklichung beschleunigten. 1997 beschloss der Stadtrat die Partnerschaft, die von dem im selben Jahr ebenfalls auf Initiative von Klaus-Peter Sander geschaffenen Förderverein unterstützt wird. 2007 wurde ein Teil der Flöthestraße in „Starogarder Straße" umbenannt und in der ostmitteleuropäischen Partnerstadt ein großer Stein mit dem Diepholzer Wappen und der Aufschrift „Bulwar Diepholz" (Diepholz-Boulevard) aufgestellt.

1996 war es ein polnischer Kaplan als Vakanzvertreter des katholischen Pfarrers, der das Grundstück des künftigen Seniorenzentrums St. Josef am Richtweg einweihte und somit dessen Umzug von Falkenhardt einleitete.

Zwei Fördervereine und die Stadt Diepholz unterstützen die Bemühungen um lebendige Partnerschaften nicht nur zwischen weiterführenden Schulen.

Auf den von Flüchtlingen an den Landkreis Grafschaft Diepholz herangetragenen Wunsch sind die Grimmener Straße und der Gedenkstein vor dem Kreishaus zurückzuführen. 1963/64 übernahm der Landkreis eine Patenschaft für die aus dem Kreis

Grimmen in Vorpommern vor der Politik der SED geflüchteten Deutschen, stellte einen Raum für die Sammlung von Erinnerungen der Flüchtlinge zur Verfügung und unterstützte auch nach der Transformation in den Landkreis Diepholz die Treffen der Grimmener, bis die Wiedervereinigung 1990 diese Aktivitäten vor allem älterer „Zonenflüchtlinge“ überflüssig machte, da sie nun ohne Angst vor Unannehmlichkeiten in ihre wieder frei gewordene Heimat reisen oder dorthin zurückkehren konnten.

Die Graf-Friedrich-Schule war seit 1976 mehrere Jahre lang auf Initiative ihres Lehrers Paul Boggs aus Nordamerika mit der Unionville High School in den USA verbunden und trat schließlich auf Anregung der aus Großbritannien eingewanderten Lehrerin Maureen Kaupat einem weltumspannenden, von einer Schule auf den schottischen Shetland Islands angeregten Verbund von höheren Schulen in Südafrika, Ostasien und Europa bei, dem Global Classroom, in dem sich Schülerinnen und Schüler regelmäßig treffen, um in englischer Sprache Schulprobleme in den einzelnen Ländern zu vergleichen. Der GFS-Pädagoge Hans Gevers aus Drebber hat sich hier jahrelang große Verdienste um die aufwändige Organisation erworben.

Mit einem Gymnasium in Ghazi auf der griechischen Insel Kreta schloss die GFS im Jahre 2005 einen Partnerschaftsvertrag ab.

Damit, durch Handelsbeziehungen und durch Reisen sind die Stadt Diepholz und zahlreiche, insbesondere junge Bürgerinnen und Bürger auch aus Nachbargemeinden heute erheblich mehr als jemals zuvor mit Menschen in Europa und weltweit verbunden. Einwanderer aus vielen Ländern (insbesondere aus der Türkei, an zweiter Stelle aus Polen) haben sich in Diepholz niedergelassen, machen aber insgesamt einen kleineren Prozentsatz als in anderen Städten aus. Das ist auf den relativ hohen Anteil von Spätaussiedlern aus der Gemeinschaft unabhängiger Staaten vor allem im westlichen Sibirien und in Zentralasien zurückzuführen, die knapp ein Zehntel der Bevölkerung ausmachen.

Zum 10-jährigen Jubiläum der Städtepartnerschaft zwischen Diepholz und Starograd Gdański trafen sich die Aktiven 2008 in Polen (in der Mitte mit Sonnenbrille einer der Hauptinitiatoren: Klaus-Peter Sander). *Foto: Peter Merk*

Zum Ausklang

Der Verfasser dieses Buches ist am Ende seiner Arbeit angelangt, doch die Diepholzer Geschichte wird glücklicherweise fortgesetzt.

In vielen Jahrhunderten hat sich die kleine Stadt allmählich, aber im 20. Jahrhundert auch sprunghaft entwickelt. Brände, Seuchen bis zur Spanischen Grippe 1918 und Kriege bis 1945 haben sie zurückgeworfen. Oft war der Gemeinplatz zu hören, „es sei nichts los" in dem „Nest" mit kleinem Großmarkt und gähnender Langeweile wie in einer nordamerikanischen Kleinstadt in der Mittagshitze (wie Bibliothekar Klaus Seehafer das sonntägliche Diepholz einmal beschrieben hat). Alles wartete da auf den aufregenden Einfall eines Reitertrupps!

Doch wer Diepholz liebt, sieht es anders. Er vergleicht die Rathäuser vom Torhaus im Merian-Stich (1621) über den schlichten Neubau des späten 18. Jahrhunderts zu dem stolzen Gebäude der Kaiserzeit (1905) bis zu der heutigen Anlage am Rathausmarkt. Er freut sich, dass die Zuwegung zur Barlage und zum Bürgerpark Lüdersbusch seit Herbst 2010 nicht mehr von einer Schrankenanlage behindert wird. Er sieht nicht allein die Versäumnisse und vergleicht nicht nur negativ, neidisch und vorwurfsvoll mit Nachbarstädten, sondern entwickelt sich zum selbstbewussten Bürger, der zwar Nachteile (nicht nur durch Sparzwang) wahrnimmt, aber auch die Vorteile lobt, die verbunden sind mit Diepholz als Schulstadt seit weit über vier Jahrhunderten, als Dienstleistungszentrum seit mehr als neun Jahrhunderten, als Stadt der fast ausschließlich ohne Umweltschäden produzierenden Betriebe, der belebenden Feste, als um ihre Zukunft ringende Stadt. Er spürt Genugtuung über die nachhaltige Öko-Siedlung Heede und über das Projekt der sozialen Stadt im Umfeld der Moorstraße. Er sieht ein reges Vereinsleben und Bemühungen um Kultur und Bewusstsein für nachhaltiges Handeln bis zum Skulpturenweg Richtung Dümmer, dem Stelenweg rund ums Schloss, zu den Naturschutzgebieten und dem Moorerlebnispfad.

Wer an Hand dieses Buches die Entwicklung von einer kleinen bäuerlichen Siedlung mit einer benachbarten Wasserburg über eine Minderstadt mit Ackerbürgern, über eine vom Landesherrn entrechtete Gemeinde zu einer modernen Kreisstadt mit erfolgreichen mittelständischen Betrieben, mit den Sitzen von Landkreis, Amtsgericht, Geldinstituten, zwei Zeitungsredaktionen, einer Garnison, einer Polizeiinspektion, zwei Archiven, leistungsstarken sozialen Zentren und einer größeren Zahl von Religionsgemeinschaften beobachtet und sie mit Hilfe von Text und Bildern wahrgenommen hat, wird sein Urteil über Diepholz überdenken und die Verantwortlichen in einem milderen Licht sehen. Allein der Freizeitwert dieser Stadt im Grünen und mit viel Grün in der Stadt, mit den bescheidenen Höhenzügen in der Umgebung, dem Dümmer und der radfahrfreundlichen Bruchlandschaft widerlegt negative Eindrücke. Solange es hier noch Baubedarf und Baustellen gibt, lebt diese Stadt mit ihren vielen Entfaltungsmöglichkeiten.

Möge jede Leserin, möge jeder Leser sich dafür verantwortlich fühlen, dass dieses unser gewiss mit manchen Widrigkeiten ringende Diepholz weitere Kapitel zu seiner Geschichte derart hinzufügt, dass nachfolgende Generationen diese Stadt lieben und zeitgerecht weiter entwickeln wollen! Oder wie Bürgermeister Dr. Schulze zu sagen pflegt: „Wir sind Diepholz!"

Zeittafel

1160 Die Edelherren von Diepholz sind erstmals urkundlich nachweisbar
1380 Edelherr Johann III. verleiht das Stadtrecht und damit das Recht einen Markt abzuhalten
1450 Die erste Pfarrkirche ist nachweisbar
1498 Edelherr Rudolf verleiht dem jeweiligen Schützenkönig von Diepholz, Sankt Hülfe und Goldenstedt ein Abzeichen (versilberter Vogel)
1521 Abriss der Pfarrkirche
1522/23 Eine Feuersbrunst zerstört große Teile der Stadt
1528 Die Reformation erreicht Diepholz
1532 Edelherr Johann beginnt, den Grafentitel zu führen
1584 Graf Friedrich erlässt die erste Schulordnung
1585 Mit dem Tode Friedrichs II. endet die Grafenherrschaft und die Herrschaft des Hauses Braunschweig-Lüneburg beginnt, während Wagenfeld an den Landgrafen von Hessen-Kassel fällt
1599 Bau des Rathauses mit Tordurchfahrt
1599 Verlegung des Friedhofes an den heutigen Platz
1623 Mit dem Einzug kaiserlicher Truppen beginnt der Dreißigjährige Krieg (1618-1648) auch für Diepholz
1629 Landgräfin Anna Margareta von Hessen-Butzbach stirbt als letzte Angehörige des Diepholzer Grafengeschlechtes
1637 Die Festung wird von schwedischen Truppen niedergebrannt
1663 Das Schloss wird in der heutigen Form wieder hergestellt
1682 Diepholz erhält Anschluss an die reitende Post
1706 Diepholz wird Postkutschenstation
1769 Die Bürger wenden sich gegen den Abriss des Schlossturmes
1792 Neubau des Rathauses an der Langen Straße
1803 Die Welfen kapitulieren vor Napoleon in Sulingen
1803-1807 Diepholz untersteht abwechselnd den Preußen und den Franzosen
1806 Der Neubau der Nicolaikirche wird eingeweiht
1807 Diepholz wird dem Königreich Westphalen einverleibt
1811 Diepholz wird Teil des französischen Reiches
1813 Russische Truppen vertreiben die französischen
1814 Die Grafschaft Diepholz bildet zusammen mit der Grafschaft Hoya eine Provinz des Königreichs Hannover
1814 Der Flecken Barnstorf mit den umliegenden Dörfern gehört wieder zum Amt Diepholz
1820 Die Auburg – Wagenfeld – kommt zum Amt Diepholz
1834 Der „Flecken“ Diepholz erhält die erste Verfassung
1834 Der Willenberg wird ein Ortsteil von Diepholz
1835 Die Synagoge in der Mühlenstraße wird errichtet
1847 Hungersnot macht die Einrichtung einer Armenküche erforderlich
1850 Erstmals seit einem Jahrhundert feiern die Diepholzer wieder ihr Schützenfest
1852 Im Schloss wird das königliche Amtsgericht eröffnet
1859 Das Amt Lemförde wird dem Amt Diepholz angegliedert
1862 Die Diepholzer Zeitung erscheint zum ersten Mal
1862 Die Schrödersche Buchdruckerei – heute Druckhaus Breyer – als ältester noch bestehender Gewerbebetrieb wird gegründet
1865 Gründung der „Spar-, Leih- und Vorschuß-Casse für das Amt Diepholz“, der Vorläuferin der heutigen Kreissparkasse Grafschaft Diepholz
1865 Bürgermeister Zwickert schickt das erste Telegramm an König Georg V. von Hannover
1866 Das Königreich Hannover wird von Preußen annektiert, damit wird auch Diepholz preußisch
1871 Das deutsche Reich wird unter Führung Preußens und ohne Österreich erstmals wieder vereinigt
1873 Diepholz erhält eine Bahnhof mit Verbindungen nach Bremen und Osnabrück
1879 Die Schöttlersche Maschinenfabrik läutet das Industriezeitalter in Diepholz ein

1885 Der Kreis Diepholz mit Barnstorf, Lemförde, Rehden und Wagenfeld wird aus dem bisherigen Amt Diepholz gebildet
1885 Die Präparandenanstalt für künftige Lehrer bezieht einen Neubau in der Wilhelmstraße (der heutigen Hindenburgstraße)
1888 Die Landwirtschaftliche Winterschule wird gegründet
1890 Die Bockwindmühle auf dem Esch wird verkauft und abgebaut
1892 Die Freiwillige Feuerwehr Diepholz wird gegründet
1895 Die Lübkemannschule (heute Jugendfreizeitzentrum) ersetzt die zwei bisherigen Volksschulen
1900 Die Mittelschule (später Realschule) entsteht an der Bahnhofstraße
1900 Erstmals kann man von Diepholz aus telefonieren
1901 Erstes Telefon wird angeschlossen
1903 Gründung des Roten Kreuzes in Diepholz
1903 Eröffnung des Gaswerks
1905 Der Neubau des Rathauses wird an der Stelle des Vorgängerbaues fertig gestellt. Hierin ist auch das Kaiserliche Postamt untergebracht.
1908 Auf dem Willenberg nimmt das Städtische Krankenhaus seinen Betrieb auf
1913 Die Stromversorgung beginnt
1911-1915 Die Grawiede wird als Entlastungskanal vom Kreis gebaut
1913 Eröffnung des ersten dauerhaften Kinos am Pohl („Schauburg")
1914 Das Jugendheim am Postdamm (heute Sozialstation) wird fertig
1914-1918 Der erste Weltkrieg destabilisiert ganz Europa
1922-1925 Die Strothe wird als Entlastungskanal vom Kreis gebaut
1923 Gründung der späteren Graf-Friedrich-Schule (GFS ab 1925) in den Räumen der alten Präparandenanstalt
1923 Bahnstrecke nach Nienburg über Sulingen wird eröffnet
1925 Einrichtung des Kreiskirchentages
1929 Diepholz erhält von Preußen die Stadtrechte zurück, die unter der Welfenherrschaft verloren gegangen waren
1929 Neubau des Kreiskrankenhauses an seinem heutigen Standort
1932 Die Kreise Diepholz und Sulingen werden zum Landkreis Grafschaft Diepholz vereinigt
1934 Die erste Wasserleitung wird gebaut
1936 Gründung der Kreisberufsschule
1936 Einzug der Wehrmacht (Luftwaffe)
1937/38 Neubau der Superintendentur
1938 Die SA verwüstet Wohnungen und die Synagoge jüdischer Mitbürger
1939 Das von Bürgermeister Brüning initiierte Freibad wird eröffnet
1939-1945 Der Zweite Weltkrieg führt zur Teilung Deutschlands, erheblichen Gebietsverlusten und einer großen Flüchtlings- und Vertreibungswelle
1942 Die letzten jüdischen Mitbürger werden deportiert
1944 Der alliierte Angriff auf den Diepholzer Flughafen kostet 72 Menschen das Leben
1945 Diepholz wird Teil der britischen Besatzungszone
1945 Auf dem Fliegerhorst entsteht ein Lager für Displaced Persons hauptsächlich mit ehemaligen Zwangsarbeitern aus Polen
1946 Nach Auflösung von Preußen gehört Diepholz zum Land Hannover, das noch im selben Jahr in dem neu geschaffenen, späteren Bundesland Niedersachsen aufgeht
1946 Die Briten führen neben dem Bürgermeister das Amt des Stadtdirektors als Verwaltungsleiter ein
1946 Zahlreiche Vertriebene aus Schlesien und anderen Gebieten finden eine neue Heimat in der Stadt
1951 Mit der Mühlenkampschule wird die zweite Volksschule eingeweiht
1951 Der Kulturring wird gegründet
1951 Das vormalige Haus der Hitler-Jugend auf dem Willenberg wird Jugendherberge
1951 Zum ersten Mal seit der Reformation erhält die katholische Kirchengemeinde wieder ein Gotteshaus, die Christus-König-Kirche
1952 Das neue Postamt in der Welle wird bezogen
1954 Das Kreishaus an der Niedersachsenstraße wird eingeweiht
1955 Ende der Kontrolle der Verwaltung durch die Briten

1956 Einzug der Bundeswehr (Luftwaffe)
1957 Neubau der Berufsschule an der Römlingstraße
1963 Das Hallenbad wird eröffnet
1964 Mit der Jahnschule als Grund- und Hauptschule wird die erste Schule im Schulzentrum angesiedelt. Die alte Lübkemannschule wird später zum Jugendfreizeitzentrum
1965 Die Bundesstraße 214 wird von der Hunte direkt zum Bremer Eck geführt
1969 Diepholz und Thouars (Frankreich) unterzeichnen einen Partnervertrag
1969 Das erste Teilstück der Umgehungsstraße (B 51 bis B 214) wird eingeweiht
1973 Das Freibad wird vollständig umgestaltet
1974 Mit dem Umzug der GFS wird das Schulzentrum erweitert und die alten Räumlichkeiten von einer neuen Grundschule und der Förderschule genutzt
1974 Diepholz wird um die Ortsteile Aschen, Heede und Sankt Hülfe erweitert
1974 Die „Fördergemeinschaft Lebendiges Diepholz e.V." wird gegründet
1977 Aus dem Landkreis Grafschaft Diepholz und großer Teile des Landkreises Grafschaft Hoya mit dem Kreissitz in Syke entsteht der Landkreis Diepholz
1978 Die Feuerwehr bezieht ihren großzügigen Neubau in der Dr.-Klatte-Straße
1978 Neubau der Berufsbildenden Schulen im Schulzentrum beendet. Die alten Räumlichkeiten in der Römlingstraße werden von der Kreisverwaltung genutzt.
1980 Gründung des Heimatvereins Diepholz
1982 Die Polizei zieht von der Grafenstraße in die Dr.-Klatte-Straße, direkt neben die Feuerwehr
1983 Diepholz erhält ein Theater
1986 Das neue Rathaus wird eingeweiht
1989 Nach dem Fall des Eisernen Vorhangs beginnen sich Spätaussiedler aus Russland und Kasachstan in Diepholz niederzulassen; die Stadt wächst dadurch innerhalb von drei Jahren um über 1.000 Einwohner
1990 Zweite Wiedervereinigung Deutschlands
1991 Erweiterung und Sanierung des Kreiskrankenhauses
1991 Mit dem Umzug der Realschule, deren alte Räumlichkeiten von der Volkshochschule genutzt werden, sind nun alle Schultypen im Schulzentrum vertreten
1998 Diepholz wird Hochschulstadt
1998 Diepholz und Starogard Gdański (Preußisch Stargard) in Polen unterzeichnen einen Partnervertrag
1998 Das Hallenbad wird erneuert und erweitert
2000 Nutzung des Fliegerhorstes durch „Flugplatz Diepholz-Dümmerland GmbH & Co KG" mit eigenem Tower
2003 Der Bau der Umgehungsstraße wird von der B 214 bis zur B 69 fortgesetzt
2005 Erster hauptamtlicher Bürgermeister seit 1946: Dr. Thomas Schulze
2008 Das letzte Teilstück der Umgehungsstraße bis zur B 214 nach Wetschen wird freigegeben
2008 Das Kreiskrankenhaus wird in eine private Trägerschaft überführt
2010 Eröffnung der Mediothek, in die Bibliotheken der Stadt, der Schulen und der Fachhochschule sowie das Kreismedienzentrum zusammengeführt werden
2010 Der ehemalige Verkehrsknotenpunkt Bremer Eck wird zu einer innerstädtischen Kreuzung umgestaltet
2010 Mit der Fertigstellung des Bahnhofstunnels wird der letzte beschrankte Bahnübergang zwischen Bremen und Osnabrück aufgehoben
2010 Patenschaft zwischen der Stadt und den Einheiten der Bundeswehr auf dem Fliegerhorst wird geschlossen
2011 Abschluss des Neubaus und der Sanierung des Gymnasiums

Einwohner der Stadt Diepholz

1817	2.275 Einwohner
1859	2.465 Einwohner (nach Eingemeindung des Ortes Willenberg)
1900	2.970 Einwohner
1925	3.561 Einwohner
1936	5.098 Einwohner
1939	6.516 Einwohner (davon 1.068 Wehrmachtsangehörige)
1950	9.589 Einwohner (davon 2.360 Vertriebene)
1972	11.553 Einwohner
1975	14.225 Einwohner (nach der Eingemeindung von Aschen, Heede und St. Hülfe)
1990	14.970 Einwohner
1998	16.300 Einwohner (nach dem Zuzug von 1.500 Spätaussiedlern)
2008	16.600 Einwohner

Bürgermeister und Stadtdirektoren seit 1710

Johann Diestelhorst
(1710-1718)
Jakob Köhne
(1712-1715)
Christopher Müller
1715-1745
Bernd Meyering
1745-1760
Friedrich Wilhelm Diestelhorst
(1760-1766, verschleppt September 1761 bis Januar 1763, interimistisch Hermann Albers)
Hermann Albers
(1767-1777)
Erdwin Carl Ocker
(1778-1788)

Heinrich Ludolf Albers
(1788-1803)
Jakob David Köhne
(1803-1806)
Friedrich Müller
(1806-1808)
Johann Heinrich Paul Ocker
(1809-1811)

Georg Friedrich Storkmann
(1811-1851)

Interimistische Verwaltung durch
Amtsassessor Heyne und Dr. J. A. Brinkmann
(1851-1854)

Johann Friedrich Zwickert
(1854-1894)

Friedrich Klatte
(1894-1895)

Christian Müller
(1895-1898)

Wilhelm Stüven
(1898-1910)

hauptamtlich

Gustav Brüning
(1910-1946)

Oskar Bödeker
(1981-1996)

ehrenamtlich

Willy Samenfeld
(1946-1961)

Hans-Werner Schwarz
(1996-1999)

Bernhard Langhorst
(1961-1979)

Klaus-Peter Sander
(1999-2003)

Bernhard Wehring
(1979-1981)

Hans-Werner Schwarz
(2003-2005)

In der Zeit der zweigleisigen Verwaltung leitete der Bürgermeister die Sitzungen des Stadtrats und repräsentierte die Stadt, während der Stadtdirektor Chef der Verwaltung war.

Stadtdirektoren

Gustav Brüning (vorher Bürgermeister)
(1946-1950)

Udo Veltkamp (nachher Oberkreisdirektor)
(1950-1959)

Wolfgang Hintze
(1959-1987)

Herbert Heidemann
(1987-2005)

hauptamtliche Bürgermeister

Dr. Thomas Schulze
seit 2005

Ehrenbürgerin und Ehrenbürger der Stadt Diepholz

Viele Bürgerinnen und Bürger haben sich im Laufe der Geschichte um ihre Heimatstadt Diepholz verdient gemacht. Die folgenden Personen wurden wegen ihrer besonderen Verdienste zu Ehrenbürgern ernannt. Weitere Informationen über die Ehrenbürger finden sich in Herbert Majors Buch aus dem Jahre 2006.

Ernst Hans Bütemeister (1750-1837) wurde im Jahre 1824 zum ersten Diepholzer Ehrenbürger ernannt für seine langjährigen Verdienste in einer schwierigen Zeit als Verwaltungsbeamter in Stadt und Amt Diepholz.

Friedrich Heinrich Lübkemann (1821-1896) aus Hamburg-Altona wurde 1894 zum Ehrenbürger seiner Geburtsstadt ernannt für seine Verdienst um das Schulwesen – er hatte den Bau der nach ihm und seiner Frau benannten Volksschule in der Bahnhofstraße ermöglicht.

Heinrich Friedrich Plate (1858-1948) stiftete unter anderem nennenswerte Geldbeträge für den Friedhof und die Mittelschule und wurde im Jahre 1899 dritter Ehrenbürger.

Heinrich Friedrich Adolf Prinzhorn (1847-1913), Direktor der Continental-Gummi-Werke AG in Hannover, stiftete bedeutende Beträge für den Bau von Schulen und Krankenhaus in seiner Geburtsstadt und wurde 1904 zum Ehrenbürger ernannt. Testamentarisch hinterließ er der Stadt wertvollen Haus- und Grundbesitz, so z. B. das Prinzhornsche Haus in der Bahnhofstr. 26.

Die Gemälde zeigen Adolf Prinzhorn und seine Frau Marie, geb. Günzler.

Der gebürtige Diepholzer ***Carl Friedrich Heinrich Nennecke*** (1847-1915) war in den USA reich geworden und trug ebenfalls erheblich zum Bau der Mittelschule und des Städtischen Krankenhauses bei. Er wurde im Jahre 1906 zum Ehrenbürger ernannt.

Die im Jahre 1900 erbaute Mittelschule in Diepholz

Simon Siegfried Fontheim (1854-1937) stammte aus einer alteingesessenen jüdischen Händlerfamilie und stiftete als Berliner Krawattenfabrikant bedeutende Summen für das Städtische Krankenhaus und das Kriegerdenkmal in der Bahnhofstraße (1870/71). Nachdrücklich blieb er im Bewusstsein durch das Buntglasfenster, das er für das 1905 neu erbaute Rathaus stiftete und das sich heute im Neuen Rathaus befindet. Er wurde 1921 zum Ehrenbürger ernannt.

Persönliche Widmung in dem von Siegfried Fontheim gestifteten Buntglasfenster im Rathaus

Dem Malermeister ***Hermann Friedrich Heinrich Kläning*** (1848-1927) wurde anlässlich seiner 40-jährigen Mitgliedschaft im Bürgervorsteherkollegium im Jahre 1926 das Ehrenbürgerrecht verliehen.

Der Landwirt und Böttchermeister ***Heinrich August Karl Tangemann*** (1845-1947) wurde 1945 anlässlich seines 100. Geburtstages – ein damals außerordentlich seltenes Ereignis – zum Ehrenbürger ernannt.

Der aus der Altmark stammende ***Emil August Gustav Brüning*** (1882-1969) wurde 1910 zum ersten hauptamtlichen Bürgermeister gewählt und behielt dieses Amt bis 1946, um dann weiter vier Jahre als Stadtdirektor die Geschicke der Stadt Diepholz zu leiten. Er hat unter fünf verschiedenen Herrschaftssystemen (Kaiserreich, Weimarer Republik, 3. Reich, Britische Verwaltung und die Bundesrepublik Deutschland) in einer äußerst schwierigen Zeit so viel für die Stadt geleistet, dass ihm hierfür im Jahre 1950 das Ehrenbürgerrecht verliehen wurde.

Der FDP-Politiker Friedrich ***Theodor Bernhard Langhorst*** (1913-1996) war von 1961 bis 1979 ehrenamtlicher Bürgermeister in Diepholz. Für seine Verdienste um seine Heimatstadt wurde er 1979 zum Ehrenbürger ernannt. Gleichzeitig wurde ihm auch noch der Titel des Ehrenbürgermeisters verliehen. Im Jahre 1982 wurde er für seine Verdienst um die Partnerschaft mit Thouars auch noch Ehrenbürger dieser Gemeinde.

Dem ehemaligen Konrektor der Realschule Diepholz, ***Emil-Johannes Guttzeit*** (1898-1984), wurde 1983 die Ehrenbürgerwürde verliehen, weil er sich als Stadtarchivar um die heimatgeschichtliche Erforschung unseres Raumes und als Verfasser der ersten zusammenhängenden wissenschaftlichen Darstellung der Geschichte der Stadt Diepholz besonders verdient gemacht hat.

Der Buchhändler und langjährige Geschäftsführer des Kulturrings, ***Horst Schöttler*** (1926-1998), wurde 1989 zum Ehrenbürger ernannt wegen seines besonderen Engagements für die Kulturentwicklung in Diepholz.

Horst Schöttler mit seiner Frau Liselotte

Der Rektor der Realschule, ***Herbert Major*** (1910-2009), wurde 1999 zum Ehrenbürger ernannt aufgrund seines großen Engagements für das Stadtarchiv.

Herbert Major mit seiner Frau Eleonore

Im Jahre 2010 wurde dem letzten noch lebenden ehemaligen jüdischen Mitbürger, ***Günter Roberg*** (geb. 1921), die Ehrenbürgerwürde der Stadt Diepholz verliehen, weil er trotz des erlittenen Unrechts durch sein engagiertes Wirken für die Versöhnung besondere Verdienste um die Stadt Diepholz erworben hat.

Günter Roberg mit seiner Frau Lore und Bürgermeister Dr. Thomas Schulze bei der Verleihung der Ehrenbürgerwürde

Irmgard Ulderup erhielt als erste Frau ebenfalls im Jahre 2010 die Ehrenbürgerwürde der Stadt Diepholz für ihr langjähriges Engagement für Aus- und Weiterbildung sowie Umwelt und Naturschutz. So hätte z.B. die Mediothek ohne den finanziellen Beitrag der Dr.-Jürgen-Ulderup-Stiftung (benannt nach ihrem verstorbenen Mann, dem Gründer der Lemförder Metallwaren, heute ZF Lemförder) wohl schwerlich realisiert werden können.

Irmgard Ulderup: Die erste Ehrenbürgerin der Stadt Diepholz

Anmerkungen Kapitel 1

1 DK vom 30.12.2002
2 Meyer 1983
3 Jürgen Udolph: Hand-out eines Vortrags über Ortsnamen, S. 6. Zur Verfügung gestellt von Archivar Falk Liebezeit, vgl. OV vom 9.3.2009
4 Reinhard Mohr: Die Hochmoore der Diepholzer Moorniederung. In: Dümmer und Eschbach 1990, S. 249-263
5 Rathlef 1766, No. 22
6 Rathlef 1766, No. 133 vgl. No. 115 u. 116 für 1565 u. 1567
7 Moormeyer 1938, S. 46 f. u. 85
8 Wilfried Gerke: Einst „Wilder Westen". In: Hb LK DH Heft XIX (2000), S. 26-29 (zur Geschichte des Menschen mit dem Moor)
9 Die folgenden Ausführungen in diesem Kapitel orientieren sich, wenn nicht anders angegeben, an dem Buch von Emil Johannes Guttzeit: Geschichte der Stadt Diepholz von 1982. Zu den archäologischen Funden s. Bischop, S. 319-350
10 Zuletzt Jürgen Udolph: Vortrag über Namenkunde in Vechta; vgl. OV vom 9.3.2009
11 Thümmler 1964, S. 25-42
12 Neuere Untersuchungen siehe in Riemer 2010, S. 32, 33 u. 40
13 Eine wissenschaftliche Geschichte der Edelherren fehlt trotz der von Carl Heinrich Nieberding [1840] und Heinrich Gade [1901] gelegten Grundlagen. Das Diepholzer Urkundenbuch von Wilhelm von Hodenberg aus dem Jahre 1842 [Hodenberg 1842] erfasst nicht alle Quellen.
14 Ulrich Müller: Holzpflasterwege unter der Langen Straße in Diepholz. In: Hb LK DH XIII (1989), S. 57 f.
15 Zur Geschichte des Turms zuletzt Wilfried Gerke: Der Schlossturm. In: Kruthaup; Röder 2002, S. 26-33
16 Näheres zu Burlage und seinen Verflechtungen mit Diepholz in: Hodenberg 1973, 2. Abtheilung. Archiv des Klosters Burlage: Urk. 331, 333, 341, 342, 345, 346, 348, 351, 353, 359, 361, 363, 373 und in: Horst Kuttig: Das Kloster Burlage. In: Geschichte der Gemeinde Marl 1140-1990. Hrsg. von Ludger von Husen, Marl 1990, S. 269 ff.
17 Stüve 1872, S. 304
18 Armin Schöne: Graf Friedrich II. von Diepholz (1555/56-1585). In: Hb LK DH Heft XI (1986), S. 7-37
19 Wilfried Gerke: Die Diepholzer Holz- und Lohnordnung von 1562. In: Hb LK DH Heft IX (1983), S. 41-46. Gerhard Henking: Margaretha von Hoya. In: Hb LK DH XVI (1995), S. 27-30
20 Ernst Schubert: Niedersachsen um 1700. In: Hucker; Schubert; Weisbrod 1997, S. 322
21 Rathlef 1766, No. 193: Schon sein Vater Graf Rudolf ließ sich von dem Arzt Hinrich Gummersbach versorgen.
22 Wilfried Gerke: Ein Lied Friedrichs von Diepholz. In: Hb LK DH XV (1983), S. 73 f. Pezel erwähnt bei Kinghorst 1912, S. 80
23 Engelke 1907
24 Hodenberg 1842, Nr. 62 u. 63
25 Nieberding 1840, S. 149 u. S. 213
26 Kornregister des Hauses Diepholz, Kreisarchiv Nr. 1160
27 Kinghorst 1912, S. 139 u. 143
28 Hodenberg 1842, Nr. 57
29 Kleeberg 21978, S. 84
30 Kinghorst 1912, S. 108
31 Ebd., S. 108
32 Ebd., S. 167
33 Rathlef 1766, No. 103
34 Ka Dh Nr. 1160
35 Sta Dh Des. 7, Nr. 2
36 Sta Dh Pergamenturkunden Nr. 1 (1380 in Abschrift von ca. 1580), Nr. 2 (25.11.1525 inhaltlich ähnlich wie Nr. 1, in Urschrift), Nr. 8 (17.11.1655 mit einschränkendem Vorbehalt, Unterschrift von Herzog Christian Ludwig), Nr. 17 (17.2.1710 mit Unterschrift von Kurfürst Georg Ludwig)
37 Stüve 1872, S. 435
38 Emil Johannes Guttzeit: Der geschichtliche Werdegang der Münte. In: Hb LK DH Heft VII (1981), S. 7-10; Major 1990
39 Armin Schöne: Über Märkte und Marktrechte im Raum der alten Grafschaft Diepholz. In: Hb LK DH Heft X (1985), S. 45-57
40 Das Kornregister verzeichnet Roggenlieferungen am 15. und am 28. Juli und 20. November 1585. Vgl. Wilfried Gerke: Armenfürsorge am Ende der Grafenzeit. In: Hb LK DH XVII (1997), S. 53 f.
41 Rathlef 1766, No. 84
42 Sta Dh: Pergamenturkunde Nr. 20 (25.1.1480), Papierurkunde Nr. 2 (13.11.1512): Heilig-Kreuz-Wiese bei der Lohnbrücke
43 Niedersächsisches Hauptstaatsarchiv Hannover, Celle Br. Arch. Des 73 (Konrad Dedinghausen, Anwalt der Witwe Friedrichs I. von Diepholz und ihres Sohnes Rudolf, in Speyer, 1530)
44 Schröer 1979, S. 104-108; grundlegend schon Kinghorst 1917.
45 Rathlef 1766, No. 112
46 Kinghorst 1917, S. 165
47 Sta Dh Des. 27 Nr. 9
48 Das Diepholzer Wochenblatt wies am 8.12.1894 auf den Oldenburger Superintendenten Hermann Hamelmann hin, der in der späten Grafenzeit Quellen zu verschiedenen. Adelshäusern gesammelt hat. Nieberding 1840, S. 107 gibt eine „noch als Handschrift vorhandene Diepholzische Chronik" als Chronik für die Blutstropfensage an.
49 DK vom 10.6.1909
50 DW vom 13.1.1864
51 DW vom 9.11.1897
52 Kinghorst 1912, S. 65-72

Anmerkungen Kapitel 2

1 Hauptstaatsarchiv Hannover Celle Br. 73 Nr. 174. Hier auch die anderen Informationen.
2 Hauptstaatsarchiv Hannover Celle Br. 73 Nr. 68
3 Hauptstaatsarchiv Hannover Celle Br. 73 Nr. 197
4 Hauptstaatsarchiv Hannover Celle Br 73 Nr. 199
5 Stüve 1872, S. 531
6 Wilhelm Kinghorst: Das Schloss Diepholz im Wandel der Jahrhunderte. In: Hb Lk Dh Jg. 1 (1924), S. 2-6
7 Sta Dh Des. 30 Nr. 9
8 Ebd. Nr. 23
9 Ebd. Nr. 12

10 Ebd. Nr. 16
11 Ebd. Nr. 22
12 Schnath Bd. I, S. 265 (1684), S. 342 (1684) u. S. 508 (1690)
13 Ebd., S. 377
14 Sta Dh Des. 27 Nr. 8
15 Hauptstaatsarchiv Hannover Celle Br. 73 Nr. 187
16 Sta Dh I 27 No. 8
17 Hauptstaatsarchiv Hannover Celle Br. 73 Nr. 211
18 Sta Dh Des. 4 Nr. 2
19 Sta Dh Des. 27 Nr. 1
20 Sta Dh Des. 4 Nr. 3
21 Sta Dh Des. 4 Nr. 5
22 Sta Dh Des. 4 Nr. 5
23 Hauptstaatsarchiv Hannover Celle Br. 73 Nr. 188
24 Hauptstaatsarchiv Hannover Celle Br. Arch. Des. 73 XVI
25 Sta Dh Des. 27 Nr. 1
26 Sta Dh Des. 27 Nr. 1
27 Sta Dh Des. 8, Nr. 2. 17.10.1793, 20.10.1795, 30.3.1796, 25.4.1796
28 Kinghorst 1925, S. 16, auch 17 f.
29 Sta Dh Des. 27 Nr. 1. 9.2. 1735 u. 10.12.1735
30 Die Bauherren und ihre Familien aber sind genealogisch erfasst von Klaus Müller (s. Müller 2004)
31 Stadtarchiv Des. 27 Nr. 1
32 Ulrich Müller: Die Lohneinsel in Diepholz. In: Hb Lk Dh Heft XV (1993), S. 29 f.
33 Schnath Band II, S. 415
34 Sta Dh Des. 4 Nr. 10/11
35 Ka Dh Nr. 1036
36 Sta Dh Des. 6, N. 1. Briefe v. 8.3.1703, 31.3.1703. 4.4.1703, undat. (nach 14.6.1703), 17.11.1704
37 Sta Dh Des. 7 Nr. 1. Stand vom 6.5.1803
38 Sta Dh Des. 14 A Nr. 1
39 Sta Dh Des. 8, Nr. 1. Lob von Oberamtmann Bütemeister, 12.9.1826
40 Sta Dh Des. 7, Nr. 3/4
41 Sta Dh Des. 8, Nr. 13. 1.6.1797. Mitteilung des Amtes Diepholz
42 Sta Dh Des. 7 Nr. 8. 17.4.1811
43 Sta Dh Des. 8, Nr. 1. 2.3.1792 u. 24.12.1795
44 Müller 1790, S, 250 ff.
45 Sta Dh Ordner Bürgermeister
46 Ka Dh Nr. 1122
47 Ka Dh Nr. 1133
48 Emil Johannes Guttzeit,Von Markt-Verrückungen“, Krame-Buden“ und Harfenmädchen, in: 627. Diepholzer Großmarkt. Sonderveröffentlichung der Verlagsgruppe Kreiszeitung 2007, o.S. (nach einer Akte im Sta Dh)
49 Neubert-Preine 2006, S. 337 f.
50 Schwarzwälder 2007, S. 35
51 Gunzert 1952, S. 24 f. u. 30 f. und Schwarzwälder 2007, S. 35
52 Sophie von der Pfalz (1630-1714) wurde vom britischen Parlament als Nachfolgerin der kinderlosen Königin Anne (1665-1714) eingesetzt, da sie die nächste protestantische Verwandte war. Da sie kurz vor der Königin starb, wurde ihr Sohn Georg Ludwig zum ersten britischen König aus dem Hause Hannover gekrönt.
53 Eduard Bodemann: Briefe der Herzogin, späteren Kurfürstin Sophie von Hannover an ihre Oberhofmeisterin A. K. v. Harling, geb. von Uffeln. In: Zeitschrift des historischen Vereins für Niedersachsen Jg. 1895, hier: 18.4.1673-10.4.1679
54 Schnath Band II, S. 265 u. 342
55 Ebd., S. 508
56 Ebd., S. 321-323
57 Wilfried Gerke: Ernst Ludwig Rathlef – ein Schriftsteller in Diepholz. In: Hb Lk Dh Heft XV (1993), S. 51 f.
58 Hauptstaatsarchiv Hannover Celle Br. 73 Nr. 186. 24.11.1701 und 26.1.1707
59 Hans-Wolfgang Sponer: Dr. Georg Christian Gottlieb Wedekind. In: Hb Lk Dh Heft XVI (1995), S. 17-20 und Georg Christian Wedekind: Alles zum Wohle des Patienten. In: Hb Lk Dh Heft XV (1993), S. 79f.
60 Neubert-Preine 2006, S. 183
61 Engelke 1907, S. 29-33
62 Ebd., S. 5 f.
63 Herbert Major: Aus dem Leben des M. Johann Andreas Krafft. Rektor zu Diepholz von 1737-1743. In: Hb Lk Dh Heft XI (1986), S. 80-83
64 Pfarrarchiv Diepholz 231
65 Engelke 1907, S. 10 f.
66 Pfarrarchiv Diepholz 333 Bd. III (betr. 1752/53 und 1763)
67 Pfarrarchiv Diepholz 201
68 Pfarrarchiv Diepholz A 201
69 Dies und die folgenden Beispiele aus Sta Dh Des 33 Nr. 4
70 Stölting 1899, S. 121
71 Pfarrarchiv Diepholz 201
72 Landeskirchenarchiv Hannover A 6 Nr. 1707 b
73 Sta Dh Des. 27 Nr. 1
74 Sta Dh Des 33 Nr. 4
75 Die jüdische Geschichte ist in einer Reihe von kleinen Beiträgen erfasst. Hingewiesen sei auf das große Werk von Falk Liebezeit u. Herbert Major (Liebezeit; Major 1999)
76 Obenaus 2005, Bd. 1, S. 469
77 Stadtarchiv Des. 2 A 8
78 Sta Dh Des. 14 A Nr. 1
79 Sta Dh Des. 27 Nr. 1
80 Sta Dh Des. 4, Nr. 3
81 Wilhelm 1862. Wilfried Gerke: Der Teufel in Diepholz um 1650. In: Hb Lk Dh Heft XVI (1995), S. 61 f. (nach den von Amtsrichter Wilhelm herausgegebenen Protokollen). Zuletzt: Wilfried Gerke, Hexenprozesse. In: Kruthaup; Röder 2002, S. 17-26
82 Ka Dh Nr. 1129
83 Sta Dh Des. 18, Nr. 1, 7.1.1783, 5.5.1806 u. 6.12.1815
84 Sta Dh Des. 18, Nr. 1
85 Klaus Müller, Wettbewerbsbegrenzung in der Tuchproduktion. In: Hb Lk Dh Heft XVIII (1999), S. 64. S. a. Ka Dh Nr. 1122
86 Ka Dh Nr. 1126
87 Sta Dh Des. 18, Nr. 5
88 Ka Dh Nr. 1137
89 Ka Dh Nr. 1135
90 Ka Dh Nr. 1129
91 Ka Dh Nr. 1123
92 Der ganze Vorgang in Kreisarchiv Nr. 1152
93 Hauptstaatsarchiv Hannover Celle Br. 73 Nr. 59
94 Sta Dh Des. 3 Nr. 1
95 Zur Geschichte der ersten Apotheke s. Amborn 1969
96 Wilfried Gerke, Salzhandel im alten Diepholz. In: Hb Lk Dh Heft XII (1987), S. 59
97 Sta Dh Des. 3, Nr. 3
98 Sta Dh Des. 3 Nr. 5
99 Patje 1796, S. 423: 1800 Personen gegenüber 368!
100 Sta Dh Des. 18, Nr. 5. Zur Diepholzer Postgeschichte vgl. (in Anlehnung

an die Ergebnisse von Erwin Stellmach (Stellmach 1998)) Wilfried Gerke: Am Anfang reitende Post. In: Hb Lk Dh Heft XIX (2000), S. 68
101 Sta Dh Des. 30 Nr. 11
102 Weimer 1940

Anmerkungen Kapitel 3

1 Sta Dh Des. 7 Nr. 7 a
2 Ka Dh Nr. 1044
3 Sta Dh I 27 No. 8
4 Für das Folgende: Kinghorst 1923, S. 37 f. Wilfried Gerke: Auf dem Weg zur Revolution 1848/49. Der große Aufruhr von 1848. Das Alte triumphiert: In: Hb Lk Dh Heft XVIII (1999), S. 23-28.
5 Kinghorst 1923, S. 39 f. Wilfried Gerke a.a.O., S. 23-28.
6 Sta Dh Des. 2 c Nr. 43/44
7 Sta Dh Des. 4 Nr. 3
8 Ka Dh Nr. 2038
9 Dörpel liegt südöstlich der Linie Barnstorf-Eydelstedt.
10 Sta Dh Des. 8 Nr. 18
11 Ka Dh Nr. 1011
12 Ka Dh Nr. 1073
13 Ka Dh Nr. 1077
14 Diepholzer Kreiszeitung 24.12.1942. Wilhelm Kinghorst: Aus dem Leben zweier Alt-Diepholzer Bürgermeister. In: Hb Lk Dh Jg. VIII, 10 Folgen S. 11-81 (mit Unterbrechungen). Oskar Schröder: Zum 100. Geburtstage des Bürgermeisters Storkmann. In: Hb Lk Dh VIII, S. 83.
15 Sta Dh Des. 3, Nr. 7
16 Ka Dh Nr. 1032 betr. 27.11.1822 und 30.6.1830
17 Ka Dh Nr. 1028
18 Klaus Seehafer: Joh. Wolfgang Goethe über Georg Moller. In: Hb Lk Dh Heft VI (1980), S. 82-85.
19 Sta Dh Des 58, 4
20 Deutsches Geschlechterbuch, Bd. 151 (= Niedersächsisches Geschlechterbuch 11. Bd.) Limburg 1970, S. 95-96 u. 178-198. Zitat: S. 187
21 Hannoversche Gesetzsammlung 1838, S. 195
22 Herbert Major: Spinnschulen in Diepholz und Willenberg. In: Hb Lk Dh Heft X (1985), S. 75 f.
23 Ka Dh 1050
24 Herbert Major: Entwicklung der Schulaufsicht und Schulaufsichtsbeamte in Diepholz. In: Hb Lk Dh Heft IX (1983), S. 101. Krigar 1918
25 Landeskirchenarchiv A 6 Nr. 1723
26 Landeskirchenarchiv A 6 Nr. 1726
27 Landeskirchenarchiv A 6 Nr. 1729
28 Stölting 1899, S. 179-183
29 Pfarrarchiv Diepholz 364
30 Obenaus 2005 Bd. 1, S. 469
31 Ka Dh Nr. 5189
32 Sta Dh Des. 12 Nr. 15. Einwohnerverzeichnis um 1835. Über die von den Gilden verlangten Meisterstücke 1857 vgl. Wilfried Gerke: Hb Lk Dh Heft XII (1987), S. 65 f.
33 Statistik Ka Dh Nr. 1151
34 Die folgenden Ausführungen nach Müller 1967
35 Umfangreiches Material zur Vorgeschichte in Kreisarchiv Nr. 1127. Müller 1967, S. 19
36 Sta Dh Des. 36, Nr. 6 u. 9
37 Ka Dh Nr. 1249
38 Ka Dh Nr. 1122
39 Ka Dh Nr. 1147
40 Ka Dh Nr. 1150
41 Sta Dh Des. 2 C Nr. 36
42 Sta Dh Des. 39 Nr. 5-6
43 Sta Dh Des. 2 C Nr. 87
44 Sta Dh Des. 12 Nr. 12
45 Sta Dh Des. 7 Nr. 7 a
46 Reinke 1927, S. 43 f.
47 Sta Dh Des. 5 Nr. 8. Bericht des Chaussee-Inspectors Isengarth in Sulingen, 8.11.1818. Die folgenden Berichte vom 4.11.1820 und vom 10.6.1822.
48 Sta Dh Des. 5 Nr. 16. 28.8.1830 u. 20.2.1831
49 Sta Dh Des. 5, Nr. 21
50 Sta Dh Des. 6 Nr. 3. 6.4.1832
51 Guttzeit 1954, S. 74
52 Sta Dh Des. 12 Nr. 5
53 Schwarzwälder 2007, S. 353
54 Sta Dh Des. 12 Nr. 4
55 Runge 1903, S. 82
56 Ebd., S. 106
57 Ebd., S. 114
58 Ka Dh Nr. 5189
59 Sta Dh Des. A 163 Nr. 4
60 Sta Dh Des. 2, Nr. 6
61 Sta Dh Des. 2 B Nr. 3
62 Sta Dh Des. 2 B Nr. 4
63 Sta Dh Des. 2 B Nr. 165
64 Sta Dh Des. 2 C Nr. 92
65 Richard W. Bitter: Bauzustand und Raumnutzung des Diepholzer Schlosses um 1850. In: Kruthaup; Röder 2002, S. 34-50. Für die Folgezeit s.a. Eberhard Köppen: 150 Jahre Amtsgericht Diepholz – von 1852 bis 2002. In: ebd., S. 51-66
66 Sta Dh Des. 2 A Nr. 7
67 Sta Dh Des. 27 Nr. 3
68 Feuerwehr 1992, S. 23
69 Wuth in: Hannoversches Magazin 1831, S. 736
70 Sta Dh Des. 14 A, Nr. 14
71 Ka Dh 1055
72 Sta Dh Des. 14 A, Nr. 10
73 Sta Dh Des. 2 C Nr. 93
74 Sta Dh Des. 3 Nr. 3

Anmerkungen Kapitel 4

1 Ka Dh Nr. 1038 (Protokolle der Amtsversammlungen)
2 DW 10.8.1872
3 Gade 1901 gibt zwar auf S. 537 das Jahr 1863 an, S. 180 u. 493 aber 1852 als das Jahr der Zulegung zur Grafschaft Hoya u. S. 180 als das der Zulegung zur Grafschaft Hoya in landschaftlicher Hinsicht.
4 Ka Dh Nr. 1038
5 DW 27.9.1892
6 DW 3.12.1870
7 DW 3.7.1895
8 Sta Dh Des. 27 Nr. 8
9 DW 20.7.1895
10 DK 18.10.1910
11 DK 25.1.1907 u. 12.1.1912
12 DK 31.10., 7.11., 21.11., 25.11., 14. u. 16.12.1911, 7.1. u. 23.1.1912
13 Kinghorst 1923, S. 48
14 Gustav Brüning, Sta Dh, Erinnerungen
15 Sta Dh Des. 59, Nr. 1-7. 18.6.1879
16 DK 30.12.1911 u. 12.12.1911
17 DK 12.12.1905
18 DW 19.2.1890
19 DW 3.5.1890
20 DK 20.8.1903 u. 20.4.1912
21 DK 2.12.1902, 4.6.1907 u. 14.7.1908
22 DW 10.8.1872
23 Matthias Stock: Ein bemerkenswertes Gebäude. In: Hb Lk Dh Heft XVI (1995). S.83f. Weiteres zur Familie Schwarze u.a. DK 17.1.1905, 2.4.1914 u. 15.8.1914
24 DW 4.2.1893
25 Später zog hier die Standortverwaltung ein, heute Dienststelle der Kriminalpolizei.

26 Zum Rathausbau DK 17.12.1903, 3.1., 13.6., 29.7., 5.10., 16. u. 18.11.1905, 1.7.1937
27 DK 30.12.1902 (Senator Bargeloh) u. 23.6.1905
28 DK 19.3.1908
29 DK 11.10.1900, 12.7.1901, 15. u. 17.8.1901
30 DK 2.5.1903
31 DK 3.8.1911, 18.7. u. 21.7.1914
32 Wilfried Gerke, „Kapellen der Landstraße". In: Hb Lk Dh Heft XVII (1997), S. 15-16.- 3. u. 24.10, 28.11.1911
33 DW 9.7.1892
34 DK 24.8.1905
35 DK 30.12.1911
36 DK 12.12.1912
37 DK 28.4.1934
38 Guttzeit 1954, S. 44 f.
39 DW 28.11.1901
40 DW 18.10.1898
41 DK 11.8.1900
42 DK 19.11.1901
43 DK 31.1.1914
44 Emil Johannes Guttzeit: Die Entwicklung der Stadt Diepholz in den letzten 100 Jahren (1870-1970). In: Sundermann 1970, S. 9
45 DK 21.5.1901
46 Seehafer 1980, S. 61-71
47 DK 25.6.1903 u. 19.9.1911, die Fläche dann verpachtet an Koop in Ossenbeck
48 DK 7.8.1900
49 DK 11.12.1900
50 DK 30.7.1907
51 DK 28.12.1901
52 Näheres vgl. Stadtwerke Huntetal, S. 10 f.
53 DK 26.10.1909
54 DK 7.11.1905
55 DK 26.9.1912
56 DK 24.1.1905
57 DK 26.10.1909
58 DK 18.9.1913
59 DK 13.12.1913
60 DK 27.2.1913
61 DK 28.7.1910
62 DK 8.10.1912
63 DK 8.6.1912
64 DK 23.6.1914
65 DK 11.8.1914
66 DW 14.3.1894
67 DW 9.2.1895
68 DK 27.7.1909
69 DK 5.11.1914
70 Stölting 1899. Vorabdruck in: DW 28.1.-14.9.1899. DK 10.1.1903
71 Herbert Major: Bedeutender Heimatgeschichtlicher unter den Superintendenten. In: Hb Lk Dh Heft XIII (1989), S. 65 f.
72 DW 2.12.1896. Major 1987, S. 33-40
73 Klaus Seehafer: Ricarda Huch über Frieda Duensing. In: Hb Lk Dh Heft VI (1980), S. 86-89. Major 1985
74 als Beispiel: Prejawa 1896
75 DW 22.1.1896. Guttzeit 1982, S. 41 ff.
76 DW 5.11.1898, DK 21. u. 24.3.1903, 6.4.1905, 24.8.1909 u.ö.
77 Major 1987, 41-54. DK 20.6.1912
78 Herbert Major: Professor Dr. med. Walther Uffenorde (1879-1947). In: Hb Lk Dh Heft XII (1987), S. 76-79
79 DK 6. u. 13.2.1909. Herbert Major: Dr. Friedrich Bernhard Engelke. In: Hb Lk Dh XIII (1988/89), S. 35 f. (mit einer Liste der Publikationen)
80 Major 1989
81 DW 9.5.1896
82 DW 16.4.1870
83 DW 28.2.1872
84 DW 8.10.1870
85 DK 10.2.1914
86 DK 22.3.1904
87 DK 8.3.1904
88 Sta Dh Des. 27 Nr. 9
89 DK 14.1.1904
90 DK 11.4.1899
91 DW 13.12.1890
92 DW 13.1.1894, 9.10., 16.10. u. 19.10.1895
93 DW 19.10.1895
94 DK 17.1.1905
95 Sta Dh Des. 27 Nr. 8
96 DK 3.12. u. 13.12.1904
97 Sta Dh Des. 27 Nr. 8. Entscheidung für den Bauentwurf am 28.12.1897
98 DW 15.11.1898
99 DK 10.1.1899
100 DK 17.10.1899
101 Sta Dh Des. 27 Nr. 8. 10.2.1899
102 DK 25.1.1908
103 Sta Dh Des. 27 Nr. 9
104 Sta Dh Des. 27 Nr. 8
105 DW 17. u. 29.10.1873
106 DW 9.1.1895 u. 13.11.1897
107 DK 24.10.1911
108 DW 3.5.1890, 15.8.1891, 4.5.1892
109 DW 20.5.1893
110 DK 22.8.1899
111 DW 10.12.1892
112 Wangenheim 1917, S. 8
113 DW 27.11.1895 u. 31.10.1896
114 Pfarrarchiv. KR 165. 3.3. u. 3.10.1908
115 DK 1.12.1906, 22.12.1906, 20.7.1907
116 DK 25.3.1915
117 DK 3.11.1917
118 DK 15.9.1918
119 Sta Dh Des. 27 Nr. 8. 12.3.1895: G. sollte es beim Kreisausschuss in der Winterschule versuchen, weil im Ratssaal die Gewerbeschule untergebracht war.
120 Ka Dh Nr. 5027
121 DK 10.10.1907
122 DK 23.6.1915
123 DW 5.6.1872 u. 11.3.1874
124 DW 16.9.1872
125 DW 1.9.1875
126 DK 2.2.1899
127 Sta Dh, Ratsprotokolle 1907, 1911 u. 1915
128 DW 11.6.1892
129 DW 12.10.1895
130 Ka Dh Nr. 2001
131 DW 22.10.1870
132 DW 6.8. u. 20.8.1873
133 100 Jahre Lehnkering, o.S., Diepholz 1973. Hier auch die weiteren Angaben.
134 DK 31.8.1912
135 DW 17.2.1892
136 DK 2.9.1909
137 Sta Dh Des. 13, Nr. 18
138 DK 22.11.1906
139 DK 5.6., 15.7., 24.7. u. 5.8.1909
140 DW 7.5.1890
141 DK 6.3.1902 u. 22.3.1902
142 DW 13.1.1897
143 DW 7.4., 7.5. u. 13.10.1898
144 DW 13.10.1898
145 DW 29.9.1898
146 DK 28.2.1899
147 DK 9.1.1906
148 DK 8.11.1910
149 Sta Dh Des. 27, Nr. 4. 17.1.1888
150 DW 4.2.1893
151 DW 10.9.1898
152 DK 15.8. u. 26.11.1914
153 Kreissparkasse 1965, S. 35-57. Landkreis Diepholz 1984, S. 230
154 DK 23.6.1900 u. 10.11.1906
155 DW 20.1.1872
156 DK 9.3. u. 20.11.1909, 29.10.1915
157 DW 20.11.1895

158 DK 15.1. u. 17.1.1907
159 DK 7.1.1899
160 DK 17.10.1908
161 DK 30.5.1901
162 DK 8.10.1908
163 DK 23.1.1961
164 DK 14.11.1908
165 Prinzhorn 1909, S. 6
166 Grundlegend für diesen Abschnitt: Walter Schröder, Vier Generationen Buchdruckereibesitzer und Zeitungsverleger in Diepholz. In: 100 Jahre Diepholzer Kreisblatt 1.1.1962
167 DW 24.12.1870
168 Hoyaer Wochenblatt 4.4.1868
169 DW 2. u. 5.11.1870
170 DW 31.7.1872
171 DW 16.9.1872
172 DW 16.10.1872
173 DW 26.4., 14.5. u. 17.5.1873
174 DW 13.8.1873
175 DK 9.3.1915
176 DK 5.3.1907
177 DW 13.8.1873
178 DW 4.2.1874
179 DW 11.4.1874
180 DK 28.10.1899
181 Meyer 1985, S. 42
182 DW 26.4.1890
183 DK 24.9.1901
184 DW 26.9.1894
185 DW 28.11.1894
186 Meyer 1985, S. 37
187 DK 10.1.1901
188 DK 14.10.1902
189 DK 28.10.1909 u. 23.11.1909
190 DW 5.4.1873
191 Sta Dh Des. 6 Nr. 36. 2.5.1904 u. 21.6.1900
192 DK 14.10.1905
193 DK 14.10. u. 25.10.1902
194 Wilfried Gerke, Europäisches Ereignis. In: Hb Lk Dh Heft XX (2004), S. 35-38
195 DK 31.12.1912
196 DK 28.4.1914
197 DW 11.8.1898 u. 24.12.1898
198 DW 16.8.1898
199 DK 11.10.1900, 15.8.1901, 13.11.1902, 23.4.1908
200 Weitere Urteile bis 1918 in: Wilfried Gerke, Ältere Urteile des Amtsgerichts Diepholz. In: Kruthaup; Röder 2002, S. 67-72
201 DW 22.1.1898
202 DW 8.1.1898
203 DK 20.1.1900
204 DK 7.7.1917
205 DK 23.11.1917
206 Wilfried Gerke, Einst „Wilder Westen“. In: Hb Lk Dh Heft XIX, S. 27
207 Sta Dh Des. 27 Nr. 8
208 DK 23.9.1899
209 Sta Dh Des. 27 Nr. 8. 20.9.1899
210 DK 19.1. u. 18.2.1904
211 DW 28.12.1895
212 DW 2.9.1874
213 DW 1. u. 4.5.1892. Feuerwehr 1992
214 DW 31.7. u. 20.8.1892
215 DW 17.11.1896
216 DK 3.8.1911
217 Liebezeit; Major 1998, S. 219
218 DW 22.6.1870
219 DW 4.2.1893
220 DK 4.4.1912
221 Kreisarchiv Nr. 1055
222 Wilfried Gerke, Die Cholera im Jahre 1892. In: Hb Lk Dh Heft XIV (1990/91), S. 59 f.
223 DW 21.7. u. 27.8.1894
224 DW 10.7.1895, vgl. a.a.O. 6.7.1895
225 DW 18.2.1893
226 DK 4.11.1905
227 Ka Dh Nr. 1056 u. 1057
228 DK 4.9.1909
229 DW 26.8.1974
230 DW 23.12.1891
231 DK 2.6.1910
232 DK 12.12.1907
233 Zum Folgenden: DK 14.10.1905, 8.8.1907, 7.11.1907, 3.10.1908. Hans Gerke, Chronik des Kreiskrankenhauses. In: 50 Jahre Kreiskrankenhaus Diepholz, Diepholz 1978, S. 13 f.
234 DK 6.5.1916: seit 1898 in Diepholz. Nachfolgerin war Anna Promann.
235 Sta Dh Des. 27 Nr. 10. 23.9.1908
236 DK 31.10.1905
237 DK 6.5.1913
238 Seehafer 1987, S. 31-40
239 DW 20.7., 27.7. u. 3.8.1870
240 DW 27.8.1870
241 DW 1.11.1873
242 DK 16.1.1904
243 DK 6.11.1906
244 DK 5.2.1902
245 DK 29.9.1910
246 DK 27.2.1912
247 DK 1.6.1915
248 DW 28.9.1870, 27.9.1873, 23.9.1874
249 DW 27.9.1873
250 DW 16.9.1874
251 Sta Dh Des. 27, Nr. 4
252 DW 24.9.1890
253 DW 20.9. u. 14.10.1893
254 DK 1.9.1900
255 DW 22.9.1894
256 DK 7.9.1955
257 Sta Dh Des. 27 Nr. 8
258 DK 9.2.1907
259 Werner Sundermann, Vom Männerturnverein zur Sportgemeinschaft 70. In: Sundermann 1970, S. 21. Das Folgende ebd. S. 21-31
260 Der Huntegau von seiner Entstehung bis zur Auflösung, o.O. o.J. (1933), S. 3
261 DK 20.11.1902
262 Der Huntegau a.a.O. S. 5
263 DK 17.9.1912
264 DK 23.8.1913
265 DK 21.11.1898
266 DK 3.5.1900
267 DK 24. u. 27.9.1904
268 DW 3.8.1897
269 DW 7.7.1898
270 DK 15.2.1900
271 DK 22.6.1897
272 DW 29.11.1893
273 DW 3.10.1894
274 DW 29.10.1898
275 DK 21.6. u. 24.6.1899
276 DK 29.1.1901
277 DW 12.1.1870
278 DW 5.10.1873 u. 12.3.1873
279 DK 27.9.1906
280 DK 20.1906
281 DW 19.12.1891
282 DW 5.12.1891
283 DK 4.2.1905
284 DK 6.11.1906 u. 1.12.1908
285 DW 3.4.1895
286 DK 18.7.1903
287 Wilfried Gerke. Die Diepholzer Kapelle. In: Hb Lk Dh Heft XVIII (1998/99), S. 69 f.
288 Wilfried Gerke: Die Diepholzer Kapelle. In: Hb Lk Dh Heft XVIII, S. 69
289 DW 24.2.1897
290 DK 14.12.1901
291 DW 23.4.1890
292 DW 20.9.1893
293 DW 22.9.1894
294 DK 19.1.1901
295 DK 2.1.1913
296 DW 29.3.1871

297 Möglicherweise schon ein früherer Gründungsversuch: DW 28.2. u. 2.3.1872: für den 3.3. geplant!. DK 14.11.1912
298 DK 18.6.1901
299 DK 3.9.1901
300 DK 15.2.1902
301 DK 28.6. u. 9.9.1913
302 DW 22.5. u. 5.6.1872
303 DK 28.2.1905
304 DW 29.10.1873
305 DK 9.5.1901
306 DW 25.11.1893
307 DK 24.2.1914: für die Grafschaft Diepholz gegründet am 29.3.1864 in Sankt Hülfe
308 DW 28.2.1894
309 DK 19.1., 15.2. u. 24.2.1913, 19.1.1914
310 DK 6.2.1912
311 DK 30.1.1913
312 DK 13.11.1909 u. 23.11.1909
313 DK 14.8.1909
314 DW 1.2.1873
315 DK 30.8.1906
316 DK 6.9.1906
317 DK 7.3.1908
318 DK 23.4.1908
319 DK 14.11.1917
320 DK 23.11.1917
321 DK 21.12.1917
322 DW 2.4.1890
323 DK 4.8.1914
324 DK 6.8. u. 29.8.1914
325 DK 25.8.1914
326 DK 12.9.1914
327 DK 28.11. u. 19.12.1914
328 DK 22.9.1914, 6.10.1914, 13.1.1915, 31.8.1915, 1.10.1915, 13.11.1915, 17.12.1915, 2.2.1916, 28.11. u. 3.12.1916 u.ö.
329 DK 15.9.1916
330 DK 29.9.1916
331 DK 17.3.1915
332 DK 20.8.1914, 7.3., 10.10. u. 14.11.1915, 28.3.1916
333 DK 19.11., 5.12. u. 10.12.1914
334 DK 31.1.1915, 16.12.1915, 3.12.1916 u. 24.9.1918
335 DK 1.3., 2.3. u. 26.5.1917
336 DK 8.12.1914
337 DK 28.1.1915
338 DK 31.1.1915
339 DK 21.2.1915
340 DK 9.7., 11., 12., 15., 17., 18., 22. u. 25.7. u. 5.8.1916
341 DK 14.1.1915
342 DK 13.1. u. 21.1.1915, 1.7. u. 21.7.1915, 15.1.1915, 31.5.1916
343 DK 26.2.1915, 13.7., 17.7., 5.10. u. 8.10.1915, 31.3.1916 u. 11.8.1916, 5.5. u. 7.9.1918
344 DK 19.3.1916 u. 3.6.1916
345 DK 28.9.1918
346 DK 1.5.1915
347 DK 26.5. u. 7.6.1917
348 DK 7.2.1917
349 DK 14.5., 19.5. u. 28.5.1918
350 DK 12.3.1918
351 DK 16.7.1918
352 DK 22.3., 20.5., 26.5., 15.6., 30.9.1917, 20. u. 26.11.1918 u.ö.
353 DK 25.2.1917
354 DK 28.11.1917, 18.4., 1.6., 4..6., 11.6., 19.6., 2.7., 29.10. u. 5.11.1918
355 Wilfried Gerke, „Übel ist es jedenfalls“. In: Hb Lk Dh Heft XX (2004), S. 59-62

Anmerkungen Kapitel 5

1 DK 13.11.1918
2 Sta Dh Des. 58 a Nr. 1
3 DK 23.11.1918 u. 9.9.1919
4 DK 3.12.1918
5 DK 7.12.1918
6 DK 14.5. u. 13.6.1919
7 DK 6.6., 15.6. u. 22.6.1919
8 Sta Dh Des. 27 Nr. 11 zum 23.11. u. 7.12.1918. DK 4.12.1918
9 DK 10.12.1918
10 Sta Dh Des. 27 Nr. 11 vom 31.1.1919
11 DK 21.10.1919
12 DK 14.2.1919
13 DK 5. u. 7.3.1919
14 DK 14.2.1919
15 DK 14.2.1919
16 DK 15.1.1920: 45 Kriegsbeschädigte im Flecken Diepholz
17 DK 28.6.1924
18 DK 28.3.1931
19 DK 1.10. u. 12.10.1932
20 Brüning hat nach seiner Dienstzeit den geheimen Kampf beschrieben in Des. 58 1, Nr. 1. Vgl. auch Ka Dh Nr. 2015, 5038, 5039.
21 DK 24.11.-3.12.1932 u. 13.5.1933
22 DK 25.4.1919 u. 28.2.1920
23 DK 11.11.1920, Neubau: 23.2.1938
24 Ka Dh Nr. 5071
25 Ka Dh Nr. 5070
26 DK 28.3.1933 u. Sta Dh Des 58a Nr. 1
27 Sundermann 1970, S. 14
28 DK 1.1.u. 2.10.1927
29 DK 24.3.1928
30 DK 22.10.1925
31 DK 26.4.1922
32 Ka Dh Nr. 2060
33 DK 16.10.1934, 12.4. u. 22.8.1935
34 DK 12.2. u. 29.11.1935 u. 1.12.1937
35 DK 26. u. 29.5.1935
36 DK 4.3.1925
37 DK 23.5.1922
38 DK 31..5.1932 u. 20.2.1931
39 Sta Dh Des 65 Nr. 1
40 DK 8.9.1922
41 DK 31.1.1928
42 DK 6. u. 8.12.1928
43 DK 12. u. 14.12.1928
44 DK 7.1.1930
45 DK 17.2.1926
46 Sta Dh Des 7, 35. Stand: 25.5.1932
47 DK 28.4.1934
48 DK 17.10.1934
49 DK 14.5.1937. Verdichtete Werbung wegen der Sudetenkrise: 19.9., 21.9., 23.9. u. 26.9.1938
50 DK 16.4.1937
51 DK 1.3.1938
52 Ka Dh Nr. 5035 (7.8.1941)
53 DK 21.4.1938
54 DK 17.5., 18.5. u. 19.5.1939
55 DK 4.12.1941. Zumindest wurden Grabsteinfragmente nach dem Krieg hier als Schotter aufgefunden.
56 DK 26.9.1928 über den ersten Spatenstich
57 DK 9.11.1938
58 DK 16.9.1941
59 DK 30.11.1939, 30.6. u. 1.7.1940, 20.1.1941
60 DK 1.7. u. 10.9.1933, 25.5., 31.7. u. 18..8.1934
61 Ka Dh Nr. 5003
62 DK 3.5.1919
63 DK 2. u. 4.5.1920
64 DK 18.5.1920
65 DK 7.10.1919
66 DK 11.11.1919-6.1.1920
67 Baslau verzog 1923 nach Braunschweig. Abschiedsanzeige in DK 8.5.1923
68 DK 16.3.1920
69 DK 4.10.1927
70 DK 22.5.1928
71 DK 18.11.1929 u. 9.12.1930
72 DK 5.3.1933

73 DK 14.3.1933
74 DK 23.3.1933
75 DK 9.4.1933
76 DK 20.4. u. 5.5.1933
77 DK 22.4.1933
78 DK 3.5.1933
79 DK 16.5.1933
80 DK 11.9.1934
81 DK 26.4.1934
82 DK 19.5.1934
83 DK 10.9.1933, 25.5., 31.7. u. 18.8.1934
84 DK 30.4., 7.5. u. 11.6.1938
85 DK 19.8.1934
86 DK 28., 29., 31.5. u. 2.6.1937
87 DK 25.8.1938
88 Zahlen in DK 1.7.1933, 8.1.1936, 31.10.1936, 1.3.1940
89 DK 26./27.8.-31.8.1939
90 DK 23. -29.2. u. 3. u. 4.3. 1944
91 DK 16.8.1940
92 Sta Dh Des 69 Nr. 28 gibt 150 an.
93 Sta Dh Des 69 Nr. 1
94 Ka Dh 5079 u. 5080. Sta Dh Des 28: 20 Russen und Ukrainer unter Leitung eines Polen, freier Ausgang, keine Wachen. Hier auch die anderen Angaben zu den Lagern.
95 Sta Dh Des 69 Nr. 1
96 DK 25.8.1943
97 DK 22.8.1944
98 DK 22.7.1944
99 Marcel Kaufmann: Der Volkssturm in Diepholz. In: Hb Lk Dh Heft XI (1986), S. 119-126
100 DK 11.12.1944
101 DK 11.7.1944
102 Marcel Kaufmann: Der Volkssturm in Diepholz. In: Hb Lk Dh Heft XI (1986), S. 119-126
103 Sta Dh Des. 58 a, Nr. 1
104 DK 21. u. 23.3.1936
105 DK 31.8., 1.9. u. 5.9.1936
106 DK 15. u. 16.3.1937
107 DK 4. u.. 6.3.1938
108 DK 8.6.1939
109 Ka Dh Nr. 5081
110 DK 23.2., 24.2., 3.3.1944. Wilfried Gerke: Der Luftangriff amerikanischer Bomber auf den Fliegerhorst. In: Hb Lk Dh Heft XVI (1995), S. 23. S. a. Schoof 2002
111 DK 25.2.1944
112 Wilfried Gerke: Opfer des Luftkrieges. In: Hb Lk Dh Heft XXI (2007), S. 29-32
113 Im Besitz d. Verf. (von Familie Diers)
114 Sta Dh Des 69 Nr. 18
115 Herbert Major, Gustav Brüning – ein tüchtiger und mutiger Bürgermeister. In: Dümmer und Eschbach 1990, S. 103-197
116 Sta Dh Des 27 Nr. 11
117 Ka Dh Nr. 5172
118 Sta Dh Des. 58 a Nr. 1
119 DK 15.4.1920
120 DK 22.12.1921
121 DK 23. u. 29.6.1926
122 DK 3.2.1934
123 DK 7.5.1927. Herbert Major 1987, S. 65-72
124 DK 20.9.1935
125 DK 20.9.1935. Aufsätze 24.8.1911, 9.12.1911, 7.9.1912, 19.9.1912, 26.2.1920, 1.5.1924.
126 Ka Dh Nr. 5023
127 Ka Dh Nr. 2090. Vgl. zum Lebenslauf Herbert Major: Dr. Wilhelm Kinghorst. In: Hb Lk Dh Heft XIII (1989), S. 15 f.
128 Hubatsch 1975, S. 119 u. 123
129 Wilfried Gerke: Landrat Jochen-Hilmar von Wuthenau. In: Hb Lk Dh Heft XIII (1989), S. 62
130 DK 6.12.1919
131 DK 28.12. 1919 u. 28.2.1920
132 DK 16.10.1928
133 Major 1975, S. 9 u. 11
134 DK 21. u. 3.4.1928
135 DK 12.2., 14.2., 15.2. u. 16.2.1922
136 DK 5.2.1924
137 Ka Dh Nr. 2089
138 Bb Schulen Lk Dh 1986, S. 7 ff.
139 DK 30.3.1920
140 DK 18.5.1919
141 DK 26.5.1923, 18.19.1923; 14.4., 13.5. u. 27.5.1938
142 DK 18.6.1926 u. 28.5.1929
143 DK 4.2.1933
144 DK 11. u. 14.8.1929
145 DK 31.10.1929
146 DK 22.10.1932 als Beispiel vom 4. Kreiskirchentag
147 DK 11.2.1931, 28.2. u. 7.3.1931 u.ö.
148 DK 23.11.1932
149 DK 11.12.1932
150 DK 14.2.1930
151 Pfarrarchiv Diepholz 170
152 DK 4.2.1933
153 DK 12.9.1933
154 Wilfried Gerke, Vor dem Kirchenkampf. In: Hb Lk Dh Heft XVIII (1999), S. 89
155 DK 3.10.1933
156 Pfarrarchiv Diepholz 160-169
157 Pfarrarchiv Diepholz 186. 24.12.1935
158 DK 15.9.1932
159 Siehe auch Liebezeit; Schröder; Sobetzki-Petold 2010. Hierin wird das Schicksal der Juden in Diepholz ausführlich geschildert.
160 DK 14.1. u. 16.1.1919
161 DK 4.2.1919, 12.1.1927 u. 29.3.1927
162 Wilfried Gerke, Der letzte jüdische Lehrer. In: Hb Lk Dh Heft XVIII (1999), S. 14
163 Liebezeit; Major 1999, S. 151. DK 19. u. 23.5.1920, 10.9.1985. DK z.B. 8.9. u. 7.12.1922, 30.1., 22.2., 10.3. u. 23.6.1923
164 Liebezeit; Major 1999. S. 40-46. Major 1987, S. 59-64
165 Liebezeit; Major 1999. S. 46-49
166 DK 7.9.1928
167 Ka Dh Nr. 5027 (14.2.1933)
168 DK 1.12.1934, dazu am 3.12.1934 ein anonymer Brief an den, der die Annonce aufgegeben hatte.
169 Liebezeit; Major 1999, S. 206 (nach einer Mitteilung des Zeitzeugen Günter Roberg v. 9. November 1997)
170 DK 8.8.1935, vgl. DK 10.8.1935
171 DK 25.2.1937
172 DK 25.4.1938
173 DK 18.6.1938
174 DK 14.7.1938
175 Ka Dh Nr. 5027
176 Zum Schicksal ihres Sohnes Heinz: Wilfried Gerke: Verhaftet und verschleppt. In: Hb Lk Dh Heft XX (2004), S. 11-14 und ihres Sohnes Günter: Kurth 1998.
177 DK 15.11.1938
178 DK 10.2.1939
179 Sta Dh Des 19 Nr. 1
180 Sta Dh Des. 27 Nr. 13. 7.4.1942, 27.6.1942, 24.8.1942, 27.1.1943, 19.5.1943, 6.7.1944
181 DK 9. u. 24.2.1919
182 DK 28.2.1920
183 DK 21.7. u. 10.8.1931 (Krisenanzeichen), 17.1.1932. DK 16.11.1932: Gebäude an Firma Rudolf Müller
184 DK 26.4.1924
185 Zum gesamten in Diepholz herausgegebenen Notgeld: Gerke 1992
186 Beispiele DK 20.1., 16.8., 18.8., 10.9., 15.9.1923 u. 1.1.1924

187 DK 15.9.1923
188 DK 15.1.1927
189 Zur ersten großen Veranstaltung des Landbundes vgl. Festschrift zum Landbundtag in Diepholz 1921, Diepholz 1921
190 DK 2.7.1919 u. 12.8.1926
191 DK 17.11.1920
192 DK 1.3.1921
193 DK 12.1.1924
194 DK 3.9.1925
195 DK 21.11.1920
196 DK 2.2., 28.2. u. 5.4.1924
197 DK 26.4.1925
198 DK 30.12.1927
199 DK 19.4.1929
200 DK 5.5. u. 15.5.1926
201 DK 19.7.1926
202 DK 18.9.1929
203 DK 25., 26.1. u. 1.2.1930
204 DK 22.3.1930
205 DK 3.5.1925
206 DK 13.12.1932, vgl. 16.3.1930
207 DK 27.3. u. 3.4.1930
208 DK 11.1.1930
209 DK 7.8.1932 u. 12.4.1933
210 DK 31.12.1925
211 DK 31.8.1935
212 DK 23.4. u. 2.7.1919, 24.10.1920 u. 12.8.1926
213 DK 20.11.1920
214 DK 22.11.1931
215 DK 13.10.1928
216 DK 29.4.1942
217 DK 10.8.1930
218 DK 29.8.1928
219 DK 12.9. u. 19.10.1924, 4.9.1935. 30.1.1929
220 DK 4.10.1943
221 DK 17.6.1922
222 DK 20.1.1923
223 Zum Landbund 3.4.1924, 24.1. u. 25.9.1930 (10-jähriges Bestehen)
224 DK 31.5. u. 2.6.1937
225 DK 24.1.1942
226 DK 5.3.1943
227 DK 23.3.1922
228 DK 3.4.1925
229 Wilfried Gerke, Worpsweder Kunst in Diepholz. In: Hb Lk Dh Heft XIII (1989), S. 16. Sammlung Gerke (Hinweise auf Erwähnungen Seidels in der DK)
230 DK 8.11.1924 u. 15.7.1925
231 DK 11.2.1931
232 DK 30.1.1934
233 Wilfried Gerke: Schuften für den Krieg. In: Hb Lk Dh Heft XIX (2000), S. 56
234 DK 22.5.1942
235 Sta Dh Des 7, 56
236 DK 21.10.1919
237 DK 27.8.1924
238 DK 4.8.1929
239 DK 16.3.1920
240 DK 30.11.1940
241 DK 25.10. u. 4.11.1919
242 DK 8.5.1923
243 DK 29.4. u. 24.7.1923
244 DK 1.10.1923
245 Ka Dh Nr. 2084
246 DK 21.6.1930
247 DK 1.10.1937
248 DK 1.4., 10.5., 3.6.1924 u. 19.8.1925
249 DK 23.9., 27.9. u. 2.10.1925, 24.4., 5.5., 8.5.1928, 27.4. u. 12.7.1929
250 DK 23.8.1935
251 DK 11.8.1938
252 DK 21.12.1937
253 DK 7.2.1920
254 DK 7. u. 11.6.1919
255 DK 7.7.1920
256 DK 24.8.1920
257 DK 21.7.1921
258 DK 18.5.1921
259 DK 14.7.1922
260 Friedhoff 2008, S. 196
261 Ausführlicher und mit weiteren Fällen Wilfried Gerke: Hinter Gittern. In: Hb Lk Dh Heft XX (2004), S. 95-98. Wilfried Gerke: Das Amtsgericht Diepholz 1933-1945. In: Kruthaup; Röder 2002, S. 76-86
262 DK 30.11.1936. Zur ungünstigen Wirkung des Gesetzes auf die Meinung der Bauern in Niedersachsen vgl. Beatrix Herlemann: Nationalsozialismus auf dem Lande. In: Hucker; Schubert; Weisbrod 1997, S. 570 ff.
263 DK 15.7.1919, 3.1.1920 u. 6.1.1920
264 DK 10.12.1920
265 DK 7.12.1920
266 DK 21.8.1924
267 DK 20.4.1932
268 DK 3.3.1933
269 Die folgenden Ausführungen basieren im Wesentlichen auf: Feuerwehr 1992, S. 61-72
270 DK 17.5.1938
271 DK 16.11.1936
272 DK 18.9.1939
273 DK 13.9.1940
274 DK 23.3.1945
275 DK 21.3. u. 7.4.1920. S.a. Gerke, Hans 1979, S. 9
276 DK 31.5.191
277 DK 26.2.1922
278 DK 26.2.1921
279 DK 30.6.1923
280 DK 15.1., 11.4. u. 28.8.1929
281 DK 6.10.1925
282 Ka Dh Nr. 2014
283 DK 9.10.1950
284 Einzelheiten in: Gerke, Hans 1979, S. 19-23
285 DK 17. u. 19.2.1929
286 mit Zeichnungen gut dokumentiert in: Der Kreis Diepholz, hrsg. v. Kreisausschuß Kreis Diepholz, Diepholz 1929 (hier auch Fotos vom Krankenhaus)
287 DK 18.2.1937. Einzelheiten in: Gerke, Hans 1979, S. 27f.
288 DK 19.2.1929. Vgl. Gerke, Hans 1979, S. 23
289 DK 6.12.1928
290 DK 18.2.1937
291 DK 19.8.1943
292 DK 12.8.1944
293 DK 22., 25. u. 29.1.1933
294 DK 25.1.1939
295 DK 13.11.1919
296 DK 14.4.1922
297 DK 19.12.1928
298 DK 2.8.1931
299 DK 11.11.1931
300 DK 1.6.1930
301 DK 27.3.1927
302 DK 21.9.1935
303 DK 15. u. 28.1.1935
304 DK 16.1.1919
305 DK 2.9. u. 25.11.1919
306 DK 7.3.1920
307 DK 13.11.1920
308 DK 20.1.1931
309 DK 27.5.1935: Schießstand im Garten Eilert, Lange Straße)
310 DK 17.7.1919
311 DK 6.12.1919
312 DK 17.2.1921 (Familie Nolte mit sechs Angehörigen!)
313 DK 30.9.1928
314 DK 20.2.1921
315 DK 19. u. 24.4. u. 5.5.1923 u.ö.
316 DK 18.9. u. 27.11.1924
317 DK 20.11.1923
318 DK 8.4.1924
319 DK 20.5.1924
320 DK 13.5.1928
321 DK 17.5.1928

322 DK 16.9.1930
323 DK 25.3.1931, 12.3. u. 29.10.1932
324 DK 13.3., 12.4., 2.8. u. 8.11.1932
325 Eingehend zur Parteiengeschichte: Ehrich 1981
326 DK 3.5.1935
327 DK 29./30.6.1940
328 Sta Dh Des. 69 Nr. 13
329 DK 9.7.1922 u. 7.6.1925
330 DK 18.6.1919
331 DK 25.7., 15.8. u. 5.9.1919
332 DK 27.9.1919
333 Einzelheiten dazu in: Sundermann 1970, S. 32-37
334 DK 24.4.1924
335 Der Huntegau von seiner Entstehung bis zur Auflösung, o.O. o.J (1933), S. 13
336 DK 19.10.1922
337 DK 15.10.1924
338 DK 12. u. 18.8.1925
339 DK 25.8.1934
340 DK 2.9., 6.9., 7.9. u. 15.9.1932
341 DK 9.9.1935
342 DK 23.7.1938
343 DK 6.5.1939
344 DK 2.9. u. 9.9.1940
345 DK 15.5.1923
346 DK 13.7.1922: Liste der Schützenkönige seit 1850
347 DK 10./11.6.1939
348 DK 7.5.1932
349 DK 5.7.1937
350 DK 4.7.1938
351 DK 10. u. 13.3.1927, 9.4.1930
352 DK 10.9.1929, 26.6.1930, 8.2.1933
353 DK 8.7.1937
354 DK 26.4.1934
355 DK 4.7.1936
356 DK 8.3., 24.4., 11.5., 15.5. u. 23.7.1919
357 DK 1.3.1927
358 DK 5.6., 14.6.u. 15.10.1921
359 DK 2.9.1931
360 DK 27.1.1923
361 DK 11.12.1923
362 DK 7.1.1928
363 DK 30.6.1931
364 DK 14.9.1919
365 DK 2., 4. u. 6.3.1921
366 DK 14. u. 25.5.1935
367 DK 15.2.1920
368 DK 28.12.1922: „Fritzchen und die Tannenfee"
369 DK 11.5.1920
370 DK 30.5.1926
371 DK 17.4.1924
372 DK 18.2.1933
373 DK 12.2.1924
374 DK 16.7.1932
375 DK 23.5.1920
376 DK 18.5.1920
377 DK 29.1.1930
378 DK 15.6.1942
379 DK 28.6.1932

Anmerkungen Kapitel 6

1 Greve; Ullrich 1995, S. 54
2 Cornelia Schwieger, Die Jahre nach dem Krieg. In: Hb Lk Dh Heft XVII (1997), S. 33-34. Die Räumungen und ihre Folgen sind gut dokumentiert in Sta Dh Des. 69 Nr. 17
3 Sta Dh Des. 69 Nr. 18
4 Ka Dh Nr. 5083
5 Sta Dh Des. 69, Nr. 16
6 Ka Dh Nr. 5082, Liste der Kreissparkasse v. 21.11.1946 mit späteren Ergänzungen, u. Nr. 5085
7 Sta Dh Des. 69 Nr. 18
8 Sta Dh Des. 69 Nr. 20: lt. Brüning im April und Mai 1945. Anneliese Schrader gelang es nach ihrer Mitteilung an den Verf. vor dem Geschäft Sundermann Nachf. versammelte Polen durch Alarmierung der Briten von einer Plünderung zurückzuhalten.
9 Sta Dh Des. 69 Nr. 15.- Lt. Des 69 Nr. 20 organisierte der Franzose Dr. André Ambrogi vom 10. Juni bis zum 10. August 1945 das UNRRA-Krankenhaus auf dem Flugplatz für Polen.
10 Amtlicher Anzeiger 22.3.1947, Datum der Anzeige 11.3.1946 betr. Karl Grambow geb. 4.10.1924. Die Tatsache des gewaltsamen Todes wurde nicht angegeben.
11 Amtlicher Anzeiger 15.2.1946
12 DK 20.2.1951
13 Amtlicher Anzeiger 15.2.1946
14 Amtlicher Anzeiger 12.4.1946
15 DK 23.9.1950
16 Amtlicher Anzeiger 17.9.1946
17 Amtlicher Anzeiger 1.11.1946
18 Amtlicher Anzeiger 14.3.1947
19 Amtlicher Anzeiger 15.10.1946
20 Amtlicher Anzeiger 23.4.1947
21 Amtlicher Anzeiger 3.12.1948
22 Amtlicher Anzeiger 23.8.1949
23 DK 22.4.1959
24 DK 23.10.1972
25 DK 4.10.1976 (10.6.1974)
26 DK 21.7.1977
27 Amtlicher Anzeiger 21.2.1947
28 Amtlicher Anzeiger 5.9.1947
29 Sta Dh Des. 69 Nr. 20
30 DK 14.4.1950
31 Sta Dh Des. 27 Nr. 14
32 DK 3.6.1957
33 Ka Dh Nr. 5195 (2.12.1974 u. 30.1.1975)
34 DK 6.12.1976
35 DK 27.7. u. 3.8.1977
36 DK 3.7., 5.7. u. 25.8.1979
37 Ka Dh Nr. 10005
38 DK 18.6.2010
39 DK 13.12.1980
40 DK 22.5.1986
41 DK 24. u. 26.4.1952
42 DK 24.7.1952 (Flakgranate), 11.7.1953, 27.9.1956, 26.1., 28.2., 12.3. u. 8.5.1957 zu Bombenfunden
43 DK 6.5.1949
44 DK 29.10.1960
45 DK 4.11.1949
46 DK 28.8.1952
47 DK 4.9.1952 u. 24.12.1957
48 DK 19.10.1957
49 DK 26.10.1951
50 DK 12.7.1952
51 DK 26. u. 28.8.1958
52 DK 24.10.1970
53 DK 5.7.1988
54 DK 6.4.1986 u. 15.8.1986
55 DK 15.3.1990
56 DK 2.8.1974
57 Geschichte des Fernmeldewesens in Diepholz, Manuskr. 1971 (Geschenk von Erwin Reitzig an den Verf.)
58 DK 29.10.1991
59 Baumann; Schröder; Wiese, 1999, S. 124-128
60 DK 21.3.1952
61 DK 16.5.1984
62 DK 16.3.1957
63 DK 19.9.1990
64 Zur AOK: Seehafer 1987. Zu den ersten hundert Jahren der Kreissparkasse: Kreissparkasse 1965 und Kreissparkasse 1975
65 DK 11.10.1960
66 DK 3.8.1957
67 DK 7.8.1965
68 DK 7.5.1956
69 DK 22.10. u. 1.12.1954, 21.12.1955 (Grundsteinlegung,

Legat der Sophia Romero für das Innenmosaik, Bestimmung der alten Kapelle)
70 Bettges 1979, S. 53
71 Am 11. Juni 1964 wurde die Bausubstanz noch als gesund bezeichnet. Vgl. Sta Dh Des 27 Nr. 17.
72 DK 18.10.1988
73 DK 17.5.1958
74 DK 15.4. u. 6.5.1958
75 DK 17.8.1951
76 DK 23.u. 24.11.1951
77 DK 16.11.1998
78 DK 17.5. u. 20.5.1974
79 DK 19.5.1959
80 DK 26.4.1969
81 DK 19.6.1958 zur Moorstraße, 27.2.1960 zu den drei anderen
82 DK 24.9.1959
83 DK 15.7.1972
84 DK 1.12.1979
85 DK 25.3.1991
86 DK 14.3.1985
87 DK 8.1.1999
88 DK 17.8., 14.10. u. 27.11.1982
89 DK 3.12.1957
90 DK 4.1.1991
91 DK 30.1.1980, 11.4.1980, 13.10.1982 u.ö.
92 Nach Emil Johannes Guttzeit: Der Hohe Sühn und die Gemeinde Aschen. In: Hb Lk Dh vom 1.3.1973, 21.11.1973 u. 28.12.1974
93 Nach Wilfried Gerke: Heeder Geschichtsbilder. DK 29.7. sowie 3., 5., 10. u. 20.8.1982
94 Nach Guttzeit 1974
95 DK 24.12.1973
96 Zusammenstellung von Christian Rumsfeld, Stadt Diepholz, für dieses Buch am 30.12.2009 an den Verf.
97 DK 1.3.1974
98 100 Jahre Festschrift SVO 1900-2000, hrsg. v. SV Ossenbeck, Vechta 2000
99 Karl Pernsch, TuS Sankt Hülfe-Heede. Vereinsgeschichte 1921-1991
100 DK 195.1978: Die Ortswehr Aschen wurde 1903 gegründet. Kriegsbedingt dienten in ihr 1943 schon 9 junge Frauen und nur 10 Männer.
101 DK 28.6.1978
102 DK 18.8.1978 u. 18.4.1979
103 DK 3.7.1978, 5.4.1979 u.ö.
104 DK 10.5.1975
105 DK 6.9.1976
106 DK 2.11.1983
107 DK 9.1.1991
108 DK 6.7.1950
109 Alfred Franzkeit, Das Litauische Gymnasium in Diepholz. In: Hb Lk Dh Heft XIV (1991), S. 17-20
110 DK 7.8.1953
111 DK 26.2.1954
112 Amtlicher Anzeiger 31.12.1948
113 DK 14.11.1949
114 DK 23.3.1950
115 Sydow wurde am 1. Februar 1896 im Kreis Demmin geboren und starb am 24.6.1970 in Diepholz. Von Oktober 1943 bis Oktober 1944 war er im Raum Belgrad eingesetzt. Vgl DK 25.6.1970
116 DK 29.12.1950
117 DK 25.11.1950
118 DK 2.5.1951
119 DK 7.5.1951
120 DK 29.5., 8.6. u. 27.6.1951
121 DK 3.9.1955
122 DK 10.6.1960
123 DK 17.1.1962 (mit Zahlen von 1848, 1900, 1930, 1940, 1950, 1955 und 1961).
124 DK 16.9.1957
125 DK 2.1.1960 u. 28.7.1962
126 DK 28.2.1959, 21.3.1959, 5.8.1960
127 DK 18.2.1961 u. 17.1.1962
128 DK 8.10.1965: in 10 Jahren 384 Personen; Präger verzog laut DK v. 28.1.1967 nach Köln.
129 DK 11.4.1973
130 DK 28.5.1966
131 DK 16.10.1967
132 DK 5.9.1970
133 DK 17., 19.1. u.ö.
134 DK 11.4.1991
135 DK 6.7.1991
136 DK 30.9.1991
137 DK 29.1.1999
138 DK 1.11.1993
139 DK 28.1.1997
140 DK 9.9. u. 6.11.1998
141 DK 28.7.1956
142 DK 1.12.1958 (Betrieb Waser)
143 DK 25.8.1956 u. 15.1.1957
144 DK 26.9.1957
145 DK 11.1., 22. u. 23.2. u. 5.4.1958
146 DK 19.10.1955
147 Einzelheiten zu der Entwicklung vgl. Chronik des Luftwaffenunterstützungskommandos 1970-2001, Rösrath o.J., hier : Luftwaffenversorgungsregiment 2, S. 429-448
148 DK 15.12.1956, 14.1. u. 5.4.1958
149 DK 13.10.1956
150 DK 8.1.1957
151 DK 15.1.1957
152 DK 15.2., 13.4. u. 18.8.1958
153 DK 30.1.1960
154 DK 5.10.1957
155 DK 6.4.1959
156 DK 7.3. u. 30.7.1963
157 DK 18.2.1961
158 DK 7.9.1964, 17.6.1976, 21. u. 23.6.1976, 6.6.1988
159 DK 17.7.1974
160 DK 3.10.1974 u. 10.9.1975
161 DK 14.12.1970
162 DK 15.1.1974
163 DK 2.11.1974
164 DK 25.3.1981
165 DK 23.5.1974, 13.6.1975, 19.6.1976, 11.6.1977
166 DK 5.-31.8.1994: Überblick über die Einheiten auf dem Fliegerhorst
167 DK 13.10.1961
168 DK 24.5.1990
169 DK 1.11.1993 (Abschlussbericht)
170 DK 7.2. u. 6.8.1992
171 DK 25.4.1990
172 DK 5.8.1993
173 DK 14.4.1999
174 DK 2.1.1996
175 DK 7.7.1999
176 DK 6.7.2000
177 DK 30.6.1953
178 DK 30.6.1958
179 DK 22.12.1961, 4.1. u. 18.1.1962 (zum 80. Geburtstag)
180 Erinnerungen an Thea Hucke. Ölbilder. Aquarelle. Zeichnungen. Mit einem Vorwort von Horst Schöttler. Ausstellungskatalog der Kreissparkasse Grafschaft Diepholz o.O. 1988
181 Als Frucht dieser Zusammenarbeit: Guttzeit; Major 1979
182 Sta Dh Des. 27 Nr. 16
183 DK 15.11., 12. u. 16.12.1958
184 Korff 1958. Diese Schule wurde am 31.7.1971 geschlossen.
185 Amtlicher Anzeiger 16.8.1946
186 1936-1986. Bb Schulen Lk Dh 1986
187 DK 18.7.1986
188 DK 8.8.1947 u. 1.10.1949
189 DK 23.5.1950
190 DK 25.2.1949
191 DK 3.6., 10.6.1949, 27.3.1950 u. 23.4.1951
192 DK 18.6.1960 u. 2.12.1977

193 DK 7.4.1979
194 DK 14.7., 13.8.1964 u. 3.2.1965
195 Zur Diepholzer Schulgeschichte vgl. Emil Johannes Guttzeit, 400 Jahre Diepholzer Schulgeschichte. In: DK 3.2.1965
196 DK 28.3.1964, 6.4.1966
197 DK 30.11.1989
198 Major 1975 und Hofemeister 2000
199 DK 10.10.1953
200 DK 18.12.1953
201 DK 15.5.1975, 21.5.1975, 23.5.1975
202 Wilfried Gerke, Volkshochschule – Der erste Versuch nach dem 2. Weltkrieg. In: Hb Lk Dh Heft XV (1993), S. 55 f.
203 DK 5.4., 7.4. u. 28.6.1946
204 DK 18. u. 20.12.1954
205 Amtlicher Anzeiger 7.11.1947
206 DK 9.5.1959, 3.7.1959, 2.3.1961, 8.6.1962, 6., 13. u. 18.7.1963
207 Zur Einweihung erschien eine Geschichte der evangelischen Kirchenbauten von Emil Johannes Guttzeit: Guttzeit 1963. S.a. Gerke 1988
208 Frauen in evangelischen Kirchenvorständen: DK 2.2.1970, 10.2.1976, 8.2.1994 u.ö.
209 DK 4.7.1959, 29.12.1962
210 DK 16.9.1963
211 Pfarrarchiv Diepholz R 232
212 DK 28.10.1976, 23.10.1980 u. 7.8.1981
213 DK 13.1.1995
214 Schmidt 1960 und 1985
215 Eine Würdigung dieses Pioniers 28.2.1990
216 Sta Dh Des. 69 Nr. 18
217 Amtlicher Anzeiger 27.9.1946
218 DK 10.6.1961
219 Wilfried Gerke, Das zweite Ende. In: Hb Lk Dh Heft XX (2004), S. 107-109
220 DK 3.12.1953
221 DK 25.3.2003
222 DK 7.12.1963
223 Rolf Kramer in: DK 12.11.2008
224 Amtlicher Anzeiger 1.7. u. 30.8.1949, Niederdeutsche Zeitung 2.9.1949
225 DK 26.4. u. 20.5.1950
226 Diepholz feiert 3 Tage, s. Fördergemeinschaft 1999
227 DK 18.4.1970
228 DK 2.3.1965
229 DK 19.10.1953
230 DK 19.7.1975
231 DK 29.3.1996
232 DK 7.6.1996
233 Amtlicher Anzeiger 15.2. u. 20.12.1946
234 DK 6.4.1947
235 Amtlicher Anzeiger 20.2.1948
236 DK 4. u. 6.10.1979 (Rückblick auf die Firmengeschichte)
237 DK 27.10., 11./12.12. u. 15.12.1993
238 Alexander Gräbner: Lokomotiven aus Diepholz.
In: Dümmer und Eschbach 1990, S. 198-202
239 DK 29.3.1958
240 DK 14.7.1959
241 DK 16.2.1960, 30.6.1962
242 DK 1., 12. u. 23.9.1970
243 DK 31.7.1965
244 DK 2.12.1989
245 DK 31.7.1962 u. 26.6.1987 (zu den Jubiläen)
246 DK 23.5.1970
247 DK 2.5.1967
248 DK 27. u. 30.3. u. 31.8.1973
249 DK 14.11.1958
250 DK 16.1.1971
251 DK 3.7.1975
252 DK 15.8. u. 5.9.1998
253 DK 9.5.1959
254 DK 18.3. u. 31.5.1967
255 DK 10.12.1997
256 DK 13.7.1957
257 DK 18.6.1965
258 DK 29.11.1975
259 Sta Dh Des. 27 Nr. 16
260 DK 19.5. u. 26.5.1962, 3.4. u. 18.5.1963
261 DK 12.2.1972
262 DK 15. u. 16.11.1968
263 DK Panorama Ausgabe 7 Juni 2002, S. 19 f. Stadtwerke 2000, hrsg. v. Stadtwerke Diepholz GmbH o.J.
264 DK 14.4.1977
265 DK 8.1.1988
266 Kanalisation: 1.3. u. 3.6.1957, 11.4., 25.4., 26.9., 1.8.1959 u.ö..- Klärwerk: 7.4.1959 u. 10.6.1976
267 DK 29.6.1972
268 DK 1.7.1962 (Jubiläumsausgabe mit mehreren Beiträgen zur Diepholzer Zeitungsgeschichte)
269 DK 27.11.1987
270 DK 17.1.1985
271 DK 21.9.1968
272 DK 24.8.1968
273 DK 21.10.1977 u. 23.8.1990
274 DK 12.11.1949 u. 7.10.1950
275 DK 8.8.1957, 1.8.1984, 19. u. 22.10.1984
276 DK 28.3.1959
277 DK 8.8.1964
278 DK 4.5.1990
279 DK 20.11.1958 u. 10./11.11.1959
280 DK 22. u. 24.11.1952, 5.9.1997
281 DK 6.5.1961
282 DK 28.1.1960
283 DK 19.2.1973
284 DK 20.10.1998
285 „Diepholz an der Autobahn". In: DK 18.12.1953
286 DK 24.11. u. 8.12.1979
287 DK 25.6. u. 1.7.1980
288 DK 30./31.8.1997
289 DK 6.7.2000 (über den ersten Flugtag 5.7.)
290 Amtlicher Anzeiger 22.3.1946
291 DK 31.12.1949
292 DK 31.12.1949
293 DK 31.12.1949, 8.1.1951, 14.1.1954, 18.7.1964
294 DK 11.6.1966
295 DK 8.3.1951
296 DK 2.12.1959
297 DK 4.7.1966
298 DK 15.7.1970, 17.-20.2.1971
299 DK 16.2.1973, 15. u. 16.3.1974, 20.8.1975
300 DK 31.5.1973, 22.10.-2.11.1974, 20.3.1975
301 DK 8.1964, 5.1.-17.9.1966 (in jedem Monat außer im Mai)
302 Elisabeth Kruthaup: Das Amtsgericht heute. In: Kruthaup; Röder 2002, S. 98-108. Zu beachten sind in diesem Band auch die Ausführungen von Willi-Fritz Garmhausen: Das Gerichtsgefängnis in Diepholz (in der Nachkriegszeit), S. 87-92 u. Hans Menge: Zwischenzeiliges und Hintergründiges, S. 109-154
303 DK 31.3.1979, 26.6.1980, 12. u. 10.8.1982
304 DK 24.4.1950
305 DK 22.-28.7.1959
306 DK 28.10.1976
307 DK 24.4., 27.4. u. 20.9.1978
308 DK 18.3.1987
309 Feuerwehr 1967 und 1992 (letzteres mit einer eindrucksvollen Chronik über Einsätze)
310 25 Jahre Jugendfeuerwehr Aschen 1975-2000, Diepholz 2000
311 Amtlicher Anzeiger 10.5.1946
312 Amtlicher Anzeiger 24.12.1948; von Sulingen im November nach

Bassum und Langendamm bei Nienburg
313 Bis dahin: Gerke, Hans 1979
314 DK 15.6.1991
315 75 Jahre Kreiskrankenhaus Diepholz, Diepholz o.J. (2004)
316 DK 14.12.1957
317 DK 1. u. 3.10.1983
318 40 Jahre ASB-Kreisverband Diepholz, Diepholz 2000
319 DK 16.9.1949
320 DK 30.8.1969
321 DK 5.8.1974
322 Amtlicher Anzeiger 31.1. u. 8.2.1947
323 DK 4.8.1949
324 Die Informationen zur Entwicklung des Sports aus: 125 Jahre SG Diepholz, Diepholz 1995
325 Amtlicher Anzeiger 21.2.1946, 31.5. u. 14.6.1946
326 Amtlicher Anzeiger 9.4.1948
327 Amtlicher Anzeiger 24.1.1947
328 Sundermann 1970
329 DK 18.10.1972 u. 29.3.1973
330 DK 12.12.1970, 10. u. 13.9.1971
331 DK 7.6.1977
332 DK 27. u. 29.8.1952, 29.9.1952
333 50 Jahre Diepholzer Luftsportverein, Diepholz 2001. 25 Jahre Aero-Club Diepholz 1971-1996, Diepholz 1996
334 70 Jahre Sportfischereiverein Diepholz, Diepholz 2006
335 Amtlicher Anzeiger 5.3.1948
336 nach: Leben im Diepholzer Moor. Faltblattserie des Naturpark Dümmer e.V. o.J. (2009)
337 Das Schaufenster. Informationsblatt des Stadtteilladens Moorstraße e.V., 9. Jahrgang, Ausgabe 1/2008
338 DK 24.12.1986, 4. u. 5.12.1987, 5.3.1990
339 Bredemeyer 1999
340 Wilfried Gerke: Demokratie und Sozialismus. In: Hb Lk Dh Heft XVII (1997), S. 13 f.
341 DK 8.11.1962
342 DK 29.4.1952
343 DK 14.6.1955
344 DK 10.11.1967
345 DK 11.5.1964 u. 2.4.1966
346 DK 23.12.1966: seit 1951
347 DK 28.4.1977
348 DK 15.3.1969
349 DK 9.9.1969
350 DK 29.10.1971
351 DK 15.10.1973
352 DK 1. u. 9.10.1976
353 DK 17. u. 19.10.1982, 16.11.1982, 14.12.1983, 20.6.1984 u.ö., zuletzt 12.12.1987
354 DK 10., 12. u. 14.11.1973
355 DK 6.2., 25.3.1978, 19.5.1979, 9. 6., 12.6. u. 18.10.1979
356 Bald Nummer 1 in Deutschland, Diepholzer Kreisblatt 19.4.2008. Heimatverein 2005
357 Amtlicher Anzeiger 22.3.1946
358 Amlicher Anzeiger 14.6.1946
359 DK 20.10.1951 u. 17.11.1951.
360 Vgl. Horst Schöttler, Beständig ist nur der Wandel. 25 Jahre Kulturring, DK 25.9.1976
361 Amtlicher Anzeiger 26.11.1948
362 DK 2.5.1967
363 DK 11.6., 25. u. 20.6.1955
364 Gieselmann; Kühn 2006. Zur Erinnerungsliteratur gehört auch Hagen
365 MGV 1999
366 DK 28.5.1953, 7.5.1954 u. 27.8.1957
367 DK 4.5.1957, 10.4.1963, 12.3.1971, 24.1.1975, 3.4.1976
368 Seehafer 1980 beleuchtet die Diepholzer Beziehungen zu Schriftstellern in der Geschichte.
369 DK 22.1.1976
370 Sommerferien-Programm 2010, hrsg. v. Jugendfreizeitzentrum Diepholz, Diepholz 2010
371 Wilfried Gerke: Einsatz für Europa. In: Hb Lk Dh Heft XX (2004), S. 131-134
372 Bode 1999

Quellen- und Literaturverzeichnis

[Amborn 1969] Amborn, Klaus: 300 Jahre Löwen-Apotheke in Diepholz. Diepholz 1969

[Amtlicher Anzeiger] Amtlicher Anzeiger. Diepholz 1946-1949

[Bach 1999] Bach, Otto: Heimatgeschichte im Spiegel der Karte. Diepholz 1999

[Baumann; Schröder, Wiese 1999] Willi Baumann, Reinald Schröder u. Hans-Jürgen Wiese, Kino ist das Größte – Augen auf und rein!, Berlin/Diepholz 1999

[Bb Schulen Lk Dh 1986] Berufsbildende Schulen des Landkreises Diepholz (Hrsg.): Festschrift aus Anlaß des 50-jährigen Bestehens 1936-1986. Syke 1986

[Bischop] Bischop, Dieter: Die archäologischen Fundstellen im Landkreis Diepholz. Katalog der archäologischen Bodenurkunden bis 1996, Karte von 1997 o. O. o. J.

[Bode 1999] Bode, Burkhard; Patenschaftsbeirat der Stadt Diepholz (Hrsg.): Jumelage/Patenschaft Thouars/Diepholz 1969-1999. Diepholz 1999

[Bredemeyer 1999] Bredemeyer, Helge: Spuren lesen. Christliche Pfadfinder in Diepholz 1949-1999 Diepholz 1999

[Brüning; Kraus; Zill 1944] Brüning, Kurt; Kraus, Hans; Zill, Carl: Raumordnungsplan für den Kreis Grafschaft Diepholz. Struktur und Entwicklungsnotwendigkeiten eines niedersächsischen Landkreises. Oldenburg 1944

[DW] Diepholzer Wochenblatt. Diepholz 1862-1898

[DK] Diepholzer Kreiszeitung. Diepholz 1898-1943, Diepholzer Kreisblatt. Diepholz 1943-1945; 1949-

[Dümmer und Eschbach 1990] Zwischen Dümmer und Eschbach. Diepholz 1990

[Ehrich 1981] Ehrich, Horst: Die Entwicklung des Parteienfeldes im Kreis Diepholz 1919-1933 unter besonderer Berücksichtigung der NSDAP. Masch.-schriftl. Prüfungsarbeit Vechta 1981

[Engelke 1907] Engelke, Bernhard: Die Entwicklung des Schulwesens im Flecken Diepholz. In: Zeitschrift der Gesellschaft für niedersächsische Kirchengeschichte 1907, S. 27 f.

[Engelke 1911] Engelke, Bernhard: Die Grafen von Diepholz, ihre Wappen und Münzen. Berlin 1911

[Feuerwehr DH 1967] Freiwillige Feuerwehr Diepholz (Hrsg.): 75 Jahre Freiwillige Feuerwehr Diepholz 1892-1967. Diepholz 1967

[Feuerwehr DH 1992] Ortsfeuerwehr Diepholz (Hrsg.): Jahrhundertbuch Freiwillige Feuerwehr Diepholz. Diepholz 1992

[Fördergemeinschaft 1999] 25 Jahre Fördergemeinschaft Lebendiges Diepholz, Diepholz 1999

[Friedhoff 2008] Friedhoff, Timo: Wagenfelder Fragmente. Vechta-Langförden 2008

[Gade 1901] Gade, Heinrich: Historisch-geographisch-statistische Beschreibung der Grafschaft Diepholz. Nienburg 1901, Teilnachdruck Diepholz 1974

[Gerke, Hans 1984, 1986] Gerke, Hans (Red.): Landkreis Diepholz. Lebensraum, Verwaltungseinheit. hrsg. v. Landkreis Diepholz, Bd. I 1984, Bd. II 1986

[Gerke, Hans 1985] Gerke, Hans: Kennen Sie Diepholz? Diepholz 1985

[Gerke, Hans 1988] Gerke, Hans u.a.: 25 Jahre Evangelisch-lutherische St. Michaelis-Kirchengemeinde Diepholz 1963-1988. Diepholz 1988

[Gerke, Hans 1992] Gerke, Hans: Die Landräte der Kreise Diepholz und Sulingen. Masch. Manuskript Diepholz 1992

[Gerke, Wilfried 1973] Gerke, Wilfried: 50 Jahre Graf-Friedrich-Schule Diepholz. Diepholz 1973

[Gerke, Wilfried 1992] Gerke, Wilfried, In'e Nottiet geboren ... Notgeld erzählt unsere Heimat auf Geldscheinen, Diepholz 1992

[Gerke, Wilfried 1997] Gerke, Wilfried: Diepholz in alten Ansichten. Zaltbommel 1997

[Gerke, Wilfried 1999] Gerke, Wilfried: Wo einst das Moor die Grenze war. Die Geschichte von Diepholz. Ein Ort in seiner Region. Diepholz 1999

[Gerke, Wilfried 2001] Gerke, Wilfried: Diepholz in alten Ansichten, Band 2. Zaltbommel 2001

[Gerke, Wilfried 2003] Gerke, Wilfried: Diepholz in alten Ansichten, Band 3. Zaltbommel 2003

[Gerke 2009] Gerke, Wilfried: Diepholz, Erfurt 2009

[Gerke; Rehermann 1998] Gerke, Wilfried; Rehermann, Martin: 75 Jahre GFS. Diepholz 1998

[Gieselmann; Kühn 2006] Gieselmann, Dirk Gerrit; Kühn, Agnes Sarah (Hrsg.): Diepholz erzählt. Kindheitserinnerungen an unsere kleine Stadt. Diepholz 2006

[Greve; Ullrich 1995] Greve, Hermann; Ullrich, Gabriele: Nachkriegsjahre. Lebenschancen in den Altkreisen Grafschaft Hoya und Grafschaft Diepholz 1945 bis 1948. Syke 1995

[Gunzert 1952] Gunzert, Walter: Skizzen- und Reisetagebuch eines Arztes im Dreißigjährigen Krieg. Darmstadt 1952

[Guttzeit 1954] Guttzeit, Emil Johannes: Diepholz und seine Straßen. Diepholz 1954

[Guttzeit 1963] Guttzeit, Emil Johannes: Von der Burgkapelle zur St. Michaeliskirche in Diepholz. Diepholz 1963

[Guttzeit; Major 1979] Guttzeit, Emil Johannes; Major, Herbert (Hrsg.): Das Bürgerbuch der Stadt Diepholz 1788-1851. Diepholz 1979

[Guttzeit 1982] Guttzeit, Emil Johannes: Geschichte der Stadt Diepholz, 1. Teil: Von den Anfängen bis zum ersten Jahrzehnt des 17. Jahrhunderts. Diepholz 1982

[Hagen] Hagen, Willy: Ich erinnere mich. Erinnerungen eines Diepholzer Jungen. Mönchen-Gladbach 1987

[Hb Lk Dh] Heimatblätter für die Grafschaft Diepholz (bzw. des Landkreises Grafschaft Diepholz bzw. des Landkreises Diepholz). 1924- (Redaktion seit 1984: Wilfried Gerke)

[Heimatverein 2005] Heimatverein Diepholz (Hrsg.): Chronik 1980-2005. 25 Jahre Heimatverein Diepholz. Diepholz 2005

[Hodenberg 1842] Hodenberg, Wilhelm von (Hrsg.): Diepholzer Urkundenbuch. Hannover 1842, Nachdruck Osnabrück 1973

[Hofemeister 2000] Hofemeister, Uwe: 100 Jahre Realschule Diepholz. Diepholz 2000

[Hubatsch 1975] Hubatsch, Walther: Grundriß zur deutschen Verwaltungsgeschichte 1815-1945. Bd. 2 (Posen u. Grenzmark Posen-Westpreußen). Marburg/Lahn 1975

[Hucker 1990] Hucker, Bernd Ulrich: Genealogie und Wappen

der Edelherren von Diepholz im 13. und 14. Jahrhundert. In: Norddeutsche Familienkunde 4/1990, S. 180-188

[Hucker; Schubert; Weisbrod 1997] Niedersächsische Geschichte. Hrsg. v. Bernd Ulrich Hucker, Ernst Schubert und Bernd Weisbrod. Göttingen 1997

[Jahnschule 1999] Jahnschule, Klasse 9a; Reinsch, Hetta: Zeitzeugen. Diepholz 1999

[Ka Dh] Kreisarchiv Diepholz

[Kinghorst 1912] Kinghorst, Wilhelm: Die Grafschaft Diepholz zur Zeit ihres Übergangs an das Haus Braunschweig-Lüneburg. Dissertation Münster, Diepholz 1912

[Kinghorst 1917] Kinghorst, Wilhelm: Die kirchlichen Verhältnisse in der Grafschaft Diepholz im Jahrhundert der Reformation. Diepholz 1917

[Kinghorst 1923] Kinghorst, Wilhelm: Aus der Vergangenheit des Fleckens Diepholz. Diepholz 1923

[Kinghorst 1925] Kinghorst, Wilhelm: Die Verfassung des Fleckens Diepholz in ihrer geschichtlichen Éntwicklung. Diepholz 1925

[Kleeberg [2]1978] Kleeberg, Wilhelm: Niedersächsische Mühlengeschichte. Hannover 1978, 2. Aufl.

[Korff 1958] Korff. Hans: 70 Jahre Landwirtschaftsschule und Wirtschaftsberatungsstelle Diepholz. Diepholz 1958

[Kreiskrankenhaus 1979] 50 Jahre Kreiskrankenhaus Diepholz. Diepholz 1979

[Kreissparkasse 1965] Kreissparkasse Grafschaft Diepholz (Hrsg.): Das erste Jahrhundert (100 Jahre Kreissparkasse Grafschaft Diepholz). Diepholz 1965

[Kreissparkasse 1975] Kreissparkasse Grafschaft Diepholz (Hrsg.): 110 Jahre Kreissparkasse Grafschaft Diepholz. Diepholz 1975

[Krigar 1918] Krigar, Wilhelm: Die „Hohe Schule" in Diepholz. Diepholz 1918

[Kruthaup; Röder 2002] Kruthaup, Elisabeth; Röder, Michael (Hrsg.): 150 Jahre Amtsgericht Diepholz. Diepholz 2002

[Kurth 1998] Kurth, Hilmar (Hrsg.): Günter Roberg erinnert sich: Diepholz 1998

[Landkreis Diepholz 1984] Landkreis Diepholz Bd. I. Hrsg. v. Landkreis Diepholz, Diepholz 1984

[Lehnkering 1979] 125 Jahre Lehnkering. Diepholz 1979

[Leerhoff 1985] Leerhoff, Heiko: Niedersachsen in alten Karten. Neumünster 1985

[Liebezeit; Major 1999] Liebezeit, Falk; Major Herbert: Auf den Spuren jüdischer Geschichte in Diepholz. Mit vollständigem Verzeichnis der Mitglieder der jüdischen Gemeinde in Diepholz. Diepholz 1999

[Liebezeit; Schröder; Sobetzki-Petzold 2010] Liebezeit, Falk; Schröder, Reinald; Sobetzki-Petzold, Peter: Stationen jüdischen Lebens in Diepholz. Diepholz 2010

[Major 1975] Major, Herbert: 75 Jahre Realschule Diepholz. Diepholz 1975

[Major 1985] Major, Herbert: „... Ein Genie der Nächstenliebe" - Frieda Duensing. Bahnbrecherin und Begründerin der Jugendfürsorge in Deutschland. Diepholz 1985

[Major 1987] Major, Herbert: Die Ehrenbürger des Fleckens bzw. der Stadt Diepholz. Diepholz 1987

[Major 1989] Major, Herbert: Zur Erinnerung an Dr. rer. nat. Fritz Klatte. Wegbereiter des Kunststoffindustriezeitalters. Diepholz 1989

[Major 1990] Major, Herbert: Aus der Diepholzer Münzgeschichte. Diepholz 1990

[Major 2006] Major, Herbert: Die Ehrenbürger des Fleckens bzw. der Stadt Diepholz. Diepholz 2006, 2. Auflage

[Meyer 1983] Hans-Heinrich Meyer: Untersuchungen zur Landschaftsentwicklung des Stauchendmoränenzuges Kellenberg-Hoher Sühn (Jahrbuch für 1983 der Geographischen Gesellschaft zu Hannover), Hannover 1983

[MGV 1999] MGV Diepholz (Hrsg.): 100 Jahre MGV Diepholz von 1899. Diepholz 1999

[Moormeyer 1938] Moormeyer, Willy: Die Grafschaft Diepholz. Göttingen 1938

[Müller 1790] Müller: Versuch einer topographisch-statistischen und historischen Beschreibung des Amtes Diepholz in der Grafschaft Diepholz. In: Annalen der Braunschweig-Lüneburgischen Churlande, 4. Jg., 2. Stück, S. 249-268, hier: S. 250 ff., Hannover 1790

[Müller 1967] Müller, Jürgen: Die Tuch- und Leinenindustrie in Diepholz im 19. Jahrhundert und die Lage ihrer Arbeiter. Masch. schriftl. Hausarbeit Universität Hamburg 1967

[Müller 1995] Müller, Klaus: Die Diepholzer und Willenberger Familien im 17. Jahrhundert. 2 Bde. Diepholz 1995 (Deutsche Ortssippenbücher Reihe A Bd. 201)

[Müller 2000] Müller Klaus: Die Diepholzer und Willenberger Familien im 18. Jahrhundert. Teil 1: 1701-1750. Diepholz 2000

[Müller 2004] Teil 2: 1751-1800. Diepholz 2004

[Neubert-Preine] Neubert-Preine, Thorsten: Die Rittergüter der Hoya-Diepholz'schen Landschaft. Nienburg 2006

[Nieberding 1840] Nieberding, Carl Heinrich: Geschichte des ehemaligen Niederstifts Münster und der angränzenden Grafschaften Diepholz, Wildeshausen etc. 2 Bde, Vechta 1840 u. 1841 (ND Vechta 1967)

[Obenaus 2005] Obenaus, Herbert (Hrsg.): Historisches Handbuch der jüdischen Gemeinden in Niedersachsen und Bremen. 2 Bände, Göttingen 2005

[OV] Oldenburgische Volkszeitung. Vechta

[Patje 1796] Patje: Kurzer Abriß des Fabriken-, Gewerbe- und Handlungs-Zustandes in den ChurBraunschweig-Lüneburgischen Landen. Göttingen 1796

[Pernsch] Pernsch, Karl: Turn- und Sportverein St. Hülfe-Heede. Eine Vereinsgeschichte von 1921-1990. masch. schr. o. O. o. J.

[Pfaffenberg 1936] Pfaffenberg, Kurt: Pollenanalytische Altersbestimmung einiger Bohlwege am Diepholzer Moor. In: Nachrichten aus Niedersachsens Urgeschichte, Heft 10 (1936), S. 62-98

[Prejawa 1896] Prejawa, Hugo: Bohlwegsuntersuchungen. Osnabrück 1896

[Prinzhorn 1909] Prinzhorn, Hermann: Die geplante Eisenbahn von Nienburg nach Diepholz und die Interessen von Diepholz und Wagenfeld. Magdeburg 1909

[Reinke 1927] Reinke, Georg: Wanderungen durch das Oldenburger Münsterland. 5. Heft, Vechta 1927

[Riemer 2010] Riemer, Dieter: Die Pipinsburg prope villam dictam Syverden. Bremerhaven 2010

[Runge 1903] Runge: Das Osnabrücker Postwesen in älterer Zeit. In: Mittelungen des Vereins für Geschichte und Landeskunde von Osnabrück 28. Bd. 1903

[Sta DH] Stadtarchiv Diepholz

[Rathlef 1766] Rathlef, Ernst Ludwig: Geschichte der Grafschaften Hoya und Diepholz, 2. Theil Bremen 1766

[Schmidt 1960] Schmidt, Joseph: Chronik der [kath.] Kirchengemeinde Diepholz. Erolzheim 1960

[Schmidt 1985] Schmidt, Joseph: Chronik der katholischen Pfarrgemeinde Christ-König Diepholz. Diepholz 1985

[Schnath 1938] Schnath, Georg: Geschichte Hannovers im Zeitalter der neunten Kur und der englischen Sukzession 1674-1714. Hildesheim, Leipzig 1938-1982, 4 Bände und Registerband

[Schnitgerhans 1986] Schnitgerhans, Fritz. Das neue Rathaus der Kreisstadt Diepholz. Diepholz 1986

[Schöttler 1980] Schöttler, Horst: Schöne Grüße aus Diepholz. Diepholz 1980

[Schröder 1937] Schröder, Oskar: Der Hausbesitz im alten Diepholz. In: Sonderbeilage 75 Jahre Diepholzer Kreiszeitung (1.7.1937) u. Hb LK DH (1937-1962)

[Schröer 1979] Schröer, Alois: Die Reformation in Westfalen 1. Bd. Münster 1979

[Schwarzwälder 2007] Schwarzwälder, Herbert (Hrsg.): Bremen in alten Reisebeschreibungen. Bremen 2007

[Schoof 2002] Schoof, Ewald: Der Angriff amerikanischer Verbände auf den Fliegerhorst Diepholz. Twistringen 2002

[Seehafer 1980] Seehafer, Klaus: Da kommt man fremd in eine kleine Stadt... Diepholz 1980

[Seehafer 1987] Seehafer, Klaus: Seit mehr als 100 Jahren AOK Diepholz. Diepholz 1987

[Stadtwerke Huntetal] Stadtwerke EVB Huntetal GmbH (Hrsg.): Vom Gaslicht zum Erdgaszeitalter. 100 Jahre Gasversorgung in Diepholz.

[Stellmach 1998] Stellmach, Erwin: Die Geschichte der Barnstorfer Post. Bassum 1998

[Stölting 1899] Stölting, Hermann: Geschichtliches aus der Grafschaft Diepholz. Diepholz 1899

[Stüve 1872] Stüve, Carl: Geschichte des Hochstifts Osnabrück von 1508 bis 1623. Jena 1872

[Sundermann 1970] Sundermann, Werner (Red.): 100 Jahre SG Diepholz 1870-1970. Diepholz 1970

[Taubenrauch 2009] Taubenrauch, Heike: Die Hoheitsgrenze im Moor. Ein Beitrag zur Geschichte der Landesgrenze zwischen Lohne und Diepholz (= Veröffentlichungen des Geschichtsausschusses des Heimatbundes für das Oldenburger Münsterland, Heft 17) 2009

[Thümmler 1964] Thümmler, Hans: Die Grabplatte des Osnabrücker Bischofs Gottschalk von Diepholz in der Klosterkirche zu Iburg. In: Zeitschrift des Deutschen Vereins für Kunstwissenschaft, Bd. XVIII, Heft 1-2, Berlin 1964,

[Wangenheim 1917] Wangenheim, Carl Freiherr von: Noch einmal: Erlebtes und Erprobtes aus der Verwaltung zweier Kreise der Provinz Hannover 1891-1917. Diepholz o.J. [1917]

[Weimer 1940] Weimer, Friedrich Wilhelm: Bericht über die Fischereiberechtigungen in den ehemaligen Ämtern Lemförde und Diepholz. masch. Manuskript 1940

[Wilhelm 1862] Wilhelm, Georg Friedrich: Hexenprozesse aus dem 17. Jahrhundert. Hannover 1862

[Wolters 1998] Wolters, Margarete: Drei Ansichten von Diepholz. 1632/1647/1654. Hamburg 1998